KB144675

· 최신판 ·

강현민 NCS

통합기본서 + 유형별 문제집

공기업 NCS 합격보장

[직업기초능력평가 + 직무수행능력평가]

강현민 NCS연구소 저

BM (주)도서출판 성안당

공사 · 공기업 채용 규모 및 일정 (*참고: 2021년 기준)

기관명	대졸			고졸			인원 합계
	인원	시기	초임	인원	시기	초임	
국가철도공단	43명	9월	3,739만원	14명	9월	3,100만원	57명
국토안전관리원	20명	4월	3,900만원	–	–	–	20명
도로교통공단	116명	4월	3,170만원	13명	4월	2,600만원	129명
부산항만공사	18명	1분기, 3분기	3,200만원	1명	3분기	2,800만원	19명
새만금개발공사	9명	미정	3,047만원	–	–	–	9명
여수광양항만공사	8명	7월	2,978만원	–	–	–	8명
울산항만공사	5명	4월	4,100만원	1명	4월	3,200만원	6명
인천국제공항공사	40명	미정	4,589만원	3명	미정	2,972만원	43명
인천항만공사	11명	10월	3,547만원	1명	10월	2,800만원	12명
주식회사 에스알	18명	1분기	3,900만원	2명	1분기	3,700만원	20명
코레일유통(주)	15명	2~3분기	3,003만원	–	–	–	15명
한국공항공사	83명	3월	3,516만원	–	–	–	83명
한국교통안전공단	57명	1월	3,919만원	8명	1월	3,229만원	65명
한국국토정보공사	215명	1차: 2월 2차: 9월	4,245만원	15명	2월	3,700만원	230명
한국도로공사	260명	5월	3,553만원	–	–	–	260명
한국부동산원	61명	3월	4,231만원	2명	3월	3,300만원	63명
한국수자원공사	270명	1분기	3,875만원	30명	3분기	2,760만원	300명
한국철도공사	1230명	1차: 2월 2차: 7~8월	3,346만원	170명	7월	3,346만원	1400명
한국해외인프라도시개발지원공사	11명	4월	4,130만원	–	–	–	11명
건강보험심사평가원	160명	1차: 4월 2차: 8월	3,640만원	–	–	–	160명
국민건강보험공단	820명	1차: 3~4월 2차: 8~9월	3,713만원	80명	8~9월	3,317만원	900명
근로복지공단	306명	미정	3,183만원	미정	미정	2,934만원	306명
대구경북첨단의료산업진흥재단	48명	1차: 4월 2차: 9월	3,850만원	–	–	–	48명
사립학교교직원연금공단	12명	4월	3,538만원	2명	4월	2,885만원	14명
오송첨단의료산업진흥재단	38명	1차: 3~4월 2차: 9월	3,700만원	–	–	–	38명
한국건강가정진흥원	미정	3월	3,007만원	미정	3월	–	–
한국고용정보원	21명	1차: 2월 2차: 6월	3,781만원	–	–	–	21명
한국보훈복지의료공단	838명	9월	3,800만원	10명	9월	3,000만원	848명
한국사회보장정보원	미정	미정	3,150만원	–	–	–	–
한국산업인력공단	90명	미정	3,106만원	9명	미정	3,106만원	99명
기술보증기금	70명 내외	8월	4,656만원	–	–	–	70명 내외
농업정책보험금융원	8명	5월	4,111만원	–	–	–	8명
서민금융진흥원	24명	3월	4,000만원	–	–	–	24명
신용보증기금	미정	미정	4,725만원	–	–	–	–

기관명	대졸			고졸			인원 합계
	인원	시기	초임	인원	시기	초임	
예금보험공사	30명	1차: 3월 2차: 8월	4,139만원	–	–	–	30명
우체국금융개발원	20명	1차: 2월 2차: 미정	3,000~ 3,400만원	16명	2월		36명
주택도시보증공사	36명	미정	4,230만원	–	–	–	36명
중소기업은행	150명	11월	5,184만원	20명	11월	3,914만원	170명
한국무역보험공사	미정	미정	4,232만원	–	–	–	–
한국벤처투자	23명	–	4,500만원	–	–	–	23명
한국산업은행	미정	미정	5,100만원	미정	미정	3,500만원	–
한국수출입은행	미정	9월	4,487만원	1명	미정	–	1명
한국예탁결제원	미정	미정	4,517만원	미정	미정	–	–
한국자산관리공사	67명	7월	4,372만원	7명	7월	3,833만원	74명
한국장학재단	미정	미정	4,156만원	미정	미정	3,108만원	–
한국조폐공사	54명	1차: 4월 2차: 9월	3,536만원	6명	9월	2,898만원	60명
한국주택금융공사	60명 내외	5월	4,300만원	2명 내외	5월	3,000만원	–
한국투자공사	10명	9월	4,013만원	–	–	–	10명
가축위생방역지원본부	8명	2월	2,718만원	–	–	–	8명
국립공원공단	45명	5~7월	3,521만원	7명	5~7월	3,100만원	52명
국립생태원	20명	3월	3,908만원	–	–	–	20명
농림수산식품교육문화정보원	13명	7월	3,008만원	–	–	–	13명
농업기술실용화재단	13명	6월	3,085~ 3,654만원	–	–	–	13명
축산물품질평가원	20명	3월	3,150만원	–	–	–	20명
한국광해관리공단	8명	5월	3,600만원	–	–	–	8명
한국농수산식품유통공사	40명	9월	3,384만원	–	–	–	40명
한국농어촌공사	144명	9월	3,150만원	–	–	–	144명
한국등산 · 트레킹지원센터	4명	2월, 4월, 7월	3,546만원	–	–	–	4명
한국마사회	미정	미정	4,318만원	미정	미정	–	–
한국산림복지진흥원	14명	1차: 3월 2차: 7월	3,471만원	미정	3월	2,847만원	14명
한국수산자원공단	21명	미정	2,881만원	–	–	–	21명
한국환경공단	172명	4월	3,341만원	8명	4월	2,887만원	180명
한국환경산업기술원	22명	1차: 3월 2차: 10월	4,188만원	–	–	–	22명
해양수산과학기술진흥원	8명	4~5월	2,900만원	–	–	–	8명
(주)강원랜드	145명	미정	3,988만원	–	–	–	145명
국립해양박물관	4명	미정	3,182만원	–	–	–	4명
국제방송교류재단	6명	미정	3,102만원	–	–	–	6명
그랜드코리아레저(주)	8명	미정	3,277만원	–	–	–	8명
대한법률구조공단	19명	미정	3,043만원	–	–	–	19명

공사 · 공기업 채용 규모 및 일정 (*참고: 2021년 기준)

기관명	대졸			고졸			인원 합계
	인원	시기	초임	인원	시기	초임	
대한체육회	7명	미정	3,278만원	–	–	–	7명
서울올림픽기념국민체육진흥공단	27명	7월	4,100만원	3명	4월	3,100만원	30명
한국관광공사	33명	상반기	3,635만원	–	–	–	33명
한국국제교류재단	8명	상반기	–	–	–	–	8명
한국국제협력단	25명	5월	3,719만원	3명	5월	3,532만원	28명
한국소비자원	28명	1차: 3월 2차: 10월	3,790만원	–	–	–	28명
한국승강기안전공단	100명	1월	3,552만원	–	–	–	100명
한국저작권위원회	10명	1차: 2월 2차: 7월	3,819만원	–	–	–	10명
한국체육산업개발(주)	6명	하반기	3,507만원	3명	하반기	2,950만원	9명
대한무역투자진흥공사	50명	하반기	3,410만원	–	–	–	50명
소상공인시장진흥공단	42명	1차: 4월 2차: 10월	3,097만원	–	–	–	42명
연구개발특구진흥재단	11명	1차: 1월 2차: 10월	4,288만원	1명	10월	3,242만원	12명
정보통신산업진흥원	15명	5월	3,805만원	–	–	–	15명
한국방송통신전파진흥원	5명	1차: 5월 2차: 8월	3,014만원	–	–	–	5명
한국보건산업진흥원	25명	1차: 3월 2차: 7월	3,400만원	–	–	–	25명
한국산업기술진흥원	12명	3분기	3,949만원	1명	3분기	2,987만원	13명
한국산업기술평가관리원	20명	3월	4,101만원	–	–	–	20명
한국산업단지공단	26명	4월	4,347만원	3명	4월	–	29명
한국소방산업기술원	10명	8월	3,534만원	–	–	–	10명
한국언론진흥재단	4명	5월	3,563만원	1명	11월	3,563만원	5명
한국인터넷진흥원	15명	6월	3,865만원	–	–	–	15명
한국임업진흥원	34명	3월	2,950만원	3명	3월	2,160만원	37명
한국지능정보사회진흥원	23명	7월	3,640만원	–	–	–	23명
한국해양교통안전공단	38명	1차: 2월 2차: 9월	3,902만원	–	–	–	38명
한국가스공사	110명	2월	4,534만원	12명	9월	4,089만원	122명
한국가스기술공사	16명	1차: 4월 2차: 10월	3,477만원	3명	4월	3,138만원	19명
한국가스안전공사	78명	12월	3,923만원	–	–	–	78명
한국남동발전(주)	150명	2월	4,100만원	30명	9월	3,500만원	180명
한국남부발전(주)	63명	하반기	4,275만원	7명	하반기	3,750만원	70명
한국동서발전(주)	26명	3월	4,100만원	2명	3월	3,500만원	28명
한국서부발전(주)	150명	3월	4,512만원	15명	10월	4,000만원	165명
한국석유공사	–	–	3,468만원	–	–	2,555만원	–
한국석유관리원	17명	4월	3,945만원	3명	4월	2,815만원	20명

기관명	대졸			고졸			인원 합계
	인원	시기	초임	인원	시기	초임	
한국수력원자력(주)	407명	5월	4,200만원	20명	8월	3,600만원	427명
한국에너지공단	24명	9월	3,818만원	3명	9월	2,851만원	27명
한국에너지기술평가원	12명	4월	3,464만원	–	–	–	12명
한국원자력환경공단	18명	5월, 8월	3,846만원	–	–	–	18명
한국전기안전공사	193명	1월, 8월	3,796만원	20명	1월, 8월	3,796만원	213명
한국전력거래소	44명	3월	4,452만원	–	–	–	44명
한국전력공사(KEPCO)	938명	3월	3,675만원	162명	6월	3,275만원	1100명
한국전력기술주식회사	89명	9월	3,538만원	8명	9월	3,053만원	97명
한국중부발전(주)	94명	미정	4,015만원	미정	미정	미정	94명
한국지역난방공사	63명	7월	3,599만원	7명	7월	2,742만원	70명
한전KPS(주)	195명	3~4월	3,917만원	35명	3~4월	3,438만원	230명
한전원자력원료	12명	3분기	3,400만원	10명	3분기	2,900만원	22명
국방과학연구소	90명	미정	4,781만원	–	–	–	90명
나노종합기술원	10명	2월	4,567만원	–	–	–	10명
녹색기술센터	7명	1차: 1월 2차: 3월	4,184만원	–	–	–	7명
한국과학기술연구원	44명	1차: 3월 2차: 6월	4,546만원	–	–	–	44명
한국과학기술원	35명	2월	4,900만원	–	–	–	35명
한국과학기술정보연구원	14명	1차: 3월 2차: 9월	4,217만원	–	–	–	14명
한국교육학술정보원	6명	1차: 4월 2차: 8월	4,718만원	–	–	–	6명
한국국방연구원	16명	1차: 3월 2차: 8월	3,750만원	–	–	–	16명
한국법제연구원	1명	5월	4,700만원	–	–	–	1명
한국사학진흥재단	14명	4월	3,200만원	–	–	–	14명
한국생산기술연구원	32명	1월	4,273만원	–	–	–	32명
한국세라믹기술원	5명	1차: 2월 2차: 8월	4,223만원	–	–	–	5명
한국식품연구원	9명	1차: 1월 2차: 3월	3,842만원	–	–	–	9명
한국원자력연구원	97명	1차: 3월 2차: 9월	5272만원	–	–	–	97명
한국전기연구원	7명	3월	4,468만원	–	–	–	7명
한국전자통신연구원	56명	10월	3,911만원	–	–	–	56명
한국조세재정연구원	38명	3월, 6월 9월, 12월	2,821만원	–	–	–	38명

NCS란?

국가직무능력표준(NCS : National Competency Standards)이란, 산업 현장에서 직무를 수행하기 위하여 요구되는 지식, 기술, 소양 같은 내용을 국가가 산업별, 수준별로 체계화한 표준이다.

NCS 개념도

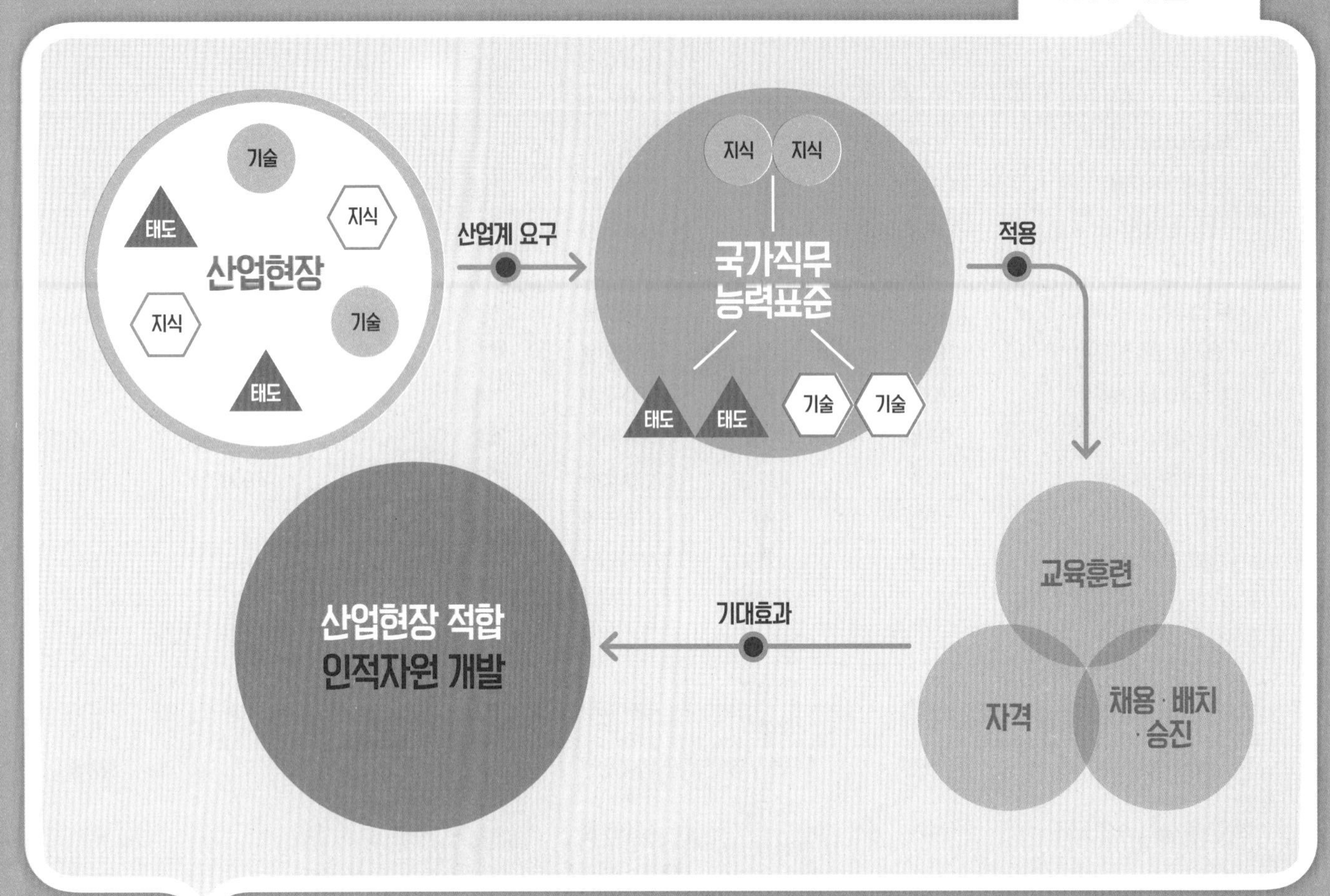

NCS 구성

주요 공기업 출제 영역(2020년 기준)

◐는 모집 방식이나 직군에 따라 출제 여부가 다름

기업명	의사소통	수리	문제해결	자원	정보능력	기술	자기개발	대인	조직이해	직업윤리
한국전력공사	○	○	○	◐	◐	◐				
한국철도공사	○	○	○							
서울교통공사	○	○	○	○	○	○	○	○	○	○
한국수자원공사	○	○	○	○						
국민건강보험공단	○	○	○							
국민연금공단	○	◐	○	◐		◐			◐	
건강보험심사평가원	○	◐	○	◐	○				◐	
근로복지공단	○	○	○	○						
한국중부발전	○	◐	◐	◐	◐	◐			◐	
한국남부발전	○	○	◐	◐	◐	◐		◐	◐	◐
한국서부발전	○	○	○	○	○	○			○	○
한국동서발전	○	○	○							
부산교통공사	○	○	○	○	○	○	○	○	○	○
IBK기업은행	○	○	○	○	○				○	
농협은행	○	○	○		○					
한국농어촌공사	○	○	○	◐	○	◐				

Q NCS 대비에 PSAT이 필요하다는데?

A NCS 필기시험에서 PSAT 유형 문제의 출제 비중이 높아지고 있습니다. 실제 시험에서 PSAT 기출을 활용한 문제들이 출제된 적도 있기 때문에 PSAT형에 대한 학습이 필요한 것이 맞습니다.

공기업·공공기관 기업별 구분

서류 전형에서는 직무관련 경험이 곧 경쟁력이고 이것은 면접에서도 활용되는 만큼, 어느 직렬의 직군이 적성에 맞는지부터 체크하고 이후 관련 직종 경험을 쌓으려는 노력이 중요합니다. 또한 각 공기업마다 가산점이 적용되는 자격증 준비를 여유있게 하는 것도 잊으면 안 됩니다. 아래 공기업의 특성별 분류를 참고하여 각 기업의 특성에 맞게 준비하도록 합시다.

- **에너지·발전**: 한국전력공사, 한국가스공사(기술공사/안전공사), 한국동서/서부/남동/남부발전, 한국수력원자력 등
- **사회복지**: 국민건강보험공단, 국민연금공단, 건강보험심사평가원, 근로복지공단, 공무원연금공단, 한국산업인력공단 등
- **사회간접자본(SOC)**: 한국철도공사(코레일), 한국도로공사, 인천국제공항공사, 한국공항공사, (인천/부산)항만공사 등
- **토지·건설**: 한국토지주택공사(LH), 주택관리공단, 한국감정원, 한국국토정보공사 등
- **금융**: 신용보증기금, 중소기업은행, 한국산업은행, 금융감독원, 한국은행, 한국예탁결제원, 한국조폐공사, 주택금융공사 등등
- **문화·예체능**: 대한체육회, 영상물등급위원회, 예술의 전당, 한국콘텐츠진흥원, 한국인터넷진흥원 등
- **농업**: 한국농어촌공사, 한국농수산식품유통공사 등
- **무역·관광**: 대한무역투자진흥공사(코트라), 한국관광공사, 한국문화관광연구원 등
- **건강의료**: (서울/강원/경북/부산/충북)대학교병원, 국립암센터, 국립중앙의료원, 일산병원 외 각종 병원재단 등

학습 효과를 최대로 끌어올리는 교재 구성!

문제 풀이의 왕도

유형별로 반드시 알아야 할 이론을 신속하고 정확하게 해결할 수 있는 실질적인 풀이방법을 통해 제시하여 실전에서 활용할 수 있도록 구성하였습니다.

대표 유형별 구성

2018~2020년 동안 10대 공기업의 NCS 직업기초능력 평가문제를 복원하여 최신 기출 유형을 파악할 수 있게 구성하였습니다.

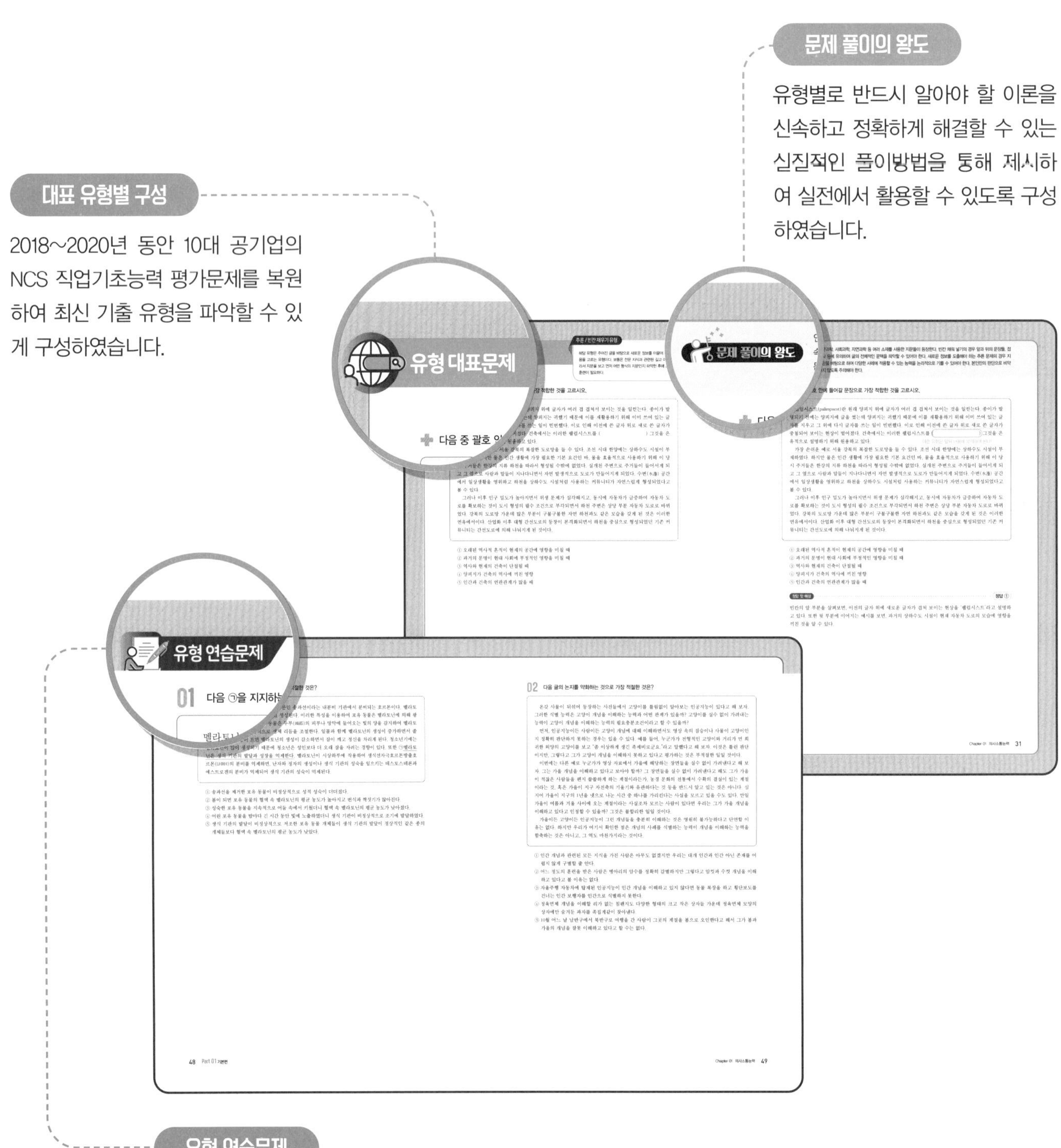

유형 연습문제

각 대표 유형별 문제와 높은 난이도를 반영한 다양한 문제들을 수록하여 취업 준비생들이 체계적으로 준비할 수 있도록 하였습니다.

파트별 학습 100% 활용하기

01 기본부터 충실하게

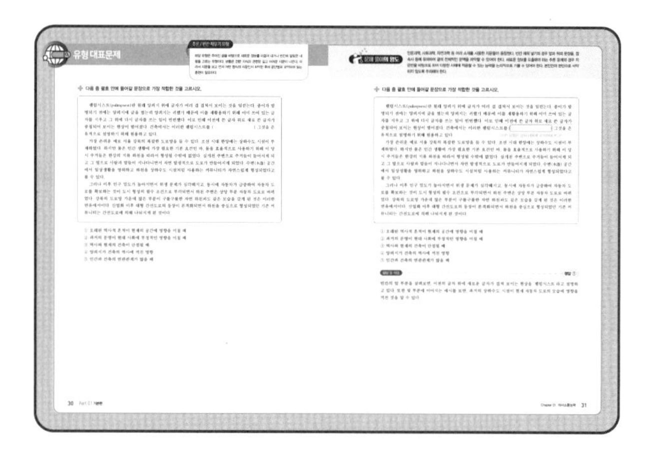

대표 유형을 통해 개념을 잡을 수 있습니다!

문제 풀이의 왕도는 실전에서 보다 빠른 풀이를 할 수 있게 도와드립니다.

02 기본편 → 응용편 → 실전편

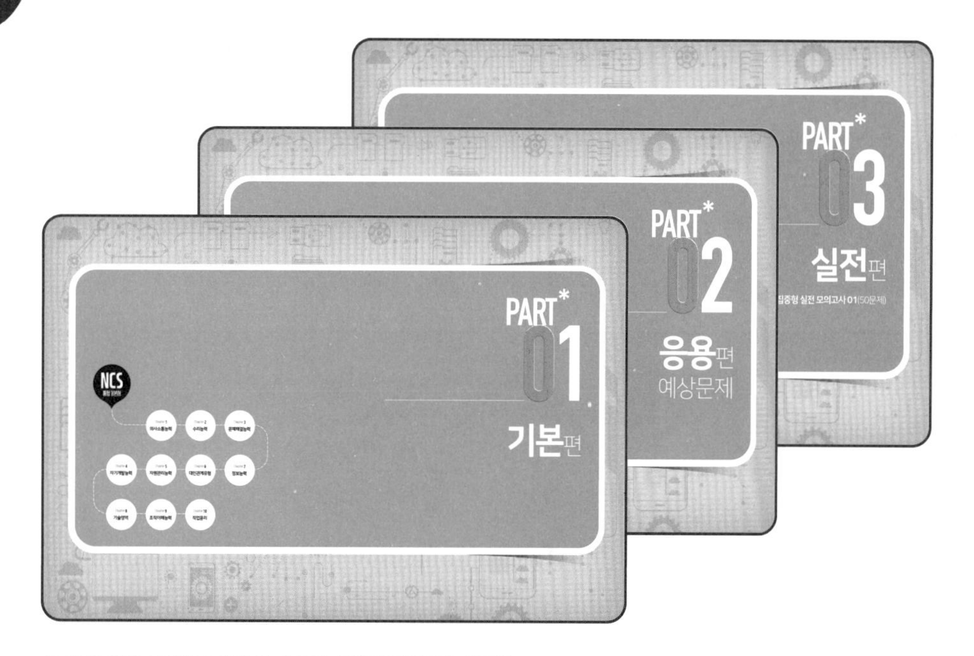

교재 흐름대로 학습하면 완벽해집니다!

응용편 대표 유형의 유사 유형 문제를 통해 실력을 향상시킬 수 있습니다.

실전편 실제 시험처럼 연습할 수 있는 모의고사로 실전 감각을 익힐 수 있습니다.

National Competency Standards

PART 01 기본편

PART 02 응용편 - 예상문제

PART 03 실전편

NCS
통합 기본서

Chapter 1 의사소통능력

Chapter 2 수리능력

Chapter 3 문제해결능력

Chapter 4 자기개발능력

Chapter 5 자원관리능력

Chapter 6 대인관계유형

Chapter 7 정보능력

Chapter 8 기술영역

Chapter 9 조직이해능력

Chapter 10 직업윤리

PART 01

기본편

National Competency Standards

Chapter 1

의사소통능력

Chapter 1 의사소통능력

I. 문서이해능력

1. 평가 목표
- 제시된 글의 전체적인 흐름을 파악하고 문서의 종류에 따른 읽기 능력과, 글의 주제와 핵심을 파악하여 글을 바르게 이해하고 의사소통할 수 있는지 평가합니다.

2. 유형 특징
- 기업과 관련 있는 신문기사, 신사업 분야의 홍보, 공고문과 같은 실제 기업 현장에서 활용하는 내용들로 구성되어 있으며, 다소 생소할 수 있는 과학, 경제 분야, 사회 현상 및 최신 이슈 등의 지문의 출제 비중이 증가하고 있습니다.
- 제시문 하나에 2개 이상의 문제가 연달아 출제되는 세트형 문제의 출제 비중도 증가하고 있습니다.
- 주제나 내용이 옳고 그른지를 확인하는 문제가 주로 출제되며, 어휘 문제도 종종 출제됩니다. 글의 주제 찾기, 제시문을 읽고 바르게 이해한 내용 선택하기, 글의 순서 배열, 접속사 연결, 대화 속 화자들의 반응 등과 같은 유형이 주로 출제됩니다.

3. 풀이 전략
- NCS의 문서이해능력의 대표 유형은 독해입니다. 점차 긴 지문이 주어지고 있으며, 하나의 지문을 읽고 2문항 이상을 해결하도록 문제가 출제되는 것이 특징입니다. 따라서 중요한 단어 또는 핵심 내용에 밑줄을 그어 글의 흐름을 잃지 않도록 하는 것이 중요합니다.
- 발문을 먼저 읽고 출제 의도를 파악합니다. 전체 글을 읽지 않고 출제 의도만 파악해도 해결할 수 있는 문제가 있으므로, 발문과 선택지를 먼저 읽은 후 관련 없는 사항들을 하나씩 지워 나가는 방법으로 풀이합니다.
- 각 기업과 관련된 사항들이 지문으로 제시되기 때문에 평소 관심 있는 기업이나 기관의 기사 또는 핵심 사업 등에 대해 학습하여 용어나 내용에 익숙해진다면 지문을 읽는 것이 좀 더 수월할 수 있습니다.

II. 문서작성능력

1. 평가 목표
- 메일, 기안문, 공고문, 보고서 등을 작성하고 이를 활용하여 업무 수행의 목적과 상황에 적합한 문서를 작성할 수 있는지, 각각의 양식에 맞는 단어를 사용할 수 있는지, 띄어쓰기와 같은 맞춤법이 바르게 사용되었는지 등을 확인하고 작성된 문서의 정보 확인 및 교정이 가능한지 평가합니다.

2. 유형 특징
- 문서작성능력의 유형에는 문서에 사용된 단어 또는 문장의 오류 수정, 공문서 작성, 글의 개요 구성 등이 있습니다.
- 어문 규정에 맞지 않는 항목의 개수 찾기, 헷갈리기 쉬운 어휘나 유의어 구분, 한글 맞춤법에 따른 문장 고치기와 같은 문제가 주로 출제됩니다. 제시된 작성 원칙에 따라 문서를 작성할 때 오타, 한글 맞춤법, 외래어 표기법과 관련된 문제와 매뉴얼에 따른 올바른 양식을 활용했는지 확인하는 문제가 주로 출제됩니다.
- 해당 보고서, 공고문 등의 문서를 읽고 그 내용을 올바르게 이해했는지 확인하는 문제가 출제됩니다.

3. 풀이 전략
- 문장의 호응이나 띄어쓰기, 맞춤법 등을 확인하는 문제를 풀기 위해서는 기본적인 어문 규정의 숙지가 우선되어야 합니다. 기안문을 작성하거나 수정하는 문제의 경우 형식 자체는 낯설 수 있으나, 제시된 조건에 따라 작성하였는지 확인만 하면 되기 때문에 비교적 수월하게 해결할 수 있습니다.
- 각각의 업무 상황에서 사용 가능한 문서의 특징과 종류에 대해 미리 숙지하고, 문제를 풀이할 때 제시된 유의 사항 및 작성 방법에 주의합니다.
- 글 작성 방법과 글의 개요, 문단의 짜임새 등에 맞게 요약 · 정리하는 것을 연습하여 응용력을 높입니다.

III. 경청능력

1. 평가 목표

- 업무를 수행할 때 타인과의 의사소통을 통해 그 내용을 이해하고 중요한 정보를 파악할 수 있는지 평가합니다.
- 적극적인 경청으로 대화 내용의 의미를 파악하여 지시 사항을 이해하고 수행할 수 있는지 평가합니다.

2. 유형 특징

- 실제 업무 수행 중 발생할 수 있는 상황을 제시하여, 화자와 청자 간의 대화를 통해 진위와 중요 의미를 파악하는 문제가 출제됩니다.
- 대화 내용의 의미를 파악할 수 있는지, 지시 사항에 따라 바른 행동을 하는지를 확인하는 문제가 주로 출제됩니다. 독해, 응용수리, 어휘, 상황 판단 등을 요구하는 복합적인 유형이므로 읽기, 쓰기, 추리, 연산 등의 복합적 사고 능력이 필요합니다.

3. 풀이 전략

- 조건이나 각주로 추론할 수 있는 상황이 무엇인지 예측하는 문제가 출제될 수 있기 때문에, 제시문을 읽은 후 조건이나 각주 등의 내용이 추가적으로 제시되어 있다면 꼼꼼히 읽고 놓치는 부분이 없도록 합니다.
- 제시된 자료를 토대로 대화를 나누는 문제의 경우 독해 유형의 내용 일치 문제와 유사한 방식으로 해결할 수 있습니다. 단, 자료의 전체적인 내용을 파악하는 데에 많은 시간을 쓰기보다는 문제와 선택지를 먼저 읽은 후 필요한 부분을 찾아내는 방식으로 풀어 나갑니다.

IV. 의사표현능력

1. 평가 목표

- 업무를 수행할 때 그 상황과 목적에 맞게 자신의 의사를 전달하여 효율적으로 의사소통할 수 있는지 평가합니다.

2. 유형 특징

- 약관이나 매뉴얼, 기사 등의 다양한 자료를 참고하여 고객의 문의에 답변할 수 있는지, 제시된 조건을 근거로 내용을 바르게 파악하는지를 확인하는 문제가 출제됩니다.
- 공고문, 작업 지시서나 고객 문의에 대한 응답에 관한 지문에서는 해당 내용에 관해 올바르게 응답할 수 있는지, 상황에 맞는 적절한 질문을 할 수 있는지를 확인하는 문제가 출제됩니다.

3. 풀이 전략

- 문제 자체의 난이도는 높지 않지만 주어진 자료의 양이 많고 제시문의 길이가 긴 것이 특징입니다. 그러나 자료 전체를 모두 읽기보다는 발문부터 읽은 후 문제에서 요구하는 사항을 파악하고, 이를 중심으로 자료를 살펴 답을 찾도록 합니다.
- 제시문 하나에 여러 개의 문제가 출제되고 다른 하위 능력 요소들과 복합적으로 출제되는 경우가 많기 때문에, 발문을 먼저 읽은 후 각 문제에서 요구되는 사항이 무엇인지 미리 파악하고 자료를 읽습니다. 항상 자료 안에 정답이 있다는 것을 유념하고, 자료에 따라 간단한 계산이 필요하기도 하므로 각주나 조건 등을 꼼꼼히 살펴야 합니다.

문서 이해 능력을 다루는 유형 1 (중심 내용)

해당 유형은 제시된 문서의 중심 내용을 찾아낼 수 있는지 측정하는 유형이다. 중심 내용 찾기에서는 문서의 주제 및 제목 찾기, 주제문 찾기, 문서 요약하기, 문서의 중심 내용 찾기 등의 유형이 출제된다. 여러 가지 종류의 문서가 등장하므로 문서의 종류에 따른 특징들을 알아 두고, 세세하게 읽기보다는 전체적인 문맥을 파악하고 핵심어를 찾는 노력을 해야 한다.

아래의 글을 읽고 이 글의 중심 내용으로 가장 적절한 것을 고르시오.

사회 관계망 서비스(SNS)는 개인의 알 권리를 충족하거나 사회적 정의 실현을 위해 생각과 정보를 공유할 수 있도록 돕는다는 면에서 긍정적인 가치를 인정받는다. 그러나 도덕적 응징이라는 미명하에 개인의 신상 정보를 무차별적으로 공개하는 범법 행위가 확산되면서 심각한 사회 문제가 일고 있는 것이 사실이다. 법적 처벌이 어렵다면 도덕적으로 응징해서라도 죄를 물어야 한다는 누리꾼들의 요구가, '모욕죄'나 '사이버 명예 훼손죄' 등으로 처벌될 수 있는 범죄 행위 수준의 과도한 행동으로 이어지는 경우를 우려해야 하는 상황인 것이다.

특히 사회적 비난이 집중된 사건의 경우, 공익을 위한다는 생각으로 사건의 사실 여부를 제대로 확인하지도 않은 채 개인 신상 정보부터 무분별하게 유출하는 행위가 끊이지 않고 있어 문제의 심각성이 커지고 있다. 그로 인해 개인의 사생활 침해와 인격 훼손은 물론, 개인 정보가 범죄에 악용되는 부작용이 발생하고 있다. 따라서 사회 관계망 서비스를 이용하여 정보를 공유할 때에는, 개인의 사생활을 침해하거나 인격을 훼손하는 정보를 유출하는 것은 아닌지 각별한 주의를 기울일 필요가 있다.

① 사회 관계망 서비스는 긍정적인 가치를 갖고 있다.
② 정보 공유 과정에서 개인의 인권이 침해당해서는 안 된다.
③ 공익을 위해 개인 신상 정보가 무분별하게 유출된다.
④ 도덕적 응징을 위해 신상 정보는 보호받지 않아도 된다.
⑤ 사건의 사실 여부를 확인하지 않고 정보를 공유하는 것은 큰 문제이다.

문서 이해 능력을 다루는 유형 2 (세부 내용)

해당 유형은 의사소통능력 영역에서 가장 많이 출제되는 유형으로, 제시된 문서의 정확한 이해 능력을 측정하는 유형이다. 본 유형에서는 문서 세부 내용에 대한 옳은 내용 고르기, 틀린 내용 고르기, 빈칸 채우기 등의 유형이 출제된다. 여러 가지 종류의 문서가 등장하므로 문서의 종류에 따른 특징들을 알아 두면 좋다.

다음을 읽고 옳지 않은 내용을 고르시오.

조선 시대에는 어떤 경우라도 피의자로부터 죄를 자백 받도록 규정되어 있었고, 죄인이 자백을 한 경우에만 형이 확정되었다. 관리들은 자백을 받기 위해 심문을 했는데, 대개 말로 타일러 자백을 받아 내는 '평문'을 시행했다. 그러나 피의자가 자백을 하지 않고 버틸 때에는 매를 쳐 자백을 받는 '형문'을 시행했다. 형문 과정에서 매를 칠 때에는 한 번에 30대를 넘길 수 없었고, 한 번 매를 친 후에는 3일이 지나야만 다시 매를 칠 수 있었다. 이렇게 두 번 매를 친 후에는 형문으로 더 이상 매를 칠 수 없었다.

평문이나 형문을 통해 범죄 사실이 확정되면 '본형'이 집행되었다. 그런데 본형으로 매를 맞을 사람에게는 형문 과정에서 맞은 매의 수만큼 빼 주도록 규정되어 있었다. 또 형문과 본형에서 맞은 매의 합계가 그 죄의 대가로 맞도록 규정된 수를 초과할 수 없었다. 형문과 본형을 막론하고, 맞는 매의 종류는 태형과 장형으로 나뉘어졌다. 태형은 길고 작은 매를 사용해 치는 것인데, 어떤 경우에도 50대를 넘겨서 때릴 수 없었다. 태형보다 더 큰 매로 치는 장형은 '곤장'이라고도 부르는데, 죄목에 따라 60대부터 10대씩 올려 100대까지 칠 수 있었다. 장형을 칠 때, 대개는 두께가 6밀리미터 정도인 '신장'이라는 도구를 사용했다. 그런데 종이 상전을 다치게 했을 경우에는 신장보다 1.5배 정도 더 두꺼운 '성장'이라는 도구를 사용해 매를 쳤다. 또 반역죄와 같이 중한 죄인을 다룰 때에는 더 두꺼운 '국장'을 사용하였다.

매를 때리다가 피의자가 죽는 경우도 있었는데, 이때는 책임자를 파직하거나 그로 하여금 장례 비용을 내게 했다. 단, 반역 죄인에게 때리는 매의 수에 제한은 없었고, 형문이나 본형 도중 반역 죄인이 사망한다고 해서 책임자를 문책한다는 규정도 없었다.

조선 시대에는 남의 재물을 강탈한 자를 처벌할 때 초범인 경우에는 60대를 쳤다. 그런데 재범이거나 세 사람 이상 무리를 이루어 남의 재물을 강탈했을 때에는 처벌이 더 엄했다. 이런 사람에 대한 처벌로는 100대를 때렸다. 남의 재물을 강탈한 자의 경우 형문할 때와 본형으로 처벌할 때 택하는 매의 종류가 같았다.

① 형문에서 매를 맞은 사람은 본형에서도 매를 맞았다.
② 길고 작은 매로 치는 것은 50대를 넘겨서 때릴 수 없었다.
③ 종이 상전을 다치게 했을 경우에는 '성장'을 사용해 쳤다.
④ 매를 맞다가 피의자가 죽으면 책임자를 파직하기도 했다.
⑤ 다른 사람의 물건을 훔치면 형문과 본형의 매의 종류가 같았다.

글쓴이가 주장하는 바는 무엇이고 그 근거는 무엇인지 찾도록 한다. 여러 문단으로 이루어진 지문의 중심 내용을 찾는 문제보다 이렇게 한 문단으로 된 지문의 중심 내용을 찾는 것이 훨씬 시간을 절약할 수 있는 문제이다.

글의 세부 내용이 아닌, 전체적인 맥락만 파악하는 것에 주의해야 한다!

아래의 글을 읽고 이 글의 중심 내용으로 가장 적절한 것을 고르시오.

사회 관계망 서비스(SNS)는 개인의 알 권리를 충족하거나 사회적 정의 실현을 위해 생각과 정보를 공유할 수 있도록 돕는다는 면에서 긍정적인 가치를 인정받는다. 그러나 도덕적 응징이라는 미명하에 개인의 신상 정보를 무차별적으로 공개하는 범법 행위가 확산되면서 심각한 사회 문제가 일고 있는 것이 사실이다. 법적 처벌이 어렵다면 도덕적으로 응징해서라도 죄를 물어야 한다는 누리꾼들의 요구가, '모욕죄'나 '사이버 명예 훼손죄' 등으로 처벌될 수 있는 범죄 행위 수준의 과도한 행동으로 이어지는 경우를 우려해야 하는 상황인 것이다.

특히 사회적 비난이 집중된 사건의 경우, 공익을 위한다는 생각으로 사건의 사실 여부를 제대로 확인하지도 않은 채 개인 신상 정보부터 무분별하게 유출하는 행위가 끊이지 않고 있어 문제의 심각성이 커지고 있다. 그로 인해 개인의 사생활 침해와 인격 훼손은 물론, 개인 정보가 범죄에 악용되는 부작용이 발생하고 있다. 따라서 사회 관계망 서비스를 이용하여 정보를 공유할 때에는, 개인의 사생활을 침해하거나 인격을 훼손하는 정보를 유출하는 것은 아닌지 각별한 주의를 기울일 필요가 있다.

보통 글의 중심 내용은 글의 가장 끝이나 처음에 있다.

① 사회 관계망 서비스는 긍정적인 가치를 갖고 있다.
② 정보 공유 과정에서 개인의 인권이 침해당해서는 안 된다.
③ 공익을 위해 개인 신상 정보가 무분별하게 유출된다.
④ 도덕적 응징을 위해 신상 정보는 보호받지 않아도 된다.
⑤ 사건의 사실 여부를 확인하지 않고 정보를 공유하는 것은 큰 문제이다.

정답 및 해설 정답 ②

① 맞는 설명이지만 이 글 전체를 아우르는 중심 내용은 아니다.
③ 맞는 설명이지만 이 글 전체를 아우르는 중심 내용은 아니다.
④ 이 글의 입장과 반대되는 내용이다.
⑤ 맞는 설명이지만 이 글 전체를 아우르는 중심 내용은 아니다.

해당 유형은 업무와 관련된 인쇄물이나 문서가 지문으로 나오기도 하며, 비문학 지문이 출제되기도 한다. 따라서 다양한 형태의 문서를 접하고 이해하는 연습을 해야 하며, 문서를 읽으면서 핵심 단어들을 잘 파악하는 것이 중요하다. 글의 세부적인 내용을 묻고 있으므로 선택지를 먼저 살피고 지문을 읽는 것이 유리할 수 있다. 또한 지문의 중심 내용, 세부 내용을 빠른 시간 안에 정확하게 파악하는 것이 핵심 포인트라 할 수 있다.

다음을 읽고 옳지 않은 내용을 고르시오.

조선 시대에는 어떤 경우라도 피의자로부터 죄를 자백 받도록 규정되어 있었고, 죄인이 자백을 한 경우에만 형이 확정되었다. 관리들은 자백을 받기 위해 심문을 했는데, 대개 말로 타일러 자백을 받아 내는 '평문'을 시행했다. 그러나 피의자가 자백을 하지 않고 버틸 때에는 매를 쳐 자백을 받는 '형문'을 시행했다. 형문 과정에서 매를 칠 때에는 한 번에 30대를 넘길 수 없었고, 한 번 매를 친 후에는 3일이 지나야만 다시 매를 칠 수 있었다. 이렇게 두 번 매를 친 후에는 형문으로 더 이상 매를 칠 수 없었다.

평문이나 형문을 통해 범죄 사실이 확정되면 '본형'이 집행되었다. ①그런데 본형으로 매를 맞을 사람에게는 형문 과정에서 맞은 매의 수만큼 빼 주도록 규정되어 있었다. 또 형문과 본형에서 맞은 매의 합계가 그 죄의 대가로 맞도록 규정된 수를 초과할 수 없었다. 형문과 본형을 막론하고, 맞는 매의 종류는 태형과 장형으로 나뉘어졌다. 태형은 ②길고 작은 매를 사용해 치는 것인데, 어떤 경우에도 50대를 넘겨서 때릴 수 없었다. 태형보다 더 큰 매로 치는 장형은 '곤장'이라고도 부르는데, 죄목에 따라 60대부터 10대씩 올려 100대까지 칠 수 있었다. 장형을 칠 때, 대개는 두께가 6밀리미터 정도인 '신장'이라는 도구를 사용했다. 그런데 ③종이 상전을 다치게 했을 경우에는 신장보다 1.5배 정도 더 두꺼운 '성장'이라는 도구를 사용해 매를 쳤다. 또 반역죄와 같이 중한 죄인을 다룰 때에는 더 두꺼운 '국장'을 사용하였다.

④매를 때리다가 피의자가 죽는 경우도 있었는데, 이때는 책임자를 파직하거나 그로 하여금 장례 비용을 내게 했다. 단, 반역죄인에게 때리는 매의 수에 제한은 없었고, 형문이나 본형 도중 반역죄인이 사망한다고 해서 책임자를 문책한다는 규정도 없었다.

조선 시대에는 남의 재물을 강탈한 자를 처벌할 때 초범인 경우에는 60대를 쳤다. 그런데 재범이거나 세 사람 이상 무리를 이루어 남의 재물을 강탈했을 때에는 처벌이 더 엄했다. 이런 사람에 대한 처벌로는 100대를 때렸다. ⑤남의 재물을 강탈한 자의 경우 형문할 때와 본형으로 처벌할 때 택하는 매의 종류가 같았다.

① 형문에서 매를 맞은 사람은 본형에서도 매를 맞았다.
② 길고 작은 매로 치는 것은 50대를 넘겨서 때릴 수 없었다.
③ 종이 상전을 다치게 했을 경우에는 '성장'을 사용해 쳤다.
④ 매를 맞다가 피의자가 죽으면 책임자를 파직하기도 했다.
⑤ 다른 사람의 물건을 훔치면 형문과 본형의 매의 종류가 같았다.

정답 및 해설 정답 ①

① (X) 본형으로 매를 맞을 사람에게는 형문 과정에서 맞은 매의 수만큼 빼 주었다.
② (O) 길고 작은 매로 치는 것은 50대를 넘겨서 때릴 수 없었다.
③ (O) 종이 상전을 다치게 했을 경우에는 '성장'을 사용해 쳤다.
④ (O) 매를 맞다가 피의자가 죽으면 책임자를 파직하기도 했다.
⑤ (O) 다른 사람의 물건을 훔치면 형문과 본형의 매의 종류가 같았다.

※ 정답을 맞혔다고 해서 그냥 넘어가지 말고, 정답과 오답에 대한 근거를 제시문에서 찾는 연습이 필요하다.

01 다음 글에서 필자가 궁극적으로 주장하는 바를 고르시오.

우리는 도시화, 산업화, 고도성장 과정에서 우리 경제의 뒷방살이 신세로 전락한 한국 농업의 새로운 가치에 주목해야 한다. 농업은 경제적 효율성이 뒤처져서 사라져야 할 사양 산업이 아니다. 전 지구적인 기후 변화와 식량 및 에너지 등 자원 위기에 대응하여 나라와 생명을 살릴 미래 산업으로서 농업의 전략적 가치가 크게 부각되고 있다. 농본주의의 기치를 앞세우고 농업 르네상스 시대의 재연을 통해 우리 경제가 당면한 불확실성의 터널을 벗어나야 한다.

우리는 왜 이런 주장을 하는가? 농업은 자원 순환적이고 환경 친화적인 산업이기 때문이다. 땅의 생산력에 기초해서 한계적 노동력을 고용하는 지연(地緣) 산업인 동시에 식량과 에너지를 생산하는 원천적인 생명 산업이기 때문이다. 물질적인 부의 극대화를 위해서 한 지역의 자원을 개발하여 이용한 뒤에 효용 가치가 떨어지면 다른 곳으로 이동하는 유목민적 태도가 오늘날 위기를 낳고 키워 왔는지 모른다. 급변하는 시대의 흐름에 부응하지 못하는 구시대의 경제 패러다임으로는 오늘날의 역사에 동승하기 어렵다. 이런 맥락에서, 지키고 가꾸어 후손에게 넘겨주는 정주민의 문화적 지속성을 존중하는 농업의 가치가 새롭게 조명 받는 이유에 주목할 만하다. 과학 기술의 눈부신 발전 성과를 수용하여 새로운 상품과 시장을 창출할 수 있는 녹색 성장 산업으로서 농업의 잠재적 가치가 중시되고 있는 것이다.

① 농업은 현재 불확실한 산업이다.
② 농업의 가치에 주목하여야 한다.
③ 유목민적 태도를 지양해야 한다.
④ 급변하는 시대의 흐름에 부응해야 한다.
⑤ 과학 기술의 지나친 발전은 오늘날의 문제점이 되고 있다.

02 다음 글의 핵심 내용으로 가장 알맞은 내용은?

내가 어렸을 때만 하더라도 원래 북아메리카에는 100만 명 가량의 원주민밖에 없었다고 배웠다. 이렇게 적은 수라면 거의 빈 대륙이라고 할 수 있으므로 백인들의 아메리카 침략은 정당해 보였다. 그러나 고고학 발굴과 미국의 해안 지방을 처음 밟은 유럽 탐험가들의 기록을 자세히 검토한 결과 원주민들이 처음에는 수천만 명에 달했다는 것을 알게 되었다. 아메리카 전체를 놓고 보았을 때 콜럼버스가 도착한 이후 한두 세기에 걸쳐 원주민 인구는 최대 95%가 감소한 것으로 추정된다.

그런데 유럽의 총칼에 의해 전쟁터에서 목숨을 잃은 아메리카 원주민보다 유럽에서 온 전염병에 의해 목숨을 잃은 원주민 수가 훨씬 많았다. 이 전염병은 대부분의 원주민들과 그 지도자들을 죽이고 생존자들의 사기를 떨어뜨림으로써 그들의 저항을 약화시켰다. 예를 들자면 1519년에 코르테스는 인구 수천만의 아스텍 제국을 침탈하기 위해 멕시코 해안에 상륙했다. 코르테스는 단 600명의 스페인 병사를 이끌고 아스텍의 수도인 테노치티틀란을 무모하게 공격했지만 병력의 3분의 2만 잃고 무사히 퇴각할 수 있었다. 여기에는 스페인의 군사적 강점과 아스텍족의 어리숙함이 함께 작용했다. 코르테스가 다시 쳐들어왔을 때 아스텍인들은 더 이상 그렇게 어리숙하지 않았고 몹시 격렬한 싸움을 벌였다. 그런데도 스페인이 우위를 점할 수 있었던 것은 바로 천연두 때문이었다. 이 병은 1520년에 스페인령 쿠바에서 감염된 한 노예와 더불어 멕시코에 도착했다. 그때부터 시작된 유행병은 거의 절반에 가까운 아스텍족을 몰살시켰으며 거기에는 쿠이틀라우악 아스텍 황제도 포함되어 있었다. 이 수수께끼의 질병은 마치 스페인인들이 무적임을 알리려는 듯 스페인인은 내버려 두고 원주민만 골라 죽였다. 그리하여 처음에는 약 2,000만에 달했던 멕시코 원주민 인구가 1618년에는 약 160만으로 곤두박질치고 말았다.

① 백인들은 역사의 조작으로 아메리카 침략을 정당화하였다.
② 콜럼버스의 침략으로 인해 원주민 아메리카 인구가 줄었다.
③ 침략은 인류의 비극적인 역사이다.
④ 멕시코 원주민들이 걸린 질병에 스페인인들은 걸리지 않았다.
⑤ 아메리카 원주민이 급격히 줄어든 것은 전염병 때문이다.

03 다음 글의 주제로 적합한 것은?

계몽주의 사상가들은 명백히 모순되는 두 개의 견해를 취했다. 그들은 인간의 위치를 자연계 안에서 해명하려고 애썼다. 역사의 법칙이란 것을 자연의 법칙과 동일한 것으로 여겼다. 다른 한편, 그들은 진보를 믿었다. 그렇다면 그들이 자연을 진보하는 것으로, 다시 말해 끊임없이 어떤 목적을 향해서 전진하는 것으로 받아들인 데에는 어떤 근거가 있었던가? 헤겔은 역사는 진보하는 것이고 자연은 진보하지 않는 것이라고 뚜렷이 구분했다. 반면, 다윈은 진화와 진보를 동일한 것으로 주장함으로써 모든 혼란을 정리한 듯했다. 자연도 역사와 마찬가지로 진보하는 것으로 본 것이다. 그러나 이것은 진화의 원천인 생물학적인 유전(biological inheritance)을 역사에서의 진보의 원천인 사회적인 획득(social acquisition)과 혼동함으로써 훨씬 더 심각한 오해에 이를 수 있는 길을 열어 놓았다. 오늘날 그 둘이 분명히 구별된다는 것은 익히 알려진 것이다.

① 진보와 진화에 관한 견해들
② 진보와 진화의 명백한 구분
③ 자연이 진보적이라는 것에 대한 증거
④ 자연의 법칙들 속의 역사의 법칙
⑤ 생물학적인 유전과 그 역사

04 다음 내용의 주제로 가장 적절한 것을 고르시오.

다음 세대에 자신의 모어(母語)를 전달하지 않고자 하는 행위를 '언어 자살(language suicide)'이라고 한다. 언어 자살은 명백한 외부의 강압이 없으며 비교적 단기간에 집단적으로 이루어진다는 특징이 있다. 가령, 멕시코 정부에서 공식적으로 토토낙어 사용을 금지하는 정책을 취하지 않고 지역 문화를 존중하는 태도를 보였는데도 이 지역 사람들은 모어 대신 스페인어를 사용했다. 이러한 언어 교체 현상을 멕시코 정부가 부추겼다고 보기는 어렵다. 연구에 의하면 언어 자살은 '정체성 상실, 사회 붕괴, 세대 간 문화적 연속성의 결여' 등이 앞서거니 뒤서거니 하는 원인이자 결과이자 배경이다. '나는 부모님들처럼 이렇게 살지는 않겠어.'라는 집단적 자각이 한 세대로 하여금 단체로 모어 사용을 그만두게 할 수도 있는 셈이다.

① 단기간에 이루어지는 언어 자살
② 정부의 정책에 의한 언어 말살
③ 자발적 언어 교체 현상의 언어 자살
④ 지역 문화의 존중과 언어의 관계
⑤ 정체성 상실의 원인이 된 언어 자살

05 다음 지문에서 필자가 궁극적으로 말하고자 하는 바를 고르시오.

로마는 '마지막으로 보아야 하는 도시'라고 합니다. 장대한 로마 유적을 먼저 보고 나면 다른 관광지의 유적들이 상대적으로 왜소하게 느껴지기 때문일 것입니다. 로마의 자부심이 담긴 말입니다. 그러나 나는 당신에게 제일 먼저 로마를 보라고 권하고 싶습니다. 왜냐하면 로마는 문명이란 무엇인가라는 물음에 대해 가장 진지하게 반성할 수 있는 도시이기 때문입니다. 문명관(文明觀)이란 과거 문명에 대한 관점이 아니라 우리의 가치관과 직결되어 있는 것입니다. 그리고 과거 문명을 바라보는 시각은 그대로 새로운 문명에 대한 전망으로 이어지기 때문입니다.

① 여행지 중에서 로마를 가장 먼저 봐야 한다.
② 로마에 비해 다른 도시는 왜소하다.
③ 로마는 자부심이 많은 도시이다.
④ 문명이란 무엇인지 반성하는 태도가 필요하다.
⑤ 로마의 가치관을 이어받아야 한다.

06 다음 중 제시된 자료에 대한 내용으로 옳지 않은 것은?

흔히들 과학적 이론이나 가설을 표현하는 엄밀한 물리학적 언어만을 과학의 언어라고 생각한다. 그러나 과학적 이론이나 가설을 검사하는 과정에는 이러한 물리학적 언어 외에 우리의 감각적 경험을 표현하는 일상적 언어도 사용될 수밖에 없다. 그런데 우리의 감각적 경험을 표현하는 일상적 언어에는 과학적 이론이나 가설을 표현하는 물리학적 언어와는 달리 매우 불명료하고 엄밀하게 정의될 수 없는 용어들이 포함되어 있다. 어떤 학자는 이러한 용어들을 '발룽엔'이라고 부른다.

이제 과학적 이론이나 가설을 검사하는 과정에 발룽엔이 개입된다고 해 보자. 이 경우 우리는 증거와 가설 사이의 논리적 관계가 무엇인지 결정할 수 없게 될 것이다. 즉, 증거가 가설을 논리적으로 뒷받침하고 있는지 아니면 논리적으로 반박하고 있는지에 관해 미결정적일 수밖에 없다는 것이다. 그 이유는 증거를 표현할 때 포함될 수밖에 없는 발룽엔을 어떻게 해석할 것인지에 따라 증거와 가설 사이의 논리적 관계에 대한 다양한 해석이 나오게 될 것이기 때문이다. 발룽엔의 의미는 본질적으로 불명료할 수밖에 없다. 즉, 발룽엔을 아무리 상세하게 정의하더라도 그것의 의미를 정확하고 엄밀하게 규정할 수는 없다는 것이다.

논리실증주의자들이나 포퍼는 증거와 가설 사이의 관계를 논리적으로 정확하게 판단할 수 있고 이를 통해 가설을 정확히 검사할 수 있다고 생각했다. 그러나 증거와 가설이 상충하면 가설이 퇴출된다는 식의 생각은 너무 단순한 것이다. 증거와 가설의 논리적 관계에 대한 판단을 위해서는 증거가 의미하는 것이 무엇인지 파악하는 것이 선행되어야 하기 때문이다. 따라서 우리가 발룽엔의 존재를 염두에 둔다면, '과학적 가설과 증거의 논리적 관계를 정확하게 판단할 수 있다는 생각은 잘못된 것이다'라고 결론지을 수 있을 것이다.

① 과학적 이론을 검사하는 과정에 감각적 경험을 표현하는 일상적 언어도 사용된다.
② 발룽엔에는 물리학적 언어와는 다르게 엄밀히 정의될 수 없는 용어들이 있다.
③ 발룽엔은 해석 방법이 달라도 같은 해석이 나오기 때문에 본질이 명료하다.
④ 논리실증주의자들이나 포퍼는 가설을 정확히 검사할 수 있을 것이라고 생각했다.
⑤ 발룽엔을 생각한다면 과학적 가설과 증거의 논리적 관계를 정확히 판단할 수 없다.

07 다음 중 아래 글의 내용과 부합하지 않는 설명은?

기원전 3천 년쯤 처음 나타난 원시 수메르어 문자 체계는 두 종류의 기호를 사용했다. 한 종류는 숫자를 나타냈고, 1, 10, 60 등에 해당하는 기호가 있었다. 다른 종류의 기호는 사람, 동물, 사유물, 토지 등을 나타냈다. 두 종류의 기호를 사용하여 수메르인들은 많은 정보를 보존할 수 있었다.

이 시기의 수메르어 기록은 사물과 숫자에 한정되었다. 쓰기는 시간과 노고를 요구하는 일이었고, 기호를 읽고 쓸 줄 아는 사람은 얼마 되지 않았다. 이런 고비용의 기호를 장부 기록 이외의 일에 활용할 이유가 없었다. 현존하는 원시 수메르어 문서 가운데 예외는 하나뿐이고, 그 내용은 기록하는 일을 맡게 된 견습생이 교육을 받으면서 반복해서 썼던 단어들이다. 지루해진 견습생이 자기 마음을 표현하는 시를 적고 싶었더라도 그는 그렇게 할 수 없었다. 원시 수메르어 문자 체계는 완전한 문자 체계가 아니었기 때문이다. 완전한 문자 체계란 구어의 범위를 포괄하는 기호 체계, 즉 시를 포함하여 사람들이 말하는 것은 무엇이든 표현할 수 있는 체계이다. 반면에 불완전한 문자 체계는 인간 행동의 제한된 영역에 속하는 특정한 종류의 정보만 표현할 수 있는 기호 체계이다. 라틴어, 고대 이집트 상형문자, 브라유 점자는 완전한 문자 체계이다. 이것들로는 상거래를 기록하고, 상법을 명문화하고, 역사책을 쓰고, 연애시를 쓸 수 있다. 이와 달리 원시 수메르어 문자 체계는 수학의 언어나 음악 기호처럼 불완전했다. 그러나 수메르인들은 불편함을 느끼지 않았다. 그들이 문자를 만들어 쓴 이유는 구어를 고스란히 베끼기 위해서가 아니라 거래 기록의 보존처럼 구어로는 하지 못할 일을 하기 위해서였기 때문이다.

① 원시 수메르어 문자 체계에는 숫자도 포함되었다.
② 원시 수메르어로는 마음을 표현하는 시를 적을 수 없었다.
③ 원시 수메르어 문자 체계는 브라유 점자와 다른 종류라고 할 수 있다.
④ 원시 수메르어 문자 체계는 오늘날에도 완벽한 문자 체계이다.
⑤ 수메르어 문자 체계는 인간 행동의 제한된 영역에 속하는 특정한 종류의 정보만 표현할 수 있는 기호 체계이다.

08 아래의 글을 읽고 일치하지 않는 내용을 고르시오.

대부분의 컴퓨터 게임 프로그램은 컴퓨터의 무작위적 행동을 필요로 한다. 이것은 말처럼 그렇게 쉬운 일이 아니다. 모든 컴퓨터는 주어진 규칙과 공식에 따라 결과를 산출하도록 만들어질 수밖에 없기 때문이다.

비록 현재의 컴퓨터는 완전히 무작위적으로 수들을 골라내지는 못하지만, 무작위적인 것처럼 보이는 수들을 산출하는 수학 공식 프로그램을 내장하고 있다. 즉, 일련의 정확한 계산 결과로 만든 것이지만, 무작위적인 것처럼 보이는 수열을 만들어 낸다. 그러한 일련의 수들을 만들어 내는 방법은 수백 가지이지만, 모두 처음에 시작할 시작 수의 입력이 필수적이다. 이 시작 수는 사용자가 직접 입력할 수도 있고, 컴퓨터에 내장된 시계에서 얻을 수도 있다. 예컨대 자판을 두드리는 순간 측정된 초의 수치를 시작 수로 삼는 것이다.

문제는 이렇게 만들어 낸 수열이 얼마나 완전히 무작위적인 수열에 가까운가이다. 완전히 무작위적인 수열이 되기 위해서는 다음의 두 가지 기준을 모두 통과해야 한다. 첫째, 모든 수가 다른 수들과 거의 같은 횟수만큼 나와야 한다. 둘째, 그 수열은 인간의 능력으로 예측이 가능한 어떤 패턴도 나타내지 않아야 한다. 수열 1, 2, 3, 4, 5, 6, 7, 8, 9, 0은 첫 번째 조건은 통과하지만, 두 번째 조건은 통과하지 못한다. 수열 5, 8, 3, 1, 4, 5, 9, 4, 3, 7, 0은 얼핏 두 번째 조건을 통과하는 것처럼 보이지만 그렇지 않다. 곰곰이 생각해 보면 0 다음의 수가 무엇이 될 것인지를 예측할 수 있기 때문이다. (앞의 두 수를 합한 값의 일의 자리 수를 생각해 보라.) 현재의 컴퓨터가 내놓는 수열들이 이 두 가지 기준 모두를 통과하는 것은 아니다. 즉, 완전히 무작위적인 수열을 아직 만들어 내지 못하고 있는 것이다. 그리고 컴퓨터의 작동 원리를 생각하면, 이는 앞으로도 불가능할 수밖에 없다.

① 시작 수는 사용자가 직접 입력해야만 얻을 수 있다.
② 완전히 무작위적인 수열이 되기 위해서는 두 가지 기준이 있다.
③ 컴퓨터가 내놓는 수열들은 모두 완전히 무작위적인 수열이 아니다.
④ 완전히 무작위적인 수열이 되기 위해서는 인간의 능력으로 예측할 수 없어야 한다.
⑤ 컴퓨터의 작동 원리에 따라 미래에도 완전히 무작위적인 수열은 만들 수 없다.

09 아래의 글과 부합하는 내용을 고르시오.

탁주는 혼탁한 술이다. 탁주는 알코올 농도가 낮고, 맑지 않아 맛이 텁텁하다. 반면 청주는 탁주에 비해 알코올 농도가 높고 맑은 술이다. 그러나 얼마만큼 맑아야 청주이고 얼마나 흐려야 탁주인가 하는 질문에는 명쾌하게 답을 내리기가 쉽지 않다. 탁주의 정의 자체에 혼탁이라는 다소 불분명한 용어가 쓰이기 때문이다. 과학적이라고 볼 수는 없지만, 투명한 병에 술을 담고 그 병 뒤에 작은 물체를 두었을 경우 그 물체가 희미하게 보이거나 아예 보이지 않으면 탁주라고 부른다. 술을 담은 병 뒤에 둔 작은 물체가 희미하게 보일 때 이 술의 탁도는 350ebc 정도이다. 청주의 탁도는 18ebc 이하이며, 탁주 중에 막걸리는 탁도가 1,500ebc 이상인 술이다.

막걸리를 만들기 위해서는 찹쌀, 보리, 밀가루 등을 시루에 쪄서 만든 지에밥이 필요하다. 적당히 말린 지에밥에 누룩, 효모와 물을 섞어 술독에 넣고 나서 며칠 지나면 막걸리가 만들어진다. 술독에서는 미생물에 의한 당화 과정과 발효 과정이 거의 동시에 일어나며, 이 두 과정을 통해 지에밥의 녹말이 알코올로 바뀌게 된다. 효모가 녹말을 바로 분해하지 못하므로, 지에밥에 들어 있는 녹말을 엿당이나 포도당으로 분해하는 당화 과정에서는 누룩곰팡이가 중요한 역할을 한다. 누룩곰팡이가 갖고 있는 아밀라아제는 녹말을 잘게 잘라 엿당이나 포도당으로 분해한다. 이 당화 과정에서 만들어진 엿당이나 포도당을 효모가 알코올로 분해하는 과정을 발효 과정이라 한다. 당화 과정과 발효 과정 중에 나오는 에너지로 인하여 열이 발생하게 되며, 이 열로 술독 내부의 온도인 품온(品溫)이 높아진다. 품온은 막걸리의 질과 풍미를 결정하기에 적정 품온이 유지되도록 술독을 관리해야 하는데, 일반적인 적정 품온은 23~28°C이다.

※ ebc: 유럽양조협회에서 정한 탁도의 단위

① 재료가 무엇이냐에 따라 탁주와 청주로 나뉜다.
② 알코올 농도에 따라 탁주와 청주를 나누는 것은 애매하다.
③ 탁주와 청주를 구분하는 방법은 과학적이라고 할 수 있다.
④ 발효 과정 중의 에너지가 곧 탁주와 청주를 결정하는 데 도움을 준다.
⑤ 누룩곰팡이에 들어 있는 아밀라아제는 녹말을 엿당이나 포도당으로 분해한다.

10 다음 중 아래의 글과 일치하지 않는 내용을 고르시오.

한국 전통 건축의 특징 중 하나는 여러 건물들이 일정한 축이나 질서에 의해 배치되고, 그 중간 부분에 크고 작은 마당들이 있다는 것이다. 그리고 마당으로부터의 시선이 마루를 거쳐 방으로 연결되고, 다시 창호를 통해 저 멀리의 들과 강과 산으로 이어진다. 한국 전통 건축은 결코 자연을 소유하려 하지 않는다. 자연을 있는 그대로 두고 열려진 건축 공간을 통해 정원처럼 즐기는 방식을 취한다. 그것은 자연을 정복하려는 중국 전통 건축이나, 자연을 소유하려는 일본 전통 건축의 특징과 명확히 구별되는 것이다.

한국 전통 건축물이 왜소하거나 초라해 보인다고 말하는 경우는 대개 외형적인 크기와 넓이 그리고 장식적 요소에만 집착하기 때문이다. 한국 전통 건축은 '겸손의 건축'이다. 자연과 인간은 하나라는 생각을 바탕으로, 자연을 침해하면서까지 건축물을 두드러지게 하지 않는다는 것이 한국 전통 건축의 기본 철학이다. 더 나아가 건축물도 자연의 일부라고 생각해서, 인간이 잠시 그 품에 머물렀다가 사라지는 것이 옳다는 철학도 한국 전통 건축에 반영되어 있다. 그래서 사람들은 처음부터 산과 들을 제압하는 거대한 건축물을 짓지 않으려고 했으며, 그 형태 또한 인위적인 직선을 배제하고 자연계의 곡선을 따르는 것을 즐겼다.

① 한국 전통 건축의 특징 중 하나는 중간에 마당이 있다는 것이다.
② 한국, 중국, 일본 등 동양의 건축은 비슷하다.
③ 한국 건축의 기본 철학은 자연을 많이 생각한다.
④ 외형적인 크기에 집착하는 사람은 한국 전통 건축물을 초라하다고 느낀다.
⑤ 한국 건축은 직선보다는 곡선을 사용하였다.

유형 대표문제

추론 / 빈칸 채우기 유형

해당 유형은 주어진 글을 바탕으로 새로운 정보를 이끌어 내거나 빈칸에 알맞은 내용을 고르는 유형이다. 보통은 전문 지식과 관련된 길고 어려운 지문이 나온다. 따라서 지문을 보고 먼저 어떤 형식의 지문인지 파악한 후에 문단별로 요약하며 읽는 훈련이 필요하다.

다음 중 괄호 안에 들어갈 문장으로 가장 적합한 것을 고르시오.

팰림시스트(palimpsest)란 원래 양피지 위에 글자가 여러 겹 겹쳐서 보이는 것을 일컫는다. 종이가 발명되기 전에는 양피지에 글을 썼는데 양피지는 귀했기 때문에 이를 재활용하기 위해 이미 쓰여 있는 글자를 지우고 그 위에 다시 글자를 쓰는 일이 빈번했다. 이로 인해 이전에 쓴 글자 위로 새로 쓴 글자가 중첩되어 보이는 현상이 벌어졌다. 건축에서는 이러한 팰림시스트를 (   ) 그것을 은유적으로 설명하기 위해 원용하고 있다.

가장 손쉬운 예로 서울 강북의 복잡한 도로망을 들 수 있다. 조선 시대 한양에는 상하수도 시설이 부재하였다. 하지만 물은 인간 생활에 가장 필요한 기본 요건인 바, 물을 효율적으로 사용하기 위해 이 당시 주거들은 한강의 지류 하천을 따라서 형성될 수밖에 없었다. 실개천 주변으로 주거들이 들어서게 되고 그 옆으로 사람과 말들이 지나다니면서 자연 발생적으로 도로가 만들어지게 되었다. 수변(水邊) 공간에서 일상생활을 영위하고 하천을 상하수도 시설처럼 사용하는 커뮤니티가 자연스럽게 형성되었다고 볼 수 있다.

그러나 이후 인구 밀도가 높아지면서 위생 문제가 심각해지고, 동시에 자동차가 급증하여 자동차 도로를 확보하는 것이 도시 형성의 필수 조건으로 부각되면서 하천 주변은 상당 부분 자동차 도로로 바뀌었다. 강북의 도로망 가운데 많은 부분이 구불구불한 자연 하천과도 같은 모습을 갖게 된 것은 이러한 연유에서이다. 산업화 이후 대형 간선도로의 등장이 본격화되면서 하천을 중심으로 형성되었던 기존 커뮤니티는 간선도로에 의해 나눠지게 된 것이다.

① 오래된 역사적 흔적이 현재의 공간에 영향을 미칠 때
② 과거의 문명이 현대 사회에 부정적인 영향을 미칠 때
③ 역사와 현재의 건축이 단절될 때
④ 양피지가 건축의 역사에 끼친 영향
⑤ 인간과 건축의 연관관계가 많을 때

인문과학, 사회과학, 자연과학 등 여러 소재를 사용한 지문들이 등장한다. 빈칸 채워 넣기의 경우 앞과 뒤의 문장들, 접속사 등에 유의하여 글의 전체적인 문맥을 파악할 수 있어야 한다. 새로운 정보를 도출해야 하는 추론 문제의 경우 지문만을 바탕으로 하여 다양한 사례에 적용할 수 있는 능력을 논리적으로 기를 수 있어야 한다. 본인만의 판단으로 비약하지 않도록 주의해야 한다.

다음 중 괄호 안에 들어갈 문장으로 가장 적합한 것을 고르시오.

팰림시스트(palimpsest)란 원래 양피지 위에 글자가 여러 겹 겹쳐서 보이는 것을 일컫는다. 종이가 발명되기 전에는 양피지에 글을 썼는데 양피지는 귀했기 때문에 이를 재활용하기 위해 이미 쓰여 있는 글자를 지우고 그 위에 다시 글자를 쓰는 일이 빈번했다. 이로 인해 이전에 쓴 글자 위로 새로 쓴 글자가 중첩되어 보이는 현상이 벌어졌다. 건축에서는 이러한 팰림시스트를 (   ) 그것을 은유적으로 설명하기 위해 원용하고 있다.

이런 유형은 앞뒤 내용에 유의하여 본다!

가장 손쉬운 예로 서울 강북의 복잡한 도로망을 들 수 있다. 조선 시대 한양에는 상하수도 시설이 부재하였다. 하지만 물은 인간 생활에 가장 필요한 기본 요건인 바, 물을 효율적으로 사용하기 위해 이 당시 주거들은 한강의 지류 하천을 따라서 형성될 수밖에 없었다. 실개천 주변으로 주거들이 들어서게 되고 그 옆으로 사람과 말들이 지나다니면서 자연 발생적으로 도로가 만들어지게 되었다. 수변(水邊) 공간에서 일상생활을 영위하고 하천을 상하수도 시설처럼 사용하는 커뮤니티가 자연스럽게 형성되었다고 볼 수 있다.

그러나 이후 인구 밀도가 높아지면서 위생 문제가 심각해지고, 동시에 자동차가 급증하여 자동차 도로를 확보하는 것이 도시 형성의 필수 조건으로 부각되면서 하천 주변은 상당 부분 자동차 도로로 바뀌었다. 강북의 도로망 가운데 많은 부분이 구불구불한 자연 하천과도 같은 모습을 갖게 된 것은 이러한 연유에서이다. 산업화 이후 대형 간선도로의 등장이 본격화되면서 하천을 중심으로 형성되었던 기존 커뮤니티는 간선도로에 의해 나눠지게 된 것이다.

① 오래된 역사적 흔적이 현재의 공간에 영향을 미칠 때
② 과거의 문명이 현대 사회에 부정적인 영향을 미칠 때
③ 역사와 현재의 건축이 단절될 때
④ 양피지가 건축의 역사에 끼친 영향
⑤ 인간과 건축의 연관관계가 많을 때

정답 및 해설 정답 ①

빈칸의 앞 부분을 살펴보면, 이전의 글자 위에 새로운 글자가 겹쳐 보이는 현상을 '팰림시스트'라고 설명하고 있다. 또한 뒷 부분에 이어지는 예시를 보면, 과거의 상하수도 시설이 현재 자동차 도로의 모습에 영향을 끼친 것을 알 수 있다.

01 다음 글의 빈칸에 들어갈 내용으로 가장 적절한 것은?

알레르기는 도시화와 산업화가 진행되는 지역에서 매우 빠르게 증가하고 있는데, 알레르기의 발병 원인에 대한 20세기의 지배적 이론은 알레르기는 병원균의 침입에 의해 발생하는 감염성 질병이라는 것이다. 하지만 1989년 영국 의사 S는 이 전통적인 이론에 맞서 다음 가설을 제시했다.

____

S는 1958년 3월 둘째 주에 태어난 17,000명 이상의 영국 어린이를 대상으로 그들이 23세가 될 때까지 수집한 개인 정보 데이터베이스를 분석하여, 이 가설을 뒷받침하는 증거를 찾았다. 이들의 가족 관계, 사회적 지위, 경제력, 거주 지역, 건강 등의 정보를 비교 분석한 결과, 두 개 항목이 꽃가루 알레르기와 상관관계를 가졌다. 첫째, 함께 자란 형제자매의 수이다. 외동으로 자란 아이의 경우 형제가 서넛인 아이에 비해 꽃가루 알레르기에 취약했다. 둘째, 가족 관계에서 자시하는 서열이다. 동생이 많은 아이보다 손위 형제가 많은 아이가 알레르기에 걸릴 확률이 낮았다.

S의 주장에 따르면 가족 구성원이 많은 집에 사는 아이들은 가족 구성원, 특히 손위 형제들이 집 안으로 끌고 들어오는 온갖 병균에 의한 잦은 감염 덕분에 장기적으로는 알레르기 예방에 오히려 유리하다. S는 유년기에 겪은 이런 감염이 꽃가루 알레르기를 비롯한 알레르기성 질환으로부터 아이들을 보호해 왔다고 생각했다.

① 알레르기는 유년기에 병원균 노출의 기회가 적을수록 발생 확률이 높아진다.
② 알레르기는 가족 관계에서 서열이 높은 가족 구성원에게 더 많이 발생한다.
③ 알레르기는 성인보다 유년기의 아이들에게 더 많이 발생한다.
④ 알레르기는 도시화에 따른 전염병의 증가로 인해 유발된다.
⑤ 알레르기는 형제가 많을수록 발생 확률이 낮아진다.

●정답과 해설 512쪽

02 다음 글의 ㉠과 ㉡에 들어갈 문장을 〈보기〉에서 골라 바르게 짝지은 것은?

한편에서는 "C시에 건설될 도시철도는 무인 운전 방식으로 운행된다."라고 주장하고, 다른 한편에서는 "C시에 건설될 도시철도는 무인 운전 방식으로 운행되지 않는다."라고 주장한다고 하자. 이 두 주장은 서로 모순되는 것처럼 보인다. 하지만 양편이 팽팽히 대립한 회의가 "C시에 도시철도는 적합하지 않다고 판단되므로, 없던 일로 합시다."라는 결론으로 끝날 가능성도 있다는 사실을 우리는 고려해야 한다. C시에 도시철도가 건설되지 않을 경우에도 양편의 주장에 참이나 거짓이라는 값을 매겨야 한다면 어떻게 매겨야 옳을까?

한 가지 분석 방안에 따르면, "C시에 건설될 도시철도는 무인 운전 방식으로 운행된다."라는 문장은 "____㉠____" 라는 것을 의미하는 것으로 해석한다. 이렇게 해석할 경우, C시에 도시철도를 건설하지 않기로 했으므로 원래의 문장은 거짓이 된다. 이런 분석은 "C시에 건설될 도시철도는 무인 운전 방식으로 운행되지 않는다."에 대해서도 똑같이 적용되어 그것에도 거짓이라는 값을 부여한다.

원래 문장, "C시에 건설될 도시철도는 무인 운전 방식으로 운행된다."를 분석하는 둘째 방안도 있다. 이 방안에서는 우선 원래 문장은 "____㉡____"라는 것을 의미하는 것으로 해석한다. 그런 다음 이렇게 분석된 이 문장은 C시에 도시철도를 건설해 그것을 무인 운전이 아닌 방식으로 운행하는 일은 없다는 주장과 같은 의미를 나타낸다고 이해한다. 이렇게 해석할 경우 원래의 문장은 참이 된다. 왜냐하면 C시에 도시철도를 건설하지 않기로 했으므로 C시에 도시철도를 건설해 그것을 무인 운전이 아닌 방식으로 운행하는 일도 당연히 없을 것이기 때문이다. 이런 분석은 "C시에 건설될 도시철도는 무인 운전 방식으로 운행되지 않는다."에 대해서도 똑같이 적용되어 그것에도 참이라는 값을 부여한다.

| 보기 |

(가) C시에 도시철도가 건설되고, 그 도시철도는 무인 운전 방식으로 운행된다.
(나) C시에 무인 운전 방식으로 운행되는 도시철도가 건설되거나, 아니면 아무 도시철도도 건설되지 않는다.
(다) C시에 도시철도가 건설되면, 그 도시철도는 무인 운전 방식으로 운행된다.
(라) C시에 도시철도가 건설되는 경우에만, 그 도시철도는 무인 운전 방식으로 운행된다.

	㉠	㉡
①	(가)	(다)
②	(가)	(라)
③	(나)	(다)
④	(나)	(라)
⑤	(라)	(다)

03 (가)~(다)에 들어갈 예시를 〈보기〉에서 골라 알맞게 짝지은 것은?

첫째, 필요조건으로서 원인은 "어떤 결과의 원인이 없었다면 그 결과도 없다"는 말로 표현할 수 있다. 예를 들어 ___(가)___ 만일 원치 않는 결과를 제거하고자 할 때 그 결과의 원인이 필요조건으로서 원인이라면, 우리는 그 원인을 제거하여 결과가 일어나지 않게 할 수 있다.

둘째, 충분조건으로서 원인은 "어떤 결과의 원인이 있었다면 그 결과도 있다"는 말로 표현할 수 있다. 예를 들어 ___(나)___ 만일 특정한 결과를 원할 때 그것의 원인이 충분조건으로서 원인이라면, 우리는 그 원인을 발생시켜 그것의 결과가 일어나게 할 수 있다.

셋째, 필요충분조건으로서 원인은 "어떤 결과의 원인이 없다면 그 결과는 없고, 동시에 그 원인이 있다면 그 결과도 있다"는 말로 표현할 수 있다. 예를 들어 ___(다)___ 필요충분조건으로서 원인의 경우, 원인을 일으켜서 그 결과를 일으키고 원인을 제거해서 그 결과를 제거할 수 있다.

| 보기 |

ㄱ. 물체 속도 변화의 원인은 물체에 힘을 가하는 것이다. 물체에 힘이 가해지면 물체의 속도가 변하고, 물체에 힘이 가해지지 않는다면 물체의 속도는 변하지 않는다.

ㄴ. 뇌염모기에 물리는 것은 뇌염 발생의 원인이다. 뇌염모기에 물린다고 해서 언제나 뇌염에 걸리는 것은 아니다. 하지만 뇌염모기에 물리지 않으면 뇌염은 발생하지 않는다. 그래서 원인에 해당하는 뇌염모기를 박멸한다면 뇌염 발생을 막을 수 있다.

ㄷ. 콜라병이 총알에 맞는 것은 콜라병이 깨지는 원인이다. 콜라병을 깨뜨리는 원인은 콜라병을 맞히는 총알 이외에도 다양하다. 누군가 던진 돌도 콜라병을 깨뜨릴 수 있다. 하지만 콜라병이 총알에 맞는다면 그것이 깨지는 것은 분명하다.

	(가)	(나)	(다)
①	ㄱ	ㄴ	ㄷ
②	ㄱ	ㄷ	ㄴ
③	ㄴ	ㄱ	ㄷ
④	ㄴ	ㄷ	ㄱ
⑤	ㄷ	ㄴ	ㄱ

04 다음 ㉠과 ㉡에 들어갈 말을 가장 적절하게 나열한 것은?

사람들은 모국어의 '음소'가 아닌 소리를 들으면, 그 소리를 변별적으로 인식하지 못한다. 가령, 물리적으로 다르지만 유사하게 들리는 음성 [x]와 [y]가 있다고 가정해 보자. 이때 우리는 [x]와 [y]가 서로 다르다고 인식할 수도 있고 다르다는 것을 인식하지 못할 수도 있다. [x]와 [y]가 다르다고 인식할 때 우리는 두 소리가 서로 변별적이라고 하고, [x]와 [y]가 다르다는 것을 인식하지 못할 때 두 소리가 서로 비변별적이라고 한다. 변별적으로 인식하는 소리를 음소라고 하고, 변별적으로 인식하지 못하는 소리를 이음 또는 변이음이라고 한다. 우리가 [x]와 [y]를 변별적으로 인식한다면, [x]와 [y]는 둘 다 음소로서의 지위를 갖는다. 반면 [x]와 [y] 가운데 하나는 음소이고 다른 하나가 음소가 아니라면, [x]와 [y]를 서로 변별적으로 인식하지 못한다. 다시 말해 ___________㉠___________

여기서 변별적이라는 것은 달리 말하면 대립을 한다는 것을 뜻한다. 어떤 소리가 대립을 한다는 말은 그 소리가 단어의 뜻을 갈라내는 기능을 한다는 것을 의미한다. 비변별적이라는 것은 대립을 하지 못한다는 것을 뜻한다. 그러므로 대립을 하는 소리는 당연히 변별적이고, 대립을 하지 못하는 소리는 비변별적이다. 인간이 발성 기관을 통해 낼 수 있는 소리의 목록은 비록 언어가 다르더라도 동일하다고 가정하지만, 변별적으로 인식하는 소리 즉, 음소의 수와 종류는 언어마다 다르다. 언어가 문화적 산물이라는 사실을 이해하면, 이는 당연한 일이다. 나라마다 문화가 다르듯이 언어 역시 문화적 산물이므로 차이가 나는 것은 당연하고, 언어를 구성하는 가장 작은 단위인 음소의 수와 종류에도 차이가 나는 것은 당연하다. 우리가 다른 문화권의 사람이라는 것을 인지하는 가장 기본적인 요소 중의 하나가 언어라면, 언어가 다르다고 인지하는 가장 핵심적인 요소 중의 하나가 바로 음소 목록의 차이이다. 그렇기 때문에 모국어의 음소 목록에 포함되어 있지 않은 소리를 들었다면, ___________㉡___________

① ㉠: [x]를 들어도 [y]로 인식한다면 [x]는 음소이다.
   ㉡: 소리는 들리지만 그 소리가 무슨 소리인지 알 수 없다.
② ㉠: [y]를 들어도 [x]로 인식한다면 [y]는 음소이다.
   ㉡: 그 소리를 모국어에 존재하는 음소 중의 하나로 인식하게 된다.
③ ㉠: [x]를 들어도 [y]로 인식한다면 [x]는 [y]의 변이음이다.
   ㉡: 그 소리를 모국어에 존재하는 음소 중의 하나로 인식하게 된다.
④ ㉠: [x]를 들어도 [y]로 인식한다면 [x]는 [y]의 변이음이다.
   ㉡: 그 소리를 듣고 모국어에 존재하는 유사한 음소들의 중간음으로 인식하게 된다.
⑤ ㉠: [y]를 들어도 [x]로 인식한다면 [x]는 [y]의 변이음이다.
   ㉡: 그 소리를 듣고 모국어에 존재하는 유사한 음소들의 중간음으로 인식하게 된다.

05 다음 글의 빈칸에 들어갈 진술로 가장 적절한 것은?

기분관리 이론은 사람들의 기분과 선택 행동의 관계에 대해 설명하기 위한 이론이다. 이 이론의 핵심은 사람들이 현재의 기분을 최적 상태로 유지하려고 한다는 것이다. 따라서 기분관리 이론은 흥분 수준이 최적 상태보다 높을 때는 사람들이 이를 낮출 수 있는 수단을 선택한다고 예측한다. 반면에 흥분 수준이 낮을 때는 이를 회복시킬 수 있는 수단을 선택한다고 예측한다. 예를 들어, 음악 선택의 상황에서 전자의 경우에는 차분한 음악을 선택하고 후자의 경우에는 흥겨운 음악을 선택한다는 것이다. 기분조정 이론은 기분관리 이론이 현재 시점에만 초점을 맞추고 있다는 점을 지적하고 이를 보완하고자 한다. 기분조정 이론을 음악 선택의 상황에 적용하면, ____________________고 예측할 수 있다.

연구자 A는 음악 선택 상황을 통해 기분조정 이론을 검증하기 위한 실험을 했다. 그는 실험 참가자들을 두 집단으로 나누고 집단 1에게는 한 시간 후 재미있는 놀이를 하게 된다고 말했고, 집단 2에게는 한 시간 후 심각한 과제를 하게 된다고 말했다. 집단 1은 최적 상태 수준에서 즐거워했고, 집단 2는 최적 상태 수준을 벗어날 정도로 기분이 가라앉았다. 이때 연구자 A는 참가자들에게 기다리는 동안 음악을 선택하게 했다. 그랬더니 집단 1은 다소 즐거운 음악을 선택한 반면, 집단 2는 과도하게 흥겨운 음악을 선택했다. 그런데 30분이 지나고 각 집단이 기대하는 일을 하게 될 시간이 다가오자 두 집단 사이에는 뚜렷한 차이가 나타났다. 집단 1의 선택에는 큰 변화가 없었으나, 집단 2는 기분을 가라앉히는 차분한 음악을 선택하는 쪽으로 변하는 경향을 보인 것이다. 이러한 선택의 변화는 기분조정 이론을 뒷받침하는 것으로 간주되었다.

① 사람들은 현재의 기분을 지속하는 데 도움이 되는 음악을 선택한다
② 사람들은 다음에 올 상황을 고려해 흥분을 유발할 수 있는 음악을 선택한다
③ 사람들은 다음에 올 상황에 맞추어 현재의 기분을 조정하는 음악을 선택한다
④ 사람들은 현재의 기분과는 상관없이 자신이 평소 선호하는 음악을 선택한다
⑤ 사람들은 현재의 기분이 즐거운 경우에는 그것을 조정하기 위해 그와 반대되는 기분을 자아내는 음악을 선택한다

06 다음 글의 문맥상 빈칸에 들어갈 진술로 가장 적절한 것은?

오늘날 프랑스 영토의 윤곽은 9세기 샤를마뉴 황제가 유럽 전역을 평정한 후, 그의 후손들 사이에 벌어진 영토 분쟁의 결과로 만들어졌다. 제국 분할을 둘러싸고 그의 후손들 사이에 빚어진 갈등은 제국을 독차지하려던 로타르의 군대와, 루이와 샤를의 동맹군 사이의 전쟁으로 확대되었다. 결국 동맹군의 승리로 전쟁이 끝나면서 왕자들 사이에 제국의 영토를 분할하는 원칙을 명시한 베르됭 조약이 체결되었다. 영토 분할을 위임받은 로마 교회는 조세 수입이나 영토 면적보다는 '세속어'를 그 경계의 기준으로 삼는 것이 더 공정하다는 결론을 내렸다. 그래서 게르만어를 사용하는 지역과 로망어를 사용하는 지역을 각각 루이와 샤를에게 할당했다. 그리고 힘없는 로타르에게는 이들 두 국가를 가르는 완충지대로서, 이탈리아 북부 롬바르디아 지역으로부터 프랑스의 프로방스 지방, 스위스, 스트라스부르, 북해로 이어지는 긴 복도 모양의 영토가 주어졌다.

루이와 샤를은 베르됭 조약 체결에 앞서 스트라스부르에서 서로의 동맹을 다지는 서약 문서를 상대방이 분할 받은 영토의 세속어로 작성하여 교환하고, 곧이어 각자 자신의 군사들로부터 자신이 분할 받은 영토의 세속어로 충성 맹세를 받았다. 학자들은 두 사람이 서로의 동맹에 충실할 것을 상대측 영토의 세속어로 서약했다는 점에 주목한다. 또한 역사적 자료에 의해 ______________________. 그러므로 루이와 샤를 중 적어도 한 명은 서약 문서를 자신의 모어로 작성한 것이 아니다. 게다가 그들의 군대는 필요에 따라 여기저기서 수시로 징집된 다양한 언어권의 병사들로 구성되어 있었으므로 세속어의 사용이 군사들의 이해를 목적으로 한다는 설명도 설득력이 없다. 결국 학자들은 상대측 영토의 세속어 사용이 상대 국민의 정체성과 그에 따른 권력의 합법성을 상호 인정하기 위한 상징 행위로서 의미를 갖는다고 결론을 내렸다.

① 게르만어와 로망어는 세속어가 아니었다는 사실이 알려져 있다.
② 루이와 샤를 모두 게르만어를 모어로 사용하였다는 사실이 알려져 있다.
③ 스트라스부르의 세속어는 루이와 샤를의 모어와 달랐다는 사실이 알려져 있다.
④ 루이와 샤를의 모어는 각각 상대방이 분할 받은 영토의 세속어와 일치하였다는 사실이 알려져 있다.
⑤ 각자 자신의 모어로 서약 문서를 작성하는 것은 서로의 동맹에 충실하겠다는 상징 행위라는 사실이 알려져 있다.

07 다음 글의 문맥상 빈칸에 들어갈 진술로 가장 적절한 것은?

죽음의 편재성(遍在性)이란, 우리가 언제 어디서든 죽을 수 있다는 것을 뜻한다. 죽음의 편재성은 부인할 수 없는 사실이고, 그 사실은 우리에게 죽음의 공포를 불러일으킨다. 보통 우리는 죽음의 공포를 불러일으키는 것을 회피 대상으로 생각하고 가급적 피하려고 한다. 예를 들어 자정에서 새벽 1시까지는 아무도 죽지 않는 세계가 있다고 상상해 보자. 아마도 그 세계의 사람들은 매일 그 시간이 오기를 바랄 것이고 최소한 그 시간 동안에는 죽음의 공포를 느끼지 않을 것이다. 이번에는 아무도 죽지 않는 장소가 있는 세계가 있다고 상상해 보자. 아마도 그 장소는 발 디딜 틈도 없이 북적일 것이다. 그 장소에서는 죽음의 공포를 피할 수 있기 때문이다. 이런 점들만 생각해 보아도 죽음의 편재성이 우리에게 죽음의 공포를 불러일으키고, 이로 인해 우리는 죽음의 편재성을 회피 대상으로 생각한다는 것을 알 수 있다.

그런데 죽음의 편재성과 관련된 이러한 생각이 항상 맞지는 않다는 것을 보여 주는 사례가 있다. 우리는 죽음의 공포를 기꺼이 감수하면서 즐기는 활동들이 있다는 것을 알고 있다. 혹시 그 활동들이 죽음의 공포를 높이기 때문에 매력적으로 보이는 것은 아닐까? 스카이다이버들은 죽음의 공포를 느끼면서도 그것을 무릅쓰고 비행기에서 뛰어 내린다. 그들은 땅으로 떨어지면서 조그마한 낙하산 가방에 자신의 운명을 맡긴다. 이러한 사례가 보여 주는 것은 ____________ 그렇다면, 앞서 상상해 본 세계와 관련된 우리의 생각에는 문제가 있다고 할 수 있다. 즉, 죽음의 편재성이 인간에게 죽음의 공포를 불러일으킨다고 해서 죽음의 편재성이 회피 대상이라는 결론으로 나아갈 수는 없다는 것이다.

① 스카이다이버들은 죽음에 대한 공포를 느끼지 않는 사람들이라는 것이다.
② 인간에게 죽음의 공포를 불러일으키는 것이 반드시 회피 대상은 아니라는 것이다.
③ 죽음의 편재성이 우리에게 죽음의 공포를 불러일으킨다는 것은 거짓이라는 것이다.
④ 죽음의 공포로부터 자유로운 공간이나 시간이 존재한다는 상상은 현실과 동떨어졌다는 것이다.
⑤ 죽음을 피할 수 있는 공간에 사람들이 모이는 이유는 죽음에 대한 공포 때문이라기보다는 죽음에 대한 동경 때문이라고 보아야 한다는 것이다.

08 다음 빈칸에 들어갈 말로 가장 적절한 것은?

어느 시대든 사람들은 원인이 무엇인지 알고 있다고 믿었다. 사람들은 그런 앎을 어디서 얻는가? 원인을 안다고 믿는 사람들의 믿음은 어디서 생기는 것일까?

새로운 것, 체험되지 않은 것, 낯선 것은 원인이 될 수 없다. 알려지지 않은 것에서는 위험, 불안정, 걱정, 공포감이 뒤따라 나오기 때문이다. 우리 마음의 불안한 상태를 없애고자 한다면, 우리는 알려지지 않은 것을 알려진 것으로 환원해야 한다. 이러한 환원은 우리 마음을 편하게 해 주고 안심시키며 만족하게 하고 힘을 느끼게 한다. 이 때문에 우리는 이미 알려진 것, 체험된 것, 기억에 각인된 것을 원인으로 설정하게 된다. '왜?'라는 물음의 답으로 나온 것은 그것이 진짜 원인이기 때문에 우리에게 떠오른 것이 아니다. 그것이 우리에게 떠오른 것은 그것이 우리를 안정시켜 주고 성가신 것을 없애 주며 무겁고 불편한 마음을 가볍게 해 주기 때문이다. 따라서 원인을 찾으려는 우리의 본능은 위험, 불안정, 걱정, 공포감 등에 의해 촉발되고 자극받는다.

우리는 '설명이 없는 것보다 설명이 있는 것이 언제나 더 낫다'고 믿는다. 우리는 특별한 유형의 원인만을 써서 설명을 만들어 낸다. ______________________ 그래서 특정 유형의 설명만이 점점 더 우세해지고, 그러한 설명들이 하나의 체계로 모아져 결국 그런 설명이 우리의 사고방식을 지배하게 된다. 기업인은 즉시 이윤을 생각하고, 기독교인은 즉시 원죄를 생각하며, 소녀는 즉시 사랑을 생각한다.

① 이것은 우리의 호기심과 모험심을 자극한다.
② 이것은 인과관계에 대한 우리의 지식을 확장시킨다.
③ 이것은 우리가 왜 불안한 심리 상태에 있는지를 설명해 준다.
④ 이것은 낯설고 체험하지 않았다는 느낌을 가장 빠르고 가장 쉽게 제거해 버린다.
⑤ 이것은 새롭고 낯선 것에서 원인을 발견하려는 우리의 본래 태도를 점차 약화시키고 오히려 그 반대의 태도를 우리의 습관으로 굳어지게 한다.

09 다음 글의 빈칸에 들어갈 진술로 가장 적절한 것은?

조선 후기에는 이앙법이 전국적으로 확산되었다. 이앙법을 수용하면 잡초 제거에 드는 시간과 노동력이 줄어든다. 상당수 역사학자들은 조선 후기 이앙법의 확대 수용 결과 광작(廣作)이 확산되고 상업적 농업 경영이 가능하게 되었다고 생각한다. 즉 한 사람이 경작할 수 있는 면적이 늘어남은 물론 많은 양의 다양한 농작물 수확이 가능하게 되어 판매까지 활성화되었다는 것이다. 그 결과 양반과 농민 가운데 다수의 부농이 나타나게 되었다고 주장한다.

그런데 A는 조선 후기에 다수의 양반이 광작을 통해 부농이 되었다는 주장을 근거가 없다고 비판한다. 그에 의하면 조선 전기에는 자녀 균분 상속이 일반적이었다. 그런데 균분 상속을 하게 되면 자식들이 소유하게 될 땅의 면적이 선대에 비해 줄어들게 된다. 이에 조선 후기 양반들은 가문의 경제력을 보전해야 한다고 생각해 대를 이을 장자에게만 전답을 상속해 주기 시작했고, 그 결과 장자를 제외한 사람들은 영세한 소작인으로 전락했다는 것이 그의 주장이다.

또한 A는 조선 후기의 대다수 농민은 소작인이었으며, 그나마 이들이 소작할 수 있는 땅도 적었다고 주장한다. 그는 반복된 자연재해로 전답의 상당수가 황폐해져 전체적으로 경작지가 줄어들었기 때문에 이앙법 확산의 효과를 기대하기 어려운 여건이었다고 하였다. 이런 여건에서 정부의 재정 지출 증가로 농민의 부세 부담 또한 늘어났고, 늘어난 부세를 부담하기 위해 한정된 경작지에 되도록 많은 작물을 경작하려 한 결과 집약적 농업이 성행하게 되었다고 보았다. 그런데 집약적으로 농사를 짓게 되면 농업 생산력이 높아질 리 없다는 것이 그의 주장이다. 가령 면화를 재배하면서도 동시에 다른 작물을 면화 사이에 심어 기르는 경우가 많았는데, 이렇듯 제한된 면적에 한꺼번에 많은 양의 작물을 재배하면 지력이 떨어지고 수확량은 줄어들어 자연히 시장에 농산물을 내다 팔 여력이 거의 없게 된다는 것이다.

요컨대 A의 주장은 ______________________ 는 것이다.

① 이앙법의 확산 효과는 시기별, 신분별로 다르게 나타났다
② 자녀 균분 상속제가 사라져 농작물 수확량이 급속히 감소하였다
③ 집약적 농업이 성행하였기 때문에 이앙법의 확산을 기대하기 어려웠다
④ 조선 후기에는 양반이든 농민이든 부농으로 성장할 수 있는 가능성이 높지 않았다
⑤ 대다수 농민이 광작과 상업적 농업에 주력했음에도 불구하고 자연재해로 인해 생산력은 오히려 낮아졌다

유형 대표문제

글의 작성 / 효과적인 전략 유형

해당 유형은 글을 효과적으로 전달하기 위한 글쓰기 전략을 파악하는 문제이다. 따라서 글의 순서 배치, 전체적인 문맥과 맞지 않는 유형, 혹은 글의 종류에 맞게 작성하는 방법 등 다양한 형태로 출제될 수 있는 문제이다.

다음 글의 논지 전개 방식으로 가장 알맞은 것은?

언젠가부터 우리 바다 속에 해파리나 불가사리와 같이 특정한 종들만이 크게 번창하고 있다는 우려의 말이 들린다. 한마디로 다양성이 크게 줄었다는 이야기다. 척박한 환경에서는 몇몇 특별한 종들만이 득세한다는 점에서 자연 생태계와 우리 사회는 닮은 것 같다. 어떤 특정 집단이나 개인들에게 앞으로 어려워질 경제 상황은 새로운 기회가 될지도 모른다. 하지만 이는 사회 전체로 볼 때 그다지 바람직한 현상이 아니다. 왜냐하면 자원과 에너지 측면에서 보더라도 이들 몇몇 집단들만 존재하는 세계에서는 이들이 쓰다 남은 물자와 이용하지 못한 에너지는 고스란히 버려질 수밖에 없고 따라서 효율성이 극히 낮기 때문이다.

다양성 확보는 사회 집단의 생존과도 무관하지 않다. 조류 독감이 발생할 때마다 해당 양계장은 물론 그 주변 양계장의 닭까지 모조리 폐사시켜야 하는 참혹한 현실을 본다. 단 한 마리 닭이 걸려도 그렇게 많은 닭들을 죽여야 하는 이유는 인공적인 교배로 인해 이들 모두가 똑같은 유전자를 가졌기 때문이다. 따라서 다양한 유전 형질을 확보하는 길만이 재앙의 확산을 막고 피해를 줄이는 길이다.

이처럼 다양성의 확보는 자원의 효율적 사용과 사회 안정에 중요하지만 많은 비용이 들기도 한다. 예를 들어 출산 휴가를 주고, 노약자를 배려하고, 장애인에게 보조 공학 기기와 접근성을 제공하는 것을 비롯해 다문화 가정, 외국인 노동자를 위한 행정 제도 개선 등은 결코 공짜가 아니다. 그럼에도 불구하고 다양성 확보가 중요한 이유는 우리가 미처 깨닫고 있지 못하는 넓은 이해와 사랑에 대한 기회를 사회 구성원 모두에게 제공하기 때문이다.

① 다양성 확보의 중요성에 대해 관점이 다른 두 주장을 대비하고 있다.
② 다양성 확보의 중요성에 대해 유추를 통해 설명하고 있다.
③ 다양성이 사라진 사회를 여러 기준에 따라 분류하고 있다.
④ 다양성이 사라진 사회의 사례들을 나열하고 있다.

여러 형태들로 출제되는 이 유형은 다양한 종류의 글을 잘 파악하고 있는 능력, 글을 효과적으로 쓰기 위한 전략, 전체적인 흐름을 파악할 수 있는 능력 등이 필요하다. 무엇보다도 다양한 문제를 풀이하면서 학습해 나가는 것이 가장 효과적이다.

다음 글의 논지 전개 방식으로 가장 알맞은 것은?

언젠가부터 우리 바다 속에 해파리나 불가사리와 같이 특정한 종들만이 크게 번창하고 있다는 우려의 말이 들린다. 한마디로 다양성이 크게 줄었다는 이야기다. 척박한 환경에서는 몇몇 특별한 종들만이 득세한다는 점에서 자연 생태계와 우리 사회는 닮은 것 같다. 어떤 특정 집단이나 개인들에게 앞으로 어려워질 경제 상황은 새로운 기회가 될지도 모른다. 하지만 이는 사회 전체로 볼 때 그다지 바람직한 현상이 아니다. 왜냐하면 자원과 에너지 측면에서 보더라도 이들 몇몇 집단들만 존재하는 세계에서는 이들이 쓰다 남은 물자와 이용하지 못한 에너지는 고스란히 버려질 수밖에 없고 따라서 효율성이 극히 낮기 때문이다.

다양성 확보는 사회 집단의 생존과도 무관하지 않다. 조류 독감이 발생할 때마다 해당 양계장은 물론 그 주변 양계장의 닭까지 모조리 폐사시켜야 하는 참혹한 현실을 본다. 단 한 마리 닭이 걸려도 그렇게 많은 닭들을 죽여야 하는 이유는 인공적인 교배로 인해 이들 모두가 똑같은 유전자를 가졌기 때문이다. 따라서 다양한 유전 형질을 확보하는 길만이 재앙의 확산을 막고 피해를 줄이는 길이다.

이처럼 다양성의 확보는 자원의 효율적 사용과 사회 안정에 중요하지만 많은 비용이 들기도 한다. 예를 들어 출산 휴가를 주고, 노약자를 배려하고, 장애인에게 보조 공학 기기와 접근성을 제공하는 것을 비롯해 다문화 가정, 외국인 노동자를 위한 행정 제도 개선 등은 결코 공짜가 아니다. 그럼에도 불구하고 다양성 확보가 중요한 이유는 우리가 미처 깨닫고 있지 못하는 넓은 이해와 사랑에 대한 기회를 사회 구성원 모두에게 제공하기 때문이다.

다양성 확보가 중요하다 → 조류 독감의 재앙과 같은 사례를 예를 들어 설명하여 다른 상황에서도 유추할 수 있음을 나타낸다.

① 다양성 확보의 중요성에 대해 관점이 다른 두 주장을 대비하고 있다.
② 다양성 확보의 중요성에 대해 유추를 통해 설명하고 있다.
③ 다양성이 사라진 사회를 여러 기준에 따라 분류하고 있다.
④ 다양성이 사라진 사회의 사례들을 나열하고 있다. → 다양성이 사라진 사례를 '조류 독감', '해파리'를 통해 보여 준 것은 맞아서 매력적인 오답이지만, 단순히 나열만 했다고는 할 수 없다.

정답 및 해설 정답 ②

②: 결국 이 글은 다양성 확보가 중요하다는 주장이며, '조류 독감의 재앙'과 같이 다양성을 확보하고 있지 않으면 큰일난다고 설명하고 있다.
④: 매력적인 오답이다. 다양성이 사라진 사례를 '조류 독감', '해파리'를 통해 보여 준 것은 맞지만 단순히 나열만 했다고는 할 수 없다.

● 정답과 해설 513쪽

01 다음 글의 내용 흐름상 가장 적절한 문단 배열의 순서는?

(가) 회전문의 축은 중심에 있다. 축을 중심으로 통상 네 짝의 문이 계속 돌게 되어 있다. 마치 계속 열려 있는 듯한 착각을 일으키지만, 사실은 네 짝의 문이 계속 안 또는 밖을 차단하도록 만든 것이다. 실질적으로는 열려 있는 순간 없이 계속 닫혀 있는 셈이다.

(나) 문은 열림과 닫힘을 위해 존재한다. 이 본연의 기능을 하지 못한다는 점에서 계속 닫혀 있는 문이 무의미하듯이, 계속 열려 있는 문 또한 그 존재 가치와 의미가 없다. 그런데 현대 사회의 문은 대부분의 경우 닫힌 구조로 사람들을 맞고 있다. 따라서 사람들을 환대하는 것이 아니라 박대하고 있다고 할 수 있다. 그 대표적인 예가 회전문이다. 가만히 회전문의 구조와 그 기능을 머릿속에 그려 보라. 그것이 어떤 식으로 열리고 닫히는지 알고는 놀랄 것이다.

(다) 회전문은 인간이 만들고 실용화한 문 가운데 가장 문명적이고 가장 발전된 형태로 보일지 모르지만, 사실상 열림을 가장한 닫힘의 연속이기 때문에 오히려 가장 야만적이며 가장 미개한 형태의 문이다.

(라) 또한 회전문을 이용하는 사람들은 회전문의 구조와 운동 메커니즘에 맞추어야 실수 없이 문을 통과해 안으로 들어가거나 밖으로 나올 수 있다. 어린아이, 허약한 사람, 또는 민첩하지 못한 노인은 쉽게 그것에 맞출 수 없다. 더구나 휠체어를 탄 사람이라면 더 말할 나위도 없다. 이들에게 회전문은 문이 아니다. 실질적으로 닫혀 있는 기능만 하는 문은 문이 아니기 때문이다.

① (가) - (나) - (라) - (다)
② (가) - (라) - (나) - (다)
③ (나) - (가) - (라) - (다)
④ (나) - (다) - (라) - (가)
⑤ (다) - (가) - (라) - (나)

02 다음 글의 주된 설명 방식이 적용된 것으로 가장 적절한 것은?

문학이 구축하는 세계는 실제 생활과 다르다. 즉 실제 생활은 허구의 세계를 구축하는 데 필요한 재료가 되지만 이 재료들이 일단 한 구조의 구성 분자가 되면 그 본래의 재료로서의 성질과 모습은 확연히 달라진다. 건축가가 집을 짓는 것을 떠올려 보자. 건축가는 어떤 완성된 구조를 생각하고 거기에 필요한 재료를 모아서 적절하게 집을 짓게 되는데, 이때 건물이라고 하는 하나의 구조를 완성하게 되면 이 완성된 구조의 구성 분자가 된 재료들은 본래의 재료와 전혀 다른 것이 된다.

① 르네상스 시대의 화가들은 원근법을 사용하여 세상을 향한 창과 같은 사실적인 그림을 그렸다. 현대 회화를 출발시켰다고 평가되는 인상주의자들이 의식적으로 추구한 것도 이러한 사실성이었다.
② 소설을 구성하는 요소는 물론 많지만 그중에서도 인물, 배경, 사건을 들 수 있다. 인물은 사건의 주체, 배경은 인물이 행동을 벌이는 시간과 공간, 분위기 등이고, 사건은 인물이 배경 속에서 벌이는 행동의 세계이다.
③ 목적을 지닌 인생은 의미 있다. 목적 없이 살아가는 사람은 험난한 인생의 노정을 완주하지 못한다. 목적을 갖고 뛰어야 마라톤에서 완주가 가능한 것처럼 우리의 인생에서도 목표를 가지고 꾸준히 노력하는 사람이 성공한다.
④ 신라의 육두품 출신 가운데 학문적으로 출중한 자들이 많았다. 가령, 강수, 설총, 녹진, 최치원 같은 사람들은 육두품 출신이었다. 이들은 신분적 한계 때문에 정계보다는 예술과 학문 분야에 일찌감치 몰두하게 되었다.

03 다음 글의 글쓰기 전략으로 볼 수 없는 것은?

고전파 음악은 어떤 음악인가? 서양 음악의 뿌리는 종교 음악에서 비롯되었다. 바로크 시대까지는 음악이 종교에 예속되어 있었으며, 음악가들 또한 종교에 예속되어 있었다. 고전파는 이렇게 종교에 예속되었던 음악을, 음악을 위한 음악으로 정립하려는 예술 운동에서 출발하였다. 따라서 종래의 신을 위한 음악에서 탈피해 형식과 내용의 일체화를 꾀하고 균형 잡힌 절대 음악을 추구하였다. 즉 '신'보다는 '사람'을 위한 음악, '음악'을 위한 음악을 이루어 나가겠다는 굳은 결의를 보여 준 것이다.

또한 고전파 음악은 음악적 형식과 내용의 완숙을 이룬 음악이기도 하다. 이 시기에는 하이든, 모차르트, 베토벤 등 음악의 역사에서 가장 위대한 작곡가들이 배출되기도 하였다. 이때에는 성악이 아닌 기악만으로도 음악이 가능하게 되었으며, 교향곡의 기본을 이루는 소나타 형식이 완성되었다. 특히 옛 그리스나 로마 때처럼 보다 정돈된 형식을 가진 음악을 해 보자고 주장하였기에 '옛것에서 배우자는 의미의 고전'과 '청정하고 우아하며 흐림 없음, 최고의 예술적 경지에 다다름으로서의 고전'을 모두 지향하게 되었다.

이렇듯 역사적으로 고전파 음악은 종교의 영역에서 음악 자체의 영역을 확보하였으며 최고 수준의 음악적 내용과 형식을 수립하였다. 고전파 음악이 서양 전통 음악 전체를 대표하게 된 것은 고전파 음악이 이룩한 역사적인 성과에서 비롯된 것일지도 모른다. 따라서 고전 음악의 개념을 이해하기 위해서는 고전파 음악의 성격과 특질에 대한 이해가 선행되어야 할 것이다.

① 고전파 음악이 지닌 음악사적 의의를 밝힌다.
② 고전파 음악의 음악가를 예시하여 이해를 돕는다.
③ 고전파 음악의 특징이 형식과 내용의 분리에 있음을 강조한다.
④ 질문을 통해 화제를 제시함으로써 호기심을 유발한다.

04 다음 글의 전개 순서로 가장 적절한 것은?

ㄱ. 도구의 발달은 기술의 발전으로 이어져 인간은 자연 환경의 제약으로부터 벗어날 수 있게 되었다.
ㄴ. 그리하여 인간은 자연이 주는 혜택과 고난 속에서 자신의 의지에 따라 선택적으로 자연을 이용하고 극복하게 되었다.
ㄷ. 인류는 지혜가 발달하면서 점차 자연의 원리를 깨닫고 새로운 도구를 만들 줄 알게 되었다.
ㄹ. 필리핀의 고산 지대에서 농지가 부족한 자연 환경을 극복하기 위해 계단처럼 논을 만들어 벼농사를 지은 것이 그 좋은 예이다.

① ㄱ - ㄷ - ㄴ - ㄹ
② ㄱ - ㄹ - ㄷ - ㄴ
③ ㄷ - ㄴ - ㄱ - ㄹ
④ ㄷ - ㄱ - ㄴ - ㄹ

05 내용의 전개에 따라 글의 순서를 바르게 연결한 것은?

(가) 사물은 저것 아닌 것이 없고, 또 이것 아닌 것이 없다. 이쪽에서 보면 모두가 저것, 저쪽에서 보면 모두가 이것이다.

(나) 그러므로 저것은 이것에서 생겨나고, 이것 또한 저것에서 비롯된다고 한다. 이것과 저것은 저 혜시(惠施)가 말하는 방생(方生)의 설이다.

(다) 그래서 성인(聖人)은 이런 상대적인 방법에 의하지 않고, 그것을 절대적인 자연의 조명(照明)에 비추어 본다. 그리고 커다란 긍정에 의존한다. 거기서는 이것이 저것이고 저것 또한 이것이다. 또 저것도 하나의 시비(是非)이고 이것도 하나의 시비이다. 과연 저것과 이것이 있다는 말인가. 과연 저것과 이것이 없다는 말인가.

(라) 그러나 그, 즉 혜시(惠施)도 말하듯이 삶이 있으면 반드시 죽음이 있고, 죽음이 있으면 반드시 삶이 있다. 역시 된다가 있으면 안 된다가 있고, 안 된다가 있으면 된다가 있다. 옳다에 의거하면 옳지 않다에 기대는 셈이 되고, 옳지 않다에 의거하면 옳다에 의지하는 셈이 된다.

① (가) - (나) - (다) - (라)
② (가) - (나) - (라) - (다)
③ (가) - (다) - (나) - (라)
④ (가) - (라) - (나) - (다)

유형 대표문제

글쓴이의 입장 강화 / 약화 유형

해당 유형은 제시문에서 글쓴이의 논지를 강화·약화시키는 유형, 혹은 비판할 수 있는 내용을 찾는 유형이다.

다음 글의 입장을 강화하는 내용으로 가장 적절한 것은?

> 고대 사회를 정의하는 기준 중의 하나로 '생계 경제'가 사용되곤 한다. 생계 경제 사회란 구성원들이 겨우 먹고살 수 있는 정도의 식량만을 확보하고 있어서 식량 자원이 줄어들게 되면 자동적으로 구성원 전부를 먹여 살릴 수 없게 되고, 심하지 않은 가뭄이나 홍수 등의 자연재해에 의해서도 유지가 어렵게 될 수 있는 사회를 의미한다. 그러므로 고대 사회에서의 삶은 근근이 버텨 가는 것이고, 그 생활은 기아와의 끊임없는 투쟁이다. 왜냐하면 그 사회에서는 기술적인 결함과 그 이상의 문화적인 결함으로 인해 잉여 식량을 생산할 수 없기 때문이다.
>
> 고대 사회에 대한 이러한 견해보다 더 뿌리 깊은 오해도 없다. 소위 생계 경제의 성격을 지닌 것으로 간주되는 많은 고대 사회들, 예를 들어 남아메리카에서는 종종 공동체의 연간 필요 소비량에 맞먹는 잉여 식량을 생산했다는 점에 주의를 기울일 필요가 있다. 기아와의 끊임없는 투쟁을 의미하는 생계 경제가 고대 사회를 특징짓는 개념이라면 오히려 프롤레타리아가 기아에 허덕이던 19세기 유럽 사회야말로 고대 사회라고 할 수 있을 것이다. 사실상 생계 경제라는 개념은 서구의 근대적인 이데올로기의 영역에 속하는 것으로 결코 과학적 개념 도구가 아니다. 민족학을 위시한 근대 과학이 이토록 터무니없는 기만에 희생되어 왔다는 것은 역설적이며, 더군다나 산업 국가들이 이른바 저발전 세계에 대한 전략의 방향을 잡는 데 기여했다는 사실은 두렵기까지 하다.

① 고대 사회가 경제적으로 풍요로웠던 것은 생계 경제 체제 때문이었다.
② 산업 사회로 이행하면서 경제적 잉여가 발생하였고 계급이 형성되었다.
③ 자연재해나 전쟁으로 인해 고대 사회는 항상 불안정한 상황에 처해 있었다.
④ 고대 사회에서 존재하였던 축제는 경제적인 잉여를 해소하는 기제로 작용했다.
⑤ 유럽의 산업 국가들에 의한 문명화 과정을 통해 저발전된 아프리카의 생활 여건이 개선되었다.

지문을 읽고 선택지를 읽으면서 지문에서 글쓴이가 주장하는 내용에 대해 주제가 맞는지, 또 그 글의 근거로 적절한지 판단하는 능력을 키워야 한다. 선택지의 내용 중에서 글에 추가해도 부자연스럽지 않은 내용을 고르는 것도 하나의 팁이다.

다음 글의 입장을 강화하는 내용으로 가장 적절한 것은?

고대 사회를 정의하는 기준 중의 하나로 '생계 경제'가 사용되곤 한다. 생계 경제 사회란 구성원들이 겨우 먹고살 수 있는 정도의 식량만을 확보하고 있어서 식량 자원이 줄어들게 되면 자동적으로 구성원 전부를 먹여 살릴 수 없게 되고, 심하지 않은 가뭄이나 홍수 등의 자연재해에 의해서도 유지가 어렵게 될 수 있는 사회를 의미한다. 그러므로 고대 사회에서의 삶은 근근이 버텨 가는 것이고, 그 생활은 기아와의 끊임없는 투쟁이다. 왜냐하면 그 사회에서는 기술적인 결함과 그 이상의 문화적인 결함으로 인해 잉여 식량을 생산할 수 없기 때문이다.

고대 사회에 대한 이러한 견해보다 더 뿌리 깊은 오해도 없다. 소위 생계 경제의 성격을 지닌 것으로 간주되는 많은 고대 사회들, 예를 들어 남아메리카에서는 종종 공동체의 연간 필요 소비량에 맞먹는 잉여 식량을 생산했다는 점에 주의를 기울일 필요가 있다. 기아와의 끊임없는 투쟁을 의미하는 생계 경제가 고대 사회를 특징짓는 개념이라면 오히려 프롤레타리아가 기아에 허덕이던 19세기 유럽 사회야말로 고대 사회라고 할 수 있을 것이다. 사실상 생계 경제라는 개념은 서구의 근대적인 이데올로기의 영역에 속하는 것으로 결코 과학적 개념 도구가 아니다. 민족학을 위시한 근대 과학이 이토록 터무니없는 기만에 희생되어 왔다는 것은 역설적이며, 더군다나 산업 국가들이 이른바 저발전 세계에 대한 전략의 방향을 잡는 데 기여했다는 사실은 두렵기까지 하다.

① 고대 사회가 경제적으로 풍요로웠던 것은 생계 경제 체제 때문이었다.
② 산업 사회로 이행하면서 경제적 잉여가 발생하였고 계급이 형성되었다.
③ 자연재해나 전쟁으로 인해 고대 사회는 항상 불안정한 상황에 처해 있었다.
④ 고대 사회에서 존재하였던 축제는 경제적인 잉여를 해소하는 기제로 작용했다.
⑤ 유럽의 산업 국가들에 의한 문명화 과정을 통해 저발전된 아프리카의 생활 여건이 개선되었다.

이 글의 핵심 내용!

정답 및 해설 정답 ④

고대 사회는 곧 '생계 경제'라고 정의해 왔지만 사실 많은 고대 사회에서는 잉여 식량을 생산했다. 오히려 생계 경제가 고대 사회라면 프롤레타리아가 기아에 허덕인 19세기 유럽이 고대 사회라고 하면서 우리가 하고 있는 오해가 크다는 것이 이 글의 핵심적인 내용이다. 따라서 고대 사회에서 잉여 식량을 해소하기 위해 축제가 있었다는 ④가 이 글의 입장을 강화해 준다.

01 다음 ㉠을 지지하는 관찰 결과로 가장 적절한 것은?

> 멜라토닌은 포유 동물의 뇌의 일부분인 송과선이라는 내분비 기관에서 분비되는 호르몬이다. 멜라토닌은 밤에 많이 생성되고 낮에는 덜 생성된다. 이러한 특성을 이용하여 포유 동물은 멜라토닌에 의해 광주기의 변화를 인지한다. 포유 동물은 두부(頭部)의 피부나 망막에 들어오는 빛의 양을 감지하여 멜라토닌의 생성을 조절하는 방식으로 생체 리듬을 조절한다. 일몰과 함께 멜라토닌의 생성이 증가하면서 졸음이 오게 된다. 동이 트면 멜라토닌의 생성이 감소하면서 잠이 깨고 정신을 차리게 된다. 청소년기에는 멜라토닌이 많이 생성되기 때문에 청소년은 성인보다 더 오래 잠을 자려는 경향이 있다. 또한 ㉠ 멜라토닌은 생식 기관의 발달과 성장을 억제한다. 멜라토닌이 시상하부에 작용하여 생식선자극호르몬방출호르몬(LHRH)의 분비를 억제하면, 난자와 정자의 생성이나 생식 기관의 성숙을 일으키는 테스토스테론과 에스트로젠의 분비가 억제되어 생식 기관의 성숙이 억제된다.

① 송과선을 제거한 포유 동물이 비정상적으로 성적 성숙이 더뎌졌다.
② 봄이 되면 포유 동물의 혈액 속 멜라토닌의 평균 농도가 높아지고 번식과 짝짓기가 많아진다.
③ 성숙한 포유 동물을 지속적으로 어둠 속에서 키웠더니 혈액 속 멜라토닌의 평균 농도가 낮아졌다.
④ 어린 포유 동물을 밤마다 긴 시간 동안 빛에 노출하였더니 생식 기관이 비정상적으로 조기에 발달하였다.
⑤ 생식 기관의 발달이 비정상적으로 저조한 포유 동물 개체들이 생식 기관의 발달이 정상적인 같은 종의 개체들보다 혈액 속 멜라토닌의 평균 농도가 낮았다.

02 다음 글의 논지를 약화하는 것으로 가장 적절한 것은?

온갖 사물이 뒤섞여 등장하는 사진들에서 고양이를 틀림없이 알아보는 인공지능이 있다고 해 보자. 그러한 식별 능력은 고양이 개념을 이해하는 능력과 어떤 관계가 있을까? 고양이를 실수 없이 가려내는 능력이 고양이 개념을 이해하는 능력의 필요충분조건이라고 할 수 있을까?

먼저, 인공지능이든 사람이든 고양이 개념에 대해 이해하면서도 영상 속의 짐승이나 사물이 고양이인지 정확히 판단하지 못하는 경우는 있을 수 있다. 예를 들어, 누군가가 전형적인 고양이와 거리가 먼 희귀한 외양의 고양이를 보고 "좀 이상하게 생긴 족제비로군요."라고 말했다고 해 보자. 이것은 틀린 판단이지만, 그렇다고 그가 고양이 개념을 이해하지 못하고 있다고 평가하는 것은 부적절한 일일 것이다.

이번에는 다른 예로 누군가가 영상 자료에서 가을에 해당하는 장면들을 실수 없이 가려낸다고 해 보자. 그는 가을 개념을 이해하고 있다고 보아야 할까? 그 장면들을 실수 없이 가려낸다고 해도 그가 가을이 적잖은 사람들을 왠지 쓸쓸하게 하는 계절이라든가, 농경 문화의 전통에서 수확의 결실이 있는 계절이라는 것, 혹은 가을이 지구 자전축의 기울기와 유관하다는 것 등을 반드시 알고 있는 것은 아니다. 심지어 가을이 지구의 1년을 넷으로 나눈 시간 중 하나를 가리킨다는 사실을 모르고 있을 수도 있다. 만일 가을이 여름과 겨울 사이에 오는 계절이라는 사실조차 모르는 사람이 있다면 우리는 그가 가을 개념을 이해하고 있다고 인정할 수 있을까? 그것은 불합리한 일일 것이다.

가을이든 고양이든 인공지능이 그런 개념들을 충분히 이해하는 것은 영원히 불가능하다고 단언할 이유는 없다. 하지만 우리가 여기서 확인한 점은 개념의 사례를 식별하는 능력이 개념을 이해하는 능력을 함축하는 것은 아니고, 그 역도 마찬가지라는 것이다.

① 인간 개념과 관련된 모든 지식을 가진 사람은 아무도 없겠지만 우리는 대개 인간과 인간 아닌 존재를 어렵지 않게 구별할 줄 안다.
② 어느 정도의 훈련을 받은 사람은 병아리의 암수를 정확히 감별하지만 그렇다고 암컷과 수컷 개념을 이해하고 있다고 볼 이유는 없다.
③ 자율주행 자동차에 탑재된 인공지능이 인간 개념을 이해하고 있지 않다면 동물 복장을 하고 횡단보도를 건너는 인간 보행자를 인간으로 식별하지 못한다.
④ 정육면체 개념을 이해할 리가 없는 침팬지도 다양한 형태의 크고 작은 상자들 가운데 정육면체 모양의 상자에만 숨겨둔 과자를 족집게같이 찾아낸다.
⑤ 10월 어느 날 남반구에서 북반구로 여행을 간 사람이 그곳의 계절을 봄으로 오인한다고 해서 그가 봄과 가을의 개념을 잘못 이해하고 있다고 할 수는 없다.

03 다음 ㉠을 약화하는 진술로 가장 적절한 것은?

침팬지, 오랑우탄, 피그미 침팬지 등 유인원도 자신이 다른 개체의 입장이 됐을 때 어떤 생각을 할지 미루어 짐작해 보는 능력이 있다는 연구 결과가 나왔다. 그동안 다른 개체의 입장에서 생각을 미루어 짐작해 보는 능력은 사람에게만 있는 것으로 여겨져 왔다. 연구팀은 오랑우탄 40마리에게 심리테스트를 위해 제작한 영상을 보여 주었다. 그들은 '시선 추적기'라는 특수 장치를 이용하여 오랑우탄들의 시선이 어디를 주목하는지 조사하였다. 영상에는 유인원의 의상을 입은 두 사람 A와 B가 싸우는 장면이 보인다. A와 싸우던 B가 건초더미 뒤로 도망친다. 화가 난 A가 문으로 나가자 B는 이 틈을 이용해 옆에 있는 상자 뒤에 숨는다. 연구팀은 몽둥이를 든 A가 다시 등장하는 장면에서 피험자 오랑우탄들의 시선이 어디로 향하는지를 분석하였다. 이 장면에서 오랑우탄 40마리 중 20마리는 건초더미 쪽을 주목했다. B가 숨은 상자를 주목한 오랑우탄은 10마리였다. 이 결과를 토대로 연구팀은 피험자 오랑우탄 20마리는 B가 상자 뒤에 숨었다는 사실을 모르는 A의 입장이 되어 건초더미를 주목했다는 ㉠ 해석을 제시하였다. 이 실험으로 오랑우탄에게도 다른 개체의 생각을 미루어 짐작하는 능력이 있는 것으로 볼 수 있으며, 이러한 점은 사람과 유인원의 심리 진화 과정을 밝히는 실마리가 될 것으로 보인다.

① 상자를 주목한 오랑우탄들은 A보다 B와 외모가 유사한 개체들임이 밝혀졌다.
② 사람 40명을 피험자로 삼아 같은 실험을 하였더니 A의 등장 장면에서 30명이 건초더미를 주목하였다.
③ 새로운 오랑우탄 40마리를 피험자로 삼고 같은 실험을 하였더니 A의 등장 장면에서 21마리가 건초더미를 주목하였다.
④ 오랑우탄 20마리는 단지 건초더미가 상자보다 자신들에게 가까운 곳에 있었기 때문에 건초더미를 주목한 것임이 밝혀졌다.
⑤ 건초더미와 상자 중 어느 쪽도 주목하지 않은 나머지 오랑우탄 10마리는 영상 속의 유인원이 가짜라는 것을 알고 있었다.

Chapter 2

수리능력

Chapter 2 수리능력

I. 기초연산능력

1. 평가 목표

- 업무 수행 시 간단한 방정식 등의 연산능력을 업무에 적용할 수 있는지, 연산에 따른 분석 및 결과를 정리할 수 있는지 평가합니다.

2. 유형 특징

- 대표적인 유형으로는 숫자(문자) 사이의 규칙을 발견하고 빈칸에 해당하는 숫자(문자)를 찾아내는 유형이 있습니다. 일렬 배열, 원형 배열, 삼각 배열 등의 다양한 숫자 배열 방식이 있으며, 각 규칙을 빠르게 찾아내는 것이 문제 풀이의 핵심입니다.
- 기본적인 연산능력을 통해 시간이나 비용, 거리, 속력 등을 계산할 수 있는지 평가합니다. 이때 발문은 주로 상황형으로 제시되며, 제시된 내용을 바탕으로 식을 세우고 값을 도출하는 문제가 출제됩니다.
- 주어진 문제에 적합한 사칙연산을 활용하여 계산을 올바르게 수행할 수 있는지 확인하는 문제가 출제됩니다.

3. 풀이 전략

- 주어진 상황에 대하여 논리적으로 분석하고 대응하는 수리력과 빠르고 정확한 연산능력을 평가하므로, 정형화된 형태 외에도 다양한 유형의 문제를 풀어 보는 연습을 해야 합니다.
- 거리/속력/시간 관련 문제를 풀 때에는 거리, 속력, 시간의 단위가 같은지 먼저 확인하고, 단위를 통일하는 것이 중요합니다.
- 경우의 수 관련 문제는 합의 법칙과 곱의 법칙이, 순열이나 조합 관련 문제는 이와 관련된 공식이 숙지되어 있어야 합니다.

II. 기초통계능력

1. 평가 목표

- 업무 수행 시 문제를 해결할 때 통계 기법을 적절히 사용할 수 있는지와 이에 따른 결과를 활용할 수 있는지 평가합니다.

2. 유형 특징

- 백분율, 평균, 확률과 같은 통계능력을 확인하고 이를 활용한 계산을 통해 자료를 제시하고 해석할 수 있는지 확인하는 문제가 주로 출제됩니다.
- 제시된 자료를 통해 최댓값과 최솟값, 대소 비교 및 순서 비교, 비중 등을 계산하는 문제가 출제됩니다.

3. 풀이 전략

- 통계 기법에 따른 계산을 활용하기 위해서는 기본적인 공식을 암기한 뒤 이를 바탕으로 많은 연습이 필요하며, 자료와 선택지의 단위에 주의하여 문제를 풀이합니다.
- 실수, 지수, 가중 평균에 따라 결과가 달라지기 때문에, 문제 풀이 전 각 자료의 단위와 자료의 종류를 파악하도록 합니다.
- 확률 유형 문제의 경우 풀이 시간이 상대적으로 적을 수 있으나 그에 비하여 오답률이 높기 때문에, 문제에서 제시하는 다양한 조건을 숙지하고 정확한 풀이 방법을 찾는 훈련을 해야 합니다.
- NCS에서 기초통계능력 문제의 특징은 '상황형'이라는 것입니다. 제시된 상황과 관련된 식을 도출하여 문제를 해결해야 하므로 발문을 정확하게 파악하는 독해력 역시 중요합니다. 특히 문제의 길이가 긴 경우가 있으므로, 문제에서 요구하는 사항을 정확히 파악하고 이를 식으로 옮기는 연습을 해야 합니다.

III. 도표분석능력

1. 평가 목표

- 업무 수행이나 의사 결정이 필요할 때 그래프와 표를 읽고 분석하여 중요한 내용을 이해하고 그 의미를 해석할 수 있는지 평가합니다.

2. 유형 특징

- 주요 출제 유형으로는 자료의 정확한 내용 확인하기, 자료의 속성에 따라 비율 계산하기, 공식에 따른 수치 파악하기 등이 있으며, 제시된 자료를 분석하여 자료에 대한 설명의 진위를 판단하는 문제도 출제됩니다.
- 다양한 형태의 그래프와 표가 제시되고 단위 환산, 비율 등의 데이터 값을 도출해 낼 수 있는지 확인하는 문제가 출제됩니다.
- 제시되는 여러 개의 자료의 연관성을 파악한 후 정보를 찾아내는 세트형 문제도 출제됩니다.

3. 풀이 전략

- 변화량, 변화율, 비율, 평균을 구하는 기본적인 공식은 암기해야 합니다.
- 자료의 제목, 단위, 조건 등을 먼저 읽고 자료의 범위와 개념을 파악합니다. 올바르게 자료를 해석해야만 정확한 답을 고를 수 있으며, 이때 자료에서 제시되지 않은 내용을 주관적으로 해석하지 말고 객관적으로 자료의 내용을 파악하는 것이 중요합니다.
- 도표 분석 및 자료 해석의 목적은 계산이 아니기 때문에, 정확한 계산을 위해 시간 낭비를 하지 말고 근사치를 이용해 계산하는 것도 하나의 방법입니다.

IV. 도표작성능력

1. 평가 목표

- 업무 수행 시 주어진 자료의 핵심적인 내용을 그림, 표, 그래프 등으로 변환 및 가공할 수 있는지 평가합니다.

2. 유형 특징

- 제시된 자료가 표, 차트, 그래프 등으로 바르게 변환되었는지 확인하는 문제가 출제됩니다. 문제에 따라 자료에 직접적으로 나타나지 않더라도 자료 간의 변환을 통해 그 내용을 추론할 수 있는지 확인하는 문제가 출제되기도 합니다.
- 도표분석능력과 같이 여러 개의 자료가 함께 제시되는 세트형 문제도 출제됩니다. 이때 각 자료 간의 단위가 일치하는지 확인하는 것도 중요합니다.

3. 풀이 전략

- 우선 자료의 제목, 항목, 각주 등을 확인하고 자료 간에 정확한 단위를 사용했는지 점검합니다. 다양한 도표 활용능력을 이용하여 정오를 판단하도록 합니다. 특히 각주의 내용에 함정이 있을 수 있으므로, 꼼꼼히 읽고 내용을 확인합니다.
- 주어진 다양한 자료를 활용하여 직접적으로 드러나지 않은 값을 계산하고, 그 내용을 추론해야 할 경우에는 제시된 자료에서 그 근거를 찾아야 합니다.

상대 수치와 절대 수치 유형

상대 수치로는 절대 수치 비교가 불가하다. 데이터가 상대 수치로 주어지는 경우, 동일 카테고리 내에서 대소 비교가 가능하다.

다음 〈표〉는 서울 및 수도권 지역의 가구를 대상으로 난방 방식 현황 및 난방 연료 사용 현황에 대해 조사한 자료이다. 이에 대한 〈보기〉의 설명 중 옳은 것을 모두 고르면?

〈표 1〉 난방 방식 현황 (단위: %)

종류	서울	인천	경기 남부	경기 북부	전국 평균
중앙 난방	22.3	13.5	6.3	11.8	14.4
개별 난방	64.3	78.7	26.2	60.8	58.2
지역 난방	13.4	7.8	67.5	27.4	27.4

〈표 2〉 난방 연료 사용 현황 (단위: %)

종류	서울	인천	경기 남부	경기 북부	전국 평균
도시가스	84.5	91.8	33.5	66.1	69.5
LPG	0.1	0.1	0.4	3.2	1.4
등유	2.4	0.4	0.8	3.0	2.2
열병합	12.6	7.4	64.3	27.1	26.6
기타	0.4	0.3	1.0	0.6	0.3

| 보기 |

ㄱ. 경기 북부 지역의 경우, 도시가스를 사용하는 가구 수가 등유를 사용하는 가구 수의 20배 이상이다.
ㄴ. 서울과 인천 지역에서는 다른 난방 연료보다 도시가스를 사용하는 비율이 높다.
ㄷ. 지역 난방을 사용하는 가구 수는 서울이 인천의 2배 이하이다.
ㄹ. 경기 지역은 남부가 북부보다 지역 난방을 사용하는 비율이 낮다.

① ㄱ, ㄴ ② ㄱ, ㄷ ③ ㄱ, ㄹ ④ ㄴ, ㄹ ⑤ ㄷ, ㄹ

표에 %가 등장하는 경우, 비교 가능한 것들이 어떤 것들인지에 대해 정확히 파악해야 한다. 문제에서 많이 나오는 유형의 함정이므로 유의하자.

다음 〈표〉는 서울 및 수도권 지역의 가구를 대상으로 난방 방식 현황 및 난방 연료 사용 현황에 대해 조사한 자료이다. 이에 대한 〈보기〉의 설명 중 옳은 것을 모두 고르면?

〈표 1〉 난방 방식 현황 (단위: %)

종류	서울	인천	경기 남부	경기 북부	전국 평균
중앙 난방	22.3	13.5	6.3	11.8	14.4
개별 난방	64.3	78.7	26.2	60.8	58.2
지역 난방	13.4	7.8	67.5	27.4	27.4

〈표 2〉 난방 연료 사용 현황 (단위: %)

종류	서울	인천	경기 남부	경기 북부	전국 평균
도시가스	84.5	91.8	33.5	66.1	69.5
LPG	0.1	0.1	0.4	3.2	1.4
등유	2.4	0.4	0.8	3.0	2.2
열병합	12.6	7.4	64.3	27.1	26.6
기타	0.4	0.3	1.0	0.6	0.3

보기

ㄱ. 경기 북부 지역의 경우, 도시가스를 사용하는 가구 수가 등유를 사용하는 가구 수의 20배 이상이다.
ㄴ. 서울과 인천 지역에서는 다른 난방 연료보다 도시가스를 사용하는 비율이 높다.
ㄷ. 지역 난방을 사용하는 가구 수는 서울이 인천의 2배 이하이다.
ㄹ. 경기 지역은 남부가 북부보다 지역 난방을 사용하는 비율이 낮다.

정답 및 해설 정답 ①

ㄱ. 경기 북부 지역의 경우, 도시가스를 사용하는 가구 수가 등유를 사용하는 가구 수의 20배 이상이다.
⇒ (○) 〈표 2〉를 보면, 경기 북부 지역의 경우 도시가스를 사용하는 비율은 66.1%이고 등유를 사용하는 비율은 3.0%이므로, 도시가스를 사용하는 가구 수가 등유를 사용하는 가구 수의 20배 이상이라고 할 수 있다.

ㄴ. 서울과 인천 지역에서는 다른 난방 연료보다 도시가스를 사용하는 비율이 높다.
⇒ (○) 〈표 2〉를 보면, 서울의 경우 도시가스를 사용하는 비율이 84.5%로 가장 높고, 인천 또한 도시가스를 사용하는 비율이 91.8%로 가장 높음을 알 수 있다.

ㄷ. 지역 난방을 사용하는 가구 수는 서울이 인천의 2배 이하이다.
⇒ (×) 〈표 1〉을 보면 지역 난방을 사용하는 가구 수의 비율이 서울은 13.4%, 인천은 7.8%이므로 지역 난방을 사용하는 가구 수의 비율은 서울이 인천의 2배 이하임을 알 수 있다. 하지만 각 지역의 가구 수는 알 수 없으므로 두 지역의 지역 난방을 사용하는 가구 수는 비교할 수 없다.

ㄹ. 경기 지역은 남부가 북부보다 지역 난방을 사용하는 비율이 낮다.
⇒ (×) 〈표 1〉을 보면 지역 난방을 사용하는 가구 수의 비율이 경기 남부는 67.5%, 경기 북부는 27.4%임을 알 수 있다. 따라서 ㄹ은 옳지 않다.

01

다음 〈표〉는 2008년과 2009년의 대학수학능력시험 자료를 정리한 것이다. 이에 대한 〈보기〉의 설명 중 옳은 것을 모두 고르면?

〈표 1〉 지역별 대학수학능력시험 4개 영역 1~4등급 비율 (단위: %)

지역	2008년				2009년			
	언어	수리(가)	수리(나)	외국어	언어	수리(가)	수리(나)	외국어
A	47.1	64.9	52.8	49.0	47.7	54.2	54.0	48.8
B	35.3	40.3	41.6	36.5	36.3	42.6	42.3	36.4
C	40.8	29.4	37.6	41.1	42.7	28.4	39.6	43.0
D	36.3	31.6	33.2	35.2	37.4	36.6	35.9	36.4
E	48.5	47.2	52.0	48.3	49.1	47.2	53.8	47.0

〈표 2〉 지역별 대학수학능력시험 4개 영역 5~6등급 비율 (단위: %)

지역	2008년				2009년			
	언어	수리(가)	수리(나)	외국어	언어	수리(가)	수리(나)	외국어
A	39.7	29.6	36.0	39.2	38.5	37.4	34.4	39.5
B	44.7	44.5	43.6	46.4	43.9	43.8	44.3	47.7
C	42.1	42.3	45.0	42.0	40.9	44.5	43.5	41.4
D	38.7	34.5	42.7	38.4	37.5	33.1	41.9	38.4
E	35.9	39.0	34.5	37.8	36.7	40.9	34.7	40.6

〈표 3〉 지역별 대학수학능력시험 4개 영역 7~9등급 비율 (단위: %)

지역	2008년				2009년			
	언어	수리(가)	수리(나)	외국어	언어	수리(가)	수리(나)	외국어
A	13.2	5.5	11.2	11.8	13.8	8.4	11.6	11.7
B	20.0	15.2	14.8	17.1	19.8	13.6	13.4	15.9
C	17.1	28.3	17.4	16.9	16.4	27.1	16.9	15.6
D	25.0	33.9	24.1	26.4	25.1	30.3	22.2	25.2
E	15.6	13.8	13.5	13.9	14.2	11.9	11.5	12.4

보기

ㄱ. 2008년 수리(가) 영역에서 A 지역은 C 지역보다 1~4등급을 받은 학생 수가 2배 이상이다.
ㄴ. 2009년 대학수학능력시험 4개 영역 중 1~4등급 비율이 가장 높은 지역과 가장 낮은 지역 간 비율 차이가 가장 작은 영역은 언어 영역이다.
ㄷ. A 지역의 2009년 수리(가) 영역에서 1~4등급을 받은 학생 수는 7~9등급을 받은 학생 수의 5배 이상이다.
ㄹ. 2009년 언어 영역에서 1~4등급, 5~6등급, 7~9등급 비율 중 가장 큰 값과 가장 작은 값의 차이가 가장 작은 지역은 D 지역이다.

① ㄱ, ㄴ ② ㄱ, ㄷ ③ ㄱ, ㄹ ④ ㄴ, ㄷ ⑤ ㄷ, ㄹ

● 정답과 해설 514쪽

02 다음 〈그림〉은 2012년 3개 기관 유형의 분야별 연구개발비 비중을 나타낸 것이다. 이에 대한 〈보기〉의 설명 중 옳은 것을 모두 고르면?

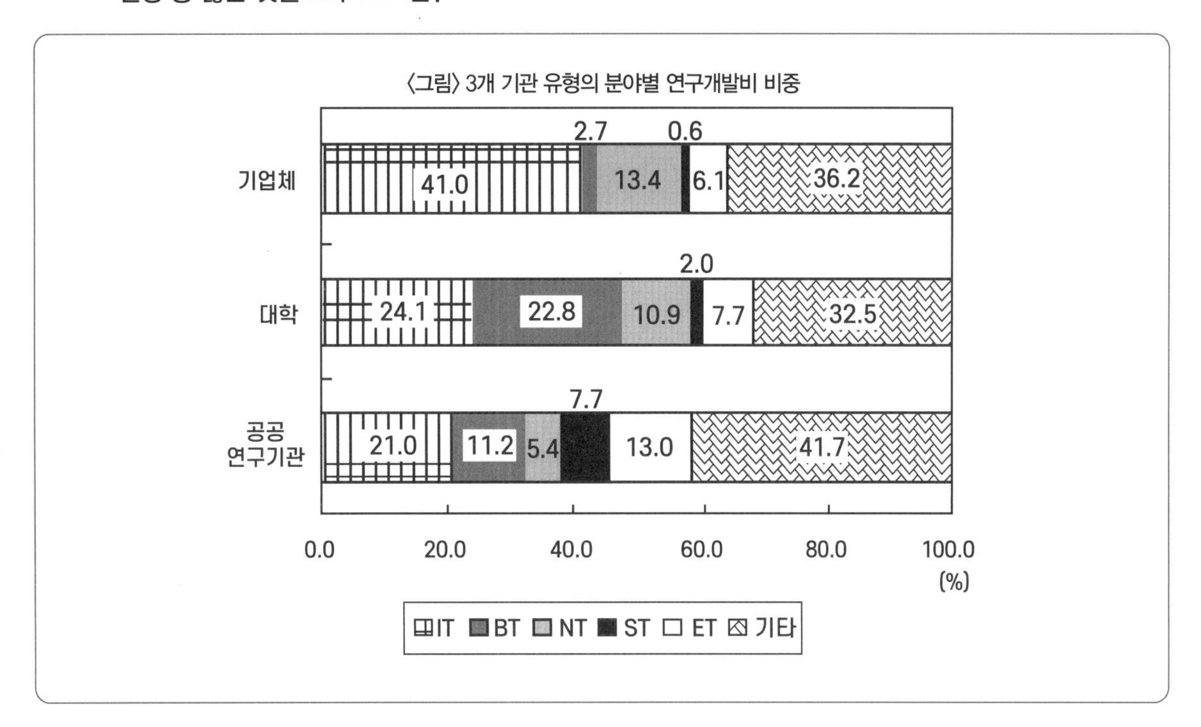

| 보기 |

ㄱ. 공공연구기관의 연구개발비는 BT 분야가 NT 분야의 2배 이상이다.
ㄴ. 기업체의 IT, NT 분야 연구개발비 합은 기업체 전체 연구개발비의 50% 이상이다.
ㄷ. 3개 기관 유형 중 ET 분야 연구개발비는 공공연구기관이 가장 많다.
ㄹ. 공공연구기관의 ST 분야 연구개발비는 기업체와 대학의 ST 분야 연구개발비 합보다 크다.
ㅁ. 기타를 제외하고 연구개발비 비중이 가장 작은 분야는 3개 기관 유형에서 모두 동일하다.

① ㄱ, ㄴ　　② ㄴ, ㄹ　　③ ㄱ, ㄴ, ㄷ　　④ ㄱ, ㄴ, ㄹ　　⑤ ㄷ, ㄹ, ㅁ

유형 대표문제

분수를 통한 비율 비교 유형

분수 비교는 다각적인 해결이 필수이다. 분수 비교는 분모를 통분하는 것만이 능사가 아니다. 유형에 따라 적절한 방법이 적용되어야 한다. 시간을 절약하기 위해서는 하나의 분수 비교 문제를 여러 가지의 자신만의 방법으로 해결하는 연습이 필요하다.

다음 〈표〉는 선박 종류별 기름 유출사고 발생 현황이다. 이에 대한 해석 중 옳은 것은?

〈표〉 선박 종류별 기름 유출사고 발생 현황 (단위: 건, kℓ)

연도	항목 \ 선박 종류	유조선	화물선	어선	기타	전체
2001	사고 건수	37	53	151	96	337
	유출량	956	584	53	127	1,720
2002	사고 건수	28	68	247	120	463
	유출량	21	49	166	151	387
2003	사고 건수	27	61	272	123	483
	유출량	3	187	181	212	583
2004	사고 건수	32	33	218	102	385
	유출량	38	23	105	244	410
2005	사고 건수	39	39	149	116	343
	유출량	1,223	66	30	143	1,462

① 2001년부터 2005년 사이의 전체 기름 유출사고 건수와 전체 유출량은 비례한다.
② 연도별 전체 사고 건수에 대한 유조선 사고 건수 비율은 매년 감소하고 있다.
③ 각 연도에서 사고 건수에 대한 유출량 비율이 가장 낮은 선박 종류는 어선이다.
④ 유출량을 가장 많이 줄이는 방법은 화물선 사고 건수를 줄이는 것이다.
⑤ 전체 유출량이 가장 적은 연도에서 기타를 제외하고 사고 건수에 대한 유출량 비율이 가장 낮은 선박 종류는 어선이다.

분수를 통해 비율을 비교하는 문제의 경우, 분자를 분모로 나누어 직접 비율을 계산하지 않고 각 분수의 분자와 분모의 단순 크기 비교만으로도 해결되는 경우가 많다는 것을 인지하자.

다음 〈표〉는 선박 종류별 기름 유출사고 발생 현황이다. 이에 대한 해석 중 옳은 것은?

〈표〉 선박 종류별 기름 유출사고 발생 현황 (단위: 건, ㎘)

연도	선박 종류 / 항목	유조선	화물선	어선	기타	전체
2001	사고 건수	37	53	151	96	337
	유출량	956	584	53	127	1,720
2002	사고 건수	28	68	247	120	463
	유출량	21	49	166	151	387
2003	사고 건수	27	61	272	123	483
	유출량	3	187	181	212	583
2004	사고 건수	32	33	218	102	385
	유출량	38	23	105	244	410
2005	사고 건수	39	39	149	116	343
	유출량	1,223	66	30	143	1,462

정답 및 해설 정답 ⑤

⑤ 전체 유출량이 가장 적은 연도에서 기타를 제외하고 사고 건수에 대한 유출량 비율이 가장 낮은 선박 종류는 어선이다.

⇒ (○) 〈표〉를 보면 전체 유출량이 가장 적은 연도는 2002년이다. 2002년 사고 건수에 대한 유출량 비율은 각각 유조선은 21/28, 화물선은 49/68, 어선은 166/247임을 알 수 있고, 따라서 비율이 가장 낮은 선박 종류는 어선임을 알 수 있다.

① 2001년부터 2005년 사이의 전체 기름 유출사고 건수와 전체 유출량은 비례한다.

⇒ (×) 〈표〉를 보면 전체 기름 유출사고 건수는 2003년까지 증가하다가 2004년부터 감소하는 반면, 전체 유출량은 매년 증가하다가 감소함을 반복하는 것을 알 수 있다. 따라서 전체 기름 유출사고 건수와 전체 유출량은 비례하지 않는다.

② 연도별 전체 사고 건수에 대한 유조선 사고 건수 비율은 매년 감소하고 있다.

⇒ (×) 〈표〉를 보면 2004년의 경우 전년 대비 전체 사고 건수는 낮아진 반면, 유조선 사고 건수는 증가했음을 알 수 있다. 즉, 전년 대비 전체 사고 건수에 대한 유조선 사고 건수 비율은 증가했으므로 ②는 옳지 않다.

③ 각 연도에서 사고 건수에 대한 유출량 비율이 가장 낮은 선박 종류는 어선이다.

⇒ (×) 〈표〉를 보면 2003년의 경우 사고 건수에 대한 유출량 비율이 유조선은 3/27, 어선은 181/272임을 알 수 있다. 즉, 사고 건수에 대한 유출량 비율은 어선보다 유조선이 더 낮으므로 ③은 옳지 않다.

④ 유출량을 가장 많이 줄이는 방법은 화물선 사고 건수를 줄이는 것이다.

⇒ (×) 〈표〉를 보면 매년 사고 건수 대비 유출량이 가장 많은 선박 종류가 다르므로 ④는 옳지 않다.

01 다음 〈표〉는 A 회사의 1990년과 2000년의 출신 지역 및 직급별 임직원 수에 대한 자료이다. 이에 대한 설명으로 옳지 않은 것은?

〈표 1〉 1990년의 출신 지역 및 직급별 임직원 수 (단위: 명)

직급 \ 지역	서울·경기도	강원도	충청북도	충청남도	경상북도	경상남도	전라북도	전라남도	합
이사	0	0	1	1	0	0	1	1	4
부장	0	0	1	0	0	1	1	1	4
차장	4	4	3	3	2	1	0	3	20
과장	7	0	7	4	4	5	11	6	44
대리	7	12	14	12	7	7	5	18	82
사원	19	38	41	37	11	12	4	13	175
계	37	54	67	57	24	26	22	42	329

〈표 2〉 2000년의 출신 지역 및 직급별 임직원 수 (단위: 명)

직급 \ 지역	서울·경기도	강원도	충청북도	충청남도	경상북도	경상남도	전라북도	전라남도	합
이사	3	0	1	1	0	0	1	2	8
부장	0	0	2	0	0	1	1	0	4
차장	3	4	3	4	2	1	1	2	20
과장	8	1	14	7	6	7	18	14	75
대리	10	14	13	13	7	6	2	12	77
사원	12	35	38	31	8	11	2	11	148
계	36	54	71	56	23	26	25	41	332

① 출신 지역을 고려하지 않을 때, 1990년 대비 2000년에 직급별 인원의 증가율은 이사 직급에서 가장 크다.
② 출신 지역별로 비교할 때, 2000년의 경우 해당 지역 출신 임직원 중 과장의 비율은 전라북도가 가장 높다.
③ 1990년에 비해 2000년에 과장의 수는 증가하였다.
④ 1990년과 2000년 모두 충청북도 출신의 임직원이 가장 많다.
⑤ 1990년에 비해 2000년에 대리의 수가 늘어난 출신 지역은 대리의 수가 줄어든 출신 지역에 비해 많다.

02 다음 <표>는 2001~2005년 국방부의 감사 횟수 및 감사 실적을 처분 종류별, 업무 종류별, 결함 원인별로 나타낸 자료이다. 이에 대한 <보기>의 설명 중 옳은 것을 모두 고르면?

<표 1> 처분 종류별 감사 실적 건수 (단위: 건)

연도	감사 횟수	감사 실적	처분 종류						
			징계	경고	시정	주의	개선	통보	권고
2001	43	1,039	25	52	231	137	124	271	199
2002	42	936	15	65	197	203	106	179	171
2003	36	702	19	54	140	152	57	200	80
2004	38	560	10	62	112	99	56	168	53
2005	35	520	9	39	107	92	55	171	47

<표 2> 업무 종류별 감사 실적 건수 (단위: 건)

연도	감사 실적	업무 종류							
		행정 일반	인사	정훈 교육	의무	군수 시설	방위 산업	예산 국고금	기타
2001	1,039	419	63	3	27	424	54	0	49
2002	936	217	43	9	29	448	60	64	66
2003	702	192	35	2	3	195	101	132	42
2004	560	164	10	9	6	162	56	122	31
2005	520	167	0	3	2	194	72	60	22

<표 3> 결함 원인별 감사 실적 건수 (단위: 건)

연도	감사 실적	결함 원인				
		제도 결함	관계 규정 이해 부족	감독 소홀	운영 불합리	기타
2001	1,039	36	15	52	739	197
2002	936	17	72	70	686	91
2003	702	12	143	72	407	68
2004	560	21	64	45	385	45
2005	520	18	21	8	452	21

| 보기 |

ㄱ. 감사 횟수당 '감사 실적' 건수는 매년 감소했다.
ㄴ. 2005년 '군수 시설' 업무 감사에서 결함 원인이 '운영 불합리'인 경우는 126건 이상이다.
ㄷ. 2002~2005년 동안 전년 대비 증감 방향이 '감사 실적' 건수의 전년 대비 증감 방향과 동일한 처분 종류는 세 가지이다.
ㄹ. 2005년 결함 원인이 '운영 불합리'인 건수의 당해 연도 '감사 실적' 건수 대비 비중은 2001년 처분 종류가 '시정'인 건수의 당해 연도 '감사 실적' 건수 대비 비중보다 작다.

① ㄱ, ㄴ ② ㄱ, ㄷ ③ ㄴ, ㄷ ④ ㄷ, ㄹ ⑤ ㄴ, ㄷ, ㄹ

03 다음 〈표〉는 6개 부서로 이루어진 어느 연구소의 부서별, 항목별 예산과 인원 현황을 나타낸 자료이다. 이에 대한 설명 중 옳은 것은?

〈표 1〉 부서별, 항목별 예산 내역 (단위: 만 원)

부서	항목	2010년 예산	2011년 예산
A	인건비	49,560	32,760
	기본 경비	309,617	301,853
	사업비	23,014,430	41,936,330
	소계	23,373,607	42,270,943
B	인건비	7,720	7,600
	기본 경비	34,930	33,692
	사업비	7,667,570	9,835,676
	소계	7,710,220	9,876,968
C	인건비	7,420	7,420
	기본 경비	31,804	31,578
	사업비	2,850,390	3,684,267
	소계	2,889,614	3,723,265
D	인건비	7,420	7,600
	기본 경비	24,050	25,672
	사업비	8,419,937	17,278,382
	소계	8,451,407	17,311,654
E	인건비	6,220	6,220
	기본 경비	22,992	24,284
	사업비	2,042,687	4,214,300
	소계	2,071,899	4,244,804
F	인건비	4,237,532	3,869,526
	기본 경비	865,957	866,791
	사업비	9,287,987	15,042,762
	소계	14,391,476	19,779,079
전체		58,888,223	97,206,713

〈표 2〉 2010년 부서별, 직종별 인원 (단위: 명)

부서	정 · 현원		직종별 현원				
	정원	현원	일반직	별정직	개방형	계약직	기능직
A	49	47	35	3	1	4	4
B	32	34	25	0	1	6	2
C	18	18	14	0	0	2	2
D	31	29	23	0	0	0	6
E	15	16	14	0	0	1	1
F	75	72	38	1	0	8	25
계	220	216	149	4	2	21	40

※ 2010년 이후 부서별, 직종별 인원 수의 변동은 없음.

① 모든 부서 중 정원이 가장 많은 부서와 가장 적은 부서의 2011년 예산을 합하면 2011년 전체 예산의 30% 이상이다.
② 2011년 부서별 인건비 예산의 합은 2011년 전체 예산의 3% 미만이다.
③ 2010년 현원 1인당 기본 경비 예산이 가장 적은 부서는 B이다.
④ 2011년 각 부서의 현원과 일반직을 비교할 때, 현원 대비 일반직 비중이 가장 큰 부서는 2011년 모든 부서 중 기본 경비 예산이 가장 적다.
⑤ 2011년 사업비는 모든 부서에서 전년에 비해 증가하였으며, 그중 A 부서의 전년 대비 사업비 증가율이 가장 높았다.

04 다음 〈표〉는 2006~2007년 용도 지역별 토지거래 현황이다. 이에 대한 설명 중 옳은 것은?

〈표 1〉 2006년 용도 지역별 토지거래 현황

구분	합	도시 지역							비도시 지역
		소계	주거	상업	공업	녹지	개발 제한	용도 미지정	
필지 수	2,845,247	2,134,395	1,659,692	168,633	68,789	180,214	23,157	33,910	710,852
(%)	(100.0)	(75.0)	(58.3)	(5.9)	(2.4)	(6.3)	(0.8)	(1.2)	(25.0)
면적(천m^2)	2,892,195	711,952	232,218	16,678	41,732	304,844	49,616	66,864	2,180,243
(%)	(100.0)	(24.6)	(8.0)	(0.6)	(1.4)	(10.5)	(1.7)	(2.3)	(75.4)

〈표 2〉 2007년 용도 지역별 토지거래 현황

구분	합	도시 지역							비도시 지역
		소계	주거	상업	공업	녹지	개발 제한	용도 미지정	
필지 수	2,490,064	1,822,892	1,349,078	188,376	57,901	170,233	17,941	39,363	667,172
(%)	(100.0)	(73.2)	(54.2)	(7.6)	(2.3)	(6.8)	(0.7)	(1.6)	(26.8)
면적(천m^2)	2,533,512	651,038	206,657	15,256	59,570	279,167	49,729	40,659	1,882,474
(%)	(100.0)	(25.7)	(8.2)	(0.6)	(2.4)	(11.0)	(2.0)	(1.6)	(74.3)

※ 백분율(%)은 소수점 아래 둘째 자리에서 반올림한 값임.

① 2007년에 거래된 도시 지역 내 토지의 필지당 면적이 두 번째로 작은 용도 지역은 주거 지역이다.
② 2006년에 비해 2007년에 도시 지역 내 각 용도 지역의 토지거래 면적이 감소하였다.
③ 2006년에 비해 2007년에 도시 지역 내 용도 미지정 토지의 거래 면적이 증가하였다.
④ 2006년에 거래된 토지의 필지당 면적은 도시 지역이 비도시 지역보다 크다.
⑤ 2006년에 비해 2007년에 상업 지역의 토지거래 횟수는 증가하였다.

05 다음 〈그림〉과 〈표〉는 창업보육센터의 현황에 대한 자료이다. 이에 대한 〈보기〉의 설명 중 옳지 않은 것을 모두 고르면?

〈그림〉 연도별 창업보육센터 수 및 지원 금액

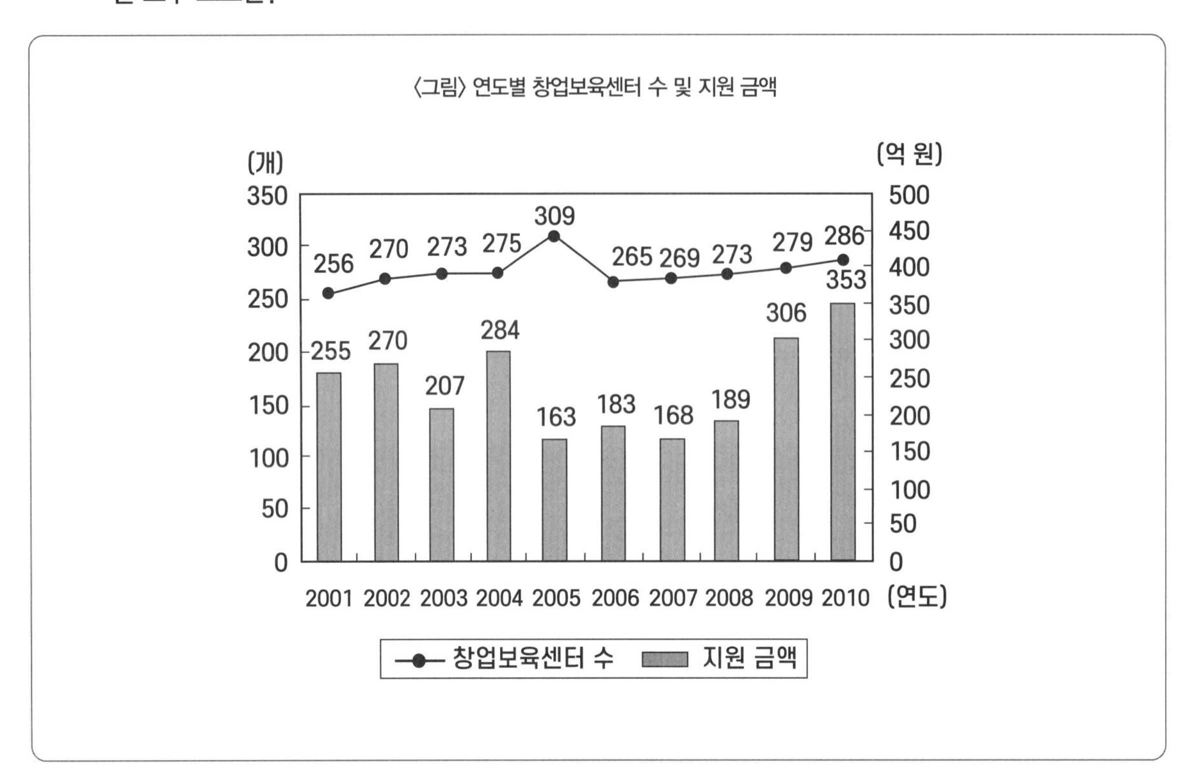

〈표〉 연도별 창업보육센터당 입주업체 수 및 매출액 (단위: 개, 억 원)

구분 \ 연도	2008	2009	2010
창업보육센터당 입주업체 수	16.6	17.1	16.8
창업보육센터당 입주업체 매출액	85.0	91.0	86.7

※ 한 업체는 1개의 창업보육센터에만 입주함.

| 보기 |

ㄱ. 2010년 전년 대비 창업보육센터 지원 금액 증가율은 2010년 전년 대비 창업보육센터 수 증가율의 5배 이상이다.
ㄴ. 2010년 창업보육센터의 전체 입주업체 수는 전년보다 적다.
ㄷ. 창업보육센터당 지원 금액이 가장 적은 해는 2005년이며, 가장 많은 해는 2010년이다.
ㄹ. 창업보육센터 입주업체의 전체 매출액은 2008년 이후 매년 증가하였다.

① ㄱ, ㄴ ② ㄱ, ㄷ ③ ㄴ, ㄷ ④ ㄴ, ㄹ ⑤ ㄷ, ㄹ

곱셈 비교 유형

곱셈 비교 유형은 같은 곱셈도 질문의 방향에 따라 하는 방식이 다르다는 것을 기억하자.

다음 〈표〉는 A~E 마을 주민의 재산 상황을 나타낸 자료이다. 이에 대한 〈보기〉의 설명 중 옳은 것을 모두 고르면?

〈표〉 A~E 마을 주민의 재산 상황 (단위: 가구, 명, ha, 마리)

마을	가구 수	주민 수	재산 유형					
			경지		젖소		돼지	
			면적	가구당 면적	개체 수	가구당 개체 수	개체 수	가구당 개체 수
A	244	1,243	( )	6.61	90	0.37	410	1.68
B	130	572	1,183	9.10	20	0.15	185	1.42
C	58	248	( )	1.95	20	0.34	108	1.86
D	23	111	( )	2.61	12	0.52	46	2.00
E	16	60	( )	2.75	8	0.50	20	1.25
전체	471	2,234	( )	6.40	150	0.32	769	1.63

※ 소수점 아래 셋째 자리에서 반올림한 값임.

| 보기 |

ㄱ. C 마을의 경지 면적은 D 마을과 E 마을 경지 면적의 합보다 크다.
ㄴ. 가구당 주민 수가 가장 많은 마을은 가구당 돼지 수도 가장 많다.
ㄷ. A 마을의 젖소 수가 80% 감소한다면, A~E 마을 전체 젖소 수는 A~E 마을 전체 돼지 수의 10% 이하가 된다.
ㄹ. 젖소 1마리당 경지 면적과 돼지 1마리당 경지 면적은 모두 D 마을이 E 마을보다 좁다.

① ㄱ, ㄴ ② ㄱ, ㄷ ③ ㄱ, ㄹ ④ ㄴ, ㄷ ⑤ ㄷ, ㄹ

보기를 차례대로 해결할 때, 앞의 보기의 계산 과정이 뒤의 보기를 해결할 때도 쓰이는 경우가 많으므로 계산을 할 때 유의해서 하도록 하자. 같은 계산을 두 번, 세 번 반복하면서 시간을 낭비하지 말자는 뜻이다.

다음 〈표〉는 A ~ E 마을 주민의 재산 상황을 나타낸 자료이다. 이에 대한 〈보기〉의 설명 중 옳은 것을 모두 고르면?

〈표〉 A~E 마을 주민의 재산 상황 (단위: 가구, 명, ha, 마리)

마을	가구 수	주민 수	재산 유형					
			경지		젖소		돼지	
			면적	가구당 면적	개체 수	가구당 개체 수	개체 수	가구당 개체 수
A	244	1,243	( )	6.61	90	0.37	410	1.68
B	130	572	1,183	9.10	20	0.15	185	1.42
C	58	248	( )	1.95	20	0.34	108	1.86
D	23	111	( )	2.61	12	0.52	46	2.00
E	16	60	( )	2.75	8	0.50	20	1.25
전체	471	2,234	( )	6.40	150	0.32	769	1.63

※ 소수점 아래 셋째 자리에서 반올림한 값임.

| 보기 |

ㄱ. C 마을의 경지 면적은 D 마을과 E 마을 경지 면적의 합보다 크다.
ㄴ. 가구당 주민 수가 가장 많은 마을은 가구당 돼지 수도 가장 많다.
ㄷ. A 마을의 젖소 수가 80% 감소한다면, A~E 마을 전체 젖소 수는 A~E 마을 전체 돼지 수의 10% 이하가 된다.
ㄹ. 젖소 1마리당 경지 면적과 돼지 1마리당 경지 면적은 모두 D 마을이 E 마을보다 좁다.

정답 및 해설 정답 ③

ㄱ. C 마을의 경지 면적은 D 마을과 E 마을 경지 면적의 합보다 크다.
⇒ (○) 경지 면적은 가구당 면적×가구 수로 구할 수 있다. 〈표〉를 보면 C 마을의 경지 면적은 1.95×58=113.1이고, D 마을과 E 마을 경지 면적의 합은 2.61×23의 값과 2.75×16의 합이므로 104.03임을 알 수 있다. 따라서 C 마을의 경지 면적이 D 마을과 E 마을 경지 면적의 합보다 크다.

ㄴ. 가구당 주민 수가 가장 많은 마을은 가구당 돼지 수도 가장 많다.
⇒ (×) 〈표〉를 보면 가구당 돼지 수가 가장 많은 마을은 D임을 알 수 있다. 하지만 D 마을의 가구당 주민 수는 111÷23=4.83명이고 A 마을의 가구당 주민 수는 1,243÷244=5.09명이므로 ㄴ은 옳지 않다.

ㄷ. A 마을의 젖소 수가 80% 감소한다면, A~E 마을 전체 젖소 수는 A~E 마을 전체 돼지 수의 10% 이하가 된다.
⇒ (×) 〈표〉에서 A 마을의 젖소 수는 90마리이다. 따라서 A 마을의 젖소 수가 80% 감소한다면 A 마을의 젖소 수는 72마리가 줄어들고, 결론적으로 A~E 마을 전체 젖소 수는 78마리가 된다. 이는 A~E 마을 전체 돼지 수의 10%인 약 76.9마리보다 많으므로 ㄷ은 옳지 않다.

ㄹ. 젖소 1마리당 경지 면적과 돼지 1마리당 경지 면적은 모두 D 마을이 E 마을보다 좁다.
⇒ (○) 보기 ㄱ의 풀이 과정에서 D 마을의 경지 면적은 60.03, E 마을의 경지 면적은 44로 구했을 것이다. 따라서 D, E 마을의 젖소 1마리당 경지 면적은 각각 5.0, 5.5임을 알 수 있다. 마찬가지 방법으로 돼지 1마리당 경지 면적을 계산해 보면 역시 D 마을의 면적이 더 좁음을 알 수 있다.

●정답과 해설 516쪽

01 다음 〈표〉는 2006~2011년 어느 나라 5개 프로 스포츠 종목의 연간 경기장 수용 규모 및 관중 수용률을 나타낸 것이다. 이에 대한 설명 중 옳은 것은?

〈표〉 프로 스포츠 종목의 연간 경기장 수용 규모 및 관중 수용률 (단위: 천 명, %)

종목	구분 \ 연도	2006	2007	2008	2009	2010	2011
야구	수용 규모	20,429	20,429	20,429	20,429	19,675	19,450
	관중 수용률	30.6	41.7	53.3	56.6	58.0	65.7
축구	수용 규모	40,255	40,574	40,574	37,865	36,952	33,314
	관중 수용률	21.9	26.7	28.7	29.0	29.4	34.9
농구	수용 규모	5,899	6,347	6,354	6,354	6,354	6,653
	관중 수용률	65.0	62.8	66.2	65.2	60.9	59.5
핸드볼	수용 규모	3,230	2,756	2,756	2,756	2,066	2,732
	관중 수용률	26.9	23.5	48.2	43.8	34.1	52.9
배구	수용 규모	5,129	5,129	5,089	4,843	4,409	4,598
	관중 수용률	16.3	27.3	24.6	30.4	33.4	38.6

※ 관중 수용률(%) = $\frac{\text{연간 관중 수}}{\text{연간 경기장 수용 규모}} \times 100$

① 축구의 연간 관중 수는 매년 증가한다.
② 관중 수용률은 농구가 야구보다 매년 높다.
③ 관중 수용률이 매년 증가한 종목은 3개이다.
④ 2009년 연간 관중 수는 배구가 핸드볼보다 많다.
⑤ 2007~2011년 동안 연간 경기장 수용 규모의 전년 대비 증감 방향은 농구와 핸드볼이 동일하다.

02 다음 〈표〉와 〈그림〉은 조선 시대 A군의 조사 시기별 가구 수 및 인구수와 가구 구성비에 대한 자료이다. 이에 대한 〈보기〉의 설명 중 옳은 것만을 모두 고르면?

〈표〉 A군의 조사 시기별 가구 수 및 인구수 (단위: 호, 명)

조사 시기	가구 수	인구수
1729년	1,480	11,790
1765년	7,210	57,330
1804년	8,670	68,930
1867년	27,360	144,140

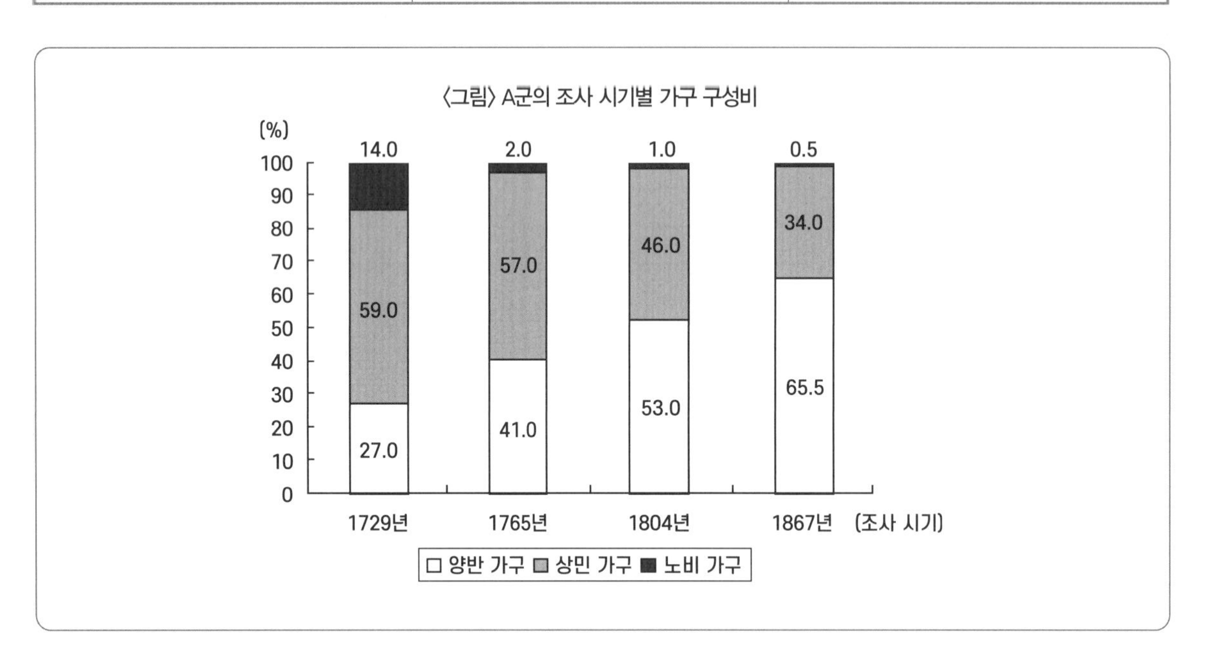

| 보기 |

ㄱ. 1804년 대비 1867년의 가구당 인구수는 증가하였다.
ㄴ. 1765년 상민 가구 수는 1804년 양반 가구 수보다 적다.
ㄷ. 노비 가구 수는 1804년이 1765년보다는 적고 1867년보다는 많다.
ㄹ. 1729년 대비 1765년에 상민 가구 구성비는 감소하였고 상민 가구 수는 증가하였다.

① ㄱ, ㄴ　② ㄱ, ㄷ　③ ㄴ, ㄹ　④ ㄱ, ㄷ, ㄹ　⑤ ㄴ, ㄷ, ㄹ

03 다음 〈그림〉은 2003년과 2013년 대학 전체 학과 수 대비 계열별 학과 수 비율과 대학 전체 입학정원 대비 계열별 입학정원 비율을 나타낸 자료이다. 이에 대한 설명으로 옳은 것은?

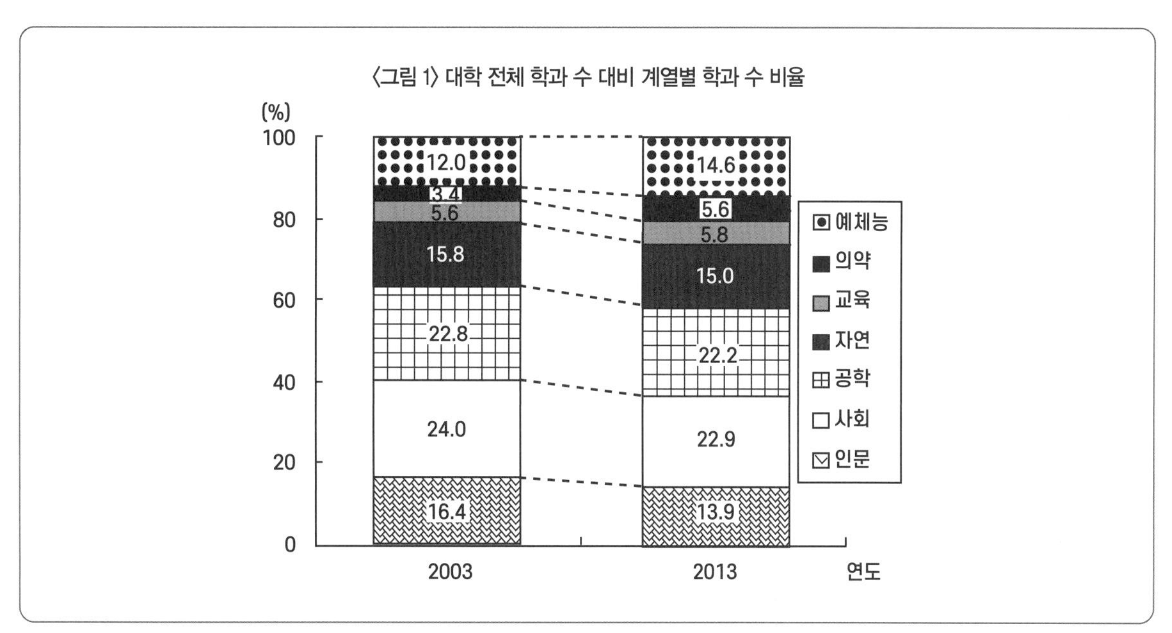

※ 대학 전체 학과 수는 2003년 9,500개, 2013년 11,000개임.

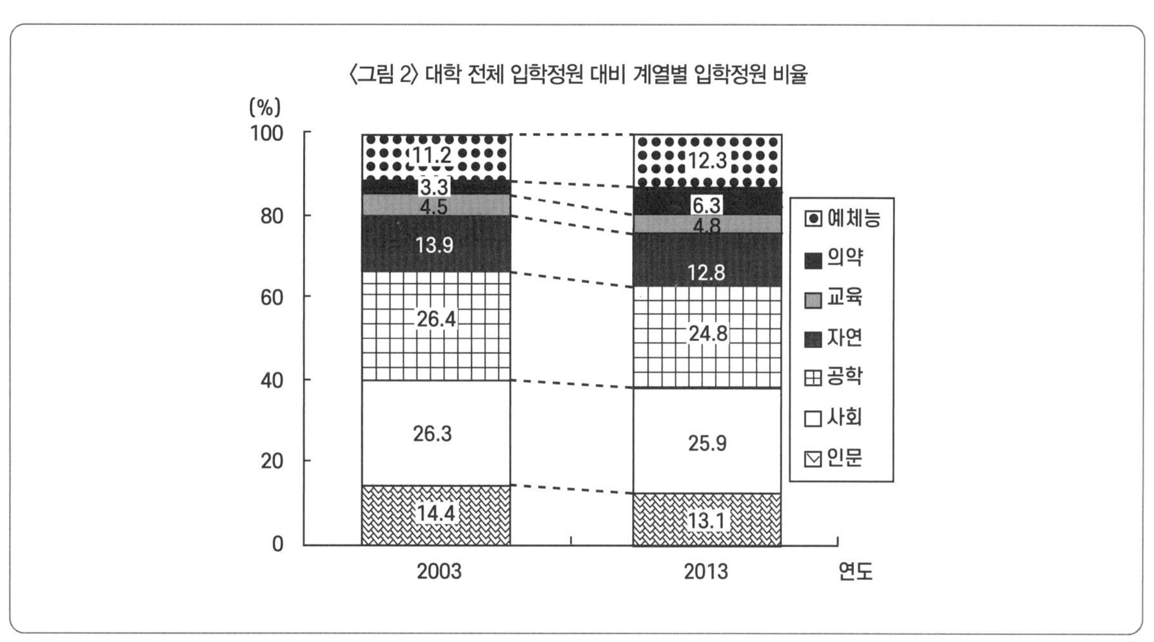

※ 대학 전체 입학정원은 2003년 327,000명, 2013년 341,000명임.

① 2013년 인문 계열의 입학정원은 2003년 대비 5% 이상 감소하였다.
② 계열별 입학정원 순위는 2003년과 2013년에 동일하다.
③ 2003년 대비 2013년 학과 수의 증가율이 가장 높은 계열은 예체능이다.
④ 2013년 예체능, 의약, 교육 계열 학과 수는 2003년에 비해 각각 증가하였으나 나머지 계열의 학과 수의 합계는 감소하였다.
⑤ 2003년과 2013년을 비교할 때, 계열별 학과 수 비율의 증감 방향과 계열별 입학정원 비율의 증감 방향은 일치하지 않는다.

04 다음 〈표〉는 '갑'국의 인구 구조와 노령화에 대한 자료이다. 이에 대한 〈보기〉의 설명 중 옳은 것만을 모두 고르면?

〈표 1〉 인구 구조 현황 및 전망 (단위: 천 명, %)

연도	총인구	유소년 인구(14세 이하)		생산 가능 인구(15~64세)		노인 인구(65세 이상)	
		인구수	구성비	인구수	구성비	인구수	구성비
2000	47,008	9,911	21.1	33,702	71.7	3,395	7.2
2010	49,410	7,975	( )	35,983	72.8	5,452	11.0
2016	51,246	( )	( )	( )	( )	8,181	16.0
2020	51,974	( )	( )	( )	( )	9,219	17.7
2030	48,941	5,628	11.5	29,609	60.5	( )	28.0

※ 2020년, 2030년은 예상치임.

〈표 2〉 노년 부양비 및 노령화 지수 (단위: %)

구분 \ 연도	2000	2010	2016	2020	2030
노년 부양비	10.1	15.2	( )	25.6	46.3
노령화 지수	34.3	68.4	119.3	135.6	243.5

※ 1) 노년 부양비(%) = $\frac{\text{노인 인구}}{\text{생산 가능 인구}} \times 100$

2) 노령화 지수(%) = $\frac{\text{노인 인구}}{\text{유소년 인구}} \times 100$

| 보기 |

ㄱ. 2020년 대비 2030년의 노인 인구 증가율은 55% 이상으로 예상된다.
ㄴ. 2016년에는 노인 인구가 유소년 인구보다 많다.
ㄷ. 2016년 노년 부양비는 20% 이상이다.
ㄹ. 2020년 대비 2030년의 생산 가능 인구 감소폭은 600만 명 이상일 것으로 예상된다.

① ㄱ, ㄷ ② ㄴ, ㄷ ③ ㄴ, ㄹ ④ ㄱ, ㄴ, ㄷ ⑤ ㄴ, ㄷ, ㄹ

유형 대표문제

효율적인 증감률 계산 유형

증감률 계산은 증감량만으로 파악이 가능할 수 있다. 증감률을 비교하기 위해선 증감량이 필요한데, 기준 데이터가 비슷한 수준이라면 증감량만으로 파악이 가능하다.

다음 〈표〉는 2006~2010년 A국의 가구당 월평균 교육비 지출액에 대한 자료이다. 이에 대한 설명으로 옳은 것은?

〈표〉 연도별 가구당 월평균 교육비 지출액 (단위: 원)

유형 \ 연도		2006	2007	2008	2009	2010
정규 교육비	초등 교육비	14,730	13,255	16,256	17,483	17,592
	중등 교육비	16,399	20,187	22,809	22,880	22,627
	고등 교육비	47,841	52,060	52,003	61,430	66,519
	소계	78,970	85,502	91,068	101,793	106,738
학원 교육비	학생 학원 교육비	128,371	137,043	160,344	167,517	166,959
	성인 학원 교육비	7,798	9,086	9,750	9,669	9,531
	소계	136,169	146,129	170,094	177,186	176,490
기타 교육비		7,203	9,031	9,960	10,839	13,574
전체 교육비		222,342	240,662	271,122	289,818	296,802

① 2007~2010년 '전체 교육비'의 전년 대비 증가율은 매년 상승하였다.
② '전체 교육비'에서 '기타 교육비'가 차지하는 비중이 가장 큰 해는 2009년이다.
③ 2008~2010년 '초등 교육비', '중등 교육비', '고등 교육비'는 각각 매년 증가하였다.
④ '학원 교육비'의 전년 대비 증가율은 2009년이 2008년보다 작다.
⑤ '고등 교육비'는 매년 '정규 교육비'의 60% 이상이다.

매년 증가 혹은 매년 감소를 물어보는 경우 절대 겁먹지 말자. 증가 혹은 감소폭을 구한 후 분수 비교를 하면 계산을 하지 않아도 해결되는 경우가 빈번하기 때문이다.

다음 〈표〉는 2006~2010년 A국의 가구당 월평균 교육비 지출액에 대한 자료이다. 이에 대한 설명으로 옳은 것은?

〈표〉 연도별 가구당 월평균 교육비 지출액 (단위: 원)

유형 \ 연도		2006	2007	2008	2009	2010
정규 교육비	초등 교육비	14,730	13,255	16,256	17,483	17,592
	중등 교육비	16,399	20,187	22,809	22,880	22,627
	고등 교육비	47,841	52,060	52,003	61,430	66,519
	소계	78,970	85,502	91,068	101,793	106,738
학원 교육비	학생 학원 교육비	128,371	137,043	160,344	167,517	166,959
	성인 학원 교육비	7,798	9,086	9,750	9,669	9,531
	소계	136,169	146,129	170,094	177,186	176,490
기타 교육비		7,203	9,031	9,960	10,839	13,574
전체 교육비		222,342	240,662	271,122	289,818	296,802

정답 및 해설 정답 ④

④ '학원 교육비'의 전년 대비 증가율은 2009년이 2008년보다 작다.

⇒ (○) 〈표〉에서 2008년 학원 교육비의 전년 대비 증가율과 2009의 증가율은 170,092/146,129와 177,186/170,094의 비교를 통해 크기 비교를 할 수 있다. 따라서 비교를 해 보면 2009년의 증가율이 더 작음을 알 수 있다.

① 2007~2010년 '전체 교육비'의 전년 대비 증가율은 매년 상승하였다.

⇒ (×) 〈표〉를 보면 2008년 전체 교육비는 전년 대비 30,460원 올랐음을 알 수 있고, 2009년은 전년 대비 18,696원 올랐음을 알 수 있다. 즉, 2008년 전체 교육비의 전년 대비 증가율은 30,460/240,662이고, 2009년의 증가율은 18,696/271,122이므로 2008년보다 2009년에 줄어들었음을 알 수 있다. 따라서 ①은 옳지 않다. 분모가 커지고 분자가 작아졌으므로 정확한 계산을 하지 않아도 2009년의 증가율이 더 작다는 것을 판단할 수 있을 것이라 믿는다.

② '전체 교육비'에서 '기타 교육비'가 차지하는 비중이 가장 큰 해는 2009년이다.

⇒ (×) 〈표〉를 보면 2009년 전체 교육비에서 기타 교육비가 차지하는 비중은 10,839/289,818이다. 2010년을 보면 분모에 해당하는 전체 교육비는 2009년의 교육비에 비해 1.1배 이하이지만, 분자에 해당하는 기타 교육비의 경우 2009년의 교육비에 비해 1.2배 이상이므로 2010년 전체 교육비에서 기타 교육비가 차지하는 비중은 2009년보다 더 크다는 것을 알 수 있다.

③ 2008~2010년 '초등 교육비', '중등 교육비', '고등 교육비'는 각각 매년 증가하였다.

⇒ (×) 〈표〉를 보면 2010년 중등 교육비의 경우 전년 대비 감소하였음을 쉽게 알 수 있다.

⑤ '고등 교육비'는 매년 '정규 교육비'의 60% 이상이다.

⇒ (×) 〈표〉에서 2008년 정규 교육비는 91,068원이다. 91,068×0.6≒54,641이므로 2008년 고등 교육비보다 크다. 즉, 2008년의 경우 고등 교육비는 정규 교육비의 60% 이하임을 알 수 있다.

● 정답과 해설 517쪽

01 다음 〈표〉는 2006년 인구 상위 10개국과 2056년 예상 인구 상위 10개국에 대한 자료이다. 이에 대한 〈보기〉의 설명 중 옳지 않은 것을 모두 고르면?

〈표〉 2006년과 2056년 순위별 인구 (단위: 백만 명)

구분 \ 연도	2006년		2056년(예상)	
	국가	인구	국가	인구
1	중국	1,311	인도	1,628
2	인도	1,122	중국	1,437
3	미국	299	미국	420
4	인도네시아	225	나이지리아	299
5	브라질	187	파키스탄	295
6	파키스탄	166	인도네시아	285
7	방글라데시	147	브라질	260
8	러시아	146	방글라데시	231
9	나이지리아	135	콩고	196
10	일본	128	이디오피아	145

| 보기 |

ㄱ. 2006년 대비 2056년 콩고의 인구는 50% 이상 증가할 것으로 예상된다.
ㄴ. 2006년 대비 2056년 러시아의 인구는 감소할 것으로 예상된다.
ㄷ. 2006년 대비 2056년 인도의 인구는 중국의 인구보다 증가율이 낮을 것으로 예상된다.
ㄹ. 2006년 대비 2056년 미국의 인구는 중국의 인구보다 증가율이 낮을 것으로 예상된다.
ㅁ. 2006년 대비 2056년 나이지리아의 인구는 두 배 이상이 될 것으로 예상된다.

① ㄱ, ㄴ ② ㄱ, ㄷ ③ ㄴ, ㅁ ④ ㄷ, ㄹ ⑤ ㄹ, ㅁ

02 다음 〈표〉는 2008~2016년 정부의 의무지출 추이에 대한 자료이다. 이에 대한 설명으로 옳지 않은 것은?

〈표 1〉 2008~2016년 의무지출 추이 (단위: 조 원, %)

구분 \ 연도	2008	2009	2010	2011	2012	2013	2014	2015	2016
총지출(A)	262.8	301.8	292.8	309.1	325.4	342.0	355.8	375.4	386.7
의무지출(B)	114.9	123.3	129.5	141.1	152.3	158.4	167.3	172.6	183.2
의무지출 비중 (B/A×100)	43.7	40.9		45.6		46.3	47.0	46.0	47.4

※ 총지출 = 의무지출 + 재량지출

〈표 2〉 2008~2016년 성질별 의무지출 추이 (단위: 조 원)

구분 \ 연도	2008	2009	2010	2011	2012	2013	2014	2015	2016
지방 이전 재원	59.6	61.4	59.7	65.5	71.5	76.6	76.6	74.3	77.4
복지	39.8	45.9	49.4	53.3	58.3	62.2	69.8	77.5	83.1
이자지출	11.6	12.6	16.2	17.9	17.3	15.5	16.8	16.5	18
기타 의무지출	3.9	3.4	4.2	4.4	5.2	4.1	4.1	4.3	4.7
합계	114.9	123.3	129.5	141.1	152.3	158.4	167.3	172.6	183.2

※ 의무지출 = 지방 이전 재원 + 복지 분야 의무지출 + 이자지출 + 기타 의무지출

① 2008~2016년 연평균 의무지출 증가율은 연평균 총지출 증가율보다 높다.
② 2009년 이후 의무지출은 매년 전년 대비 증가하고 있으며, 총지출에서 차지하는 비중 역시 매년 증가하고 있다.
③ 의무지출을 성질별로 살펴볼 때 2008년 대비 2016년 가장 큰 비율로 증가한 항목은 복지 분야 의무지출이다.
④ 2008년 대비 2016년의 복지 분야 의무지출 증가액은 다른 3개의 의무지출 증가액을 더한 값보다 크다.
⑤ 의무지출을 성질별로 살펴볼 때 2009년 이후 매년 전년 대비 증가하고 있는 의무지출은 복지 분야가 유일하다.

03 다음 〈표〉는 문화체육관광부의 문화산업부문 예산 추이와 문화산업부문 세부 분야별 예산 추이에 대한 자료이다. 이에 대한 〈보기〉의 설명 중 옳지 않은 것을 모두 고르면?

〈표 1〉 문화체육관광부 문화산업부문 예산 추이 (단위: 억 원, %)

연도	문화체육관광부 예산	문화산업부문 담당국			
		산업국		미디어국	
		예산	문화체육관광부 예산 대비 비중	예산	문화체육관광부 예산 대비 비중
1998	7,574	168	2.2	–	–
1999	8,563	1,000	11.7	–	–
2000	11,707	1,787	15.3	–	–
2001	12,431	1,474	11.9	–	–
2002	13,985	1,958	14.0	–	–
2003	14,864	1,890	12.7	–	–
2004	15,675	1,725	11.0	–	–
2005	15,856	1,911	12.1	–	–
2006	17,385	1,363	7.8	890	5.1
2007	14,250	1,284	9.0	693	4.9
2008	15,136	1,508	9.9	558	3.7

※ 문화산업부문 담당국은 산업국과 미디어국으로만 구분됨.

〈표 2〉 문화산업부문 세부 분야별 예산 추이 (단위: 억 원, %)

세부 분야	2005년		2006년		2007년		2008년	
	금액	비율	금액	비율	금액	비율	금액	비율
문화산업 기반육성	223	11.7	289	12.8	65	3.3	419	20.3
출판	340	17.8	798	35.4	498	25.2	174	8.4
미디어							283	13.7
영상	319	16.7	337	15.0	254	12.9	167	8.1
영상만화	45	2.3	61	2.7	70	3.5	53	2.5
게임	232	12.1	141	6.3	156	7.9	158	7.7
음악			30	1.3	27	1.4	27	1.3
방송광고	214	11.2	88	3.9	131	6.6	101	4.9
문화 콘텐츠	538	28.2	445	19.8	701	35.4	494	23.9
저작권	0	0.0	64	2.8	75	3.8	190	9.2
합계	1,911	100.0	2,253	100.0	1,977	100.0	2,066	100.0

※ '게임', '음악'은 2006년에, '출판', '미디어'는 2008년에 각각 세부 분야로 분리되었음.

보기

ㄱ. 2006~2008년 동안 문화체육관광부 예산에서 문화산업부문이 차지하는 비중은 매년 증가하였다.
ㄴ. 1999년 문화산업부문 예산이 문화체육관광부 예산에서 차지하는 비중은 전년 대비 9.5% 증가하였다.
ㄷ. 2008년에는 산업국과 미디어국 각각 전년 대비 예산 증가율이 문화체육관광부 전년 대비 예산 증가율보다 작다.
ㄹ. 2008년 문화산업부문 세부 분야 중 문화 콘텐츠 분야에 가장 많은 예산이 배정되었으며 이어서 문화산업 기반육성, 미디어, 저작권, 출판 분야 순으로 예산이 많이 배정되었다.

① ㄴ, ㄷ ② ㄱ, ㄴ, ㄷ ③ ㄱ, ㄴ, ㄹ ④ ㄱ, ㄷ, ㄹ ⑤ ㄴ, ㄷ, ㄹ

04 다음 〈그림〉은 어느 대학의 A~G 전공 분야별 과목 수와 영어강의 과목 비율을 나타낸 것이다. 이에 대한 〈보기〉의 설명 중 옳은 것만을 모두 고르면?

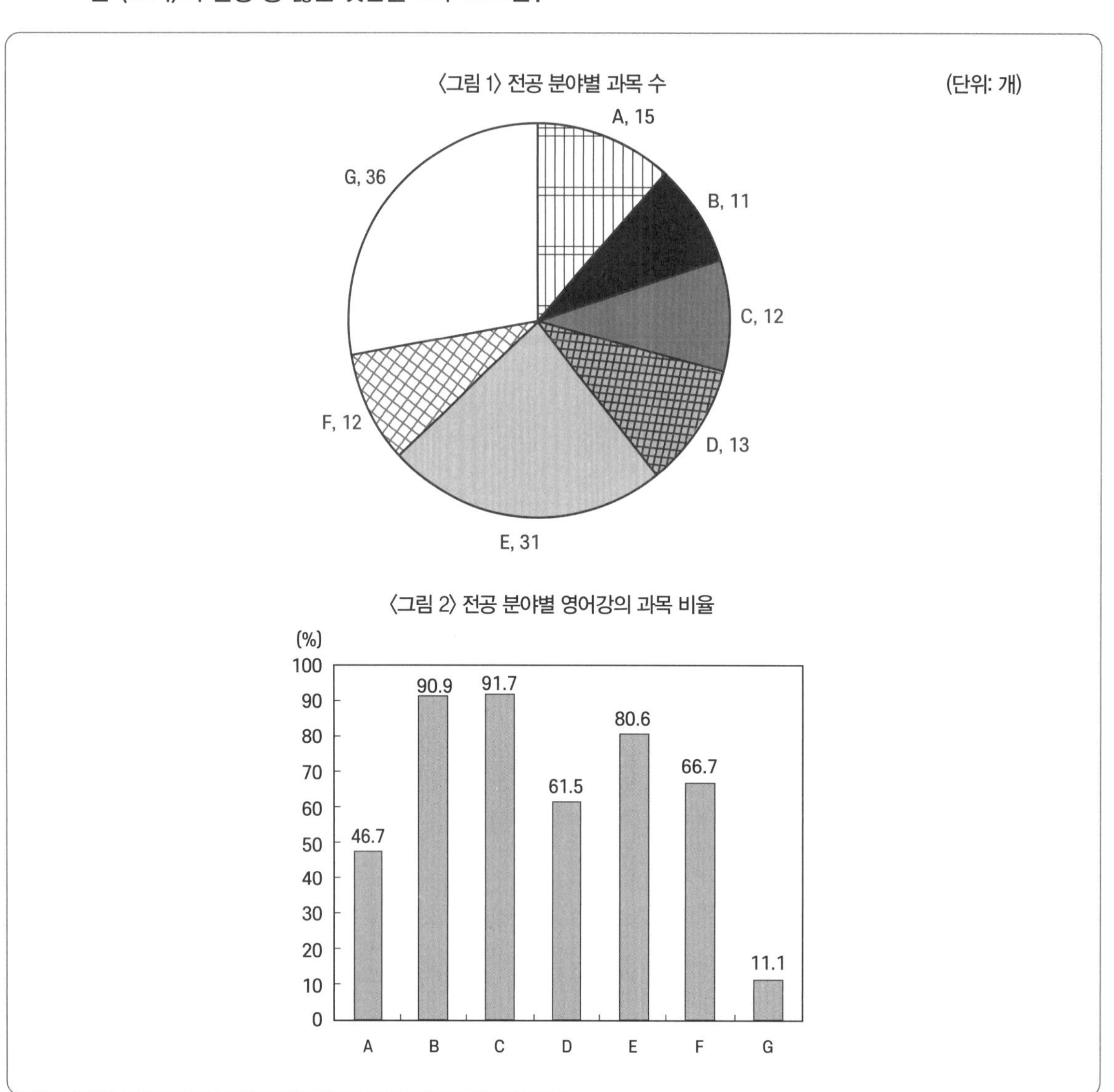

※ 1) 영어강의 과목은 전공 분야 과목 중 영어로 진행되는 과목임.

2) 영어강의 과목 비율(%) = $\frac{\text{전공 분야별 영어강의 과목 수}}{\text{전공 분야별 과목 수}} \times 100$

3) 영어강의 과목 비율은 소수점 아래 둘째 자리에서 반올림함.

4) 이 대학에 A~G 전공 분야 과목 이외의 과목은 없음.

| 보기 |

ㄱ. E 전공 분야의 과목 수는 이 대학 전체 과목 수의 25% 이상이다.
ㄴ. 영어강의 과목 수가 두 번째로 적은 전공 분야는 A이다.
ㄷ. D 전공 분야의 영어강의 과목 수는 G 전공 분야 영어강의 과목 수의 2배 이상이다.
ㄹ. 영어강의 과목 수는 이 대학 전체 과목 수의 50% 이상이다.

① ㄱ, ㄴ ② ㄴ, ㄷ ③ ㄷ, ㄹ ④ ㄱ, ㄴ, ㄹ ⑤ ㄴ, ㄷ, ㄹ

05 다음 〈표〉는 공공기관의 부채와 자산에 대한 자료이다. 이에 대한 설명으로 옳지 않은 것은?

〈표 1〉 공공기관 부채 현황(2012~2016년) (단위: 조 원, %)

		2012	2013	2014	2015	2016
전체		496.1 (219.9)	520.4 (216.6)	519.9 (201.0)	504.8 (182.6)	499.4 (166.9)
공기업		353.2 (207.4)	373.7 (214.0)	377.1 (207.1)	365 (193.9)	362.6 (183.4)
	시장형	155.6 (182.8)	168.5 (194.1)	175.9 (195.7)	171.4 (174.4)	168.2 (164.7)
	준시장형	197.6 (231.9)	205.2 (233.7)	201.2 (218.2)	193.6 (215.4)	194.4 (203.6)
준정부기관		131.2 (334.7)	135.1 (282.6)	130.4 (228.0)	125.1 (183.4)	122.3 (152.7)
	기금관리형	86.8 (327.5)	87.9 (309.5)	79.3 (251.7)	71.4 (193.5)	68.8 (152.9)
	위탁집행형	44.4 (349.6)	47.2 (243.3)	51.1 (198.8)	53.7 (171.6)	53.5 (152.4)
기타공공기관		11.7 (72.7)	11.6 (64.8)	12.4 (64.2)	14.7 (73.1)	14.5 (67.4)

※ 괄호 안은 부채 비율 ($= \frac{\text{부채}}{\text{자기자본}} \times 100$)

※ 자산 = 부채 + 자기자본

〈표 2〉 공공기관 자산 현황(2012~2016년) (단위: 조 원)

		2012	2013	2014	2015	2016
전체		721.7	760.7	778.5	781.3	798.7
공기업		523.5	548.3	559.2	553.2	560.3
	시장형	240.7	255.3	265.8	269.7	270.4
	준시장형	282.8	293.0	293.4	283.5	289.9
준정부기관		170.4	182.9	187.6	193.3	202.4
	기금관리형	113.3	116.3	110.8	108.3	113.8
	위탁집행형	57.1	66.6	76.8	85.0	88.6
기타공공기관		27.8	29.5	31.7	34.8	36.0

① 2016년 기준 공공기관의 자산 총액은 798.7조 원으로 전년 대비 17.4조 원 증가하였으며, 부채 총액은 499.4조 원으로 전년 대비 5.4조 원 감소하였다.

② 2016년 기준 공공기관 전체의 부채 비율은 166.9%로 2012년 이후 감소 추세에 있다.

③ 2016년 전체 공공기관 자산의 전년 대비 증가율은 2016년 전체 준정부기관 자산의 전년 대비 증가율보다 낮다.

④ 전년 대비 2016년 준시장형 공기업의 부채 증가율은 같은 기간 자기자본 증가율보다 높다.

⑤ 위탁집행형 준정부기관의 2012년 대비 2016년 자산 증가율은 기타공공기관의 같은 기간 자산 증가율보다 높다.

National Competency Standards

Chapter 3

문제해결능력

Chapter 3 문제해결능력

I. 사고력

1. 평가 목표

- 제시된 특정 상황과 관련된 여러 진술을 통해 추리와 논리적 사고를 거쳐 내용의 진실 여부를 파악할 수 있는지 평가합니다. 또 이를 활용하여 업무상 발생한 여러 문제에 대해 논리적, 비판적으로 판단하고 해결할 수 있는지 평가합니다.

2. 유형 특징

- 사고력 유형에서의 명제는 가장 기본이 되는 것입니다. 제시된 두 개 이상의 명제들로부터 추론 가능한 진술을 고르도록 함으로써, 조건 명제의 관계, 즉 역, 이, 대우 관계를 이해하고 활용할 수 있는지 확인하는 문제가 출제됩니다.
- 참인 명제와 거짓인 명제가 함께 제시되는 문제의 출제 비중이 점차 증가하고 있습니다. 반드시 참이라고 가정하는 하나 또는 여러 개의 진술을 조건으로 제시하고, 이를 복합적으로 고려하여 진술한 내용의 진위를 판단하도록 합니다.
- 특정 상황을 제시하고 이와 관련된 다섯 가지 정도의 참인 조건을 제시하여 자리 배치하기, 순서 정하기, 나열하기 등 적절한 순서를 파악하게 하는 유형도 자주 출제됩니다.

3. 풀이 전략

- 명제는 참 혹은 거짓이라는 진릿값을 가지고, 대우 관계에 있는 명제는 본래 명제와 동일한 진릿값을 갖는다는 사실만 알고 있어도 기본적인 문제 해결이 가능합니다.
- 문제 풀이를 할 때, '가능한 경우의 수를 최소화하는 것'이 중요합니다. 진술들 가운데 모순 관계인 것이 있다면, 그중 하나가 진실일 경우에 다른 하나는 거짓이라는 것을 가정한다면 문제를 신속하게 풀이할 수 있습니다.
- 배열하기, 속성 연결하기, 수학적 퍼즐과 같은 논리게임 등의 조건추리 유형의 문제를 풀이할 때는 제시된 조건들을 간단하게 기호화하여 풀이 시간을 줄일 수 있습니다.

II. 문제처리능력

1. 평가 목표

- 업무 시 발생할 수 있는 문제 상황을 제시하고, 정보를 바르게 인식하여 최선의 선택을 하거나 타당한 결과를 추론할 수 있는지, 효과적인 해결안을 제시하고 실행 가능한지 평가합니다.

2. 유형 특징

- 업무 상황 시 발생할 수 있는 여러 문제 상황 속에서 정확한 판단으로 적절한 행동을 할 수 있는지를 평가하는 유형입니다. 사고력과 문제처리능력이 복합적으로 요구되며, 경우에 따라서는 간단한 연산이 필요합니다.
- 실제 직무와 연결되는 지문(ex. 국민건강보험공단의 노인장기요양보험, 한국전력공사의 전기 요금 계산) 또는 특정 상황을 해결하는 문제가 주로 출제됩니다.

3. 풀이 전략

- 다양한 실무 자료가 제시글로 주어지기 때문에 자신이 지원하고자 하는 기업 및 기관의 사업이나 관련 업무 사항 등을 미리 학습하는 것이 도움이 됩니다.
- 문제를 해결할 때 독해력이 중요하며, 주어진 자료를 문제에 적절히 활용하고 계산 실수를 하지 않도록 유의합니다.
- 발문이나 자료 하단에 제시되는 부가 정보에 핵심 내용이 있거나, 오답을 선택할 수 있는 함정이 있을 수 있으므로 유의하여야 합니다.

유형 대표문제

삼단 논법, 명제 논리를 활용하여 참 / 거짓, 전제 등을 판단하는 유형

해당 유형은 명제 논리와 삼단 논법에 관련된 논리적 사고력을 평가한다. 참/거짓을 판단하는 간단한 문제부터 삼단 논법을 활용한 문제, 여러 조건들을 근거로 추론하는 응용형 문제로 출제된다. 이러한 유형의 문제를 해결하기 위해서는 명제 논리와 삼단 논법의 기본적인 지식을 학습해야 한다.

아래의 명제들이 참일 때, 문을 연 가게가 어디인지 고르면?

- A와 B는 동시에 문을 열지 않았다.
- A가 문을 열었으면 C도 문을 연다.
- A가 문을 열지 않았으면, B가 문을 열거나 C가 문을 열었다.
- C는 문을 열지 않았다.
- D가 문을 열었으면, B가 문을 열지 않는다.
- D가 문을 열지 않았으면, E도 문을 열지 않는다.

① A ② B ③ B, E ④ D, E ⑤ E

명제의 역, 이, 대우의 관계를 이용한다. 특히, 원명제와 대우는 참, 거짓이 일치한다는 것을 이용해서 대우로 변환하여 삼단 논법을 활용한다. 주어진 명제의 가정과 결론을 알파벳으로 바꾼 후 논리 관계를 따지면 더욱 쉽게 답을 찾을 수 있다.

아래의 명제들이 참일 때, 문을 연 가게가 어디인지 고르면?

- A와 B는 동시에 문을 열지 않았다. ~(A and B)
- A가 문을 열었으면 C도 문을 연다. A → C
- A가 문을 열지 않았으면, B가 문을 열거나 C가 문을 열었다. ~A → B
- C는 문을 열지 않았다. ~C
- D가 문을 열었으면, B가 문을 열지 않는다. D → ~B
- D가 문을 열지 않았으면, E도 문을 열지 않는다. ~D → ~E

① A ② B ③ B, E ④ D, E ⑤ E

정답 및 해설 정답 ②

명제들을 정리하면,

- ~(A and B)
- A ⟶ C (~C → ~A: C가 문을 열지 않았으면 A도 문을 열지 않는다.)
- ~A ⟶ B or C
- ~C
- D ⟶ ~B (B → ~D: B가 문을 열었으면 D가 문을 열지 않는다.)
- ~D ⟶ ~E (E → D: E가 문을 열었으면, D도 문을 연다.)

C는 문을 열지 않았기 때문에 A도 문을 열지 않았다.
A와 C가 문을 열지 않았으므로 B는 문을 열었다.
B가 문을 열었기 때문에 D는 문을 열지 않았다.
D가 문을 열지 않았기 때문에 E도 문을 열지 않았다. 따라서 문을 연 가게는 B이다.

01 다음 진술들이 모두 참일 때 타당한 논증으로 만들기 위해 반드시 필요한 정보는?

- 광고를 증가시키면 인지도가 상승한다.
- 제품력을 향상시키면 생산성이 높아진다.
- 광고를 증가시키거나 제품력을 향상시킨다.
- 생산성이 높아지면 매출이 높아진다.
- 따라서 매출이 높아진다.

① 광고를 증가시킨다.
② 인지도가 상승한다.
③ 제품력을 향상시키지 않는다.
④ 인지도가 상승하면 제품력이 향상된다.
⑤ 제품력을 향상시키면 광고가 증가한다.

02 다음 제시된 조건들이 모두 참이라고 할 때, 빈칸에 들어갈 명제로 가장 적절한 것을 고르면?

- 스포츠를 좋아하면 건강하다.
- ______________________
- 따라서 운동을 좋아하지 않으면 스포츠를 좋아하지 않는다.

① 운동을 좋아하면 건강한 사람이다.
② 운동을 좋아하지 않으면 건강하다.
③ 건강하지 않으면 운동을 싫어한다.
④ 스포츠를 좋아하면 운동을 좋아하지 않는다.
⑤ 스포츠를 좋아하면 운동을 좋아한다.

●정답과 해설 519쪽

03 다음 조건이 성립한다고 가정할 때, 옳지 않은 것을 고르면?

- 꿀을 좋아하는 사람은 복숭아를 좋아하지 않는다.
- 탄산음료를 좋아하지 않는 사람은 물을 좋아한다.
- 이온음료를 좋아하는 사람은 복숭아를 좋아한다.
- 이온음료를 좋아하지 않는 사람은 탄산음료를 좋아한다.

① 꿀을 좋아하는 사람은 탄산음료를 좋아한다.
② 탄산음료를 좋아하지 않는 사람은 이온음료를 좋아한다.
③ 꿀을 좋아하는 사람은 이온음료를 좋아하지 않는다.
④ 물을 좋아하지 않는 사람은 탄산음료를 좋아한다.
⑤ 탄산음료를 좋아하는 사람은 복숭아를 좋아한다.

논리 퍼즐 유형

논리 퍼즐 유형은 등장인물들의 상하 위치 관계, 원형 위치 관계, 여러 실생활에서의 순서 관계 등을 여러 제시문을 통해서 유추하는 문제이다. 이 유형은 사람마다 실력 편차가 큰 유형이며 변별력을 주기 위한 문항으로, 대부분의 회사에서 반드시 채택하고 있다.

다음은 제시된 조건을 보고 알 수 없는 것을 고르시오.

- 같은 층에 사는 사람은 없다.
- C는 D보다 낮은 층에 살고 있다.
- F는 G가 사는 층보다 낮은 층에 산다.
- C와 F는 서로 인접한 층에 산다.
- B는 가장 높은 층에 살고 있고, E는 1층에 살고 있다.
- C는 A와 F보다 높은 층에 살고 있다.

① A는 F보다 낮은 층에 살고 있다.
② C와 D는 서로 인접한 층에 살고 있다.
③ D와 G는 서로 인접한 층에 산다.
④ C는 G보다 낮은 층에 산다.
⑤ D는 F보다 높은 층에 살고 있고, B보다는 낮은 층에 살고 있다.

조건의 시각화는 논리 문제 풀이에서 필수적이다. 생각만으로 해결하려 하지 말고, 반드시 표 또는 그림을 이용해서 제시문에 주어진 기본 배치 관계를 파악해야 한다. 1차적으로는 빈칸에 제시문에서 주어진 정답을 채워 넣어 보고, 이 방법에 한계가 있다고 생각되면 2차적으로는 맞지 않는 조건을 지워 나가는 방법으로 풀어 본다.

다음은 제시된 조건을 보고 알 수 없는 것을 고르시오.

- 같은 층에 사는 사람은 없다.
- C는 D보다 낮은 층에 살고 있다.
- F는 G가 사는 층보다 낮은 층에 산다.
- C와 F는 서로 인접한 층에 산다.
- B는 가장 높은 층에 살고 있고, E는 1층에 살고 있다. → 가장 확실한 정보
- C는 A와 F보다 높은 층에 살고 있다.

① A는 F보다 낮은 층에 살고 있다.
② C와 D는 서로 인접한 층에 살고 있다.
③ D와 G는 서로 인접한 층에 산다.
④ C는 G보다 낮은 층에 산다.
⑤ D는 F보다 높은 층에 살고 있고, B보다는 낮은 층에 살고 있다.

정답 및 해설 정답 ②

높은 층부터 차례대로 배치한다고 하면,
B〉D〉C〉F〉A〉E → G의 위치는 B와 D 사이 아니면 B와 G 사이라 할 수 있다.

제시된 조건을 토대로 순서대로 정리하면 두 가지 경우로 추론할 수 있다.

7	B
6	G
5	D
4	C
3	F
2	A
1	E

7	B
6	D
5	G
4	C
3	F
2	A
1	E

→ 그림을 그려서 정보를 표시하고 경우의 수를 따져 본다!

따라서 G와 D가 사는 층을 정확하게 알 수는 없다. 즉, C와 D는 인접하여 살 수도 있고, 인접하지 않은 층에 살 수도 있다.

01 3개의 방에는 다음과 같은 안내문이 붙어 있다. 1개의 방에는 상품이 있고, 1개의 방에는 벌칙이 있고, 나머지 방에는 아무 것도 없다. 3개의 안내문 중 1개만 참이라고 할 때, 상품이 있는 방을 고르면?

> A방 - B방에는 벌칙이 있다.
> B방 - 이 방에는 아무것도 없다.
> C방 - 이 방에는 상품이 있다.

① A
② B
③ C
④ 알 수 없다.
⑤ 모두 다 거짓

02 ○○공사에는 3년 동안 A~F 6명의 직원이 입사하였다. 다음 조건을 보고 가장 먼저 입사한 순서대로 나열한 것을 고르면?

> ㉠ A는 B와 C, D를 합한 것보다 6개월 더 근무하였다.
> ㉡ B와 D를 합친 것보다 F가 4개월 더 오래 일했다.
> ㉢ B와 C, D는 같은 해에 입사한 동기이다.
> ㉣ D와 E의 근무기간을 합하면 B와 C를 합한 것보다 적다.

① E<B=C=D<F<A
② E<B<C<D<F=A
③ E<B<C=D<F=A
④ E<B=C=D<F=A
⑤ E=B=C<D<F<A

● 정답과 해설 519쪽

03 다음 제시된 조건을 보고 3층에서 내린 사람을 고르면?

- 이 아파트는 7층까지 있다.
- 엘리베이터는 1층에서 7층 방향으로 운행된다.
- 1층에 사는 사람은 없다.
- 1층에서 민준, 서연, 은정, 영호, 성훈, 현우 총 6명이 탔고, 모두 다른 층에서 내린다.
- 민준은 은정보다 빨리 내린다.
- 민준은 서연보다 늦게 내린다.
- 영호는 은정보다 세 층 전에 내린다.
- 영호는 현우보다 한 층 더 늦게 내린다.
- 은정은 제일 마지막에 내리지 않는다.

① 민준　② 서연　③ 은정　④ 영호　⑤ 현우

04 다음 조건을 바탕으로 최 대리가 월차를 쓰기에 가장 적절한 날을 고르면?

㉠ 최 대리는 반드시 이번 주에 월차를 쓴다.
㉡ 최 대리는 부장님 또는 과장님과 같은 날, 또는 공휴일에 월차를 쓸 수 없다.
㉢ 부장님이 최 대리에게 양보하여 최 대리가 월차를 쓸 수 있는 요일은 수, 목, 금이다.
㉣ 팀장님은 월요일에 월차를 쓴다.
㉤ 이번 주 7일은 공휴일이며, 주중에 있다.
㉥ 최 대리는 7일에 붙여서 월차를 쓸 것이다.

① 월요일　② 화요일　③ 수요일　④ 목요일　⑤ 금요일

05 재원이를 포함한 친구 7명은 수업을 마치고 모두 집으로 가는 데 지하철 1호선과 3호선을 이용하였다. 재원이가 1호선을 이용하지 않았을 때, 제시된 조건을 보고 옳지 않은 것을 고르면? (단, 모두 한 개의 노선만 이용하였음)

- 재원이를 제외한 6명의 친구들을 각각 A, B, C, D, E, F라고 한다.
- 1호선을 이용한 사람은 3명 이하이다.
- 재원이와 친구 B는 서로 다른 노선을 이용하였다.
- 친구 C와 D는 서로 다른 노선을 이용하였다.
- 친구 B와 E는 서로 같은 노선을 이용하였다.

① 친구 B는 1호선을 탄다.
② 친구 C는 3호선을 탄다.
③ 친구 D는 몇 호선을 탔는지 알 수 없다.
④ 친구 E는 1호선을 탄다.
⑤ 친구 F는 3호선을 탄다.

06 ○○공사 경영기획부 직원들은 1년 동안 한 달에 1명만 다음과 같은 조건으로 해외 출장을 간다. 출장을 가지 못하는 사람으로 짝지어진 것을 고르면?

㉠ A는 1월부터 5월까지 출장을 갈 수 있다.
㉡ B는 2월부터 7월까지 출장을 갈 수 있다.
㉢ C는 4월부터 10월까지는 출장을 갈 수 없다.
㉣ D는 4월부터 7월 이외의 기간에는 출장을 갈 수 없다.
㉤ E는 7월부터 9월 이외의 기간에는 출장을 갈 수 없다.
㉥ F는 10월부터 12월까지 출장을 갈 수 있다.
㉦ G는 언제든지 출장을 갈 수 있다.
㉧ 출장의 우선순위는 A〉B〉C〉D〉E〉F〉G 순으로 한다.

① A, B, C ② B, C, D ③ C, D ④ D, G ⑤ F, G

07 다음 내용이 모두 참일 때, 아래 조건에 따라 바르게 추론한 것을 고르면?

- A, B, C, D, E, F, G, H는 삼대로 이루어진 가족이다.
- A는 남자 B와 여자 C 두 명의 자녀가 있다.
- C는 D의 고모이다.
- E는 첫째이고, D의 고종사촌이다.
- A와 F는 G의 외할머니와 아버지이다.

① G의 삼촌은 B이다.
② G는 D의 고종사촌이다.
③ F는 자식이 3명이다.
④ D는 F의 친아버지이다.
⑤ D는 C의 자식이다.

08 5명의 직원들이 말한 내용 중 3명의 이야기만 참이라고 할 때, 업무 시간에 다른 업무를 한 직원이 누구인지 고르면? (단, 여러 정보 중 하나라도 거짓이 있으면 거짓말을 한 사람이다.)

수지: 나와 민지는 다른 업무를 하지 않았다. 나는 다른 업무를 하는 사람을 본 적이 없다.
민지: 다른 업무를 하는 직원을 나와 수지만 보았다. 현재의 말은 모두 참이다.
현재: 다른 업무를 한 사람은 재석이다. 다른 업무를 하는 재석을 수지가 보았다.
재석: 다른 업무를 한 직원을 3명의 직원이 보았다. 현재는 다른 업무를 하지 않았다.
영훈: 재석은 다른 업무를 하지 않았다. 수지의 말은 참이다.

① 민지 ② 현재 ③ 영훈 ④ 재석 ⑤ 수지

직무나 업무 상황에 적용하거나 해결 방법을 찾는 유형

급여와 보너스 산정, 우수 사원 선정, 여러 가지 업무비용 산정, 생산라인 공정 등에서 발생하는 문제 해결이 필요한 경우를 산정하여, 논리적인 추론과 판단 등의 업무 판단 능력을 보고자 하는 문제 유형이다.

○○공사에서 근무하는 A 과장이 추론한 내용이다. A 과장의 추론이 올바르다고 한다면 다음 글의 빈칸에 들어갈 적절한 것을 〈보기〉에서 모두 고르면?

인사팀에 근무하고 있는 A 과장은 하반기 인사고과를 담당하게 되었다. 인사팀 팀장은 A 과장에게 올해 우수 직원을 선정하여 표창할 것이니 인사고과에서 우수한 평가를 받은 직원을 후보자로 추천하라고 지시하였다. 평가 항목은 업무 역량, 실적 평가, 성실성, 고객 평가이고 각 항목은 상(3점), 중(2점), 하(1점)로 평가한다. A 사무관이 추천한 표창 후보자는 지선, 영철, 선우, 혜정 네 명이며, 이들이 받은 평가는 다음과 같다.

	업무 역량	실적 평가	성실성	고객 평가
지선	상	상	상	중
영철	중	상	하	상
선우	하	상	상	중
혜정	중	중	중	상

A 과장은 네 명의 후보자에 대한 평가표를 팀장에게 제출하였다. 팀장은 평가 점수의 총합이 높은 순으로 선발한다. 단 동점자가 발생할 경우에는 (   ) 이라고 하였다. A 과장은 팀장과의 면담 후 이들 중 세 명이 표창을 받게 된다고 추론하였다.

| 보기 |

㉠ 고객 평가에서 '하'를 받은 후보자를 제외한 나머지 후보자를 선정한다.
㉡ '하'를 받은 항목이 있는 후보자를 제외한 나머지 후보자를 선정한다.
㉢ 두 개 이상의 항목에서 '상'을 받은 후보자를 선정한다.

① ㉠ ② ㉡ ③ ㉠, ㉡ ④ ㉡, ㉢ ⑤ ㉢

자료를 수치화 또는 점수화할 수 있을 때에는 문제에 제시된 기준으로 문제의 내용을 숫자로 변환시키는 것부터 시작한다. 가능한 한 도표화하는 것이 좋으며, 보기에서 제시된 문항을 하나씩 대입하여 적절한 기준을 찾아본다.

○○공사에서 근무하는 A 과장이 추론한 내용이다. A 과장의 추론이 올바르다고 한다면 다음 글의 빈칸에 들어갈 적절한 것을 〈보기〉에서 모두 고르면?

인사팀에 근무하고 있는 A 과장은 하반기 인사고과를 담당하게 되었다. 인사팀 팀장은 A 과장에게 올해 우수 직원을 선정하여 표창할 것이니 인사고과에서 우수한 평가를 받은 직원을 후보자로 추천하라고 지시하였다. 평가 항목은 업무 역량, 실적 평가, 성실성, 고객 평가이고 각 항목은 상(3점), 중(2점), 하(1점)로 평가한다. A 사무관이 추천한 표창 후보자는 지선, 영철, 선우, 혜정 네 명이며, 이들이 받은 평가는 다음과 같다.

표의 내용을 점수로 환산!

	업무 역량	실적 평가	성실성	고객 평가
지선	상	상	상	중
영철	중	상	하	상
선우	하	상	상	중
혜정	중	중	중	상

점수를 보고 동점자 확인

A 과장은 네 명의 후보자에 대한 평가표를 팀장에게 제출하였다. 팀장은 평가 점수의 총합이 높은 순으로 선발한다. 단 동점자가 발생할 경우에는 [　　　　　　　　] 이라고 하였다. A 과장은 팀장과의 면담 후 이들 중 세 명이 표창을 받게 된다고 추론하였다.

| 보기 | 보기의 내용을 하나씩 대입하여 적절한 기준을 찾아본다.

㉠ 고객 평가에서 '하'를 받은 후보자를 제외한 나머지 후보자를 선정한다.
㉡ '하'를 받은 항목이 있는 후보자를 제외한 나머지 후보자를 선정한다.
㉢ 두 개 이상의 항목에서 '상'을 받은 후보자를 선정한다.

① ㉠　　② ㉡　　③ ㉠, ㉡　　④ ㉡, ㉢　　⑤ ㉢

정답 및 해설 　　　　　　　　　　**정답 ①**

후보자의 점수를 환산하여 총점을 계산한다.

	업무 역량	실적 평가	성실성	고객 평가	총점
지선	3	3	3	2	11
영철	2	3	1	3	9
선우	1	3	3	2	9
혜정	2	2	2	3	9

지선은 총점이 가장 높기 때문에 후보자로 선정된다.
다음, 동점자 세 명 중 두 명이 선발될 수 있는 기준을 보기의 내용 중에서 찾아본다.

㉠ 두 개 이상의 항목에서 '상'을 받은 사람은 영철과 선우이므로 적절하다.
㉡ 동점자 세 명 중에서 고객 평가 '하'를 받은 사람은 없다.
㉢ '하'를 받은 사람은 영철과 선우이므로 이 기준을 적용하면 후보자가 한 명만 선정된다.
따라서 ㉠이 가장 적절하다.

01 ○○공사의 R 대리는 올해 입사한 신규 직원에게 급여 규정에 대해 설명을 해 주었다. R 대리의 설명 중 옳지 않은 것을 고르면?

[급여 규정]

제1조 (지급일)

급여는 매월 25일에 지급하며 지급일이 휴일인 경우에는 그 전일에 지급한다. 단, 일부 직급에 대해서는 지급일을 별도로 할 수 있다.

제2조 (계산 기간)

급여 계산 기간은 당해 월의 일수에 불구하고 30일을 기준으로 한다.

제3조 (일할 계산)

① 급여를 일할 계산할 때는 30일에 대한 근무일 수의 비율로 계산한다.
② 급여를 계산함에 있어서 "원" 미만의 단수는 이를 절상한다.

제4조 (신규 채용자의 급여)

① 신규 채용자의 급여는 발령일로부터 일할 계산한다.
② 발령일이 15일 이후인 경우에는 당해 월의 급여를 일할 계산하여 익월에 지급한다.

제5조 (휴직자의 급여)

휴직 발령 당해 월의 급여는 발령일까지 일할 계산 지급하며, 휴직 기간 중의 급여는 다음 각 호에 의한다.

1. 업무 외 질병으로 인한 휴직: 무급
2. 병영휴직: 무급
3. 청원휴직: 무급
4. 회사 형편으로 인한 휴직: 평균 임금의 70%를 일할 계산하여 지급한다.
5. 육아휴직: 무급
6. 업무상 질병 및 재해로 인한 휴직: 유급

① 회사가 어려워져 휴직을 하게 되더라도 일정한 급여를 받을 수 있습니다.
② 개인 질병으로 인해 회사를 나오지 못하게 되면 급여를 받을 수 없습니다.
③ 급여일 25일이 공휴일인 경우에는 전일에 지급하게 됩니다.
④ 독감과 같은 전염병은 직원들에게 해를 끼칠 수 있기 때문에 휴직을 하더라도 급여를 받게 됩니다.
⑤ 신규 직원의 경우에는 발령일로부터 급여를 계산하게 됩니다.

02 ○○공사 자재 관리팀에 근무하고 있는 A 대리는 회사 행사 때 사용할 배너를 제작하는 업무를 맡게 되었다. 관련된 정보를 보고, 배너 설치에 필요한 비용이 총 얼마인지 고르면?

- 행사 도면:

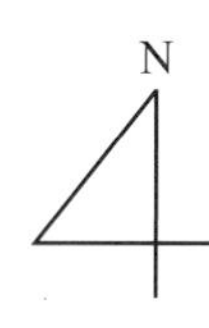

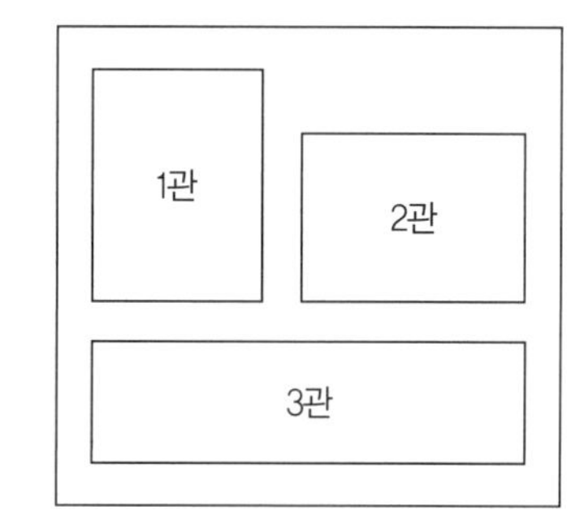

- 행사 장소: 본관 2층
- 배너 설치 비용(배너 제작비 + 배너 거치대)
  - 배너 제작 비용: 일반 배너 한 장당 15,000원, 양면 배너 한 장당 20,000원
  - 배너 거치대: 건물 내부용 10,000원, 건물 외부용 15,000원

- 배너 설치 장소: 1관과 2관 사이 통로, 3관 내부 한 곳 각 1장
- 추가 요청사항: 실외용은 전부 양면 배너로 제작

① 40,000원 ② 50,000원 ③ 55,000원 ④ 60,000원 ⑤ 65,000원

03

P 사원이 일하는 기업의 제품 생산 공장에서 최근 생산라인 불량 문제가 증가하게 되었다. P 사원은 이와 같은 문제를 해결하기 위해 현재의 공장 생산라인 상황을 정리하여 나열해 보았다. 다음 중 현상 간의 인과 관계를 따져 볼 때 [D] 부분에 들어갈 내용으로 적절한 것은?

- 생산 라인이 갑자기 동작을 멈추었다.
- 윤활유 펌프에 이물질이 쌓여 있었다.
- 기계 작동을 담당하는 축의 베어링이 빡빡해졌다.
- 전력 과부하로 인해 전원 퓨즈가 끊어졌다.
- 윤활유 펌프가 불안전하게 작동했다.
- 펌프 내의 필터가 없다.

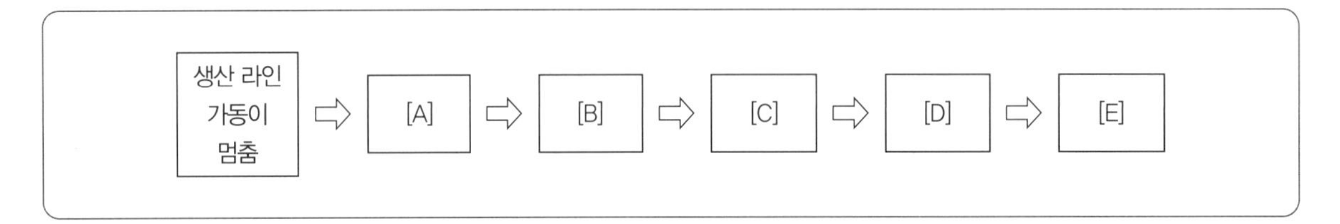

① 윤활유 펌프에 이물질이 쌓여 있다.
② 기계 작동을 담당하는 축의 베어링이 빡빡해졌다.
③ 전력 과부하로 전원 퓨즈가 끊어졌다.
④ 윤활유 펌프가 불안전하게 작동했다.
⑤ 펌프 내의 필터가 없다.

04 다음은 ○○병원 주차장의 이용 요금 안내이다. 아래와 같은 방문자가 주차를 하려고 할 때 방문자에게 안내해야 할 말로 가장 적절한 것을 고르면?

대상	금액
일반 차량	· 최초 주차시간 10분 이내 출차: 무료 · 10분 초과 시 10분당 200원 (한 시간 1200원)
외래 및 퇴원 차량 (진료영수증 제시)	· 외래 진료 및 퇴원 당일: 4시간 무료 · 2개 과 이상 진료 시: 8시간 무료 · 중간 수납: 2시간 무료
보호자 차량	· 휴무일(토/일, 공휴일) 방문 시 낮 2시간 추가 무료 (당일 1회) · 연중 야간 시간(18:00 ~ 익일 09:00) 무료

"병원에 입원 중인 환자의 보호자입니다.
토요일 5시부터 4시간 정도 주차하고 싶습니다."

① 토요일은 2시간 무료이므로 2,400원입니다.
② 야간에만 무료로 이용하실 수 있습니다.
③ 4시간 주차하시므로 4,800원입니다.
④ 중간 수납하시면 2시간 무료입니다.
⑤ 무료로 이용하실 수 있습니다.

문제 인식 → 문제 도출 → 원인 분석 → 해결안 개발 → 실행 및 평가 과정을 거치는 문제 처리 능력을 파악하고자 하는 문제 유형이다. 주로 원인 분석과 해결안 도출, 해결안 평가 및 최적안 선정에 대한 능력을 보고자 한다.

다음은 ○○공사의 연례 행사와 관련된 기안서이다. 다음 중 수정해야 할 부분을 고르면?

기안 일자	2019.01.22
시행 일자	2019.02.12
기안 부서	경영지원팀
수신	총무팀
제목	○○공사의 연례 행사 진행 건 ①
내용	아래와 같이 기안서를 제출하오니 검토 후 결재해 주시기 바랍니다. 1. 목적: ○○공사의 화합과 조직의 개발 및 업무 증진 ② 2. 일시 및 장소: 2019.02.12. 수. 본관 3층 3. 대상 및 인원: 전 직원 4. 시간: 오전 10시~오후 3시 ③ 5. 진행 순서: 첨부 서류 참조 6. 예상 경비: 미정 ④
첨부 서류	연례 행사 세부 진행 순서 및 방법 ⑤

제시된 서류의 작성 부서와 수신인, 제목 등을 통해 서류의 목적을 파악하고 그에 맞는 내용인지를 우선 확인한다. 그 다음으로 세부 내용의 서술 양식이 맞는지, 내용이 충실히 작성되어 있는지를 검토한다. 작성 공간의 부족으로 내용을 충실히 담지 못할 때는 별도로 첨부 서류를 포함해야 한다. 또한 제시문의 내용으로 향후 문제 해결 방향과 사업 전략을 제대로 제시하고 있는지 확인한다.

다음은 ○○공사의 연례 행사와 관련된 기안서이다. 다음 중 수정해야 할 부분을 고르면?

기안서는 진행하고자 하는 사안에 대하여 설명을 하고, 검토 후 허락을 구할 때 작성하는 서류이다.

기안 일자	2019.01.22
시행 일자	2019.02.12
기안 부서	경영지원팀
수신	총무팀
제목	○○공사의 연례 행사 진행 건 ①
내용	아래와 같이 기안서를 제출하오니 검토 후 결재해 주시기 바랍니다. *기안의 목적과 세부 내용 등을 개략적으로 서술해야 한다. 1. 목적: ○○공사의 화합과 조직의 개발 및 업무 증진 ② 2. 일시 및 장소: 2019.02.12. 수. 본관 3층 3. 대상 및 인원: 전 직원 4. 시간: 오전 10시~오후 3시 ③ 5. 진행 순서: 첨부 서류 참조 6. 예상 경비: 미정 ④ *행사 진행 기안서일 경우 행사의 목적과 내용을 적고, 예상 경비와 진행 방법 등을 별도로 첨부하여 비교적 자세하게 적는 것이 좋다.
첨부 서류	연례 행사 세부 진행 순서 및 방법 ⑤

정답 및 해설 정답 ④

기안서에는 예상 경비를 자세하게 적어 주는 것이 좋다.

01 다음은 □□ 기업의 3C 분석 결과이다. 향후 회사의 전략 과제로 가장 적절하지 않은 것을 고르면?

3C	분석
고객/시장(Customer)	• 고객의 문화적 의식의 향상 • 여성들의 사회 진출 • 서구화된 식생활 및 식단 • 해외 유명 기업, 브랜드와의 기술적 제휴 • 포장 및 배달의 발달
경쟁 회사(Competitor)	• 전문 패밀리 레스토랑으로서의 차별화 • 눈에 띄는 인테리어와 디자인 • 브랜드 고유의 이미지 보유
자사(Company)	• 높은 가격대 • 업체 최고 시장 점유율 • 다양한 메뉴, 차별화된 서비스 • 높은 점포 확장 가능성 • 공동 프로모션을 통한 마케팅 기회 증대

① 전국적인 점포 확장 및 증대
② 다양한 메뉴 개발
③ 높은 가격대의 메뉴 개발
④ 기술 제휴 및 프로모션과 같은 다양한 마케팅 활동 강화
⑤ 포장 메뉴 및 배달 서비스 강화

●정답과 해설 520쪽

02 ○○ 기업의 고객서비스팀에 근무하고 있는 P 사원은 A/S 규정에 따라 고객들의 문의에 응대하는 업무를 맡고 있다. 고객의 문의에 알맞은 답변을 고르면?

[A/S 규정]

- 제품 구입 후 1년 이내에 정상적인 사용 중의 고장에 대해서는 무상으로 A/S 처리를 해 드리고 있습니다.
- A/S 받을 제품을 직접 택배사를 통해 발송하실 경우 제품이 파손되지 않도록 잘 포장하여 발송해 주시기 바랍니다.
- 반드시 아래의 서류를 동봉해 주십시오.
  - A/S 신청서
  - 구매를 증명하는 문서 / 구입 영수증
  - 보증서
- 관련 문의는 전화나 홈페이지 게시판을 통해 문의해 주시면 자세하게 안내해 드리겠습니다.
- 이어폰과 관련된 A/S 사항은 베트남의 별도 A/S 센터에서, 그 외의 경우에는 베트남 제조 공장에서 조치됩니다.

• 고객 부담 배송비

출발지	도착지	비용	비고
국내 물류 센터	베트남 물류 센터	10,000원	국내 택배비 무료(왕복)
베트남 물류 센터	제조 공장	7,000원	
	A/S 센터	5,000원	

① 이어폰은 27,000원입니다.
② 스피커는 34,000원입니다.
③ 이어폰은 32,000원입니다.
④ 스피커는 30,000원입니다.
⑤ 이어폰은 34,000원입니다.

03 ○○공사에 근무하는 D 사원은 인사팀에서 근무하고 있다. 인사팀은 새로운 복지제도를 도입하기 위해 각 부서별로 만족도를 조사하였다. 조사 결과를 바탕으로 D 사원이 월간 전략 회의 때 복지제도의 효과에 대해 발표할 내용으로 가장 적절한 것을 고르면?

최근 직원들이 바라는 복지 중 가장 호응도가 높은 것은 자기개발비 지원, 동호회 지원, 복지포인트 지급 3가지이다. 각 부서별로 3가지 중 1가지 이상을 실시하도록 하였다. 4개 팀의 실시 항목과 만족도 추이는 다음과 같다.

- 경영지원팀: 자기개발비 지원, 동호회 지원, 복지포인트 지급을 실시하였는데 직원들의 만족도가 향상되었다.
- 총무팀: 동호회 지원을 실시하였는데 직원들의 만족도는 향상되지 않았다.
- 마케팅팀: 자기개발비 지원, 복지포인트 지원을 실시하였는데 직원들의 만족도가 향상되었다.
- 고객서비스팀: 자기개발비 지원, 동호회 지원을 실시하였는데 직원들의 만족도는 향상되지 않았다.

① 경영지원팀, 총무팀의 사례를 보았을 때 직원들의 만족도 향상이 가장 높은 것은 자기개발비 지원입니다.
② 총무팀과 마케팅팀의 사례로 보았을 때 직원들의 만족도 향상이 가장 높은 것은 동호회 지원입니다.
③ 4개 부서의 사례를 모두 살펴보면 만족도 향상의 원인은 복지포인트 지급입니다.
④ 경영지원팀과 고객서비스팀의 사례를 보았을 때 만족도 향상이 가장 높은 것은 자기개발비 지원입니다.
⑤ 경영지원팀, 마케팅팀, 고객서비스팀의 사례를 근거로 보았을 때 직원들의 만족도 향상이 가장 큰 것은 복지포인트 지급이라고 할 수 있습니다.

04 ○○공사의 해외시장 진출 및 기술개발 확대를 위한 전략 과제의 필요성을 제시하였다. 이를 통해 도출할 수 있는 과제의 추진 방향으로 가장 적절하지 않은 것을 고르면?

[전략 과제 필요성]

1. 해외시장에서 ○○공사가 경쟁력 갖추고 차별화할 수 있는 산업을 발굴
2. 국제적인 사업 수행을 통한 경험 및 해외 기업과의 협력을 통한 기술 습득
3. 해당 산업 관련 기업의 해외진출 활성화를 위한 실질적인 지원과 해외시장 진출 기회 확대

① 국제입찰의 경쟁 과열과 국제협회 구성 시 기업과의 업무 배분 및 이윤 조율로 난항이 있을 것이다.
② 국제적인 기관들의 다양한 지원 자금을 활용하여 사업을 발굴하기 위해 노력한다. 해당 사업의 해외진출과 사업화를 위한 기술 역량을 강화한다.
③ 해당 사업의 해외진출과 사업화를 위한 기술 역량을 강화한다.
④ 시장 현황 및 사업 전략을 파악하고, 전망을 분석하여 지원 방안을 확대한다.
⑤ 사업에 대한 철저한 사전 계획과 시장조사를 통해 여러 가지 홍보활동을 추진한다.

05 △△ 기업은 세계적인 티(TEA) 브랜드이다. 현재 기업의 사업 현황을 분석하여 검토한 결과가 다음과 같다. 이를 바탕으로 한 대응방안과 전략의 결과로 옳지 않은 것은?

강점(Strength)	• 높은 브랜드 인지도와 긍정적인 브랜드 이미지 • 투자 대비 이윤이 큼 • 전 매장에 좋은 품질의 티를 안정적으로 공급하여 표준화가 가능 • 고객들의 높은 브랜드 충성도
약점(Weakness)	• 시장의 포화 상태, 높은 가격대 • 매장의 급격한 증가로 브랜드 이미지 하락
기회(Opportunity)	• 디저트와 티 문화의 발달로 사람들이 티를 많이 찾게 됨 • 온라인 주문을 통해 티의 접근성이 높아짐 • 긍정적인 브랜드 이미지 • 유럽 시장에서의 경쟁 우위와 중국 시장의 가능성
위협(Threat)	• 저가형 브랜드와 새로운 경쟁 업체들의 등장 • 브랜드의 과도한 확장으로 기업 이미지의 하락 가능성 • 원료 가격 상승에 따른 티 가격의 상승

[대응방안 및 전략]

A: 강점을 살려 기회를 포착
B: 강점을 살려 위협을 회피
C: 약점을 보완하여 기회를 포착
D: 약점을 보완하여 위협을 회피

① 선행 투자를 통해 전략적 우위를 확보하고, 핵심 역량 강화 및 집중
② 단가를 낮추어 저가형 제품을 판매
③ 수익성 없는 사업 철수 및 협력 네트워크 프로그램 운영
④ 성장 가능성이 보이는 사업에 집중 투자
⑤ 효율적이고 효과적인 기업 운영을 위해 경영 프로세스를 개혁

National Competency Standards

Chapter 4

자기개발능력

Chapter 4 자기개발능력

I. 자아인식능력

1. 평가 목표

- 자신의 흥미와 적성 등을 스스로 인식하고, 이를 기반으로 개인의 성장에 필요한 것이 무엇인지 파악해 목표를 정하고 성취할 수 있는지 평가합니다.

2. 유형 특징

- 자신 스스로를 브랜드화하는 전략, 자아인식이 필요한 이유, 자아를 파악하는 방법 등을 기반으로 하는 문제가 출제됩니다.
- 실무 상황에서 발생 가능한 사례를 제시하여 상황을 바르게 분석할 수 있는지, 이에 적절히 대응할 수 있는지를 평가하는 문제가 출제됩니다.
- 실제 업무 중 판단이나 결정을 해야 하는 사례를 제시하여 사례 속 상황에서 어떻게 대처하는지, 이를 기반으로 자기개발 역량을 갖춘 지원자인지를 평가합니다.

3. 풀이 전략

- 필기시험에서 출제되더라도 난이도가 상대적으로 높지 않고, 인성검사나 면접시험의 평가 항목으로 다뤄지는 경우가 많습니다. 이론에서 제시하는 기본 개념만 이해한다면 쉽게 해결할 수 있으므로, 자아인식모델인 '조해리의 창', 자아구성요소 등에 관해 학습하도록 합니다.
- 자아인식능력 유형은 면접이나 인성검사를 할 때 중요하게 다뤄지므로 직업인으로서 자신의 적성과 능력을 파악하여 스스로의 가치를 확고히 하고, 성장하고자 하는 욕구가 있다는 것을 나타내야 합니다. 또 자신의 능력의 장단점을 다양한 관점에서 객관적으로 인식하고 있다는 점과 자존감을 통해 스스로의 가치관을 형성해 나가고 있다는 것을 보여 주는 것이 중요합니다.

II. 자기관리능력

1. 평가 목표

- 업무를 수행하면서 자신의 행동을 스스로 통제하고 관리할 수 있는지를 평가합니다. 이때 주어진 상황에 따라 일의 우선순위를 정하는 방법이나 자기개발의 계획 수립 및 실행 능력을 평가합니다.

2. 유형 특징

- 업무 중 발생 가능한 상황을 제시하여 이에 적절한 합리적인 선택을 하는지 확인하는 문제가 출제됩니다.
- 지원자가 자기관리의 올바른 방법을 알고 있는지를 확인하는 문제가 출제됩니다.

3. 풀이 전략

- 이 유형의 목표는 자신의 행동과 업무 수행을 스스로 통제하여 업무 수행 성과를 높이는 것이므로, 가장 합리적인 업무 수행 방법이 무엇인지 유념하여 풀이해야 합니다.
- 자아인식능력과 마찬가지로 자기관리능력 또한 필기시험에서 출제 비중이 높지 않고, 난이도 역시 낮은 편입니다. 하지만 인성검사나 면접에서 중요한 평가 요소이기 때문에 직업인으로서 필요한 자질을 갖추기 위해 스스로를 통제함은 물론이고, 목표를 이루기 위해 주도면밀하고 규칙적으로 생활하는 모습과 적극적으로 실천하는 자세가 나타날 수 있도록 합니다.

III. 경력개발능력

1. 평가 목표
- 설정한 진로와 목표에 필요한 역량을 개발할 수 있는 능력과, 직업인으로서의 직업에 대한 이해도와 직무 정보 탐색 능력을 평가합니다.

2. 유형 특징
- 실무 상황에서 경력개발에 대한 이론적인 이해를 바르게 적용할 수 있는지 확인하는 문제가 출제됩니다.
- 자기개발과 경력개발의 특징 및 과정, 단계에 대한 이해도를 평가하는 문제가 출제됩니다.

3. 풀이 전략
- 경력개발과 관련된 이론과 이슈에 대해 미리 학습합니다.
- 지원한 직무에 대한 자기개발 및 경력개발 사례를 미리 확인해 보도록 합니다.
- 경력개발의 성공과 실패 사례를 찾아 이에 대한 원인과 결과를 분석해 보도록 합니다.
- 경력개발에 대한 단계 모형과 관련 내용에 대해 숙지해 둡니다. 경력개발이 단기간에 이루어지지 않는다는 점과 신입, 중견 등 각 시기마다 경력개발이 다르게 이루어진다는 점도 알아 두어야 합니다.

유형 대표문제

자기개발의 보편적인 개념과 정의를 다루고 있는 유형

자기개발의 중요성을 인지하고 있는가를 확인하는 문제이다. 산업인력공단에서 제시하는 자기개발능력 매뉴얼을 기반으로 만들어진 것으로 난이도는 어렵지 않다. 자기개발과 경력개발의 필요성에 대해 알아 두는 것이 좋다.

다음 글의 내용상 빈칸에 들어갈 말의 특징을 올바르게 이해하지 못한 것은 어느 것인가?

> (　　　　)능력이란 직장인으로서 자신의 능력, 적성, 인성 등의 이해를 기초로 자기 발전 목표를 스스로 수립하고 자기관리를 통해 성취해 나가는 능력을 의미한다.

① 주체는 타인이 아니라 자기 자신이다.
② 일시적인 것이 아닌 꾸준히 이루어져야 하는 과정이다.
③ 자신의 생활 가운데에서 현재 일과 관련한 역할과 능력을 점검한다.
④ 직장 동료들이 가장 많이 사용하는 전략과 방법을 사용한다.
⑤ 승진이나 이직을 원하는 사람뿐만 아니라 모든 사람이 해야 한다.

NCS 가이드북에서의 자기개발의 의미와 필요성, 특징들을 알아 두어야 한다. 자기개발의 주체는 자기 자신이고, 사람마다 지향하는 바와 선호 방법이 다르며, 평생에 걸쳐서 일과 관련하여 이루어지는 활동이고, 생활 가운데 이루어지고, 모든 사람이 해야 하는 것이다.

다음 글의 내용상 빈칸에 들어갈 말의 특징을 올바르게 이해하지 못한 것은 어느 것인가?

> 자기개발의 개념 파악!
>
> (　　　　)능력이란 직장인으로서 자신의 능력, 적성, 인성 등의 이해를 기초로 자기 발전 목표를 스스로 수립하고 자기관리를 통해 성취해 나가는 능력을 의미한다.

① 주체는 타인이 아니라 자기 자신이다.(O)
② 일시적인 것이 아닌 꾸준히 이루어져야 하는 과정이다.(O)
③ 자신의 생활 가운데에서 현재 일과 관련한 역할과 능력을 점검한다.(O)
④ 직장 동료들이 가장 많이 사용하는 전략과 방법을 사용한다.(X)
⑤ 승진이나 이직을 원하는 사람뿐만 아니라 모든 사람이 해야 한다.(O)

정답 및 해설 정답 ④

자기개발의 주체는 타인이 아닌 자기 자신이어야 하며, 평생에 걸쳐서 이루어지는 과정이다. 어떤 특정한 프로그램에 참가하는 것보다는 생활 가운데 자주적으로 이루어져야 한다. 사람들은 자기개발을 통해 지향하는 바와 선호하는 방법이 모두 다르기 때문에 개인마다 자기에게 맞는 전략이나 방법을 선택해야 한다. 모든 사람이 해야 하며, 직장인의 자기개발은 일과 관련하여 이루어지는 활동이다.

유형 연습문제

01 다음은 S유통의 임원이 신년을 맞이하여 부서원들에게 전한 메세지 중 일부이다. 참석한 부서원들의 말 중 가장 적절한 것을 고르면?

> 세계적 베스트셀러 작가인 '말콤 글래드웰'이 인용해 유명해진 유대인 속담이 있습니다. "고추냉이 속에 붙어 사는 벌레에게는, 세상이 고추냉이다." 고추냉이 아시죠? 엄청 쓴 채소입니다. 하지만, 고추냉이 속 벌레에게는 이보다 달콤한 세상이 없습니다. 아는 게 고추냉이밖에 없으니까요. 이게 무슨 뜻인가요? 관습의 달콤함에 빠지면, 더 큰 세상으로 나아가지 못하고, 자기가 사는 작은 세상만 갉아먹다가 결국 쇠퇴함을 의미합니다. (중략) 유통환경은 너무 빨리 변하고, 사업의 경계는 점차 희미해지며, 경쟁의 전장은 점차 넓어지고 있습니다.

① 환경이 바뀌면 내 경력을 살릴 수 있는 곳으로 빠르게 이직을 해야겠군.
② 외부에서 진행하는 자기개발 프로그램에 등록해서 변화하는 상황에 적응하고 발전해야지.
③ 직장 경험을 바탕으로 나의 적성을 찾아 자기개발을 해야겠어.
④ 미래는 바뀌니까 현재의 상황은 배재하고 미래에 초점을 맞춰야겠어.
⑤ 빠르게 변화하는 환경에 적응하기 위해 끊임없이 자기개발을 해야겠군.

02 홍보 부서에 새로 배치된 K 대리는 업무 능력 향상을 위해 선임자인 P 과장에게 조언을 구했다. 이에 대한 P 과장의 조언으로 다음 〈보기〉 중 적절하지 않은 것은?

| 보기 |

ㄱ. 본인의 능력, 적성 및 특성 등에 있어서 장점을 찾아보고 이를 강화하기.
ㄴ. 자신의 약점을 확인하고 관리하여 성장을 위한 기회로 활용하기.
ㄷ. 직업인으로서 자신의 가치, 신념, 흥미, 성격 등을 이해하고 성공을 위한 자기개발 능력 키우기.

① ㄱ　　② ㄱ, ㄴ　　③ ㄴ　　④ ㄴ, ㄷ　　⑤ ㄱ, ㄴ, ㄷ

●정답과 해설 521쪽

03 조셉과 해리라는 두 심리학자에 의해 만들어진 조해리의 창(Hohari's window)은 자기 인식 또는 자기 이해의 모델이다. 이때 자아는 공개된 자아(Open self), 눈먼 자아(Blind self), 숨겨진 자아(Hidden self), 아무도 모르는 자아(Unknown self)의 4부분으로 구분된다. 각 영역에 대한 설명으로 적절하지 않은 것은?

	내가 아는 나	내가 모르는 나
타인이 아는 나	공개된 자아 (Open self)	눈먼 자아 (Blind self)
타인이 모르는 나	숨겨진 자아 (Hidden self)	아무도 모르는 자아 (Unknown self)

ㄱ. 공개된 자아 영역이 작은 사람은 대체로 인간관계가 원만하지 않고 고립형 인간이다.
ㄴ. 눈먼 자아 영역이 넓은 사람은 자신의 기분이나 의견을 잘 표현하며 솔직한 사람일 수 있다.
ㄷ. 숨겨진 자아 영역이 넓은 사람은 속이 깊고 신중하며 다른 사람의 이야기를 잘 들어주는 사람일 수 있다.
ㄹ. 아무도 모르는 자아 영역이 넓은 사람은 성격적으로 문제가 있을 수 있어 고치려는 노력을 해야 한다.

① ㄱ, ㄴ ② ㄱ, ㄷ ③ ㄴ, ㄷ ④ ㄱ, ㄹ ⑤ ㄷ, ㄹ

유형 대표문제

업무 수행 성과 향상을 위한 전략을 다루는 유형

자기개발을 업무 성과 향상과 연관 지어, 직무를 수행하는 데 자기개발을 어떻게 하는 것이 좋을까를 판단하는 문제가 주로 출제된다.

H실업의 A 사원은 상사와의 갈등으로 정신적인 스트레스를 많이 받고 있어 사내 고충 처리 상담소에 상담을 요청했다. 상담사인 B 씨가 A 사원에게 해 줄 조언으로 다음 〈보기〉 중 가장 적절한 것은?

| 보기 |

ㄱ. "상사가 A 씨의 일에 트집 잡는 것은 그만큼 A 씨에게 관심과 애정이 있다는 뜻 아닐까요?"
ㄴ. "상사가 어떠한 태도를 좋아하는지 분석해 보세요. 최대한 맞추려고 노력하다 보면 갈등이 해소될 수 있어요."
ㄷ. "A 씨 스스로 자신을 돌아보는 시간을 갖는 것이 필요해요. A 씨가 잘못된 행동을 했기 때문에 상사와 갈등이 생긴 거예요."

① ㄱ　② ㄱ, ㄴ　③ ㄴ　④ ㄴ, ㄷ　⑤ ㄱ, ㄴ, ㄷ

내면을 관리하기 위해서는 첫째, 인내심을 키워 자신의 목표를 분명히 하고, 새로운 시각으로 상황을 분석해야 한다. 둘째, 긍정적인 마음을 가져야 한다. 먼저 자기 자신을 긍정하고, 자신의 능력과 가치를 신뢰하며, 어려움 속에서 자신을 개발하는 법을 터득해야 한다.

H실업의 A 사원은 상사와의 갈등으로 정신적인 스트레스를 많이 받고 있어 사내 고충 처리 상담소에 상담을 요청했다. 상담사인 B 씨가 A 사원에게 해 줄 조언으로 다음 〈보기〉 중 가장 적절한 것은?

보기

→ 긍정적인 마음은 스트레스 완화에 도움이 된다.

ㄱ. "상사가 A 씨의 일에 트집 잡는 것은 그만큼 A 씨에게 관심과 애정이 있다는 뜻 아닐까요?"

ㄴ. "상사가 어떠한 태도를 좋아하는지 분석해 보세요. 최대한 맞추려고 노력하다 보면 갈등이 해소될 수 있어요." → 단순히 맞추기보다는 상사와 나의 행동이나 업무 수행을 조화롭게 하기 위한 분석을 해야 한다.

ㄷ. "A 씨 스스로 자신을 돌아보는 시간을 갖는 것이 필요해요. A 씨가 잘못된 행동을 했기 때문에 상사와 갈등이 생긴 거예요." → 자신만을 탓하면 스트레스가 더 증가할 수 있다.

① ㄱ　② ㄱ, ㄴ　③ ㄴ　④ ㄴ, ㄷ　⑤ ㄱ, ㄴ, ㄷ

정답 및 해설　**정답 ①**

A 사원이 스트레스를 많이 받는 상황이기 때문에 스트레스를 완화시킬 수 있는 조언을 해 주는 것이 필요하다. 스트레스를 완화하기 위해서는 긍정적인 마음이나 새로운 시각으로 상황을 분석하는 태도, 그리고 자신의 능력과 건강한 자아상을 확립하는 것이 도움이 된다.

ㄴ. 상사의 비위를 맞추어 갈등을 줄일 수는 있겠지만, 스트레스를 완화하는 방법으로는 적절하지 않다. 상사와 자신 모두에게 발전적인 방향을 분석하는 태도가 필요하다.

ㄷ. 자신에게 부족한 부분이 무엇인지 성찰하고 단점을 반복하지 않는 기회로 삼는 것은 좋으나, 일방적으로 자신의 잘못으로 탓하는 것은 스트레스 완화에 도움이 되지 않는다.

유형 연습문제

●정답과 해설 521쪽

01 본사 인사팀 소속인 B 씨는 올 하반기 업무 수행 평가 보고서를 참고하여 인사 평가를 진행 중이다. 높은 업무 성과로 좋은 인사 평가를 받을 것이라고 기대되는 사람을 모두 고르면?

임 대리: 영업팀에서 근무하는 임 대리는 지난 분기의 실적 부진이 회사와 팀의 업무 지침 방향이 잘못된 데에서 비롯되었다고 생각한다. 이를 만회하기 위해 본인만의 독창적인 방식을 추구하여 일하며, 종종 상사와 의견이 다르더라도 자신의 주관에 따라 일을 처리해 나간다.
최 대리: 최 대리는 최대한 일을 미루지 않으려고 노력한다. 일이 밀리면 본인뿐 아니라 팀원들에게도 피해가 간다고 생각하여, 그날 처리해야 할 일은 당일에 해결한다. 이를 위해 업무 시간에 불필요한 행동을 줄이고 더욱 집중해서 일한다.
김 사원: 입사 1년 차인 김 사원은 평소 존경하는 같은 팀 박 부장님을 역할 모델로 설정하여 닮으려고 노력한다. 자신과 무엇이 다른지 분석하고, 원래 자신 있던 분야라도 박 부장님과 차이가 나는 부분은 무조건 박 부장님 방식을 따른다.
정 과장: 정 과장은 협력 부서에서 일하기 때문에 유관 부서와의 회의가 많다. 이에 업무 효율이 떨어져 각각의 부서마다 따로 진행하던 회의를 하나로 모아 진행하기로 하였다. 개방적인 의사소통을 통해 의견을 공유하는 자리가 생겨 부서 간 협업과 소통을 강화하려고 노력한다.

① 임 대리, 최 대리 ② 임 대리, 김 사원 ③ 최 대리, 김 사원 ④ 최 대리, 정 과장 ⑤ 김 사원, 정 과장

02 정 대리는 한 달 동안 진행되는 K프로젝트를 맡게 되었다. 프로젝트 경험이 부족한 정 대리는 다수의 프로젝트에 투입되었던 박 과장에게 업무 수행 성과를 높이기 위한 방법에 대해 문의를 했다. 정 대리의 〈상황〉을 참고하여 해 줄 수 있는 박 과장의 조언으로 적절하지 않은 것은?

〈상황〉

정 대리는 중소기업 홍보팀에서 주력상품 홍보 업무를 담당하고 있다. 이번에 아시아권으로 사업을 확장하기 위해 한 달 후에 홍콩으로 출장을 가게 되었다. 해외 바이어와 미팅을 잡고 제품 홍보 프레젠테이션을 수행해야 한다. 국내 시장 위주로 업무를 담당했던 정 대리는 영어로 하는 발표 경험이 부족하고 홍콩도 방문해 본 적이 없는 상황이다.

① 정 대리가 활용할 수 있는 자투리 시간을 생각해 봐. 출근 전이나 점심시간, 퇴근 후 시간을 활용할 수 있을 거야.
② 프레젠테이션을 잘하기 위해서는 가독성 높은 자료를 만들어야 해. 파워포인트를 잘하는 동료에게 기술을 배워 봐.
③ 홍콩에서 학교를 다닌 후배 사원과 점심 약속을 잡고 출장 국가인 홍콩에 대해 정보를 나눠.
④ 발표 준비하면서 영상을 찍어 보고 동료들에게 한 번씩만 봐 달라고 부탁해 봐.
⑤ 정 대리가 큰 프로젝트를 맡아 시기하는 동료들이 있어. 눈에 띄지 않게 조용히 준비하는 것이 좋을 거야.

유형 대표문제

경력개발 설계를 다루는 유형

경력개발에 대한 설명을 근거로 하여 이에 부합하지 않는 사례를 고르는 문제이다. 설명에 제시되어 있는 주요 포인트는 무엇인지 확인하고, 사례 중에서 설명에서 제시하는 주요 내용과 부합하지 않는 것을 고르면 된다.

다음 〈보기 1〉은 경력개발 능력의 필요성에 대한 설명으로, 이와 관련된 것을 〈보기 2〉에서 바르게 짝지은 것은?

|보기 1|

ㄱ. 외부적인 상황의 변화　　ㄴ. 조직의 요구　　ㄷ. 개인의 기대나 목표의 변화

|보기 2|

㉮ 인력난 심화　　㉯ 경영 전략 변화　　㉰ 개인의 고용시장 가치 증대
㉱ 중견 사원 이직 증가　　㉲ 능력주의 문화

① ㄱ-㉮　　② ㄱ-㉯　　③ ㄴ-㉰　　④ ㄷ-㉱　　⑤ ㄷ-㉲

NCS 가이드북에서의 경력개발의 필요성을 알아 두어야 한다. 환경 변화와 조직 요구, 개인 요구에 따른 3가지 이유에 대해 각각의 특성을 파악해 둘 필요가 있다. 또한 경력 단계에 따라 해야 할 일들, 경력개발 계획 수립의 단계에 대해서도 반드시 파악하고 있어야 한다.

다음 〈보기 1〉은 경력개발 능력의 필요성에 대한 설명으로, 이와 관련된 것을 〈보기 2〉에서 바르게 짝지은 것은?

| 보기 1 |

ㄱ. 외부적인 상황의 변화　　ㄴ. 조직의 요구　　ㄷ. 개인의 기대나 목표의 변화

| 보기 2 |

㉮ 인력난 심화　　㉯ 경영 전략 변화　　㉰ 개인의 고용시장 가치 증대
㉱ 중견 사원 이직 증가　　㉲ 능력주의 문화

① ㄱ-㉮　② ㄱ-㉯　③ ㄴ-㉰　④ ㄷ-㉱　⑤ ㄷ-㉲

정답 및 해설 　　정답 ①

경력개발의 필요성
ㄱ. 환경 변화 - 지식정보의 빠른 변화, 인력난 심화 ㉮, 삶의 질 추구, 중견 사원 이직 증가 ㉱
ㄴ. 조직 요구 - 경영 전략 변화 ㉯, 승진 적체, 직무 환경 변화, 능력주의 문화 ㉲
ㄷ. 개인 요구 - 발달단계에 따른 가치관, 신념 변화, 전문성 축적 및 성장 요구 증가, 개인의 고용시장 가치 증대 ㉰

유형 연습문제

●정답과 해설 521쪽

01 OO그룹 인사팀 A 과장은 직원들의 경력개발 현황을 파악하기 위해 개별 면담 후 아래 보고서를 작성하였다. 가장 낮은 점수를 받을 것으로 기대되는 직원은 누구인가?

제목: OO그룹 경력개발 현황 파악
대상: 경력 3년 차 이상 직원(경력사원 포함)

직원명	부서	직급	현황	평가 점수
김○○	영업	사원	현 시장에서 우위를 점하기 위해 항상 경쟁사를 분석하고 발 빠르게 대응한다. 일주일에 한 번은 꼭 외근을 통해 시장의 변화를 파악하는 시간을 갖고 유연하게 대처한다.	
곽○○	기획	대리	자격증이 없어 스스로 부족함을 느끼고 있다. 스펙을 쌓기 위해 직무와 관련 없더라도 제일 빠르고 쉽게 취득할 수 있는 3개를 공부하고 있다.	
문○○	홍보	대리	현재 업무에 흥미를 느껴 좀 더 심화된 공부에 욕심이 생겼다. 야간대학원에 진학하여 업무와 학업을 병행하며 성장해 나갈 계획이다.	
서○○	구매	사원	입사 3년 차지만 선배들이 주로 참석하는 박람회에 관심을 가지고 함께 참석하며 시장 흐름을 빠르게 파악하기 위해 노력한다.	
전○○	생산	과장	외국 출장이 잦기 때문에 퇴근 후 학원에 다니며 외국어 회화 능력을 키우기 위해 노력한다. 영어뿐 아니라 주요 거래 국가인 베트남어도 익히고 있다.	

① 김○○ ② 곽○○ ③ 문○○ ④ 서○○ ⑤ 전○○

02 근로자가 일과 생활을 모두 잘 해내고 있다고 느끼는 상태를 표현하는 용어 '일과 생활의 균형(Work-Life Balance, WLB)'은 최근 근로자들의 삶의 질을 높이기 위해 여러 기업에서 프로그램화하여 도입하고 있다. 이러한 사례로 적절하지 않은 것은?

① 초과 근로 시에 임금 대신 휴가로 보상하는 '근로시간 저축 휴가제'를 도입한다.
② 남성 직원도 여성 직원과 마찬가지로 육아휴직을 의무적으로 사용하는 환경을 조성한다.
③ 직원들의 업무 효율을 높이고 친목을 도모하기 위해 부서 내 및 부서 간 회식을 늘린다.
④ 모바일 오프제를 도입하여 업무시간 외에 스마트폰으로 업무 지시하는 것을 금지한다.
⑤ 매주 둘째 주 월요일에 전 직원이 일괄 휴무하는 '리프레시 데이(refresh day)'를 만들어 운영한다.

N a t i o n a l   C o m p e t e n c y   S t a n d a r d s

Chapter 5

자원관리능력

Chapter 5 자원관리능력

I. 시간관리능력

1. 평가 목표

- 시간 및 일정을 고려하여 업무에 필요한 시간자원을 파악하고, 사용 가능한 시간자원을 최대한 확보하여 시간 계획을 효과적으로 세우고, 시간을 효율적으로 관리할 수 있는지 평가합니다.

2. 유형 특징

- 기업 활동에서 필요한 시간과 일정을 파악하고, 시간 계획과 일정을 수립하여 실제 업무에 활용할 수 있는지 묻는 문제가 출제됩니다.
- 회사 내의 구체적인 상황이 제시되며(ex. 행사, 출장), 이와 관련된 일정을 계획할 수 있어야 합니다.
- 제시된 자료에서 특정 정보를 추출해 계산·분석하여 적절한 선택을 할 수 있는지를 평가합니다.

3. 풀이 전략

- 문제 상황에서 제시된 제약 조건을 확인하고, 상황에 대한 경우의 수를 파악하여 하나씩 소거해 나가며 풀이합니다.
- 기본적인 연산으로 해결할 수 있는 문제가 주로 출제되기 때문에 빠르고 정확한 연산능력이 중요합니다. 이때 환율이나 시차와 관련된 문제의 경우 기본 정보나 개념을 따로 설명해 주지 않을 수 있으므로, 이와 유사한 문제를 많이 풀어 보는 것이 좋습니다. 제시된 자료를 모두 파악하려고 하기보다는 문제 풀이를 할 때 필요한 정보를 추출하여 선택지와 비교해 풀이하는 것이 효율적입니다.

II. 예산관리능력

1. 평가 목표

- 업무에 필요한 예산을 파악하고 계획을 수립하여, 예산을 효율적으로 집행하고 관리할 수 있는지 평가합니다.

2. 유형 특징

- 기업 활동 시 필요한 예산을 파악하고, 이를 실제 업무에 활용할 수 있는지를 묻는 문제가 출제됩니다.
- 회사 내의 구체적인 상황(ex. 행사, 출장 등)이 제시되고, 이와 관련된 비용과 예산 등을 계획할 수 있어야 합니다.
- 예산을 수립할 때, 일의 우선순위를 파악한 후 시간자원을 활용 및 관리하는 방법에 관한 문제가 출제됩니다.
- 특정 정보를 추출하고 계산, 분석하여 적절한 선택을 할 수 있는지 확인하는 문제가 출제됩니다.

3. 풀이 전략

- 제시된 문제 상황에서의 제약 조건을 확인하고 문제 상황에 대한 경우의 수를 확인하여 하나씩 소거해 나가며 풀이합니다.
- 운임의 계산이나 환율 및 이율 계산, 스케줄 작성 등과 같이 실생활 및 실무에 적용되는 경우가 많아 익숙하게 느껴질 수 있습니다. 그러나 문제에 제시되지 않은 기존의 지식을 활용해 주관적으로 풀이하기보다는, 제시된 조건에서만 근거를 찾아 정답을 추론해야 합니다.
- 제시된 자료를 전부 파악하려고 하기보다는 문제 풀이에 필요한 정보를 추출하여 선택지와 비교해 가며 풀이하는 것이 효율적입니다.

III. 물적자원관리능력

1. 평가 목표

- 업무에 필요한 물적자원이 무엇인지 파악하고, 사용할 수 있는 물적자원을 최대한 확보하여 실제 업무에 어떻게 활용할 수 있는지에 대한 계획을 세워, 물적자원을 효율적으로 관리할 수 있는지 평가합니다.

2. 유형 특징

- 기업 활동에서 필요한 물적자원과 근로자의 기술, 능력, 업무 등과 같은 인적자원을 결합한 문제가 출제됩니다.
- 적절한 비용, 이동 수단, 거리 등을 계산할 줄 알아야 하며, 수리능력, 의사소통능력, 문제해결능력 등의 복합적인 능력이 함께 요구됩니다.
- 필요한 정보를 추출해 계산·분석하여 적절한 선택을 할 수 있는지 확인하는 문제가 출제됩니다.

3. 풀이 전략

- 물적자원을 확보하고 배치하는 과정에서 시간자원과 예산자원을 함께 고려해야 하는 경우도 있으므로 복합형 문제에도 대비해야 합니다.
- 공정 개선이나 제시된 조건에 적합한 상품을 선택하는 문제가 주로 출제되는데, 이때 판단의 기준을 명확하게 이해하여 적용하는 것이 중요합니다.
- 계산 문제의 경우 기본적인 연산으로 해결할 수 있는 난이도로 출제되므로 빠르고 정확한 연산능력이 필요하고, 실수하지 않는 것이 중요합니다.
- 제시된 자료를 전부 파악하려고 하기보다는 문제 풀이에 필요한 정보를 우선적으로 파악하여 선택지와 비교하며 풀이해 나가는 것이 효율적입니다.

IV. 인적자원관리능력

1. 평가 목표

- 업무에 필요한 인적자원을 파악하고, 동원할 수 있는 인적자원을 최대한 확보하여 실제 업무에 어떻게 배치할 것인지에 대한 계획을 세우고, 이에 따라 인적자원을 효율적으로 배치하고 관리할 수 있는지 평가합니다.

2. 유형 특징

- 기업 활동에 필요한 근로자의 기술, 능력, 업무 등과 같은 인적자원을 파악하고 활용할 수 있는지를 확인하는 문제가 출제됩니다.
- 사원들의 정보가 자료로 제시되며, 조건에 따른 승진, 보너스, 연봉 인상률에 관련된 문제가 출제됩니다.
- 특정 정보를 추출하여 계산·분석하여 적절한 선택을 할 수 있는지를 확인합니다.

3. 풀이 전략

- 인적자원을 확보하고 배치하는 과정에서 시간자원과 예산자원을 함께 고려해야 하는 경우도 있으므로 복합형 문제에도 대비해야 합니다.
- 인적자원 할당과 관련된 문제가 주로 출제되기 때문에 제시되는 상황에 대한 명확한 이해가 중요합니다. 또 연차 계산이나 실업급여, 채용 공고문 등의 자료에 미리 익숙해지는 것이 문제 풀이를 할 때 도움이 됩니다.
- 제시된 자료를 전부 파악하려고 하기보다는 문제 풀이에 필요한 정보를 추출하여 선택지와 비교하며 풀이하는 것이 효율적입니다.

해당 유형은 주어진 정보를 근거로 이동 거리, 이동 시간, 이동 비용 등을 알아낼 수 있는지 평가한다. 주어지는 정보는 텍스트, 표, 그림 등 다양한 유형으로 나타난다. 복잡해 보이지만 이런 유형은 기준만 파악하면 단순한 계산으로 정답을 찾을 수 있다.

다음 글을 근거로 판단할 때, A팀이 최종적으로 선택하게 될 이동 수단의 종류와 그 비용으로 옳게 짝지은 것은?

4명으로 구성된 A팀은 해외 출장을 계획하고 있다. A팀은 출장지에서의 이동 수단 한 가지를 결정하려 한다. 이때 A팀은 경제성, 용이성, 안전성의 총 3가지 요소를 고려하여 최종 점수가 가장 높은 이동 수단을 선택한다.

- 각 고려 요소의 평가 결과 '상' 등급을 받으면 3점을, '중' 등급을 받으면 2점을, '하' 등급을 받으면 1점을 부여한다. 단, 안전성을 중시하여 안전성 점수는 2배로 계산한다. (예: 안전성 '하' 등급 2점)
- 경제성은 각 이동 수단별 최소 비용이 적은 것부터 상, 중, 하로 평가한다.
- 각 고려 요소의 평가 점수를 합하여 최종 점수를 구한다.

〈이동 수단별 평가표〉

이동 수단	경제성	용이성	안전성
렌터카	?	상	하
택시	?	중	중
대중교통	?	하	중

〈이동 수단별 비용 계산식〉

이동 수단	비용 계산식
렌터카	(렌트비+유류비)×이용 일수 – 렌트비=$50/1일(4인승 차량) – 유류비=$10/1일(4인승 차량)
택시	거리당 가격($1/1마일)×이동 거리(마일) – 최대 4명까지 탑승 가능
대중교통	대중교통 패스 3일권($40/1인)×인원수

〈해외 출장 일정〉

출장 일정	이동 거리(마일)
11월 1일	100
11월 2일	50
11월 3일	50

	이동 수단	비용
①	렌터카	$180
②	택시	$200
③	택시	$400
④	대중교통	$140
⑤	대중교통	$160

해당 유형과 같은 문제와 관련된 경우, 이동 수단에 따른 거리, 비용, 용이성 등 여러 변수들이 포함되어 경제적으로 가장 최적화된 이동 수단을 선택해야 하므로 복잡한 경우가 대다수이다. 모든 경우에 대해 계산하지 말고 주어진 조건을 바탕으로 필요한 정보를 수집하여 계산하기 쉽게 바꾼 후 해결하는 것이 문제 해결의 핵심이다.

다음 글을 근거로 판단할 때, A팀이 최종적으로 선택하게 될 이동 수단의 종류와 그 비용으로 옳게 짝지은 것은?

4명으로 구성된 A팀은 해외 출장을 계획하고 있다. A팀은 출장지에서의 이동 수단 한 가지를 결정하려 한다. 이때 A팀은 경제성, 용이성, 안전성의 총 3가지 요소를 고려하여 최종 점수가 가장 높은 이동 수단을 선택한다.

- 각 고려 요소의 평가 결과 '상' 등급을 받으면 3점을, '중' 등급을 받으면 2점을, '하' 등급을 받으면 1점을 부여한다. 단, 안전성을 중시하여 안전성 점수는 2배로 계산한다. (예: 안전성 '하' 등급 2점)
- 경제성은 각 이동 수단별 최소 비용이 적은 것부터 상, 중, 하로 평가한다. 변수가 될 수 있는 포인트
- 각 고려 요소의 평가 점수를 합하여 최종 점수를 구한다. 경제성도 점수로 환산 필요

용이성과 안정성의 합을 판단하였을 때 택시부터 경제성 계산을 진행해야 이후 대중교통 or 렌터카 순으로 계산하여 경제성 점수를 부여할 수 있음

〈이동 수단별 평가표〉

이동 수단	경제성	용이성	안전성
렌터카	?	상 3점	하 2점
택시	?	중 3점	중 4점
대중교통	?	하	중 4점

〈이동 수단별 비용 계산식〉

이동 수단	비용 계산식
렌터카	(렌트비+유류비)×이용 일수 – 렌트비=\$50/1일(4인승 차량) – 유류비=\$10/1일(4인승 차량)
택시	거리당 가격(\$1/1마일)×이동 거리(마일) – 최대 4명까지 탑승 가능
대중교통	대중교통 패스 3일권(\$40/1인)×인원수

(렌트비+유류비)=\$60/1일
총 3일이므로 \$60×3=\$180

총 200마일
(4명 탑승 가능이므로 \$200)

〈해외 출장 일정〉

출장 일정	이동 거리(마일)
11월 1일	100
11월 2일	50
11월 3일	50

	이동 수단	비용
①	렌터카	\$180
②	택시	\$200
③	택시	\$400
④	대중교통	\$140
⑤	대중교통	\$160

정답 및 해설 정답 ⑤

용이성과 안정성의 합을 우선적으로 계산하면 택시부터 비용 계산을 해야 한다. 택시는 이동 거리에 의해 결정되므로 총 \$200이다. 이후, 계산하기 쉬운 대중교통을 계산하게 되면 \$40/1인×4명=\$160이다. 여기까지 계산했음에도 불구하고 정답을 확정짓기 어렵기 때문에, 마지막으로 렌터카 계산이 필요하다. 렌터카 계산은 (렌트비+유류비)=\$60/1일, 총 3일이므로 \$60×3=\$180이다.

최종적으로 경제성에 평가를 매기면 '대중교통-상, 렌터카-중, 택시-하'이므로 총합이 가장 높은 대중교통이 선정되고, 이에 대한 비용은 \$160가 된다.

01~03 아래의 제시 상황을 보고 이어지는 질문에 답하시오.

J 회사 홍보실에서 근무하는 A는 대전에서 열리는 행사 참석을 위해서 출장을 가기로 했다. 아래의 자료는 출장을 가기 위한 교통편에 대한 것이다.

〈A의 당일 일정〉

시간	일정 내용	기타 사항
09:00~10:00	출근 및 회의 준비	–
10:30~12:30	회의 참여	–
미정	행사 참여	–

〈행사 안내〉

- 행사 시간: 10:00~23:00
- 장소: 대전역에서 도보 15분, 콜택시 이용 시 10분 거리에 위치
  대전복합터미널에서 콜택시 이용 시 20분 거리에 위치

〈교통편 정보〉

1) 회사 - 서울고속버스터미널(콜택시 이용 시) / 서울역(콜택시 이용 시) / 대전 행사장(자가용 이용 시)

출발지	도착지	소요 시간
회사	서울고속버스터미널	30분
	서울역	40분
	대전 행사장	3시간 30분

2) 교통 수단별 이동 시간, 요금 정보

교통 수단	운행 정보	소요 시간	요금
버스	매일 오전 11시부터 1시간 간격으로 운행	4시간	25,000원
기차	매일 오전 10시, 오후 1시, 4시, 6시 운행	3시간	55,000원
콜택시	상시	–	10분당 800원
자가용	–	–	35,000원

※ 단, 3시 이후 기차의 요금은 30,000원으로 할인되어 운행된다.

01 A는 회의가 끝난 직후 회사에서 출발하여 대전 행사장에 도착을 하려고 한다. 교통비 절약을 최우선시로 선정하였을 경우, 예상 도착 시간과 교통비는 얼마가 되겠는가?

	예상 도착 시간	교통비(원)
①	19시 10분	34,000
②	19시 15분	33,200
③	19시 10분	33,200
④	17시 15분	27,400
⑤	17시 20분	29,000

02 급작스럽게 회의 시간이 지연되는 바람에 회의가 14:00에 종료되었다. 다음 〈보기〉를 참고로 하였을 경우, A가 대전 행사장에 도착할 시간은?

보기

- 대전 행사장에는 B를 만나기 위해서 늦어도 20시 이내에 도착을 해야 되며, 일찍 만나는 것이 최우선 순위이다.
- A에게 주어진 교통비는 33,500원이며, 교통비는 최대한 적게 사용하도록 한다.

① 19시 10분 ② 19시 15분 ③ 19시 20분 ④ 19시 30분 ⑤ 19시 55분

03 위의 자료를 참고하였을 때 옳게 추론하지 못한 것은?

① 교통비를 고려하지 않을 경우, 대전 행사장에 가장 빠르게 도착하는 시간은 16:00이다.
② 가장 최저가로 갈 수 있는 금액은 29,000원이다.
③ 4시 기차를 탑승 후 도보로 대전 행사장에 도착하는 경우 30,000원의 비용이 발생한다.
④ 대전 행사 시간이 19:00에 종료가 된다면 기차의 경우만 행사장에 도착을 할 수 없다.
⑤ A는 오후 1시 기차를 탑승할 수 없다.

04~05 아래의 제시 상황을 보고 이어지는 질문에 답하시오.

G 회사의 서울 본사에서 근무하는 A는 각 광역시에 위치한 지점들을 방문하여 올 상반기 기획 프로젝트를 발표하기로 예정되어 있다. 아래는 상사로부터 받은 자료이다.

〈이동 경로에 따른 거리〉

이동 경로	거리	이동 경로	거리
서울 → 대구	237km	서울 → 대전	140km
대구 → 대전	123km	대전 → 대구	123km
대전 → 부산	237km	대구 → 광주	177km
부산 → 광주	223km	광주 → 부산	223km
광주 → 울산	227km	부산 → 울산	43km

〈발표 일정표〉

발표 날짜	발표 지역
3월 6일	대전, 대구
3월 7일	부산, 광주
3월 8일	울산

〈조건〉

- 교통 수단은 자가용으로 이동하며, 교통 요금은 1000원/km이다.
- 하루 운행한 거리가 350km 이상 시 회사에서 발생된 교통비의 30%를 지원해 주며, 500km 이상 시 40%를 지원해 준다.
- 울산에서 발표를 마치고 당일 바로 서울 본사로 복귀해야 하며, 울산 → 서울 거리는 303km이다.
- 대전 → 광주까지의 이동 거리는 147km이다.

04 다음 자료를 참고하였을 때 〈보기〉에서 옳게 추론한 것을 모두 고르면?

| 보기 |

ㄱ. 3월 6일, 서울 → 대구 → 대전을 통해 이동하여 발표를 하게 된다면 소요되는 비용은 252,000원이다.
ㄴ. 3월 7일, 대전 → 부산 → 광주를 통해 발생된 금액이 대구 → 광주 → 부산을 통해 발생된 금액보다 4만 원 이상 된다.
ㄷ. 3월 8일, 당일에는 광주 → 울산 → 서울로 가는 것이 부산 → 울산 → 서울로 가는 것보다 더 이득이다.

① ㄱ, ㄴ ② ㄱ, ㄷ ③ ㄱ, ㄴ, ㄷ ④ ㄴ, ㄷ ⑤ ㄱ

05 발표 일정표를 참고하여 발표를 마치고 본사로 복귀하였을 때, 가장 최소로 발생되는 교통비는 얼마인가?

① 857,000원 ② 829,000원 ③ 889,000원 ④ 554,000원 ⑤ 738,000원

06 상사로부터 급하게 부름을 받은 J 사원은 회사에서 운영하는 셔틀버스를 타고 출근하려고 한다. 아래의 셔틀버스 운행표를 참고하여 옳지 않은 것을 고르시오.

〈셔틀버스 운행 시간〉

	운행 시간	소요 시간(편도)
평일	오전 6시부터~오후 9시까지, 배차 간격 20분씩 운행	30분
주말 (토요일, 일요일)	오전 8시부터~오후 7시까지, 배차 간격 40분씩 운행	20분
공휴일	오전 9시부터~오후 6시까지, 배차 간격 1시간씩 운행	50분

※ 오후 4시 이후로는 교통 체증으로 인하여 소요 시간이 1.5배가 늘어남.

① 평일 오전 7시에 셔틀버스를 탑승하였다면 오전 7시 30분에 회사에 도착했을 것이다.
② 일요일 오후 5시에 연락을 받고 셔틀버스에 탑승했다면 오후 5시 30분에 회사에 도착했을 것이다.
③ 공휴일 오후 4시에 연락을 받고 셔틀버스에 탑승했다면 오후 6시 15분에 회사에 도착했을 것이다.
④ 평일 오후 5시에 연락을 받고 출근하였다면 공휴일 오후 4시에 연락을 받고 출근했던 시간보다 빨리 도착했을 것이다.
⑤ 공휴일에 상사와의 미팅이 끝나고 6시 셔틀버스에 탑승했다면 오후 7시 15분에 도착했을 것이다.

유형 대표문제

일정 관리를 다루는 유형(스케줄 작성, 시차 계산과 같은 시간 / 일정 등)

해당 유형은 주어진 근거로 스케줄 또는 일정을 결정하거나 시차를 계산할 수 있는지 평가한다. 단순하게 일정을 점검하는 문항부터 여러 가지 일정이나 구체적인 상황 속에서 일정을 계획하거나, 시차를 계산하는 등 복잡한 문항까지 다양하게 출제된다.

다음 글을 근거로 판단할 때, 괄호에 들어갈 일시는?

- 서울에 있는 A 사무관, 런던에 있는 B 사무관, 시애틀에 있는 C 사무관은 같은 프로젝트를 진행하면서 다음과 같이 영상 업무 회의를 진행하였다.
- 회의 시각은 런던을 기준으로 11월 1일 오전 9시였다.
- 런던은 GMT + 0, 서울은 GMT + 9, 시애틀은 GMT - 7을 표준시로 사용한다. (즉, 런던이 오전 9시일 때, 서울은 같은 날 오후 6시이며 시애틀은 같은 날 오전 2시이다.)

A: 제가 프로젝트에서 맡은 업무는 오늘 오후 10시면 마칠 수 있습니다. 런던에서 받아서 1차 수정을 부탁드립니다.

B: 네, 저는 A 사무관님께서 제시간에 끝내 주시면 다음날 오후 3시면 마칠 수 있습니다. 시애틀에서 받아서 마지막 수정을 부탁드립니다.

C: 알겠습니다. 저는 앞선 두 분이 제시간에 끝내 주신다면 서울을 기준으로 모레 오전 10시면 마칠 수 있습니다.
제가 업무를 마치면 프로젝트가 최종 마무리 되겠군요.

A: 잠깐, 다들 말씀하신 시각의 기준이 다른 것 같은데요? 저는 처음부터 런던을 기준으로 이해하고 말씀드렸습니다.

B: 저는 처음부터 시애틀을 기준으로 이해하고 말씀드렸는데요?

C: 저는 처음부터 서울을 기준으로 이해하고 말씀드렸습니다. 그렇다면 계획대로 진행될 때 서울을 기준으로 (　　　)에 프로젝트를 최종 마무리할 수 있겠네요.

A, B: 네, 맞습니다.

① 11월 2일 오후 3시
② 11월 2일 오후 11시
③ 11월 3일 오전 10시
④ 11월 3일 오후 3시
⑤ 11월 3일 오후 7시

해당 유형과 같이 시차를 계산해야 하는 문제의 경우, 기준점으로부터 시차를 고려해야 한다는 점이 다소 헷갈리게 작용하는 경우가 많다. 복잡하게 생각하지 말고 절대적인 시간을 먼저 구한 다음에, 이후 시차를 적용해서 해결하는 것이 문제 해결의 핵심이다.

다음 글을 근거로 판단할 때, 괄호에 들어갈 일시는?

- 서울에 있는 A 사무관, 런던에 있는 B 사무관, 시애틀에 있는 C 사무관은 같은 프로젝트를 진행하면서 다음과 같이 영상 업무 회의를 진행하였다.
- 회의 시각은 런던을 기준으로 11월 1일 오전 9시였다. 업무 시간의 시작점이자 기준점
- 런던은 GMT + 0, 서울은 GMT + 9, 시애틀은 GMT - 7을 표준시로 사용한다. (즉, 런던이 오전 9시일 때, 서울은 같은 날 오후 6시이며 시애틀은 같은 날 오전 2시이다.) 추후 시차 계산 시 꼭 염두에 두어야 할 사항

A: 제가 프로젝트에서 맡은 업무는 오늘 오후 10시면 마칠 수 있습니다. 런던에서 받아서 1차 수정을 부탁드립니다.

B: 네, 저는 A 사무관님께서 제시간에 끝내 주시면 다음날 오후 3시면 마칠 수 있습니다. 시애틀에서 받아서 마지막 수정을 부탁드립니다. 이와 같은 정보를 통해 업무 시간을 계산한다.

C: 알겠습니다. 저는 앞선 두 분이 제시간에 끝내 주신다면 서울을 기준으로 모레 오전 10시면 마칠 수 있습니다.
제가 업무를 마치면 프로젝트가 최종 마무리 되겠군요.

A: 잠깐, 다들 말씀하신 시각의 기준이 다른 것 같은데요? 저는 처음부터 런던을 기준으로 이해하고 말씀드렸습니다. 시차 계산 시 주의 요망 사항

B: 저는 처음부터 시애틀을 기준으로 이해하고 말씀드렸는데요?

C: 저는 처음부터 서울을 기준으로 이해하고 말씀드렸습니다. 그렇다면 계획대로 진행될 때 서울을 기준으로 (   )에 프로젝트를 최종 마무리할 수 있겠네요.

A, B: 네, 맞습니다.

① 11월 2일 오후 3시
② 11월 2일 오후 11시
③ 11월 3일 오전 10시
④ 11월 3일 오후 3시
⑤ 11월 3일 오후 7시

정답 및 해설 정답 ⑤

각 사무관별 업무 시간에 대해 조사를 하는 것이 우선순위이다. B 사무관 이후부터는 넘겨받은 것이므로 시차를 따로 고려하지 않아도 된다.

A 사무관: 13시간 (런던 시간을 기준으로 11월 1일 오전 9시~오후 10시까지 소요되는 업무 시간)
B 사무관: 17시간 (11월 1일 오후 10시~11월 2일 오후 3시까지 소요되는 업무 시간)
C 사무관: 19시간 (11월 2일 오후 3시~11월 3일 오전 10시까지 소요되는 업무 시간)

따라서 소요되는 총 업무 시간은 49시간이다. 따라서 런던 11월 1일 오전 9시 기준이 GMT+0임을 이용하면, 런던은 총 11월 3일 오전 10시에 업무가 종료된다. 반면 서울의 경우는 런던 시간에 9시간을 더해줘야 하므로, 11월 3일 오전 10시+9시=11월 3일 오후 7시가 된다.

01~03 아래의 자료를 바탕으로 이어지는 문제에 답하시오.

A는 이번 회사 신입생 OT 일정 계획을 담당하게 되었다. OT 일정은 포항 → 울릉도 → 독도 → 울릉도 → 포항 순으로 3박 4일간 진행된다. 아래의 자료는 여객선 운행 관련에 대한 정보를 모은 것이다.

〈여객선 운행 정보〉

- 포항 ↔ 울릉도는 평일 오전 9시부터 오후 8시까지 1시간 20분 간격으로 운항되며, 주말의 경우에는 오후 1시, 오후 3시의 경우에만 운행된다.
- 울릉도 ↔ 독도는 매일(주말 포함) 오전 10시, 오후 1시, 오후 3시에만 운행을 진행한다.
- 숙박은 울릉도에서만 할 예정이며, 독도는 둘째 혹은 셋째 날에 당일로 다녀오는 것으로 한다.
- 최대 풍속이 12.0m/s 이상인 날에는 울릉도 ↔ 독도의 여객선은 운항을 하지 않으며, 최대 풍속이 14.0m/s 이상인 날에는 포항 ↔ 울릉도의 여객선이 운항을 하지 않는다.

〈2월 풍속 예보〉

일	월	화	수	목	금	토
						1 (5.0m/s)
2 (7.0m/s)	3 (7.0m/s)	4 (8.0m/s)	5 (8.0m/s)	6 (14.0m/s)	7 (12.0m/s)	8 (10.0m/s)
9 (9.0m/s)	10 (15.0m/s)	11 (7.0m/s)	12 (3.0m/s)	13 (14.0m/s)	14 (15.0m/s)	15 (11.0m/s)
16 (15.0m/s)	17 (11.0m/s)	18 (12.0m/s)	19 (5.0m/s)	20 (7.0m/s)	21 (15.0m/s)	22 (12.0m/s)
23 (11.0m/s)	24 (13.0m/s)	25 (9.0m/s)	26 (10.0m/s)	27 (10.0m/s)	28 (15.0m/s)	29 (11.0m/s)

※ 포항 ↔ 울릉도, 울릉도 ↔ 독도에 대한 각 소요 시간은 고려하지 않는 것으로 한다.

01 위의 자료를 바탕으로 OT 기획이 성공적으로 진행되기 위해서 2월에 날짜를 선정하였을 경우, 가능한 날짜는 언제인가? (단, 울릉도와 독도는 모두 다녀와야 하며, 4일째 되는 날 안전하게 포항에 도착하는 것을 예정으로 한다.)

① 2월 03일~2월 06일
② 2월 11일~2월 14일
③ 2월 17일~2월 20일
④ 2월 20일~2월 23일
⑤ 2월 25일~2월 28일

02 위의 자료를 바탕으로 추론하였을 때 옳지 않은 것을 고르면?

① OT 출발 일정을 2월 05일로 선정하게 된다면 독도 방문을 못할 것이다.
② OT 출발 일정을 2월 10일로 선정하게 된다면 포항에서 울릉도까지 출발하기가 어려울 것이다.
③ 2월 21일에 예상 풍속이 2m/s만 감소가 되더라도 OT 일정 날짜로 선정할 수 있을 것이다.
④ 2월 26, 27일 둘 중 한 날이라도 예상 풍속이 2m/s 이상 더 증가한다면 2월 25일~2월 28일의 OT 일정에서 독도 방문은 못할 것이다.
⑤ OT 출발 일정을 2월 24일로 선정하여도 OT 기획에 차질 없이 진행되었을 것이다.

03 다음 〈보기〉의 내용 중 옳은 것을 모두 고르면?

| 보기 |

ㄱ. 2월 17일 포항에서 울릉도로 출항하는 배편을 탑승할 경우, 오후에 가장 먼저 탑승하는 시간은 주말에 가장 먼저 탑승할 수 있는 시간보다 빠르다.
ㄴ. 2월 19일 첫째 날 당일 독도까지 한번에 다녀오는 것으로 기획이 수정되었을 경우, 늦어도 2시 20분에 포항 여객선을 탑승해야 기획에 차질 없이 진행된다.
ㄷ. 2월 26일 OT 일정을 시작으로, 마지막 날 울릉도에서 포항으로 복귀하기 위해 오후 4시에 여객터미널에 도착한다고 했을 때, 추후 3편의 운항이 남아 있다.

① ㄱ ② ㄴ ③ ㄴ, ㄷ ④ ㄱ, ㄴ ⑤ ㄱ, ㄴ, ㄷ

04 다음 내용을 바탕으로 마지막에 면접을 보는 사람과 그 사람의 면접 종료 시간을 고르시오.

- G 회사의 상반기 신입 사원 면접 시간은 오전 9시부터 시작하여 오후 6시에 종료하기로 예정되어 있다.
- 면접 방식은 1:1 방식이고 면접 시간은 일반심사, 특별심사 모두 1인당 20분씩 주어진다.
- 점심시간은 12:00~13:00이며, 이후 면접은 오후 1시에 바로 시작한다.
- 일반심사 대상은 오전부터 입장하게 되고, 특별심사 대상은 오후 1시를 시작으로 일반심사 대상자와 교대로 입장한다.
- 일반심사 대상자와 특별심사 대상자의 명단은 따로 분리되어 있다.

A: 저는 오전 10시에 면접장에 도착을 했지만, 특별심사 대상자이며 그중 3번째에 제 이름이 있는 것을 확인하였습니다.
B: A분께서 면접장에서 나오시는 것을 본 후, 저는 1시간 뒤에 면접을 보았습니다.
C: 저는 A분께서 면접장에 도착하시기 20분 전에 면접장을 나와 회사 밖에서 점심을 먹었습니다.
D: C분을 우연히 점심 식사 시간에 뵈어 이야기를 했더니, C분과 저 사이에 12명이 있다고 말씀해 주시더군요.
E: 저는 특별심사 대상자이며, A분과 저 사이에 2명이 더 있다고 인사팀에서 이야기해 주었습니다.

	마지막 면접자	면접 종료 시간
①	E	오후 4시 40분
②	E	오후 5시
③	D	오후 4시 20분
④	D	오후 5시
⑤	D	오후 5시 20분

05 J 회사는 이번에 사원들의 복지를 위해 주차 시설을 늘리기로 하였다. 기존의 공간에 공사를 하여 주차 공간을 확장시키려다 보니, 기존에 비해 더 적은 공급량의 부지에 임시 주차장을 만들게 되었다. 결국 공사기간이 완료되기 전까지 회사에서 차량 부제 운행을 실시하게 되었다. 아래의 자료를 참고하였을 때 A가 운행할 수 없는 요일은 언제인가?

〈차량 부제 운행 계획〉

월	화	수	목	금
1, 6	2, 7	3, 8	4, 9	5, 0

※ 차량 번호 4자리의 마지막 자리가 요일에 해당하는 숫자에 포함되는 경우 차량을 운행할 수 없다.

- A의 차량 번호는 26구 968?이다.
- A의 차량 번호는 각 자리에 해당하는 숫자를 모두 더했을 경우, 3의 배수가 된다.
- A의 차량 번호는 각 자리에 해당하는 4개의 숫자를 모두 곱했을 경우, 그 숫자의 마지막 자리의 수가 8이다.

① 월요일 ② 화요일 ③ 수요일 ④ 목요일 ⑤ 금요일

주어진 기준을 통해 출장이나 포상, 지원금 등을 산출하는 문제 유형이다. 제시된 기준표에 의해 주어진 조건에 맞게 정확한 비용을 계산해야 한다.

다음 〈통역 경비 산정 기준〉과 〈상황〉을 근거로 판단할 때, J사가 A시에서 개최한 설명회에 쓴 통역 경비는?

〈통역 경비 산정 기준〉

통역 경비는 통역료와 출장비(교통비, 이동 보상비)의 합으로 산정한다.

• 통역료(통역사 1인당)

구분	기본 요금 (3시간까지)	추가 요금 (3시간 초과 시)
영어, 아랍어, 독일어	500,000원	100,000원/시간
베트남어, 인도네시아어	600,000원	150,000원/시간

• 출장비(통역사 1인당)
  - 교통비는 왕복으로 실비 지급
  - 이동 보상비는 이동 시간당 10,000원 지급

〈상황〉

J사는 2019년 3월 9일 A시에서 설명회를 개최하였다. 통역은 영어와 인도네시아어로 진행되었고, 영어 통역사 2명과 인도네시아어 통역사 2명이 통역하였다. 설명회에서 통역사 1인당 영어 통역은 4시간, 인도네시아어 통역은 2시간 진행되었다. A시까지는 편도로 2시간이 소요되며, 개인당 교통비는 왕복으로 100,000원이 들었다.

① 244만 원
② 276만 원
③ 288만 원
④ 296만 원
⑤ 326만 원

자료 해석을 통한 예산 관리 능력을 묻는 문제가 자주 출제된다. 제시문에 상세한 자료가 주어지고, 이를 해석하는 능력이 요구된다. 제시문에 공식이 주어지는 경우가 많고 그에 맞는 경비 계산을 해야 하기 때문에, 많은 양의 자료가 주어지는 경우 질문과 관계없는 자료를 배제하도록 한다. 따라서 경비 계산에 필요한 자료만 최대한 빨리 선택하여 질문에서 요구하는 답을 내는 능력이 요구된다.

다음 〈통역 경비 산정 기준〉과 〈상황〉을 근거로 판단할 때, J사가 A시에서 개최한 설명회에 쓴 통역 경비는?

〈통역 경비 산정 기준〉

통역 경비는 통역료와 출장비(교통비, 이동 보상비)의 합으로 산정한다.

- 통역료(통역사 1인당) 통역 경비 = 통역료 + 교통비 + 이동 보상비

구분	기본 요금 (3시간까지)	추가 요금 (3시간 초과 시)
영어, 아랍어, 독일어	500,000원	100,000원/시간
베트남어, 인도네시아어	600,000원	150,000원/시간

→ 통역료는 기본 요금과 추과 요금으로 구성되어 있음을 인지

- 출장비(통역사 1인당)
  - 교통비는 왕복으로 실비 지급 교통비에 해당하는 내용
  - 이동 보상비는 이동 시간당 10,000원 지급 이동 보상비에 해당하는 내용

〈상황〉

영어는 추가 요금을 고려하고, 인도네시아어는 기본 요금만 고려한다.

J사는 2019년 3월 9일 A시에서 설명회를 개최하였다. 통역은 영어와 인도네시아어로 진행되었고, 영어 통역사 2명과 인도네시아어 통역사 2명이 통역하였다. 설명회에서 통역사 1인당 영어 통역은 4시간, 인도네시아어 통역은 2시간 진행되었다. A시까지는 편도로 2시간이 소요되며, 개인당 교통비는 왕복으로 100,000원이 들었다. 왕복으로 4시간이 소요된다는 의미이다. (이동 보상비)

교통비 = 총 40만 원

① 244만 원
② 276만 원
③ 288만 원
④ 296만 원
⑤ 326만 원

정답 및 해설 정답 ④

통역 경비=통역료+교통비+이동 보상비로 이루어져 있다.

통역료의 경우 영어 통역비 ⇒ (500,000원+100,000원)×2명=120만 원, 인도네시아어 ⇒ 600,000원×2명=120만 원으로 총 240만 원이 소요된다. 교통비는 왕복으로 100,000만 원이 인당 소요되므로 총 40만 원이 소요된다. 이동 보상비의 경우 시간당 '10,000원/인당'이다. 4명임을 고려하면 시간당 40,000원이고 왕복으로 4시간이 걸리므로 16만 원이 소요된다. 따라서 240+40+16=296만 원이 통역 경비이다.

01 J 회사에 근무하는 A는 하반기에 올 한 해 성과가 좋은 인원을 파악한 후, 인센티브를 부여하기로 하였다. 아래의 자료를 참고하였을 때, 가장 많은 인센티브를 부여 받은 사람은 누구인가?

- 추가 인센티브 수여자: 가열정, 나행복, 다기쁨, 라최선, 마희망
- 상반기 성과 우수자: 가열정, 나행복, 다기쁨
- 하반기 성과 우수자: 라최선, 마희망

〈근무 연차 수〉

이름	연차 수
가열정	2년 차
나행복	3년 차
다기쁨	5년 차
라최선	1년 차
마희망	4년 차

〈조건〉

- 1년 차의 기본적인 인센티브는 500,000원이다.
- 연차에 따른 인센티브는 1년 차를 기준으로 10%씩 증가한다.
- 하반기에 전체적인 회사 실적이 높아 연차에 맞게 부여 받는 기본 인센티브에 10%를 추가적으로 받게 된다.
- 3년 차인 경우에 대리로 승진하기 때문에 최종적으로 받는 인센티브에 100,000원을 더 받는다.

① 가열정 ② 나행복 ③ 다기쁨 ④ 라최선 ⑤ 마희망

02 다음 자료를 바탕으로 추론하였을 때 〈보기〉에서 옳은 것을 고르면?

장난감 판매 회사인 G 회사는 3월 달 판매팀 실적 부진으로 인해 긴급 회의를 소집하였다. 아래의 자료는 원인을 밝히기 위해 참고용으로 출력된 각 사원별 2분기 판매 실적 현황이다.

- 기본 월급 수당은 2,000,000원이다.
- 판매 실적이 가장 낮은 사람은 다음 달에 기본 월급 수당의 15% 정도를 감량하여 받게 된다.
- 해당 도시의 성인 인구 1000명당 자녀 수를 기준으로 장난감은 자녀들만 모두 구매한다고 가정한다.

〈3월 장난감 판매 실적 현황〉

이름	장난감	가격	판매하는 해당 도시의 성인 인구 1000명당 자녀 수	총 판매 수입
자스	A	10,000원	75만 명	750만 원
팀국	B	12,000원	69만 명	?
마크	C	15,000원	47만 명	?
스완	D	8,000원	101만 명	?
톰슨	E	5,000원	144만 명	720만 원

| 보기 |

ㄱ. 마크의 총 판매 수입은 700만 원 이상이 된다.
ㄴ. 팀국의 3월 달 장난감 총 판매 수입은 스완의 총 판매 수입보다 더 높다.
ㄷ. 마크가 3월 달 장난감을 판매하여 벌어들인 총 판매 수입은 다음 달 받게 될 월급의 4배보다 적다.

① ㄱ, ㄷ ② ㄱ, ㄴ ③ ㄱ, ㄴ, ㄷ ④ ㄴ, ㄷ ⑤ ㄱ

03~04 다음 상황을 근거로 주어지는 문제를 해결하시오.

J 회사는 이번 상반기에 개발된 신종 차량 홍보를 위해서 홍보팀에 연락을 취했다. 홍보팀에서는 A팀과 B팀을 선정하여 각국으로 해외 출장을 보냈다.

- 출장 경비=교통비+숙박비+식비로 산정되어진다.
- 일본의 경우 3박 이상을 머물게 되면 기본 숙박비에 1박당 20%를 할인하여 운영한다.
- 중국과 베트남의 경우 각 2인실, 3인실밖에 존재하지 않는다.
- 식비의 경우 사용 후 남은 금액은 회사에 모두 반환하는 것을 규칙으로 한다.

〈출장 시 소요되는 교통비 및 숙박비〉

출장 지역 국가	총교통비 금액 (실비 정산)	숙박비
일본, 중국	250,000원/명	일본: 50,000원/1박 (4인실) 중국: 30,000원/1박 (2인실)
필리핀, 베트남, 말레이시아	350,000원/명	필리핀, 말레이시아: 20,000원/1박 (5인실) 베트남: 15,000원/1박 (3인실)

〈상황〉

2020년 3월 J 회사는 이번 상반기에 개발한 신종 차량 홍보를 위해 A팀과 B팀을 선정하여 각 나라로 출장을 보냈다. A팀은 총 4명이며 팀 단위로 움직여 한국, 일본, 중국에 홍보를 위한 출장을 떠나게 되었다. B팀은 총 5명으로 구성되어 있으며 A팀과 동일하게 팀 단위로 움직여 필리핀, 베트남, 말레이시아에 출장을 가게 되었다. (단, A팀과 B팀은 동일한 날짜에 출발하였다.)

A팀의 경우 일본에서 3박 4일 동안 일정을 마치고 중국으로 향하여 2박을 머물게 되었다. A팀은 식비로 300,000원/인을 지급 받았고, 출장 일정을 마치고 회사에 돌아왔을 때 인당 50,000씩 남아 있었다.

B팀의 경우 필리핀과 말레이시아에서 2박 3일간의 여정을 마치고 베트남에서 1박을 보내게 되었다. B팀은 식비로 총 1,000,000원을 지급 받았고, 출장 일정을 마치고 회사에 돌아왔을 때 100,000원이 남아 있었다.

03 위의 자료를 참고하였을 때 A팀이 사용한 총 출장 경비는 얼마인가?

① 146만 원 ② 149만 원 ③ 151만 원 ④ 221만 원 ⑤ 224만 원

04 위의 자료를 참고하여 이해하였을 때 옳지 못한 것을 고르시오.

① B팀의 출장 경비가 A팀의 출장 경비보다 더 많이 소요된다.
② 만일 일본 일정이 2박 3일이었을 경우 숙박비는 10만 원이 될 것이다.
③ A팀과 B팀이 소요한 총 출장 경비를 더하면 500만 원을 넘긴다.
④ A팀보다 B팀이 더 빠르게 회사로 복귀했을 것이다.
⑤ 만일 B팀이 식비를 남기지 않고 다 사용했을 경우에 A팀과 동일한 식비를 사용했다고 볼 수 있다.

해당 유형은 적절한 예산을 수립하거나, 예산을 제대로 할당하거나, 지급할 수 있는지 평가한다. 적절한 예산을 도출해야 하는 문항도 있지만 주어진 예산하에 목적에 맞는 물품 또는 서비스를 판단하라는 형태로도 출제되고 있다. 금액을 계산해야 하거나 금액의 한계가 제시되므로 문항에 필요한 계산을 정확하게 할 수 있도록 주의하여야 한다.

다음 글을 근거로 판단할 때 옳지 않은 것은?

A구와 B구로 이루어진 신도시 J시에는 어린이집과 복지 회관이 없다. 이에 J시는 60억 원의 건축 예산을 사용하여 아래 〈건축비와 만족도〉와 〈조건〉 하에서 시민 만족도가 가장 높도록 어린이집과 복지 회관을 신축하려고 한다.

〈건축비와 만족도〉

지역	시설 종류	건축비(억 원)	만족도
A구	어린이집	20	35
	복지 회관	15	30
B구	어린이집	15	40
	복지 회관	20	40

〈조건〉

1) 예산 범위 내에서 시설을 신축한다.
2) 시민 만족도는 각 시설에 대한 만족도의 합으로 계산한다.
3) 각 구에는 최소 1개의 시설을 신축해야 한다.
4) 하나의 구에 동일 종류의 시설을 3개 이상 신축할 수 없다.
5) 하나의 구에 동일 종류의 시설을 2개 신축할 경우, 그 시설에 대한 만족도는 10% 하락한다.

① 예산은 모두 사용될 것이다.
② A구에는 어린이집이 신축될 것이다.
③ B구에는 2개의 시설이 신축될 것이다.
④ J시에 신축되는 시설의 수는 4개일 것이다.
⑤ 〈조건〉 5)가 없더라도 신축되는 시설의 수는 달라지지 않을 것이다.

예산에 관한 문제에는 평소 사용하지 않는 용어들이 출제되기 때문에 문제를 접했을 때 당황할 수 있어 해당 문제에 제시될 수 있는 용어들을 미리 숙지하는 것이 좋다. 그리고 대부분은 기본적인 계산에서 해결할 수 있으므로 올바른 계산이 될 수 있도록 문제를 정확하게 읽고 빠르게 계산할 수 있도록 한다.

다음 글을 근거로 판단할 때 옳지 않은 것은?

A구와 B구로 이루어진 신도시 J시에는 어린이집과 복지 회관이 없다. 이에 J시는 60억 원의 건축 예산(예산의 한도 범위)을 사용하여 아래 〈건축비와 만족도〉와 〈조건〉 하에서 시민 만족도가 가장 높도록 어린이집과 복지 회관을 신축하려고 한다. 2가지의 사항을 만족시켜야 한다는 것을 명심

〈건축비와 만족도〉

지역	시설 종류	건축비(억 원)	만족도
A구	어린이집	20	35
	복지 회관	15	30
B구	어린이집	15	40
	복지 회관	20	40

〈조건〉

1) 예산 범위 내에서 시설을 신축한다.
2) 시민 만족도는 각 시설에 대한 만족도의 합으로 계산한다.
3) 각 구에는 최소 1개의 시설을 신축해야 한다. 문제에 주어진 원칙이나 조건은 주의!
4) 하나의 구에 동일 종류의 시설을 3개 이상 신축할 수 없다.
5) 하나의 구에 동일 종류의 시설을 2개 신축할 경우, 그 시설에 대한 만족도는 10% 하락한다.

① 예산은 모두 사용될 것이다.
② A구에는 어린이집이 신축될 것이다.
③ B구에는 2개의 시설이 신축될 것이다.
④ J시에 신축되는 시설의 수는 4개일 것이다.
⑤ 〈조건〉 5)가 없더라도 신축되는 시설의 수는 달라지지 않을 것이다.

정답 및 해설 정답 ②

〈건축비와 만족도〉, 〈조건〉을 활용하면 다음과 같은 Case가 나온다. (단, 선호도 우선순위가 중심)

Case 1. 예산을 모두 사용하는 경우 (즉, 60억 원을 모두 소진하는 경우)

1-1 건축비 20억 원 3개 시설 신축 ⇒ A구 어린이집 1시설 신축 + B구 복지 회관 2시설 신축 ⇒ 35+36+36 = 107

1-2 건축비 15억 원 4개 시설 신축 ⇒ A구 복지 회관 2시설 신축 + B구 어린이집 2시설 신축 ⇒ (27+36) ×2 = 126

Case 2. 예산을 모두 사용하는 않는 경우 (즉, 50억 원을 사용하는 경우)

2-1 건축비 20억 원 1개, 15억 원 시설 2개 신축 ⇒ A구 어린이집 1시설 신축 + B구 어린이집 2시설 신축 ⇒ 35+36+36 = 107

2-2 건축비 20억 원 1개, 15억 원 시설 2개 신축 ⇒ A구 복지 회관 2시설 신축 + B구 복지 회관 1시설 신축 ⇒ 27+27+40 = 94

유형 연습문제

01

J 회사에 근무하는 총무팀의 A는 올해 3분기 홍보 자료 제작 예산안을 담당 받게 되었다. 다음 자료를 참고하였을 때 옳지 못하게 해석한 것은?

〈홍보 예산과 기대치〉

홍보 방법	예산 소요 비용	홍보 효과 기대치
판촉물 제작	15억 원	★☆☆☆☆ (1점)
소셜 네트워크 이용	20억 원	★★★★☆ (4점)
세미나 개최	5억 원	★★★☆☆ (3점)
미디어 매체 이용	50억 원	★★★★★ (5점)
이벤트 행사 마련	3억 원	★★☆☆☆ (2점)

〈조건〉

- 총 예산 범위는 70억 원이다.
- 복수 선택을 진행하여도 무방하지만, 같은 방법을 두 번 이상 사용하는 것은 허용되지 않는다.
- 홍보 효과 기대치의 합이 가장 높은 것으로 선정되어진다.
- 미디어 매체를 포함한 총 3개 이상의 홍보 방법을 제안하는 경우 미디어 매체의 예산 소요 비용은 25% 감소된다.

① 미디어 매체, 소셜 네트워크를 이용한 방법은 세미나, 미디어 매체, 이벤트 방법을 이용한 것에 비하여 홍보 효과 기대치는 낮다.
② 어떠한 방법을 사용해도 홍보 효과 기대치는 최대 10점을 초과할 수 없다.
③ 이벤트 행사 방법은 세미나 개최 방법보다 홍보 효과 기대치 대비 경제적으로 더 손해이다.
④ 가장 최소한의 금액으로 홍보 효과 기대치를 최대로 높이는 방법은 미디어 매체를 제외한 나머지 방법을 이용하는 것이다.
⑤ 판촉물, 미디어 매체, 이벤트 방법을 도입해서 홍보 제작을 의뢰할 경우 소요되는 금액은 55.5억 원이다.

●정답과 해설 523쪽

02 최근에 신종 바이러스로 인하여, G 회사는 모든 인원이 마스크를 착용하도록 의무화하였다. 이에 A는 담당 팀장으로부터 회사 내의 모든 인원을 조사한 후 최소한의 금액으로 마스크를 구매하라는 지시를 받았다. 이런 상황에서 A가 담당 팀장에게 제안할 수 있는 사항으로 가장 적절하지 못한 것은?

① "팀장님 최소한의 금액도 중요하지만, 바이러스에 대한 마스크의 성능이 가장 우선시되어야 할 것 같습니다."
② "회사 내의 모든 인원 조사는 인사팀에 연락하여 빠르게 정보를 얻는 것이 좋다고 판단됩니다."
③ "동일한 성능 및 비슷한 금액의 마스크 제조 회사를 알아본 후, 더욱 빠르게 배송하는 곳으로 선정하도록 하겠습니다."
④ "마스크가 도착하기 전까지 바이러스 감염자가 최대한 발생하지 않도록 다른 방안도 기획해 달라고 기획팀에 요청해 보도록 하겠습니다."
⑤ "팀장님 이상의 직급이 되시는 분들께서는 회사 내의 핵심 인력이므로 더 좋은 성능의 마스크를 구매하도록 하겠습니다."

03 2019년 6월 회사의 경제난으로 인하여 총무팀에서 월급의 감소에 대한 공문이 내려졌다. 받는 금액은 기존에 받던 월급에서 30%씩 감봉되어 받는 것으로 확정되었다. 이러한 상황에서 아래의 〈조건〉을 참고하였을 때, A가 10월에 받는 월급은 얼마인가?

〈조건〉

- A가 6월에 받는 월급은 3,000,000원이다.
- 7월~9월까지 기존에 받는 월급에서 30% 감소되어 매달 받게 된다.
- 10월의 월급은 7월~9월까지 감소되었던 금액을 모두 포함하여 받게 된다.
- 추가적으로 10월 달의 경우, 기본 월급은 6월의 월급에서 120% 인상되어 받는다.
- 단, 10월에 받는 총금액이 500만 원을 넘는 경우, 10월에 받는 총금액과 감봉되기 전 금액과의 차액의 1/2을 회사에 돌려준다.

※ 월급에 대한 금액은 세금이 적용된 후이며, 6월까지는 감봉되기 전의 금액이다.

① 455만 원 ② 460만 원 ③ 465만 원 ④ 470만 원 ⑤ 475만 원

04 다음 자료 및 〈조건〉을 참고할 때, P 기업이 향후 거래하고자 하는 기업을 우선순위대로 올바르게 나열한 것은?

P 기업에서 개발팀에 근무하는 A는 자동차 차량의 소재로 사용되는 아연/합금도금강판의 부식성에 대해 연구를 하고 있었다. 그런데 고온고습 환경에서 최근에 개발한 아연/합금도금강판의 부식 성능이 급격하게 저하되는 것을 관찰하였다. 이에 대하여 분석해 본 결과 도금을 입히기 전, 합금강판 자체의 문제가 있음을 인지하고, 다른 기업과 거래를 하기 위해서 아래와 같은 자료를 조사하여 정리하였다.

〈합금강판 1kg당 원소 함량 비율〉

기업명	철	마그네슘	알루미늄	아연
G 기업	80%	0%	15%	5%
H 기업	80%	10%	5%	5%
I 기업	75%	12%	5%	8%
J 기업	75%	5%	10%	5%
K 기업	80%	12%	0%	8%

※ 함량 비율은 합금강판 1kg에 대한 질량 비율을 나타낸 것이다.

〈조건〉

- 초기 합금강판의 원소 함유량은 철 85%, 마그네슘 5%, 알루미늄 5%, 아연 5%였다.
- 새로운 합금강판의 원소 함유량은 철의 경우 85% 미만, 나머지 원소는 5% 이상인 것으로 선정한다.
- 각 원소별 100g당 가격은 철: 120원, 마그네슘: 100원, 알루미늄: 150원, 아연: 80원이다.
- 우선 1kg당 합금강판의 가격이 낮은 기업부터 우선적으로 거래를 시작한다.

① J 기업 → I 기업 → H 기업
② J 기업 → H 기업 → I 기업
③ I 기업 → J 기업 → H 기업
④ I 기업 → H 기업 → J 기업
⑤ H 기업 → I 기업 → J 기업

유형 대표문제

해당 유형은 제시된 정보를 근거로 인사에 관련된 사항(입사, 승진, 복지, 퇴직 등)에 대하여 적절한 판단을 할 수 있는지 평가한다. 대개 규정의 형태로 정보가 제공되므로, 미리 지원하고자 하는 기업의 인사 규정을 살펴보는 것도 도움이 된다.

다음 글을 근거로 판단할 때, 2020년 3월 인사 파견에서 선발될 직원만을 모두 고르면?

- JG도청에서는 소속 공무원들의 역량 강화를 위해 정례적으로 인사 파견을 실시하고 있다.
- 인사 파견은 지원자 중 3명을 선발하여 1년간 이루어지고 파견 기간은 변경되지 않는다.
- 선발 조건은 다음과 같다.
  - 과장을 선발하는 경우 동일 부서에 근무하는 직원을 1명 이상 함께 선발한다.
  - 동일 부서에 근무하는 2명 이상의 팀장을 선발할 수 없다.
  - 과학기술과 직원을 1명 이상 선발한다.
  - 근무 평정이 70점 이상인 직원만을 선발한다.
  - 어학 능력이 '하'인 직원을 선발한다면 어학 능력이 '상'인 직원도 선발한다.
  - 직전 인사 파견 기간이 종료된 이후 2년 이상 경과하지 않은 직원을 선발할 수 없다.

- 2020년 3월 인사 파견의 지원자 현황은 다음과 같다.

직원	직위	근무 부서	근무 평정	어학 능력	직전 인사 파견 시작 지점
A	과장	과학기술과	65	중	2016년 1월
B	과장	자치행정과	75	하	2017년 1월
C	팀장	과학기술과	90	중	2017년 7월
D	팀장	문화정책과	70	상	2016년 7월
E	팀장	문화정책과	75	중	2017년 1월
F	–	과학기술과	75	중	2017년 1월
G	–	자치행정과	80	하	2016년 7월

① A, D, F
② B, D, G
③ B, E, F
④ C, D, G
⑤ D, F, G

대부분 수치가 적힌 많은 양의 정보를 제시하고 문제에서 요구하는 정보만을 취해서 분석할 수 있는 능력을 요하는 문제가 출제된다. 제시된 조건과 맞지 않는 선택지를 우선적으로 배제시키면서 정답에 접근하는 방법이 필요하다. 주로 복수의 선택지를 택하도록 하는 문제가 많이 출제되므로 시간이 많이 소비되지 않도록 주의해야 한다.

파견 날짜 기준 확인

다음 글을 근거로 판단할 때, 2020년 3월 인사 파견에서 선발될 직원만을 모두 고르면?

- JG도청에서는 소속 공무원들의 역량 강화를 위해 정례적으로 인사 파견을 실시하고 있다.
- 인사 파견은 지원자 중 3명을 선발하여 1년간 이루어지고 파견 기간은 변경되지 않는다.
- 선발 조건은 다음과 같다. 파견 기간 확인

- 과장을 선발하는 경우 동일 부서에 근무하는 직원을 1명 이상 함께 선발한다.
- 동일 부서에 근무하는 2명 이상의 팀장을 선발할 수 없다.
- 과학기술과 직원을 1명 이상 선발한다.
- 근무 평정이 70점 이상인 직원만을 선발한다. 선발 조건에 따라 해당되는 직원을 판별한다.
- 어학 능력이 '하'인 직원을 선발한다면 어학 능력이 '상'인 직원도 선발한다.
- 직전 인사 파견 기간이 종료된 이후 2년 이상 경과하지 않은 직원을 선발할 수 없다.

- 2020년 3월 인사 파견의 지원자 현황은 다음과 같다. 종료가 아닌 시작임을 주의

직원	직위	근무 부서	근무 평정	어학 능력	직전 인사 파견 시작 지점
A (근무 평정 문제)	과장	과학기술과	65	중	2016년 1월
B	과장	자치행정과	75	하	2017년 1월
C (직전 인사 문제)	팀장	과학기술과	90	중	2017년 7월
D	팀장	문화정책과	70	상	2016년 7월
E	팀장	문화정책과	75	중	2017년 1월
F (꼭 포함돼야 함)	–	과학기술과	75	중	2017년 1월
G	–	자치행정과	80	하	2016년 7월

① A, D, F
② B, D, G
③ B, E, F
④ C, D, G
⑤ D, F, G

정답 및 해설 정답 ⑤

① A는 근무 평정이 70점 이하이므로 선발 대상자에 해당되지 않는다.
② B, D, G는 모두 과학기술과에 종사하지 않으므로 선발 대상자에 해당되지 않는다.
③ B의 어학 능력이 '하'이기 때문에 다른 두 직원 중 '상'이 포함되어야만 한다.
④ C의 직전 인사 파견 시작 시점이 2017년 7월이므로 파견 종료 시점은 2018년 7월이고, 이후 2년의 시간이 지나면 2020년 7월이기 때문에 2020년 3월 파견 대상자에 해당되지 않는다.

유형 연습문제

●정답과 해설 524쪽

01 다음 <G 회사 사내 규정>을 근거로 판단할 때, 올바르게 이해하지 못한 것을 고르시오.

- 제1조 (목적) 이 규정은 회사의 입사 기간~퇴직 기간을 정하는 것을 목적으로 한다.
- 제2조 (근무 기간 및 퇴직 신청 기간)
  1) 근무 기간은 입사 후부터 퇴직 시까지의 기간으로 휴가 기간을 포함한다.
  2) 최소 퇴직을 위한 근무 기간은 4년으로 한다. 다만 다음 각 호의 경우에는 근무 기간을 달리할 수 있다.
    1. 외국인 신입 사원은 어학 습득을 위하여 수료 연한을 1년 연장하여 5년 후에 퇴직 신청이 가능하다. (단, 1년 차의 기간에는 해외 어학연수를 위한 휴가만 사용할 수 없다.)
    2. 특별전형으로 입사한 사원은 2년 차에 편입되며 퇴직 신청이 가능한 시기는 3년 후로 지정한다. 다만 특별전형은 내국인에 한한다.
- 제3조 (휴가)
  1) 휴가는 일반휴가와 해외 어학연수를 위한 휴가로 구분한다.
  2) 외국인 신입 사원을 제외한, 나머지 신입 사원의 경우 1년 차 때부터 모든 휴가 사용 신청이 가능하다.
  3) 일반휴가는 1년에 총 30일을 사용할 수 있으며, 3개월 단위로 신청할 수 있다. (30일을 1개월로 간주)
     ※ 단, 신청 시 최소 10일 이상은 불가능하다.
  4) 해외 어학연수를 위한 휴가는 당해 연도 근무 기간의 3분의 1을 초과할 수 없으며, 2년 단위로만 신청할 수 있다.
  5) 근무 기간 내에 해외 어학연수를 위한 휴가와 일반휴가를 모두 사용할 수 있지만, 한 해에 둘 다 신청하는 경우는 불가능하다.

① 해외 어학연수를 신청하지 않는 외국인 신입 사원이 가장 적게 근무할 수 있는 기간은 4년 5개월이다.
② 일반휴가를 분기당 6일씩 신청하게 된다면, 마지막 분기에 신청하는 휴가기일은 총 휴가신청 가능기일을 고려하였을 경우 3일을 손해 본다.
③ 외국인 신입 사원이 가능한 휴가를 모두 사용하게 된다면 가장 적게 근무하는 기간은 4년 1개월이다.
④ G 회사에 근무하는 신입 사원 중 가장 적게 근무할 수 있는 최소 기간은 2년 1개월이다.
⑤ 특별전형으로 입사하지 않은 신입 사원이 가장 적게 근무할 수 있는 기간은 ③번에서 언급된 기간에 비해 대략 11개월 차이가 난다.

02 다음 글과 〈조건〉을 바탕으로 참고하였을 때, A가 온라인 이수교육을 수료받기 위해 반기별 수강하여 소요된 수강 시간에 대해 올바르게 짝지은 것은? (단, 수강 소요 시간은 최소 시간이 되게 하였다.)

J 회사에서 연구개발팀에 근무하는 A는 스마트폰 배터리의 수명 연장에 대한 연구를 진행하고 있다. 배터리에 관한 연구는 기본적으로 화학약품을 많이 다루기 때문에 반기별 실험실 안전교육 수강에 대한 온라인 교육을 시청해야 한다. 아래의 자료는 회사 내 안전교육 수강에 대한 수강 목록 및 시간을 나타낸 것이다.

〈온라인 안전교육 수강 목록 및 수강 시간〉

안전교육 수강 목록	수강 소요 시간
화학약품 안전교육	4 h
소방교육	1 h
기계사용 안전수칙	4 h
전기사용 안전수칙	3 h
LMO(유전자 변형 생물체) 교육	4 h
실험실 안전사고 유형 1	2 h
실험실 안전사고 유형 2	1 h

※ 유전자 변형 실험을 6개월 이상 지속한 경우 LMO 교육을 의무적으로 수강해야 한다.

〈조건〉

- A는 연구개발팀에 3년 이상 근무하였으며, 고위험군 실험실에 속한다.
- A는 올해 5월을 기준으로 2개월 전에 유전자 변형 관련 연구 과제를 추가적으로 받아 실험을 진행하였다.(단, 유전자 변형 관련 연구 과제의 연구 기간은 1년이다.)
- 고위험군에 소속된 실험실의 경우 반기별로 최소 6h 이상의 이수 시간을 넘겨야 수료가 된다.
- 반기별 온라인 교육 이수를 완료하기 위해 신청해야 할 수강 목록은 최소 4개가 되어야 한다.
- 소방교육을 수강 신청하게 될 시, 안전교육 이수 시간을 2h으로 인정해 준다.

	상반기	하반기
①	8h	8h
②	8h	9h
③	7h	7h
④	7h	8h
⑤	7h	9h

03 다음 글을 근거로 판단할 때, 2020년 1월에 승진되는 사람을 올바르게 고른 것은?

2020년 1월 G 회사는 역량 있는 직원들을 각 과장으로부터 추천 받아 승진 기회를 주려고 한다. 아래의 표는 1월자 승진 후보자들에 관한 자료이다.

〈승진 후보자 평가 항목 내용 및 점수〉

직원	근무 부서	어학 능력	근무 실적	주위 동료들에 대한 평가 (10점 만점)	기타
A	인사부	상	75점	6점	토플 100점 소유
B	기획부	중	70점	8점	전략기획 자격증 소유
C	총무부	하	75점	9점	-
D	영업부	상	65점	7점	입사 전 3년 이상 마케팅 관련 업무 수행
E	인사부	중	80점	8점	-
F	기획부	상	75점	7점	-

※ 영업과 마케팅은 큰 관련성이 있다고 판단한다.

〈조건〉

- 총점수의 합계가 85점을 넘는 경우에 승진이 되는 것을 기준으로 한다.
- 어학 능력의 경우 '상': 6점, '중': 4점, '하': 2점으로 간주한다.
- 토플 어학 점수 90점 이상을 소유한 경우 추가 점수로 2점, 관련 업무 자격증 소유의 경우 4점, 입사 전 관련 업무에 대한 경험이 있는 경우 1년의 경험당 1점씩 추가적으로 받는다.
- 동일 부서에 2인 이상 승진 대상자가 나온다면 둘 중 더 높은 점수인 직원을 선발하도록 한다.

① C, E, F
② B, C, E
③ A, B, E
④ B, E, F
⑤ A, C, F

04 다음 주어진 〈상황〉을 근거로 파악하였을 때, 올바르게 이해하지 못한 경우는?

〈상황〉

J 회사는 현재 노조 간의 갈등으로 며칠째 합의를 보지 못하는 실정이다. 아래의 내용은 각 노조 및 회사 측 입장에서 설명하는 내용이다. 현재 J 회사의 노조들이 받고 있는 평균 연봉은 4,000만 원이다.

〈노조 측 입장〉

1) 연봉은 동결한 채로 3교대 근무에서 4교대 근무로 바꾸어 주셨으면 합니다.
2) 올해 성과급은 연봉의 3%였지만, 내년부터는 5%로 인상을 요구합니다.
3) 주말에 근무하는 경우 근무수당은 평일에 비해 200%로 늘려 주는 것을 요청합니다.

〈회사 측 입장〉

1) 3교대에서 4교대로 바꾸게 되면 추가 인원을 더 모집해야 합니다. 따라서 연봉은 동결하기 어렵습니다.
2) 회사의 수입은 상황에 따라서 달라집니다. 5%로 고정하여 인상하기에는 다소 어려움이 있습니다.
3) 급한 일을 제외한 경우에는 주말에 근무하는 것을 허용치 아니하며, 따라서 근무를 하지 않는 경우 근무수당은 지급되지 않을 것입니다.

① 올해 1인당 근무자들이 받고 있는 평균 연봉은 4,120만 원이다.
② 동일한 인원수에서 3교대에서 4교대로 전환이 된다면, 1인당 1주일 동안 평균적으로 일을 하는 시간은 감소한다.
③ 노조 측의 입장을 받아들이게 된다면, 올해와 내년도의 성과급의 차이는 80만 원이 된다.
④ 회사가 3)번의 내용을 언급한 것은, 초과근무제도를 이용하여 월급을 더 많이 받으려는 계획을 미연에 방지하려는 목적도 있을 것이다.
⑤ 연봉을 동결한 상황에서 추가 인원을 뽑지 않고 4교대 전환 시 회사 측 입장에서는 손해이기 때문에 회사 측에서는 1)번의 내용을 주장한 것이다.

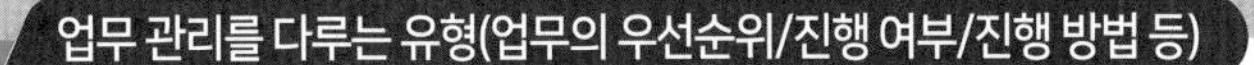

해당 유형은 제시되는 정보를 근거로 업무의 진행 여부, 우선순위 설정, 진행 전략 등을 적절하게 판단할 수 있는지 평가한다. 보통 해당 문항에 필요한 판단 기준을 제시하므로, 정보를 빠르게 파악할 수 있어야 한다.

다음 글을 근거로 판단할 때, A가 오늘 아침에 수행한 아침 일과에 포함될 수 없는 것은?

- A는 오늘 아침 7시 20분에 기상하여, 25분 후인 7시 45분에 집을 나섰다. A는 주어진 25분을 모두 아침 일과를 쉼 없이 수행하는 데 사용했다.
- 아침 일과를 수행하는 데 정해진 순서는 없으며, 같은 아침 일과를 두 번 이상 수행하지 않는다.
- 단, 머리를 감았다면 반드시 말리며, 각 아침 일과 수행 중에 다른 아침 일과를 동시에 수행할 수는 없다. 각 아침 일과를 수행하는 데 소요되는 시간은 아래와 같다.

아침 일과	소요 시간
샤워	10분
세수	4분
머리 감기	3분
머리 말리기	5분
몸치장하기	7분
구두 닦기	5분
주스 만들기	15분
양말 신기	2분

① 세수
② 머리 감기
③ 구두 닦기
④ 몸치장하기
⑤ 주스 만들기

다음과 같은 유형의 문제는 주어진 조건에 대해 파악 후, 순차적으로 차근차근 해결해야 하는 문제도 있는 반면, 여러 경우의 수를 제안하여 빠르게 찾아내는 것을 요구하는 문제도 있다. 이러한 경우 주어진 조건에 해당되는 핵심 경우를 빠르게 파악한 뒤 문제를 풀어 보는 연습이 필요하다.

다음 글을 근거로 판단할 때, A가 오늘 아침에 수행한 아침 일과에 포함될 수 없는 것은?

- A는 오늘 아침 7시 20분에 기상하여, 25분 후인 7시 45분에 집을 나섰다. A는 주어진 25분을 모두 아침 일과를 쉼 없이 수행하는 데 사용했다. (총 주어진 시간을 모두 소진해야 함)
- 아침 일과를 수행하는 데 정해진 순서는 없으며, 같은 아침 일과를 두 번 이상 수행하지 않는다. (→ 여러 조합이 가능하다는 의미)
- 단, 머리를 감았다면 반드시 말리며, 각 아침 일과 수행 중에 다른 아침 일과를 동시에 수행할 수는 없다. 각 아침 일과를 수행하는 데 소요되는 시간은 아래와 같다. (순차적으로 시간 계산을 함)

→ 머리 감기와 머리 말리기는 한 묶음으로 포함하여 총 8분의 시간으로 생각함

아침 일과	소요 시간
샤워	10분
세수	4분
머리 감기	3분
머리 말리기	5분
몸치장하기	7분
구두 닦기	5분
주스 만들기	15분
양말 신기	2분

① 세수
② 머리 감기
③ 구두 닦기
④ 몸치장하기
⑤ 주스 만들기

Tip) 주어진 일과에 따른 소요 시간을 25분 내로 맞추어 정답을 고르는 경우는 여러 조합이 필요하다. 따라서 이러한 경우는 5지 선다형에서 출발하여 가능하지 않은 일과를 찾는 것이 더욱 빠른 방법이다.

정답 및 해설 정답 ①

아침 일과를 수행하는 목록이 많은 상황에서 주어진 조건에 맞추어 25분 내에 할 수 있는 것들을 조합하는 경우는 상당히 많다. 허나 25분 모두 소진이 필요하다고 문제의 조건에 언급되어 있으므로, 5의 배수에 맞게 조합을 이루면 문제는 간단해진다. 주어진 5지 선다를 근본으로 25분을 채울 수 있는 경우의 수는 아래와 같다.

1) 주스 만들기+샤워
2) 샤워+머리 감기+머리 말리기+몸치장하기
3) 샤워+머리 감기+머리 말리기+구두 닦기+양말 신기

따라서 결국 이 세 조건에 포함되지 않는 세수가 아침에 해야 할 일에 해당되지 않는다.

● 정답과 해설 524쪽

01 다음 내용을 바탕으로 업무를 수행하게 될 때, 가장 빠르게 퇴근하는 시간은 언제인가?

- A는 오전 9시에 출근하여 오후 6시가 퇴근 시간이며, 이전에 모든 업무를 끝낸다면 조기 퇴근이 가능하다.
- 아래의 표는 A가 해야 하는 업무와 이에 따른 업무 소요 시간을 나타낸 것이다.
- 점심 식사 시간은 12:00~13:00이며 이 시간에는 업무를 하지 않는다.
- 내일 업무 일정 계획하기를 제외한 나머지 업무의 순서는 중요하지 않고, 6시 이전에 제일 빠르게 업무를 마치는 것을 우선시한다.

〈A의 업무 일과 및 소요 시간〉

A의 업무 일과	소요 시간	참고 사항
팀장님과 미팅하기	1시간	–
판매제품 재고 파악하기	1시간 10분	오전에 진행하면 20분 더 소요된다. 오후에 진행하면 후배에게 업무를 맡길 수 있다.
회의 준비하기	30분	–
타 부서 업무 도와주기	2시간 15분	오후에 진행하면 45분 절약된다.
보고서 제작하기	2시간 50분	업무를 동시에 진행할 수 있다.
기타 서류 정리하기	25분	
내일 업무 일정 계획하기	30분	맨 마지막에 업무를 처리한다.

① 오후 5시 10분
② 오후 5시 20분
③ 오후 5시 30분
④ 오후 5시 40분
⑤ 오후 5시 50분

02 다음 자료를 근거로 판단할 때, 〈보기〉에서 옳은 것만을 모두 고르면?

• J사와 G사는 신제품을 공동 개발하여 판매한 총순이익을 아래와 같은 기준에 의해 분배하기로 약정하였다.

1) A사와 B사는 총순수익에서 각 회사 제조 원가의 5%에 해당하는 금액을 우선 각자 배분 받는다.

2) 총순수익에서 위 1)의 금액을 제외한 나머지 금액에 대한 분배 기준은 연구 개발비, 판매 관리비, 광고 홍보비 중 어느 하나로 결정하며 회사가 지출한 비용에 비례하여 분배액을 정하기로 한다.

• 신제품 개발과 판매에 따른 비용과 총순이익은 다음과 같다.

〈신제품 개발과 판매에 따른 비용과 총순이익〉

구분	J사	G사
제조 원가	200억 원	600억 원
연구 개발비	100억 원	300억 원
판매 관리비	200억 원	200억 원
광고 홍보비	300억 원	150억 원
총순이익	200억 원	

| 보기 |

ㄱ. J사가 분배되는 순이익을 극대화하기 위해서는 광고 홍보비를 기준으로 제시하는 것이 옳다.

ㄴ. G사의 순이익이 극대화되도록 배분되었을 경우, 기준 1), 2)에 근거하여 배분된 총순이익은 G사가 J사보다 정확히 3배를 더 얻는다.

ㄷ. 제조 원가를 제외한 나머지 소비를 합산하였을 때의 금액에 순이익이 배분되어 최종적으로 견적을 내었을 경우, G사가 J사보다 더 이득을 보려면 분배 기준을 연구 개발비밖에 선택할 수 없다.

① ㄱ, ㄷ ② ㄱ, ㄴ ③ ㄱ, ㄴ, ㄷ ④ ㄴ, ㄷ ⑤ ㄱ

03 아래의 대화 내용 및 자료를 참고하였을 때, A가 가장 먼저 해야 하는 업무의 날짜는 언제인가?

- 연구개발팀에 근무하고 있는 A는 고강도 경량화 소재와 관련된 신제품 개발 발표 일정이 얼마 남지 않았음을 팀장님을 통해 전달 받았다.
- 아직 미완성된 상태라 여러 테스트가 필요한 것을 인지한 연구팀들은 잠시 의논하여 이 위기를 극복하고자 하는 상황이다.

A: 일단 강도가 높게 나와야 하므로 강도 측정을 중점적으로 시작하는 것이 좋다고 생각합니다.
B: 고강도 소재는 다른 제품으로도 대체가 가능합니다. 기존 제품에 비해 월등히 경량화가 되면 큰 가치를 얻기 때문에 경량화 부분 연구에 초점을 두어 우선적으로 연구를 진행해야 한다고 생각합니다.
C: 성능적인 결과 값도 중요하긴 하지만 현재 저희가 개발한 물질 자체의 성분이 무엇인지 모르는 상황입니다. 따라서 개발한 물질의 성분부터 알아보는 것이 우선 사항이 되지 않을까요?
D: 제 생각에는 A, B, C분들이 말씀하신 내용 모두 옳다고 생각합니다. 그래서 A분께서는 C분께서 말씀하신 의견에 대한 업무를, B분께서는 A분이 말씀하신 내용에 대한 업무를, 마지막으로 C분께서는 B분께서 말씀하신 내용에 대한 업무를 진행하는 것이 좋다고 생각합니다.
A, B, C: 좋은 생각입니다.

〈4월 장비 이용 예정표 (변경 전)〉

일	월	화	수	목	금	토
			1	2	3	4
5	6 (B 사용 예정)	7 (B 사용 예정)	8 (B 사용 예정)	9 (B 사용 예정)	10 (B 사용 예정)	11
12	13 (A 사용 예정)	14 (A 사용 예정)	15 (A 사용 예정)	16	17	18
19	20	21	22 (C 사용 예정)	23 (C 사용 예정)	24	25
26	27	28	29	30		

※ 주말(토, 일)에는 장비 사용이 허용되지 않는다.

〈조건〉

- B가 맡은 업무는 습도에 굉장히 예민하여 비가 오는 날에는 진행할 수 없다.
- C가 맡은 업무는 가장 먼저 끝내야 하는 업무이며 총 이틀의 시간이 필요하다.
- 기상청에서는 4월 13일을 기준으로 5일 전부터 계속 비가 내린다고 예보하였다.
- C는 B와 합의하여 본인 사용 예정 날짜와 B의 7~8일의 사용 예정 날짜를 교체하였다.
- A가 맡은 업무는 최소 이틀이 소요되며, 습도에 큰 영향을 받지 않는다.
- 장비 예약만 되어 있으면 언제든지 장비 사용자가 교체될 수 있다.

① 4월 6일　② 4월 8일　③ 4월 9일　④ 4월 10일　⑤ 4월 13일

04 아래의 내용을 참고하여 A~C 사원이 각각 생각하는 기준을 중심으로 업무 순서를 바르게 나열한 것을 고르시오.

이번 회사 창립 20주년 기념으로 행사를 진행하는 데 있어서 준비해야 할 사항들이 많다고 전달 받았다. 아래의 표는 이번 회사 창립 20주년 행사의 식순을 나타낸 것이다.

〈회사 창립 20주년 행사 식순〉

순 서	내용	소요 시간	비고
① 식전 연주	– 은난새 오케스트라의 클래식 연주	–	–
② 영상 상영	– 회사 창립부터 현재까지의 역사 소개	12분	–
③ 개 식	개 식 선 언	2분	사회자
④ 국민 의례	– 국기에 대한 경례 – 애국가 제창 – 순국선열 및 호국영령에 대한 묵념	3분	–
⑤ 기념 식사	– 창립 20주년 기념 식사	50분	회 장
⑥ 축 사	– 서울특별시장 축사 말씀 – 전라북도 도지사 축사 말씀 – 한국과학기술원 전 총장 축사 말씀	15분	외부 인사
⑦ 감사패 수여	– 감사패 수여자	5분	회 장 감사패 수여자
⑧ 공로상 수여	– 창립 20주년 각 과장 및 직원 대표	5분	회 장
⑨ 창립 20주년 기념 비전 선포	– 회사 향후 발전을 위한 비전 선포	10분	회 장
⑩ 폐 식	폐 식 선 언	2분	사회자

A: 식순에서 소요 시간이 많이 발생된다는 것은 그만큼 준비해야 할 사항이 많다는 것이라 생각합니다. 저는 소요 시간을 기준으로 업무를 진행해야 한다고 생각합니다.
B: 회사 20주년 창립 기념일입니다. 무엇보다 축사 및 비전 선포 등 창립 기념일에 가장 의미 있는 내용부터 준비하는 것이 현명하다고 생각합니다.
C: 제가 생각하기로는 20년 동안 저희 회사가 겪어 왔던 중요한 시기들에 대해서 조사하여 영상을 제작하는 것이 가장 오래 걸릴 듯합니다. 이후 저는 B → A분이 말씀하신 순서로 준비해야 한다고 생각합니다.

• 식순에서 반드시 준비해야 할 일정은 ②, ⑤, ⑥, ⑨번이며, 이를 바탕으로 업무 순서를 진행한다.

① A: ⑤ → ② → ⑥ → ⑨
② B: ⑥ → ⑤ → ⑨ → ②
③ B: ⑨ → ⑤ → ⑥ → ②
④ C: ② → ⑥ → ⑤ → ⑨
⑤ C: ② → ⑥ → ⑨ → ⑤

Chapter 6
대인관계유형

Chapter 6 대인관계유형

I. 팀워크능력

1. 평가 목표

- 팀 구성원으로 효과적인 팀워크 촉진 방법 등을 알고 있는지, 팀 구성원으로서 역할 및 책임을 할 수 있는지 평가합니다.

2. 유형 특징

- 이 유형은 자기개발능력과 마찬가지로 인성검사 및 면접시험의 주요 평가 항목입니다. 대표적으로는 팀워크를 촉진하는 방법을 알고 있는지, 효과적인 팀의 특성 등에 관한 문제가 출제됩니다.
- 팀워크와 관련하여 올바른 리더십의 유형을 묻는 복합적인 형태의 문제가 출제됩니다.
- 효과적인 팀을 운영하기 위한 특징에 대한 이해도와 팀워크를 위해 필요한 자세를 갖추었는지 확인하는 문제가 출제됩니다.

3. 풀이 전략

- 팀워크와 관련된 기본적인 개념과 팀워크를 촉진하는 것과 저해하는 것을 구별할 줄 알아야 합니다.
- 팀의 규칙을 준수하는 것의 중요성과 팀의 목표 달성에 자신이 필요한 자원임을 유념하고, 소속된 팀의 구성원으로서 책임감 있는 모습과 다른 구성원들과 원만한 관계를 유지하는 상황을 가정하고 업무 상황에 적용해 보는 연습을 하는 것도 하나의 방법입니다.

II. 리더십능력

1. 평가 목표

- 업무 수행 시 타인에게 동기를 부여하고 신뢰감을 쌓을 수 있는 능력을 갖고 있는지 평가하며, 자신의 의견을 논리적으로 표현하여 상대방을 설득할 수 있는지 평가합니다.

2. 유형 특징

- 리더의 역할과 동기 부여의 개념 및 방법에 관련된 내용을 확인하는 문제가 출제됩니다.
- 팀워크와 관련하여 올바른 리더십의 유형을 묻는 복합적인 형태의 문제가 출제됩니다.
- 주어진 상황에 맞게 리더의 행동 특성을 활용할 수 있는지 확인하는 문제가 출제됩니다.
- 실제 업무 상황에 리더십 능력이 어떠한 영향을 미치는지와 그 결과를 물어보는 문제가 출제됩니다.

3. 풀이 전략

- 조직의 긍정적인 발전을 위한 리더의 역량에 대한 핵심 이론을 미리 학습해야 합니다.
- 소속된 팀의 리더로서 책임감을 가지고 변화에 유연하게 대처하고, 타인을 포용하며 이끌어 가는 태도를 지닌 상황을 가정하여 업무 상황에 적용하는 연습을 해야 합니다.

III. 갈등관리능력

1. 평가 목표

- 갈등의 개념과 원인 등에 관련된 내용들을 바탕으로 업무 시 구성원들 간에 갈등이 발생하였을 경우 이를 해결할 수 있는지 평가합니다.

2. 유형 특징

- 갈등이 발생된 원인을 파악하고 이를 분석할 수 있는 있는 이론적 지식을 지녔는지 확인하는 문제가 출제됩니다.
- 제시된 사례를 통해 갈등의 전개 과정과 해당 사례에 적절한 갈등 해결 방법 유형을 적용할 수 있는지 확인하는 문제가 출제됩니다.
- 직장 내에서 실제로 발생할 수 있는 갈등 상황을 제시한 후, 이러한 상황에 어떻게 대응할 것인지 물어보는 문제가 출제됩니다.

3. 풀이 전략

- 발생할 수 있는 다양한 갈등 상황에 대한 배경 이론 지식을 미리 숙지하고 있어야 합니다.
- 조직 구성원들은 각자 다양한 가치관과 성격을 지녔음을 인지하고, 타인의 생각과 가치관을 배려하고 적극적으로 경청하여 갈등을 조정하려는 자세를 지니는 것이 중요합니다.
- 다양한 사례를 접해 봄으로써 발생할 수 있는 갈등 상황을 가정한 뒤 이에 어떻게 대처할 것인지 고려해 보는 것도 좋습니다.

Ⅳ. 협상능력

1. 평가 목표

- 조직 생활 중 갈등이나 협상 상황이 발생했을 때 상호 설득하여 문제를 해결할 수 있는지 평가합니다.

2. 유형 특징

- 갈등 상황이 발생하였을 때 이에 맞는 적절한 협상 방안에 대한 이론적 지식을 물어보는 문제가 출제됩니다.
- 합리적인 협상 과정과 협상 전략 유형 및 효과적인 설득 방법에 대한 지식을 물어보는 문제가 출제됩니다.
- 협상의 개념, 협상·설득 전략 및 종류에 관한 이론이 실제 일어날 수 있는 상황과 결합되어 제시글로 주어지기도 합니다. 이때 제시된 사례에 맞는 올바른 대응 방법이나 잘못된 내용을 판단하는 문제가 출제됩니다.

3. 풀이 전략

- 협상 능력에서 제시하는 개념이나 간단한 이론은 미리 학습하고, 실제 상황이라면 어떻게 행동할 것인지 미리 생각해 보며 다양한 사례형 문제를 풀어 보도록 합니다.
- 협상 쟁점을 파악하여 협상의 목표에 대해 정확히 이해하고, 협상에 있어서 적극적이고 진취적인 태도를 지니는 것에 유념하여 문제에 접근하도록 합니다.
- 협상 과정과 이에 대응하는 전략을 물어보는 문제에 대비하기 위해서 이를 실제 상황에 적용해 보는 연습을 통해 협상의 개념에 대해 정확히 숙지하도록 합니다.

Ⅴ. 고객서비스능력

1. 평가 목표

- 다양한 고객의 요구를 만족시키는 자세로 주어진 업무를 수행할 수 있는지 평가하며, 고객이 불만이 있을 때 이에 대한 해결 방안을 제공할 수 있는지 평가합니다.

2. 유형 특징

- 직장 생활에서 발생할 수 있는 고객서비스, 고객 불만 유형에 따른 대처 방법에 관한 문제가 출제됩니다.
- 고객 불만 처리 과정 중 각 단계별로 적절한 행동을 하고 있는지 확인하는 문제가 출제됩니다.
- 고객 유형에 따른 고객 서비스 관련 매뉴얼의 개발, 고객의 불만 사항 개선 및 해결을 위한 방법을 정리하여 이를 목록화하는 능력을 지녔는지 확인하는 문제가 출제됩니다.
- 특정 상황을 제시한 후 가장 적절한 고객 대응 방안을 선택하는 문제가 출제됩니다.

3. 풀이 전략

- 고객서비스의 개념에 대해 숙지하고, 발문을 통해 해결하고자 하는 사항이 무엇인지 정확히 파악하여 문제를 풀이합니다.
- 고객 불만 처리 과정에 대한 각 단계를 실제 상황에 적용해 보는 연습을 하는 것이 좋습니다.
- 실제 업무에 적용되어 대화 형태로 출제되거나, 매뉴얼을 통한 수행 능력 및 대처 방안에 대한 문제가 출제되므로 의사소통능력의 경청능력, 의사표현능력을 복합적으로 학습하도록 합니다.

유형 대표문제

직장 동료와의 관계를 다루고 있는 유형

직장 동료와의 관계에 대한 문제 유형은 업무적 관계를 중심으로 팀워크, 리더십 등 조직의 구성원으로서 갖추어야 할 소양과 관련된 문제가 주로 출제된다.

다음은 A 기업의 업무 효율 향상을 위한 사내교육 자료의 내용이다. 아래의 내용으로 미루어 볼 때, 업무 효율 상승을 기대하기 힘든 팀은?

> 어떤 팀의 공동의 목적을 달성하기 위해서는 구성원들 사이의 원활한 의사소통이 중요하다. 이는 구성원들끼리 관계성을 가지며 일을 해 나가기 때문이다. 이때 구체적이고 정확한 내용 전달은 일의 정확성과 효율성을 높이며, 상대방을 배려하는 말과 행동은 구성원들의 결속력을 강화시킨다. 또한 상대방의 말을 끝까지 경청해야 하며, 자신의 의견과 다르다는 이유로 무시하거나 깎아내리지 말아야 한다. 마지막으로 지나치게 개인적인 성향을 갖거나, 편을 나누어 대립하는 행동은 원활한 의사소통을 가로막는 행위이므로 지양해야 한다.

① 업무 담당자가 부재 시, 문의 사항을 정확히 메모하여 전달하는 A팀
② 회의 시 상급자의 의견과 다르다는 이유로 하급자의 의견을 듣지 않는 B팀
③ 서로 요청할 사항이 생기면 항상 공손한 말과 행동으로 부탁하는 C 팀
④ 상대방과 다른 의견이 있어도, 상대방의 말을 끝까지 듣고 나서 이야기하는 D팀
⑤ 관련 업무를 할 때, 구체적인 날짜와 시간을 이야기하며 그때까지 마무리할 것을 요청하는 E팀

대인관계 능력을 향상하기 위해 상대방에 대한 이해와 배려, 약속 이행 및 언행일치, 사소한 일에 대한 관심, 칭찬하고 감사하는 마음, 진정성 있는 태도 등을 갖춰야 한다. 또한, 수평적 네트워크 제제가 보편화됨에 따라 직업인에게 대인관계 능력은 매우 중요한 요소임을 알아 두어야 한다.

다음은 A 기업의 업무 효율 향상을 위한 사내교육 자료의 내용이다. 아래의 내용으로 미루어 볼 때, 업무 효율 상승을 기대하기 힘든 팀은?

> 어떤 팀의 공동의 목적을 달성하기 위해서는 구성원들 사이의 원활한 의사소통이 중요하다. 이는 구성원들끼리 관계성을 가지며 일을 해 나가기 때문이다. 이때 구체적이고 정확한 내용 전달은 일의 정확성과 효율성을 높이며, 상대방을 배려하는 말과 행동은 구성원들의 결속력을 강화시킨다. 또한 상대방의 말을 끝까지 경청해야 하며, 자신의 의견과 다르다는 이유로 무시하거나 깎아내리지 말아야 한다. 마지막으로 지나치게 개인적인 성향을 갖거나, 편을 나누어 대립하는 행동은 원활한 의사소통을 가로막는 행위이므로 지양해야 한다.

① 업무 담당자가 부재 시, 문의 사항을 정확히 메모하여 전달하는 A팀
② 회의 시 상급자의 의견과 다르다는 이유로 하급자의 의견을 듣지 않는 B팀
③ 서로 요청할 사항이 생기면 항상 공손한 말과 행동으로 부탁하는 C 팀
④ 상대방과 다른 의견이 있어도, 상대방의 말을 끝까지 듣고 나서 이야기하는 D팀
⑤ 관련 업무를 할 때, 구체적인 날짜와 시간을 이야기하며 그때까지 마무리할 것을 요청하는 E팀

정답 및 해설 정답 ②

(O) ① 구체적이고 정확한 메모를 통해 업무 담당자의 정확성과 효율성을 높인다.
(X) ② 올바른 의사소통에는 상대방을 존중하며 경청하는 자세가 필요하다. 따라서 하급자의 의견을 무시하는 태도는 옳지 않다.
(O) ③ 상대방을 배려하는 말과 행동은 서로를 존중하며 구성원들 사이의 결속력을 강화시킨다.
(O) ④ 자신의 의견과 다르더라도, 끝까지 경청 후 자신의 의견을 이야기하는 것이 바람직하다.
(O) ⑤ 애매하고 추상적인 표현은 구성원들 사이의 의사소통을 저해하는 요소이다.

유형 연습문제

●정답과 해설 525쪽

01 다음은 A 그룹 인사과에서 팀원들의 잦은 지각과, 회사 내규를 어기는 일을 개선하기 위하여 준비한 워크숍 〈자료〉이다. 아래의 〈자료〉에 등장하는 '강화 이론'을 통하여 회피, 즉 부정적 강화의 사례를 찾으시오.

〈자료〉

인간 행동을 선행적 자극과 행동의 외적 결과의 관계로 규정하면서, ① 행동에 선행하는 환경적 자극, ② 그러한 환경적 자극에 반응하는 행동, ③ 행동에 결부되는 결과로서의 강화 요인 등 세 변수의 연쇄적인 관계를 설명하고 바람직한 행동을 학습시킬 수 있는 강화 요인의 활용 전략을 처방하는 심리학 이론을 말한다.

여기서 행동의 결과란 반응 행동에 결부되어 제공되는 환경적 사건으로, 이것은 다음에 이어지는 행동의 강화 요인으로서의 역할을 수행하게 된다.

강화 요인은 적극적 강화(positive reinforcement) · 회피(avoidance) · 소거(extinction) · 처벌(punishment)의 네 가지 범주로 구분된다. 적극적 강화는 칭찬 · 보상 · 승진 등과 같이 바람직한 행동에 대해 바람직한 결과를 제공함으로써 행동의 빈도를 높이는 것을 말한다.

회피는 바람직하지 않은 결과를 회피시켜 줌으로써 바람직한 행동의 빈도를 늘리는 것으로, 부정적 강화(negative reinforcement)라고도 한다. 소거는 이전에는 보상을 받아 강화된 행동이지만 그 정도가 지나쳐 이제 바람직하지 않게 된 행동에 대해 바람직한 결과를 소거함으로써 행동의 빈도를 줄이는 것을 말한다. 처벌은 바람직하지 않은 행동에 대해 바람직하지 않은 결과를 제시함으로써 그 행동이 야기될 확률을 낮추는 강화 요인을 말한다.

① 이 부장은 근무 태도가 불량한 직원 A에 대하여 휴가를 제한하였다.
② 이 부장은 항상 지각을 하는 직원 B에게 출근 시간보다 15분 일찍 출근하라고 이야기하였다.
③ 이 부장은 출근 시간을 잘 지키고 성실한 직원 C를 모두가 보는 앞에서 칭찬하고 인사고과에 반영하였다.
④ 이 부장은 매일 지각하는 직원 D에게 사무실 청소를 시켰고, 이에 반감이 생긴 직원 D는 의도적으로 매일 지각하였다.
⑤ 이 부장은 자주 지각하는 직원 E에게 개인 면담을 통하여 훈계를 하였고, 이에 직원 E는 개인 면담과 훈계를 듣기 싫어 지각하는 횟수가 현저히 줄었다.

02 A 증권 기획조정실 김 팀장은 최근 회사의 외부적인 변화로 인하여 완전히 새로운 사업을 기획하게 되었다. 하지만 완전히 새로운 사업에 구성원들이 혼란스러워 하였다. 이때 김 팀장이 구성원에게 도움을 줄 수 있는 방법 중 적절하지 않은 것을 고르시오.

① 새로 접하는 사업에 대한 많은 정보를 제공하며, 자유로운 분위기에서 이야기할 수 있는 환경을 조성한다.
② 이번 새로운 사업에 도전하면서 얻을 수 있는 이점을 객관적인 자료를 통하여 구성원들에게 알린다.
③ 새로운 사업과 본래 사업의 공통점을 찾아 적응하는 것에 도움이 되게 해 준다.
④ 회사의 새로운 사업에 반대하는 직원에게는 불이익이 있음을 이야기하며 열심히 할 것을 독려한다.
⑤ 변화에 대한 원인과 변화해야만 하는 이유를 설명하며 바람직한 변화임을 강조한다.

유형 대표문제

직장 생활 중 발생하는 갈등 관리를 다루고 있는 유형

갈등을 증폭시키는 원인, 갈등의 쟁점과 유형, 갈등 해결 방법과 윈윈 전략 등이 출제되었다. 직장인에게 가장 중요한 덕목인, 갈등 발생 시 그 원인을 이해하고 해결하는 능력을 파악해야 한다.

다음 중 협상 전략과 그것이 사용된 예시가 올바르게 짝지어진 것은?

유화 전략: 상대가 제시한 안이 타당하다 인정하며 그대로 수용한다.
협력 전략: 상호 양보하며 협력하는 것으로 서로에게 이익이 있다고 생각된다.
강압 전략: 교섭에 우위를 점할 때 사용되며, 일방적인 의사 결정이 이루어진다.
회피 전략: 갈등의 상황에서 충돌하지 않고 문제를 해결하려는 소극적인 전략이며, 주로 타협점을 찾기 힘든 경우가 많다.

A. ○○ 건물에 세를 내며 장사를 하는 김 군은 월세를 올려 주지 않으면 가게를 비워 달라는 건물주의 제안이 부당하다고 생각했지만, 다른 대안이 없었기에 건물주의 제안을 받아들였다.
B. ○○ 회사에 다니는 이 군은 회사에서 유능한 인재였다. 업무 능력과 성과, 회사에 기여한 바가 인정을 받았으며, 동기들에 비하여 회사에 빠른 적응을 하며 뛰어난 능력을 발휘했다. 이에 이 군은 승진과 연봉 인상을 제안하였으며, 회사는 흔쾌히 승진과 연봉 인상을 해 주었다.
C. 같은 회사에 다니는 A 씨와 B 씨는 아침에는 A 씨의 자동차로 같이 편하게 출근하며, B 씨는 매달 A 씨에게 일정 금액을 지불한다. A 씨는 부가적인 수입이 생겨서 만족스러워 하며, B 씨는 같은 금액으로 아침마다 편하게 회사에 출근할 수 있어 만족했다.
D. A 회사는 B 업체와 회사 정수기 계약을 협상 중이다. 그런데 B 업체에 대한 평판이 좋지 않고, C 업체에 반하여 정수기의 성능이 낮고, 계약 금액도 높았다. 이에 A 회사는 B 업체와 협상하는 것이 합리적이지 않다고 생각하며 협상을 중단하였다.

① 유화 전략 - B
② 협력 전략 - A
③ 강압 전략 - D
④ 회피 전략 - C

NCS 가이드북에서의 갈등 해소법의 유형을 알아 두어야 한다. 제시문에서 주어지는 경우도 많으니 단순히 암기만 하면 안 된다. Lose-Lose / Win-Lose / Lose-Win / Win-Win / Give and Take 방법 중 어느 것을 제시하고 있는지 파악할 수 있어야 한다.

다음 중 협상 전략과 그것이 사용된 예시가 올바르게 짝지어진 것은?

유화 전략: 상대가 제시한 안이 타당하다 인정하며 그대로 수용한다.
협력 전략: 상호 양보하며 협력하는 것으로 서로에게 이익이 있다고 생각된다.
강압 전략: 교섭에 우위를 점할 때 사용되며, 일방적인 의사 결정이 이루어진다.
회피 전략: 갈등의 상황에서 충돌하지 않고 문제를 해결하려는 소극적인 전략이며, 주로 타협점을 찾기 힘든 경우가 많다.

A. ○○ 건물에 세를 내며 장사를 하는 김 군은 월세를 올려 주지 않으면 가게를 비워 달라는 건물주의 제안이 부당하다고 생각했지만, 다른 대안이 없었기에 건물주의 제안을 받아들였다.
B. ○○ 회사에 다니는 이 군은 회사에서 유능한 인재였다. 업무 능력과 성과, 회사에 기여한 바가 인정을 받았으며, 동기들에 비하여 회사에 빠른 적응을 하며 뛰어난 능력을 발휘했다. 이에 이 군은 승진과 연봉 인상을 제안하였으며, 회사는 흔쾌히 승진과 연봉 인상을 해 주었다.
C. 같은 회사에 다니는 A 씨와 B 씨는 아침에는 A 씨의 자동차로 같이 편하게 출근하며, B 씨는 매달 A 씨에게 일정 금액을 지불한다. A 씨는 부가적인 수입이 생겨서 만족스러워 하며, B 씨는 같은 금액으로 아침마다 편하게 회사에 출근할 수 있어 만족했다.
D. A 회사는 B 업체와 회사 정수기 계약을 협상 중이다. 그런데 B 업체에 대한 평판이 좋지 않고, C 업체에 반하여 정수기의 성능이 낮고, 계약 금액도 높았다. 이에 A 회사는 B 업체와 협상하는 것이 합리적이지 않다고 생각하며 협상을 중단하였다.

① 유화 전략 - B
② 협력 전략 - A
③ 강압 전략 - D
④ 회피 전략 - C

정답 및 해설 정답 ①

A: 건물주는 김 군에게 가게를 비워 줄 것을 요구하며 인상안을 받아들이게 한 것이므로 Win-Lose 전략인 강압 전략을 사용한 것이다.
B: 이 군의 제안을 타당하다고 생각하여 즉각적으로 승진과 연봉 인상을 해 주었다.
이 군의 제안을 그대로 수용하고 있으므로 Lose-Win 전략, 즉 유화 전략을 사용한 것이다.
C: A 씨는 적은 노력으로 부가적인 수입 창출을, B 씨는 일정 금액으로 좀 더 편리한 출근을 할 수 있으므로, 서로 협력하는 전략인 Win-Win 협력 전략을 사용한 것이다.
D: A 회사는 B 업체와의 협상이 비합리적이라고 생각하여 협상을 중단하였으므로, Lose-Lose 전략인 회피 전략을 사용한 것이다.

유형 연습문제

●정답과 해설 525쪽

01 A 사원은 신입 사원 교육에서 직장 내 갈등과 이에 따른 성과의 변화에 대한 강의를 들었다. 강의 내용이 다음과 같을 때, 강의에 대해 적절하게 이야기한 것을 고르시오.

> 직장 내의 갈등은 어느 정도 필요하다. 최근 조사된 갈등에 따른 업무 성과를 분석하였을 때, 갈등의 빈도가 낮거나 높은 부서는 낮은 업무 성과를 나타내었다. 반면 적절한 갈등을 통하여 서로의 의견을 조율해 나간 부서에서는 높은 업무 성과를 달성하였다. 갈등은 개인 간의 의견 차이를 좁히며 좀 더 나은 방향으로 나아갈 수 있게 해 주는 필요한 요소이다. 따라서 갈등이 없는 부서와 많은 갈등을 겪는 부서는 적절한 갈등을 통한 의사소통이 이루어지는 부서에 비해 낮은 업무 성과를 나타낸다.

① 갈등 정도가 적절하다면 업무 성과 역시 높게 형성되므로, 어느 정도까지는 갈등 정도와 업무 성과가 비례관계에 놓여 있겠군.
② 갈등 정도가 줄어든다면 업무 성과는 항상 줄어들겠군.
③ 갈등 정도가 증가함에 따라 업무 성과가 줄어들다가 늘어나는 현상이 발생하겠군.
④ 갈등 정도를 최소로 하는 것이 업무 성과를 높이는 좋은 방법이겠군.
⑤ 업무 성과 향상에 갈등이 필요하므로 일부러 반대 의견을 내는 것도 좋은 방법이겠군.

02 아래 설명은 갈등의 과정을 5단계로 나눈 것이다. 이를 참고할 때 〈보기〉는 어느 단계에 해당되는지 고르시오.

[갈등의 5단계]

i) 의견 불일치
문제에 대한 생각, 의견이 다를 경우 발생

ii) 대결 국면
의견 불일치가 지속되어 서로의 입장만을 고수하고, 상대방 입장은 부정하는 태도

iii) 격화 국면
상대방에 대한 적대적인 태도로 발전, 상대방의 의견을 부정하며 상대방에게 설득이 아닌 강압적, 위협적인 방법 사용

iv) 진정 국면
갈등이 점차 줄어들고 협상이 시작됨. 이때 제 3자가 문제 해결에 도움을 줄 수 있음

v) 갈등의 해소
서로의 의견을 조율하여 하나의 목표를 달성함

| 보기 |

> 형제인 갑과 을은 집에서 강아지를 키우자는 형과 반대하는 동생이 팽팽한 의견 대립을 이루고 있었다. 한 치의 양보도 없을 것 같던 형제는 점차 서로의 의견을 굽히며, 타협점을 향해 가고 있다. 이때 갑과 을의 아버지인 A 씨는 두 형제 모두 만족해 할 만한 제안을 제시하여 이 문제에 대한 해결책을 제시하였다. 두 형제 모두 아버지의 의견에 만족스러워하는 눈치였다.

① 의견 불일치 ② 대결 국면 ③ 격화 국면 ④ 진정 국면 ⑤ 갈등의 해소

고객의 불만 유형이나 불만족한 고객을 다루는 방법들을 묻는 문제로, 불만을 제기하는 고객의 유형을 분류하고 그에 따른 대처 방법을 확인해야 한다.

A 홈쇼핑 고객민원실은 고객의 민원에 원활한 대처를 하기 위하여 교육을 실시하였다. 아래의 〈지침〉을 참고할 때 주어진 〈상황〉에 가장 적절히 대처한 것을 고르시오.

〈지침〉

우리 A 홈쇼핑은 고객을 우선으로 생각하지만, 주어진 규정을 지켜야 하며, 고객의 지나친 요구를 들어주어서도 아니 된다.

고객의 불평은 때로는 거친 표현으로 다가올 수 있다. 이를 대비하여 침착하고 긍정적으로 고객을 응대해야 하며, 기친 표현은 자제한다.

고객이 불만을 표현하는 유형은 크게 4가지로 분류할 수 있다.

ⅰ) 거만형
= 고객님이 거만한 태도로 과시하셔도 예의를 갖추어 자존심을 건드리지 않도록 한다.

ⅱ) 의심형
= 객관적인 증거나 근거를 통하여 고객님의 의심점을 해결하려고 노력한다.

ⅲ) 트립형
= 고객의 지적에 물음을 제시하여 객관적인 근거를 갖추어 고객의 지적을 해결하여 준다.

ⅳ) 성급형
= 간결하고 정확한 표현으로, 신속하고 정확하게 상담을 마무리한다.

〈상황〉

고객: 물건을 주문한 지 얼마나 지났는데 아직도 도착하지 않는 겁니까?
직원: 네, 고객님. 저희 제품의 배송 기간은 주문하신 페이지에서 확인하실 수 있으십니다.
고객: 아니, 대략 일주일 정도라고 애매하게 나와 있는데, 정확히 언제 도착할지 알아야 내가 기다리지 않을 거 아닙니까?
직원: 고객님, ______________________

① 지금 대부분의 고객님들은 차분히 기다리고 계시니까, 조금만 더 기다려 보심이 어떠하신지요?
② 언제 도착할지 명시되지 않아 화가 나셨군요. 제가 전산으로 확인해 보니 12월 8일 금요일 오후 3시경에 배송 예정입니다, 고객님.
③ 이 부분은 제가 도와드릴 수가 없네요. 직접 택배사로 문의하세요.
④ 홈페이지에 대략 일주일 정도라고 명시되어 있으니, 일주일 동안은 매일매일 기다려 보세요.
⑤ 고객님의 심정은 충분히 이해합니다. 최대한 빠른 시일 내에 배송될 수 있도록 노력하겠습니다.

고객의 불만 표현 방식에 따른 대응 방안을 파악해 두어야 한다. 우선 그 방안에 따라 올바른 대응을 하고 있는지 판단해야 한다. 객관적인 증거나 근거를 제시하고, 애매하지 않은 표현과 구체적이고 정확한 답변으로 고객의 요구에 응대해야 한다.

A 홈쇼핑 고객민원실은 고객의 민원에 원활한 대처를 하기 위하여 교육을 실시하였다. 아래의 〈지침〉을 참고할 때 주어진 〈상황〉에 가장 적절히 대처한 것을 고르시오.

〈지침〉

우리 A 홈쇼핑은 고객을 우선으로 생각하지만, 주어진 규정을 지켜야 하며, 고객의 지나친 요구를 들어주어서도 아니 된다.

고객의 불평은 때로는 거친 표현으로 다가올 수 있다. 이를 대비하여 침착하고 긍정적으로 고객을 응대해야 하며, 거친 표현은 자제한다.

고객이 불만을 표현하는 유형은 크게 4가지로 분류할 수 있다.

i) 거만형
= 고객님이 거만한 태도로 과시하셔도 예의를 갖추어 자존심을 건드리지 않도록 한다.

ii) 의심형
= 객관적인 증거나 근거를 통하여 고객님의 의심점을 해결하려고 노력한다.

iii) 트립형
= 고객의 지적에 물음을 제시하여 객관적인 근거를 갖추어 고객의 지적을 해결하여 준다.

iv) 성급형
= 간결하고 정확한 표현으로, 신속하고 정확하게 상담을 마무리한다.

〈상황〉

고객: 물건을 주문한 지 얼마나 지났는데 아직도 도착하지 않는 겁니까?
직원: 네, 고객님. 저희 제품의 배송 기간은 주문하신 페이지에서 확인하실 수 있으십니다.
고객: 아니, 대략 일주일 정도라고 애매하게 나와 있는데, 정확히 언제 도착할지 알아야 내가 기다리지 않을 거 아닙니까?
직원: 고객님, ______

① 지금 대부분의 고객님들은 차분히 기다리고 계시니까, 조금만 더 기다려 보심이 어떠하신지요?
② 언제 도착할지 명시되지 않아 화가 나셨군요. 제가 전산으로 확인해 보니 12월 8일 금요일 오후 3시경에 배송 예정입니다, 고객님.
③ 이 부분은 제가 도와드릴 수가 없네요. 직접 택배사로 문의하세요.
④ 홈페이지에 대략 일주일 정도라고 명시되어 있으니, 일주일 동안은 매일매일 기다려 보세요.
⑤ 고객님의 심정은 충분히 이해합니다. 최대한 빠른 시일 내에 배송될 수 있도록 노력하겠습니다.

정답 및 해설 정답 ②

고객은 애매한 배송 일자에 화가 나 구체적이고 정확한 배송 일자를 요구하고 있다. 이에 맞는 직원의 응대 방법은 구체적이고 정확한 답변으로 고객의 요구를 해결하여 주는 것이다.

01 다음은 A 회사의 고객 응대 매뉴얼 예시 중 일부이다. 고객의 불만 처리 프로세스를 나타낸 것일 때, 각 단계에 해당하는 내용으로 적절하지 않은 것을 고르시오.

1단계: 경청
= "네, 고객님, 그런 불편을 겪고 계셨군요. 죄송합니다."

2단계: 감사와 공감 표시
= ㉠ "귀중한 시간 내주셔서 직접 문제점을 지적하여 주셔서 감사합니다."

3단계: 사과
= ㉡ "불량품 배송에 대한 연락을 드리지 못한 점을 진심으로 사과드립니다, 고객님."

4단계: 해결 약속
= "담당 부서로 하여금 불량품 회수와 새 제품으로 재발송 도와드리겠습니다."

5단계: 정보 파악
= ㉢ "불량품 회수와 새 제품 발송을 위한 주소와 연락 받으실 전화번호를 말씀해 주시면 감사하겠습니다."

6단계: 신속 처리
= ㉣ "불량품을 배송해 드린 저희 잘못으로 고객님께 사용하실 수 있는 할인쿠폰을 같이 발송해 드리거나 사은품을 증정해 드리려 하는데, 어느 편이 괜찮으실까요?"

7단계: 처리 확인 및 피드백
= ㉤ "앞으로는 상품의 불량이나 이상이 있을 경우, 고객님께서 즉각 연락 주시면 보다 빠른 조치를 취할 수 있도록 하겠습니다."

① ㉠　　② ㉡　　③ ㉢　　④ ㉣　　⑤ ㉤

● 정답과 해설 525쪽

02 다음은 A 배송 회사의 CS 응대 시스템이다. 김 사원이 우려하는 문제에 대한 이 사원의 대안으로 적절한 것을 고르시오.

> 김 사원: 우리 회사의 CS 응대 시스템은 전문성을 가지고 있지 않아 고객들이 만족스러운 답변을 얻지 못하는 경우가 많아. 따라서 CS 응대 부서를 나누어 전문화된 지식과 상담으로 고객분들에게 만족스러운 상담을 할 수 있도록 노력해야 하지 않을까?
> 이 사원: 하지만 부서를 나누어 상담을 진행하게 되면 특정 부서에 업무가 집중되는 현상이 발생할 수 있어. 또한 고객들의 대기 시간 역시 길어지게 될 것이야.
> 김 사원: 그럼 업무가 집중되지 않고, 고객 역시 전문화된 상담을 받을 수 있는 방법이 없을까?
> 이 사원: ______________

① 상담원의 인원을 추가하면 해결될 거야.
② 문의가 많은 부서만 남기고 다른 부서들을 다 없애면 해결될 거야.
③ 고객들에게 문의사항에 대한 정보가 적힌 장문의 메시지를 보내 주면 전화 상담 없이 해결이 가능할 거야.
④ 자주 물어보는 문의사항은 매뉴얼로 정리하여 상담에 도움이 될 수 있도록 하고, 전문성이 필요한 경우 전문 상담사에게 연결하도록 하면, 효율성과 전문성을 동시에 가질 수 있을 거야.
⑤ 빠른 응대가 가장 중요하니, 전문성은 좀 떨어져도 괜찮아.

National Competency Standards

Chapter 7

정보능력

Chapter 7 정보능력

I. 컴퓨터활용능력

1. 평가 목표

- 업무와 관련된 정보를 수집, 분석, 조직, 관리 및 활용하기 위해 컴퓨터 관련 이론을 파악하고 다양한 소프트웨어를 활용할 수 있는지 평가합니다.

2. 유형 특징

- 컴퓨터와 관련된 지식 및 프로그램 활용법에 대한 이론적 지식을 평가하는 문제가 출제됩니다.
- 정보 보안, 바이러스의 예방과 치료, 프로그래밍 언어 등이 출제되며, 특히 업무상 활용도가 높은 엑셀 시트와 관련된 문제가 주로 출제됩니다.
- 출제의 범위가 점차 방대해지고 난이도가 높아지는 유형으로, 산업인력공단에서 시행하는 컴퓨터활용능력이나 정보처리기사 자격시험 등에서 다루는 범위의 문제 출제 비중이 늘어나고 있습니다. 특히 최근 한국전력공사에서 실시한 유형의 문제가 고난도로 출제되고 있습니다.

3. 풀이 전략

- 컴퓨터활용능력은 이론 암기만으로는 해결되기 어렵기 때문에, 컴퓨터상에서 실제로 실습해 보는 연습을 하는 것이 중요합니다.
- 시스템 코드 해석 관련 문제의 경우 전공 지식이 없더라도 설명을 읽고 차례대로 코드를 적용하여 문제를 해결할 수 있으므로 문제를 의도적으로 피하지 않도록 합니다.
- 엑셀 시트와 관련된 문제가 자주 출제되므로 자주 쓰는 기능이나 편집, 출력, 수식 지정, 데이터 관리와 같은 사항과 활용도가 높은 단축키 등에 대해서는 미리 숙지하여 두는 것이 도움이 됩니다.

II. 정보처리능력

1. 평가 목표

- 업무와 관련된 정보를 수집하고 이를 분석할 수 있는지 평가하며, 정보를 조직하고 관리하여 획득한 내용을 업무 중에 활용할 수 있는지 평가합니다.

2. 유형 특징

- 실무 상황에서 적용될 수 있는 정보처리능력을 구체적으로 평가하기 위해 다양하고 복잡한 내용으로 구성된 제품 코드 문항을 출제하여 각 조건이나 상황에 맞는 정보를 적용하여 신속하고 정확하게 분류할 수 있는지 확인하는 문제가 주로 출제됩니다.
- 단일형 문제보다는 각각의 규칙을 여러 사례로 변형하여 최소 2개 문항의 세트형 문제가 출제되는 것이 특징입니다.
- 상품 분류 코드 외에도 바코드 지정 방식에 따라 바르게 분류된 상품을 고르거나, 반대로 상품을 보고 정보의 관리에 따라 바르게 표현된 바코드를 고르는 문제가 출제되기도 합니다.

3. 풀이 전략

- 많은 정보를 포함하고 있는 상품 분류 코드는 숫자나 기호가 하나만 달라지더라도 의미가 완전히 달라지므로 코드 번호를 상품별, 단위별로 구분하고 정확히 파악하여 실수하지 않도록 합니다.
- 많은 정보를 하나하나 비교하면 풀이 시간을 낭비하게 되므로, 단위 내용이 규칙에 부합하는지 확인하여 풀이의 정확도를 높이도록 합니다.
- 세트형 문제가 주로 출제되기 때문에 처음 제시된 규칙을 제대로 파악하여 각 문항마다 정확히 대입하는 것이 오답을 피하는 방법입니다.

유형 대표문제

소프트웨어 활용 유형

해당 유형은 실제 직무에서 자주 사용하는 오피스 관련 프로그램을 적절하게 활용할 수 있는지 평가한다. 가장 자주 등장하는 엑셀의 경우 해당 문항처럼 기본적인 함수뿐만 아니라, 실제 업무에서 자주 사용하게 되는 기본 데이터를 활용하여 유의미한 새로운 데이터로 변환하는 데 쓰이는 함수와 기능을 활용할 수 있는지 평가하는 경우가 많다.

다음은 A학원 학생들의 성적표이다. 국어, 수학, 영어 점수의 합산으로 등수를 표시하려 한다. G5 셀에서 함수를 작성하고, G6과 G7은 G5를 복사하여 붙여 넣기를 할 때 함수식으로 가장 적절한 것은?

	A	B	C	D	E	F
1	성적					
2	이름	국어	영어	수학	총점	등수
3	김국찬	85	88	92	265	
4	김선형	68	92	84	244	
5	오세근	70	75	85	230	

① =RANK(E3, E5:E7, 0)
② =RANK(E3, $E5:$E7, 1)
③ =RANK(E3, E$5:E$7, 0)
④ =RANK(E3, $E$5:$E$7, 1)
⑤ =RANK(E3, E$5:E$7, 1)

엑셀에서 사용하는 기본적인 함수식의 사용법을 알아 두어야 한다. 함수식의 이름, 입력식, 활용 예제 등을 연습해야 한다. 사용 빈도가 높은 함수식의 업무 상황에 따른 실제 활용법을 알아 두고, 띄어쓰기, 따옴표, 절대값 표시 등의 패턴을 확인해 두어야 한다.

다음은 A학원 학생들의 성적표이다. 국어, 수학, 영어 점수의 합산으로 등수를 표시하려 한다. G5 셀에서 함수를 작성하고, G6과 G7은 G5를 복사하여 붙여 넣기를 할 때 함수식으로 가장 적절한 것은?

	A	B	C	D	E	F
1	성적					
2	이름	국어	영어	수학	총점	등수
3	김국찬	85	88	92	265	
4	김선형	68	92	84	244	
5	오세근	70	75	85	230	

① =RANK(E3, E5:E7, 0)
② =RANK(E3, $E5:$E7, 1)
③ =RANK(E3, E$5:E$7, 0)
④ =RANK(E3, $E$5:$E$7, 1)
⑤ =RANK(E3, E$5:E$7, 1)

정답 및 해설 정답 ③

RANK는 등수를 구할 때 사용하는 함수이다. 함수는 RANK[순위를 구하려는 수, 순위를 구하려는 범위, 1(오름차순) 0(내림차순)]으로 작성한다.
E$3:E$5로 아래로 내릴 때 범위가 바뀌지 않게 뒤쪽 숫자만 $를 해 주면 된다. 마지막 인수의 "0"은 내림차순이고, "1"은 오름차순이다. 합계가 가장 높은 숫자가 1등이 되어야 하므로 내림차순인 "0"이 되어야 한다.

01 K 회사에서 근무하는 김 과장은 회사 총순이익을 산출하였다. 올해 목표인 5,000,000원을 달성하기 위해 판매 수량이 얼마나 되는지 알고자 한다. 김 과장이 '목표값 찾기' 대화상자에 입력할 내용으로 가장 적절한 것은?

	A	B	C
1	구분		2019년
2	판매 수량		26,000
3	판매 단가		2,500
4	판매 금액		6,500,000
5	비용	인건비	1,500,000
6		기타	755,000
7	소계		2,255,000
8	순이익		4,245,000
9			
10	총이익		4,245,000

	수식 셀	찾는 값	값을 바꿀 셀
①	$C$2	5,000,000	$C$10
②	$C$2	$C$10	5,000,000
③	$C$10	$C$2	5,000,000
④	$C$10	5,000,000	$C$4
⑤	$C$10	5,000,000	$C$2

02 스프레드시트에 대한 설명으로 옳은 것은?

① 다양한 형태의 문서를 작성, 편집, 저장, 인쇄할 수 있는 프로그램
② 계산 프로그램으로 워드 프로세서와 같이 문서를 작성하고 편집하는 기능 외에 수치나 공식을 입력하여 계산 결과를 도출하고 이를 차트, 그래프 등으로 표시할 수 있는 프로그램
③ 대량의 자료를 관리하고 내용을 구조화하여 검색이나 자료 관리 작업을 효과적으로 실행하는 프로그램
④ 여러 가지 정보를 PC 또는 멀티미디어를 활용하여 다른 사람들에게 전달하는 행위
⑤ 시스템 하드웨어 관리뿐 아니라 응용 소프트웨어를 실행하기 위하여 하드웨어 추상화 플랫폼과 공통 시스템 서비스를 제공하는 프로그램

●정답과 해설 526쪽

03 아래 워크시트의 E8 셀에 COUNTIFS(A2:A8, B3, C2:C8, C2)라고 입력한 값으로 적절한 것은?

	A	B	C	D
1	성명	부서	직급	성별
2	강수진	기획부	사원	여
3	김민혁	개발부	차장	남
4	이장호	기획부	사원	남
5	성민아	개발부	사원	여
6	차준우	총무부	부장	남
7	박한솔	개발부	사원	여
8	정경완	총무부	대리	남

① 1 ② 2 ③ 3 ④ 4 ⑤ 5

유형 대표문제

컴퓨터의 기초적인 활용 유형

해당 유형은 컴퓨터의 기본적인 활용에 대한 평가이다. 전문적인 지식보다는 평소 업무를 진행하면서 사용하는 기능, 단축키 등이 주로 출제되므로 PC 운영 체제인 윈도우의 기능을 사용하기 위한 기본적인 조작, 단축키 활용과 정보를 검색할 때 사용하는 검색 연산자 위주로 학습하는 것이 효율적이다.

르브론 제임스의 아들은 NBA에서 주목하고 있는 유망주이다. 르브론 제임스의 아들 이름을 키워드 검색 방법을 활용하여 찾으려고 한다. 아래 표를 참고하여 검색 조건을 만들 경우 가장 적절한 것은?

연산자	기호
AND 연산자	&
OR 연산자	+
NOT 연산자	! 또는 –
인접 검색 연산자	~

① 르브론 제임스 & 아들
② 르브론 제임스 - 아들
③ 르브론 제임스 + 아들
④ 르브론 제임스 ! 아들
⑤ 르브론 제임스 ~ 아들

업무에 필요한 특정 소프트웨어의 활용법을 묻는 경우가 많다. 워드 프로세서, 프레젠테이션, 데이터 베이스, 윈도우즈, 검색 프로그램의 검색식 등을 활용하는 방법을 익혀 두어야 한다. 주로 매뉴얼을 주고 이를 활용하는 방법을 묻는 문제들이 많다.

르브론 제임스의 아들은 NBA에서 주목하고 있는 유망주이다. 르브론 제임스의 아들 이름을 키워드 검색 방법을 활용하여 찾으려고 한다. 아래 표를 참고하여 검색 조건을 만들 경우 가장 적절한 것은?

연산자	기호
AND 연산자	&
OR 연산자	+
NOT 연산자	! 또는 –
인접 검색 연산자	~

① 르브론 제임스 & 아들
② 르브론 제임스 - 아들
③ 르브론 제임스 + 아들
④ 르브론 제임스 ! 아들
⑤ 르브론 제임스 ~ 아들

정답 및 해설 — 정답 ①

① (O) 르브론 제임스 & 아들: 르브론 제임스와 아들이 모두 포함된 문서를 검색하므로 적절한 검색 방식이다.
② (X) 르브론 제임스 - 아들: 르브론 제임스를 검색하지만 아들이 표현되지 않은 문서를 검색하므로 적절하지 않다.
③ (X) 르브론 제임스 + 아들: 르브론 제임스와 아들 중 하나만 있으면 검색되므로 너무 많은 데이터가 검색되어 적절하지 않다.
④ (X) 르브론 제임스 ! 아들: 르브론 제임스를 검색하지만 아들이 포함되지 않은 문서를 검색하므로 적절하지 않다.
⑤ (X) 르브론 제임스 ~ 아들: 르브론 제임스와 아들이 인접해 있는 문서만 검색하므로 적절하지 않다.

유형 연습문제

● 정답과 해설 526쪽

01 크로스 컴파일러(cross compiler)에 대한 설명으로 옳은 것은?

① 코볼 등 고급 언어로 된 프로그램을 기계가 처리할 수 있는 어셈블리어나 기계 코드의 프로그램으로 번역하는 프로그램
② 프로그램 언어(BASIC 등)로 적혀진 프로그램을 기계어로 변환하는 프로그램
③ 어셈블러 언어로 쓰인 프로그램 또는 기호 언어로 기술된 프로그램을 기계어의 프로그램으로 번역하는 프로그램
④ 컴파일러가 실행되는 플랫폼이 아닌 다른 플랫폼에서 실행 가능한 코드를 생성하는 것
⑤ 데이터나 정보를 변경할 필요가 없는 핵심적인 소프트웨어를 롬(ROM)에 가입하여 하드웨어처럼 사용함으로써 처리를 빠르게 하고 회로를 단순하게 하기 위한 것

02 A 매니저는 정보 검색 연산자를 사용하여 정보를 검색할 계획이다. A 매니저가 입력할 명령어로 가장 적절한 것은?

> 이번에 나올 앨범은 장르를 요즘 트렌드인 '힙합'으로 하면 좋을 거 같은데, '힙합'에서도 무거운 장르인 '붐뱁'은 우리 가수들한테 안 어울릴 거 같으니 '붐뱁' 외에 다른 장르를 조사해 주세요.

① 힙합 and 붐뱁
② 힙합 - 붐뱁
③ 힙합 near 붐뱁
④ 붐뱁 or 힙합
⑤ 붐뱁 ! 힙합

유형 대표문제

정보의 분류 / 적용 / 분석 유형(바코드, 분류 코드 등)

해당 유형은 정보를 분류하거나 분류 체계를 이해할 수 있는지 평가한다. 바코드, 상품 분류 코드, 재고 코드 등 다양한 유형의 분류 코드를 활용하여 상품을 찾거나 기준에 맞는 코드를 부여하는 문항이 주로 출제된다. 분류 코드 기준을 정확하고 빠르게 이해하면 어렵지 않게 문항을 풀이할 수 있다.

다음은 B 의류 공장의 제품 시리얼 코드 생성 방법이다. 제시된 자료를 참고해 다음 질문들에 답하시오.

| 보기 |

[생산 연월]-[생산 브랜드]-[생산 공장]-[제품 종류]-[생산 순서]
제품 시리얼 코드 1812-B-01-AFM-03112
2018년 12월 B 브랜드 1공장에서 3112번째로 생산된 남성 니트

생산 연월	생산 브랜드	생산 공장		제품 종류				생산 순서
				의류 종류		옵션		
1802: 2018년 2월	A 브랜드	01	1공장	CV	후드	M	남성	• 00001부터 시작하여 생산 순서대로 5자리의 번호가 매겨짐 • 생산 연월에 따라 번호를 갱신함
		02	2공장			W	여성	
	B 브랜드	01	1공장	AF	니트	M	남성	
		02	2공장			W	여성	
	C 브랜드	01	1공장	DM	맨투맨	M	남성	
		02	2공장			W	여성	

다음 중 B 의류 공장이 2016년 C 브랜드에서 생산한 맨투맨의 시리얼 코드로 알맞은 것은?

① 1705A02CVM16452
② 1612C01DMM35122
③ 1712C02DMW31522
④ 1612B01AFW31577
⑤ 1701B02AFW51442

정보의 분석에서 가장 많이 활용되는 바코드와 시리얼 코드는 반드시 생성법을 알아 두어야 한다. 대부분 제시문에서 자료와 함께 생성 매뉴얼을 제공한다. 특히, 주어진 자료만으로는 알 수 없는 항목이 포함되어 있으므로 주어진 자료 내에서 정답을 고르는 연습이 필요하다.

다음은 B 의류 공장의 제품 시리얼 코드 생성 방법이다. 제시된 자료를 참고해 다음 질문들에 답하시오.

| 보기 |

[생산 연월]-[생산 브랜드]-[생산 공장]-[제품 종류]-[생산 순서]
제품 시리얼 코드 1812-B-01-AFM-03112
2018년 12월 B 브랜드 1공장에서 3112번째로 생산된 남성 니트

생산 연월	생산 브랜드	생산 공장		제품 종류				생산 순서
				의류 종류		옵션		
1802: 2018년 2월	A 브랜드	01	1공장	CV	후드	M	남성	• 00001부터 시작하여 생산 순서대로 5자리의 번호가 매겨짐 • 생산 연월에 따라 번호를 갱신함
		02	2공장			W	여성	
	B 브랜드	01	1공장	AF	니트	M	남성	
		02	2공장			W	여성	
	C 브랜드	01	1공장	DM	맨투맨	M	남성	
		02	2공장			W	여성	

다음 중 B 의류 공장이 2016년 C 브랜드에서 생산한 맨투맨의 시리얼 코드로 알맞은 것은?

① 1705A02CVM16452
② 1612C01DMM35122
③ 1712C02DMW31522
④ 1612B01AFW31577
⑤ 1701B02AFW51442

정답 및 해설 정답 ②

2016년	월	C 브랜드	생산 공장	맨투맨	옵션	생산 순서
16	??	C	0?	DM	?	?

생산된 월, 공장, 옵션, 생산 순서는 알 수 없지만, 주어진 물음에 적합한 시리얼 코드는 ②이다.

유형 연습문제

●정답과 해설 526쪽

01~03 아래 〈자료〉는 물류 창고 책임자와 창고 내 제품 분류 및 번호 부여 규칙이다. 다음 물음에 답하시오.

〈자료 1〉

생산 공장		제품 용도		제품 종류		제품 색상		생산 연월	생산 번호
코드	명칭	코드	명칭	코드	명칭	코드	명칭		
A	강원도	01	컴퓨터	001	컴퓨터	BL	검정	생산 연도의 마지막 2자리와 생산 월의 2자리	생산 순서대로 00001~99999의 번호 부여
				002	마우스				
				003	프린터				
B	충청도	02	음향기기	004	이어폰	WH	흰색		
				005	스피커				
				006	오디오				
C	전라도	03	조리용	007	인덕션	BR	갈색		
				008	오븐				
				009	믹서기				
D	경기도	04	저장용	010	일반냉장고	SI	은색		
				011	김치냉장고				
				012	와인냉장고				
E	경상도	05	냉, 난방용	013	선풍기	GR	회색		
				014	에어컨				
				015	전기히터				
F	제주	06	정리용	016	청소기	RD	빨강		
				017	식기세척기				
				018	물걸레				

〈자료 2〉

책임자	창고 내 제품 코드 번호
김민호	A04011SI171103221
강준희	F02005BL181065223
박대희	C03007BR180438565
최성희	E04012WH161220031
이재준	B01001RD171103245
성혜정	D06018GR180165412
정태민	C05013BR160354100

01 저장용 제품을 보관하고 있는 창고는 모두 몇 곳인가?

① 1　② 2　③ 3　④ 4　⑤ 5

02 다음 중 생산 연월이 동일한 제품을 보관하는 물류 창고 책임자들로 짝지어진 것은?

① 성혜정-정태민　　② 김민호-이재준　　③ 박대희-최성희
④ 강준희-정태민　　⑤ 김민호-성혜정

03 물류 창고 총책임자가 18년도에 생산된 제품을 보관하는 창고들을 방문하려고 한다. 방문하는 창고는 총 몇 개인가?

① 1　　② 2　　③ 3　　④ 4　　⑤ 5

유형 대표문제

해당 유형은 정보를 정확하게 이해하여 분류하거나 알맞은 정보를 찾을 수 있는지 평가한다. 정보의 내용을 확실하게 파악한다면 무리 없이 문항을 풀이할 수 있다.

다음은 S사의 자동차 코드 번호 부여 방식이다. S사의 K 사원이 보유하고 있는 업무용 차량은 2012년형 중급 SUV이다. 부산에서 생산된 이 차량은 LPG 엔진을 이용하며 수동 기어이다. 다음 중 K 사원의 업무용 차량은?

〈자료〉

SA/S/H/A/B/B/02130
① ② ③ ④ ⑤ ⑥ ⑦

① 차종: SA-세단 SS-SUV SC-승합차
② 차 등급: C-하급 E-중급 S-상급
③ 엔진 종류: G-가솔린 엔진 D-디젤 엔진 L-LPG 엔진 H-하이브리드 엔진
④ 기어 종류: H-수동 A-오토
⑤ 생산 공장: S-서울 B-부산 P-포항
⑥ 생산 연도: A-2010 B-2011 C-2012 D-2013 · · · · ·
⑦ 일련번호: 00001~99999로 제작 순서대로 부여

① SCSHHSD54187
② SACGASA32150
③ SSEDHPA65211
④ SSELHBC45200
⑤ SSSHHSB65207

정보의 이해 및 분류에서도 가장 많이 활용되는 바코드와 분류 코드는 생성 방법을 꼭 숙지해 두어야 한다. 대부분 제시문에서 자료와 함께 생성 매뉴얼을 제공한다. 어려운 문제는 아니지만, 시간이 많이 걸릴 수 있으므로 충분한 연습이 요구된다.

다음은 S사의 자동차 코드 번호 부여 방식이다. S사의 K 사원이 보유하고 있는 업무용 차량은 2012년형 중급 SUV이다. 부산에서 생산된 이 차량은 LPG 엔진을 이용하며 수동 기어이다. 다음 중 K 사원의 업무용 차량은?

〈자료〉

SA/S/H/A/B/B/02130
① ② ③ ④ ⑤ ⑥ ⑦

① 차종: SA-세단 SS-SUV SC-승합차
② 차 등급: C-하급 E-중급 S-상급
③ 엔진 종류: G-가솔린 엔진 D-디젤 엔진 L-LPG 엔진 H-하이브리드 엔진
④ 기어 종류: H-수동 A-오토
⑤ 생산 공장: S-서울 B-부산 P-포항
⑥ 생산 연도: A-2010 B-2011 C-2012 D-2013 · · · · ·
⑦ 일련번호: 00001~99999로 제작 순서대로 부여

① SCSHHSD54187
② SACGASA32150
③ SSEDHPA65211
④ SSELHBC45200
⑤ SSSHHSB65207

정답 및 해설 정답 ④

SUV	중급	LPG 엔진	수동 기어	부산 생산	2012년	일련번호
SS	E	L	H	B	C	

이 조건에 맞는 코드 번호는 ④이다.

유형 연습문제

● 정답과 해설 526쪽

01~02 아래 〈자료〉는 B 가방 회사의 제품 분류 및 번호 부여 규칙이다. 다음 물음에 답하시오.

〈자료 1〉

상품 구분		모델		디자인		생산 공장		생산 연도	생산 번호
코드	명칭	코드	명칭	코드	명칭	코드	명칭		
A	성인용	BP	백팩	BL	블랙	01	포항	생산 연도의 뒤 2자리를 부여	생산 순서대로 00001~99999의 번호 부여
		MS	메신저백	WH	화이트	02	여수		
		CR	캐리어	BR	브라운	03	울산		
S	학생용	HL	보조가방	GR	그레이				
		TD	토드백	CR	캐릭터				
C	유아용	HS	힙색	ST	줄무늬				
		CR	크로스백	PT	패턴				

〈자료 2〉

관리자	제품 번호
송지용	ACRBL031700320
강현우	CHLCR021806510
정찬현	CBPST011804210
최기원	ATDGR011705241
진선화	SCRBR011706598

01 생산 연도와 모델의 종류가 동일한 관리자끼리 묶은 것은 무엇인가?

① 송지용--강현우 ② 정찬현-최기원 ③ 송지용-진선화
④ 강현우--최기원 ⑤ 정찬현-진선화

02 줄무늬 디자인의 가방을 관리하는 관리자는 모두 몇 명인가?

① 1명 ② 2명 ③ 3명 ④ 4명 ⑤ 5명

03~04 아래는 L사의 메모리 코드를 부여하는 방법이다. 〈자료〉를 읽고 물음에 답하시오.

〈자료〉 L사 메모리 코드 부여 방법

① ② ③ ④ ⑤ ⑥ ⑦ ⑧

64GB/1R/T/3600/x16/10/Z/1

① 메모리 총용량
② 칩의 구성. 1R는 단면, 2R는 양면
③ 메모리 종류
④ 대역폭
⑤ 비트폭
⑥ 메모리 버전. 10은 1.0을 뜻함
⑦ 표준 디자인이면 A, 표준 디자인이 아니면 Z
⑧ 설계 변경 번호. 0은 초기, 이후 숫자가 계속 올라감

03 다음 조건에 맞는 메모리 코드로 가장 적절한 것은?

메모리의 용량은 64GB, 2400의 대여폭을 가지고 있는 U모델. 비트폭은 x16에 양면기판의 표준 디자인, 메모리 버전은 1.0인 3번 모델

① 64GB2RU2400x1610A3
② 64GB1RU3600x1610A2
③ 64GB2RU2400x1620Z4
④ 32GB2RT2400x1610A3
⑤ 64GB2RT4800x810Z1

04 L사는 올해 표준 디자인만 출시하고 메모리 3.0 이상 버전은 출시하지 않는다고 한다. 다음 중 출시하지 못하는 코드의 개수는?

〈메모리 코드〉

① 128GB1RU3600x1620A2	⑤ 512MB2RT1200x820A5
② 64GB2RT2400x840A1	⑥ 64GB1RU3600x810Z2
③ 256GB1RT3600x1640Z1	⑦ 32GB2RU2400x1630Z4
④ 1024GB2RU4800x820Z3	⑧ 128GB1RT4800x1630A2

① 2개 ② 3개 ③ 4개 ④ 5개 ⑤ 6개

National Competency Standards

Chapter 8

기술영역

Chapter 8 기술영역

I. 기술이해능력

1. 평가 목표
- 업무 수행 중 필요한 기술의 원리와 절차를 바르게 이해하여 기술을 활용한 결과를 예측할 수 있는지 평가합니다.

2. 유형 특징
- 특정한 사례를 제시한 후 이에 적용될 수 있는 특정 기술에 대한 개념을 정확히 이해하고 있는지 확인하는 문제가 출제됩니다.
- 기술 혁신의 특성과 과정, 역할에 대한 배경 이론 지식을 물어보는 문제가 출제됩니다.
- 도구, 장치 등과 관련하여 필요한 기술에 대해 그 원리를 바르게 이해할 수 있는지 또는 구체적인 상황에 적용할 수 있는지 평가하는 유형의 문제가 출제됩니다.

3. 풀이 전략
- 주어진 규칙을 적용하는 알고리즘, 순서도 등이 출제될 경우 규칙을 일일이 적용하기보다는 변환 내용을 우선적으로 파악한 뒤, 적용할 수 있는 규칙만을 적절하게 대입하여 답을 도출하는 것이 풀이 시간을 단축하는 방법입니다.
- 익숙한 제품에 대한 자료가 제시되어 제품에 대한 기본 상식이 있더라도 제시된 자료만을 바탕으로 문제를 해결해야 합니다.
- 지원한 기업 혹은 직무와 연관된 기술이 문제의 자료로 주어지는 경우가 있으므로, 관련된 기술에 대해 미리 숙지하는 것이 도움이 됩니다.

II. 기술선택능력

1. 평가 목표
- 업무 수행 시 필요한 기술을 인식하고, 비교·검토하여 이를 선택한 후 업무상 적절히 적용할 수 있는지, 업무에 적용하는 데 있어서 선택한 기술의 결과를 예측할 수 있는지 평가합니다.

2. 유형 특징
- 지시 사항이나 조건에 따라 사무용품이나 제품 등 업무상 필요한 기기나 기구를 합리적으로 선택하는 문제가 주로 출제됩니다.
- 기술 선택 시 우선순위를 설정할 수 있는 지, 벤치마킹에 대한 지식을 지녔는지 확인하는 문제가 출제됩니다.
- 매뉴얼에 따라 내용을 조작하거나 실행하였을 때 예측 가능한 상황에 대해 고르는 문제가 출제됩니다.

3. 풀이 전략
- 문제 풀이를 할 때 제시된 자료들의 비교나 분석이 중요하므로, 비교 대상을 목록화하거나 기준을 잡아 비교·분석하여 풀이하도록 합니다.
- 합리적인 선택을 위해서 자료를 비교할 때, 간단한 연산이 필요할 수도 있음을 미리 숙지하여야 합니다.
- 특정한 상황을 가정하여 표와 그림 등이 함께 제시되는 문제가 많아 시각적으로 방대한 느낌을 받을 수 있지만, 모든 내용을 읽기보다는 가장 먼저 문제를 읽고 상황을 정확하게 파악한 뒤 선택지에 제시된 상황과 관련된 부분을 하나씩 확인하면서 풀이하도록 합니다.

III. 기술적용능력

1. 평가 목표

- 업무 수행 중 선택한 기술을 효과적으로 활용할 수 있는지 평가하며, 업무 수행 중 적용한 기술을 유지, 조정할 수 있는지 평가합니다.

2. 유형 특징

- 제시된 상황에 적용 가능한 기술을 파악하고, 이를 적절히 활용할 수 있는지 확인하는 문제가 출제됩니다.
- 전자 제품의 설명서나 사용자 매뉴얼 등을 제시하고, 어떠한 상황이나 문제가 발생하였을 때 이를 해결하기 위해 어떻게 적용할 수 있는지를 묻는 문제가 출제됩니다.
- 업무상 사용 가능한 스캐너, 프린터 등과 같은 사무용품, 지원하는 기업이나 분야와 관련된 제품의 사용 설명서가 주로 제시됩니다.
- 기존 지식을 활용하는 것이 아닌, 제시된 설명서에 따라 문제에 접근을 할 수 있는지 평가하는 문제가 출제됩니다.

3. 풀이 전략

- 우선 문제를 읽은 후 지문에서 묻는 내용을 확인하는 방식으로 풀어 나가는 것이 좋습니다.
- 많은 정보가 제시되기 때문에 중요한 정보만 추출하는 연습을 해야 합니다.
- 주로 사무용품이나 지원 회사와 밀접한 관계가 있는 제품 설명서가 활용되므로, 관련된 용어와 미리 익숙해지도록 합니다.

유형 대표문제

매뉴얼 적용을 다루고 있는 유형 (제품 매뉴얼, 설명서 등)

해당 유형은 제품의 설명서나 매뉴얼, 대피 요령 등의 행동 요령을 이해하고 적용할 수 있는지 평가한다. 자주 등장하는 것은 전자 제품의 사용 설명서이다. 고장이나 특정 사용을 위해 필요한 항목을 찾고 이에 적절한 대처 방안을 찾는 것이다.

시설관리팀에서 신규로 설치한 정수기가 온/냉수 정수 기능이 제대로 작동하지 않는 문제가 발생하였다. 아래 〈제품 설명서 – 온/냉수 정수 관련 문제해결〉을 참고하여 문제의 해결 방안을 잘못 제시한 사람은?

〈제품 설명서 – 온/냉수 정수 관련 문제해결〉

항목	조치 사항
정수기가 동작하지 않습니다.	정수기 전원 플래그가 제대로 연결되었는지 확인합니다.
냉수가 나오지 않습니다.	정수기의 기능이 정수가 아닌 냉수로 맞추어져 있는지 확인해 주세요. 새롭게 물을 공급해 준 경우 충분한 시간이 지난 후 다시 시도해 주세요.
온수의 온도가 낮습니다.	기존에 설정된 온수의 온도보다 낮다면, 정수기의 점검이 필요합니다. A/S 관련 고객센터로 연락 주세요.
물의 맛이 이상합니다.	정수 필터의 교체 시기를 확인 후, 필터 교체를 요청하여 주세요.

① A 씨는 빠져 있는 전원 플래그를 연결한 다음 정수기를 이용하였다.
② 물을 새로 교체한 것을 확인한 B 씨는 충분한 시간이 지난 후 차가운 물을 마시기 위하여 정수기를 이용하였다.
③ 더운 날씨에 냉수를 이용하고 싶은 C 과장은 정수기의 기능이 정수로 되어 있자 냉수로 바꾸어 이용하였다.
④ 뜨거운 커피를 마시고 싶은 D 사원은 뜨거운 물이 나오지 않자 정수기 속의 이물질을 확인하였다.
⑤ 물에서 이상한 맛을 느낀 E 사원은 정수기 필터 교체 시기를 확인 후 필터 교체를 요청하였다.

문제에서 특정 기계의 제품 설명서를 제시하고, 이에 따른 올바른 사용법을 묻는 문제가 출제되고 있다. 주로 기계의 설치 방법이나 고장 시 문제 해결 방법에 대한 매뉴얼이 주어지고, 그 활용에 대해 묻는다. 편의점이나 유통업 등의 운영 매뉴얼도 많이 출제되는데, 특히 올해에는 재난 대비 국민 행동 매뉴얼 등에 대해 주의해야 한다.

시설관리팀에서 신규로 설치한 정수기가 온/냉수 정수 기능이 제대로 작동하지 않는 문제가 발생하였다. 아래 〈제품 설명서 – 온/냉수 정수 관련 문제해결〉을 참고하여 문제의 해결 방안을 잘못 제시한 사람은?

〈제품 설명서 – 온/냉수 정수 관련 문제해결〉

항목	조치 사항
정수기가 동작하지 않습니다.	정수기 전원 플래그가 제대로 연결되었는지 확인합니다.
냉수가 나오지 않습니다.	정수기의 기능이 정수가 아닌 냉수로 맞추어져 있는지 확인해 주세요. 새롭게 물을 공급해 준 경우 충분한 시간이 지난 후 다시 시도해 주세요.
온수의 온도가 낮습니다.	기존에 설정된 온수의 온도보다 낮다면, 정수기의 점검이 필요합니다. A/S 관련 고객센터로 연락 주세요.
물의 맛이 이상합니다.	정수 필터의 교체 시기를 확인 후, 필터 교체를 요청하여 주세요.

① A 씨는 빠져 있는 전원 플래그를 연결한 다음 정수기를 이용하였다.
② 물을 새로 교체한 것을 확인한 B 씨는 충분한 시간이 지난 후 차가운 물을 마시기 위하여 정수기를 이용하였다.
③ 더운 날씨에 냉수를 이용하고 싶은 C 과장은 정수기의 기능이 정수로 되어 있자 냉수로 바꾸어 이용하였다.
④ 뜨거운 커피를 마시고 싶은 D 사원은 뜨거운 물이 나오지 않자 정수기 속의 이물질을 확인하였다.
⑤ 물에서 이상한 맛을 느낀 E 사원은 정수기 필터 교체 시기를 확인 후 필터 교체를 요청하였다.

정답 및 해설 정답 ④

i) 주어진 제품 설명서를 먼저 파악하기보다는 문항에 나타난 문제 상황에 집중하자. 문항에 주어진 문제 상황을 살펴 필요한 것이 무엇인지 먼저 분석한 다음 해당되는 부분을 설명서에서 찾으면, 설명서 전체를 읽지 않아도 문항을 해결할 수 있다.
ii) 문제 상황에 집중하면, "온/냉수 정수" 관련 문제이다. 이 키워드에 집중하여 해당되는 선택지를 찾아 문항을 해결하면 된다.

정수기의 뜨거운 물이 나오지 않는 문제는 본사 차원에서의 정수기 점검이 필요한 문제이다. 따라서 정수기 속의 이물질을 확인하는 D 사원의 행동은 올바른 대처 방법이 아니다.

유형 연습문제

01 ○○건설 인사팀은 쾌적한 사무실 환경을 조성하기 위해 공기청정기를 설치하였다. 공기청정기의 사용법이 익숙하지 않아 문제가 생길 시 〈사용 매뉴얼〉을 참고하여 적절한 대처를 하였다. 인사팀의 대화 중 잘못 대처한 사람을 고르시오.

〈사용 매뉴얼〉

증상	확인하실 사항	대처 방법
전원이 켜지지 않는다.	□ 전원 플래그가 올바로 연결되어 있습니까?	다음 항목이 올바르게 연결되어 있는지 확인하십시오. √ 전원 플러그와 콘센트의 연결 √ AC 어댑터와 전원 코드의 연결
	□ 본체 정면의 『표시기』가 켜져 있습니까?	전원 버튼을 정확히 눌러 조작해 주십시오. √ 『제품 사용법』을 참고하시고 조작 방법을 확인하신 후 필요에 따라 전원을 [ON/OFF] 합니다.
	□ 『어린이용 잠금』이 설정되어 있지 않습니까?	√ 『어린이용 잠금』을 해제합니다.
	□ 『필터 커버』가 올바르게 장착되어 있습니까?	√ 『필터 커버』 장착하기를 참조하십시오.
바람이 안 나온다. 풍량이 변하지 않는다. 풍량이 처음보다 약해졌다.	□ 사용하시기 전에 필터를 비닐에서 꺼냈습니까?	√ 구입 시에는 필터가 비닐에 포장되어 있습니다. 비닐에서 꺼낸 후 사용하십시오.
	□ 필터가 올바르게 장착되어 있습니까?	√ 필터가 올바르게 장착되어 있는지 확인하십시오.
	□ 현재 『작동 모드』를 확인하십시오.	√ 『작동 모드』를 참조하십시오. √ 『모드 전환 버튼』을 조작해 『작동 모드』를 변경할 수 있는지 확인하십시오.
조작하지 않았는데 풍량이 변한다.	□ 현재 『작동 모드』를 확인하십시오. 『자동 모드』에서는 『먼지』나 『냄새』를 감지하면 자동으로 『작동 모드』가 변경됩니다.	√ 『작동 모드』를 참조하십시오.

① 김 과장: 『어린이용 잠금』이 설정되어 있어 전원이 켜지지 않아 잠금을 해제 후 사용하였다.
② 이 대리: 새 제품이라 필터의 비닐을 제거하지 않아 제거 후 사용하였다.
③ 김 부장: 조작하지 않았는데 풍량이 변하여, AS 센터에 신고하였다.
④ 이 사원: 풍량을 바꾸고 싶어 현재의 『작동 모드』를 확인 후 『모드 전환 버튼』을 조작해 『작동 모드』를 변경하였다.
⑤ 최 대리: 갑자기 전원이 들어오지 않아 전원 플러그와 콘센트의 연결을 확인하였다.

●정답과 해설 527쪽

02 ○○상사에 근무하는 이 대리는 새로 구입한 스탠드형 에어컨을 설치하려고 한다. 아래 〈에어컨 설치 중 주의사항〉을 근거로 판단할 때 잘못된 것을 모두 고르면?

〈에어컨 설치 중 주의사항〉

▶ 제품의 무게를 지지할 수 있는 장소에 설치하세요.
  부적절한 강도의 장소에 설치하면 제품이 떨어져서 손상을 입을 수 있습니다.
▶ 강풍이나 지진 발생에 대비하여 제품이 바닥면에 고정될 수 있도록 반드시 설치 사양에 준해 설치해 주세요.
  사망, 상해, 재산 피해의 우려가 있습니다.
▶ 제품을 임의로 분해, 수리, 개조하지 마세요.
  화재 및 제품 고장의 원인이 됩니다.
▶ 제품의 정격 냉방 능력이 아래의 표기치보다 큰 경우에는 고압가스 안전관리법에 따라 냉동 제조 신고 및 안전 관리자 선임을 해 주세요.
  고효율 모델: 128kW, 표준형 모델: 120kW
▶ 규정된 용량의 차단기와 퓨즈를 사용하세요.
  규정 용량 이상의 차단기나 퓨즈를 사용하거나 철선 구리선을 사용할 경우 전체 제품 고장이나 화재의 원인이 됩니다.

① 에어컨의 무게와 안정성을 고려할 때 바닥에 설치하는 것이 바람직하겠군.
② 에어컨 위치를 수시로 바꿀 수 있도록 바닥면에 고정하지 않는 것이 좋겠어.
③ 정전이나 전류 누설에 대비하여 규정된 용량의 차단기와 퓨즈를 사용하였는지 확인해야겠어.
④ 에어컨의 정격 냉방 능력을 확인 후 표기치보다 크면 안전 관리자를 선임해야겠어.
⑤ 인테리어를 고려하여 에어컨의 모양을 내 취향에 맞게 개조해야겠어.

유형 대표문제

해당 유형은 특정 명령(변화 규칙, 순서도 상의 지시)을 이해하고 상황에 적용할 수 있는지 평가한다. 변화 규칙이 단순하게 구성되기도 하지만, 복잡하고 어려운 기능이나 명령이 등장하는 경우도 있음에 주의한다.

실수로 버튼을 두 개 눌렀더니 왼쪽 도형이 오른쪽 도형으로 바뀌었다. 다음 [버튼 조작표]를 참고하여 어떤 두 가지 버튼을 순서대로 눌렀는지 고르시오.

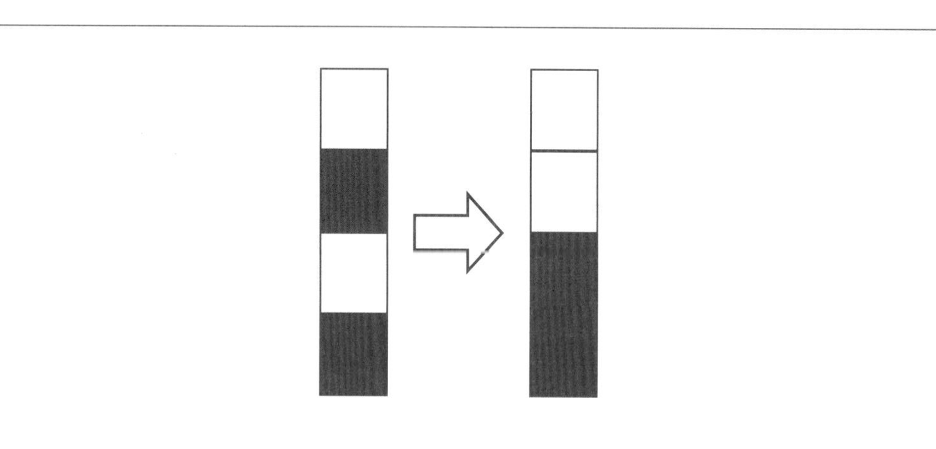

[버튼 조작표]

버튼	기능
◇	ON 상태의 기계를 시계 방향으로 90도 회전
◆	OFF 상태의 기계를 시계 방향으로 90도 회전
♧	전체 기계를 시계 방향으로 180도 회전
♣	전체 기계의 ON/OFF 상태를 바꿈
⇧	가장 위쪽 기계와 가장 아래쪽 기계를 서로 바꿈

※기계가 ON일 때는 흰색, OFF일 때는 검은색으로 표현
예) □: ON, ■: OFF

① ⇧◆　② ♧♣　③ ◇♣　④ ♣⇧　⑤ ◇◆

해당 유형은 도형과 규칙이 혼합되어 있는 문제로, 처음 NCS를 접하는 수험생 입장에서는 문항을 본 순간부터 당황할 수 있다. 하지만 규칙을 하나씩, 단계별로 적용한다면 다른 문제보다 더 쉽게 해결할 수 있다. 규칙이 복잡하고 어려워 보이지만 당황하지 말고 단계별로 끊어서 적용할 수 있도록 자신만의 방법과 규칙을 정하도록 한다.

실수로 버튼을 두 개 눌렀더니 왼쪽 도형이 오른쪽 도형으로 바뀌었다. 다음 [버튼 조작표]를 참고하여 어떤 두 가지 버튼을 순서대로 눌렀는지 고르시오.

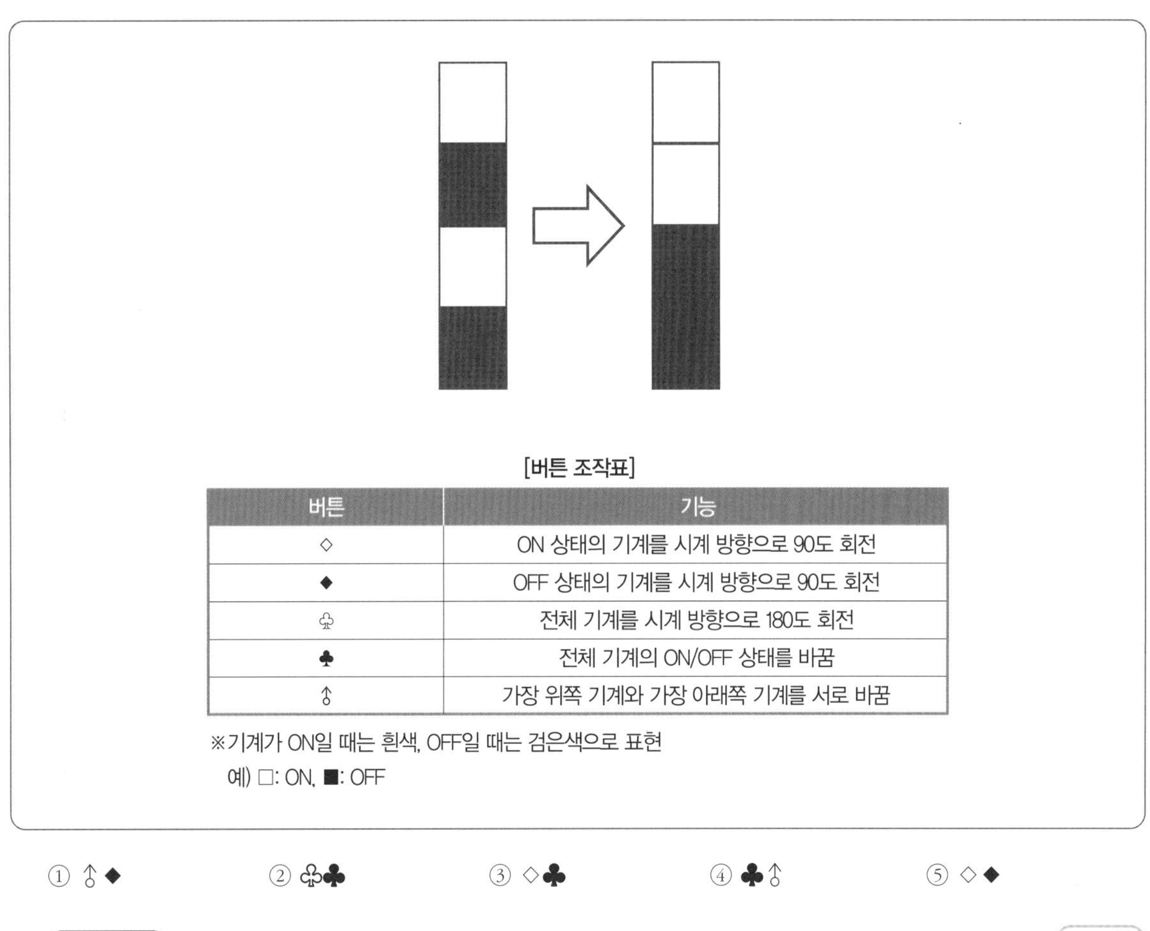

[버튼 조작표]

버튼	기능
◇	ON 상태의 기계를 시계 방향으로 90도 회전
◆	OFF 상태의 기계를 시계 방향으로 90도 회전
♧	전체 기계를 시계 방향으로 180도 회전
♣	전체 기계의 ON/OFF 상태를 바꿈
⇳	가장 위쪽 기계와 가장 아래쪽 기계를 서로 바꿈

※기계가 ON일 때는 흰색, OFF일 때는 검은색으로 표현
예) □: ON, ■: OFF

① ⇳◆　② ♧♣　③ ◇♣　④ ♣⇳　⑤ ◇◆

정답 및 해설 정답 ④

가장 위쪽 기계와 가장 아래쪽 기계를 서로 바꾼 뒤, 전체 기계의 ON/OFF 상태를 바꾸면 오른쪽 그림과 같은 상태를 얻을 수 있다.

01

아래 〈표〉를 참고하여 판단할 때 처음 상태에서 스위치를 동작시켰더니 모양이 바뀌었다. 동작시킨 스위치를 순서를 고려하여 바르게 나열한 것은? (다음 도형은 삼각형 6개로 이루어진 도형이다.)

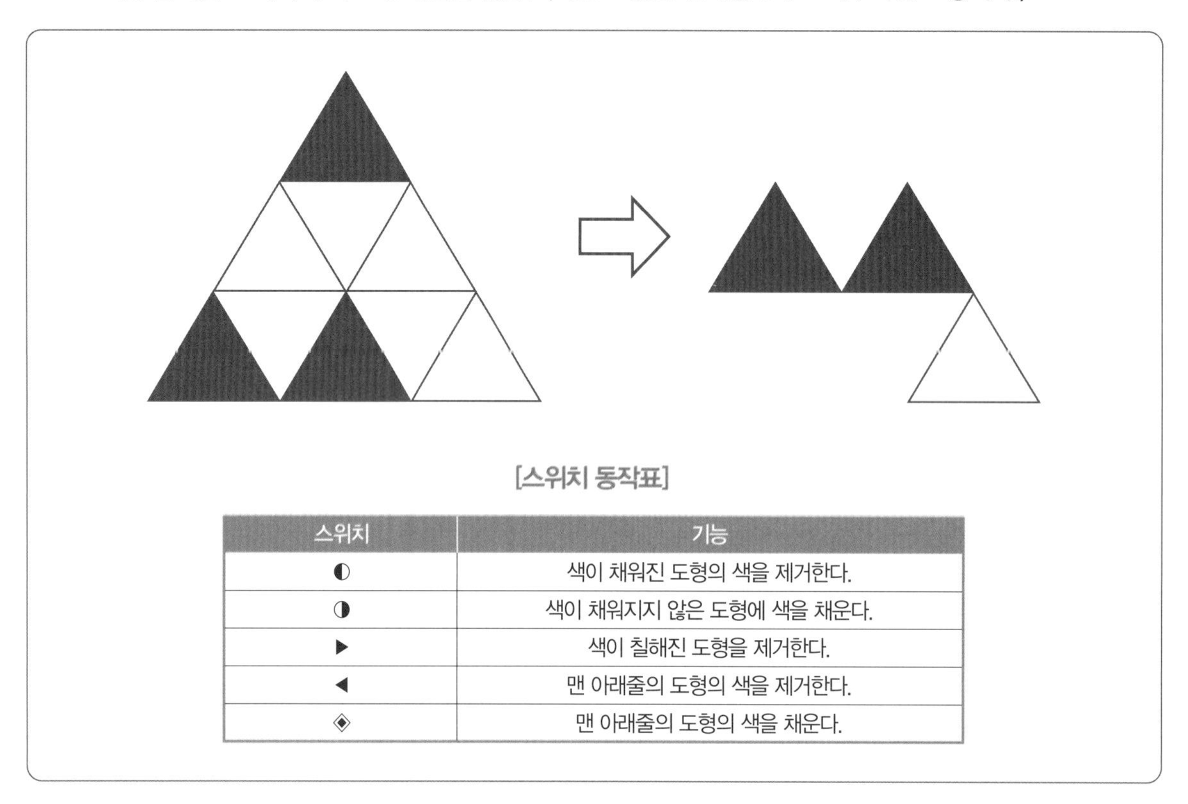

[스위치 동작표]

스위치	기능
◐	색이 채워진 도형의 색을 제거한다.
◑	색이 채워지지 않은 도형에 색을 채운다.
▶	색이 칠해진 도형을 제거한다.
◀	맨 아래줄의 도형의 색을 제거한다.
◈	맨 아래줄의 도형의 색을 채운다.

①  ▶◑▶

② ◐◑◈

③  ▶◑◀

④  ◀◐▶

⑤  ▶◈◑

● 정답과 해설 527쪽

02 아래 〈보기〉는 도형의 구성을 알려 주는 명령어이다. 〈보기〉를 통하여 주어진 그림에 해당하는 명령어를 찾으면?

보기

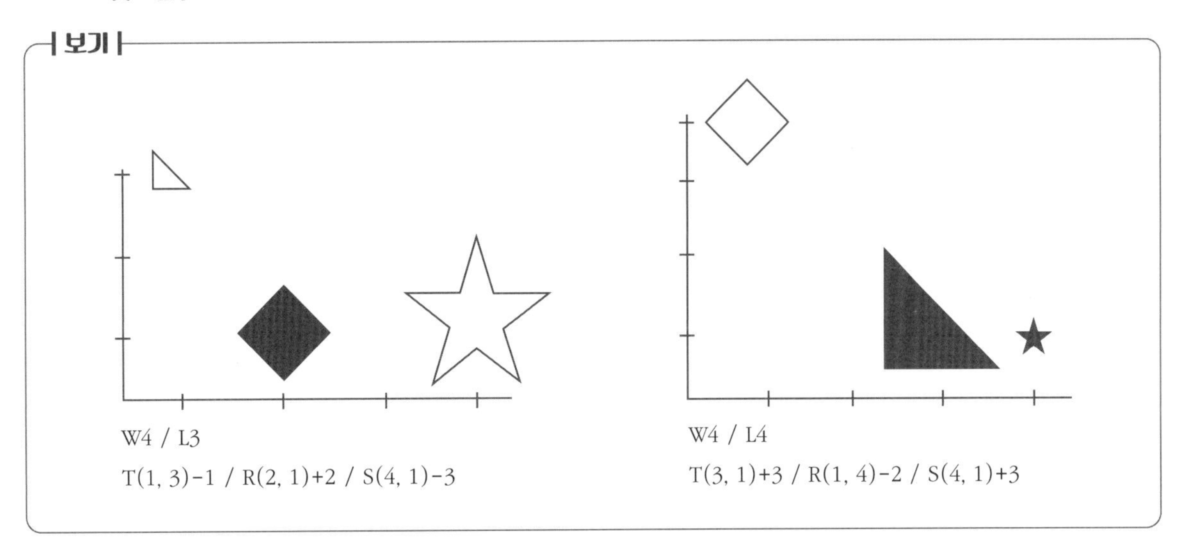

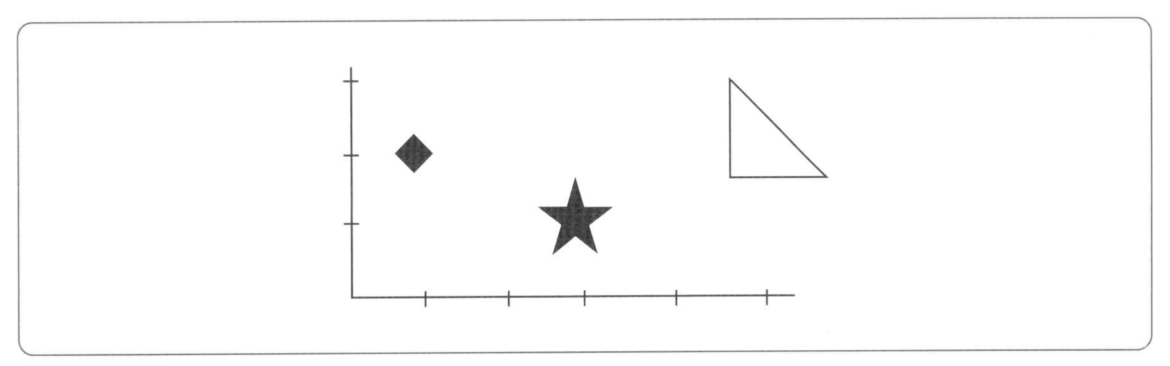

① W3 / L5
T(5, 2)-3 / R(1, 2)+1 / S(3, 1)-2

② W3 / L5
T(5, 2)-1 / R(1, 2)-2 / S(3, 1)+3

③ W5 / L3
T(5, 2)-1 / R(1, 2)+1 / S(3, 1)+3

④ W5 / L3
T(5, 2)-3 / R(1, 2)+1 / S(3, 1)+2

⑤ W5 / L3
T(5, 2)-3 / R(1, 2)-1 / S(3, 1)+2

유형 대표문제

기술의 이해 및 적용을 다루고 있는 유형

해당 유형은 기술 능력의 향상 방법, 기술 경영자의 유형, 네트워크 혁명, 융합 기술 등 기술 능력에 관련된 전반적인 이해를 평가한다. 작업 기초능력 학습 매뉴얼을 기준으로 기술 능력의 기본적인 지식을 익히면 지식적인 부분은 충분하다. 최신 이슈에 대한 문항도 나오지만 기술 능력과 관련한 기사, 뉴스를 미리 살펴본다면 어렵지 않게 해결할 수 있는 유형이다.

△△백화점이 중국 진출을 위해 박 팀장을 보내려고 한다. 이때 박 팀장이 중국어를 배우기 위한 방법으로 가장 적절한 것은?

> 박 팀장은 1년 안에 중국어를 배워 중국으로 출장을 가야 한다. 그런데 회사 내에 중국어를 할 줄 아는 사람이 없어 외부에서 배워야 하는 상황이다.

① OJT를 활용한 기술 습득
② 중국 유학을 통한 언어 습득
③ 전문 중국어 학원을 통한 언어 습득
④ JIT를 이용한 기술 습득
⑤ 회사 내 원어민을 통한 언어 습득

기술의 이해와 기술 선택, 그리고 적용 능력에 대해 묻고자 하는 문제에서 간혹 직장 내의 전문용어가 나오는 경우가 있다. 이때 당황하지 말고 전문용어가 나오는 제시문을 제외시키고, 다른 문항에서 가장 효율성이 좋은 방법을 제시한 정답이 있는지 판단해야 한다.

△△백화점이 중국 진출을 위해 박 팀장을 보내려고 한다. 이때 박 팀장이 중국어를 배우기 위한 방법으로 가장 적절한 것은?

> 박 팀장은 1년 안에 중국어를 배워 중국으로 출장을 가야 한다. 그런데 회사 내에 중국어를 할 줄 아는 사람이 없어 외부에서 배워야 하는 상황이다.

① OJT를 활용한 기술 습득
② 중국 유학을 통한 언어 습득
③ 전문 중국어 학원을 통한 언어 습득
④ JIT를 이용한 기술 습득
⑤ 회사 내 원어민을 통한 언어 습득

정답 및 해설 정답 ③

① OJT(On The Job Training)는 직장 내부 기술훈련 방식으로, 회사 내부에 중국어 전문가가 없으므로 불가능한 방법이다.
② 유학을 통한 언어 습득은 시간이 오래 걸리고 회사도 다녀야 하기에 박 팀장에게 적절한 언어 습득 방법이라고 볼 수 없다.
③ 전문 중국어 학원을 통한 언어 습득은 회사 내에서 습득하기 어려운 교육을 전문적으로 받을 수 있어 박 팀장에게 가장 효과적인 언어 습득 방식이다.
④ JIT(Just In Time)란 적시 공급과 생산 방식으로 경영 측면에서 필요한 프로젝트에 대비해 인원을 미리 교육시키든지, 아니면 외부 영입을 통해 즉각 해결이 가능하도록 하는 것으로 기술 습득과는 관련이 없다.
⑤ 회사 내부에 중국어를 할 줄 아는 사람이 없으므로 원어민 또한 없다. 따라서 원어민을 통한 언어 습득은 가능하지 않다.

01 다음은 무선 충전 전기 자동차에 대한 설명이다. 아래의 기술 및 동향을 참고할 때 전기 자동차에 대하여 잘못 설명하고 있는 사람은?

> 석탄 연료가 고갈됨에 따라 전기 자동차에 대한 관심이 높아지고 있다. 또한 이 기술은 이산화탄소 배출량 감소와 대기 오염을 줄일 수 있다는 측면에서 높은 평가를 받고 있다. 하지만 용량이 작고 충전 시간이 오래 걸린다는 단점이 제기되고 있다. 이에 따라 배터리를 충전할 수 있는 전기 도로가 개발되고 있다. 주행 중 충전할 수 있기 때문에 장거리 이동을 가능하게 할 뿐더러, 차의 무게 역시 줄이는 도움을 줄 수 있다. 또한 전기 도로는 설치 비용이 높지만, 한번 설치하면 유지 비용이 석탄 연료에 비해 매우 낮아, 장기적으로 보았을 때는 경제적으로 이익이다. 전기 자동차의 성능을 개선하기 위한 움직임이 이미 유럽에서 이루어지고 있으며, 앞으로 차량 내에서 배터리가 차지하는 부분을 줄이며 설계의 유연성을 더할 수 있는 방향으로 발전될 것이다.

① A 사원: 점점 중요해지는 환경 문제에 큰 도움이 될 수 있는 기술이구나.
② B 사원: 기술이 발전하면서 차량 내에서 배터리가 차지하는 비중이 줄면서 설계의 유연성이 더해지겠구나.
③ C 대리: 전기 도로를 설치하는 비용이 현재 석탄 연료 사용 비용보다 비싸니 설치하지 않는 것이 장기적으로 보았을 때 경제적으로 이익이겠구나.
④ D 과장: 이미 유럽에서 전기 도로를 설치하려는 움직임이 있는 것을 보니 앞으로 전기 도로에 대한 관심이 높아지겠어.
⑤ E 부장: 전기 자동차 기술이 발전하고 상용화된다면 장거리 운전에도 충전을 자주 하지 않아도 되겠구나.

02 다음은 인터넷 경제의 3원칙에 관한 설명이다. 옳은 설명을 모두 고른 것은?

> a) 인터넷 경제의 3원칙 가운데 하나로, 마이크로칩의 밀도가 24개월마다 2배로 늘어난다는 법칙이다.
> b) 가치 사슬을 지배하는 법칙은 조직의 계속 거래 비용은 비용이 많이 드는 쪽으로 변화한다는 것이다.
> c) 메트칼프의 법칙은 어떤 네트워크의 유용성 또는 실용성은 사용자의 제곱에 비례한다는 법칙이다.
> d) 무어의 법칙과 메트칼프의 법칙은 인터넷 관련 사업에서 가입자가 곧 수입이라는 네트워크 비즈니스로 이해되어 왔다.

① a, b　② b, c, d　③ b, d　④ c, d　⑤ d

03 아래의 〈사례〉와 사례에 해당되는 중요 실패 요인이 올바르게 서술된 것을 모두 고르시오.

〈사례〉

a) 한국 전자의 홍채 인식 보안 프로그램의 낮은 인식률은 기술력 부족에서 기인하였다. 소프트웨어 발전에도 홍채 스캔을 담당하는 카메라 센서의 성능이 향상되지 않아 보다 정확한 홍채 인식을 위한 자료를 만들지 못했기 때문이다.
b) 한국 통신의 광대역 통신은 동남아 국가에서 처음 등장하였을 때 저조한 개통률을 기록했다. 이는 동남아 국가에서 사용하는 속도와 판매 가격, 설치 비용 등으로 소비자의 요구사항과 요건을 만족시키지 못했기 때문이다.
c) 한국 오피스는 혁신적인 제품이라는 평판에도 시중에 판매되지 못하였다. 원인은 편리성과 혁신성은 있었지만, 지속적인 개인정보 유출과 사생활 침해와 같은 보안 문제가 발생하고, 이에 대한 마땅한 윤리적인 대책이 없었기 때문이다.

㉠ 소비자에 대한 조사와 예측의 부족: 한국 통신의 광대역 통신은 동남아 수요층의 정확한 요구에 대한 조사와 검토가 부족하여 월등한 기술력이지만 소비자에게 매력적이고 필요한 기술이 되지 못하였다.

㉡ 윤리적인 가치관의 부재: 기능적, 유용성에 초점을 둔 나머지 윤리적 또는 도덕적인 문제에 대한 해결책을 제시하지 못하여 시중에 판매되지 못하였다.

㉢ 성공에 필요한 필수적인 요소들에 대한 무지: 홍채 인식 기술은 보안성(홍채 인식) 측면에서는 뛰어나지만, 홍채 인식 기술에 필요한 카메라의 센서의 기능이 떨어져 낮은 인식률을 기록하였다.

① ㉠ ② ㉠, ㉡ ③ ㉠, ㉢ ④ ㉡, ㉢ ⑤ ㉠, ㉡, ㉢

National Competency Standards

Chapter 9

조직이해능력

Chapter 9 조직이해능력

I. 경영이해능력

1. 평가 목표

- 조직의 구성원으로서 직장 생활을 하는 동안에 경영자가 수행하는 조직의 목적과 전략을 이해하고 있는지, 이에 따라 명리를 이해하고 경영상의 문제점을 개선할 수 있는지 평가합니다.

2. 유형 특징

- 경영의 개념이나 구성 요소 등과 같은 전반적인 배경지식을 확인하는 문제가 출제됩니다.
- 실제 업무 환경과 접목된 경영 전략의 유형 및 특징에 관한 문제가 사례로 출제됩니다.
- 대표적인 유형으로는 경영 전략 중 하나인 SWOT 분석 문제가 있습니다. SWOT 분석은 각 기업의 필기시험에서 매우 중요한 문제 유형으로, SWOT에 관한 기본적인 설명이 주어지기도 하지만, 설명 없이 문제가 출제되기도 합니다.

3. 풀이 전략

- 마케팅 전략 특성으로 자주 출제되는 SWOT 분석에 대한 내용과 각 전략에 대한 특징을 미리 숙지하여, 풀이 시간을 단축하도록 합니다.
- 경영에 대한 이해를 기반으로 경영 전략의 유형 및 적용 사례에 대해 학습하도록 합니다.

II. 체제이해능력

1. 평가 목표

- 업무 수행과 관련된 조직의 구조를 이해하고 조직 간의 관계를 파악할 수 있는지, 조직 체제의 다양한 요소의 작용 원리를 이해하고 문제점을 개선할 수 있는지 평가합니다.

2. 유형 특징

- 조직 문화의 유형과 장단점을 알고 있는지 확인하는 문제가 출제됩니다.
- 조직의 구조와 그 특징을 파악할 수 있는지를 확인하는 문제가 출제됩니다.
- 대표적인 문제로는 조직 내의 절차 중 결재 규정에 관한 문제가 있으며, 규칙과 절차에 따라 업무를 추진할 수 있는지 확인하는 문제가 출제됩니다.

3. 풀이 전략

- 수험생의 경우 실제 업무에서 사용되는 결재 규정을 실생활에서 접하기 어려운 반면, 관련 문제가 높은 비율로 출제되기 때문에 대표 유형을 반복 학습하여야 합니다.
- 업무 시 사용되는 생소한 용어(ex. 전결, 결재권자, 기안서, 지출 결의서)가 쓰일 수 있는데, 제시된 조건 및 규정에 따라 내용을 확인하면 어렵지 않게 해결할 수 있는 문제이므로 다양한 문제 풀이를 통해 유형에 익숙해지는 것이 중요합니다.

III. 업무이해능력

1. 평가 목표

- 업무의 종류와 특성을 파악하여 업무를 수행할 수 있는지, 업무 수행 방법과 업무 방해 요소의 해결을 통해 업무 효율성을 높일 수 있는지 평가합니다.

2. 유형 특징

- 조직 내에서의 부서별 업무와 그 특성에 대해 정확히 이해하였는지 확인하는 문제가 출제됩니다.
- 특정 업무 수행 시 적절한 계획을 세울 수 있는지를 평가하는 문제가 출제됩니다.
- 제시된 조직도에 따라 각 조직의 유형 및 장단점을 파악하는 문제가 출제됩니다.

3. 풀이 전략

- 조직도를 활용하여 어떤 업무를 어떻게 처리해야 하는지를 묻는 문제가 출제되기 때문에 지원하는 기업의 조직도와 각 부서가 어떻게 나눠져 있는지, 어떤 업무를 진행하는지 홈페이지를 통해 미리 확인하도록 합니다.
- 수험생의 경우 실제 업무 상황을 실생활에서 파악하기는 어려우므로, 대표 유형을 반드시 학습하여야 합니다.

IV. 국제감각

1. 평가 목표

- 업무 수행 시 국제적인 동향에 대한 이해를 바탕으로 국제적인 상황 변화에 적절하게 대응할 수 있는지, 업무와 관련 있는 국제적 법규 및 규정에 대한 이해도를 평가합니다.

2. 유형 특징

- 국제적인 이슈와 이와 관련된 업무의 국제적 동향 분석 방법에 대한 지식을 확인하는 문제가 출제됩니다.
- 다른 나라와의 문화적 차이가 있다는 것에 유념하여 업무 상황에서 유연하게 대처할 수 있는지 확인하는 문제와 업무 시 발생하는 사례를 통해 기본적인 에티켓에 관한 문제가 출제됩니다.
- 서로 다른 문화 간의 커뮤니케이션에 능한지를 평가하는 문제가 출제됩니다.

3. 풀이 전략

- 각 기업별로 중점을 두는 사업에 따라 타국과의 커뮤니케이션은 업무상 중요한 요소가 됩니다. 따라서 지원하는 기업의 해외 주요 거점 및 사업 등에 대해 미리 찾아보고, 각 나라마다 지닌 다양한 문화적 특성에 대해 학습하도록 합니다.
- 조직이해능력 중 국제감각은 필기시험 외에도 인성검사에서 중요한 평가 요소로 활용될 수 있습니다. 국제 동향이 빠르게 변화하는 만큼 이를 적극적으로 받아들이는 개방적이고 유연한 자세를 지닐 수 있도록 합니다.

해당 유형은 제시된 정보를 근거로 조직의 업무, 관리 체계를 판단할 수 있는지 평가한다. 회의록, 조직도, 회의 내용 요약, 공지사항 등 다양한 형태로 정보가 주어지므로 제시된 정보를 정확히 파악하는 능력이 중요하다.

다음은 F 자동차의 신상품과 관련된 회의 내용이다. 회의록에서 확인할 수 있는 사안이 아닌 것은?

<table>
<tr><td colspan="2" rowspan="2">회의록</td><td>문서 번호</td><td>20-0001</td></tr>
<tr><td>작성자</td><td>K 사원</td></tr>
<tr><td>일시</td><td colspan="3">2020년 01월 15일(수) 오전 10:00 ~ 12:00</td></tr>
<tr><td>장소</td><td colspan="3">동관 14층 1회의실</td></tr>
<tr><td>참석</td><td colspan="3">영업팀: L 팀장, P 대리 / 마케팅팀: Y 팀장, H 과장 / 교육팀: N 차장</td></tr>
<tr><td colspan="3">내용</td><td>협력 부서 및 기한</td></tr>
<tr><td colspan="3">1. F 자동차 출시와 관련된 홍보 사항 점검
– 신차 발표회 기획안 수립</td><td>마케팅팀 초안 공유(1/17)</td></tr>
<tr><td colspan="3">– 신차 광고 전략 수립
1) SNS를 통한 홍보 전략도 함께 수립할 것</td><td>미디어팀 광고 기획안 작성(1/31)</td></tr>
<tr><td colspan="3">2. 판매 전략
– 무료 시승 이벤트 실시
1) 3월 매주 월요일 오후 3시 공식 대리점 강남점
2) 시승을 위한 차량 10대 확보할 것</td><td>영업팀(3/2, 3/9, 3/16, 3/23, 3/30)</td></tr>
<tr><td colspan="3">– 출시 전 사전 구매 실시</td><td>2월 실시</td></tr>
<tr><td colspan="3">3. 기타 사항
– 영업팀 신차 교육 진행
1) 판매 극대화를 위해 영업팀 전체 인원 대상 교육 진행할 것
2) 원활한 업무 진행을 위해 사전 일정 조율할 것
* 교육 일정 사전 확정하여 공유 예정</td><td>2월 중 교육 예정
일정 미확정</td></tr>
<tr><td>비고</td><td colspan="3">– 차주 회의 시간: 수요일 오전 10:00
– 회의 내용은 각 팀에 공유할 것</td></tr>
</table>

① 신차 발표회의 구체적인 계획은 1월 17일까지 수립될 것이다.
② SNS를 통한 광고가 효과적이라고 염두하고 있다.
③ 시승을 위한 차량은 영업팀이 확보해야 한다.
④ 신차는 1월부터 구매가 가능하다.
⑤ 영업팀에 대한 신차 교육은 높은 판매 성과를 염두에 둔 내용이다.

해당 유형은 조직도, 회의록, 회의 내용을 근거로 해당 부서 판단 또는 부서 업무를 판단하는 유형이다. 이러한 유형의 문제를 해결하기 위해서는 조직의 구조와 구조에 따른 업무의 종류에 대해서도 파악하고 있어야 한다. 부서별 업무는 조직의 목적이나 규모에 따라 다양하게 구성될 수 있지만 일반적인 기업의 주요 부서(인사, 기획, 영업, 총무, 회계 등)의 주 업무는 파악하고 있어야 한다.

회의 주제를 반드시 확인한다. 주제는 회의에서 주로 다루는 내용의 핵심을 표현한 것이므로 이를 염두하면서 이후 내용을 확인해야 한다.

다음은 F 자동차의 신상품과 관련된 회의 내용이다. 회의록에서 확인할 수 있는 사안이 아닌 것은?

회의록		문서 번호	20-0001
		작성자	K 사원
일시	2020년 01월 15일(수) 오전 10:00 ~ 12:00		
장소	동관 14층 1회의실		
참석	영업팀: L 팀장, P 대리 / 마케팅팀: Y 팀장, H 과장 / 교육팀: N 차장		
내용		협력 부서 및 기한	
1. F 자동차 출시와 관련된 홍보 사항 점검 – 신차 발표회 기획안 수립		마케팅팀 초안 공유(1/17)	
– 신차 광고 전략 수립 1) SNS를 통한 홍보 전략도 함께 수립할 것		미디어팀 광고 기획안 작성(1/31)	
2. 판매 전략 – 무료 시승 이벤트 실시 1) 3월 매주 월요일 오후 3시 공식 대리점 강남점 2) 시승을 위한 차량 10대 확보할 것		영업팀(3/2, 3/9, 3/16, 3/23, 3/30)	
– 출시 전 사전 구매 실시		2월 실시	
3. 기타 사항 – 영업팀 신차 교육 진행 1) 판매 극대화를 위해 영업팀 전체 인원 대상 교육 진행할 것 2) 원활한 업무 진행을 위해 사전 일정 조율할 것 * 교육 일정 사전 확정하여 공유 예정		2월 중 교육 예정 일정 미확정	
비고	– 차주 회의 시간: 수요일 오전 10:00 – 회의 내용은 각 팀에 공유할 것		

업무 분장 내용을 확인한다. 이후 각 내용의 업무 주체와 기한을 혼동하지 않도록 확실하게 파악한다.

① 신차 발표회의 구체적인 계획은 1월 17일까지 수립될 것이다.
② SNS를 통한 광고가 효과적이라고 염두하고 있다.
③ 시승을 위한 차량은 영업팀이 확보해야 한다.
④ 신차는 1월부터 구매가 가능하다.
⑤ 영업팀에 대한 신차 교육은 높은 판매 성과를 염두에 둔 내용이다

정답 및 해설 정답 ④

① (O) 내용 1에서 확인 가능한 내용으로, 신차 발표회 기획안의 초안 공유가 1월 17일까지이므로 구체적인 계획은 1월 17일까지 수립되는 것이 맞다.
② (O) 내용 1에서 확인 가능한 내용으로, 신차 광고 전략에 SNS를 통한 홍보 전략이 포함되는 것으로 보아 SNS를 통한 광고를 효과적이라 판단했다고 볼 수 있다.
③ (O) 내용 2에서 확인 가능한 내용으로, 무료 시승 이벤트의 업무 주체는 영업팀이므로 시승 차량 확보 또한 영업팀의 업무다.
④ (X) 내용 2에서 확인 가능한 내용으로, 출시 전 사전 구매가 2월에 실시된다고 하였으므로 1월에는 신차 구매가 불가능하다.
⑤ (O) 내용 3에서 확인 가능한 내용으로, '판매 극대화를 위해 영업팀 전체 인원 대상 교육 진행할 것'이라고 명시되어 있다.

01

법정 의무교육인 직장 내 성희롱 예방교육 담당자 A는 교육 프로그램과 관련된 안내를 위해 한 공단의 담당자에게 연락을 보내야 한다. A는 이를 위해서 공단의 조직도를 확인하고 담당자에게 연락을 보내려고 한다. 다음 공단의 조직도에서 A가 연락을 보낼 담당자가 속한 본부는 어디인가?

① 경영지원본부
② 체육사업본부
③ 교통사업본부
④ 문화사업본부
⑤ 공공사업본부

02 다음은 ○○ 기업의 A 대표가 신년을 맞아 임직원들에게 조직 시스템 혁신이라는 주제로 이야기한 신년사의 일부분이다. 신년사를 통해 제시한 주요 비전 중 가장 바람직하지 않은 것은?

> 상상과 미래의 영역으로 구분되던 일들이 현실이 되어 업종 간 경계 없는 경쟁이 본격화되고, 기존과는 확연하게 다른 새로운 게임의 룰이 형성되고 있습니다. 뿐만 아니라, 글로벌 경제의 저성장이 장기화되고 세계 곳곳에서 보호무역주의가 확산됨에 따라 경영 환경의 불확실성은 지속적으로 증대하고 있습니다. 따라서 지금까지의 성장 방식에서 벗어나 우리의 역량을 한데 모아 경영 과제를 신속하게 극복하고, 미래를 향한 행보를 가속화하여 새로운 성장을 도모해야 할 때입니다.
>
> 이러한 변화와 혁신 전략이 성공적으로 실행되기 위해서는 선진화된 경영 시스템과 유연한 기업 문화가 필수적입니다. 투명하고 신속한 의사 결정 체계를 구축하기 위하여 이사회의 다양성, 전문성, 독립성을 강화해 나갈 것이며, 주주와 시장과의 적극적인 소통으로 신뢰를 구축하여 주주 가치와 고객 가치를 극대화할 것입니다. 그룹의 사업 구조 개편을 성공적으로 마무리하고, 협력사 상생 협력 및 일자리 창출과 같은 사회적 책임에도 최선을 다할 것입니다. 아울러, 조직의 생각하는 방식, 일하는 방식에서도 변화와 혁신을 추진하겠습니다. 저부터 임직원 여러분들과 적극적으로 소통하고, 도전적 실행을 실천해 나가겠습니다. 임직원 여러분께서도 일상에서부터 열린 마음으로 서로 다름의 가치를 존중하고, 새로운 시도와 이질적인 것과의 융합을 즐겨 주십시오. 실패를 회피하고 비난하는 문화에서 탈피하여 실패를 인정하고, 실패로부터의 교훈을 성장의 동력으로 삼는 문화로 전환해 나가야 합니다. 비효율적인 업무는 과감하게 제거하여 보다 가치 있는 업무에 임직원의 시간과 역량을 집중하는 스마트한 업무 방식을 일상화해 주시길 바랍니다. 혁신적인 기업 문화와 일하는 방식이 빠르게 정착하기 위해서는 강력한 영향력을 끼치는 리더의 역할이 중요한 바, 솔선수범하여 변화와 혁신의 의지를 실행해 주시길 바랍니다.

① 유연하고 신속한 의사 결정을 위한 시스템을 구축한다.
② 임직원 사이에 적극적으로 소통한다.
③ 새로운 시도를 도전적으로 실행한다.
④ 실패를 최대한 줄인다.
⑤ 비효율적인 업무는 과감히 제거한다.

03~04 다음은 H 회사의 회의록이다. 회의록을 참고하여 다음 질문에 답하시오.

[회의록]

회의 일시	2020년 3월 20일	부서	인재개발팀	작성자	K 대리
참석자	인재개발팀 전원				

회의 내용	내용
	1. 신규 교육프로그램 개발 – 개발자 기획 회의: 교육 대상 및 개발 일정 확정 – 일정 관리: 5월 첫 주에 개발 초안 보고할 수 있도록 일정 조정 2. 신입 사원 L 사원 멘토링 진행 – P 과장의 담당 업무를 L 사원과 함께 담당하여 업무와 교육 동시 진행 – 멘토링 외 별도의 학습 세션을 구성하여 주 1회 진행 – 멘토링 및 학습 세션은 8주간 진행 – 멘토는 교육 결과 주 1회 팀장 보고 진행 3. 교육 복장 구매 업체 선정 – 업체 선정을 위한 품평회 실시 – 구성원 대상 품평회 참여 독려 이메일 발송 – 업체 선정 후 원장님 보고 진행 4. 신 비용처리 프로세스 시행 – 기존 프로세스: 담당자, 팀장, 실장, 원장 순으로 결재 진행 – 신 결재 프로세스: 비용에 따라 나누어 결재 진행 1) 천만 원 이상 비용 처리 : 담당자, 팀장, 실장, 원장 순으로 결재 진행 : 비용 처리 관련 1 Page 보고서 첨부 2) 십만 원 이상 천만 원 미만 비용 처리 : 담당자, 팀장, 실장 순으로 결재 진행 : 비용 처리 관련 구두 보고 진행 3) 십만 원 미만 비용 처리 : 담당자, 팀장 순으로 결재 진행 : 별도 보고 하지 않음

결정 사항	내용	결정 사항
	신입 사원 멘토	P 과장
	신입 사원 학습 세션	1시간 이내로 진행
	업체 품평회	3월 27일 진행

03 회의록을 통해서 파악할 수 있는 정보가 아닌 것은?

① 신규 교육 프로그램 개발 초안은 이미 완성되어 있다.
② 작성자인 K 대리는 인재개발팀 소속이다.
③ P 과장은 L 사원에 대한 교육 결과를 총 8회 팀장에게 보고한다.
④ 업체 품평회 참여 독려 메일은 3월 27일 이전에 발송되어야 한다.
⑤ 500만 원의 비용을 처리하기 위해서는 관련된 사항에 대해 구두 보고가 필요하다.

04 인재개발팀 L 사원은 사무용품 구매를 위하여 11만 5천 원의 비용 처리가 필요하다. 해당 비용의 결재 프로세스를 어떻게 나타낼 수 있는가?

① P 과장 - 팀장
② P 과장 - 팀장 - 실장 - 원장
③ L 사원 - 팀장
④ L 사원 - 팀장 - 실장
⑤ L 사원 - 팀장 - 실장 - 원장

결재 양식 및 프로세스 판단 유형

해당 유형은 결재 규정 또는 기준을 근거로 올바른 결재 양식을 작성할 수 있는지 평가한다. 제시된 규정을 이해하고 문항에 제시된 상황이 어떠한 항목에 해당하는지 판단할 수 있어야 한다.

P사에 근무하는 인사팀 L 대리는 〈지출 내역서〉에 대한 비용 처리를 하려고 한다. 아래 〈비용 처리 관련 결재 규정〉을 근거로 하여 L 대리가 작성한 결재 양식으로 옳은 것은?

〈 비용 처리 관련 결재 규정 〉

1. 전결이란 조직 내부에서 기관의 장이 그 권한에 속하는 사무의 일부를 일정한 자격권자에게 위임하면 그 위임받은 자가 일정한 범위의 위임 사항에 관하여 장을 대신하여 결재하는 제도를 말한다.
2. 결재가 필요한 자는 전결권자가 있는 내용의 경우 최종 결재란에 전결권자를 기입하며, 결재가 불필요한 직책자의 결재권은 엑스자로 표시한다.
3. 내용별 최고 결재권자 및 전결 사항은 다음 표에 따른다.

구분	내용	금액	전결권자			대표 이사
			팀장	실장	전무	
접대비	거래처 관련 발생 비용	10만 원 이하	●			
		50만 원 이하		●		
		50만 원 초과				●
출장비	교통비, 유류비, 숙박비, 식비	50만 원 이하	●			
		50만 원 초과			●	
기타	교육비	10만 원 이하	●			
		10만 원 초과			●	
	사무용품	–	●			
	기타 소모품	10만 원 이상		●		

〈지출 내역서〉

항목	지출 금액	내용
유류비	90,000원	1L당 1,500원 기준, 총 60L
숙박비	300,000원	A호텔 3박 4일
식비	90,000원	총 9식
교육비	600,000원	3일 교육 진행
접대비	300,000원	교육 종료 후 협력사 회식 지원

①

비용 처리 확인서					
구분	접대비	담당	L 사원	총비용	300,000원

결재	팀장	실장	전무	최종 결재
	전결			팀장

②

비용 처리 확인서					
구분	접대비	담당	L 사원	총비용	300,000원

결재	팀장	실장	전무	최종 결재
			전결	전무

③

비용 처리 확인서					
구분	출장비	담당	L 사원	총비용	480,000원

결재	팀장	실장	전무	최종 결재
	전결	/	/	팀장

④

비용 처리 확인서					
구분	출장비	담당	L 사원	총비용	480,000원

결재	팀장	실장	전무	최종 결재
			전결	전무

⑤

비용 처리 확인서					
구분	기타	담당	L 사원	총비용	600,000원

결재	팀장	실장	전무	최종 결재
		전결	/	실장

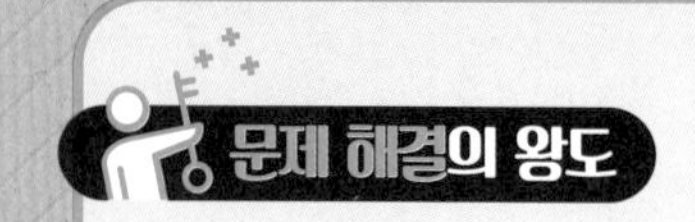

비용 처리 결재 규정의 구분 내역과 지출 내역서의 항목들을 연계하여 관련된 항목을 선택하는 판단력이 요구된다. 전결권자를 구분해서 결재가 가능한지 판단해야 하고, 비용을 계산해야 한다. 단순 계산만 할 것이 아니라 도표를 그려 논리적으로 항목, 비용, 구분 내역, 최종 결재권자 등을 정리할 필요가 있다.

P사에 근무하는 인사팀 L 대리는 〈지출 내역서〉에 대한 비용 처리를 하려고 한다. 아래 〈비용 처리 관련 결재 규정〉을 근거로 하여 L 대리가 작성한 결재 양식으로 옳은 것은?

→ 전결의 정의를 반드시 확인한다.

〈 비용 처리 관련 결재 규정 〉

1. 전결이란 조직 내부에서 기관의 장이 그 권한에 속하는 사무의 일부를 일정한 자격권자에게 위임하면 그 위임받은 자가 일정한 범위의 위임 사항에 관하여 장을 대신하여 결재하는 제도를 말한다.
2. 결재가 필요한 자는 전결권자가 있는 내용의 경우 최종 결재란에 전결권자를 기입하며, 결재가 불필요한 직책자의 결재란은 엑스자로 표시한다.
3. 내용별 최고 결재권자 및 전결 사항은 다음 표에 따른다.

처리하는 항목의 발생 내용과 금액에 따라서 전결권자가 누구인지 반드시 구분할 수 있어야 한다.

구분	내용	금액	전결권자			대표 이사
			팀장	실장	전무	
접대비	거래처 관련 발생 비용	10만 원 이하	●			
		50만 원 이하		●		
		50만 원 초과				●
출장비	교통비, 유류비, 숙박비, 식비	50만 원 이하	●			
		50만 원 초과			●	
기타	교육비	10만 원 이하	●			
		10만 원 초과			●	
	사무용품	-	●			
	기타 소모품	10만 원 이상		●		

〈지출 내역서〉

항목	지출 금액	내용
유류비	90,000원	1L당 1,500원 기준, 총 60L
숙박비	300,000원	A호텔 3박 4일
식비	90,000원	총 9식
교육비	600,000원	3일 교육 진행
접대비	300,000원	교육 종료 후 협력사 회식 지원

→ 발생하는 항목들이 접대비, 출장비, 기타 중 어떤 구분에 속하는지 파악해야 한다.

①

비용 처리 확인서					
구분	접대비	담당	L 사원	총비용	300,000원

결재	팀장	실장	전무	최종 결재
	전결			팀장

②

비용 처리 확인서					
구분	접대비	담당	L 사원	총비용	300,000원

결재	팀장	실장	전무	최종 결재
			전결	전무

③

비용 처리 확인서					
구분	출장비	담당	L 사원	총비용	480,000원

결재	팀장	실장	전무	최종 결재
	전결			팀장

④

비용 처리 확인서					
구분	출장비	담당	L 사원	총비용	480,000원

결재	팀장	실장	전무	최종 결재
			전결	전무

⑤

비용 처리 확인서					
구분	기타	담당	L 사원	총비용	600,000원

결재	팀장	실장	전무	최종 결재
		전결		실장

정답 및 해설 정답 ③

L 사원의 〈지출 내역서〉를 〈비용 처리 관련 결재 규정〉을 근거로 정리하면 다음과 같다.

유류비	지출 금액	구분	최종 결재권자
유류비	90,000원	출장비, 50만 원 이하	팀장
숙박비	300,000원		
식비	90,000원		
합계	480,000원		
교육비	600,000원	교육비, 10만 원 초과	전무
접대비	300,000원	접대비, 50만 원 이하	실장

01~02 다음은 A공단의 〈비용 처리 관련 결재 규정〉에 관한 내용이다. 내용을 참고하여 물음에 답하시오.

〈 비용 처리 관련 결재 규정 〉

- 이 규정은 직무의 권한을 적절히 위임함으로써 업무 처리의 효율화를 목적으로 한다.
- 전결이란 최고 결재권자로부터 결재권을 위임받은 자가 대신하여 결재를 진행하는 것을 말한다.
- 결재가 필요한 자는 전결권자가 있는 내용의 경우 최종 결재란에 전결권자를 기입하며, 결재가 불필요한 직책자의 결재란은 엑스자로 표시한다.
- 발생하는 항목별 전결 사항은 아래의 표에 따른다.
- 단, 국내 출장 시 항공비는 제주 지역에 한해 비용 처리가 가능하며, 그 외의 지역은 불가능하다.

구분	내용	금액	전결권자			대표 이사
			팀장	실장	본부장	
접대비	식대 지원, 경조사비 등	10만 원 이하		●		
		50만 원 이하			●	
		50만 원 초과				●
국내 출장비	교통비, 식비, 유류비, 숙박비	50만 원 이하	●			
		50만 원 초과		●		
해외 출장비	교통비, 식비, 숙박비, 체제비	100만 원 이하		●		
		100만 원 초과			●	
법인카드	법인카드 사용	10만 원 이하	●			
		100만 원 이하		●		
		100만 원 초과			●	

01 위의 규정을 이해한 진술이 아닌 것은?

① 비용 처리를 위해서는 반드시 대표 이사의 결재가 필요하다.
② 50만 원이 초과되는 접대비에 대해서는 전결권자가 없다.
③ 같은 출장비를 처리하더라도 출장지가 어디냐에 따라 전결권자가 달라질 수 있다.
④ 서울에서 부산으로 출장을 갈 때, 항공비는 출장비 처리가 불가능하다.
⑤ 거래처 담당자와 식사를 하고 법인카드로 3만 원을 결제하였다면, 비용 처리에 대한 전결권자는 팀장이다.

● 정답과 해설 528쪽

02 R&D 부서의 K 과장은 임직원들에게 회사 이름으로 나눠 줄 설 명절 선물을 법인카드로 구매하였다. 구매금액이 430만 원일 때, K 과장이 작성한 결재 양식으로 옳은 것은?

①

비용 처리 확인서					
구분	법인카드	담당	K 사원	총비용	4,300,000원

결재	팀장	실장	본부장	최종 결재
			전결	대표 이사

②

비용 처리 확인서					
구분	법인카드	담당	K 사원	총비용	4,300,000원

결재	팀장	실장	본부장	최종 결재
	전결	╳	╳	대표 이사

③

비용 처리 확인서					
구분	법인카드	담당	K 사원	총비용	4,300,000원

결재	팀장	실장	본부장	최종 결재
		전결	╳	실장

④

비용 처리 확인서					
구분	법인카드	담당	K 사원	총비용	4,300,000원

결재	팀장	실장	본부장	최종 결재
			전결	본부장

⑤

비용 처리 확인서					
구분	법인카드	담당	K 사원	총비용	4,300,000원

결재	팀장	실장	본부장	최종 결재
	팀장	실장	본부장	대표 이사

조직을 운영하는 데 필요한 경영 전략을 다루는 유형

해당 유형은 경영을 위한 기본이라고 할 수 있는 기업과 경영에 관한 전략에 대한 문항들이 주로 출제된다. 주어진 사례들을 SWOT 분석, BCG 매트릭스 등 여러 이론으로 분석하는 유형, 경영자가 수행하는 조직의 목적과 전략을 분석하는 문항 등이 출제되고, 이를 해결하기 위해서는 경영 전략에 대한 기본적인 이론의 학습이 필요하다.

다음은 경영 전략의 유형과 그 설명이다. 다음에 제시된 사례는 경영 전략의 유형 중 어떤 전략을 따르고 있는 것인가?

〈경영 전략의 유형〉

1. 원가 우위 전략
   원가 절감을 통해 해당 산업에서 우위를 점하는 전략
2. 차별화 전략
   조직이 생산품이나 서비스를 차별화하여 고객에게 가치가 있고 독특하게 인식되도록 하는 전략
3. 집중화 전략
   특정 시장이나 고객에게 한정된 전략으로 경쟁 조직들이 소홀히 하는 한정된 시장을 원가 우위나 차별화 전략을 써서 집중적으로 공략하는 전략

〈사례〉

24시간 운영을 원칙으로 하는 패스트푸드 브랜드 A사는 최근 지점 내 주문 키오스크 도입을 결정하였다. A사는 최근 3년 사이 최저 시급이 큰 폭으로 증가하고 있어, 인건비 부담이 크게 증가하였다. 이로 인해 순이익이 매년 감소하였고, 이런 문제를 해결하기 위해 소비자에게 판매하는 제품의 가격 인상이 불가피했다. 그러나 '가격 부담없이 즐기는 패스트푸드!'라는 슬로건을 내세우는 A사는 가격 인상 대신 인건비를 줄이는 방향으로 새로운 전략을 세웠다. 주문 키오스크를 도입하여 인건비를 줄이고 덕분에 제품 가격은 계속해서 저렴하게 유지할 수 있게 되었다.

① 원가 우위 전략
② 차별화 전략
③ 집중화 전략
④ 차별화 전략과 집중화 전략
⑤ 모두 해당

해당 유형은 기업의 경영 전략에 관한 문항들이 출제된다. 주어진 사례에서의 SWOT(강점, 약점, 기회, 위협)을 찾아 마케팅 전략을 수립하는 것)와 경영 전략들을 분석하여 적용시킬 수 있는 능력이 필요하다.

다음은 경영 전략의 유형과 그 설명이다. 다음에 제시된 사례는 경영 전략의 유형 중 어떤 전략을 따르고 있는 것인가?

〈경영 전략의 유형〉

1. 원가 우위 전략
   원가 절감을 통해 해당 산업에서 우위를 점하는 전략
2. 차별화 전략
   조직이 생산품이나 서비스를 차별화하여 고객에게 가치가 있고 독특하게 인식되도록 하는 전략
3. 집중화 전략
   특정 시장이나 고객에게 한정된 전략으로 경쟁 조직들이 소홀히 하는 한정된 시장을 원가 우위나 차별화 전략을 써서 집중적으로 공략하는 전략

〈사례〉

24시간 운영을 원칙으로 하는 패스트푸드 브랜드 A사는 최근 지점 내 주문 키오스크 도입을 결정하였다. A사는 최근 3년 사이 최저 시급이 큰 폭으로 증가하고 있어, 인건비 부담이 크게 증가하였다. 이로 인해 순이익이 매년 감소하였고, 이런 문제를 해결하기 위해 소비자에게 판매하는 제품의 가격 인상이 불가피했다. 그러나 '가격 부담없이 즐기는 패스트푸드!'라는 슬로건을 내세우는 A사는 가격 인상 대신 인건비를 줄이는 방향으로 새로운 전략을 세웠다. 주문 키오스크를 도입하여 인건비를 줄이고 덕분에 제품 가격은 계속해서 저렴하게 유지할 수 있게 되었다.

① 원가 우위 전략
② 차별화 전략
③ 집중화 전략
④ 차별화 전략과 집중화 전략
⑤ 모두 해당

정답 및 해설 정답 ①

사례의 내용은 제품 가격 인상이 불가피한 상황에서 주문 키오스크의 도입으로 인건비를 줄이고, 계속해서 저렴한 가격으로 제품을 제공할 수 있는 원가 우위 전략을 보여 주고 있다.

01 다음은 A사에서 판매하는 비타민 음료에 대한 〈SWOT 분석 결과〉이다. 이를 토대로 광고를 제작하려고 할 때 광고 전략으로 타당하지 않은 것은 무엇인가?

〈 SWOT 분석 결과 〉

강점(S)	약점(W)
– 비타민 음료 시장에서 판매량 1위 – 다양한 유통 경로 확보 – 카페인 없는 무해한 음료로 인식 – 저렴한 가격	– 상품에 비해 기업 인지도 약함 – 매출 증가에 광고 모델 의존성이 있음 – 구체적인 비타민의 효능을 소비자가 알지 못함
기회(O)	**위협(T)**
– 웰빙 트렌드 부각 – 4년간의 지속적인 비타민 음료 시장 성장	– 계속되는 유사 제품의 출시 – 웰빙 트렌드가 사라지면 매출에 직접적인 타격을 받을 수 있음 – 최근 의약품으로 분류되었던 한 음료가 일반 음료로 변경되어 일반 소매점에 진출하여 매출에 직접적인 타격을 받을 수 있음

① SO 전략: 카페인이 없는 건강한 음료로 웰빙 라이프에 어울린다는 것을 강조
② WO 전략: 음료에 포함된 비타민의 효능을 강조하여 몸에 좋은 음료라는 것을 강조
③ ST 전략: 가장 많은 사람들이 찾는 1등 비타민 음료임을 제시하여 타 브랜드 제품과의 차별화
④ WT 전략: 광고 대신 품질을 강화하고 제품을 프리미엄화하여 높은 수익성 창출
⑤ WO 전략: 건강한 이미지의 광고 모델을 통해 음료가 갖고 있는 웰빙 이미지를 강조

● 정답과 해설 528쪽

02 다음은 경영 전략의 추진 과정을 나타낸 것이다. 이를 근거로 A팀 팀원들의 회의 중 적절한 설명을 한 사람들을 모두 고른 것은 무엇인가?

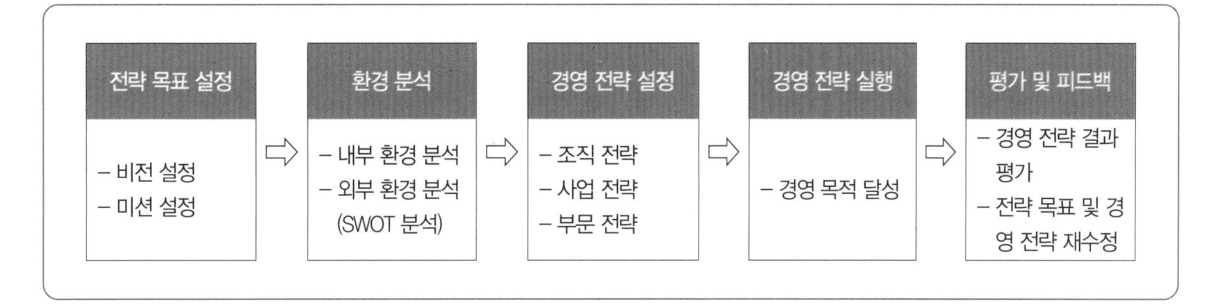

갑 부장: 경영 전략의 가장 첫 번째 단계는 우리의 비전과 미션을 설정하는 것입니다. 이를 통해 구체적인 전략 목표를 설정하는 것이 중요합니다.
을 차장: 전략 목표가 구체적으로 설정되었다면 그 다음 단계에서는 환경 분석이 필요합니다. 내부 및 외부의 환경을 분석해야 하며, SWOT 분석 같은 분석 기법을 사용할 수 있습니다.
병 과장: 환경 분석이 완료되면 실제 경영 전략이 설정되어야 합니다. 조직 전략, 사업 전략, 부문 전략 등이 있으며, 설정된 것을 토대로 실행되어야 합니다.
정 대리: 경영 전략을 토대로 실행한 이후 실행에 대한 결과가 나오면 그것을 확인하는 것으로 전체 과정은 마무리됩니다.

① 갑 부장, 을 차장
② 갑 부장, 병 과장
③ 병 과장, 정 대리
④ 갑 과장, 을 차장, 병 과장
⑤ 갑 과장, 을 차장, 정 대리

03 ○○자동차는 세계 자동차 시장 진출을 위한 경영 전략을 수립 중이다. 이를 위하여 SWOT 분석을 실시하였다. 다음의 〈분석 항목〉을 SWOT 분석표에 바르게 정리한 것은 무엇인가?

〈분석 항목〉

① 브랜드 파워가 약함
② 환율 변동으로 인한 가격 경쟁력이 저하될 가능성이 있음
③ 수소차, 전기차 등 친환경차가 유명함
④ IT 업체들이 기존 자동차 시장에 진출을 노리고 있음
⑤ 친환경에 대한 세계의 관심이 높아지고 있음
⑥ 가격 경쟁력이 높음
⑦ 세계 경기 회복으로 인한 판매량 증가 기대
⑧ 차량 디자인이 세련되지 못함

①

⑤, ⑥	②, ⑧
강점(S)	약점(W)
기회(O)	위험(T)
③, ⑦	①, ④

②

⑤, ⑦	①, ⑧
강점(S)	약점(W)
기회(O)	위험(T)
②, ④	③, ⑥

③

③, ⑥	⑤, ②
강점(S)	약점(W)
기회(O)	위험(T)
①, ⑧	④, ⑦

④

⑦, ⑧	①, ③
강점(S)	약점(W)
기회(O)	위험(T)
⑤, ⑥	②, ④

⑤

③, ⑥	①, ⑧
강점(S)	약점(W)
기회(O)	위험(T)
⑤, ⑦	②, ④

Chapter 10

직업윤리

Chapter 10 직업윤리

I. 근로윤리

1. 평가 목표
- 자신의 일을 존중하는 태도를 지니며, 직장 생활에서 주어진 업무를 성실하고 정직하게 수행하고, 근면 성실하게 업무에 임하는 자세를 지녔는지 평가합니다.

2. 유형 특징
- 개인윤리와 직업윤리가 충돌하는 상황을 사례로 제시하여, 이에 어떻게 대응할 것인지 선택하는 문제가 주로 출제됩니다.
- 배경지식이 아닌, 소명의식과 직업윤리를 우선으로 두어 정답을 선택합니다.
- 근로윤리에서 중시하는 근면, 정직, 성실에 대한 개념과 그 중요성을 파악하고 있는지 확인하는 문제가 출제됩니다.

3. 풀이 전략
- 직종별·직장별 특성에 따라 우선순위로 두는 근로윤리가 다를 수 있음에 유념하여, 본인이 지원하는 기업의 인재상과 분위기를 파악해 두는 것이 좋습니다.
- 이론 숙지만으로는 문제를 풀기 어려우므로, 다양한 사례를 접해 근로윤리에 대해 익숙해져야 합니다.

II. 공동체윤리

1. 평가 목표

- 인간에 대한 존중을 바탕으로 타인에 대한 봉사 정신과 책임 의식을 가지고 업무를 수행하는지, 사내 규범 및 직장 예절을 지킬 수 있는지 평가합니다.

2. 유형 특징

- 업무상 법규를 준수하는 행동, 올바른 전화 예절, 직무나 직책 등을 이용한 부정적인 이득을 취하는 행위 등을 고르는 문제가 출제됩니다.
- 개인이 아닌 공동체적인 범위에서의 윤리 이론을 확인하는 문제가 출제됩니다.
- 공동체와 관련된 사례를 제시하여 이에 적용할 수 있는 봉사, 책임감, 준법정신, 예절 등에 대해 물어보는 문제가 출제됩니다.

3. 풀이 전략

- 각 기업마다 특성이 담긴 내규와 사훈이 있으므로 이를 존중하는 태도를 가지고, 업무상 필요한 전화나 이메일 작성 예절에 대해 학습합니다. 직장 내 성희롱 등 이성 간의 예절, 상하 직책 사이의 예절에 대해서도 미리 숙지합니다.
- 자신이 갖고 있는 윤리 관념과 공동체적 범위에서 요구되는 윤리 관념이 다를 수 있다는 것에 유념하여 문제 풀이를 하도록 합니다.

유형 대표문제

공동체 윤리를 다루고 있는 유형

공동체 윤리란 인간 존중을 바탕으로 봉사하며, 책임감 있고, 규칙을 준수하고, 예의 바른 태도로 업무에 임하는 자세 등에 대한 기본적인 태도를 의미한다. 공동체 윤리에서는 공동체 윤리의 개념, 봉사의 의미, 직업 환경에서 지켜야 할 예절 등에 대한 기본적인 사항들을 업무 환경과 연관지어 사례를 묻는 문제들이 주로 출제된다.

다음은 사내 뉴스에 실린 내용 중 사내에서 열심히 일하시는 근로자 분들에 대한 인터뷰 내용이다. 이 인터뷰를 보면서 사내 직원들이 가지는 직업윤리에 관한 마음가짐으로 가장 적절한 것은?

청소 근로자 인터뷰

K 사원, P 대리 작성

사내에는 언제나 쾌적한 환경을 위해, 또 직원들을 위해서 열심히 일해 주시는 청소 근로자들이 있다. 주 업무가 사내 청소인 만큼 환경과 관련된 여러 이야기를 나누었다. 다음은 청소 근로자 분과 함께 진행한 일문 일답이다.

(질문) 주로 하시는 일은 무엇인가요?

(답변) 주 업무는 서동 전체의 환경 관리 총 감독입니다.

(질문) 가장 힘들고 어려운 일이 무엇인가요?

(답변) 아무래도 회사는 직원 전체를 위한 공간이기에 직원들이 쓰레기를 분리수거하지 않고 한번에 버리거나, 화장실 휴지통 내에 휴지 외에 다른 쓰레기를 버리는 경우가 존재합니다. 함께 조금만 신경을 쓴다면 작은 수고라도 덜 수 있는데, 아무래도 이런 점들이 가끔 힘들 때도 있습니다.

(질문) 가장 보람찬 때는 언제인가요?

(답변) 저와 동료들로 인해서 여기서 일하시는 직원 모두가 편하고 깨끗하게 사무실을 이용하고 업무를 진행하시는 모습을 볼 때마다 보람찹니다. 누군가는 업신여길 수 있는 일이겠지만, 저와 동료들이 맡은 업무를 충실히 함으로써 우리 회사에 큰 기여를 한다고 합니다. 또 우리 회사가 사회에 기여하는 부분이 크다고 생각하는데, 그런 기여에 저와 동료들도 작은 지분을 차지한다고 생각하면 더욱 보람차게 느껴집니다.

① 항상 법을 준수하며, 직무상 요구되어지는 윤리 기준을 준수해야 한다.
② 본인이 수행하는 직무에 필요한 역량을 발전시키는 노력을 갖춰야 한다.
③ 나의 업무는 하늘에 의해 맡겨진 일이라는 생각으로 열심히 수행해야 한다.
④ 나의 업무는 우리 회사 혹은 사회에 중요한 역할을 하고 있다고 생각하고 열심히 수행해야 한다.
⑤ 자신의 일이 나의 능력과 적성에 꼭 맞는다고 생각하고 열심히 수행해야 한다.

제시문이 직업윤리 중 어떤 부분을 이야기하고 있는지 파악해야 한다. 일반적으로 소명 의식, 천직 의식, 직분 의식, 책임 의식, 전문가 의식, 봉사 의식으로 구성되어 있는데, 이 중에서 어떤 내용인지 제시문에서 파악하고 그에 맞는 역할과 행동을 찾도록 한다.

직업에 종사하는 자로서 공통적으로 지켜야 할 윤리 기준.
일반적으로 소명 의식, 천직 의식, 직분 의식, 책임 의식, 전문가 의식, 봉사 의식으로 구성

다음은 사내 뉴스에 실린 내용 중 사내에서 열심히 일하시는 근로자 분들에 대한 인터뷰 내용이다. 이 인터뷰를 보면서 사내 직원들이 가지는 직업윤리에 관한 마음가짐으로 가장 적절한 것은?

청소 근로자 인터뷰

K 사원, P 대리 작성

사내에는 언제나 쾌적한 환경을 위해, 또 직원들을 위해서 열심히 일해 주시는 청소 근로자들이 있다. 주 업무가 사내 청소인 만큼 환경과 관련된 여러 이야기를 나누었다. 다음은 청소 근로자 분과 함께 진행한 일문 일답이다.

(질문) 주로 하시는 일은 무엇인가요?

(답변) 주 업무는 서동 전체의 환경 관리 총 감독입니다.

(질문) 가장 힘들고 어려운 일이 무엇인가요?

(답변) 아무래도 회사는 직원 전체를 위한 공간이기에 직원들이 쓰레기를 분리수거하지 않고 한번에 버리거나, 화장실 휴지통 내에 휴지 외에 다른 쓰레기를 버리는 경우가 존재합니다. 함께 조금만 신경을 쓴다면 작은 수고라도 덜 수 있는데, 아무래도 이런 점들이 가끔 힘들 때도 있습니다.

(질문) 가장 보람찬 때는 언제인가요?

(답변) 저와 동료들로 인해서 여기서 일하시는 직원 모두가 편하고 깨끗하게 사무실을 이용하고 업무를 진행하시는 모습을 볼 때마다 보람찹니다. 누군가는 업신여길 수 있는 일이겠지만, 저와 동료들이 맡은 업무를 충실히 함으로써 우리 회사에 큰 기여를 한다고 합니다. 또 우리 회사가 사회에 기여하는 부분이 크다고 생각하는데, 그런 기여에 저와 동료들도 작은 지분을 차지한다고 생각하면 더욱 보람차게 느껴집니다.

→ 직업윤리 중 어떤 내용을 의미하는지 유추할 수 있어야 한다.

① 항상 법을 준수하며, 직무상 요구되어지는 윤리 기준을 준수해야 한다.
② 본인이 수행하는 직무에 필요한 역량을 발전시키는 노력을 갖춰야 한다.
③ 나의 업무는 하늘에 의해 맡겨진 일이라는 생각으로 열심히 수행해야 한다.
④ 나의 업무는 우리 회사 혹은 사회에 중요한 역할을 하고 있다고 생각하고 열심히 수행해야 한다.
⑤ 자신의 일이 나의 능력과 적성에 꼭 맞는다고 생각하고 열심히 수행해야 한다.

정답 및 해설 정답 ④

본문은 청소 근로자의 인터뷰로 본인의 업무가 회사에 큰 기여를 하고, 더 나아가 사회에도 역할을 하고 있다고 언급하고 있다. 회사와 사회에 중요한 역할을 하고 있다는 의미이며, 직업윤리 중 직분 의식에 관한 이야기이다.
따라서 업무가 회사 또는 사회에 중요한 역할을 하고 있다고 생각한다는 ④의 마음가짐이 가장 적절하다.

유형 연습문제

01 ○○자동차는 올해 A/S 대리점의 서비스 향상을 최우선 과제로 설정하였다. 이에 관련 부서에서는 A/S 서비스와 관련된 대리점 사례들을 공유하기로 하였다. 아래의 내용은 그러한 이유로 작성된 E-MAIL이다. E-MAIL 내에 소개된 대리점 사례를 읽은 후 직원들의 반응으로 가장 적절하지 않은 것은 무엇인가?

■ 수신: A/S 대리점 전체
■ 발신: 서비스관리팀 K 과장
■ 참조: 서비스관리팀
■ 제목: A/S 대리점 우수 사례 공유

안녕하세요. 서비스관리팀 K 과장입니다.
전국에 계신 대리점 직원 분들 항상 고생이 많으십니다.
작년 가장 A/S 서비스 평가가 좋았던 대리점의 사례를 공유하고자 합니다.
올해에는 더욱 향상된 서비스로 고객 평가에 신경 써 주시길 바라겠습니다.

〈서울 한 대리점의 사례〉

서울 △△구에 있는 대리점은 수익에 대한 고민이 많았다. 찾아오는 손님은 적지도 많지도 않았지만, A/S 비용이 크지 않은 손님들이 대부분이었기에 수익성이 높지 않았다. 지역 특성상 높은 임대료로 인하여 운영 부담이 컸던 대리점주 L 씨는 수익성을 높이기 위한 여러 가지 방법을 생각했었다. 상대적으로 비싼 제품을 팔거나, A/S 비용의 마진을 높게 잡아 한 번에 큰 수익을 얻어내는 방법도 있었지만 L씨는 정공법을 택했다. 오히려 자동차 A/S에 대한 공부를 더욱 열심히 하였다. 높은 품질을 유지하기 위한 수리 기술을 해외 자료로부터 공부하고, 상대적으로 싸고 좋은 품질의 부품을 들여와 고객들에게 제공하였다. 이런 노력은 고객들에게도 전해졌고, 대형 자동차 커뮤니티를 통해 대리점의 입소문이 나게 되었다. 이로 인해 대리점은 자동차 수리의 성지가 되었고, 대리점은 항상 손님으로 북적이게 되었다. 높은 수익과 고객 평가는 자연스럽게 따라와 전국 1위의 A/S 대리점으로 성장하게 되었다.

① 요행을 바라기보다는 자신의 역량을 끊임없이 발전시키고 노력해야 해.
② 단순히 수익만 생각하여 높은 마진을 남기는 대리점 운영을 했다면 1등 대리점은 할 수 없었을 거야.
③ 대리점 임대료가 비싸지 않은 지역은 크게 노력하지 않아도 안정적인 수익을 보장 받을 수 있을 거야.
④ 고객을 최우선으로 생각하는 태도로 일한다면 장기적으로는 회사의 발전에도 도움을 줄 수 있을 거야.
⑤ 사례의 내용처럼 우리 대리점에서도 고객을 위해 노력한다면 고객께서도 그 노력을 알아주실 거야.

02 회계팀에 상반기 신입으로 A 사원이 새롭게 소속되었다. A 사원의 교육을 맡은 B 과장은 기업의 사회적 책임 활동에 대한 교육을 실시하면서 이에 관련된 생각을 자유롭게 이야기하였다. A 사원과 B 과장은 어떤 주제에 대해서 이야기 나눈 것인가?

〈토론 내용 중 일부〉

A 사원: 시장 경제에서 기업의 가장 중요한 덕목은 바로 이윤 추구라고 생각합니다.
B 과장: A 사원의 말처럼 이윤을 추구하는 것이 가장 밑바탕에 존재합니다.
A 사원: 따라서 일정 수준의 가이드 라인이 없다면 기업들은 오로지 자신들의 이익에만 관심을 가질 것이고, 사회와의 공공선의 달성을 행하는 것은 불가능할 것입니다. 적극적인 규제 도입이 필수적이라고 생각합니다.
B 과장: 그러나 적극적인 규제가 존재한다면 기업의 자발적인 사회적 책임 활동은 오히려 줄어들 것이라고 생각합니다. 기업은 사회적 책임 활동을 통해 오히려 좋은 이미지를 얻고, 이를 통해 기업의 이익도 좋아지는 방법도 있습니다. 사회적 책임 활동이 기업의 이윤과 동떨어진 것은 아니라고 생각합니다. 규제는 필요하나 최소한으로 설정하여 보다 자유로운 활동이 이뤄지도록 장려하여야 합니다.

① 기업의 사회적 책임 활동에 대한 규제는 어느 정도 범위로 필요한가?
② 기업의 사회적 책임 활동은 이미지 개선에 도움이 되는가?
③ 기업은 적극적으로 사회적 책임을 져야 하는가?
④ 기업은 왜 사회적 책임 활동을 해야 하는가?
⑤ 기업의 이윤 추구를 위하여 규제를 준수해야 할 의무가 있는가?

근로자 윤리를 다루고 있는 유형

업무에 있어 직업인이 갖추어야 할 기본적인 윤리 의식을 지니고 있는지, 문제가 생긴다면 어떻게 대처하는 것이 옳은 것인지를 확인하는 문제이다. 이같은 문제의 유형은 명확하게 떨어지는 답을 찾기 어려울 수 있다. 개인 윤리와 직업 윤리의 조화를 통한 최선의 선택을 묻는 문제이므로 선택지를 비교하여 가장 적절하거나 적절하지 못한 것을 골라내야 한다.

다음은 사내 뉴스에 실린 기사 중 사내에서 열심히 일하시는 근로자 분들의 직업윤리에 대한 내용이다. 해당되는 내용에 부합하는 실제 사례들 중 가장 적절한 것은?

근면의 정의는 '부지런히 일하고 힘씀'이다. 근면은 성공으로 가는 기본 열쇠이며, 게으름을 경계하며 항상 부지런하려는 태도를 길러야 한다.

근면의 종류는 두 가지로 나누어 볼 수 있다. 우선 외부로부터 강요당한 근면으로서 외부의 강요가 사라진다면 더 이상 지속되지 않고 그 순간 사라진다. 이런 사례로는 (ⓐ)가 있다. 반대로 스스로 자진하는 근면도 있는데, 이는 외부의 강요와는 상관없이 스스로 자신의 것을 창조해 나갈 수 있다. 이런 사례로는 (ⓑ)가 있다.

| 보기 |

㉠ 자신의 업무 역량을 높이기 위해 영어 회화를 공부하는 것
㉡ 건강을 위해 매일 30분씩 운동하는 것
㉢ 공동체를 위하여 주말마다 봉사활동을 하는 것
㉣ 상사가 지시한 업무 성과를 달성하기 위해 잔업하는 것

	ⓐ	ⓑ
①	㉠, ㉡	㉢, ㉣
②	㉣	㉠, ㉡, ㉢
③	㉡, ㉣	㉠, ㉢
④	㉠, ㉢, ㉣	㉡
⑤	㉠, ㉢	㉡, ㉣

근로자 윤리 중 근면한 태도, 정직한 행동, 성실한 자세에 대한 개념을 명확히 해야 한다. 아래 제시된 문제는 근면의 두 가지 종류의 차이점을 알고 있는지 묻고 있다. 스스로 자진해서 하는 근면과 외부로부터 강요 당한 근면의 행동을 판단할 수 있어야 한다.

다음은 사내 뉴스에 실린 기사 중 사내에서 열심히 일하시는 근로자 분들의 직업윤리에 대한 내용이다. 해당되는 내용에 부합하는 실제 사례들 중 가장 적절한 것은?

> → 근면의 정의
>
> 근면의 정의는 '부지런히 일하고 힘씀'이다. 근면은 성공으로 가는 기본 열쇠이며, 게으름을 경계하며 항상 부지런하려는 태도를 길러야 한다.
>
> 근면의 종류는 두 가지로 나누어 볼 수 있다. 우선 외부로부터 강요당한 근면으로서 외부의 강요가 사라진다면 더 이상 지속되지 않고 그 순간 사라진다. 이런 사례로는 (ⓐ)가 있다. 반대로 스스로 자진하는 근면도 있는데 이는 외부의 강요와는 상관없이 스스로 자신의 것을 창조해 나갈 수 있다. 이런 사례로는 (ⓑ)가 있다. → 근면의 두 가지 종류의 차이점을 확인하라.
> 주요 차이점은 자발적인 것인지, 타인에 의한 것인지이다.

| 보기 |

㉠ 자신의 업무 역량을 높이기 위해 영어 회화를 공부하는 것 → 스스로 자진하는 근면
㉡ 건강을 위해 매일 30분씩 운동하는 것 → 스스로 자진하는 근면
㉢ 공동체를 위하여 주말마다 봉사활동을 하는 것 → 스스로 자진하는 근면
㉣ 상사가 지시한 업무 성과를 달성하기 위해 잔업하는 것 → 외부로부터 강요당한 근면

	ⓐ	ⓑ
①	㉠, ㉡	㉢, ㉣
②	㉣	㉠, ㉡, ㉢
③	㉡, ㉣	㉠, ㉢
④	㉠, ㉢, ㉣	㉡
⑤	㉠, ㉢	㉡, ㉣

정답 및 해설 정답 ②

각 보기의 사례에서 행동의 원인이 타인이나 상황 속에서 주어지는 것인지, 스스로 자발적으로 이뤄지는 것인지 파악해야 한다. ㉣의 경우 상사가 설정한 성과가 잔업의 원인이 되기 때문에 외부로부터 강요당한 근면이며, 나머지 보기는 모두 스스로 행하는 것이다.

01 ○○공단은 매월 첫 주에 전체 임직원 대상 메일을 발송한다. 특별히 이번 메일은 1월이기에 대표 이사의 신년사를 담게 되었다. 아래의 신년사를 읽은 후 임직원의 반응으로 가장 적절한 것은 무엇인가?

> 존경하는 임직원 여러분, 경자년 새해가 밝았습니다. 지난해 어려운 경영환경 속에서도 임직원 여러분들의 노고에 진심으로 감사의 인사를 드립니다. 올해에는 협력사와의 동반 성장을 최우선 과제로 삼고자 합니다. 최근 경영 환경에서 주요한 이슈 중 하나는 '갑질'이었습니다. 상사의 아랫사람에 대한 갑질, 우리 공단에서 협력사에 대한 갑질 등 회사 업무 상황에서 다양한 갑질이 이뤄질 수 있습니다. 우리는 항상 이러한 갑질을 경계해야 합니다. 우리 공단은 갑질에 대한 별도의 규제는 설정하지 않았습니다. 단순히 규제와 시스템만으로는 갑질이 근절될 수 없기 때문입니다. 임직원 개개인의 모습 하나가 모여 우리 공단 전체의 모습이 비춰집니다. 임직원 여러분 스스로가 갑질을 경계하며 모든 이들과의 상생을 추구하여야 할 것입니다. 스스로가 우리 공단의 얼굴이라고 생각하고 행동해 주시기 바랍니다.

① K 사원: 갑질이 일어나는 상황을 발견하면 즉시 인사팀에 신고해야겠어.
② N 대리: 갑질이 일어나는 것은 별도 규제가 없어서야. 규제를 신설해야 해!
③ P 과장: 회사 내부에서는 갑질을 막을 수 없어. 정부 차원에서의 방침이 필요해!
④ L 차장: 상생을 잘 이뤄낸 사례를 찾아서 포상을 해야 하지 않을까?
⑤ U 부장: 규제를 통한 것보다는 자발적인 자세로 직원들이 갑질을 하지 않으려는 태도를 갖춰야 할 것 같아.

02 A 이사는 회사 내 교육 부서의 임원으로 재직 중이다. 회사의 외부 영어 교육을 담당할 위탁업체를 공개 입찰로 평가 중인 상황에서 A 이사는 각별한 사이인 친구의 부탁을 받았다. 친구의 부탁은 공개 입찰에 본인이 운영하는 회사가 입찰 시기를 놓쳐서 평가를 받을 수 없는 상황에 놓였으니 A 이사의 힘으로 공개 입찰에 평가만 함께 받을 수 있게 힘을 써 달라는 내용이었다. 친구가 운영하는 업체는 부서의 입찰 기준에 부합하여 평가를 받게 되면 우수한 성적으로 선정될 가능성이 높은 회사로 보인다. 이런 상황 속에서 A 이사가 취할 행동으로 가장 적절한 것은 무엇인가?

① 친구의 회사는 상당히 우수한 회사로 판단되니 공개 입찰을 취소하고 친구의 업체를 바로 위탁업체로 선정한다.
② 위탁업체 평가 담당자를 따로 불러 친구의 회사를 함께 평가하도록 지시한다.
③ 공개 입찰의 입찰 시기를 놓친 것은 친구 회사의 실수이므로 제외하고 기존 입찰업체만 평가한다.
④ 자신의 회사에는 입찰 시기를 놓쳤으니 아직 입찰 기간이 남아 있는 협력사 담당자에게 친구의 업체를 소개한다.
⑤ 입찰 시기를 연장하여 친구의 회사가 입찰할 수 있는 기간을 만들어 준다.

● 정답과 해설 528쪽

03 **최근 여러 회사에서 성희롱 관련 문제가 발생하고 있다. 이에 성희롱 예방 관련 업무가 조직문화팀에 내려왔다. 조직문화팀 P 대리는 조직문화팀의 여러 내용을 살펴보던 중 아래의 내용을 본 후 생각난 아이디어를 팀장님께 제시하였다. 아래의 내용을 바탕으로 팀장님께 제시한 P 대리의 아이디어로 가장 적절한 것은 무엇인가?**

한 상사가 여자 신입 사원에게 업무를 가르쳐 준다는 이유로 휴일에 만남을 요구하거나 메시지를 보내는 경우가 있습니다. 불편함을 표현하더라도 계속 호감을 표현하며 성적인 농담을 건네고 이에 대해 화를 내면 '사회생활 모르는', '조직 적응이 떨어지는' 신입 사원으로 낙인이 찍히게 됩니다.

성희롱 담당 부서에 도움을 요청해 보더라도 별도의 제도적인 장치는 없이 주의를 주는 것이 대부분입니다. 어떤 회사는 이마저도 어려워 인사팀에 도움을 요청하지만 우리의 일이 아니지만 주의를 줄 것이니 본인도 처신을 잘하라는 대답만 받게 됩니다. 적절한 도움을 받지 못한 신입 사원은 결국 퇴사를 결심합니다. 그리고 신입 사원에게 성희롱을 하였던 상사는 이제 다른 신입 사원에게 추파를 던질 것입니다. 결국 직장 내 성희롱은 사라지지 않고 계속해서 발생할 것입니다.

– 성희롱의 악순환에 대한 내용 中

(질문) 우리 회사 내에서 성희롱을 당한 경험이 있으신가요?

(답변) 네, 당연하죠. 아무래도 우리 회사는 남자 비율이 높다 보니 남자들 사이에서 가볍게 하는 농담이지만 여자인 저로서는 민망해질 때가 많습니다. 하지만 이런 것들은 심각한 것도 아닙니다. 실명을 밝힐 수는 없지만 다른 여자 동료는 한 상사의 신체적 접촉을 계속해서 참고 있는 상황에 놓여 있습니다. 회사에 강력한 규제도 없고, 도움을 요청해 봤자 이런 행위가 근절될 것 같지 않기 때문에 계속 참고 있다고 합니다. 이 동료처럼 꾹 참고 있는 사람들이 회사 내에 많이 있다고 생각합니다. 도움이 필요합니다.

– 우리 회사 성희롱 관련 인터뷰에 대한 내용 中

① 성희롱 당한 직원이 고발했을 때 직원을 보호하는 대책이 필요하다.
② 성희롱 예방 교육을 확대하여 직원들의 인식을 변화시켜야 한다.
③ 성희롱 피해 사례를 만들어 매주 메일로 전 직원에게 공유해야 한다.
④ 성희롱과 관련된 제도를 만들어서 성희롱이 발생하였을 때 강력한 처벌을 해야 한다.
⑤ 성희롱이 발생하였는지에 대한 전 직원 인터뷰가 필요하다.

NCS
통합 기본서

PART 02

응용편 예상문제

의사소통능력

● 정답과 해설 529쪽

01 다음 글의 제목으로 가장 적절한 것은 무엇인가?

> 평화로운 시대에 시인의 존재는 문화의 비싼 장식일 수 있다. 그러나 시인의 조국이 비운에 빠졌거나 통일을 잃었을 때 시인은 장식의 의미를 떠나 민족의 예언가가 될 수 있고, 민족혼을 불러일으키는 선구자적 지위에 놓일 수도 있다. 예를 들면 스스로 군대를 가지지 못한 채 제정 러시아의 가혹한 탄압 아래 있던 폴란드 사람들은 시인의 존재를 민족의 재생을 예언하고 굴욕스러운 현실을 탈피하도록 격려하는 예언자로 여겼다. 또한 통일된 국가를 가지지 못하고 이산되어 있던 이탈리아 사람들은 시성 단테를 유일한 '이탈리아'로 숭앙했고, 제1차 세계대전 때 독일군의 잔혹한 압제하에 있었던 벨기에 사람들은 베르하렌을 조국을 상징하는 시인으로 추앙하였다.

① 시인의 임무
② 역사와 시인의 관계
③ 비극적 시대의 시인
④ 시인의 예언
⑤ 높은 지위의 시인

02 다음 빈칸에 들어갈 말로 가장 적절한 것은?

> 근대 국가가 형성되면서 언어의 단일화를 이루기 위한 언어 정책이 시행되었다. 러시아의 경우가 대표적인데, 당시 러시아 사회는 칭기즈 칸의 침략 후 문장어와 방언 사이의 격차가 컸다. 표트르 대제는 불가리아 문장어를 버리고 모스크바어를 기반으로 한 러시아어 표준어 정책을 강력하게 실시했다. 이때부터 푸시킨을 비롯한 국민적 작가에 의해 러시아의 문예어가 발달하기 시작했다. 이렇게 서양에서 봉건제가 붕괴되고 민주 의식이 고양되면서 표준어가 결정되고 국민 문예가 성립하는 과정을 거쳤다. 한 나라의 표준어 형성, 나아가 국어의 통합은 이렇게 (   ) 것이다.

① 역사와 깊은 관계가 있는
② 국가 정책 중 필수적인
③ 국가 형성과 관계가 밀접한
④ 국민성에 중요한 역할을 하는
⑤ 문예 작품의 발달과 밀접하게 관련을 맺고 있는

03 다음 글의 중심 내용으로 가장 알맞은 것을 고르시오.

행랑채가 퇴락하여 지탱할 수 없게끔 된 것이 세 칸이었다. 나는 마지못하여 이를 모두 수리하였다. 그런데 그중의 두 칸은 앞서 장마에 비가 샌 지가 오래되었으나, 나는 그것을 알면서도 이럴까 저럴까 망설이다가 손을 대지 못했던 것이고, 나머지 한 칸은 비를 한 번 맞고 샜던 것이라 서둘러 기와를 갈았던 것이다. 이번에 수리하려고 본즉 비가 샌 지 오래된 것은 그 서까래, 추녀, 기둥, 들보가 모두 썩어서 못 쓰게 되었던 까닭으로 수리비가 엄청나게 들었고, 한 번밖에 비를 맞지 않았던 한 칸의 재목들은 완전하여 다시 쓸 수 있었던 까닭으로 그 비용이 많이 들지 않았다. 나는 이에 느낀 것이 있었다. 사람의 몸에 있어서도 마찬가지라는 사실을. 잘못을 알고서도 바로 고치지 않으면 곧 그 자신이 나쁘게 되는 것이 마치 나무가 썩어서 못 쓰게 되는 것과 같으며, 잘못을 알고 고치기를 꺼리지 않으면 해(害)를 받지 않고 다시 착한 사람이 될 수 있으니, 저 집의 재목처럼 말끔하게 다시 쓸 수 있는 것이다. 뿐만 아니라 나라의 정치도 이와 같다. 백성을 좀먹는 무리들을 내버려두었다가는 백성들이 도탄에 빠지고 나라가 위태롭게 된다. 그런 연후에 급히 바로잡으려 하면 이미 썩어 버린 재목처럼 때는 늦은 것이다. 어찌 삼가지 않겠는가.

– 이규보, 이옥설(理屋說) –

① 삶을 살아가는 데 마음가짐이 가장 중요하다.
② 나라를 위태롭게 만드는 무리들을 바로 잡아야 한다.
③ 잘못을 고치는 것을 회피하지 않으면 착한 사람이 될 수 있다.
④ 나라가 바로 서기 위해서는 좋은 인재가 필요하다.
⑤ 잘못된 것을 알게 되면 바로 고치는 태도를 가져야 한다.

04 다음 〈보기〉에 해당하는 문서를 작성하는 방법으로 적절하지 않은 것은?

보기

엄격한 규정과 양식에 따라 정당한 권리를 가진 사람이 작성해야 하며 최종 결재권자의 결재가 있어야 하는 문서

① 반드시 연도와 월일을 기입해야 한다.
② 장기간 보관되는 문서의 성격에 따라 정확하게 기술한다.
③ 육하원칙에 따라 정확하게 드러나도록 쓴다.
④ 내용은 질문의 여지가 없도록 최대한 자세하게 쓴다.
⑤ 마지막엔 '끝'자로 마무리 해야 한다.

05 다음 글의 중심 내용으로 가장 알맞은 것을 고르시오.

힐링(Healing)은 사회적 압박과 스트레스 등으로 손상된 몸과 마음을 치유하는 방법을 포괄적으로 일컫는 말이다. 우리보다 먼저 힐링이 정착된 서구에서는 질병 치유의 대체 요법 또는 영적·심리적 치료 요법 등을 지칭하고 있다. 국내에서도 최근 힐링과 관련된 갖가지 상품이 유행하고 있다. 간단한 인터넷 검색을 통해 수천 가지의 상품을 확인할 수 있을 정도다. 종교적 명상, 자연 요법, 운동 요법 등 다양한 형태의 힐링 상품이 존재한다. 심지어 고가의 힐링 여행이나 힐링 주택 등의 상품들도 나오고 있다. 그러나 자신을 진정으로 사랑하는 법을 알아야 할 것이다. 우선 명상이나 기도 등을 통해 내면에 눈뜨고, 필라테스나 요가를 통해 육체적 건강을 회복하여 자신감을 얻는 것부터 출발할 수 있다.

① 힐링은 우리에게 무엇보다도 중요하다.
② 서구에서는 우리보다 힐링이 더 빨리 정착되었다.
③ 자신감을 얻는 것에서부터 힐링할 수 있다.
④ 힐링과 연관된 상품들이 많아졌다.
⑤ 힐링을 위해 운동을 해야 한다.

06 아래의 글을 제대로 이해하지 못한 사람을 모두 고르시오.

책은 벗입니다. 먼 곳에서 찾아온 반가운 벗입니다. 배움과 벗에 관한 이야기는 『논어』의 첫 구절에도 있습니다. '배우고 때때로 익히니 어찌 기쁘지 않으랴. 벗이 먼 곳에서 찾아오니 어찌 즐겁지 않으랴.'가 그런 뜻입니다.

그러나 오늘 우리의 현실은 그렇지 못합니다. 인생의 가장 빛나는 시절을 수험 공부로 보내야 하는 학생들에게 독서는 결코 반가운 벗이 아닙니다. 가능하면 빨리 헤어지고 싶은 불행한 만남일 뿐입니다. 밑줄 그어 암기해야 하는 독서는 진정한 의미의 독서가 못 됩니다.

독서는 모름지기 자신을 열고, 자신을 확장하고, 자신을 뛰어넘는 비약이어야 합니다. 그렇기 때문에 독서는 삼독(三讀)입니다. 먼저 글을 읽고 다음으로 그 글을 집필한 필자를 읽어야 합니다. 그 글이 제기하고 있는 문제뿐만 아니라 필자가 어떤 시대, 어떤 사회에 발 딛고 있는지를 읽어야 합니다. 그리고 최종적으로 그것을 읽고 있는 독자 자신을 읽어야 합니다. 그렇게 함으로써 자신의 처지와 우리 시대의 문맥을 깨달아야 합니다.

A: 책은 인생에 있어 정말 소중한 존재야.
B: 맞아. 그래서 책의 모든 문장을 다 읽기 위해 밑줄을 그어 가면서 읽어야지.
C: 그런데 요즘엔 다들 수험 공부를 해야 해서 독서를 제대로 못하는 것 같아.
D: 책을 제대로 읽으려면 최소한 같은 책을 세 번은 읽어야 하는구나.
E: 책을 읽음으로써 우리 시대의 문맥과 지금 내가 어디에 위치해 있는지 알아야 해.

① A, B ② A, C ③ B, C ④ B, D ⑤ D, E

07 다음 글을 읽고 제대로 이해하지 않은 사람을 고르시오.

한국 사회의 근대화 과정은 급속한 산업화와 도시화라는 특징을 가진다. 1960년대 이후 급속한 근대화에 따라 전통적인 농촌 공동체를 떠나 도시로 이주하는 사람들이 급격하게 증가하였으며, 이로 인해 전통적인 사회구조가 해체되었다. 이 과정에서 직계 가족이 가치 판단의 중심이 되는 가족주의가 강조되었다. 이는 전통적 공동체가 힘을 잃은 상황에서 가족이 매우 중요한 역할을 담당했기 때문이다. 국가의 복지가 부실한 상황에서 가족은 노동력의 재생산 비용을 담당했다.

가족은 물질적 생존의 측면뿐만 아니라 정서적 생존을 위해서도 중요한 보호막으로 기능했다. 말하자면, 전통적 사회 구조가 약화되면서 나타나는 사회적 긴장과 불안을 해소하는 역할을 해 왔다는 것이다. 서구 사회의 근대화 과정에서는 개인의 자율적 판단과 선택을 강조하는 개인주의 윤리나 문화가 그러한 사회적 긴장과 불안을 해소하는 역할을 담당했다. 하지만 한국 사회의 경우 근대화가 급속하게 압축적으로 이루어졌기 때문에 서구 사회와 같은 근대적 개인주의 문화가 제대로 정착하지 못했다. 그래서 한국 사회에서는 가족주의 문화가 근대화 과정의 긴장과 불안을 해소하는 역할을 담당하게 되었다.

한편, 전통적 공동체 문화는 학연과 지연을 매개로 하여 유사 가족주의 형태로 나타났다. 1960년대 이후 농촌을 떠나온 사람들이 도시에서 만든 계나 동창회와 같은 것들이 유사 가족주의의 단적인 사례이다.

① 가: 사회의 근대화 과정과 가족의 역할에는 밀접한 관련이 있구나.
② 나: 가족이 중시되어 온 건 국가의 복지가 부족했기 때문이었구나.
③ 다: 서구와 같이 근대적 개인주의 문화가 우리나라에 제대로 정착하지 못한 건 우리 민족의 특성 때문이야.
④ 라: 전통적인 농촌 공동체를 떠나 도시로 이주하는 사람들이 유사 가족주의 형태를 만들었네.
⑤ 마: 대학 동창회 같은 경우는 유사 가족주의의 형태구나.

08 다음 글을 읽고 이 글에 부합하지 않는 것을 고르시오.

국민 주권에 바탕을 둔 민주주의 원리는 모든 국가 기관의 의사가 국민의 의사로 귀착될 수 있어야 한다는 것이다. 이러한 민주주의 원리로부터 국민의 생활에 중요한 영향을 미치는 국가 기관일수록 국민의 대표성이 더 반영되어야 한다는 '민주적 정당성'의 원리가 도출된다. 헌법 재판 역시 그 중대성을 감안할 때 국민의 대의 기관이 직접 담당하는 것이 민주적 정당성의 원리에 부합할 것이다. 헌법 재판은 과거 세대와 현재 및 미래 세대에게 아울러 적용되는 헌법과 인권의 가치를 수호하는 특수한 기능을 수행한다. 헌법 재판소는 항구적인 인권 가치를 수호하기 위하여 의회 입법이나 대통령의 행위를 위헌이라고 선언할 수 있다. 이는 현재 세대의 의사와 배치될 수도 있는 작업이다. 그렇다면 이는 의회와 같은 현 세대의 대표자가 직접 담당하기에는 부적합하다. 헌법 재판관들은 현재 다수 국민들의 실제 의사를 반영하기 위하여 임명되는 것이 아니다. 그들의 임무는 현재 국민들이 헌법을 개정하지 않는 한 헌법에 선언된 과거 국민들의 미래에 대한 약정을 최대한 실현하는 것이다. 그렇다면 헌법 재판은 의회로부터 어느 정도 독립되고, 전문성을 갖춘 재판관들이 담당해야 한다. 한편 헌법 재판은 사법적으로 이루어질 때 보다 공정하고 독립적으로 이루어질 수 있다. 이는 독립된 재판관에 의하여 이루어지는 법 해석을 중심으로 판단이 이루어져야 한다는 것을 말한다. 그런데 독립된 헌법 재판소를 두더라도 헌법 재판관의 구성방법이 문제된다. 헌법 제1조 제2항에 따라 모든 국가 권력은 국민에게 귀착되어야 하는 정당성의 사슬로 연결되어 있기에 헌법 재판관 선출은 국민의 직접 위임에 의한 것이 이상적이다. 그러나 현실적으로 국민의 직접 선거로 재판관을 선출하는 것은 용이하지 않다. 따라서 대의 기관이 관여하여 헌법 재판관을 임명함으로써 최소한의 민주적 정당성을 갖추어야 할 것이다. 그러므로 헌법 재판관들이 선출되지 않은 소수 혹은 국민에 대하여 책임지지 않는 소수라는 이유만으로 민주적 정당성이 없다고 하는 것은, 헌법 재판관 선출에 의회와 대통령이 관여한다는 점에서 무리한 비판이라고 볼 것이다.

① 헌법 재판소에서는 인권을 보호하기 위해 대통령의 행위를 위헌이라고 선언할 수 있다.
② 헌법 재판관들은 현재 다수 국민들의 실제 의사를 반영하기 위하여 임명된다.
③ 헌법 재판은 의회와는 독립되어야 한다.
④ 헌법 재판은 사법적으로 이루어져야 더 독립적이다.
⑤ 헌법 재판관들이 선출되지 않은 소수에 대하여 민주적 정당성이 없다는 것은 지나친 비판이다.

09 아래의 글과 일치하지 않는 것을 고르시오.

사유 재산 제도와 시장 경제가 자본주의의 양대 축을 이루기 때문에 토지 또한 민간의 소유이어야만 한다고 하는 이들이 많다. 토지 사유제의 정당성을 그것이 자본주의의 성립 근거라는 점에서 찾고자 하는 학자도 있다. 토지에 대해서는 절대적이고 배타적인 소유권을 인정할 수 없다고 하면 이들은 신성불가침 영역에 대한 도발이라며 이에 반발한다. 토지가 일반 재화나 자본에 비해 지닌 근본적인 차이는 무시하고 말이다. 과연 자본주의 경제는 토지 사유제 없이 성립할 수 없는 것일까?

싱가포르, 홍콩, 대만, 핀란드 등의 사례는 위의 물음에 직접적인 답변을 제시한다. 이들은 토지 공유제를 시행하였거나 토지의 공공성을 인정했음에도 불구하고 자본주의의 경제를 모범적으로 발전시켜 온 사례이다. 물론 토지 사유제를 당연하게 여기는 사람들이 이런 사례들을 토지 공공성을 인정해야만 하는 당위의 근거로서 받아들이는 것은 아니다. 그들은 오히려 토지의 공공성 강조가 사회주의적 발상이라고 비판한다. 하지만 이와 같은 비판은 토지와 관련된 권리 제도에 대한 무지에 기인한다.

토지 소유권은 사용권, 처분권, 수익권의 세 가지 권리로 구성된다. 각각의 권리를 누가 갖느냐에 따라 토지 제도는 다음과 같이 분류된다. 세 권리 모두 민간이 갖는 토지 사유제, 세 권리 모두 공공이 갖는 사회주의적 토지 공유제, 그리고 사용권은 민간이 갖고 수익권은 공공이 갖는 토지 가치 공유제이다.

한편, 토지 가치 공유제는 처분권을 누가 갖느냐에 따라 두 가지 제도로 분류된다. 처분권을 완전히 민간이 갖는 토지 가치 세제와 공공이 처분권을 갖지만 사용권을 가진 자에게 한시적으로 처분권을 맡기는 토지 공공 임대제이다. 토지 소유권을 구성하는 세 가지 권리를 민간과 공공이 적당히 나누어 갖는 경우가 많으므로 실제의 토지 제도는 이 분류보다 훨씬 더 다양하다. 이 중 자본주의 경제와 결합될 수 없는 토지 제도는 사회주의적 토지 공유제뿐이다. 물론 어느 토지 제도가 더 나은 경제적 성과를 보이는가는 그 이후의 문제이다. 토지 사유제 옹호론에 따르면, 토지 자원의 효율적 배분이 가능하기 위해 토지에 대한 절대적, 배타적 소유권을 인정해야만 한다. 토지 사유제만이 토지의 오용을 막을 수 있으며, 나아가 토지 사용의 안정성을 보장할 수 있다는 것이다. 하지만 토지 자원의 효율적 배분을 위해 토지의 사용권, 처분권, 수익권 모두를 민간이 가져야 할 필요는 없다. 토지 위 시설물에 대한 소유권을 민간이 갖고, 토지에 대해서 민간은 배타적 사용권만 가지면 충분하다.

① 자본주의를 위해 토지 사유제는 꼭 필요하다.
② 홍콩처럼 토지의 공공성을 인정해도 토지 사용에 안정성이 있다.
③ 토지 사유제는 토지 소유권의 가장 많은 권리를 갖는다.
④ 토지 공유제와 토지 가치 공유제에서는 수익원을 모두 공공이 갖는다.
⑤ 필자는 민간이 세 가지 권리를 모두 가질 필요가 없다고 말한다.

10 다음 빈칸에 들어갈 가장 알맞은 문장을 고르시오.

우리나라를 비롯해 동양에는 (   )이 새삼 흥미롭게 다가온다. 단원 김홍도의 씨름을 보자. 어디에도 그림자는 없다. 숨바꼭질하는 아이들이 꼭꼭 숨어 버린 것처럼 모든 그림자가 다 사라져 버렸다. 이처럼 선묘에 의지해 대상을 나타내는 우리의 전통 회화에서는 그림자 표현을 찾아보기 어렵다. 동양 회화는 명암을 의도적으로 외면하는 경향이 있다. 빛과 그림자를 통해 그림의 사실성을 높이고 사물의 물리적인 실재감을 높이는 것은 선의 맛을 중시하여 정신성을 극대화해 온 동양 회화의 전통과 배치되기 때문이다. 하지만 현상의 원리로서 음양의 조화를 추구해 온 역사가 시사하듯 물리적인 빛과 그림자를 그리지는 않았어도 그 조화와 원리에 대한 관념은 화포에 진하게 물들어 있다. 사실의 묘사보다 정신의 표현을 중시한 까닭에 동양 회화에서 빛과 그림자는 이처럼 정신의 현상으로 녹아 있다고 할 수 있다. 그럼에도 조선 후기에 들어서면 명암 표현이 어렴풋이 시도되는데, 이는 북경으로부터 명암법, 원근법 등에 기초한 서양 화법이 우리나라로 흘러들어 왔기 때문이다. 김두량의 견도(犬圖), 이희영의 견도(犬圖) 등 일부 화인들의 그림에서 그 흔적을 찾아볼 수 있다.

① 음양의 조화를 추구해 왔다는 점
② 조화의 원리를 그림에 적용했다는 점
③ 명암법이 존재하지 않았다는 점
④ 정신의 표현보다 사실의 묘사를 더 추구했다는 점
⑤ 원근법을 표현하지 않았다는 점

11 다음 글의 제목으로 가장 적절한 것을 고르시오.

한국 한자음이 어느 시대의 중국 한자음에 기반을 두고 있는지에 대해서는 학자들에 따라 이견이 있다. 어느 한 시대의 한자음에 기반을 두고 있을 수도 있고, 개별 한자들이 수입된 시차에 따라서 여러 시대의 중국 한자음에 기반을 두고 있을 수도 있다. 그러나 확실한 것은 한국 한자음은 중국 한자음과도 다르고 일본 한자음과도 다르고 베트남 옛 한자음과도 다르다는 것이다. 물론 그것이 그 기원이 된 중국 한자음과 아무런 대응 관계도 없는 것은 아니다. 그러나 그것은 한국어 음운체계의 영향으로 독특한 모습을 띠는 경우가 많다. 그래서 한국 한자음을 영어로는 'Sino-Korean'이라고 한다. 이것은 우리말 어휘의 반 이상을 차지하고 있는 한자어가, 중국어도 아니고 일본어도 아닌 한국어라는 것을 뜻한다. 우리가 '학교'라고 발음할 때, 중국인도 일본인도 따로 한국어를 공부하지 않는 한 그것이 'xuéxiào'나 'がっこう'인 줄을 알아차리기는 힘들다.

① 한국 한자음의 뿌리
② 한국 한자음의 종류
③ 한국 한자음의 역사
④ 한국 한자음의 특성
⑤ 한국 한자음의 역할

12 다음 글을 읽고 옳지 않은 것을 고르시오.

요한 제바스티안 바흐는 '경건한 종교 음악가'로서 천직을 다하기 위한 이상적인 장소를 라이프치히라고 생각하여 27년 동안 그곳에서 열심히 칸타타를 써 나갔다고 알려졌다. 그러나 실은 7년째에 라이프치히의 칸토르(교회의 음악 감독) 직으로는 가정을 꾸리기에 수입이 충분치 못해서 다른 일을 하기도 했고 다른 궁정에 자리를 알아보기도 했다. 그것이 계기가 되어 칸타타를 쓰지 않게 되었다는 사실이 최근의 연구에서 밝혀졌다. 또한 볼프강 아마데우스 모차르트의 경우에는 비극적으로 막을 내린 35년이라는 짧은 생애에 걸맞게 '하늘이 이 위대한 작곡가의 죽음을 비통해하듯' 천둥 치고 진눈깨비 흩날리는 가운데 장례식이 행해졌고, 그 때문에 그의 묘지는 행방을 알 수 없게 되었다고 하는데, 그 후 이러한 이야기는 '빈' 기상대에 남아 있는 기상 자료와 일치하지 않는다는 사실도 밝혀졌다. 게다가 만년에 엄습해 온 빈곤에도 불구하고 다수의 걸작을 남기고 세상을 떠난 모차르트가 실제로는 그 정도로 수입이 적지는 않았다는 사실도 드러나 최근에는 도박벽으로 인한 빈곤설을 주장하는 학자까지 등장하기에 이르렀다.

① 바흐는 종교뿐만 아니라 처우도 중요하게 생각했다.
② 바흐는 27년 동안 칸타타를 작곡하였다.
③ 모차르트의 장례식 날에는 날씨가 궂었다.
④ 모차르트의 묘지 행방을 알 수 없다.
⑤ 모차르트의 작품성과 수입은 비례했다.

13 다음 글을 읽고 글과 부합하지 않는 것을 고르시오.

세계 각국의 정부와 기업에 미래 전략을 연구하는 부서가 급증하고 있다. 미래에 대한 다양한 정보를 수집하면 의사 결정의 질을 높일 수 있다는 인식하에 이들은 의사 결정 지원 시스템과 미래 예측 시스템을 지속적으로 개선하고 있다. 그렇지만 빠른 변화와 복합적인 세계화로 미래에 대한 정보를 판단하는 것은 점점 어려워지고 있다. 그 결과, 기관은 컴퓨터 시스템에 더욱 의존하게 되었으며, 빅데이터와 연결된 인공지능을 의사 결정에 적극적으로 이용하게 되었다. 이러한 현상을 증폭시킨 것이 적시에 지식을 제공해 의사 결정에 도움을 주는 집단 지성 시스템이다. 이는 인간의 두뇌, 지식 정보 시스템 등의 개체들이 협력이나 경쟁을 통해 기존의 지적 수준을 뛰어넘는 새로운 지성을 얻는 시스템을 의미한다. 예를 들어 집단 지성 시스템을 활용하면 재해 예방 및 대응에 관한 의사 결정 과정에서 재해를 예측하고, 재해에 대응하고, 재해로부터 회복하는 복원 시스템을 수립할 수 있다. 그러기에 미래 전략을 수립하고 분별 있는 결정을 내리기 위해 의사 결정자들은 미래학자에게서 단순히 전망 보고나 브리핑을 받는 데서 그치지 않고, 그들과 정기적으로 장기적인 사안을 논의할 수 있어야 한다. 이러한 장기적 관점의 논의 과정이야말로 빠르고 정확한 의사 결정 수립에 필수적이기 때문이다. 입법부에 미래위원회가 설립되고 정부 지도자 의사 결정 과정에 미래학자가 참여하는 이유가 여기에 있다.

① 기관은 컴퓨터 시스템을 이용하여 정보를 판단하고 있다.
② 의사 결정자들은 미래학자에게서 전망 보고나 브리핑을 철저히 받아야 한다.
③ 집단 시스템은 인간의 두뇌 등의 개체들이 협력이나 경쟁을 통해 기존의 지적 수준을 뛰어넘는 새로운 지성을 얻는 시스템이다.
④ 정부와 기업의 의사 결정자들은 의사 결정의 질을 높이기 위해서 미래 예측 능력을 개선해야 한다고 생각한다.
⑤ 집단 시스템을 활용하여 발생 가능한 재해를 예측 및 대응하기 위한 복원 시스템을 수립할 수 있다.

14 다음은 어느 기업의 A 사원 근로 계약서의 일부이다. A가 이 근로 계약서의 내용을 잘못 이해하고 있는 부분은?

1. 계약 기간: 2019년 3월 13일부터 2020년 3월 12일까지 (1년)

2. 근로 시간 및 휴식 시간
   1) 근로일: 주 5일, 1일 8시간, 주 40시간을 기준으로 한다.
   2) 근무 시간: 오전 9시부터 오후 6시를 기준으로 하며 '근로자'와 합의 후 연장 근무를 시행한다.
   3) 휴식 시간: 4시간 근무 30분 휴식을 원칙으로 한다.

3. 수습 사원
   1) 입사자는 입사일로부터 3개월간을 수습 기간으로 한다.
   2) 입사자가 수습 기간 중 사고를 유발하거나 또는 직원으로서 부적합하다고 판단될 때는 본 채용을 거부할 수 있다.

4. 취업 장소 및 업무
   1) 취업 장소: ㈜ ○○○전자
   2) 업무: 제품 개발 및 연구

5. 임금
   1) '사업주'는 '근로자'에게 연봉 24,000,000원을 지급하기로 한다.
   단, 수습 기간에는 월 1,800,000원으로 3개월간 지급한다.
   2) '사업주'는 '근로자'의 급여를 월 단위로 정산하여 익월 12일 지급한다.
   3) 연차 수당 및 퇴직금 중간 정산은 1년 이상 근무한 자에 한하여 지급한다.
   ※ 단, 모든 임금은 세금을 차감한 후의 금액이다.

6. 퇴직금
   '사업주'는 '근로자'가 1년 이상 근속 후 퇴직 시 근로기준법 및 단체 협약에 따른 퇴직금을 지급한다.

7. 안전보건
   1) '사업주'는 '근로자'에게 작업에 필요한 안전보호구를 무상으로 지급한다.
   2) '근로자'의 고의, 과실, 업무 외의 사유로 인한 재해에 대해서는 안전보건 관리규정에 따른 처벌을 받는다.
   3) '근로자'는 '사업주'가 정한 안전에 관한 제 규정과 안전관리자의 지시 사항을 반드시 준수하여야 한다.

① 6월 12일에는 월급 200만 원을 받겠네.
② 점심시간으로는 1시간 정도를 쓸 수 있겠네.
③ 수습 기간 중에는 실수를 최대한 하지 않도록 조심해야겠어.
④ 입사해서 첫 해는 총 2,340만 원을 받을 수 있어.
⑤ 내 실수로 생긴 재해는 내 책임이 될 수 있으니까 조심해야 해.

15 다음 글의 ㉠~㉤에서 전체 흐름과 맞지 않는 한 곳을 찾아 수정할 때, 가장 적절한 것은?

상업적 농업이란 전통적인 자급자족 형태의 농업과 달리 ㉠ 판매를 위해 경작하는 농업을 일컫는다. 농업이 상업화된다는 것은 산출할 수 있는 최대의 수익을 얻기 위해 경작이 이루어짐을 뜻한다. 이를 위해 쟁기질, 제초 작업 등과 같은 생산 과정의 일부를 인간보다 효율이 높은 기계로 작업하게 되고, 농장에서 일하는 노동자도 다른 산업 분야처럼 경영상의 이유에 따라 쉽게 고용되고 해고된다. 이처럼 상업적 농업의 도입은 근대 사회의 상업화를 촉진한 측면이 있다.

홉스봄은 18세기 유럽에 상업적 농업이 도입되면서 일어난 몇 가지 변화에 주목했다. 중세 말기 장원의 해체로 인해 지주와 소작인 간의 인간적이었던 관계가 사라진 것처럼, ㉡ 농장주와 농장 노동자의 친밀하고 가까웠던 관계가 상업적 농업의 도입으로 인해 사라졌다. 토지는 삶의 터전이라기보다는 수익의 원천으로 여겨지게 되었고, 농장 노동자는 시세대로 고용되어 임금을 받는 존재로 변화하였다. 결국 대량 판매 시장을 위한 ㉢ 대규모 생산이 점점 더 강조되면서 기계가 인간을 대체하기 시작했다.

또한 상업적 농업의 도입은 중요한 사회적 결과를 가져왔다. 점차적으로 ㉣ 중간 계급으로의 수렴현상이 나타난 것이다. 저임금 구조의 고착화로 농장주와 농장 노동자 간의 소득 격차는 갈수록 벌어졌고, 농장 노동자의 처지는 위생과 복지의 양 측면에서 이전보다 더욱 열악해졌다.

나아가 상업화로 인해 그동안 호혜성의 원리가 적용되어 왔던 대상들의 성격이 변화하였는데, 특히 돈과 관련된 것, 즉 재산권이 그러했다. 수익을 얻기 위한 토지 매매가 본격화되면서 ㉤ 재산권은 공유되기보다는 개별화되었다. 이에 따라 이전에 평등주의 가치관이 우세했던 일부 유럽 국가에서조차 자원의 불평등한 분배와 사회적 양극화가 심화되었다.

① ㉠을 "개인적인 소비를 위해 경작하는 농업"으로 고친다.
② ㉡을 "농장주와 농장 노동자의 이질적이고 사용 관계에 가까웠던 관계"로 고친다.
③ ㉢을 "기술적 전문성이 점점 더 강조되면서 인간이 기계를 대체"로 고친다.
④ ㉣을 "계급의 양극화가 나타난 것이다."로 고친다.
⑤ ㉤을 "재산권은 개별화되기보다는 사회 구성원 내에서 공유되었다."로 고친다.

16 다음은 고용 창출 우수 기업에 대한 선정 절차 및 방법을 설명하는 글이다. 글을 읽고 알맞게 이해한 사람은?

〈지역 발전 우수 기업 선정〉

'지역 발전 우수 기업'은 후보 기업 선정 후, 법 위반 여부 조회, 현지 실사, 선정 심사위원회 등을 거쳐 선정한다.

① 후보 기업 선정: 고용보험 피보험자 수를 기준으로 기업 규모(중소 · 중견 · 대기업)별로 '19.3월부터 20.2월'까지 지역 발전에의 기여도가 높은 기업 500개소 선정
* 30~299인, 300~999인, 1000인 이상 3개 군
② 법 위반 및 신용평가 조회: 노동관계법, 공정거래법 등 법 준수 여부 및 신용평가 등급을 조회하여 법 위반 사실이 있거나 신용 등급이 낮은 기업은 제외
③ 현장 실사: 지방 노동기관을 통해 기업의 실제 실적, 근로자의 임금 수준, 비정규직 비중, 근로 시간 등
④ 노사 단체 의견 조회 및 심사위원회 개최: 기업 평판 조회 등을 거친 후 심사의원회를 통해 '지역 발전 우수기업' 100개소 선정
⑤ '지역 발전 모범 기업(가칭)' 선정: 우수 기업 중 특히 지역 발전 실적이 뛰어난 기업으로서 30개소 선정

※ 지역 발전 기여도는 '별첨'에 따른다.

① A: 19년도 1월부터 19년도 3월까지 우리 회사는 지역 발전 기여도가 높으니까 후보에 들 수 있겠어.
② B: 신용 등급이 좀 낮아도 법 위반 사례만 없으면 우수 기업으로 선정될 수 있겠어.
③ C: 지역 발전뿐만 아니라 근로자의 임금 수준도 평가 지표가 되네.
④ D: 모범 기업으로 선정된 사람은 우수 기업이 될 수 없구나.
⑤ E: 후보 기업의 상위 10%에 들면 모범 기업에 선정될 수 있겠어.

17~18 다음 설명글을 읽고 이어지는 질문에 답하시오.

판옥선은 조선 수군의 주력 군선(軍船)으로 왜구를 제압하기 위해 1555년(명종 10년) 새로 개발된 것이다. 종전의 군선은 갑판이 1층뿐인 평선인 데 비하여 판옥선은 선체의 상부에 상장(上粧)을 가설하여 2층 구조로 만든 배이다. 이 같은 구조로 되어 있기 때문에, 노를 젓는 요원인 격군(格軍)은 1층 갑판에서 안전하게 노를 저을 수 있고, 전투 요원들은 2층 갑판에서 적을 내려다보면서 유리하게 전투를 수행할 수 있었다. 전근대 해전에서는 상대방 군선으로 건너가 마치 지상에서처럼 칼과 창으로 싸우는 경우가 흔했다. 조선 수군은 기본적으로 활과 화약 무기 같은 원거리 무기를 능숙하게 사용했지만, 칼과 창 같은 단병 무기를 운용하는 데는 상대적으로 서툴렀다. 이 같은 약점을 극복하고 조선 수군이 해전에서 승리하기 위해서는, 적이 승선하여 전투를 벌이는 전술을 막으면서 조선 수군의 장기인 활과 대구경(大口徑) 화약 무기로 전투를 수행할 수 있도록 선체가 높은 군선이 필요했다. 선체 길이가 20~30m 정도였던 판옥선은 임진왜란 해전에 참전한 조선 · 명 · 일본의 군선 중 크기가 큰 편에 속한데다가 선체도 높았기 때문에 일본군이 그들의 장기인 승선 전투 전술을 활용하기 어렵게 하는 효과도 있었다. 이 때문에 임진왜란 당시 도승지였던 이항복은 "판옥선은 마치 성곽과 같다"라고 그 성능을 격찬했다. 판옥선은 1592년 발발한 임진왜란에서 일본의 수군을 격파하여 조선 수군이 완승할 수 있는 원동력이 되었다. 옥포해전 · 당포해전 · 한산해전 등 주요 해전에 동원된 군선 중에서 3척의 거북선을 제외하고는 모두가 판옥선이었다. 판옥선의 승선 인원은 시대와 크기에 따라 달랐던 것으로 보인다. 『명종실록』에는 50여 명이 탑승했다고 기록되어 있는 반면에, 『선조실록』에 따르면 거북선 운용에 필요한 사수(射手)와 격군을 합친 숫자가 판옥선의 125명보다 많다고 되어 있어 판옥선의 규모가 이전보다 커진 것을 알 수 있다.

17 위의 '판옥선'에 대한 설명 중 없는 내용을 고르시오.

① 판옥선의 한계점
② 판옥선의 시초
③ 판옥선의 구조
④ 판옥선에 대한 평가
⑤ 판옥선 크기의 변화

18 다음은 위의 설명글을 읽고 나눈 대화이다. 대화에서 옳지 않은 것은?

A 씨: 판옥선은 조선 시대에 2층 구조로 만들어진 배네. 그래서 ① 높은 곳에서 내려다보면 시야 확보가 돼서 유리했을 거야.
B 씨: 응. 그리고 ② 1층에서는 안전하게 노를 저을 수 있었을 거야.
A 씨: 나는 ③ 우리가 활보다 칼 같은 무기 사용에 약했다는 사실을 오늘 처음 알았어.
B 씨: 응. 그래서, ④ 우리는 일본처럼 승선 전투술을 회피하려고 했대.
A 씨: 어쨌든 ⑤ 임진왜란의 주요 해전에서 승리를 할 수 있게 해 준 존재네.

19 다음 중 〈쓰레기 분리 배출 규정〉을 준수하지 않은 경우는?

〈쓰레기 분리 배출 규정〉

- **배출 시간:** 수거 전날 저녁 7시~수거 당일 새벽 3시까지 (월요일~토요일에만 수거함)
- **배출 장소:** 내 집 앞, 내 점포 앞
- **쓰레기별 분리 배출 방법**
  - 일반 쓰레기: 쓰레기 종량제 봉투에 담아 배출
  - 음식물 쓰레기: 단독주택의 경우 수분 제거 후 음식물 쓰레기 종량제 봉투에 담아서 배출하고, 공동주택의 경우 음식물 전용 용기에 담아서 배출
  - 재활용 쓰레기: 종류별로 분리하여 투명 비닐봉투에 담아 묶어서 배출
    ① 1종(병류) ② 2종(캔, 플라스틱, 페트병 등) ③ 3종(폐비닐류, 과자 봉지, 1회용 봉투 등)
    ※ 1종과 2종의 경우 뚜껑을 제거하고 내용물을 비운 후 배출
    ※ 종이류 / 박스 / 스티로폼은 각각 별도로 묶어서 배출
  - 폐가전·폐가구: 폐기물 스티커를 부착하여 배출
- **종량제 봉투 및 폐기물 스티커 구입:** 봉투 판매소

① 토요일 저녁 8시에 일반 쓰레기를 쓰레기 종량제 봉투에 담아 자신의 집 앞에 배출하였다.
② 단독주택에서 먹다 남은 찌개의 국물은 제거하고 건더기만 음식물 쓰레기 종량제 봉투에 담아 주택 앞에 배출하였다.
③ 투명 비닐봉투에 박스와 스티로폼을 따로 담아 집 앞에 배출하였다.
④ 사이다가 남아 있는 페트병에서 사이다를 버린 후 페트병을 투명 비닐봉투에 담아서 집 앞에 배출하였다.
⑤ 집에서 쓰던 냉장고를 버리기 위해 폐기물 스티커를 구입 후 부착하여 월요일 저녁 9시에 집 앞에 배출하였다.

20~21 다음 글을 읽고 아래의 질문에 답하시오.

태평양 전쟁이 격화되자 일제는 식민지 조선 내에서 황국 신민화 정책을 강화함과 동시에 일본인으로서의 투철한 국가관과 '국민' 의식을 주입하는 데 주력하게 되었다. 사실 '국민'이란 말이 일본 내에서 실체적인 함의를 지니게 된 것은 청일 전쟁 이후였다. (㉠) 이 경우 천황 아래 모두가 평등한 신민, 즉 일본의 '국민'으로서 재탄생하여야 한다는 당위적 명제는 다른 면에서는 '비국민'으로 낙인찍힐지도 모른다는 불안감을 조장하는 일이기도 했다. (㉡) 이러한 사정은 식민지 조선 내에서도 마찬가지로 작용하였다. 요컨대 '국민' 의식의 강조는 이때까지만 해도 여전히 민족적인 이질감을 유지하고 있었던 조선인들에게는 심리적인 포섭의 원리인 동시에 '비국민'으로서의 공포감을 동반한 강력한 배제의 원리로 작용하였던 셈이다.

20 윗글의 제목으로 가장 적절한 것을 고르시오.

① 일본의 '국민' 의식과 우리나라의 '국민' 의식
② 일본의 '국민' 의식이 우리나라 '국민' 의식에 끼친 영향
③ 일본과 우리나라의 역사에서 찾을 수 있는 '국민' 의식
④ 식민지 시대의 '국민' 의식
⑤ 일제 강점기에 일본이 사용한 '국민' 의식의 역할

21 빈칸에 들어갈 접속사로 가장 알맞은 것은?

① ㉠ 그리고 ㉡ 그렇지만
② ㉠ 그런데 ㉡ 그리고
③ ㉠ 그런데 ㉡ 그러나
④ ㉠ 또한 ㉡ 그리고
⑤ ㉠ 그리고 ㉡ 또한

22~23 다음 글을 읽고 아래의 질문들에 답하시오.

조선 시대 농사는 크게 논농사와 밭농사로 나누어졌다. 논농사의 경우 기존의 방식 대신 이앙법으로 농사를 짓게 되면, 제초를 할 때 드는 노동력이 크게 절약되었으며 곡식의 종자를 절감할 수 있었다. 뿐만 아니라 벼의 수확을 끝낸 논에 보리를 심어 한 차례 더 수확할 수 있는 이모작이 가능하였다. 이에 따라 조선후기에는 농업이 발전된 전라 · 경상 · 충청도만이 아니라 다른 도에서도 모두 이를 본받아 시행하게 되었다. 하지만 이 농사법은 이앙을 해야 할 시기에 가뭄이 들면 이앙을 할 수 없어 농사를 완전히 망치게 되는 위험이 있었다. 따라서 국가에서는 수원(水源)이 근처에 있어 물을 댈 수 있는 곳은 이앙을 하게 했으나, 높고 건조한 곳은 물을 충분히 댈 수 있는 곳인지 아닌지를 구별하여 이앙하도록 지도했다. 만약 물을 댈 수 없는 곳인데 비가 올 것이라는 요행을 바라고 이앙하려고 하다가 농사를 망칠 경우에는 흉년 시 농민들에게 주던 혜택인 세금 면제의 적용 대상에서 제외하게 하였다.

밭농사에서의 전통적인 농사법은 농종법(壟種法)이었다. 이는 밭두둑 위에 종자를 심는 것이었는데, 햇빛에 노출되어 습기가 쉽게 말라 가뭄이 들면 종자가 발아하지 못한다는 단점이 있었다. 이에 조선 후기에 들어와 농민들은 새로운 농사법을 다투어 채용하였다. 견종법(甽種法)이라 불린 이 농법은 밭두둑에 일정하게 고랑을 내고 여기에 종자를 심는 것이었다. 고랑에 종자를 심었으므로 흙이 우묵하게 그늘이 져서 습기를 유지할 수 있었으며, 따라서 종자가 싹틀 확률이 높은 것이 첫 번째 장점이었다. 또한 고랑을 따라 곡식이 자랐기 때문에, 곡식과 잡초가 구획되어 잡초를 쉽게 제거할 수 있었다. 자연히 잡초 제거에 드는 노동력을 줄일 수 있었다. 세 번째 장점은 고랑에만 씨를 심었으므로 농종법에 비해 종자를 절약할 수 있다는 점이었다. 네 번째로, 종자를 심는 고랑에만 거름을 주면 되므로 거름을 절약할 수 있고 모든 뿌리가 거름을 섭취할 수 있다는 장점도 있었다. 자연히 기존 방식에 비해 수확량이 증대되었다. 마지막으로 곡물의 뿌리가 깊이 내려 바람과 가뭄에 잘 견디는 것도 이 농법의 장점이었다.

22 윗글의 전개 방식으로 적절한 것을 고르시오.

① 특정한 학자의 이론을 소개하고 그에 대해 비판한다.
② 이론의 발전 단계를 순차적으로 설명한다.
③ 장점과 단점을 모두 소개하며 설명한다.
④ 구체적인 사례를 통하여 설명해 준다.
⑤ 유력한 가설을 제시하고 다양한 사례를 통해 뒷받침한다.

23 윗글의 내용과 부합하지 않는 것을 고르시오.

① 정부에서는 물을 댈 수 없는 곳에서의 이앙법을 막으려고 하였다.
② 견종법은 농종법에 비해 많은 거름을 필요로 하지 않았다.
③ 이앙법과 견종법은 모두 기존의 방식보다 제초하는 데 노동력이 덜 필요했다.
④ 농종법은 밭고랑이 필요했지만 견종법은 밭고랑이 필요하지 않았다.
⑤ 종자법은 기존의 방식에 비해 강풍으로부터 더 강했다.

24~25 다음 글을 읽고 물음에 답하시오.

인과 관계를 나타내는 인과 진술 '사건 X는 사건 Y의 원인이다'를 우리는 어떻게 이해해야 할까? '사건 X는 사건 Y의 원인이다'라는 진술은 곧 '사건 X는 사건 Y보다 먼저 일어났고, X로부터 Y를 예측할 수 있다'를 뜻한다. 여기서 'X로부터 Y를 예측할 수 있다'는 것은 '관련된 자료와 법칙을 모두 동원하여 X로부터 Y를 논리적으로 도출할 수 있다'를 뜻한다.

하지만 관련 자료와 법칙을 우리가 어떻게 모두 알 수 있겠는가? 만일 우리가 그 자료나 법칙을 알 수 없다면, 진술 'X는 Y의 원인이다'를 입증하지도 반증하지도 못하는 것이 아닐까? 경험주의자들이 이미 주장했듯이, 입증하거나 반증하는 증거를 원리상 찾을 수 없는 진술은 무의미하다. 예컨대 '역사는 절대정신의 발현 과정이다'라는 진술은 입증 증거도 반증 증거도 아예 찾을 수 없고 이 때문에 이 진술은 무의미하다. 그렇다면 만일 관련 자료와 법칙을 모두 알아낼 수 없거나 거짓 자료나 틀린 법칙을 갖고 있다면, 우리가 'X는 Y의 원인이다'를 유의미하게 진술할 방법이 없는 것처럼 보인다.

하지만 꼭 그렇다고 말할 수는 없다. 다음과 같은 상황을 생각해 보자. 오늘날 우리는 관련된 참된 법칙과 자료를 써서 A로부터 B를 논리적으로 도출함으로써 A가 B의 원인이라는 것을 입증했다. 하지만 1600년에 살았던 갑은 지금은 틀린 것으로 밝혀진 법칙을 써서 A로부터 B를 논리적으로 도출함으로써 '사건 A는 사건 B의 원인이다'를 주장했다. 이 경우 갑의 진술이 무의미하다고 주장할 필요가 없다. 왜냐하면 갑의 진술 'A는 B의 원인이다'는 오늘날 참이고 1600년에도 참이었기 때문이다.

따라서 우리는 갑의 진술 'A는 B의 원인이다'가 1600년 당시에 무의미했다고 말해서는 안 되고, 입증할 수 있는 진술을 그 당시에 갑이 입증하지는 못했다고 말하는 것이 옳다. 갑이 거짓 법칙을 써서라도 A로부터 B를 도출할 수 있다면, 그의 진술은 입증할 수 있는 진술이고, 이 점에서 그의 진술은 유의미하다. 이처럼 우리가 관련 법칙과 자료를 모르거나 틀린 법칙을 썼다고 해서, 우리의 인과 진술이 무의미하다고 주장해서는 안 된다. 우리가 관련 법칙과 자료를 지금 모두 알 수 없다 하더라도 우리는 여전히 유의미하게 인과 관계를 주장할 수 있다.

'A는 B의 원인이다'의 참 또는 거짓 여부가 오늘 결정될 수 없다는 이유에서 그 진술이 무의미하다고 주장해서는 안 된다. 미래의 어느 시점에 그 진술을 입증 또는 반증하는 증거가 나타날 여지가 있다면 그 진술은 유의미하다. 이 진술이 단지 유의미한 진술을 넘어서 참된 진술로 입증되려면, 지금이 아니더라도 언젠가 참인 법칙과 자료로부터 논리적으로 도출할 수 있어야 하겠지만 말이다.

24 윗글로부터 알 수 있는 것은?

① 관련 법칙을 명시할 수 없다면 인과 진술은 무의미하다.
② 반증할 수 있는 인과 진술은 입증할 수 있는 인과 진술과 마찬가지로 유의미한 진술이다.
③ 논리적 도출을 통해 입증된 인과 진술들 가운데 나중에 일어난 사건이 원인이 되는 경우가 있다.
④ 가까운 미래에는 입증될 수 없는 진술 '지구와 가장 가까운 항성계에도 지적 생명체가 산다'는 무의미하다.
⑤ 관련된 자료들이 현재 알려지지 않아서 앞선 사건으로부터 나중 사건을 논리적으로 도출할 수 없다면, 두 사건 사이에는 인과 관계가 있을 수 없다.

25 다음 〈사례〉에 대한 평가로 옳은 것만을 〈보기〉에서 모두 고르면?

〈사례〉

과학자 병호는 사건 A로부터 사건 B를 예측한 다음 'A는 B의 원인이다'라고 주장했다. 반면에 과학자 정호는 사건 C로부터 사건 D를 예측한 다음 'C는 D의 원인이다'라고 주장했다. 그런데 병호가 A로부터 B를 논리적으로 도출하기 위해 사용한 법칙과 자료는 거짓인 반면, 정호가 C로부터 D를 논리적으로 도출하기 위해 사용한 법칙과 자료는 참이다.

| 보기 |

ㄱ. 'A는 B의 원인이다'와 'C는 D의 원인이다'는 둘 다 유의미하다.
ㄴ. 'A는 B의 원인이다'는 거짓이다.
ㄷ. 'C는 D의 원인이다'는 참이다.

① ㄱ ② ㄴ ③ ㄱ, ㄷ ④ ㄴ, ㄷ ⑤ ㄱ, ㄴ, ㄷ

26~27 다음은 ○○ 회사 영업지원팀 소속인 김○○ 사원이 작성한 보고서이다. 물음에 답하시오.

〈신제품 보고서〉

문서 번호 – ○○○○		○○○○ 주식회사				
작성 일자	20○○. 03. 10					
처리 기한	년 월 일					
시행 일자	년 월 일					
주관 부서	영업지원팀	업무 협력 부서		○○부, ○○부		
보고자(작성자)	김○○					
제목	20○○년 1월 수요 동향 보고서					

신제품 ○○의 수요 동향에 대해 실시한(20○○. 1.1. ~ 1.31) 조사 결과를 다음과 같이 보고합니다.

1. 업계 사정

본 업계에서 제품의 소매점 공급은 대규모 도매점 5개 사가 전체의 60%를 차지하고 있다. 당사 대리점 H사는 5개 도매점 중 2위의 판매 실적을 보이고 있다. 그러나 타사의 가격 인하, 직판 · 특판 등에 견제를 받고 있어 판매량이 정체되고 있다.

2. 최근 매출 상황

○○의 발매 초기에는 월마다 전월 대비 5~10%씩 증가하였다. 그러나 현재 거의 변동이 없으며, 가격 경쟁력에서 밀리는 상황이다.

3. 견해

○○은 현재 품질에는 문제가 없지만, 가격 면에서 다소 높아 매출 증가에 방해 요인이 되고 있다. 따라서 새로운 가격 정책을 세워 경쟁력을 유지할 필요가 있다.

끝

26 위와 같은 업무 보고서를 작성할 때 고려해야 할 사항 중 틀린 것은?

① 업무 보고서는 자세한 설명을 위해 최대한 길게 쓴다.
② 업무 보고서는 개인의 능력을 평가하는 요소이므로 반드시 최종 점검을 한다.
③ 업무 보고서를 쓸 때 참고한 참고 자료들은 정확하게 제시한다.
④ 상사에게 질문받을 것을 염두에 두고 작성한다.
⑤ 복잡한 내용일 때는 도표나 그림을 활용하여 업무 보고서를 작성한다.

27 다음은 김○○ 사원의 상사가 보고서에 대한 평가를 한 것이다. 옳지 않은 것은?

상사 이○○ :

김○○, 보고서 잘 받았어. 실력이 아주 많이 늘었더군. 다만 내가 몇 가지 아쉬운 부분에 대해서만 얘기를 하지. 먼저 이 보고서의 전체적인 내용을 아우를 수 있게 ① 제목을 〈신제품에 대한 보고〉라고 바꾸도록 해. 또 타사의 가격 인하 정책에 대해 얘기할 때는 ② 타사의 가격과 우리 회사의 가격을 제시하여 비교하게. ③ 또 우리가 조절해야 하는 적정한 가격대를 제시하는 것도 좋을 거야. 아 그리고 ○○의 품질에 문제가 없다는 것은 우리의 안일한 생각일 수도 있으니 ④ 우리 제품의 품질에 문제가 없다는 것도 구체적인 자료를 제시하는 게 좋겠어. 마지막으로 조사를 잘 했지만 ⑤ 조사 방법은 육하원칙에 의거하여 최대한 객관적이고 상세하게 밝혀야 하네.

28~29 다음 글을 읽고 질문에 답하시오.

법조문도 언어로 이루어진 것이기에, 원칙적으로 문구가 지닌 ( )에 맞춰 해석된다. 일상의 사례로 생각해 보자. "대문 앞에 차를 세우지 마시오."라는 팻말이 있는 집 앞에 사람들은 글 그대로 대문 앞에 차를 세우지 않는다. 그런데 팻말에 명시되지 않은 '대문 앞'이 아닌 큰 길에 세우는 것은 어떨까? 이에 대해서는 금지의 문구로 제한하지 않았기 때문에, 금지의 효력을 부여하지 않겠다는 의미로 당연하게 받아들인다. 이처럼 문구에서 명시하지 않은 상황에 대해서는 그 효력을 부여하지 않는다고 해석하는 방식을 반대 해석이라 한다.

그런데 팻말에는 오토바이에 대하여도 쓰여 있지 않다. 하지만 누군가 오토바이를 대문 앞에 세워 두면, 집주인은 팻말을 가리키며 말릴 것이다. 이 경우에 '차'라는 낱말은 본래 가진 뜻을 넘어 '원동기를 장치로 작동하는 교통 수단'의 의미로 확대된다. 이런 식으로 어떤 표현을 본래의 의미보다 넓혀 이해하는 것을 확장 해석이라 한다.

하지만 대문 앞이 아닌 담 쪽에도 '차'를 세워 놓으려는 사람을 말리려면, '차'라는 낱말을 확장 해석하는 것으로는 어렵다. 위의 팻말이 골목이 좁아서 통행하는 데 불편해서 마련된 규정이라면, 담 쪽에 '차'를 세워 놓는 행위도 마찬가지로 금지된다고 보아야 할 것이다. 이렇게 해석하는 방식이 유추 해석이다. 규정된 행위와 동등하다고 평가될 수 있는 일에는 규정이 없어도 같은 효력이 주어져야 한다는 논리이다.

28 다음 중 빈칸에 들어갈 말로 가장 적절한 것은?

① 역사적 의미
② 기능적 의미
③ 보편적 의미
④ 획일적 의미
⑤ 특수한 의미

29 <실내에 구두를 신고 들어가지 마시오.>라는 팻말을 보고 한 해석 중 밑줄 친 '반대 해석'과 관련이 있는 것은?

① A는 운동화를 벗고 안으로 들어갔다.
② B가 구두를 신고 들어가자 집주인이 말렸다.
③ C는 구두를 슬리퍼로 갈아 신고 안으로 들어갔다.
④ D는 더러운 발로 안으로 들어가지 않았다.
⑤ E는 실외에서 신발을 신었다.

30~32 다음 글을 읽고 이어지는 물음에 답하시오.

감염에 대한 일반적인 반응은 열(熱)을 내는 것이다. 우리는 발열을 흔한 '질병의 증상'이라고만 생각한다. 아무런 기능도 없이 불가피하게 일어나는 수동적인 현상처럼 여긴다. 그러나 우리의 체온은 유전적으로 조절되는 것이며 아무렇게나 변하지 않는다. 병원체 중에는 우리의 몸보다 열에 더 예민한 것들도 있다. 체온을 높이면 그런 병원체 들은 우리보다 먼저 죽게 되므로 발열 증상은 우리 몸이 병원체를 죽이기 위한 능동적인 행위가 되는 것이다.

또 다른 반응은 면역 체계를 가동시키는 것이다. 백혈구를 비롯한 우리의 세포들은 외부에서 침입한 병원체를 능동적으로 찾아내어 죽인다. 우리 몸은 침입한 병원체에 대항하는 항체를 형성하여 일단 치유된 뒤에는 다시 감염될 위험이 적어진다. 인플루엔자나 보통 감기 따위의 (㉠)에 대한 우리의 저항력은 완전한 것이 아니어서 결국 다시 그 병에 걸릴 수도 있다. 어떤 질병에 대해서는 한 번의 감염으로 자극을 받아 생긴 항체가 평생 동안 그 (㉡)에 대한 면역성을 준다. 바로 이것이 예방 접종의 원리이다. 죽은 병원체를 접종함으로써 (㉢)을 실제로 경험하지 않고 항체 생성을 자극하는 것이다.

일부 영리한 병원체들은 인간의 (㉣)에 굴복하지 않는다. 어떤 병원체는 우리의 항체가 인식하는 병원체의 분자 구조, 즉 항원을 바꾸어 우리가 그 병원체를 알아보지 못하게 한다. 가령 인플루엔자는 항원을 변화시키기 때문에 이전에 인플루엔자에 걸렸던 사람이라도 새로이 나타난 다른 균종으로부터 안전할 수 없는 것이다.

인간의 가장 느린 방어 반응은 자연 선택에 의한 반응이다. 어떤 (㉤)이든지 남들보다 유전적으로 저항력이 더 많은 사람들이 있기 마련이다. 어떤 전염병이 한 집단에서 유행할 때 그 특정 병원체에 저항하는 유전자를 가진 사람들은 그렇지 못한 사람들에 비해 생존 가능성이 높다. 따라서 역사적으로 특정 병원체에 자주 노출되었던 인구 집단에는 그 병에 저항하는 유전자를 가진 개체의 비율이 높아질 수밖에 없다. 이 같은 자연 선택의 예로 아프리카 흑인에게서 자주 발견되는 겸상(鎌狀) 적혈구 유전자를 들 수 있다. 겸상 적혈구 유전자는 적혈구의 모양을 정상적인 도넛 모양에서 낫 모양으로 바꾸어서 빈혈을 일으키므로 생존에 불리함을 주지만, 말라리아에 대해서는 저항력을 가지게 한다.

30 위의 글에서 사용하고 있는 글쓰기 방법을 고르시오.

① 상반되는 원리를 설명하고 있다.
② 학자의 말을 인용하여 글의 신뢰도를 높이고 있다.
③ 사실의 대조와 검증을 통해 설명하고 있다.
④ 종류를 나누어 설명하고 있다.
⑤ 주장에 대한 근거를 예시로 제시하며 설명하고 있다.

31 윗글의 빈칸 ㉠~㉤ 중 문맥상 나머지와 다른 하나가 쓰이는 곳은?

① ㉠ ② ㉡ ③ ㉢ ④ ㉣ ⑤ ㉤

32 다음 중 위의 글을 통해 알 수 있는 내용과 다른 것은?

① 발열 증상은 질병에 의한 수동적인 현상이 아니다.
② 예방 접종은 질병을 실제로 경험하게 하여 항체 생성을 자극한다.
③ 겸상 적혈구 유전자는 적혈구 모양을 낫 모양으로 변화시켜 말라리아로부터 저항성을 가지게 한다.
④ 병원체의 항원이 바뀌면 이전에 형성된 항체가 존재하는 사람도 그 병원체가 일으키는 병에 걸릴 수 있다.
⑤ 어떤 전염병이 유행했던 집단에서는 특정 병원체에 저항하는 유전자를 가진 사람들은 그렇지 못한 사람들에 비해 생존 가능성이 높다.

33~34 다음 글을 읽고 이어지는 각 질문에 답하시오.

중동 제국이 발전함에 따라 제국의 개입으로 인해 소규모 공동체의 생활에 변화가 일어났다. 종교 조직은 제국 조직의 한 구성 요소로 전락했으며 제사장은 사법적 · 정치적 권력을 상실했다. (㉠) 제국은 소규모 공동체에 개입함으로써 개인이 씨족이나 종교 조직에 구속받지 않게 만들었다. 광대한 영토를 방어하고 통제하며 제국 내에서의 커뮤니케이션을 더욱 활발하게 하기 위해서는 분권과 자치, 그리고 개인의 이동을 어느 정도 허용할 필요가 있었다. 이에 따라 제국은 전사와 관리에게 봉토를 지급하고 독점적 소유권을 인정해 주었다. 상인들은 자신의 자본으로 사업을 하기 시작했고, 생산 계급은 종교 조직이나 왕족이 아니라 시장을 겨냥한 물건을 만들기 시작했다. 낡은 자급자족 경제 대신 시장 경제가 출현하여 독립된 생산자와 소비자 사이의 교환을 촉진했다. 시장이 확대되고 기원전 7세기경에 교환 수단인 화폐가 노입됨에 따라 고대 세계의 경제 구조는 획기적인 변화를 겪었다. 점점 더 많은 사람들의 생계가 세습적 권위의 지배를 받는 메커니즘이 아니라 금전 관계의 메커니즘에 좌우되었다.

또한 제국은 개인이 씨족이나 종교 조직 또는 유력 집단에 흡수되는 것을 막는 언어적 · 종교적 · 법적 여건을 마련함으로써 개인이 좀 더 개방된 사회에서 활동할 수 있게 해 주었다. 지배 엘리트가 사용하는 언어가 사회의 보편적인 언어가 되었으며, 각 지방의 토속신은 왕과 제국이 섬겨 왔던 범접하기 어려운 강력한 신들, 즉 일종의 만신전에 모신 우주의 신들에게 자리를 양보했다. 아울러 제국의 법이 부의 분배와 경제적 교환 그리고 강자와 약자의 관계를 규제했다. 고대 제국은 정치의 행위 주체였을 뿐만 아니라 사회의 문화적 · 종교적 · 법률적 토대를 제공했다. (㉡) 제국은 중동 문명의 문화적 통합을 가능케 하는 강력한 힘이었다.

33 위의 빈칸에 들어갈 표현으로 가장 알맞게 짝지어진 것은?

① ㉠ 그리고 ㉡ 하지만
② ㉠ 반대로 ㉡ 또한
③ ㉠ 또한 ㉡ 게다가
④ ㉠ 하지만 ㉡ 다시 말해
⑤ ㉠ 또한 ㉡ 즉

34 위의 글과 일치하지 않는 내용은?

① 제국의 발전으로 인해 제국 내에서 커뮤니케이션이 활발해졌다.
② 제국이 발전함에 따라 피지배 세력의 언어가 보편적인 언어가 되었다.
③ 제국이 발전함에 따라 자급자족 체제가 시장 경제 체제로 발전했다.
④ 제국의 법이 부의 분배와 경제적 교환, 그리고 강자와 약자의 관계를 규제했다.
⑤ 제국은 개인이 기존 체제와 맺는 관계를 약화시켰다.

35 **아래의 보도 자료는 12월 27일에 국토교통부가 배포한 보도 자료이다. 다음은 이를 읽고 은행에서 개인 금융을 담당하고 있는 A가 고객의 질문에 대답한 내용이다. A의 답변 중 틀린 내용을 고르시오.**

> 국토부, 유한 책임 디딤돌 대출 부부 합산 연소득 5천만 원까지로 확대
> 집값 하락해도 집값만큼만 채무 책임… 내년 중 7천만 원으로 상향
>
> 국토교통부가 정부부처 합동으로 발표한 "가계 부채 종합대책" 후속 조치의 일환으로 29일 디딤돌 대출 신청분부터 유한 책임 대출 대상자를 부부 합산 연소득 5천만 원 이하까지 확대한다. 유한 책임 대출은 주택 가격 하락 시에도 대출자의 상환 책임을 담보물(해당주택)에 한정하는 대출로 2015년 12월 무주택 서민 실수요자를 위해 주택 도시 기금 디딤돌 대출에 국내 최초로 도입한 후 그간 1만 4천 세대에 1조 3천억 원을 공급하는 등 금융 안전망 강화에 많은 역할을 해 왔다.
>
> *무한 책임 대출(recourse loan): 담보 부동산의 가치가 채권액에 미치지 못하여 미회수 채권이 남은 경우 차입자의 다른 자산이나 소득까지 추징(청구) 가능
> *유한 책임 대출(non rocourse loan): 담보 부동산의 가치가 채권액에 미치지 못하더라도 금융권이 담보로 한 실물 자산 이외에 대해 상환 요구 불가
>
> 그간 디딤돌 대출의 유한 책임 대출은 저소득층을 중심으로 지원하기 위해 부부합산 연소득 3천만 원 이하 자로 제한하였으나 이용 가능자의 약 80%가 선택할 정도로 호응도가 높고 유한 책임 대출자의 상환이 적절히 이루어져 이용 대상자를 부부 합산 연소득 5천만 원 이하까지 확대하기로 결정하였다. 국토교통부는 디딤돌 대출의 유한 책임 대출 대상자 확대에 따라 유한 책임 대출 이용자의 상환 부담이 줄고 가계 건전성 강화에 크게 기여할 수 있을 것이라며 최근 주거 복지 로드맵에서 발표된 바와 같이 2020년 중에 디딤돌 대출의 유한 책임 대출 대상자를 전 소득 구간으로 확대할 계획이라고 밝혔다.

① Q. 현재 주택을 1채 보유하고 있는데 새로 디딤돌 대출을 받을 수 있나요?
　A. 아니요. 디딤돌 대출은 무주택 서민을 위한 상품입니다.

② Q. 디딤돌 대출을 받고 싶은데, 담보인 집값이 떨어질까 봐 걱정입니다.
　A. 걱정 마세요. 디딤돌 대출은 유한 책임 대출로 담보 집값이 떨어져도 그 집 외에 다른 재산 상환을 요구하지 않습니다.

③ Q. 국가에서 왜 갑자기 대출 가능자를 확대하나요? 이러다 문제가 생길까 봐 걱정이에요.
　A. 대출 이용자의 호응도도 좋았고 대출 상환도 잘 이루어져서 이런 결정이 된 것 같습니다. 걱정하지 마세요.

④ Q. 현재 부부 합산 연소득이 6600만 원이라 디딤돌 대출을 받지 못합니다. 방법이 없을까요?
　A. 최근 주거 복지 로드맵에서 발표한 바를 보면 2020년에는 대상자가 전 소득 구간으로 확대된다고 하니 좀 기다리셔야 할 것 같습니다.

⑤ Q. 저희 부부는 합산 연소득이 4000만 원인데 28일까지 돈이 필요합니다. 28일에 신청해도 되나요?
　A. 네. 부부 합산 연소득이 5000만 원으로 확대되니까 디딤돌 대출을 받으실 수 있습니다.

36 다음 글에서 추론할 수 없는 것은?

흑체 복사(blackbody radiation)는 모든 전자기파를 반사 없이 흡수하는 성질을 갖는 이상적인 물체인 흑체에서 방출하는 전자기파 복사를 말한다. 20°C의 상온에서 흑체가 검게 보이는 이유는 가시 영역을 포함한 모든 전자기파를 반사 없이 흡수하고 또한 가시 영역의 전자기파를 방출하지 않기 때문이다. 하지만 흑체가 가열되면 방출하는 전자기파의 특성이 변한다. 가열된 흑체가 방출하는 다양한 파장의 전자기파에는 가시 영역의 전자기파도 있기 때문에 흑체는 온도에 따라 다양한 색을 띨 수 있다.

흑체를 관찰하기 위해 물리학자들은 일정한 온도가 유지되고 완벽하게 밀봉된 공동(空洞)에 작은 구멍을 뚫어 흑체를 실현했다. 공동이 상온일 경우 공동의 내벽은 전자기파를 방출하는데, 이 전자기파는 공동의 내벽에 부딪혀 일부는 반사되고 일부는 흡수된다. 공동의 내벽에서는 이렇게 전자기파의 방출, 반사, 흡수가 끊임없이 일어나고 그 일부는 공동 구멍으로 방출되지만 가시 영역의 전자기파가 없기 때문에 공동 구멍은 검게 보인다. 또 공동이 상온일 경우 이 공동 구멍으로 들어가는 전자기파는 공동 안에서 이리저리 반사되다 결국 흡수되어 다시 구멍으로 나오지 않는다. 즉 공동 구멍의 특성은 모든 전자기파를 흡수하는 흑체의 특성과 같다. 한편 공동이 충분히 가열되면 공동 구멍으로부터 가시 영역의 전자기파도 방출되어 공동 구멍은 색을 띨 수 있다. 이렇게 공동 구멍에서 방출되는 전자기파의 특성은 같은 온도에서 이상적인 흑체가 방출하는 전자기파의 특성과 일치한다.

물리학자들은 어떤 주어진 온도에서 공동 구멍으로부터 방출되는 공동 복사의 전자기파 파장별 복사 에너지를 정밀하게 측정하여, 전자기파의 파장이 커짐에 따라 복사 에너지 방출량이 커지다가 다시 줄어드는 경향을 보인다는 것을 발견하였다.

① 흑체의 온도를 높이면 흑체가 검지 않게 보일 수도 있다.
② 공동의 온도가 올라감에 따라 복사 에너지 방출량은 커지다가 줄어든다.
③ 공동을 가열하면 공동 구멍에서 다양한 파장의 전자기파가 방출된다.
④ 흑체가 전자기파를 방출할 때 파장에 따라 복사 에너지 방출량이 달라진다.
⑤ 상온으로 유지되는 공동 구멍이 검게 보인다고 공동 내벽에서 방출되는 전자기파가 없는 것은 아니다.

37~38 다음 글을 읽고 물음에 답하시오.

(가) 우리나라의 고분, 즉 무덤은 크게 나누어 세 가지 요소로 구성되어 있다. 첫째는 목관(木棺), 옹관(甕棺)과 같이 시신을 넣어두는 용기이다. 둘째는 이들 용기를 수용하는 내부 시설로 광(壙), 곽(槨), 실(室) 등이 있다. 셋째는 매장 시설을 감싸는 외부 시설로 이에는 무덤에서 지상에 성토한, 즉 흙을 쌓아 올린 부분에 해당하는 분구(墳丘)와 분구 주위를 둘러 성토된 부분을 보호하는 호석(護石) 등이 있다. 일반적으로 고고학계에서는 무덤에 대해 '묘(墓) - 분(墳) - 총(塚)'의 발전 단계를 상정한다. 이러한 구분은 성토의 정도를 기준으로 삼은 것이다. 매장시설이 지하에 설치되고 성토하지 않은 무덤을 묘라고 한다. 묘는 또 목관묘와 같이 매장 시설, 즉 용기를 가리킬 때도 사용된다. 분은 지상에 분명하게 성토한 무덤을 가리킨다. 이 중 성토를 높게 하여 뚜렷하게 구분되는 대형 분구를 가리켜 총이라고 한다. 고분 연구에서는 지금까지 설명한 매장 시설 이외에도 함께 묻힌 피장자(被葬者)와 부장품이 그 대상이 된다. 부장품에는 일상품, 위세품, 신분표상품이 있다. 일상품은 일상생활에 필요한 물품들로 생산 및 생활 도구 등이 이에 해당한다. 위세품은 정치, 사회적 관계를 표현하기 위해 사용된 물품이다. 당사자 사이에만 거래되어 일반인이 입수하기 어려운 물건으로, 피장자가 착장(着裝)하여 위세를 드러내던 것을 착장형 위세품이라고 한다. 생산 도구나 무기 및 마구 등은 일상품이기도 하지만 물자의 장악이나 군사력을 상징하는 부장품이기도 하다. 이것들은 피장자의 신분이나 지위를 상징하는 물건으로 일상품적 위세품이라고 한다. 이러한 위세품 중에 6세기 중엽 삼국의 국가 체제 및 신분 질서가 정비되어 관등(官等)이 체계화된 이후 사용된 물품을 신분표상품이라고 한다.

(나) 영희는 삼국 시대를 연구하고 있다. 그녀는 (가)의 글을 읽고 다음의 세 가설을 세웠다.

A: 시신을 넣어두는 용기는 목관, 옹관뿐이다.
B: 삼국 모두 묘 - 분 - 총의 발전 단계를 보이며 성토가 높은 것은 신분의 높음을 상징한다.
C: 관리들의 의관(衣冠)에 관련된 부장품은 신분표상품이다.

그리고 자료 조사를 통해 가설들을 약화하는 근거가 발견되지 않으면 해당 가설을 수용할 생각이다. 영희가 최근 얻은 근거는 다음과 같다.

a. 신라의 황남대총은 왕릉이다.
b. 백제는 총에 해당하는 분이 없다.
c. 부여 가증리에서 석관(石棺)이 있는 초기 백제 유적이 발견되었다.
d. 삼국의 체제 정립 이전인 원삼국 시대 유물인 세발토기(土器)가 부장품으로 발견되었다.

37 윗글의 (가)에서 추론할 수 없는 것은?

① 묘에는 분구와 호석이 발견되지 않는다.
② 묘는 무덤의 구성 요소뿐 아니라 무덤 발전 단계를 가리킬 때에도 사용되는 말이다.
③ 피장자의 정치, 사회적 신분 관계를 표현하기 위해 장식한 칼을 사용하였다면 이는 위세품에 해당한다.
④ 생산 도구가 물자의 장악이나 군사력을 상징하는 부장품에 사용되었다면, 이는 위세품이지 일상품은 아니다.
⑤ 성토를 높게 할수록 신분이 높다면, 같은 시대 같은 지역에 묻힌 두 피장자 중 분보다는 총에 묻힌 피장자의 신분이 높다.

38 윗글의 (나)에서, 영희의 가설과 근거 사이의 관계에 대한 평가로 적절하지 않은 것은?

① 근거 a는 가설 B를 강화한다.
② 근거 c는 가설 A를 약화한다.
③ 근거 d는 가설 C를 강화한다.
④ 근거 b와 c에 비추어 수용될 수 있는 가설은 한 개이다.
⑤ 근거 a~d에 비추어 수용될 수 있는 가설은 한 개이다.

39~40 다음 글을 읽고 물음에 답하시오.

검찰은 10년 전 발생한 이리나 씨 살인 사건의 범인을 추적하던 중 범인이 박을수라는 것을 밝혀내었다. 하지만 박을수는 7년 전 김갑수로 개명 신청하였다. 또한 5년 전에 일본인으로 귀화하여 대한민국 국적을 잃었고 주민등록까지 말소되었다. 하지만 검찰은 김갑수를 10년 전 살인 사건의 피의자로 기소했다. 김갑수는 성형 수술로 얼굴과 신체의 모습이 달라졌을 뿐만 아니라 지문이나 홍채 등 개인 신체 정보로 활용되는 생체 조직을 다른 사람의 것으로 바꾸었다.

김갑수의 변호사는 법정에서 다음과 같이 변호했다. "비록 10년 전 박을수가 그 사건의 살인범이라 하더라도 지금의 피고인은 몸뿐만 아니라 성격도 박을수와 완전히 딴판입니다. 심지어 피고인의 가족도 그를 박을수로 여기지 않습니다." 변호사의 논변을 이루는 전제들은 모두 참이다. 판사는 변호사의 전제들로부터 "따라서 현재의 피고인은 살인을 저지른 그 박을수가 아니다."라는 결론을 도출해서는 안 되는 이유가 있는지 살펴보았다. 성형 수술로 신체 일부가 달라졌을 뿐만 아니라 성격마저 딴판으로 변한 현재의 피고인을 10년 전의 박을수와 동일한 인물로 간주해야 하는가?

검사는 김갑수와 박을수가 동일 인물이라면서 다음 사례를 들었다. "불국사의 다보탑은 천오백 년의 시간 동안 낡고 훼손되었을 뿐만 아니라 몇 차례의 보수 작업을 통해 상당한 수준의 물리적 변화를 겪었습니다. 하지만 그것은 다보탑 2.0 같은 것이 아니라 여전히 다보탑입니다."

이에 대해 변호사는 다음 사례를 들어 반론했다. "한 화가가 유화 작품 한 점을 제작하고 있다고 합시다. 그는 일단 작품을 완성했지만 그림의 색조에 변경을 가하기로 마음먹고 화폭 전반에 걸쳐 새로운 색을 덧입히기 시작했습니다. 또 그 과정에서 화면의 새로운 색조와 어울리지 않는 모티프를 제거했습니다. 이렇게 해서 나온 작품을 원래 작품과 '동일한' 작품이라고 부르기 어려울 것입니다. 경우에 따라서 화가가 그림에 새로 찍은 점 몇 개가 그림을 완전히 다른 작품으로 만들 수 있습니다."

39 변호사가 반론을 위해 추가로 사용할 수 있는 사례로 가장 적절한 것은?

① 생수 한 통에 독극물을 넣어 독약으로 만든 경우
② 구겨진 지폐를 다려서 빳빳한 새 지폐처럼 만든 경우
③ 첫째 아이 이름을 '철수'로 지으려다 '칠수'로 지은 경우
④ 유명 화가의 작품에 관람 온 아이가 자기 이름을 쓴 경우
⑤ 관절염 환자가 인공관절 수술을 받아 잘 걸을 수 있게 된 경우

40 다음 〈원칙〉에 따를 때, 김갑수의 유죄 여부에 관한 판단으로 적절하지 않은 것은?

〈원칙〉

○ 사람은 책임을 물을 수 있는 존재이다.
○ 시공간에 따라 지속되는 정체성을 갖지 못하는 것에게 책임을 물을 수 없다.
○ 과거의 대상이 시간의 흐름 속에서 끊어지지 않고 주변 환경과 인과 관계를 맺으면서 현재의 대상까지 이어져 왔다면, 과거의 대상과 현재의 대상 사이에 역사적 연속성이 있다.
○ 책임을 물을 수 있는 두 대상 사이에 역사적 연속성이 있는 경우, 그리고 오직 그 경우에만 둘의 정체성이 일치한다.

① 만일 박을수가 주변 환경과 인과 관계를 맺으면서 현재의 김갑수가 되었다면, 김갑수는 이리나 씨를 죽인 사람이다.
② 김갑수가 박을수와 역사적 연속성을 갖고 있다 하더라도, 이리나 씨를 죽인 사람이 김갑수라고 판단해서는 안 된다.
③ 김갑수에게 유죄 판결을 내리기 위해서는 무엇보다 그가 시공간에 따라 지속되는 정체성을 갖고 있다고 가정해야 한다.
④ 만일 국적, 생김새, 성격 등의 변화가 역사적 연속성을 깨뜨리지 않는다면, 변호사의 변론은 김갑수의 무죄를 입증하지 못한다.
⑤ 만일 지문, 홍채 등과 같은 개인 생체 정보의 지속만이 개인 정체성 지속의 요건이라면, 이리나 씨의 살인범으로 김갑수에게 책임을 묻기 어렵다.

수리능력

● 정답과 해설 532쪽

01 다음 〈그림〉은 성인의 문해율 및 문맹 청소년에 관한 자료이다. 이에 대한 〈보기〉의 설명 중 옳은 것을 모두 고르면?

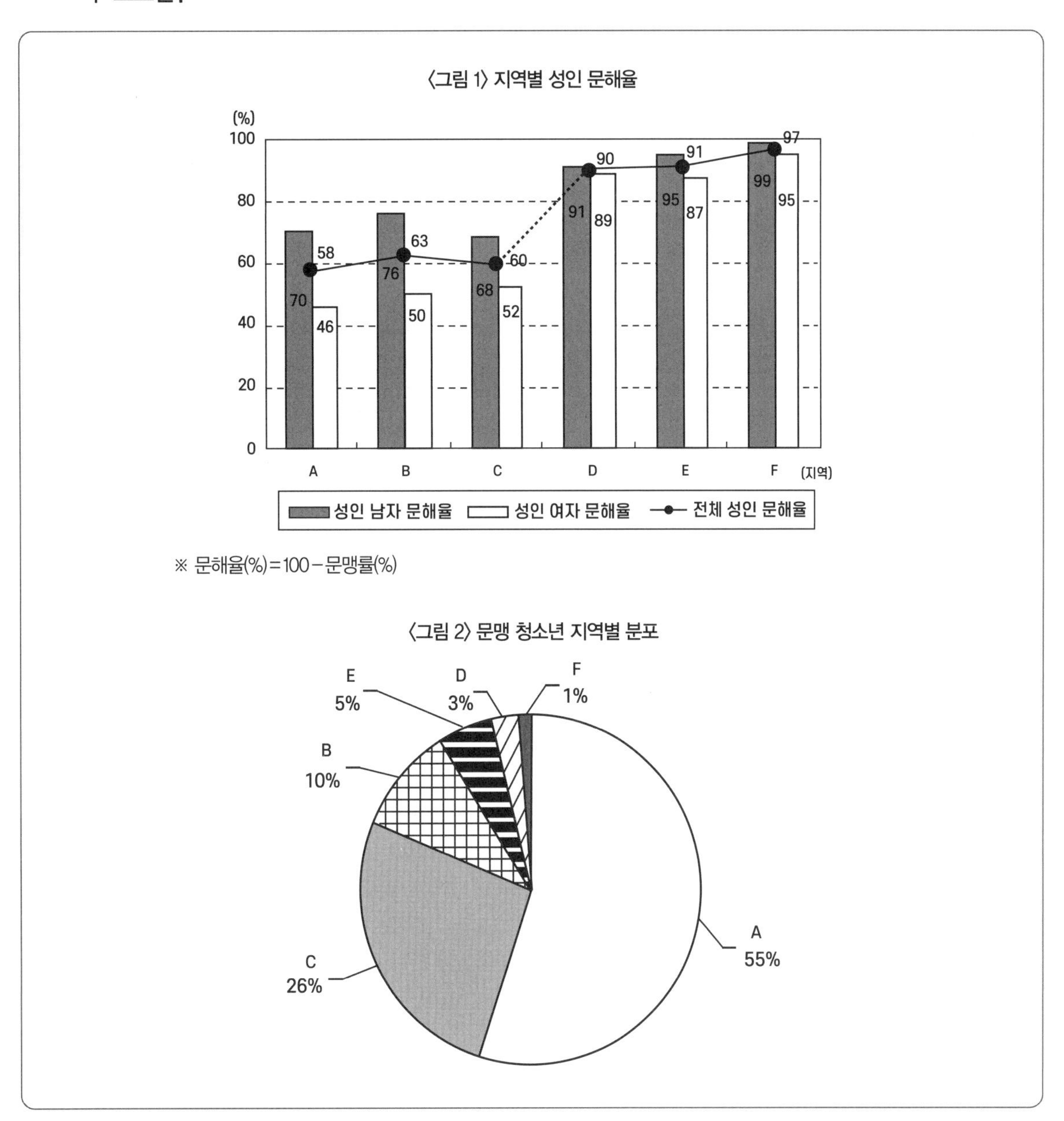

| 보기 |

ㄱ. 성인 남자 문맹률이 높은 지역일수록 문맹 청소년 수가 많다.
ㄴ. A 지역의 경우, 성인 남자 문맹자 수는 성인 여자 문맹자 수보다 많다.
ㄷ. 남녀 간 성인 문해율의 차이가 가장 큰 지역은 B 지역이다.
ㄹ. A 지역의 문맹 청소년 수는 C 지역의 문맹 청소년 수의 2배 이상이다.
ㅁ. 성인 여자 문맹률이 두 번째로 높은 지역은 문맹 청소년 수가 전체 지역 중에서 두 번째로 많다.

① ㄱ, ㄴ ② ㄷ, ㄹ ③ ㄱ, ㄴ, ㅁ ④ ㄴ, ㄷ, ㄹ ⑤ ㄷ, ㄹ, ㅁ

02 다음 〈표〉는 안전 점검 대상 시설물 및 안전 점검 결과에 관한 자료이다. 이에 대한 〈보기〉의 설명 중 옳은 것을 모두 고르면?

〈표 1〉 안전 점검 대상 시설물 현황 (단위: 개소)

합계	종	소유 주체	소계	도로				철도			항만	댐	건축물				하천	상하수도	옹벽	절토사면
				교량	터널	지하차도	복개구조물	교량	터널	역사			공동주택	일반	다중	지하도 상가				
38,232	1종	합	11,946	1,850	210	18	119	232	545	2	65	50	7,761	602	–	18	267	207	–	–
		공공	3,755	1,789	181	17	119	232	545	2	43	50	225	70	–	8	267	207	–	–
		민간	8,191	61	29	1	–	–	–	–	22	–	7,536	532	–	10	–	–	–	–
	2종	합	26,286	3,295	477	83	53	318	28	437	177	8	16,810	726	2,015	18	310	1,008	358	165
		공공	7,642	3,263	475	80	49	317	28	437	151	8	637	82	427	14	310	993	226	145
		민간	18,644	32	2	3	4	1	–	–	26	–	16,173	644	1,588	4	–	15	132	20

※ 안전 점검 대상 시설물은 1종과 2종으로 구분됨.

〈표 2〉 안전 점검 대상 시설물 등급별 현황 (단위: 개소)

합	안전 시설물			취약 시설물	
	A급	B급	C급	D급	E급
38,232	9,363	25,497	3,299	68	5

〈표 3〉 취약 시설물 등급별 현황 (단위: 개소)

구분	합	교량	건축물	항만	하천	댐	상하수도	복개구조물	옹벽
D급	68	38 (지자체 36, 건교부 2)	11 (건교부 7, 지자체 4)	5 (해수부 5)	3 (지자체 1, 농업기반공사 2)	3 (수자원공사 1, 농업기반공사 2)	2 (지자체 2)	4 (지자체 4)	2 (지자체 2)
E급	5	3 (지자체 3)	–	–	–	–	–	1 (지자체 1)	1 (지자체 1)

※ ( ) 안은 시설물의 관리 주체별 분류 현황임.

| 보기 |

ㄱ. 안전 점검 대상 시설물 중 지하도 상가의 소유 주체는 1종과 2종 모두 민간이 공공보다 많다.
ㄴ. 안전 점검 결과가 E급인 시설물은 모두 지자체 관리 시설물이다.
ㄷ. 안전 점검 대상 시설물 중 철도, 댐, 하천의 소유 주체는 모두 공공이다.
ㄹ. 안전 점검 대상 시설물 중 터널, 지하차도는 안전 점검 결과 취약 시설물로 판정되지 않았다.
ㅁ. 안전 점검 대상 시설물 중 90% 이상이 A급 또는 B급이었으며, 취약 시설물 중 지자체 관리 시설물이 가장 많다.

① ㄱ, ㄴ ② ㄴ, ㄹ ③ ㄱ, ㄹ, ㅁ ④ ㄴ, ㄷ, ㅁ ⑤ ㄴ, ㄹ, ㅁ

03 다음 〈그림〉과 〈표〉는 2005년부터 2009년까지 정당 지지도의 연도별 추이이다. 이에 대한 설명으로 옳은 것은?

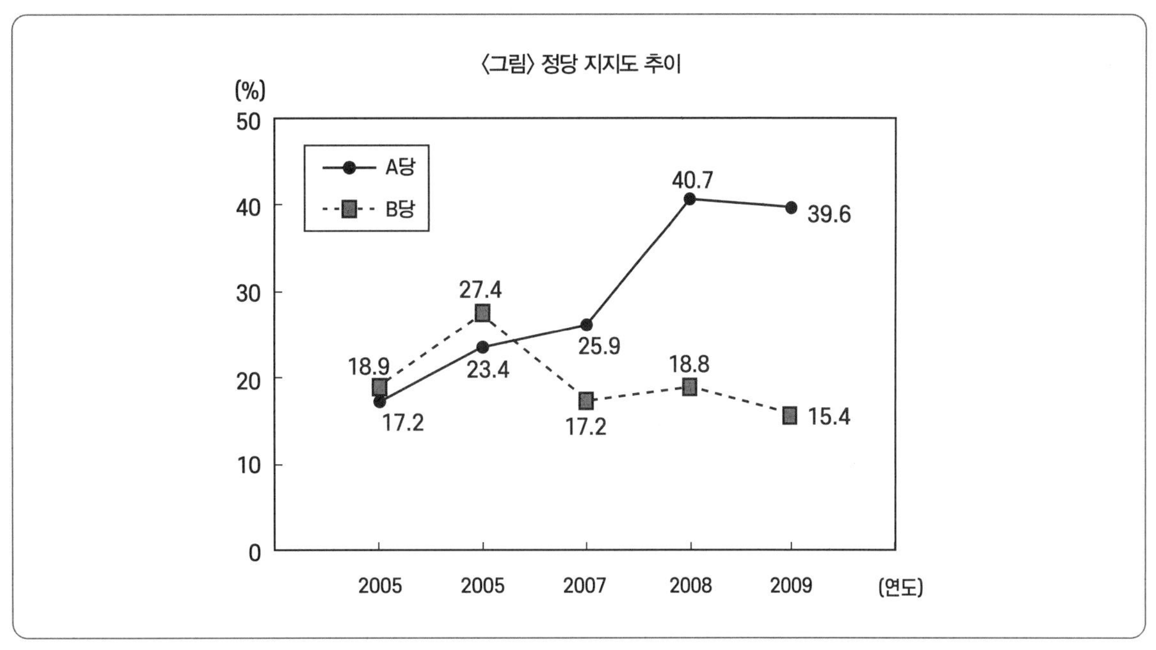

※ 정당 지지도 조사는 매년 1회만 실시함.

〈표〉 연도별 · 연령대별 정당 지지도 (단위: %)

연령대 \ 연도 / 정당	2005		2006		2007		2008		2009	
	A	B	A	B	A	B	A	B	A	B
20대	10.6	21.9	11.2	30.0	19.3	18.1	33.2	14.9	35.3	12.6
30대	12.6	19.8	14.4	32.8	16.0	21.6	36.5	40.6	33.6	18.8
40대	20.6	14.4	27.5	24.2	28.8	18.2	43.4	17.6	38.4	14.4
50대	23.0	16.9	36.0	22.5	36.3	13.7	49.0	17.9	46.4	16.2
60대 이상	25.4	21.5	36.4	23.8	34.2	12.9	45.8	18.7	48.2	15.0

※ 정당은 A당과 B당만 존재하는 것으로 가정하고, 어느 당도 지지하지 않는 응답자들은 모두 '지지 정당 없음'으로 처리함.

① 2008년은 전년에 비해 '지지 정당 없음'의 비율이 낮아졌다.
② 2006년에 비해 2007년에 모든 연령대에서 A당에 대한 지지도는 높아졌다.
③ 20대의 정당 지지도 차이는 2006년부터 확대되고 있으나, 2009년에는 축소되었다.
④ A당이 B당의 지지도를 처음으로 추월한 해에 A당 지지도가 가장 높은 연령대는 40대이다.
⑤ 정당 지지도의 차이가 가장 큰 해에, 그 차이보다 더 큰 정당 지지도 차이를 보이는 연령대의 수는 3개이다.

04 다음 〈표〉는 연령 집단별 인구 구성비 변화에 대한 자료이다. 이에 대한 〈보기〉의 설명 중 옳은 것을 모두 고르면?

〈표〉 연령 집단별 인구 구성비 변화 (단위: %)

연령 집단	연도							
	1960	1970	1980	1985	1990	1995	2000	2005
15세 미만	42.9	42.1	( )	( )	25.7	23.0	21.0	19.1
15~65세 미만	53.8	54.6	62.3	65.8	( )	( )	( )	( )
65세 이상	( )	( )	3.9	4.3	5.0	5.9	7.3	9.3
계	100.0	100.0	100.0	100.0	100.0	100.0	100.0	100.0

| 보기 |

ㄱ. 1990, 1995, 2000, 2005년 해당 연도 전체 인구에서 15~65세 미만 인구 비율은 각각 70% 이상이다.
ㄴ. 2000년 15세 미만 인구 100명당 65세 이상 인구는 30명 이상이다.
ㄷ. 2005년 65세 이상 인구는 1985년 65세 이상 인구의 2배 이상이다.
ㄹ. 1980년 이후 조사 연도마다 전체 인구에서 15세 미만 인구의 비율은 감소하고 전체 인구에서 65세 이상 인구의 비율은 증가한다.

① ㄱ, ㄴ　② ㄱ, ㄷ　③ ㄴ, ㄷ　④ ㄴ, ㄹ　⑤ ㄷ, ㄹ

05 다음 〈표〉는 A시와 B시의 민원 접수 및 처리 현황에 대한 자료이다. 이에 대한 설명으로 옳은 것은?

〈표〉 A, B시의 민원 접수 및 처리 현황 (단위: 건)

구분	민원 접수	처리 상황		완료된 민원의 결과	
		미완료	완료	수용	기각
A시	19,699	( )	18,135	( )	3,773
B시	40,830	( )	32,049	23,637	( )

※ 1) 접수된 민원의 처리 상황은 '미완료'와 '완료'로만 구분되며, 완료된 민원의 결과는 '수용'과 '기각'으로만 구분됨.

2) $\text{수용 비율(\%)} = \frac{\text{수용 건수}}{\text{완료 건수}} \times 100$

① A시는 B시에 비해 '민원 접수' 건수가 적고, 시민 1인당 '민원 접수' 건수도 B시에 비해 적다.
② '수용' 건수는 B시가 A시에 비해 많고, 수용 비율도 B시가 A시에 비해 높다.
③ '미완료' 건수는 B시가 A시의 5배를 넘지 않는다.
④ B시의 '민원 접수' 건수 대비 '수용' 건수의 비율은 50% 미만이다.
⑤ A시와 B시 각각의 '민원 접수' 건수 대비 '미완료' 건수의 비율은 10%p 이상 차이가 난다.

06 다음 〈표〉는 어느 해 지방 자치 단체별 신기술 A의 도입 현황에 대한 조사 결과이다. 이에 대한 〈보기〉의 설명 중 옳은 것만을 모두 고르면?

〈표〉 지방 자치 단체별 신기술 A의 도입 현황 조사 결과 (단위: 개, %)

구분		지방 자치 단체 수	응답			미응답	도입률	응답률
			도입	미도입	소계			
광역 지방 자치 단체	시	8	7	1	8	0	87.5	100.0
	도	9	7	1	8	1	77.8	88.9
	소계	17	14	2	16	1	( )	94.1
기초 지방 자치 단체	시	74	( )	15	66	8	68.9	( )
	군	84	( )	22	78	6	66.7	( )
	구	69	43	19	62	7	62.3	( )
	소계	227	150	56	206	21	( )	90.7
전체		244	164	58	222	22	67.2	91.0

※ 1) 신기술 A의 도입 여부는 광역 지방 자치 단체, 시, 도와 기초 지방 자치 단체, 시, 군, 구가 각각 결정함.

2) 도입률(%) = $\frac{\text{'도입'으로 응답한 지방 자치 단체 수}}{\text{지방 자치 단체 수}} \times 100$

3) 응답률(%) = $\frac{\text{응답한 지방 자치 단체 수}}{\text{지방 자치 단체 수}} \times 100$

보기

ㄱ. 기초 지방 자치 단체 중에서는 군의 응답률이 가장 높다.
ㄴ. 미응답한 구가 모두 '도입'으로 응답한다면 구의 도입률은 75% 이상이다.
ㄷ. 기초 지방 자치 단체 중에서 '도입'으로 응답한 기초 지방 자치 단체 수는 군이 시보다 많다.
ㄹ. 광역 지방 자치 단체의 도입률은 기초 지방 자치 단체의 도입률보다 10%p 이상 높다.

① ㄱ, ㄴ
② ㄱ, ㄷ
③ ㄴ, ㄹ
④ ㄱ, ㄷ, ㄹ
⑤ ㄴ, ㄷ, ㄹ

07 다음 〈표〉는 조선 시대 지역별 · 시기별 시장 수에 관한 자료이다. 이에 대한 〈보기〉의 설명 중 옳은 것만을 모두 고르면?

〈표〉 조선 시대 지역별 · 시기별 시장 수 (단위: 개)

지역	읍 수 \ 연도	1770년	1809년	1830년	1908년
경기도	34	101	102	93	102
충청도	53	157	157	158	162
전라도	53	216	214	188	216
경상도	71	276	276	268	283
황해도	23	82	82	109	82
평안도	42	134	134	143	134
강원도	26	68	68	51	68
함경도	14	28	28	42	28
전국	316	1,062	1,061	1,052	1,075

※ 읍 수는 시기에 따라 변동이 없고, 시장은 읍에만 있다고 가정함.

| 보기 |

ㄱ. 1770년 대비 1908년의 시장 수 증가율이 가장 큰 지역은 경상도이다.
ㄴ. 각 지역별로 시장 수를 살펴보면 3개 이상의 시기에서 시장 수가 같은 지역은 4곳이다.
ㄷ. 시기별 시장 수 하위 5개 지역의 시장 수 합은 해당 시기 전체 시장 수의 50% 미만이다.
ㄹ. 1830년 각 지역의 읍당 시장 수를 살펴보면 함경도의 읍당 시장 수는 다섯 번째로 많다.

① ㄱ, ㄹ
② ㄴ, ㄷ
③ ㄴ, ㄹ
④ ㄱ, ㄴ, ㄷ
⑤ ㄴ, ㄷ, ㄹ

08 다음 <표>는 2010년 국가기록원의 '비공개 기록물 공개 재분류 사업' 결과 및 현황이다. 이에 대한 설명으로 옳지 않은 것은?

〈표 1〉 비공개 기록물 공개 재분류 사업 결과 (단위: 건)

구분	합	재분류 결과			
		공개			비공개
		소계	전부 공개	부분 공개	
계	2,702,653	1,298,570	169,646	1,128,924	1,404,083
30년 경과 비공개 기록물	1,199,421	1,079,690	33,012	1,046,678	119,731
30년 미경과 비공개 기록물	1,503,232	218,880	136,634	82,246	1,284,352

〈표 2〉 30년 경과 비공개 기록물 중 비공개로 재분류된 기록물의 비공개 사유별 현황 (단위: 건)

합	비공개 사유						
	법령상 비밀	국방 등 국익 침해	국민의 생명 등 공익 침해	재판 관련 정보	공정한 업무 수행 지장	개인 사생활 침해	특정인의 이익 침해
119,731	619	313	54,329	18,091	24	46,298	57

① 2010년 '비공개 기록물 공개 재분류 사업' 대상 전체 기록물 중 절반 이상이 다시 비공개로 재분류되었다.

② 30년 경과 비공개 기록물 중 전부 공개로 재분류된 기록물 건수가 30년 경과 비공개 기록물 중 '개인 사생활 침해' 사유에 해당하여 비공개로 재분류된 기록물 건수보다 적다.

③ 30년 경과 비공개 기록물 중 공개로 재분류된 기록물의 비율이 30년 미경과 비공개 기록물 중 비공개로 재분류된 기록물의 비율보다 낮다.

④ 재분류 건수가 많은 것부터 순서대로 나열하면, 30년 경과 비공개 기록물은 부분 공개, 비공개, 전부 공개 순이고 30년 미경과 비공개 기록물은 비공개, 전부 공개, 부분 공개 순이다.

⑤ 30년 경과 비공개 기록물 중 '국민의 생명 등 공익 침해'와 '개인 사생활 침해' 사유에 해당하여 비공개로 재분류된 기록물 건수의 합은 2010년 '비공개 기록물 공개 재분류 사업' 대상 전체 기록물의 5% 이하이다.

09 다음 〈표〉는 결함이 있는 베어링 610개의 추정 결함 원인과 실제 결함 원인에 관한 자료이다. 이에 대한 〈보기〉의 설명 중 옳은 것만을 모두 고르면?

〈표〉 베어링의 추정 결함 원인과 실제 결함 원인 (단위: 개)

실제 결함 원인 \ 추정 결함 원인	불균형 결함	내륜 결함	외륜 결함	정렬 불량 결함	볼 결함	합
불균형 결함	87	9	14	6	14	130
내륜 결함	12	90	11	6	15	134
외륜 결함	6	8	92	14	4	124
정렬 불량 결함	5	2	5	75	16	103
볼 결함	5	7	11	18	78	119
계	115	116	133	119	127	610

※ 1) 전체 인식률 = $\frac{\text{추정 결함 원인과 실제 결함 원인이 동일한 베어링의 개수}}{\text{결함이 있는 베어링의 개수}} \times 100$

2) 인식률 = $\frac{\text{추정 결함 원인과 실제 결함 원인이 동일한 베어링의 개수}}{\text{추정 결함 원인에 해당되는 베어링의 개수}} \times 100$

3) 오류율 = 1 − 인식률

| 보기 |

ㄱ. 전체 인식률은 0.8 이상이다.
ㄴ. '내륜 결함' 오류율은 '외륜 결함' 오류율보다 낮다.
ㄷ. 불균형 결함' 인식률은 '외륜 결함' 인식률보다 낮다.
ㄹ. 실제 결함 원인이 '정렬 불량 결함'인 베어링 중에서, 추정 결함 원인이 '불균형 결함'인 베어링은 추정 결함 원인이 '볼 결함'인 베어링보다 적다.

① ㄱ, ㄴ
② ㄱ, ㄷ
③ ㄴ, ㄷ
④ ㄴ, ㄹ

10 다음 〈표〉는 7개 기업의 1997년도와 2008년도의 주요 재무지표를 나타낸 자료이다. 자료에 대한 〈보기〉의 설명 중 옳은 것을 모두 고르면?

〈표〉 7개 기업의 1997년도와 2008년도 주요 재무지표 (단위: %)

재무지표 / 연도 / 기업	부채 비율		자기 자본 비율		영업 이익률		순이익률	
	1997	2008	1997	2008	1997	2008	1997	2008
A	295.6	26.4	25.3	79.1	15.5	11.5	0.7	12.3
B	141.3	25.9	41.4	79.4	18.5	23.4	7.5	18.5
C	217.5	102.9	31.5	49.3	5.7	11.7	1.0	5.2
D	490.0	64.6	17.0	60.8	7.0	6.9	4.0	5.4
E	256.7	148.4	28.0	40.3	2.9	9.2	0.6	6.2
F	496.6	207.4	16.8	32.5	19.4	4.3	0.2	2.3
G	654.8	186.2	13.2	34.9	8.3	8.7	0.3	6.7
7개 기업의 산술 평균	364.6	108.8	24.7	53.8	11.0	10.8	2.0	8.1

※ 1) 총자산=부채+자기 자본

2) 부채 구성 비율(%)= $\frac{\text{부채}}{\text{총자산}}\times 100$

3) 부채 비율(%)= $\frac{\text{부채}}{\text{자기 자본}}\times 100$

4) 자기 자본 비율(%)= $\frac{\text{자기 자본}}{\text{총자산}}\times 100$

5) 영업 이익률(%)= $\frac{\text{영업 이익}}{\text{매출액}}\times 100$

6) 순이익률(%)= $\frac{\text{순이익}}{\text{매출액}}\times 100$

| 보기 |

ㄱ. 1997년도 부채 구성 비율이 당해 연도 7개 기업의 산술 평균보다 높은 기업은 3개이다.
ㄴ. 1997년도 대비 2008년도 부채 비율의 감소율이 가장 높은 기업은 A이다.
ㄷ. 기업의 매출액이 클수록 자기 자본 비율이 동일한 비율로 커지는 관계에 있다고 가정하면, 2008년도 순이익이 가장 많은 기업은 A이다.
ㄹ. 2008년도 순이익률이 가장 높은 기업은 1997년도 영업 이익률도 가장 높았다.

① ㄱ, ㄴ
② ㄴ, ㄷ
③ ㄷ, ㄹ
④ ㄱ, ㄴ, ㄷ
⑤ ㄱ, ㄴ, ㄹ

11 다음 〈표〉는 국내에 취항하는 12개 항공사의 여객 및 화물 운항 실적을 나타낸 자료이다. 이에 대한 〈보기〉의 설명 중 옳은 것을 모두 고르면?

〈표〉 국내 취항 항공사의 여객 및 화물 운항 실적

구분	항공사	취항 노선 수(개)	운항 횟수(회)	여객 운항 횟수(회)	화물 운항 횟수(회)
국내 항공사	A	137	780	657	123
	B	88	555	501	54
	국내 항공사 전체	225	1,335	1,158	177
외국 항공사	C	5	17	13	4
	D	3	5	0	5
	E	4	7	7	0
	F	4	18	14	4
	G	12	14	0	14
	H	13	31	0	31
	I	12	28	0	28
	J	9	76	75	1
	K	10	88	82	6
	L	17	111	102	9
	외국 항공사 전체	89	395	293	102

※ 1) 운항 횟수=여객 운항 횟수+화물 운항 횟수

2) 여객 지수= $\frac{\text{여객 운항 횟수}}{\text{운항 횟수}}$ =1−화물 지수

3) 국내에 취항하는 항공사의 수는 총 12개임.

4) 각 항공사 간 취항 노선의 중복과 공동 운항은 없음.

| 보기 |

ㄱ. 화물 지수가 1인 항공사의 수가 여객 지수가 1인 항공사의 수보다 많다.
ㄴ. 여객 지수가 B 항공사보다 큰 외국 항공사의 수는 4개이다.
ㄷ. 국내 항공사가 취항하는 전체 노선 수 중 A 항공사가 취항하는 노선 수가 차지하는 비중은 65%를 넘는다.
ㄹ. '국내 항공사 전체'의 여객 지수가 '외국 항공사 전체'의 여객 지수보다 크다.

① ㄱ, ㄴ
② ㄱ, ㄷ
③ ㄴ, ㄹ
④ ㄱ, ㄴ, ㄷ
⑤ ㄱ, ㄴ, ㄹ

12 다음 〈그림〉은 다양한 직급의 구성원으로 이루어진 어느 회사의 개인 간 관계를 도식화한 것이며, '관계 차별성'은 〈정의〉와 같이 규정된다. 아래 직급의 조합 중, A와 C의 관계 차별성과 B와 D의 관계 차별성이 같은 것은?

〈그림〉

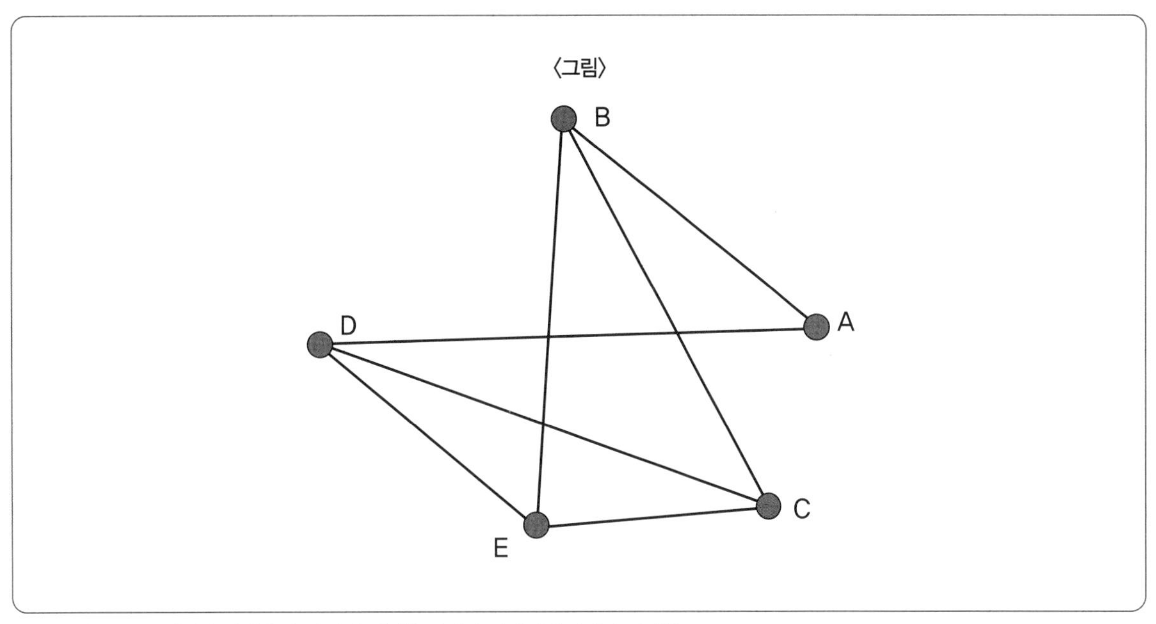

※ 점 A~E는 개인을 나타내며, 하나의 직선은 하나의 직접적인 관계를 의미함.

〈정의〉

○ 관계 차별성: 두 개인이 공통적으로 직접적인 관계를 맺고 있는 사람(들)의 직급 종류 수
- 예를 들어, P, Q, R, S 4명으로 구성된 조직의 개인 간 관계가 다음과 같을 때, P와 Q의 관계 차별성은 1임.

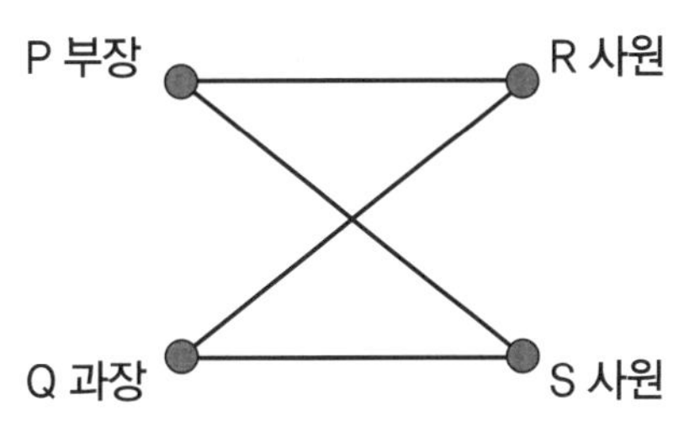

	A	B	C	D	E
①	부장	차장	사원	사원	과장
②	과장	과장	차장	부장	부장
③	과장	사원	부장	사원	과장
④	사원	과장	부장	과장	차장
⑤	사원	과장	과장	차장	사원

13 다음 〈표〉는 A 회사의 직급별 1인당 해외 여비 지급 기준액과 해외 출장 계획을 나타낸 자료이다. 이에 대한 〈보기〉의 설명 중 옳지 않은 것만을 모두 고르면?

〈표 1〉 직급별 1인당 해외 여비 지급 기준액

직급	숙박비($/박)	일비($/일)
부장 이상	80	90
과장 이하	40	70

〈표 2〉 해외 출장 계획

구분	내용
출장팀	부장 2인, 과장 3인
출장 기간	3박 4일
예산 한도	$4,000

※ 1) 해외 출장비 = 숙박비 + 일비 + 항공비
2) 출장 기간이 3박 4일이면 숙박비는 3박, 일비는 4일을 기준으로 지급함.
3) 항공비는 직급에 관계없이 왕복 기준 1인당 $200을 지급함.

| 보기 |

ㄱ. 1인당 항공비를 50% 더 지급하면 출장팀의 해외 출장비는 예산 한도를 초과한다.
ㄴ. 직급별 1인당 일비 기준액을 $10씩 증액하면 출장팀의 해외 출장비가 $200 늘어난다.
ㄷ. 출장 기간을 4박 5일로 늘려도 출장팀의 해외 출장비는 예산 한도를 초과하지 않는다.
ㄹ. 부장 이상 1인당 숙박비, 일비 기준액을 각 $10씩 줄이면, 부장 1명을 출장팀에 추가해도 출장팀의 해외 출장비는 예산 한도를 초과하지 않는다.

① ㄱ, ㄷ
② ㄱ, ㄹ
③ ㄴ, ㄷ
④ ㄴ, ㄹ
⑤ ㄱ, ㄷ, ㄹ

14 다음 〈그림〉과 〈규칙〉은 아마추어 야구 대회에 참가한 A~E팀이 현재까지 치른 경기의 중간 결과와 대회 규칙을 나타낸 것이다. 이에 대한 〈보기〉의 설명 중 옳은 것만을 모두 고르면?

〈그림〉 아마추어 야구 대회 중간 결과

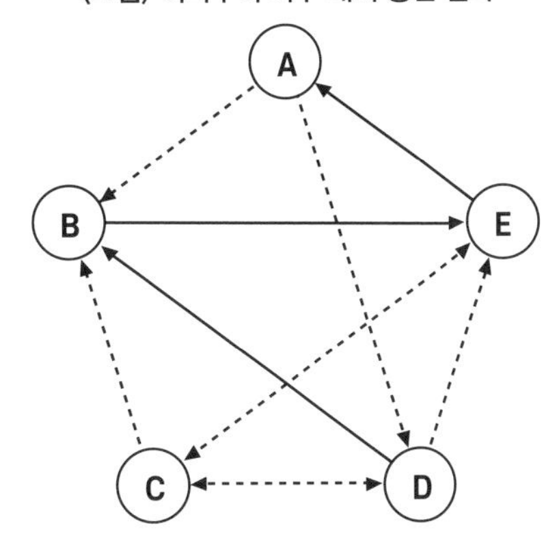

㉮　　　㉯	'가'팀과 '나'팀이 아직 경기를 치르지 않았음.
㉮- - - -→㉯	'가'팀이 '나'팀에 1승을 거둠.
㉮←- - -→㉯	'가'팀과 '나'팀 간 상대 전적은 1승 1패임.
㉮———→㉯	'가'팀이 '나'팀에 2승을 거둠.

〈규칙〉

○ 야구 대회 기간 동안 A~E팀은 자신을 제외한 모든 팀과 두 번씩 경기를 하며, 각 경기에 무승부는 없다.

○ 최종 승수는 모든 경기를 치른 후 팀별로 집계한다.

| 보기 |

ㄱ. 현재까지 치러지지 않은 경기는 모두 여섯 경기이다.

ㄴ. 현재까지 가장 많은 경기를 치른 팀은 B팀이다.

ㄷ. A팀이 남은 경기를 모두 승리한다면, 다른 팀들의 남은 경기 결과에 관계없이 A팀의 최종 승수가 가장 많다.

ㄹ. A팀이 남은 경기를 모두 승리하고 E팀이 남은 경기를 모두 패배한다면, D팀의 최종 승수는 4승이다.

① ㄱ, ㄴ

② ㄱ, ㄷ

③ ㄴ, ㄹ

④ ㄱ, ㄷ, ㄹ

⑤ ㄴ, ㄷ, ㄹ

15 다음 〈표〉는 2006년 공무원에게 지급되는 수당에 대한 자료이다. 2006년 1월 현재 사무관(5급) A의 근무 연수는 12년 2개월이고, 서기관(4급) B의 근무 연수는 9년 7개월이다. A와 B의 기본급은 220만 원으로 동일하다고 가정할 경우, 2006년 1월에 A와 B 중 누가 얼마나 더 많은 월급을 받겠는가? (단, 공무원 월급은 기본급과 수당의 합으로 계산되고, 2006년 설날은 1월 29일이다. 또한, 〈표 1〉에 제시된 수당 이외의 다른 수당은 없다고 가정한다.)

〈표 1〉 수당 지급 기준

구분	지급 기준	비고
정근 수당	근무 연수에 따라 기본급의 0~50% 범위 내 차등 지급	매년 1, 7월 지급
명절 휴가비	기본급의 60%	일년에 두 번(설날, 추석이 포함된 달) 지급
가계 지원비	기본급의 40%	매년 4, 5, 8, 10, 11월 지급
정액 급식비	130,000원	매월 지급
교통 보조비	1~3급: 200,000원 4~5급: 140,000원 6~7급: 130,000원 8~9급: 120,000원	매월 지급
직급 보조비	1급: 750,000원 2급: 650,000원 3급: 500,000원 4급: 400,000원 5급: 250,000원 6급: 155,000원 7급: 140,000원 8~9급: 105,000원	매월 지급

〈표 2〉 정근 수당 지급 구분표

근무 연수	지급액
5년 미만	기본급의 20%
5년 이상~6년 미만	기본급의 25%
6년 이상~7년 미만	기본급의 30%
7년 이상~8년 미만	기본급의 35%
8년 이상~9년 미만	기본급의 40%
9년 이상~10년 미만	기본급의 45%
10년 이상	기본급의 50%

① A, 40,000원
② A, 80,000원
③ B, 40,000원
④ B, 80,000원
⑤ B, 100,000원

16 다음 〈표〉와 〈그림〉은 연필 생산 공장의 입지 결정을 위한 자료이다. 이 자료를 이용하여 총운송비를 최소로 할 수 있는 연필 공장의 입지 지점을 고르면?

〈표〉 연필 생산을 위한 원재료량과 공급에 필요한 운송비

구분	나무	흑연	연필
연필 1톤 생산에 필요한 양(톤)	3	2	–
1톤당 운송비(천 원/km톤)	2	5	2

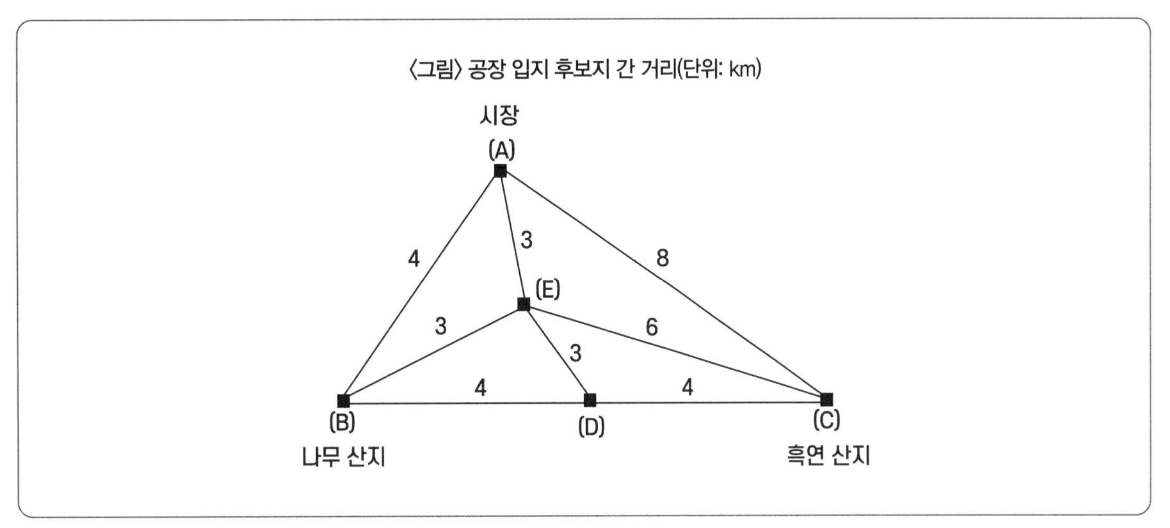

※ 1) 연필을 만드는 데는 나무와 흑연이 모두 필요함.
 2) 원재료 운송비는 산지에서 공장으로 공급하는 운송비만을 고려함.
 3) 최종 제품인 연필의 운송비는 공장에서 시장으로 공급하는 운송비만을 고려함.
 4) 총운송비 = 원재료 운송비 + 연필 운송비

① A ② B ③ C ④ D ⑤ E

17 다음 〈표〉는 A, B, C, D 4대의 자동차별 속성과 연료 종류별 가격에 관한 자료이다. 다음 중 옳지 않은 것은?

〈표 1〉 자동차별 속성

특성 / 자동차	사용 연료	최고 시속(km/h)	연비(km/ℓ)	연료 탱크 용량(ℓ)	신차 구입 가격(만 원)
A	휘발유	200	10	60	2,000
B	LPG	160	8	60	1,800
C	경유	150	12	50	2,500
D	휘발유	180	20	45	3,500

〈표 2〉 연료 종류별 가격

연료 종류	리터당 가격(원/ℓ)
휘발유	1,700
LPG	1,000
경유	1,500

※ 1) 자동차의 1년 주행 거리는 20,000km임.
2) 필요 경비=신차 구입 가격+연료비
3) 이자율은 0%로 가정하고, 신차 구입은 일시불로 함.

① 10년을 운행하면 A 자동차의 필요 경비가 D 자동차의 필요 경비보다 적다.
② 연료 탱크를 완전히 채웠을 때 추가 주유 없이 가장 긴 거리를 운행할 수 있는 것은 D 자동차이다.
③ B 자동차로 500km를 운행하기 위해서는 운행 중간에 적어도 한 번 주유를 하여야 한다.
④ 동일한 거리를 운행하는 데 연료비가 가장 많이 드는 차는 A 자동차이다.
⑤ 자동차 구입 시점부터 처음 1년 동안의 필요 경비가 가장 적은 차량은 B 자동차이고, 가장 많은 차는 D 자동차이다.

18 다음 〈표〉는 A, B 두 회사 전체 신입 사원의 성별 교육 연수 분포에 대한 자료이다. 이에 대해 〈신입 사원 초임 결정공식〉을 적용했을 때, 아래 설명 중 옳지 않은 것은?

〈표〉 회사별 성별 전체 신입 사원의 교육 연수 분포 (단위: %)

회사	성별 \ 교육 연수	12년 (고졸)	14년 (초대졸)	16년 (대졸)	18년 (대학원졸)	합
A	남	30	20	40	10	100
	여	40	20	30	10	100
B	남	40	10	30	20	100
	여	50	30	10	10	100

〈신입 사원 초임 결정공식〉

○ A사
- 남자: 초임(만 원) = 1,000 + 180 × (교육 연수)
- 여자: 초임(만 원) = 1,840 + 120 × (교육 연수)

○ B사
- 남자: 초임(만 원) = 750 + 220 × (교육 연수)
- 여자: 초임(만 원) = 2,200 + 120 × (교육 연수)

① B사 여자 신입 사원은 교육 연수가 동일한 A사 남자 신입 사원보다 초임이 높다.
② 교육 연수가 14년 이하인 B사 여자 신입 사원은 교육 연수가 동일한 B사 남자 신입 사원보다 초임이 높다.
③ A사 여자 신입 사원 중, 교육 연수가 동일한 A사 남자 신입 사원보다 초임이 낮은 A사 여자 신입 사원의 비율은 40%이다.
④ 교육 연수가 16년 이상인 A사 남자 신입 사원은 교육 연수가 동일한 B사 남자 신입 사원보다 초임이 높다.
⑤ B사 남자 신입 사원 중, 교육 연수가 동일한 B사 여자 신입 사원보다 초임이 높은 B사 남자 신입 사원의 비율은 50%이다.

19 다음 〈표〉는 피트니스 클럽의 입장료 및 사우나 유무에 대한 선호도 조사 결과이다. 〈표〉와 〈산식〉을 이용하여 이용객 선호도를 구할 때, 입장료와 사우나 유무의 조합 중 이용객 선호도가 세 번째로 큰 조합은?

〈표 1〉 입장료 선호도 조사 결과

입장료	선호도
5,000원	4.0점
10,000원	3.0점
20,000원	0.5점

〈표 2〉 사우나 유무 선호도 조사 결과

사우나	선호도
유	3.3점
무	1.7점

〈산식〉

이용객 선호도 = 입장료 선호도 + 사우나 유무 선호도

	입장료	사우나 유무
①	5,000원	유
②	5,000원	무
③	10,000원	유
④	10,000원	무
⑤	20,000원	유

20 다음 〈표〉는 '갑'사 공채 지원자에 대한 평가 자료이다. 이 〈표〉와 〈평가 점수와 평가 등급의 결정방식〉에 근거한 설명으로 옳지 않은 것은?

〈표〉 '갑'사 공채 지원자 평가 자료 (단위: 점)

구분 지원자	창의성 점수	성실성 점수	체력 점수	최종 학위	평가 점수
가	80	90	95	박사	( )
나	90	60	80	학사	310
다	70	60	75	석사	300
라	85	( )	50	학사	255
마	95	80	60	학사	295
바	55	95	65	학사	280
사	60	95	90	석사	355
아	80	( )	85	박사	375
자	75	90	95	석사	( )
차	60	70	( )	학사	290

〈평가 점수와 평가 등급의 결정방식〉

○ 최종 학위 점수는 학사 0점, 석사 1점, 박사 2점임.

○ 지원자 평가 점수 = 창의성 점수 + 성실성 점수 + 체력 점수×2 + 최종 학위 점수×20

○ 평가 등급 및 평가 점수

평가 등급	평가 점수
S	350점 이상
A	300점 이상 350점 미만
B	300점 미만

① '가'의 평가 점수는 400점으로 지원자 중 가장 높다.

② '라'의 성실성 점수는 '다'보다 높지만 '마'보다는 낮다.

③ '아'의 성실성 점수는 '라'와 같다.

④ S등급인 지원자는 4명이다.

⑤ '차'는 체력 점수를 원래 점수보다 5점 더 받으면 A등급이 된다.

21 다음 〈표〉는 각각 3명의 아동이 있는 A와 B 가구의 11월 학원 등록 현황에 대한 자료이다. 이에 대한 설명으로 옳지 않은 것은?

〈표 1〉 A 가구 아동의 11월 학원 등록 현황

아동 \ 학원	갑	을	병
송이	○	○	–
세미	○	–	–
휘경	–	○	○

〈표 2〉 B 가구 아동의 11월 학원 등록 현황

아동 \ 학원	갑	을	병
민준	○	○	○
재경	–	○	–
유라	–	–	○

※ 1) ○: 학원에 등록한 경우, –: 학원에 등록하지 않은 경우
2) 표에 나타나지 않은 학원에는 등록하지 않음.
3) A, B 가구 아동의 12월 학원 등록 현황은 11월과 동일함.

〈표 3〉 11월 학원별 1개월 수강료 (단위: 원)

학원	갑	을	병
수강료	80,000	60,000	90,000

※ 1) 학원 등록은 매월 1일에 1개월 단위로만 가능함.
2) 별도의 가정이 없으면, 12월의 학원별 1개월 수강료는 11월과 동일함.

① 11월 가구별 총수강료는 B 가구가 A 가구보다 1만 원 더 많다.
② 총수강료가 가장 많은 아동의 11월 수강료는 총수강료가 가장 적은 아동의 11월 수강료의 3배 이상이다.
③ 학원 '을'이 12월 수강료를 10% 인상한다면 A 가구의 12월 총수강료는 11월에 비해 12,000원 증가한다.
④ 학원 '갑', '을', '병'이 한 가구에서 아동 2명 이상 등록 시 12월 수강료를 20% 할인한다면 11월과 12월 총수강료 차이는 B 가구가 A 가구보다 크다.
⑤ 학원 '을'과 '병'이 12월 수강료를 10% 할인한다면 12월의 총수강료는 A 가구보다 B 가구가 18,000원 더 많다.

22 다음 〈표〉는 2014년 정부3.0 우수사례 경진 대회에 참가한 총 5개 부처에 대한 심사 결과 자료이다. 〈조건〉을 적용하여 최종 심사 점수를 계산할 때 다음 설명 중 옳은 것은?

〈표〉 부처별 정부3.0 우수사례 경진 대회 심사 결과

구분 \ 부처	A	B	C	D	E
서면 심사 점수(점)	73	79	83	67	70
현장 평가단 득표수(표)	176	182	172	145	137
최종 심사 점수(점)	( )	( )	90	( )	55

※ 현장 평가단 총인원수는 200명임.

〈조건〉

○ 최종 심사 점수 = (서면 심사 최종 반영 점수) + (현장 평가단 최종 반영 점수)

○ 서면 심사 최종 반영 점수

점수 순위	1위	2위	3위	4위	5위
최종 반영 점수(점)	50	45	40	35	30

※점수 순위는 서면 심사 점수가 높은 순서임.

○ 현장 평가단 최종 반영 점수

득표율	90% 이상	80% 이상 90% 미만	70% 이상 80% 미만	60% 이상 70% 미만	60% 미만
최종 반영 점수(점)	50	40	30	20	10

※득표율(%) = $\frac{\text{현장 평가단 득표수}}{\text{현장 평가단 총인원수}} \times 100$

① 현장 평가단 최종 반영 점수에서 30점을 받은 부처는 E이다.
② E만 현장 평가단으로부터 3표를 더 받는다면 최종 심사 점수의 순위가 바뀌게 된다.
③ A만 서면 심사 점수를 5점 더 받는다면 최종 심사 점수의 순위가 바뀌게 된다.
④ 서면 심사 점수가 가장 낮은 부처는 최종 심사 점수도 가장 낮다.
⑤ 서면 심사 최종 반영 점수와 현장 평가단 최종 반영 점수 간의 차이가 가장 큰 부처는 C이다.

23 다음 〈표〉는 세계 주요 터널 화재 사고 A~F에 관한 자료이다. 이에 대한 설명으로 옳은 것은?

〈표〉 세계 주요 터널 화재 사고 통계

사고 \ 구분	터널 길이(km)	화재 규모(MW)	복구 비용(억 원)	복구 기간(개월)	사망자(명)
A	50.5	350	4,200	6	1
B	11.6	40	3,276	36	39
C	6.4	120	72	3	12
D	16.9	150	312	2	11
E	0.2	100	570	10	192
F	1.0	20	18	8	0

※ 사고 비용(억 원)=복구 비용(억 원)+사망자(명)×5(억 원/명)

① 터널 길이가 길수록 사망자가 많다.
② 화재 규모가 클수록 복구 기간이 길다.
③ 사고 A를 제외하면 복구 기간이 길수록 복구 비용이 크다.
④ 사망자가 가장 많은 사고 E는 사고 비용도 가장 크다.
⑤ 사망자가 30명 이상인 사고를 제외하면 화재 규모가 클수록 복구 비용이 크다.

24 다음 〈표〉는 1993년부터 2002년까지의 전국 교통안전시설 설치 현황에 대한 것이다. 이에 대한 설명 중 잘못된 것은?

〈표〉 전국 연도별 교통안전시설 설치 현황 (단위: 천 개)

연도	안전 표지					신호등		
	주의	규제	지시	보조	소계	차 신호등	보행등	소계
1993	100	110	80	57	347	88	35	123
1994	126	120	90	82	418	73	40	113
1995	140	140	100	85	465	82	45	127
1996	160	160	110	100	530	95	50	145
1997	175	190	130	135	630	110	48	158
1998	190	200	140	130	660	115	55	170
1999	205	220	150	140	715	160	70	230
2000	230	230	165	135	760	195	80	275
2001	240	240	175	145	800	245	87	332
2002	245	250	165	150	810	270	95	365

① 이 기간 중 규제 표지가 안전 표지의 1/3 이상을 차지한 적은 없었다.
② 이 기간 중 주의 표지와 규제 표지의 합은 항상 안전 표지의 50% 이상을 차지하였다.
③ 1993년 대비 2002년에 차 신호등은 3배 이상이 되었고 증가율은 교통안전시설 중 가장 높았다.
④ 1993년 대비 2002년에 규제 표지는 2.2배 이상이 되었지만 증가율은 교통안전시설 중 가장 낮았다.
⑤ 보행등은 1994년에 40,000개이던 것이 2002년도에는 95,000개로 2.3배 이상이 되었다.

25 다음 〈표〉는 연료별 탄소 배출량 및 수종(樹種)별 탄소 흡수량을 나타낸다. 다음 〈조건〉에서 푸르미네 가족의 월간 탄소 배출량과 나무의 월간 탄소 흡수량을 같게 하기 위한 나무의 올바른 조합을 〈보기〉에서 고르면?

〈조건〉

○ 푸르미네 전기 소비량은 420kWh/월이다.
○ 푸르미네 상수도 사용량은 $40m^3$/월이다.
○ 푸르미네 주방용 도시가스 사용량은 $60m^3$/월이다.
○ 푸르미네 자동차 가솔린 소비량은 160 l /월이다.

〈표 1〉 연료별 탄소 배출량

연료	탄소 배출량
전기	0.1kg/kWh
상수도	$0.2kg/m^3$
주방용 도시가스	$0.3kg/m^3$
가솔린	0.5kg/ l

〈표 2〉 수종별 탄소 흡수량

수종	탄소 흡수량
소나무	14kg/그루 · 월
벚나무	6kg/그루 · 월

| 보기 |

ㄱ. 소나무 4그루와 벚나무 12그루
ㄴ. 소나무 6그루와 벚나무 9그루
ㄷ. 소나무 7그루와 벚나무 10그루
ㄹ. 소나무 8그루와 벚나무 6그루
ㅁ. 소나무 9그루와 벚나무 4그루

① ㄱ ② ㄴ ③ ㄷ ④ ㄹ ⑤ ㅁ

26 다음 〈표〉는 5개 행사에 대한 8개 부서의 참여 여부 및 비용에 관한 자료이다. 〈조건〉을 적용할 때, 다음 중 옳지 않은 것은?

〈표〉 부서별 행사 참여 여부와 비용 현황 (단위: 만 원)

부서 \ 행사 / 진행 비용	가	나	다	라	마	사전 지출 비용
	6,000	14,000	35,000	117,000	59,000	
A	○	○	○	○	○	10,000
B	○	○	○	○	○	26,000
C	○	○	○	○	○	10,000
D	○	○	○	○	○	10,000
E	×	×	○	○	○	175,000
F	×	×	×	○	○	0
G	×	×	×	○	○	0
H	×	×	×	○	○	0

※ 1) '○'는 참여를 의미하고 '×'는 불참을 의미함.
2) 위에 제시된 8개 부서 이외에 다른 부서는 없음.
3) 위에 제시된 5개 행사 이외에 다른 행사는 없음.

〈조건〉

○ 행사에 참여한 각 부서는 해당 행사의 진행 비용을 균등하게 나누어 부담한다.
○ 각 부서는 행사별로 부담해야 할 진행 비용의 합보다 사전 지출 비용이 많은 경우에는 차액을 환급받고, 반대의 경우에는 차액을 지급한다.

① G 부서는 22,000만 원을 지급한다.
② B 부서는 8,000만 원을 환급받는다.
③ E 부서는 146,000만 원을 환급받는다.
④ A 부서, C 부서, D 부서는 각각 사전 지출 비용 외에 24,000만 원씩 추가로 지급한다.
⑤ '다' 행사에 참여한 각 부서는 '다' 행사에 대하여 7,000만 원씩 진행 비용을 부담한다.

27 다음 〈표〉는 A국과 B국의 출산 휴가 및 육아 휴가 최대 기간과 임금 대체율이다. 정상 주급 60만 원을 받는 두 나라 여성이 각각 1월 1일(월요일)부터 출산 휴가와 육아 휴가를 최대한 사용할 경우, 첫 52주의 기간에 대하여 두 여성이 받게 되는 총임금의 차이는?

〈표〉 출산 휴가 및 육아 휴가 최대 기간과 임금 대체율 (단위: 주, %)

구분	출산 휴가		육아 휴가	
	최대 기간	임금 대체율	최대 기간	임금 대체율
A국	15	100.0	52	80.0
B국	15	60.0	35	50.0

※ 1) 임금 대체율(%) = $\frac{\text{휴가 기간의 주급}}{\text{정상 주급}} \times 100$

2) 육아 휴가는 출산 휴가 후 연이어 사용하며, 육아 휴가를 사용한 후에는 바로 업무에 복귀하여 정상 주급을 받음.

① 900만 원 초과 1,000만 원 이하
② 1,000만 원 초과 1,100만 원 이하
③ 1,100만 원 초과 1,200만 원 이하
④ 1,200만 원 초과 1,300만 원 이하
⑤ 1,300만 원 초과 1,400만 원 이하

28 정당별 득표수가 〈표〉와 같을 때, 다음 〈배분 방식〉을 이용하여 시의회 의석(6석)을 정당(A~D)에 배분하려고 한다. 이때, B 정당과 C 정당에 배분되는 의석수를 바르게 나열한 것은?

〈표〉 정당별 득표수

정당	득표수
A	10,000
B	6,000
C	2,000
D	1,300

〈배분 방식〉

○ 단계 1: 득표수가 가장 많은 정당에 1석을 배분한다.

○ 단계 2: 각 정당별로 '$\frac{\text{정당 득표수}}{\text{배분된 누적 의석수+1}}$'를 계산하고, 미배분 의석 중 1석을 이 값이 가장 큰 정당에 배분한다.

○ 단계 3: 시의회 의석이 모두 배분될 때까지 단계 2를 반복한다.

〈배분 예시〉

두 번째 의석까지 배분 후 정당별 누적 의석수

구분 \ 정당	A	B	C	D
첫 번째 의석 배분 후	1	0	0	0
두 번째 의석 배분 후	1	1	0	0

	B	C
①	1	0
②	1	1
③	2	0
④	2	1
⑤	3	0

29 다음 〈표〉는 출산 여성의 임신 기간 중 약물 복용 횟수와 정상아 및 기형아 출산 현황에 대한 자료이다. 이에 대한 〈보기〉의 설명 중 옳은 것을 모두 고르면?

〈표〉 약물 복용 횟수와 정상아 및 기형아 출산 현황 (단위: 회, 명)

약물 복용 횟수	출산 여성 수		
	정상아 출산	기형아 출산	합계
0	15,952	48	16,000
1	12,460	40	12,500
2	792	8	800
3	194	6	200
4	38	2	40
5 이상	12	3	15

※ 1) 모든 출산 여성은 정상아 또는 기형아 중 1명만 출산하였음.

2) $\text{기형 발생률(\%)} = \dfrac{\text{약물 복용 횟수 해당 구간의 기형아 출산 여성 수}}{\text{약물 복용 횟수 해당 구간의 출산 여성 수}} \times 100$

3) $\text{기형 발생 오즈(odds)} = \dfrac{\text{기형 발생률}}{100-\text{기형 발생률}}$

| 보기 |

ㄱ. 기형 발생률은 약물 복용 횟수가 1회인 경우가 0회인 경우보다 0.02%p 더 높다.
ㄴ. 약물 복용 횟수가 2회 이하인 경우의 기형 발생률은 1.62%이다.
ㄷ. 약물 복용 횟수가 1회씩 증가할수록 기형 발생률의 증가폭이 커진다.
ㄹ. 기형 발생 오즈(odds)는 약물 복용 횟수가 4회인 경우가 2회인 경우보다 5배 이상 높다.

① ㄱ, ㄴ
② ㄱ, ㄷ
③ ㄱ, ㄹ
④ ㄴ, ㄷ
⑤ ㄴ, ㄹ

30 다음 〈표〉는 '갑'국의 인구 구조와 노령화에 대한 자료이다. 이에 대한 〈보기〉의 설명 중 옳은 것만을 모두 고르면?

〈표 1〉 인구 구조 현황 및 전망 (단위: 천 명, %)

연도	총인구	유소년 인구(14세 이하)		생산 가능 인구(15~64세)		노인 인구(65세 이상)	
		인구수	구성비	인구수	구성비	인구수	구성비
2000	47,008	9,911	21.1	33,702	71.7	3,395	7.2
2010	49,410	7,975	( )	35,983	72.8	5,452	11.0
2016	51,246	( )	( )	( )	( )	8,181	16.0
2020	51,974	( )	( )	( )	( )	9,219	17.7
2030	48,941	5,628	11.5	29,609	60.5	( )	28.0

※ 2020년, 2030년은 예상치임.

〈표 2〉 노년 부양비 및 노령화 지수 (단위: %)

구분 \ 연도	2000	2010	2016	2020	2030
노년 부양비	10.1	15.2	( )	25.6	46.3
노령화 지수	34.3	68.4	119.3	135.6	243.5

※ 1) 노년 부양비(%) = $\frac{\text{노인 인구}}{\text{생산 가능 인구}} \times 100$

2) 노령화 지수(%) = $\frac{\text{노인 인구}}{\text{유소년 인구}} \times 100$

| 보기 |

ㄱ. 2020년 대비 2030년의 노인 인구 증가율은 55% 이상으로 예상된다.

ㄴ. 2016년에는 노인 인구가 유소년 인구보다 많다.

ㄷ. 2016년 노년 부양비는 20% 이상이다.

ㄹ. 2020년 대비 2030년의 생산 가능 인구 감소폭은 600만 명 이상일 것으로 예상된다.

① ㄱ, ㄷ ② ㄴ, ㄷ ③ ㄴ, ㄹ ④ ㄱ, ㄴ, ㄷ ⑤ ㄴ, ㄷ, ㄹ

31 다음 〈표〉는 2013~2016년 '갑' 기업 사원 A~D의 연봉 및 성과 평가 등급별 연봉 인상률에 대한 자료이다. 이에 대한 〈보기〉의 설명으로 옳은 것만을 모두 고르면?

〈표 1〉 '갑' 기업 사원 A~D의 연봉 (단위: 천 원)

사원 \ 연도	2013	2014	2015	2016
A	24,000	28,800	34,560	38,016
B	25,000	25,000	26,250	28,875
C	24,000	25,200	27,720	33,264
D	25,000	27,500	27,500	30,250

〈표 2〉 '갑' 기업의 성과 평가 등급별 연봉 인상률 (단위: %)

성과 평가 등급	Ⅰ	Ⅱ	Ⅲ	Ⅳ
연봉 인상률	20	10	5	0

※ 1) 성과 평가는 해당 연도 연말에 1회만 실시하며, 각 사원은 Ⅰ, Ⅱ, Ⅲ, Ⅳ 중 하나의 성과 평가 등급을 받음.
2) 성과 평가 등급을 높은 것부터 순서대로 나열하면 Ⅰ, Ⅱ, Ⅲ, Ⅳ의 순임.
3) 당해 연도 연봉=전년도 연봉×(1+전년도 성과 평가 등급에 따른 연봉 인상률)

| 보기 |

ㄱ. 2013년 성과 평가 등급이 높은 사원부터 순서대로 나열하면 D, A, C, B이다.
ㄴ. 2015년에 A와 B는 동일한 성과 평가 등급을 받았다.
ㄷ. 2013~2015년 동안 C는 성과 평가에서 Ⅰ등급을 받은 적이 있다.
ㄹ. 2013~2015년 동안 D는 성과 평가에서 Ⅲ등급을 받은 적이 있다.

① ㄱ, ㄴ ② ㄱ, ㄷ ③ ㄱ, ㄹ ④ ㄴ, ㄷ ⑤ ㄴ, ㄹ

32

다음 〈표〉와 같이 지하층이 없고 건물마다 각 층의 바닥 면적이 동일한 건물들이 완공되었다. 이 건물들 중에서 층수가 가장 높은 것은?

〈표〉 건물 정보

건물명	건폐율(%)	대지 면적(m^2)	연면적(m^2)	건축비(만 원/m^2)
A	50	300	600	800
B	60	300	1,080	750
C	60	200	720	700
D	50	200	800	750
E	70	300	1,260	700

※ 건폐율 = $\frac{\text{건축 면적}}{\text{대지 면적}} \times 100$

※ 건축 면적: 건물 1층의 바닥 면적

※ 연면적: 건물의 각 층 바닥 면적의 총합

① A ② B ③ C ④ D ⑤ E

33

다음 〈표〉는 A 도시와 다른 도시들 간의 인구 이동량과 거리를 나타낸 것이다. 인구가 많은 도시부터 적은 도시 순으로 바르게 나열한 것은?

〈표〉 도시 간 인구 이동량과 거리 (단위: 천 명, km)

도시 간	인구 이동량	거리
A↔B	60	2
A↔C	30	4.5
A↔D	25	7.5
A↔E	55	4

※ 두 도시 간 인구 이동량=$k \times \frac{\text{두 도시 인구의 곱}}{\text{두 도시 간의 거리}}$, k는 양의 상수임.

① B - C - D - E
② D - C - E - B
③ D - E - C - B
④ E - D - B - C
⑤ E - D - C - B

34 다음 〈표〉와 〈조건〉은 대중교통 환승 유형과 환승 정책에 관한 자료이다. 신규 환승 정책 시행 전과 시행 후를 비교할 때, A~E의 환승 유형을 연간 총교통요금 절감액이 큰 순서대로 나열한 것은?

〈표〉 연간 환승 유형별 이용 건수 (단위: 천 건)

환승 유형	환승 내용	연간 환승 유형 이용 건수
A	버스 → 버스	1,650
B	버스 → 지하철	1,700
C	지하철 → 버스	1,150
D	버스 → 버스 → 버스	800
E	버스 → 지하철 → 버스	600

※ 1) '→'는 환승을 의미함.
2) 환승 유형 이용 1건은 1명이 이용한 것을 의미함.
3) 연간 환승 유형별 이용 건수는 신규 환승 정책 시행 전과 시행 후가 동일함.

〈조건〉

○ 모든 승객은 교통카드만 이용하고, 교통카드를 통해서 환승 유형(A~E)이 확인되었다.
○ 신규 환승 정책 시행 전후, 지하철과 버스의 기본 요금은 각각 950원이고, 기본 요금에 대한 요금 할인은 없다.
○ 신규 환승 정책 시행 전에는 대중교통 수단을 이용할 때마다 각각의 기본 요금을 지불하였다.
○ 신규 환승 정책 시행 후에는 환승 유형 이용 1건당 지불 요금은 다음과 같다.
- 최초 탑승 시 기본 요금
- 동일 교통 수단으로 환승할 때마다 150원의 환승 요금
- 다른 교통 수단으로 환승할 때마다 200원의 환승 요금

① A - B - D - C - E
② A - D - B - E - C
③ B - A - D - C - E
④ D - A - B - E - C
⑤ D - B - A - C - E

35 다음 〈표〉는 '갑' 기업의 사채발행차금 상각 과정을 나타낸 것이다. 이에 대한 설명으로 옳지 않은 것은?

〈표〉 사채발행차금 상각 과정 (단위: 백만 원)

구 분 \ 연 도		1차년도	2차년도	3차년도	4차년도
이자 비용(A) [=(전년도 E)×0.1]		–	900	( )	( )
액면 이자(B)		–	600	600	600
사채 발행 차금	상각액(C) [=(당해 연도 A)–(당해 연도 B)]	–	300	( )	( )
	미상각잔액(D) [=(전년도 D)–(당해 연도 C)]	3,000	2,700	( )	( )
사채장부가액(E) [=(전년도 E)+(당해 연도 C)]		9,000	9,300	( )	9,993

※ 1차년도의 미상각잔액(3,000백만 원)과 사채장부가액(9,000백만 원)은 주어진 값임.

① 3차년도의 사채장부가액은 96억 원 이하이다.
② 3차년도, 4차년도의 상각액은 전년도 대비 매년 증가한다.
③ 3차년도, 4차년도의 이자 비용은 전년도 대비 매년 증가한다.
④ 3차년도, 4차년도의 미상각잔액은 전년도 대비 매년 감소한다.
⑤ 3차년도 대비 4차년도의 사채장부가액 증가액은 4차년도의 상각액과 일치한다.

36 다음 〈표〉는 2011년 주요 국가별 의사 수 및 인구 만 명당 의사 수에 대한 자료이다. 이에 대한 〈보기〉의 설명 중 옳은 것을 모두 고르면?

〈표〉 2011년 주요 국가별 의사 수 및 인구 만 명당 의사 수 (단위: 명, %)

국가	의사 수		인구 만 명당 의사 수	
		전년 대비 증감률		전년 대비 증감률
A	12,813	0.5	29	2.1
B	171,242	1.5	18	3.3
C	27,500	1.0	31	1.5
D	25,216	2.0	35	0.5
E	130,300	1.5	33	0.5
F	110,124	3.0	18	0.4
G	25,332	1.5	31	−0.5
H	345,718	3.3	60	5.5

※ 인구 만 명당 의사 수는 소수점 아래 첫째 자리에서 반올림함.

| 보기 |

ㄱ. 2010년 의사 수가 가장 많은 국가는 2011년 인구 만 명당 의사 수도 가장 많다.
ㄴ. 2011년 기준 C, D, E 3개국 중 인구가 가장 적은 국가는 D이다.
ㄷ. 2011년 인구가 2010년보다 많은 국가의 수는 4개이다.
ㄹ. 2010년 기준 의사 수가 많은 국가일수록 같은 해 인구 만 명당 의사 수도 많다.

① ㄱ, ㄴ, ㄷ
② ㄱ, ㄴ, ㄹ
③ ㄱ, ㄷ, ㄹ
④ ㄴ, ㄷ, ㄹ
⑤ ㄱ, ㄴ, ㄷ, ㄹ

37 다음 〈표〉는 1911년부터 1922년까지 한국의 쌀 생산 · 순수출 및 한국과 일본의 쌀 소비량에 관한 자료이다. 이에 대한 〈보기〉의 설명 중 옳지 않은 것을 모두 고르면?

〈표〉 쌀 생산 · 순수출 · 소비 자료

연도 \ 구분	한국의 연간 생산량(천 석)	일본으로의 연간 순수출량(천 석)	한국인 1인당 연간 소비량 (석/인)	일본인 1인당 연간 소비량 (석/인)
1911	14,027	2,910	0.74	1.07
1912	14,130	2,874	0.74	1.11
1913	15,296	2,701	0.73	1.12
1914	15,500	2,058	0.73	1.12
1915	14,882	3,080	0.68	1.15
1916	15,014	3,624	0.65	1.15
1917	13,219	4,619	0.52	1.13
1918	14,773	5,429	0.53	1.13
1919	15,300	6,136	0.52	1.10
1920	17,298	7,405	0.54	1.13
1921	13,511	5,609	0.45	1.11
1922	13,511	5,609	0.47	1.08

※ 1) 일본으로의 순수출량 = 일본으로의 수출량 − 일본으로부터의 수입량
2) 한국과 일본은 양국 이외의 국가와는 쌀 교역을 하지 않는다고 가정함.
3) 한국과 일본에서 생산된 쌀은 양국 간의 교역이 이루어진 후 각국에서 그 해에 모두 소비된다고 가정함.

| 보기 |

ㄱ. 1922년 한국의 인구는 1921년에 비해 감소하였다.
ㄴ. 일본으로의 연간 쌀 순수출량은 1911년에 비해 1922년에 100% 이상 증가하였다.
ㄷ. 1912년부터 1922년까지 한국의 연간 쌀 생산량이 전년보다 증가한 연도 수가 감소한 연도 수보다 많다.
ㄹ. 1911년부터 1917년까지 매년 한국인의 1인당 연간 쌀 소비량은 일본인의 1인당 연간 쌀 소비량의 50% 이상이다.

① ㄴ
② ㄹ
③ ㄱ, ㄹ
④ ㄴ, ㄹ
⑤ ㄴ, ㄷ, ㄹ

38 다음 〈표〉는 각국의 보건비와 관련한 자료이다. 이에 대한 설명으로 옳은 것을 〈보기〉에서 모두 고르면?

〈표〉 각국의 보건비 (단위: %, 달러)

	GDP 대비 보건비		보건비 대비 공공 보건비		1인당 민간 보건비
	2000년	2010년	2000년	2010년	2010년
A국	6	7	50	60	1,000
B국	6	9	40	50	700
C국	6	5	75	80	500
D국	8	10	60	60	500
E국	16	20	40	50	4,000

※ 1) 보건비=공공 보건비+민간 보건비

2) $1인당\ 민간\ 보건비=\frac{민간\ 보건비}{인구수}$

| 보기 |

ㄱ. 2010년 A국의 1인당 보건비는 2,500달러이다.

ㄴ. 2000년에 비해 2010년 B국의 GDP가 100% 증가할 경우, B국의 2010년 공공 보건비는 2000년에 비해 275% 증가한다.

ㄷ. E국의 2010년 1인당 GDP는 40,000달러이다.

ㄹ. 2000년에 비해 2010년 E국의 1인당 보건비가 100% 증가할 경우, 2000년 1인당 민간 보건비는 2,500달러이다.

ㅁ. 2010년 GDP 대비 공공 보건비의 비율은 C국이 D국보다 높다.

① ㄱ, ㄴ, ㄷ

② ㄱ, ㄷ, ㄹ

③ ㄴ, ㄷ, ㄹ

④ ㄴ, ㄹ, ㅁ

⑤ ㄷ, ㄹ, ㅁ

39 다음 〈표〉에 대한 설명으로 옳은 것을 〈보기〉에서 모두 고른 것은?

〈표 1〉 성별 노인 인구 추이 (단위: 천 명)

구분		1990	1995	2000	2005	2010	2020	2030
전체		2,195	2,657	3,395	4,383	5,354	7,821	11,899
	남자	822	987	1,300	1,760	2,213	3,403	5,333
	여자	1,373	1,670	2,095	2,623	3,141	4,418	6,566

※ 노인 인구: 65세 이상 인구

※ 성비: 여자 100명 당 남자의 수

〈표 2〉 노년 부양비와 노령화 지수 (단위: %)

구분	1990	1995	2000	2005	2010	2020	2030
노년 부양비	7.4	8.3	10.1	12.6	14.9	21.8	37.3
노령화 지수	20.0	25.2	34.3	47.4	66.8	124.2	214.8

※ 노년 부양비= $\frac{\text{65세 이상 인구}}{\text{15~64세 인구}} \times 100$

※ 노령화 지수= $\frac{\text{65세 이상 인구}}{\text{0~14세 인구}} \times 100$

보기

ㄱ. 2005년 노인 인구의 성비는 10년 전보다 낮아졌다.

ㄴ. 2005년에는 15~64세 인구 7.9명이 노인 1명을 부양하고, 2020년에는 15~64세 인구 4.6명이 노인 1명을 부양할 것이다.

ㄷ. 2020년의 0~14세 인구 100명당 노인 인구는 1990년의 0~14세 인구 100명당 노인 인구의 6배 이상이다.

ㄹ. 2005년 노년 부양비는 10년 전에 비해 4.3%p 증가하였고, 2005년에 비해 2020년에는 9.2%p 증가할 것이다.

① ㄱ, ㄴ

② ㄴ, ㄷ

③ ㄷ, ㄹ

④ ㄱ, ㄴ, ㄷ

⑤ ㄴ, ㄷ, ㄹ

40 다음 〈표〉는 A국 제조업체의 이익 수준과 적자 보고율에 대한 자료이다. 이에 대한 〈보기〉의 설명 중 옳은 것을 모두 고르면?

〈표〉 연도별 이익 수준과 적자 보고율

연도	조사 대상 기업 수(개)	이익 수준					적자 보고율
		전체		구간			
		평균	표준 편차	하위 평균	중위 평균	상위 평균	
2002	520	0.0373	0.0907	0.0101	0.0411	0.0769	0.17
2003	540	0.0374	0.0923	0.0107	0.0364	0.0754	0.15
2004	580	0.0395	0.0986	0.0107	0.0445	0.0818	0.17
2005	620	0.0420	0.0975	0.0140	0.0473	0.0788	0.15
2006	530	0.0329	0.1056	0.0119	0.0407	0.0792	0.18
2007	570	0.0387	0.0929	0.0123	0.0414	0.0787	0.17

※ 1) 적자 보고율 $= \frac{\text{적자로 보고한 기업 수}}{\text{조사 대상 기업 수}}$

2) 이익 수준 $= \frac{\text{이익}}{\text{총자산}}$

보기

ㄱ. 조사 대상 기업 중에서 적자로 보고한 기업 수는 2005년에 최대, 2003년에 최소이다.

ㄴ. 이익 수준의 전체 평균 대비 하위 평균의 비율이 가장 큰 해와 이익 수준의 전체 표준편차가 가장 큰 해는 동일하다.

ㄷ. 이익 수준의 상위 평균이 가장 높은 해는 전체 평균이 가장 높은 2004년이다.

ㄹ. 2003년부터 2007년까지 적자 보고율과 이익 수준 상위 평균의 전년 대비 증감 방향은 매년 일치한다.

① ㄱ, ㄷ
② ㄴ, ㄹ
③ ㄱ, ㄴ, ㄷ
④ ㄱ, ㄷ, ㄹ
⑤ ㄴ, ㄷ, ㄹ

문제해결능력

● 정답과 해설 541쪽

01 다음 제시된 상황에서 이 팀장이 할 수 있는 말로 적절하지 않은 것을 고르면?

올해 신규 직원으로 들어온 박 사원은 자기개발의 필요성을 깨닫고, 계획을 세우려고 한다. 하지만 어디서부터 어떻게 시작해야 할지 잘 몰라 어려움을 겪고 있다. 이를 알게 된 이 팀장은 박 사원에게 조언을 해 주려고 한다.

① 자신을 확인하기 위해 다른 사람과 대화를 많이 나누어 보고, 표준화된 검사를 이용해 보세요.
② 자기개발을 위해서는 먼저 자신의 가치관, 흥미 등 자신이 어떤 사람인지 파악하는 것이 필요합니다.
③ 자신을 이해하고, 업무 수행 능력을 향상시키기 위한 목표를 세워 관리하면 더욱 좋습니다.
④ 자신의 일상을 되돌아보고 이와 다른 자기개발의 목표를 세워야 한답니다.
⑤ 자신이 어떠한 특성을 가지고 있는지 바르게 알아야 적절한 자기개발이 가능합니다.

02 다음은 ○○ 기관에서 작성한 보고서이다. 빈칸에 각각 알맞은 말끼리 묶인 것을 고르면?

'호감 가는 브랜드'는 소비자에게 다양한 형태로 호감을 발생하게 하는 브랜드를 의미한다. 호감은 브랜드에 대해 소비자가 느끼는 긍정적인 감정이다.

소비자로부터 호감을 발생하게 하는 브랜드는 호감의 요인 세 가지 [A], [B], [C]를 가지고 있다.

- [A]는(은) 브랜드를 소유하거나 사용해 보고 싶다는 동기를 유발하는 욕구로서 획기적인 성능, 뛰어난 디자인 등을 보유한 브랜드에 대한 동경이나 열망 등을 의미한다.
- [B]는(은) 오랜 기간 관계를 유지한 브랜드에 대한 친숙한 느낌을 말한다. 구매나 사용이 반드시 이루어지지 않더라도 광고와 같은 반복적인 노출을 통해 소비자와 접촉이 지속된 경우에도 형성된다.
- [C]는(은) 소비자가 브랜드와 애정적 관계를 유지하겠다는 약속이며 자발적, 비자발적으로 구매를 반복하는 충성도를 의미한다.

① A: 친근감 B: 책임감 C: 사명감
② A: 책임감 B: 열정 C: 친근감
③ A: 열정 B: 친근감 C: 책임감
④ A: 책임감 B: 친근감 C: 열정
⑤ A: 사명감 B: 열정 C: 책임감

03

김 사원은 자기개발에 대해 인터넷에서 정보를 검색하다가 자신과 다른 사람의 두 가지 관점을 통해 파악해 보는 자기이해 모델인 조해리의 창(Johari's window)에 대해 알게 되었다. 자아는 공개된 자아, 눈먼 자아, 숨겨진 자아, 아무도 모르는 자아로 나눌 수 있다는 것도 알게 되었다. 검색 내용을 바탕으로 자아를 인식하는 방법이 아닌 것을 고르면?

① 워크넷에 들어가서 표준화된 적성 검사를 응시해 본다.
② 주변 사람들에게 나에 대해 어떻게 생각하는지 말해 달라고 질문해 본다.
③ 타인과의 대화를 통해 나를 파악해 본다.
④ 직장을 그만두면 어떤 일을 할지 고민해 본다.
⑤ 평판이 좋은 사람들을 보고 배울 점을 관찰해 본다.

04

마케팅팀 이 팀장은 최근 출시된 제품을 해외 시장에 판매하기 위해 전략을 세우라는 지침을 받았다. 이에 따라 팀원들과 함께 합리적 의사 결정 과정에 입각하여 업무 지침을 수행하려고 할 때, A단계에서 팀원들에게 할 수 있는 말로 가장 적절한 것은?

[합리적 의사 결정 과정]

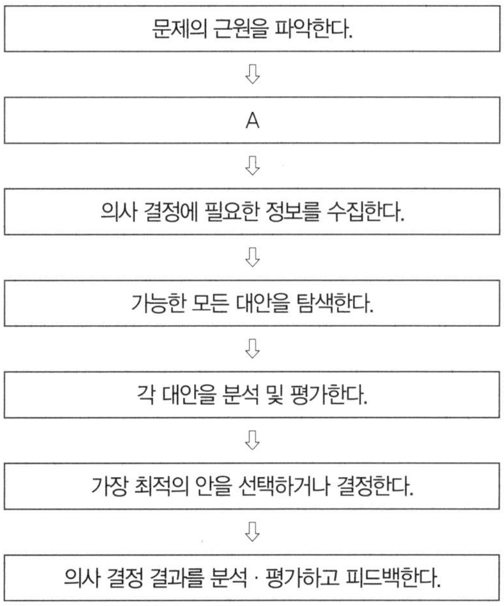

문제의 근원을 파악한다.
⇩
A
⇩
의사 결정에 필요한 정보를 수집한다.
⇩
가능한 모든 대안을 탐색한다.
⇩
각 대안을 분석 및 평가한다.
⇩
가장 최적의 안을 선택하거나 결정한다.
⇩
의사 결정 결과를 분석 · 평가하고 피드백한다.

① "경쟁사의 성능을 파악하고, 우리 제품의 장점을 확인하세요."
② "우리 제품이 판매될 수 있는 모든 시장을 알아보세요."
③ "현재 우리가 가장 표적으로 삼아야 하는 나라를 확인하고, 가중치를 얼마나 부여할지 연구해 보세요."
④ "이전 모델의 해외 판매 실적을 파악하고, 판매율이 저조했던 이유를 조사해 보세요."
⑤ "어떻게 하면 제품을 효율적으로 홍보할 수 있을지 탐색된 모든 방법들에 대해 토의해 봅시다."

05 △△전자 회사에서 가정용 건조기의 생산량에 따라 얼마의 비용이 소요되는지 확인하기 위해 수익 구조 분석을 실시하였다. 다음을 보고 가정용 건조기 생산과 관련하여 옳은 설명을 고르면?

생산량(개)	0	1	2	3	4	5	6	7
총생산 비용(만 원)	10	16	27	35	42	51	63	75

(※ 가정용 건조기 1대당 원가는 10만 원이다.)

① 2개를 생산할 때와 5개를 생산할 때 이윤이 같다.
② 생산량이 많아질수록 이윤도 증가하고 있다.
③ 1개를 생산하는 것보다 생산을 하지 않는 것이 손해가 더 크다.
④ 이윤을 극대화하는 생산량 5개이다.
⑤ 생산량이 많으면 손해를 본다.

06 다음 제시된 상황을 보고 성격이 다른 하나를 고르면?

금융 기술 연구 기관에서 개발자로 일하고 있는 양 사원은 최신 업무 능력 향상 프로그램을 이수하고 테스트를 실시하라는 지시를 받았다. 업무 성과 향상 측면에서 경력 개발이 필요한 이유는 다음과 같다.

㉠ 해당 업무와 관련하여 전문성을 가지고자 하는 개인의 요청을 수락하였다.
㉡ 직급과 연공 서열에 의한 임금 제도를 탈피하고, 개별 성과급제를 채택하게 되었다.
㉢ 모바일 금융 개발 산업 활성화를 위해 새로운 사업을 추진하게 되어 경영 전략이 변화하였다.
㉣ 기존 협력 업체와 기술 협약 업체가 변경되어 새로운 매뉴얼이 필요해졌다.
㉤ 담당 업무와 관련하여 기술의 성장과 개발로 불필요한 인력이 증가하였다.

① ㉠　　② ㉡　　③ ㉢　　④ ㉣　　⑤ ㉤

07

○○은행은 최근 모바일 앱 출시 10주년을 맞아 0.5% 우대 금리를 제공하는 비대면 적금 상품 "행복 적금"을 출시하였다. 이에 맞서 ■■은행은 "부자 적금" 상품을 출시하였다. 다음 〈표〉는 ○○은행과 ■■은행이 적금 상품을 홍보함에 따라 가입하는 가입자 수를 나타낸다. 주어진 자료에서 ○○은행과 ■■은행의 상품을 가입하는 가입자 수가 가장 많을 때를 고르면? [○○은행이 "행복 적금"을 홍보하고, ■■은행이 "부자 적금"을 홍보하였을 때를 (A, B)로 나타내고, (1, 2)로 나타내면 가입자 수는 300명을 뜻한다.]

〈표〉 홍보 상품에 따른 가입자 수 (단위: 백 명)

■■은행 \ ○○은행	A	B	C	D
A	(10, 10)	(11, 7)	(20, 5)	(12, 6)
B	(9, 15)	(15, 15)	(11, 16)	(9, 17)
C	(5, 18)	(17, 10)	(21, 8)	(8, 7)
D	(13, 14)	(5, 9)	(10, 14)	(19, 9)

① (A, A) ② (B, B) ③ (C, C) ④ (D, D) ⑤ (B, C)

08

직장 생활에서는 중요한 의사 결정을 해야 하거나, 매 순간마다 적절한 의사 결정을 해야 할 때가 많다. 다음은 사원들이 합리적인 의사 결정에 대해 이야기하는 내용 중 일부이다. 합리적인 의사 결정을 해야 하는 이유를 제대로 설명한 사원을 모두 고르면?

A: 만에 하나 잘못된 의사 결정을 하게 되면 시간을 낭비하게 되고, 불필요한 재정 지출을 하게 될 거야.
B: 여러 가지 업무를 한꺼번에 수행해야 할 때에는 우선순위를 어떻게 정하느냐에 따라 업무 효율이 크게 달라진다는 사실을 알고 있니?
C: 자신의 생활보다는 직장에서의 일을 우선시하는 것이 맞아!
D: 나의 인생보다는 조직 전체의 운명을 더 중요하게 여겨야 할 때도 있어.

① A, B ② A, C ③ B, C ④ B, D ⑤ C, D

09 현재 주부인 A 씨는 결혼 전까지 대기업 재무팀에서 근무하였고, 업무 성과도 매우 좋았다. 그러나 결혼 후 출산과 육아로 인해 3년 정도 경력 단절이 생겼고, 재취업을 목표로 노력하고 있다. 재취업을 위해 국가직무능력표준(NCS) 기반 자기소개서를 작성하며 '입사 후 포부' 항목에 전문 자격증 취득이라는 계획을 포함하였다. 이는 다음 경력 개발 단계 중 몇 단계에 해당하는가?

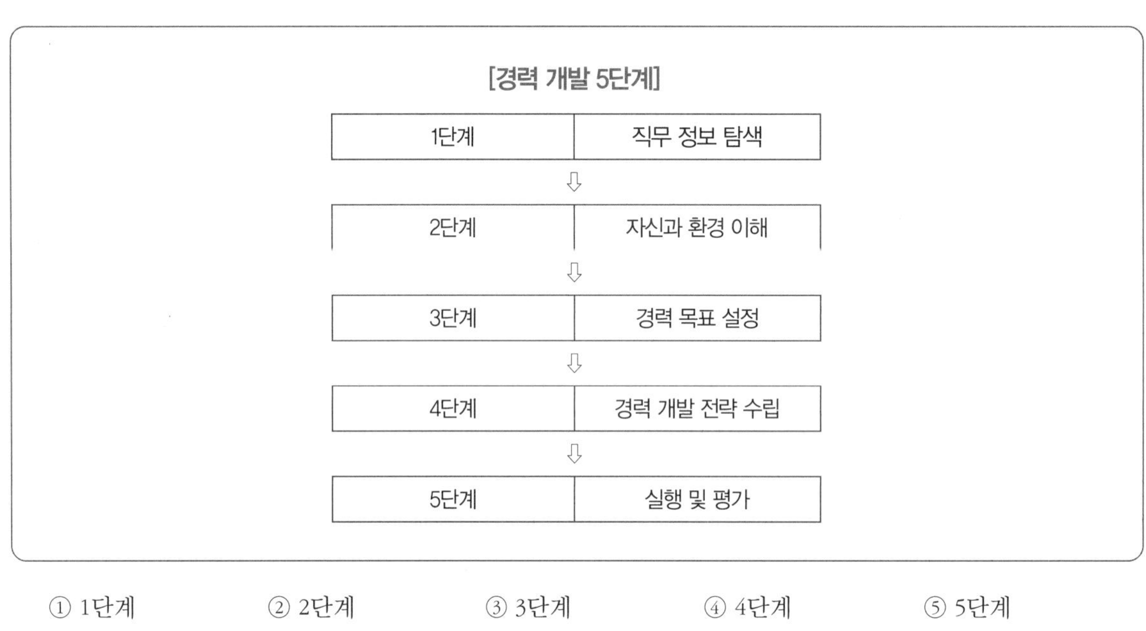

① 1단계 ② 2단계 ③ 3단계 ④ 4단계 ⑤ 5단계

10 다음 상황을 보고 빈칸에 들어갈 말로 적절한 것을 고르면?

이 부장: 최근 신입 사원들은 복리후생에 대한 관심이 갈수록 높아지고 있는 것 같네. 요즘은 일은 물론 자신의 생활도 중요하게 생각하기 때문에 일과 생활의 균형을 잘 맞추려고 다들 노력하는데 우리 회사는 아직 적절한 제도가 잘 갖추어지지 않았다고 생각되네. 김 대리는 이러한 상황에 대해 어떻게 생각하나? 한번 조사해 보면 좋을 것 같군.

김 대리: 네, 제가 한번 알아보겠습니다. 선진국의 (　　　) 사례에 대해 알아보고 어떻게 적용되고 있는지 조사하면 도움이 될 것 같습니다.

① 유연근무제 ② WLB ③ 스마트워크 ④ Two Jobs ⑤ 평생학습

11 다음 제시된 〈표〉는 20대가 좋아하는 M 브랜드의 패딩 점퍼를 모델별로 정리한 것이다. 다음 중 디자인과 가격 면에서 모두 좋음 이상인 패딩 점퍼를 원하는 고객이라면 어떤 제품을 선택하는 것이 가장 좋을지 고르면?

	가격	기능성	디자인	브랜드
A	★★★	★★★	★★★	★★★
B	★★★★	★★	★★★★★	★★
C	★★★	★★★	★★★★	★★★★
D	★★★★★	★★★	★	★★
E	★★★★	★★★★★	★	★

※ ★★★★★: 매우 좋음, ★★★★: 좋음, ★★★: 보통, ★★: 나쁨, ★: 매우 나쁨
※ 가격이 낮을수록 점수가 높다.

① A ② B ③ C ④ D ⑤ E

12 W 씨는 공항 여행사에서 서울 투어의 일일 가이드를 담당하고 있다. 서울 투어 안내 팸플릿을 살펴보고 B 고객이 비행기 탑승 전 최대한 많은 투어를 참여하기 원할 때, W 씨가 안내할 수 있는 가장 좋은 투어 일정을 고르면? (현재 시간은 오전 11시 30분이며, 고객 B는 저녁 10시 비행기를 탑승해야 한다.)

[일일 투어 일정 안내]

소요 시간	투어 코스	투어 일정
1시간	남산 투어(공항 → 남산 → 공항)	08:00~09:00
		11:00~12:00
		12:00~13:00
2시간	박물관 투어(공항 → 중앙박물관 → 공항)	09:00~11:00
		13:00~15:00
		15:00~17:00
3시간	쇼핑 투어(공항 → 명동 → 쇼핑센터 → 공항)	15:00~18:00
3.5시간	도심 투어(공항 → 63빌딩 → 한강공원 → 공항)	10:00~13:30
		14:00~17:30
5시간	시티 투어 1(공항 → 놀이동산 → 공항)	08:00~13:00
	시티 투어 2(공항 → 경복궁 → 인사동 → 공항)	10:00~15:00
	시티 투어 3(공항 → 덕수궁 → 한옥마을 → 공항)	13:00~18:00

※ 투어 이용 참고 사항
- 추가 입장료와 식사는 투어 안내 상담사에게 문의 바랍니다.
- 투어 출발 시간 30분 전까지 투어 안내 부스 앞으로 모이시기 바랍니다.

① 남산 투어 → 시티 투어 2
② 남산 투어 → 시티 투어 3
③ 남산 투어 → 쇼핑 투어
④ 박물관 투어 → 쇼핑 투어
⑤ 박물관 투어 → 도심 투어 → 시티 투어 3

13 □□ 기업에서 근무하고 있는 사원 A~G는 점심시간이 되어 함께 식사를 하러 갔다. 이들은 한식 2개, 분식 2개, 중식 3개 중 각각 하나를 선택할 수 있으며 아래와 같은 조건을 따라야 한다. 이때 E가 먹게 되는 메뉴를 고르면?

> ㉠ A는 분식을 먹지 않을 것이며, C는 분식을 먹을 것이다.
> ㉡ B와 D는 한식을 먹는다.
> ㉢ B와 E는 서로 다른 음식을 먹어야 한다.
> ㉣ F와 G는 같은 음식을 먹는다.

① 한식　② 분식　③ 중식　④ 한식 또는 분식　⑤ 분식 또는 중식

14 다음 조건이 모두 성립한다고 가정할 때 A~E 중 출장 대상자로 가능한 조합을 고르면?

> • A가 출장 대상자가 아니라면 E도 출장 대상자가 아니다.
> • D가 출장 대상자이면 E도 출장 대상자이다.
> • D가 출장 대상자가 아니라면 C도 출장 대상자가 아니다.
> • 출장 대상자는 반드시 2명이다.

① A, B　② A, C　③ B, D　④ C, D　⑤ D, E

15 같은 반 학생인 민준, 지민, 강훈, 송진 4명은 2020년을 맞아 지각을 하지 않기로 서로 약속하였는데 첫날부터 한 명이 지각을 하였다. 다음은 4명의 학생이 말한 내용이다. 이 중 한 명만 진실을 말하고 있다고 할 때, 지각한 사람과 진실을 말한 사람을 차례대로 고르면?

> 민준: 지민이가 지각했어.
> 지민: 송진이가 첫날부터 약속을 어겼어.
> 강훈: 나는 약속을 잘 지켰어.
> 송진: 지민이의 말은 거짓말이야.

① 민준 – 지민　② 민준 – 강훈　③ 지민 – 송진　④ 강훈 – 송진　⑤ 강훈 – 지민

16 다음 중 한 사람만 진실을 말하고 있다면, 시험이 실시되는 요일은 언제인가? (단, 시험은 주중에만 실시된다.)

A: 화요일과 목요일은 아니다.
B: 작년에도 수요일에 시험이 실시되었기 때문에 올해도 수요일이다.
C: 수요일로 확정되었다.
D: 금요일에 시험이 실시된다고 들었다.

① 금요일　② 목요일　③ 수요일　④ 화요일　⑤ 월요일

17 올해 ○○ 기업 우수사원 수상자들은 모두 세 명이고, 다음과 같은 사실이 알려져 있다. 수상자들의 이름과 나이가 올바르게 짝지어진 것을 고르면?

- 이들의 성(性)은 '김, 이, 장'이다.
- 이들의 이름은 '수지, 지현, 정아'이다.
- 이들의 나이는 '32, 34, 35'이다.
- 김 양은 정아보다 세 살 위이다.
- 이 양의 이름은 '지현'이거나 '정아'이고, 나이는 중간이다.

① 김지현, 34세　② 장수지, 35세　③ 이지현, 34세
④ 김수지, 32세　⑤ 김정아, 32세

18 A, B, C, D, E 5명이 줄을 서려고 한다. 다음과 같은 규칙에 따라 줄을 서야 한다면 줄 서는 순서가 바른 것은?

㉠ B는 맨 뒤에 서야 한다.
㉡ D는 항상 A의 바로 앞에 서야 한다.
㉢ E 앞에는 2명이 줄을 서 있다.

① D－C－E－A－B　② D－A－E－C－B　③ C－A－E－D－B
④ A－C－E－D－B　⑤ C－D－E－A－B

19 ○○ 기관 분기 회의에서 경영기획부, 법무지원부, 재무관리부, 홍보부, 인사부의 부장들이 발표를 하려고 한다. 다음 제시된 발언들이 모두 진실일 때, 세 번째로 발표한 부장을 고르면?

- 경영기획부장: 나는 재무관리부장보다 일찍 발표하였다.
- 법무지원부장: 나는 인사부장 바로 다음에 발표하였다.
- 재무관리부장: 나는 법무지원부장보다 늦게 발표하였다.
- 홍보부장: 나보다 먼저 발표한 부장은 없다.
- 인사부장: 나는 경영기획부장보다 먼저 발표하였다.

① 경영기획부장 ② 법무지원부장 ③ 재무관리부장 ④ 홍보부장 ⑤ 인사부장

20 □□공사의 A 사원, B 사원, C 대리, D 대리, 과장, 부장이 일정한 간격으로 원탁에 앉아 있다. 다음 제시된 조건이 모두 진실일 때 옳은 것을 고르면?

- A 사원은 D 대리의 오른쪽에 앉아 있다.
- 과장은 대리와 마주보고 앉아 있다.
- 부장의 양 옆에는 대리가 앉아 있다.

㉠: A 사원은 대리 C와 마주보고 앉아 있다.
㉡: B 사원은 과장의 왼쪽에 앉아 있다.

① ㉠이 옳다.
② ㉡이 옳다.
③ ㉠과 ㉡ 모두 옳지 않다.
④ ㉠과 ㉡ 모두 옳다.
⑤ 알 수 없다.

21 의류 회사 구매팀에 근무하는 A 부장은 상품 단가 측정을 위해 다음과 같은 조건으로 견적서를 제출하려고 한다. [상품 목록]과 〈표〉를 참고하여 A 부장이 제시했던 원단으로 올바른 것을 고르면?

[상품 목록]

- 구매 상품: 아우터
- 거래처: T원단 회사
- 원단
  - 외피: 원단 6평
  - 내피: 원단 2평

  (제품 1개 제작 시 필요한 사이즈)
- 제작 수량: 100개

〈표〉

원단 종류		내구성	단가 (원/1평)
외피	실크	중	15,000
	코듀로이	상	17,000
	캐시미어	중	18,000
	울	상	17,500
내피	기모	중	4000
	레이온	중	3,000
	폴리에스테르	상	3,000

※ 한 개당 제작 원가가 저렴한 원단을 우선으로 선택해야 한다.

※ 제작 원가의 차이가 20% 내이면 내구성이 강한 원단을 선택해야 한다.

① 코듀로이 - 폴리에스테르

② 실크 - 레이온

③ 실크 - 폴리에스테르

④ 코듀로이 - 기모

⑤ 캐시미어 - 레이온

22~24 ○○공사는 3가지 프로젝트의 성과에 따라 직원들에게 성과급 점수를 부여하려고 한다. 이에 따라 박 팀장은 프로젝트별 직원들의 업무 기여도와 그에 따른 성과 점수를 정리하여 표를 만들었다. (단, 1점당 환산 급여는 10만 원)

〈프로젝트 A〉

이름	직급	연구 수행 등급	업무 기여도	성과 점수
이안심	사원	A+	20%	1.6점
배지원	대리	A+	25%	1.75점
이재원	차장	A+	55%	3.85점

〈프로젝트 B〉

이름	직급	연구 수행 등급	업무 기여도	성과 점수
손영지	사원	B−	10%	1점
김미나	사원	B−	15%	1.5점
배지원	대리	B−	20%	2.2점
김은지	과장	B−	25%	2.5점
이재원	차장	B−	30%	3.3점

〈프로젝트 C〉

이름	직급	연구 수행 등급	업무 기여도	성과 점수
강주미	사원	C+	15%	1.25점
이안심	사원	C+	20%	1.3점
배지원	대리	C+	25%	1.5점
김은지	과장	C+	30%	1.75점

22 다음 중 제시된 3개의 프로젝트 중 2개 이상의 프로젝트에 참여하여 가장 높은 성과 점수를 얻은 사람은 누구인가?

① 이안심 사원 ② 이재원 차장 ③ 김은지 과장 ④ 배지원 대리 ⑤ 강주미 사원

23 다음 중 제시된 표에 대한 해석으로 옳지 않은 것은?

① 프로젝트별로 직급이 높을수록 업무 기여도 역시 높다.
② 세 개의 프로젝트 중 하나의 프로젝트에만 참여한 사람은 손영지, 김미나, 강주미 3명뿐이다.
③ 각 프로젝트마다 동일한 기여도를 가진 사람은 없다.
④ 프로젝트 A, B, C를 비교했을 때 총 성과 점수가 가장 높은 프로젝트는 프로젝트 B이다.
⑤ 프로젝트에 참가한 직원은 총 8명이다.

24 성과 점수를 급여로 환급 받으려고 한다면, 다음 중 환급 받는 금액이 잘못된 사람을 고르면?

① 손영지 사원 100,000
② 김미나 사원 150,000
③ 배지원 대리 370,000
④ 김은지 과장 425,000
⑤ 이재원 차장 685,000

25 대만에서 온 외국인 D 씨가 한국에서 렌트 차량을 이용하기 위해 A 렌트카 업체에 이용 방법을 문의하였다. A 렌트카 업체의 [외국인 면허 규정]을 고려하여 D 씨에게 답변해야 할 내용으로 가장 알맞은 것을 고르면?

[외국인 면허 규정]

외국에서 발급받은 해당 국가 운전면허증만으로는 대한민국에서 운전이 불가능하다. 하지만 외국의 권한 있는 기관에서 교부 받은 운전면허증 소지자는 다음의 절차를 통하여 전국 운전면허 시험장에서 국내 면허로 교환 발급을 신청할 수 있다.

(1) 대사관 확인서 등 제출한 구비 서류의 심사
(2) 적성검사(신체검사)와 학과 시험
- 한국 면허 인정 국가의 면허증 교환 시 학과 시험 면제
- 국내 면허 인정 국가 범위

아시아: 홍콩, 대만, 중국, 베트남 등 26개국
아메리카: 미국, 캐나다 등 22개국 등
*자세한 사항은 "한국 면허 인정 국가 바로가기"에서 확인해 주십시오.

(3) 국내 면허 교환 발급

① 대사관 확인서 등 구비 서류를 구비하여 국제 면허증으로 교환 발급해 오도록 안내한다.
② 렌트카 외에 다른 차량 이용 방법을 안내한다.
③ 국내 운전면허 시험장에서 학과 시험을 실시하여 면허를 교환 발급 받도록 안내한다.
④ D 씨의 주거지와 가까운 운전면허 시험장에서 국내 면허로 교환 발급 받도록 안내한다.
⑤ 국내 면허를 취득할 수 있는 방법을 안내한다.

26 P 씨는 프린터를 사용하는 도중 프린터가 잘 되지 않아 해당 프린터 회사의 설명서를 찾아 읽어 보았다. 프린터의 오류 상황과 확인해야 할 사항이 적절하게 연결되지 않은 것을 고르면?

[프린터 내부에서 용지가 걸림]
- 용지가 제대로 들어가지 못했을 때
- 규격에 맞지 않거나, 알맞은 용지를 사용하지 않았을 때
- 프린터의 내부적인 결함이 발생했을 때

[인쇄가 되지 않음]
- 프린터 드라이버의 오류
- 컴퓨터와의 연결 오류

[대기 목록에는 뜨지만 프린터 인쇄가 되지 않음]
- 현재 프린터가 인쇄 불가능한 상태일 때
- 프린터 설정의 오류

[무선으로 설정된 프린터의 인쇄가 되지 않음]
- 무선 공유기의 오류 또는 무선 프린터 설정의 오류

① 대기 목록에는 문서가 있지만 인쇄가 되지 않을 때 → 특수 용지나 인화지가 아닌 프린트 용지로 교환한다.
② 용지가 걸렸을 때 → 프린터 규격에 맞는 A4 용지를 프린터 입구에 잘 정리하여 장착한다.
③ 프린터와 컴퓨터의 연결이 제대로 되어 있지만 인쇄가 안 될 때 → 프린터 드라이버에 오류가 있는지 확인한다.
④ 무선으로 설정된 프린터의 인쇄가 안 될 때 → 무선 공유기의 오류를 먼저 확인해야 한다.
⑤ 인쇄가 되지 않을 때 → 컴퓨터와 프린터의 연결이 잘 되어 있는지 확인해 보아야 한다.

27 ○○공사에서 일하고 있는 마 대리는 사내 행사 개최를 앞두고 필요한 용품을 제작하기 위한 업체를 선정하려고 한다. 〈보기〉에 제시된 물품을 제작해야 할 때, 품목별로 가장 저렴한 업체를 고르면?

A 업체			B 업체			C 업체		
현수막	200장	150	현수막	100장	92	현수막	100장	78
	300장	200		300장	220		300장	170
	500장	320		500장	315		500장	320
안내장	1,000장	10	안내장	2,000장	12	안내장	2,000장	15
	5,000장	15		50,00장	18		50,00장	18
	10,000장	27		10,000장	28		10,000장	29
기념품	1,000개	24	기념품	2,000개	50	기념품	1,000개	25
	3,000개	70		3,000개	65		2,000개	70
	5,000개	97		5,000개	90		5,000개	80

| 보기 |

- 현수막 200장
- 안내장 2,000장
- 기념품 10,000개

	현수막	전단지	기념품
①	A 업체	B 업체	C 업체
②	A 업체	C 업체	B 업체
③	B 업체	A 업체	C 업체
④	B 업체	C 업체	A 업체
⑤	C 업체	A 업체	B 업체

28 □□기업 기획팀에 근무하고 있는 A 팀장은 2020년 영업 이익 극대화를 위해 2019년 제품별 수익을 나타내는 자료를 영업팀에 요청하였다. 다음에 제시된 두 가지 〈표〉를 보고, 가팀, 나팀은 상대팀이 어떤 제품을 판매할지 모른다고 했을 때, 하반기에 두 팀이 최저 이익을 피하기 위해서 각각 판매하지 않아야 할 제품을 고르면?

〈표 1〉 제품별 판매량에 따른 수익 체계

가팀 \ 나팀	A 제품	B 제품	C 제품
A 제품	(5, 10)	(8, −5)	(1, −3)
B 제품	(12, −3)	(3, 7)	(2, 8)
C 제품	(−6, 5)	(2, 4)	(7, −5)

※ 괄호 안의 숫자는 가팀과 나팀의 판매로 인한 월 수익이다. (가팀의 월 수익, 나팀의 월 수익)

※ 가팀이 A 제품을 판매하고, 나팀이 B 제품을 판매하였을 때, 가팀의 월 수익은 5억 원, 나팀의 수익은 10억 원이다.

〈표 2〉 분기별 매출 증감률

	상반기	하반기
A 제품	동일	50% 증가
B 제품	30% 증가	30% 감소
C 제품	50% 감소	40% 증가

	가팀	나팀
①	A 제품	C 제품
②	B 제품	C 제품
③	A 제품	B 제품
④	B 제품	C 제품
⑤	C 제품	C 제품

29 ○○공단 A 부서의 오후 업무 일정표이다. B 부서에서 업무 지원 요청이 들어온 경우, 아래 공문을 참고하여 기존 직원들의 업무를 방해하지 않고 업무 지원을 가장 원활하게 수행할 수 있는 직원은 누구인지 고르면?

[○○공단 A 부서 업무 일정표]

직원명	업무 능력	시간	업무 내용
장 대리	Excel, Power Point 등 문서 작업 / 정보화 사업 전문가	14:00~15:20 16:00~18:00	통합 문서 처리 정보화 사업 운용 정보 시스템 구축
이 사원	법학 학사 졸업 / 문서 작업	15:20~16:20 16:30~17:00	법적 문서 정리 및 자료 관리
김 과장	컴퓨터 전산 전공 / 문서 작업	14:00~15:00 15:20~16:00	전산망 점검 보안적합성 관리 디지털 문서 정리
석 대리	경영학과 학사 졸업 / 전산 자격증 보유	14:30~15:20 16:10~17:00	현황 관리 및 대외기관 보고 총괄 경영 정보 업무 전산 업무 보조
한 차장	해외 인력 및 해위 취업 전담 / 글로벌 사업 지원	14:00~14:40 15:00~15:40 16:00~16:40	외국인 고용 지원 해외 취업 지원 사업

[공문]

[업무 지원 요청]

- 수신인: A 부서 부장
- 발신인: B 부서 부장
- 업무 지원 요청 내용
  - 공단 내부 컴퓨터의 전산 시스템 오류로 모든 전산 업무가 중지됨
  - 전산 시스템 복구가 지연되어 업무에 차질이 생겨 원활한 업무 진행을 위한 빠른 해결이 필요함
  - 컴퓨터 전산 전공자가 아니더라도 전산 업무가 가능한 직원이면 문제가 해결될 것으로 예상됨
  - 문제 해결을 위해 걸리는 시간은 20~30분 정도일 것이며 오후 3시 30분에 B 부서로 방문해 주길 바람

① 장 대리　② 이 사원　③ 김 과장　④ 석 대리　⑤ 한 차장

30 △△ 기업 컨벤션 센터에서 2월 7일에 새롭게 시작하게 될 업무에 대한 회의를 실시하고 이에 따라 업무를 진행하려고 한다. 회의 운영 계획이 다음과 같을 때 제시된 일정표를 보고 회의가 가능한 날짜를 고르면? (컨벤션 센터에는 A 부장을 포함하여 6명이 근무한다.)

[회의 운영 계획]

- 부장과 업무 담당자는 회의에 필수로 참석해야 하고, 5명 이상 참석해야 한다.
  (단, 출장, 교육 외근 시 회의에 참석할 수 없다.)
- 회의 담당자는 B 과장이다.
- 새로운 업무를 시작하기 전 근무일 기준 10일까지는 반드시 회의가 끝나야 한다.
- 창립 기념일은 근무를 한다.

			6월			
일	월	화	수	목	금	토
	1	2 C 부장 연차	3 전 직원 세미나	4 B 과장 외근	5 체육대회	6
7	8 C 부장 외근	9 전 직원 교육	10 J 대리 출장 K 주임 교육	11 B 과장 연차	12 B 과장 외근	13
14	15 C 부장 출장 K 주임 외근	16 J 대리 외근 C 부장 출장	17 C 부장 출장	18 T 과장 연차	19 H 차장 출장	20
21	22 B 과장 외근	23 P 주임 출장	24 J 대리 출장 P 주임 출장	25 J 대리 출장 P 주임 출장	26 T 과장 외근	27
28	29 창립 기념일	30				

① 6월 4일　② 6월 11일　③ 6월 18일　④ 6월 25일　⑤ 6월 30일

31 다음 〈표〉는 연령대별, 성별에 따른 영상기기 선호 비율을 나타낸 자료이다. 다음 중 옳은 것을 모두 고르면?

성별	영상기기	연령대		
		30대 이하	40~50대	60대 이상
여성	TV	10	25	50
	휴대전화	40	45	30
	태블릿 PC	50	40	20
남성	TV	10	35	60
	휴대전화	30	50	30
	태블릿 PC	60	15	10

㉠ 40~50대에서 영상기기 선호 비율 순위는 여성과 남성이 같다.
㉡ 남녀 모두 연령대가 높아질수록 TV 선호 비율이 높아진다.
㉢ TV 선호 비율은 연령대가 높은 집단일수록 여성보다 남성에서 더 큰 폭으로 증가한다.
㉣ 30대 이하에서는 태블릿 PC를 선호하는 남성의 수가 여성의 수보다 많다.

① ㉠, ㉡　② ㉠, ㉡, ㉢　③ ㉠, ㉢　④ ㉡, ㉢　⑤ ㉡, ㉢, ㉣

32 □□기업 인사팀에서 월말 회식을 하려고 한다. 다음 〈맛집 정보〉와 〈평가 기준〉을 근거로 총점이 가장 높은 음식점을 고르면?

〈맛집 정보〉

평가 항목 / 음식점	음식 종류	이동 거리	가격(1인 기준)	맛 평가	방 예약 가능
취밍	중식	120m	8,000원	★★☆	○
뉴욕레스토랑	양식	200m	10,000원	★★★	○
툇마루	한식	90m	11,000원	★★★★	×
도쿄스트리트	일식	500m	9,500원	★★★★☆	×
남산밥상	한식	900m	12,000원	★★★★★	×

※ ☆는 ★의 반 개이다.

〈평가 기준〉

- 평가 항목 중 이동 거리, 가격, 맛 평가에 대하여 항목별로 1점~5점을 준다.
  - 이동 거리가 짧은 음식점일수록 높은 점수이다.
  - 가격이 낮은 음식점일수록 높은 점수이다.
  - 맛 평가가 높은 음식점일수록 높은 점수이다.
- 평가 항목 중 음식 종류에 대하여 일식 5점, 한식 4점, 양식 3점, 중식 2점을 준다.
- 방 예약이 가능한 경우 1점 가점을 준다.
- 총점은 음식 종류, 이동 거리, 가격, 맛 평가 4가지 평가 항목과 가점을 합산하여 산출한다.

① 취밍 ② 뉴욕레스토랑 ③ 툇마루 ④ 도쿄스트리트 ⑤ 남산밥상

33 ○○공사의 R 부장은 2020년부터 새롭게 변경되는 복지 제도에 따라 지원 내역을 정리하여 공지하는 업무를 담당하게 되었다. 제시된 〈표〉를 보고 R 부장은 2019년 1/4분기 복지 제도 지원을 받은 직원을 정리하였다. 다음 중 잘못 구분된 직원은 누구인가?

〈표 1〉 2020년 변경된 복지 제도

구분	세부 사항
주택 지원금(저금리 대출)	입사 3년 차 이상 무주택자: 5000만 원 입사 5년 차 이상 무주택자: 7000만 원
학자금 지원	대학생 자녀 학자금 50% 지원
경조사 지원	본인 결혼, 집안의 각종 경조사비 경조금, 경조 휴가 제공
기타	병가, 4대 보험 지원, 출산 유급 휴가(1년)

〈표 2〉 2020년 1/4분기 지원 내역

이름	부서	입사 연차	내역	변경 전	변경 후	금액
A	경영기획팀	9년	병가	변경 내역 없음		30만 원
B	인사팀	8년	부친상	변경 내역 없음		100만 원
C	홍보팀	1년	결혼	변경 내역 없음		200만 원
D	자재관리팀	5년	출산	지원 불가	지원 가능	유급 휴가
E	영업팀	7년	생일	상품권	현금	10만 원
F	경영기획팀	3년	주택 대출	지원 불가	지원 가능	5000만 원
G	자재관리팀	2년	부친 회갑	변경 내역 없음		50만 원
H	고객관리팀	10년	자녀 대학 진학	변경 내역 없음		2000만 원
I	해외사업팀	6년	주택 대출	6000만 원	7000만 원	7000만 원

지원 구분	이름
주택 지원금	F, I
학자금	H
경조사	B, C, D, E, G
기타	A

① A ② B ③ C ④ D ⑤ F

34~35 다음은 △△ 기업의 신제품 출시 프로모션을 위한 회의록이다. 읽고 물음에 답하시오.

회의록		작성자	공○○ 사원
회의 일자	2020. 02. 03 오전 10:00~오전 11:30		
장소	본관 3 회의실		
참석	[기획팀] 김○○ 과장, 정○○ 대리 [디자인팀] 양○○ 팀장, 고○○ 대리 [마케팅팀] 박○○ 팀장, 공○○ 사원		

회의 내용

- 신제품 더마 화장품 기획 및 마케팅 방안 논의 -

1. 기획안 확인 및 결정 사항
   - 화장품 패키지, 제품 소개 웹페이지 디자인(디자인팀 작업)
   - 메인, 서브 메인, 상세 페이지, 제품 소개 웹페이지 기획(기획팀 작업)
   - 신제품 출시 기념 한정 세트 상품 기획, 광고 컨셉 결정(3가지 시안 가운데 결정)

2. 마케팅 계획
   - SNS 영상 및 광고
   - 기존 회원/신규 회원 대상 알림 및 문자 발송
   - 제품 프로모션(3월 한정): 상품 가격의 20% 할인 쿠폰 증정(신청자 대상), 제품 주문 시 사은품 증정(선착순 1000명)

3. 결론
   - 메인, 서브 메인, 상세 페이지 기획 후 1차적으로 디자인팀 시안 제작
   - SNS 광고 마케팅 협의, 회원 대상 알림 문자 발송(마케팅팀)
   - 문자 발송을 위한 회원 명단 확인(고객관리팀 협의)
   - 2월 17일 중간 점검

4. 업무 분담

업무 사항	담당자	기한
패키지, 1차 디자인	양○○ 팀장	2/12
메인, 서브 메인, 제품 소개 상세 웹페이지 기획	정○○ 대리	2/6
SNS 광고 협의	박○○ 팀장	2/7
프로모션 기획안 작성	정○○ 사원	12/14

34 다음 중 회의 내용을 이해한 것으로 적절하지 않은 것은?

① 2월 17일까지 상품 기획 페이지가 최종적으로 완료되어야 한다.
② 3월 한정 사은품 증정 프로모션은 마케팅팀 담당 업무이다.
③ 회원 문자 발송 업무는 다른 부서에게 문의가 필요하다.
④ 상품 소개 웹페이지는 기획이 끝나고 디자인팀 작업이 진행된다.
⑤ 마케팅팀의 상품 프로모션 기획은 중간 점검 전까지 완료되어야 한다.

35 김○○ 과장은 회의가 끝난 후 추가 안건에 대해 협의하고자 메일을 보내려고 한다. 다음 중 적절하지 않은 것을 고르면?

E-Mail	
일시	2020.02.03. 15:07
수신	① 공○○ 사원
발신	기획팀 과장 김○○
제목	상품 프로모션 관련 추가 안건 협의

안녕하십니까? 기획팀 과장 김○○입니다.
오늘 회의 때 마케팅팀에서 제시한 제품 프로모션과 관련하여 추가 안건을 협의하고자 합니다.
더마 화장품의 신제품 출시와 관련된 프로모션은 현재 ② 상품 가격의 20% 할인 쿠폰 증정(신청자 대상), 제품 주문 시 사은품 증정(선착순 1,000명) 2가지입니다. 이 프로모션은 모두 3월에 진행되기 때문에 2월에 광고가 시작되어야 하고, 회원 알림과 문자 발송도 동시에 진행되어야 합니다. ③ 문자 발송을 위한 회원 명단도 고객관리팀에 문의하여 전달받아야 할 것입니다.
④ 회의에서 문자 알림을 누가 담당할지 정하지 않았습니다. ⑤ 문자 발송은 마케팅팀에서 담당하고 있으므로 이 부분도 함께 해결을 위해 담당자를 지정해 주시기 바랍니다.

36 정○○ 대리는 회의가 끝난 후 신제품 출시를 위해 이번 주 안에 해결해야 할 일들을 정리해 보았다. 회의록을 참고하여 정○○ 대리가 이번 주에 끝내야 할 업무는 무엇인지 고르면?

① 고객관리팀과 회원 명단 확인
② 더마 화장품 패키지 디자인 완료
③ 신제품 웹페이지 기획
④ 회원들에게 문자 발송
⑤ SNS 광고 마케팅 협의

37~38 다음 글은 ○○ 기업 상품권 사용에 대한 설명 및 유의 사항이다. 2020년 2월 1일 현재, B가 가지고 있는 ○○ 기업 계열사 상품권을 사용하려고 한다. 다음 질문에 답하시오.

- 해당 상품권은 ○○ 기업 계열사 오프라인 매장 및 온라인 쇼핑몰에서 사용하실 수 있습니다.
- 해당 상품권은 현금 교환이 불가합니다. 단, 권면 금액의 80% 이상 사용하신 경우, 잔액을 돌려받으실 수 있습니다. 이는 오프라인 매장과 온라인 쇼핑몰에서 동일하게 적용됩니다.
- 상품권의 도난, 분실 등에 대해 본 기업은 책임지지 않으며, 상품권이 훼손되어 식별 불가능할 경우 사용하실 수 없습니다.
- 앞면 금액란의 은박으로 가려진 부분을 긁으면 노출되는 PIN 번호를 입력하여 온라인 쇼핑몰에서 사용 가능합니다.
- PIN 번호가 노출되면 오프라인 매장에서는 사용하실 수 없습니다.
- 본 상품권의 유효기간은 발행일로부터 5년입니다.

[B가 가지고 있는 ○○ 기업 상품권]

금액	발행일	PIN 번호 노출 여부
10,000원	2015년 4월 2일	×
10,000원	2017년 7월 5일	○
5,000원	2014년 10월 11일	×
5,000원	2018년 12월 27일	○
5,000원	2019년 8월 13일	×

37 다음 내용 중 올바른 것을 고르면?

① 현재 갖고 있는 상품권 중 2024년 7월 14일에 온라인 가맹점에서 사용할 수 있는 상품권은 없다.
② 현재 갖고 있는 상품권 2매로 온라인 쇼핑몰에서 16,000원인 제품을 사면 잔액을 돌려받지 못한다.
③ 오프라인 매장에서 10,000원이 적힌 상품권을 사용하여 정가 8,500원인 책을 구매하면 잔액 1,500원은 돌려받을 수 없다.
④ 현재 갖고 있는 상품권 중에 2023년 12월 28일에 온라인 쇼핑몰에서 사용할 수 있는 상품권은 없다.
⑤ 현재 갖고 있는 상품권 2매로 오프라인 매장에서 10,000원을 사용하면 잔액을 돌려받는다.

38 현재 갖고 있는 상품권으로 사용할 수 있는 최대 금액은 얼마인가?

① 10,000원 ② 20,000원 ③ 25,000원 ④ 30,000원 ⑤ 35,000원

39 다음은 우리나라 사회보장제도 중 하나인 국민연금에 대한 설명이다. 내용을 읽고 정리한 내용 중 옳지 않은 것을 고르면?

[국민연금]

다양한 사회보장제도 중에서 국민연금은 보험 원리에 따라 운영되는 대표적인 사회보험제도라고 할 수 있습니다. 즉, 가입자, 사용자로부터 정률의 보험료를 받고, 이를 재원으로 사회적 위험에 노출되어 소득이 중단되거나 상실될 가능성이 있는 사람들에게 다양한 급여를 제공하는 제도입니다. 국민연금제도를 통해 제공되는 급여에는 노령으로 인한 근로소득 상실을 보전하기 위한 노령연금, 주소득자의 사망에 따른 소득상실을 보전하기 위한 유족연금, 질병 또는 사고로 인한 장기근로능력 상실에 따른 소득상실을 보전하기 위한 장애연금 등이 있으며, 이러한 급여를 지급함으로써 국민의 생활안정과 복지증진을 도모하고자 합니다.

모든 국민이 가입대상으로 강제성이 있습니다.

국민연금은 "나" 혼자서 대비하기 어려운 생활의 위험을 모든 국민이 연대하여 공동으로 대처하는 "우리"를 위한 제도로 모든 국민이 가입대상입니다. 국민연금뿐만 아니라 건강보험 등 대부분의 사회보험제도는 강제 가입을 채택하고 있습니다. 강제 적용을 하지 않는다면, 국민연금에 가입하지 않거나 보험료를 납부하지 않을 수 있습니다. 즉, 가난한 사람은 '당장의 생활이 어려워 노후 준비를 할 수 없다', 부유한 사람 또한 '별도의 노후 준비가 필요없다'고 가입을 기피하고, 젊은 층의 경우는 '먼 훗날의 노후를 굳이 지금부터 준비할 필요가 있느냐' 등의 여러 가지 이유로 가입하지 않을 수 있습니다. 이처럼 가입을 기피하는 사람이 많을수록 노후 빈곤층이 확대되고, 이것이 사회 문제화될 경우 결국 국가는 빈곤 해소의 문제를 조세 등을 통해 해결해야 합니다. 이렇게 되면 성실하게 본인의 노후를 준비한 사람은 노후를 준비하지 못한 사람의 노후의 일정 부분을 책임지게 되는 이중부담이 발생하기 때문에 소득활동을 하는 사람은 누구나 의무적으로 가입하도록 하는 것입니다.

소득재분배로 사회통합에 기여합니다.

국민연금은 동일한 세대 내의 고소득 계층에서 저소득 계층으로 소득이 재분배되는 "세대 내 소득재분배" 기능과 미래 세대가 현재의 노인 세대를 지원하는 "세대 간 소득재분배" 기능을 동시에 포함하고 있습니다.

- 세대 내 소득재분배
- 세대 간 소득재분배

국가가 망하지 않는 한 연금은 반드시 받습니다.

국민연금은 국가가 최종적으로 지급을 보장하기 때문에 국가가 존속하는 한 반드시 지급됩니다. 설령 적립된 기금이 모두 소진된다 하더라도 그 해 연금 지급에 필요한 재원을 그 해에 걷어 지급하는 이른바 부과 방식으로 전환해서라도 연금을 지급합니다. 우리보다 먼저 국민연금과 같은 공적연금제도를 시행한 선진 복지국가들도 초기에는 기금을 적립하여 운영하다가 연금제도가 성숙되면서 부과 방식으로 변경했습니다. 현재 전 세계적으로 공적연금제도를 실시하고 있는 나라는 170여 개국에 달하지만 연금 지급을 중단한 예는 한 곳도 없습니다. 심지어 최악의 경제 상황에 직면했던 80년대 남미 국가들과 90년대의 옛 공산주의 국가에서도 연금 지급을 중단한 사례는 없습니다.

노령연금 이외에도 장애, 유족연금 등 다양한 혜택이 있습니다.

국민연금에는 노령연금뿐만 아니라, 장애연금, 유족연금이 포함됩니다. 장애연금은 가입 중에 발생한 질병이나 부상으로 완치 후에도 장애가 남았을 경우 장애 정도에 따라 자신과 가족의 생활을 보장하기 위해 장애가 존속하는 한 지급합니다. 장애 등급이 1~3급일 경우 연금으로 지급되며, 4급은 일시금으로 지급됩니다. 유족연금은 국민연금에 가입하고 있거나 노령연금 및 장애연금을 받고 있던 사람이 사망하면 그 사람에 의해 생계를 유지하던 유족에게 가입 기간에 따라 기본 연금액의 일정률을 지급하여 유족들의 생활을 돕기 위한 연금입니다.

물가가 오른 만큼 받는 연금액도 많아집니다.

국민연금은 물가가 오르더라도 실질가치가 항상 보장됩니다. 처음 연금을 지급할 때는 과거 보험료 납부 소득에 연도별 재평가율을 적용하여 현재 가치로 재평가하여 계산합니다. 예를 들어 1988년도에 100만 원의 소득으로 국민연금에 가입되었다면, 이를 2018년 현재가치로 재평가하면 약 606만 원의 소득액으로 인정하여 국민연금을 계산합니다. 또 국민연금은 연금을 받기 시작한 이후 매년 4월부터 전년도의 전국 소비자 물가 변동률에 따라 연금액을 조정하여 지급합니다.

㉠ 국민연금에는 다양한 연금이 포함되어 있으며, 이는 자신과 가족의 생활을 보장하는 데 큰 역할을 하고 있습니다.
㉡ 국민연금은 지급 방식을 변경해서라도 연금을 지급하고 있습니다.
㉢ 국민연금은 사회통합에 기여합니다.
㉣ 물가가 오를수록 연금액은 올라간다고 할 수 있습니다.
㉤ 소득활동을 하는 국민은 강제적, 의무적으로 국민연금을 가입하도록 합니다.

① ㉠ ② ㉡ ③ ㉢ ④ ㉣ ⑤ ㉤

자기개발능력

●정답과 해설 545쪽

01 입사 3년 차인 오 사원의 입사 동기들은 올해 대리로 진급을 했지만, 오 사원만 진급에서 누락되었다. 오 사원은 현재 업무가 본인의 적성에 맞는지를 파악하는 시간이 필요함을 느끼고 방법을 고민해 보았다. 다음 〈보기〉 중 적절하지 않은 것의 개수는?

| 보기 |

- 나 스스로 자문해 보는 것은 객관적이지 않기 때문에 의미가 없을 거야.
- 표준화된 다양한 검사 도구를 활용해 봐야지.
- 나와 같이 업무를 하는 선, 후배들에게 내가 어떤 사람인지 물어봐야겠어.
- 최대한 많은 사람의 의견이 필요하니까 같이 일하지 않는 사람들에게도 피드백을 받아야지.

① 0개　② 1개　③ 2개　④ 3개　⑤ 모두 적절하지 않다.

02 A 대리와 B 사원은 팀장님이 지시한 프로젝트 보고서를 제출했다. 그러나 지시한 내용이 제대로 반영되지 않았다고 질책을 받았다. A 대리는 힘들어하는 B 사원에게 전체 과정을 성찰해 보는 시간을 갖자고 제안하려고 한다. 다음 중 틀리게 말한 것은?

A 대리: 프로젝트를 마친 후에 짧은 시간이라도 나름대로 되돌아보며 성찰하는 습관을 들이면 앞으로 회사 생활에 많은 도움이 될 거야. ㉠ 현재 무엇이 부족한지 깨닫고 지속적으로 성장 가능한 기회를 만들어 줄 거야. ㉡ 실수했던 부분을 회상할 때 긍정적으로 꾸밀 수 있어 힘들었던 순간을 금방 잊을 수도 있어. ㉢ 창의적인 사고능력을 개발할 수 있는 기회 역시 제공해 주지. ㉣ 다른 종류의 일을 하는 데 필요한 노하우도 점차 축적이 될테고, 결과적으로 ㉤ 미리미리 준비하면서 시행착오를 줄일 수 있게 돼.

① ㉠　② ㉡　③ ㉢　④ ㉣　⑤ ㉤

03 다음은 5단계의 자기관리 단계 모형에 대한 그림이다. 다음 중 ㉠ 2단계와 ㉡ 4단계에 해당하는 활동을 올바르게 연결한 것은?

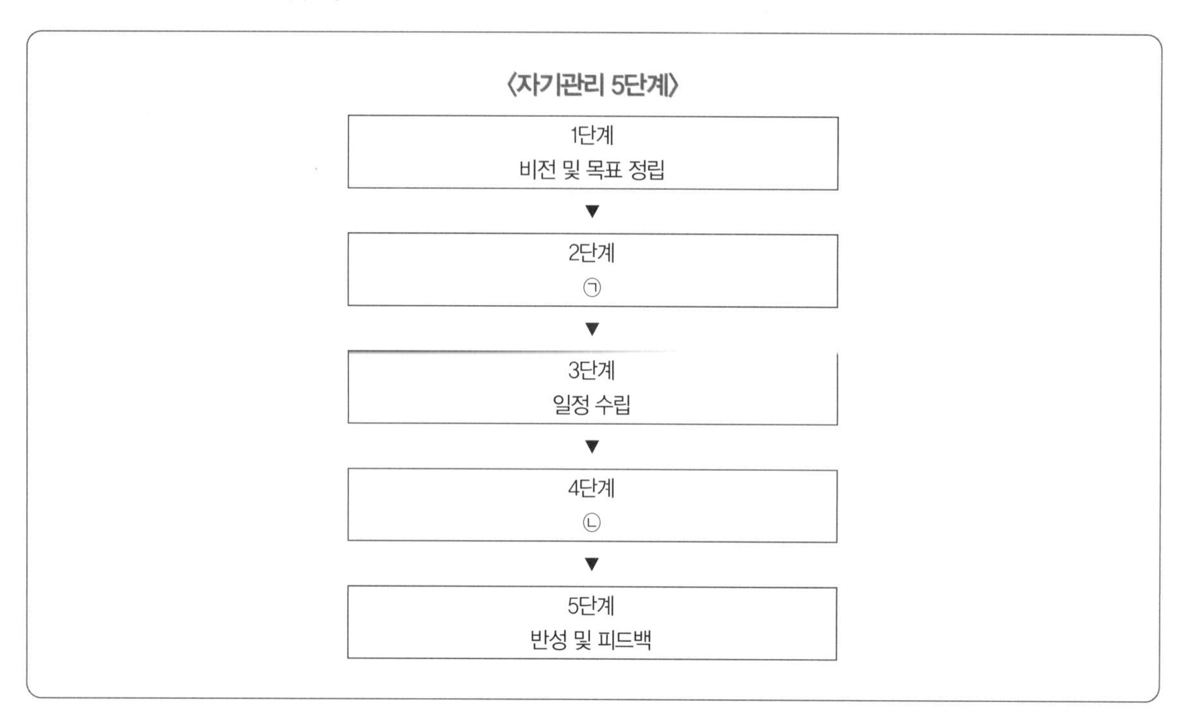

① ㉠ 자신에게 가장 중요한 것 파악
   ㉡ 수행 방법 찾기
② ㉠ 역할에 따른 활동 목표
   ㉡ 수행 결과 분석
③ ㉠ 삶의 의미 파악
   ㉡ 하루의 계획 수립
④ ㉠ 자신에게 가장 중요한 것 파악
   ㉡ 수행 결과 분석
⑤ ㉠ 우선순위 설정
   ㉡ 수행과 관련된 요소 분석

04 민서 씨는 현재 경영학과 관련 있는 세미나와 같이 직무 수행에 도움이 될 만한 교육에 참석하거나 자격증을 취득하기 위해 노력하고 있다. 반면 홍민 씨는 역량을 강화하고 인적 네트워크를 강화하여 자신의 입지를 확고히 다져 나가며 승진에 관심을 두고 있다. 민서 씨와 홍민 씨는 경력 단계에서 어느 시기에 위치하는지 순서대로 고르면?

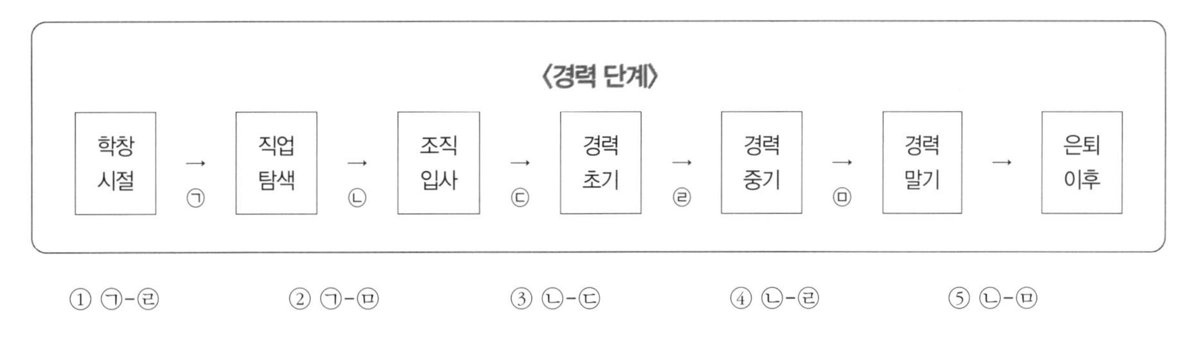

① ㉠-㉣ ② ㉠-㉤ ③ ㉡-㉢ ④ ㉡-㉣ ⑤ ㉡-㉤

05 다음의 기사가 의미하는 바로 가장 적절한 것은?

> 직장인이라면 누구나 한 번쯤은 꿈꿔 보는 '기업의 별' 임원(경영진)을 준비하는 직장인들이 점차 줄어들고 있는 것으로 나타났다. 10일 일자리천국(대표이사 이OO)에서 남녀 직장인 1084명을 대상으로 설문 조사를 진행한 결과에 따르면, 현재 임원(경영진)이 되기 위해 준비하고 있는 직장인은 34.7%로 10명 중 4명에도 못 미쳤다. 이는 3년 전(2017년 직장인 1009명 대상) 조사 당시 41.1%보다 6.4%P 낮아진 수치이다. 임원 준비를 하는 경우는 남성 직장인이 39.7%로 여성 직장인 28.0%에 비해 11.8%P나 높았으며, 근무하고 있는 기업 형태별로는 ▲ 대기업 근무 직장인이 임원 준비를 하는 비율이 44.3%로 가장 높았다. 다음으로 ▲ 외국계 기업 38.1% ▲ 공기업 및 공공기관 34.4% ▲ 중소기업 30.6% 순으로 집계됐다.

① 임원(경영진)이 직원들에게 도전적인 목표를 제시하지 않았기 때문에 나타나는 결과라고 볼 수 있다.
② 진급에 대한 금전적인 보상을 충분히 하면 조사 결과는 3년 전과 유사하게 나올 것이다.
③ 여성 직장인도 리더십과 전략적 사고를 갖춰 임원을 준비해야 한다.
④ 자신의 목표를 직장에서 찾기보다는 일과 삶의 균형(Work and life balance)을 즐기면서 회사 생활을 하려는 직장인들이 늘고 있다.
⑤ 직장인들은 임원(경영진)이 되기 위한 준비를 힘들게 생각하여 처음부터 포기하는 자세를 가지며, 이러한 낮은 도전 정신은 큰 사회 문제이다.

Chapter 5 자원관리능력

● 정답과 해설 545쪽

01 아래와 같은 자료와 〈상황〉을 참고하여 A가 오늘 판매하여 얻는 예상 수입은 어떻게 되는가?

J 기업은 드론을 판매하는 회사이다. A는 오늘 여러 고객들로부터 회사에서 판매하는 여러 종류의 드론 구매 신청을 받았다. 아래의 자료는 회사에서 가지고 있는 드론의 종류와 성능을 나열한 것이다.

〈드론의 종류와 성능〉

제품명	최대 비행 속도	최대 비행 시간	무게	충전 방식	기본 드론 가격
D1101	70km/h	2시간 30분	10kg	USB 충전기	78,000원
D2101	75km/h	3시간	15kg	건전지	85,000원
D3101	80km/h	2시간	18kg	USB 충전기	75,000원
D4101	90km/h	1시간 30분	15kg	건전지	120,000원
D5101	85km/h	2시간	20kg	건전지	80,000원

※ USB 충전기로 충전하는 경우 충전기를 따로 구매해야 하며, 건전지 충전 방식은 AA건전지가 총 8개 들어가며, 이에 추가적으로 발생되는 금액은 각각 20,000원, 2,000원(1개)이다. 또한 USB 포트 및 건전지는 별도 구매이다.

〈상황〉

최근에 개설된 드론 동아리 '드라이브'는 이번에 J 기업에서 판매하는 드론을 구매하려고 한다. '드라이브'에 있는 인원은 총 5명이며, 구매하고자 하는 사항은 다음과 같다. 동아리 인원 5명 중 2명은 최우선 순위로 최대 비행 속도가 75km를 초과해야 하며, 이후 무게는 가장 가벼울수록 좋지만, 드론 하나 구매 시 발생되는 금액이 적은 것을 우선시한다. 나머지 3명의 경우는 최우선 순위로 최대 비행 시간이 2시간을 초과해야 하며, 건전지 충전 방식을 선호한다. 그러나 한 드론의 구매 가격이 100,000원을 넘는다면, 가장 저렴한 것으로 선정한다.

※ 한 개의 드론을 구매하고자 할 시, 구매 가격은 기본 드론 가격+충전기 or 건전지이다.

① 193,000원 ② 386,000원 ③ 481,000원 ④ 484,000원 ⑤ 579,200원

02 다음은 회사 직원들 간 이루어지는 효율적인 업무 수행 방법에 대한 이야기이다. 다음 중 가장 옳지 못하게 이야기한 사람을 고르시오.

> ○ A: 저는 퇴근하기 전날, 내일 제가 해야 할 일이 무엇인지 파악한 후, 우선적으로 해야 할 일을 미리 계획합니다.
> ○ B: 저는 업무 중에 한번에 같이 끝낼 수 있는 것들은 묶어서 업무를 진행합니다.
> ○ C: 업무를 빨리 끝내는 방법 중 하나로써 움직이는 동선의 파악도 중요하다고 생각합니다.
> ○ D: 아무리 제가 빨리 끝낼 수 있는 일이 있다고 해도, 가장 중요하고 급한 일부터 처리하는 것이 중요하다고 생각합니다.
> ○ E: 막상 당일에 출근하게 되면, 생각지도 못한 업무들이 계속 쌓여 갑니다. 그래서 오히려 저는 전날 내일 할 업무를 정리하지 않습니다.

① A 사원
② B 사원
③ C 사원
④ D 사원
⑤ E 사원

03 다음 아래의 자료를 참고하여 해석할 때 옳지 못한 것을 고르시오.

예전부터 신재생 에너지 분야가 급상하는 추세로 인하여 2016년도 정부에서는 여러 회사의 신재생 에너지 관련 연구에 박차를 가하려고 각 기업의 회장들에게 지시하였다. 그중 태양광 분야를 전문으로 한 G 기업은, 2020년 신재생 에너지 포럼을 다녀온 후, 향후 전망은 수소 에너지가 가장 유력하다고 판단하게 되었다. 결국 G 기업은 향후 회사의 도모를 위해 명예퇴직을 권고하였고, 아래의 자료는 해당 명예퇴직자의 연봉 계약서와 근무 연수를 나타낸 것이다.

〈연봉 계약서 및 근무 연수〉

명예퇴직자	연봉 계약서	근무 연수	명예퇴직금
A 사원	연봉 3,000만 원, 상여금 400% 포함(8회 지급)	2년	1,700만 원
B 사원	연봉 3,500만 원, 상여금 500% 포함(10회 지급)	5년	?
C 사원	연봉 4,000만 원, 상여금 300% 포함(6회 지급)	3년	?
D 사원	연봉 4,000만 원, 상여금 400% 포함(8회 지급)	3년	?
E 사원	연봉 3,500만 원, 상여금 400% 포함(8회 지급)	5년	?

〈조건〉

○ 명예퇴직금 및 모든 금액은 세전으로 간주한다.
○ 연봉 계약서의 연봉은 근무 연수 1년을 의미하며, 근무 연수가 1년씩 증가할 때마다 연봉은 10% 인상된다.
○ 근무 연수와 상여금은 연관이 없다.
○ 퇴직금은 (상여금이 있는 달의 월급×근무 연수)×300%에 해당하는 금액을 받는다.
○ 10만 원대의 금액은 반올림하여 반영한다. (ex 1,687만 원 → 1,700만 원)

① B 사원이 받게 될 명예퇴직금은 4,600만 원이 될 것이다.
② C 사원은 B 사원이 받는 명예퇴직금에 비하여 1,000만 원 적게 받는다.
③ B 사원이 받게 될 명예퇴직금은 모든 사원에 비하여 가장 많을 것이다.
④ D 사원의 명예퇴직금은 A 사원의 2배가 된다.
⑤ 위의 명예퇴직자 중, 명예퇴직금을 5,000만 원 이상 받는 사원은 없다.

04 다음의 자료를 참고하였을 경우, 제설 작업이 가장 빠른 구간은 어느 곳인가?

2020년 1월 급격한 추위로 인해 일부 강원도 지역에는 제설 작업이 필요한 상황이다. 이에 해당 지역의 관공서에서는 빠른 시간 안에 쌓인 눈을 제거하기 위해 인원과 장비를 지원하였다. 아래의 자료는 현재 상황 및 이에 대한 배치된 인원수와 지원된 장비를 나타낸 것이다.

〈지역에 따른 현 상황 및 제설 작업 지원 현황〉

장소	적설량	지원된 제설 작업 인원수	지원된 장비(넉가래, 눈삽)	지원된 제설 차량
A구간	300cm	16명	12개, 4개	1대
B구간	400cm	24명	16개, 8개	2대
C구간	270cm	12명	4개, 8개	1대
D구간	120cm	8명	4개, 4개	–
E구간	300cm	16명	4개, 12개	1대

- ○ 넉가래, 눈삽을 이용하는 경우, 일정 구간의 10cm 눈을 제거하는 데 4인 기준 각 30분, 60분이 소요된다.
- ○ 제설 차량은 일정 구간의 10cm 눈을 제거하는 데 평균 10분이 걸리며, 차량을 이용하는 경우에는 꼭 4인이 탑승해야 운영이 가능하다.
- ○ 제설 작업은 모든 인원이 동시에 시작하며, 작업 종료 기준은 적설량이 0cm가 될 때이다.

① A구간 ② B구간 ③ C구간 ④ D구간 ⑤ E구간

05 다음 자료 및 <조건>을 근거로 A가 최종적으로 구매하는 스피커는 어떤 것인가?

이번에 J 기업에 새로 입사한 A는 자신의 책상에 컴퓨터 새로 설치하였다. 그러나 업무를 하는 도중에 소리가 나지 않는다는 사실을 깨닫고, 컴퓨터용 스피커를 구매하고자 하는 마음을 먹었다. 아래의 자료는 A가 찾아보며 후보로 선정한 스피커의 상세 정보를 나타낸 것이다.

〈스피커 종류와 세부 내용〉

제품명	가로×세로×높이	상품 후기	판매가
SP101	60mm×80mm×120mm	★★☆☆☆	10,000원
SP202	50mm×70mm×150mm	★★★★☆	22,000원
SP303	60mm×80mm×100mm	★★★★☆	15,000원
SP404	50mm×70mm×130mm	★★★☆☆	20,000원
SP505	40mm×50mm ×100mm	★★★☆☆	18,000원

〈조건〉

○ SP202의 제품은 할인 행사 품목으로 판매가의 30% 할인을 적용 받는다.
○ SP404의 제품은 현재 품절 상태로 인해 구매가 불가능하지만, 중고로 사게 되면 20% 할인된다.
○ 책상에 맞게 두기 위해 스피커의 높이는 최소 120mm가 넘어야 하며, 가로는 50mm 이하가 되어야 한다.
○ 가격의 차이가 1,000원 이내로 발생되는 경우는 상품 후기가 더 높은 것으로 선정한다.

※ A는 중고 스피커도 구매할 의사가 있다.

① SP101　② SP202　③ SP303　④ SP404　⑤ SP505

06 아래의 상황을 근거로 판단할 때 가장 적절하지 않은 것을 고르면?

전라도와 경상도 지역 간 교통의 원활함을 위해서 고속도로를 설치하고자 한다. 고속도로 공사가 가능한 구간은 A, B, C이며, 완공 시 예상되는 각 구간의 길이는 180km, 210km, 150km이다. G 기업의 경우 단독으로 진행할 시에 3km당 1억 원의 예산과 5일의 기간이 소요된다고 하며, B구간은 공사를 진행할 수 없다고 한다.

반면 J 기업의 경우 단독으로 진행할 시에 5km당 2억 원의 예산과 7일의 기간이 소요된다고 하며, A구간을 제외한 나머지 구간은 정확히 기간 내에 완공 가능하다고 한다.

이에 한국도로공사 측에서는 A구간은 G 기업이, B구간은 J 기업이 담당하고, C구간만 같이 협의하여 공동으로 제작을 하자고 의뢰한 상태이다.

① G 기업이 단독으로 A, C구간을 완공하였을 때 소요되는 금액은 110억 원이다.
② J 기업이 단독으로 B, C구간을 기간 내에 완공하였을 때 소요되는 금액은 G 기업보다 34만 원이 더 소요된다.
③ J 기업이 언급한 공사 기간이 기준이 된다면, G 기업이 단독으로 진행하였을 경우 기간 내에 끝내지 못한다.
④ J, G 기업이 공동으로 C구간을 작업하게 된다면, 105일 후 C구간의 공사 진행률이 90%를 넘기지 못한다.
⑤ 한국도로공사 측에서 제시한 내용을 기준으로 공사를 진행한다면, 각 기업 모두 단독으로 진행했을 경우보다 소요되는 예산이 감소될 것이다.

07 다음 〈A국 사업 타당성 조사 규정〉을 근거로 판단할 때, 〈보기〉에서 옳은 것만을 모두 고르면?

제○○조(예비 타당성 조사 대상 사업) 신규 사업 중 총사업비가 500억 원 이상이면서 국가의 재정지원 규모가 300억 원 이상인 건설 사업, 정보화 사업, 국가 연구 개발 사업에 대해 예비 타당성 조사를 실시한다.

제△△조(타당성 조사의 대상 사업과 실시)
① 제○○조에 해당하지 않는 사업으로서, 국가 예산의 지원을 받아 지자체 · 공기업 · 준정부기관 · 기타 공공기관 또는 민간이 시행하는 사업 중 완성에 2년 이상이 소요되는 다음 각 호의 사업을 타당성 조사 대상 사업으로 한다.
1. 총사업비가 500억 원 이상인 토목 사업 및 정보화 사업
2. 총사업비가 200억 원 이상인 건설 사업
② 제1항의 대상 사업 중 다음 각 호의 어느 하나에 해당하는 경우에는 타당성 조사를 실시하여야 한다.
1. 사업 추진 과정에서 총사업비가 예비 타당성 조사의 대상 규모로 증가한 사업
2. 사업 물량 또는 토지 등의 규모 증가로 인하여 총사업비가 100분의 20 이상 증가한 사업

| 보기 |

ㄱ. 국가의 재정 지원 비율이 50%인 총사업비 550억 원 규모의 신규 건설 사업은 예비 타당성 조사 대상이 된다.
ㄴ. 민간이 시행하는 사업도 타당성 조사 대상 사업이 될 수 있다.
ㄷ. 지자체가 시행하는 건설 사업으로서 사업 완성에 2년 이상 소요되며 전액 국가의 재정 지원을 받는 총사업비 460억 원 규모의 사업 추진 과정에서, 총사업비가 10% 증가한 경우 타당성 조사를 실시하여야 한다.
ㄹ. 총사업비가 500억 원 미만인 모든 사업은 예비 타당성 조사 및 타당성 조사 대상 사업에서 제외된다.

① ㄱ, ㄴ
② ㄱ, ㄷ
③ ㄴ, ㄷ
④ ㄴ, ㄹ
⑤ ㄷ, ㄹ

08 다음 〈상황〉과 자료를 판단하였을 때 〈보기〉에서 옳은 것을 모두 고르면?

회사 내 팀장으로 근무하고 있는 A는 최근에 여러 프로젝트를 맡아서 진행하게 되었다. 3주 뒤, 건강검진을 받고 난 후, 건강에 심각한 문제가 있다고 진단 받았다. 이에 A는 사내에 있는 체육 시설을 이용하고자 마음을 먹었다. 그러나 현재 맡은 프로젝트와 함께 병행하기는 어려운 상황이다. 아래의 내용은 A의 현재 상황과 회사 내에서 운영하는 체육 시설의 종목과 시간을 나타낸 것이다.

〈상황〉

○ A는 매주 월요일 오전 아침 9시부터 10시까지 미팅이 잡혀 있다.
○ A는 수요일 오전 외에는 운동을 할 시간이 없다.
○ 화요일과, 목요일의 경우는 18:00 이후에만 운동을 할 수 있다.
○ 금요일에는 가족과의 시간을 보내고자 16:00 이내로 운동을 하고자 한다.
○ 한 주 동안에 3일 이상 동일한 종목의 운동을 할 수 있게 된다면, 그 운동을 취미로 선정할 것이다.

〈요일별 체육 종목 이용 시간〉

	월	화	수	목	금
배드민턴	08:00~10:00	–	20:00~22:00	–	08:00~10:00
탁구	13:00~15:00	13:00~15:00	13:00~15:00	–	13:00~15:00
스쿼시	10:00~12:00	–	–	10:00~12:00	10:00~12:00
수영	07:00~09:00	07:00~09:00	19:00~21:00	19:00~21:00	19:00~21:00
클라이밍	–	20:00~22:00	20:00~22:00	20:00~22:00	20:00~22:00

※ A는 종목에 관계없이 운동하는 시간은 하루 최소 1시간을 목표로 운동 계획을 세워 두고 있다.

| 보기 |

ㄱ. A가 월요일에 운동을 하게 된다면, 수영 외에 할 수 있는 종목이 없다.
ㄴ. 수요일에는 A가 목표로 두고자 하는 운동 계획을 실천할 수 없을 것이다.
ㄷ. 현재 상황과 위 표를 기반으로 판단 시, A가 취미로 두고자 하는 운동은 수영 밖에 없다.
ㄹ. A가 한 주 동안 탁구를 할 수 있는 최대 시간은 2시간을 넘지 못한다.
ㅁ. 금요일에 운동을 하고자 하는 시간을 5시간 연장하게 된다면 취미로 선정할 수 있는 종목은 1개이다.

① ㄱ, ㄴ, ㄹ
② ㄱ, ㄴ, ㅁ
③ ㄴ, ㄹ, ㅁ
④ ㄱ, ㄷ, ㄹ
⑤ ㄱ, ㄹ, ㅁ

09 다음 글을 참고하였을 때, 가장 적절한 것은?

J 기업의 기획팀에 근무하는 G 씨는 최근에 상사로부터 업무의 순서에 대해 지적을 받아, 이후 관련된 효율적인 업무 방법에 대한 수업을 듣고 아래의 핵심 내용에 대하여 정리하였다.

다음으로 오늘 G 씨가 해야 할 업무 리스트가 주어져 있다. G 씨는 효율적인 업무를 위해 어떠한 순서로 일을 처리해야 상사로부터 지적을 받지 않겠는가?

〈일의 우선순위 판단을 위한 매트릭스〉

Ⅰ. 긴급하면서 중요한 일	Ⅱ. 긴급하지 않지만 중요한 일
• 위기 상황 • 급박한 문제 • 기간이 정해진 프로젝트	• 예방 생산 능력 활동 • 인간관계 구축 • 새로운 기회 발굴 • 중장기 계획, 오락
Ⅲ. 긴급하지만 중요하지 않은 일	**Ⅳ 긴급하지 않고 중요하지 않은 일**
• 잠깐의 급한 질문 • 일부 보고서 및 회의 • 눈앞의 급박한 상황 • 인기 있는 활동 등	• 바쁜 일, 하찮은 일 • 우편물, 전화 • 시간 낭비 거리 • 즐거운 활동 등

〈오늘의 할 일〉

A. 오전 9시에 팀장님과 상반기 기획안에 대한 미팅
B. 홍보팀에서 부탁한 업무 진행하기(소요 시간은 10분 이내)
C. 마감이 하루 남은 프로젝트 제안서 작성하기
D. 기획팀 후배에게 우편물 받아 오라고 이야기하기
E. 회사 업무 수행을 잘 하기 위한 교육 및 자기개발 실천하기
※ 단, G 씨의 출근 시간은 오전 9시이다.

① A → C → B → E → D
② A → C → E → B → D
③ A → C → B → D → E
④ C → A → B → D → E
⑤ C → A → E → B → D

10 아래의 자료를 참고하여 올해 입사한 신입 사원을 각 부서에 맞게 올바르게 배치한 것을 고르면?

G 기업의 인사팀에 근무하는 J 씨는 올해 상반기 신입 사원을 대상으로 부서 배치를 진행할 예정이다. 우선순위로 각 입사한 사원들의 역량을 바탕으로 배정하지만, 이후 순위는 각 사원들이 희망하고자 하는 부분을 반영하여 배치할 예정이다. 아래의 자료는 올해 신입 사원의 평가 결과와 지원하고자 하는 부서를 정리한 것이다.

〈신입 사원들의 평가 결과〉

	컴퓨터 활용능력	직무 능력	창의성	영어 회화 능력
A 사원	85점	80점	70점	70점
B 사원	60점	70점	80점	75점
C 사원	75점	75점	65점	80점
D 사원	80점	75점	75점	70점
E 사원	65점	65점	80점	85점

〈신입 사원들의 희망 부서〉

	인사팀	기획팀	홍보팀	개발팀
A 사원	1지망	2지망	–	3지망
B 사원	–	1지망	2지망	3지망
C 사원	2지망	1지망	3지망	–
D 사원	3지망	2지망	–	1지망
E 사원	–	3지망	1지망	2지망

〈조건〉

1) 가장 우선순위로, 전체 평가 점수의 합이 가장 높은 사원의 경우 개발팀으로 배정된다.
2) 홍보팀의 경우 영어 회화 능력과 직무 능력 점수의 합이 가장 높은 사원이 배정 받게 된다.
3) 직무 능력과 창의성 점수의 합이 가장 높은 경우 본인의 희망과 무관하게 기획팀에 배정된다.
4) 컴퓨터 활용 점수가 높으면서, 지원하고자 하는 지망생이 있는 경우 인사팀으로 배정 받는다.
5) 1)~4) 조건에 해당되지 않는 인원은 본인이 희망한 1지망의 부서에 배치 받는다.

	인사팀	기획팀	홍보팀	개발팀
①	A 사원	B 사원	C, E 사원	D 사원
②	D 사원	C 사원	B, E 사원	A 사원
③	A 사원	B 사원	C, E 사원	D 사원
④	A 사원	C 사원	B, E 사원	D 사원
⑤	D 사원	B 사원	C, E 사원	A 사원

11 다음 글과 자료를 참고하여 괄호 안에 적절한 것을 고르시오.

약품 회사인 J 기업에서는 새롭게 개발한 신제품 약제를 각 해외에 홍보하고자 홍보팀에 근무하고 있는 A, B, C 사원을 여러 나라에 출장을 보냈다. 아래의 자료는 각 해당 사원이 떠나게 되는 출장 관련 사항을 정리한 것이다. 다음과 같은 조건을 참고하여 업무를 마친 후, 각각 한국으로 돌아오는 비행기 탑승 시간은 어떻게 되는가?

〈각 사원의 출장 일정〉

	출장 지역	비행 시간(편도)	출장 지역의 시차	머무는 시간	돌아오는 비행기 탑승 시간
A 사원	영국	12시간	GMT 0	24시간	(㉠)
B 사원	캐나다	9시간	GMT −8	15시간	(㉡)
C 사원	호주	10시간	GMT +11	10시간	(㉢)

※ GMT: 런던을 기점, 웰링턴을 종점으로 설정되는 협정 세계시의 기준 시간대이다.

〈조건〉

○ A와 C 사원은 2020년 2월 2일 04:00에 출발할 예정이며, B 사원의 경우는 이보다 10시간 늦게 출발한다.
○ A, B, C 사원은 모두 한국에서 출발하며, 한국의 GMT는 +9이다.
○ A, B, C 사원 모두 돌아오는 비행기 탑승 시간은 각 출장 지역의 날짜와 시간에 맞춘다.

	㉠	㉡	㉢
①	3일 오전 7시	2일 오후 7시	3일 오전 2시
②	3일 오후 5시	2일 오후 9시	3일 오전 4시
③	3일 오전 7시	2일 오후 9시	3일 오후 2시
④	3일 오후 5시	2일 오전 9시	3일 오전 2시
⑤	3일 오전 7시	2일 오후 7시	3일 오후 4시

12 다음 글을 참고하여 추론하였을 때 옳지 않은 것은?

이번 G 회사에서는 반도체 사업 호황기를 누리면서, 기존에 있었던 인센티브 제도 방식을 새롭게 변경하고자 한다. 아래의 내용은 총무팀에서 새롭게 개편한 인센티브 개편안에 대한 것이다.

〈인센티브 개편안〉

① 기존의 연봉에 30%를 인센티브로 부여했던 방식에서 50%로 변경되어 부여한다.
② 기존의 [업무 평가 점수=업무 처리 능력+동료들의 평판+출근 시간 엄수]는 전과 동일하게 적용된다.
③ 업무 평가 점수가 80점을 넘기지 못한 경우 기존의 연봉에서 10% 증가된 정도로 부여 받는다.
④ 과장급 이상이 되는 경우 ②번의 평가 항목에 영어 능력 평가 점수도 포함되며, 최종적인 점수에서 90점을 넘기지 못하면 ③번과 동일한 경우로 인센티브를 지급 받게 된다.

※ 이후 연봉=현재 연봉+인센티브의 값으로 계산

〈각 사원의 현재 연봉 및 평가 점수〉

	직책	현재 연봉	업무 처리 능력	동료들의 평판	지각 횟수	영어 능력
A 사원	과장	7000만 원	75점	10점	3회	7점
B 사원	과장	6500만 원	73점	9점	0회	9점
C 사원	팀장	5000만 원	70점	7점	2회	–
D 사원	팀장	5200만 원	74점	9점	1회	–
E 사원	사원	4000만 원	75점	7점	1회	–

※ 출근 엄수 시간은 9시이며, 총 10점을 만점으로 1회 지각 횟수당 –1점씩 감소된다.

① A 사원은 B 사원에 비하여 총연봉이 높을 것이다.
② E 사원은 C 사원보다 높은 인센티브를 부여 받을 것이며, 이후 연봉을 비교하였을 때 1000만 원 적게 받을 것이다.
③ A 사원의 지각 횟수가 B 사원과 동일했을 경우, A 사원은 B 사원보다 총연봉이 750만 원 더 높았을 것이다.
④ C 사원의 업무 평가 점수가 80점을 넘기게 되면, D 사원과 '(이후 연봉 차이 값) < (현재 연봉 차이 값)' 일 것이다.
⑤ 이후 연봉에서 중요한 지표는 인센티브 비율보다 현재 연봉이다.

13 다음 자료와 대화 내용을 참고하였을 때 (㉠)에 들어갈 적절한 금액을 고르시오.

아웃도어 전문 판매점에서 근무하는 A는 최근 겨울 산행의 유행철을 맞이하여, 아래와 같이 제품들의 할인 행사를 진행하였다.

〈아웃도어 제품별 가격 현황〉

제품	할인 전 가격	할인율	참고 사항 (할인 전 가격 및 할인율 적용 관련)
등산복	?	20%	Ⅰ. 기본: 100,000원 Ⅱ. 기본+경량화: 120,000원 Ⅲ. 기본+경량화+방수: 210,000원
등산화	150,000원	15%	Ⅱ, Ⅲ 등산복 구매 시 30%로 할인 적용
아이젠	50,000원	10%	–
매트리스	30,000원	20%	–
배낭	?	25%	Ⅰ. 용량 100ml: 180,000원 Ⅱ. 용량 70ml: 120,000원 Ⅱ. 용량 50ml: 80,000원
텐트	250,000원	?	텐트를 제외한 나머지 품목(할인 적용 후)에 대한 합의 가격이 300,000원 이상 시 50% 할인 그렇지 않은 경우 20% 할인

〈상황〉

B: 이번에 겨울 산행을 위해 장비를 구매하러 방문하였습니다. 추천 가능한 제품이 있나요?
A: 기본적으로 등산복과 등산화, 배낭은 필수적으로 선택하시고, 아이젠은 높고 험한 산을 등반하신다면 추천합니다.
B: 그렇군요. 그러면 우선 등산복 Ⅱ와 배낭은 용량이 가장 작은 것, 그리고 등산화 한 켤레 구매하겠습니다.
A: 아이젠은 구매하지 않으시나요? 만일 총 30만 원이 넘으면 이번에 아주 저렴하게 텐트를 구매하실 수 있습니다.
B: 흠… 아이젠 대신에 매트리스를 구매하고, 이후 텐트도 구매하도록 하겠습니다.
A: 알겠습니다. 총 (㉠)의 가격이 나왔습니다. 감사합니다.

① 410,000원 ② 423,500원 ③ 433,000원 ④ 485,000원 ⑤ 508,000원

14 다음 글을 근거로 판단할 때 옳은 것은?

J 기업은 5명(A~E)을 대상으로 면접 시험을 실시하였다. 면접 시험의 평가 기준은 가치관, 열정, 표현력, 잠재력, 논증력 5가지 항목이며 각 항목 점수는 3점 만점이다. 이에 따라 5명은 항목별로 다음과 같은 점수를 받았다.

종합 점수는 각 항목별 점수에 항목 가중치를 곱하여 합산하며, 종합 점수가 높은 순으로 등수를 결정했다. 결과는 다음과 같다.

〈각 인원별 면접 시험 결과〉

구분	A	B	C	D	E
가치관	3점	2점	3점	2점	2점
열 정	2점	3점	2점	2점	2점
표현력	2점	3점	2점	2점	3점
잠재력	3점	2점	2점	3점	3점
논증력	2점	2점	3점	3점	2점

〈등수〉

등수	면접자
1등	B
2등	E
3등	A
4등	D
5등	C

① 잠재력은 열정보다 항목 가중치가 높다.
② 논증력은 열정보다 항목 가중치가 높다.
③ 잠재력은 가치관보다 항목 가중치가 높다.
④ 가치관은 표현력보다 항목 가중치가 높다.
⑤ 논증력은 잠재력보다 항목 가중치가 높다.

15 아래의 자료와 〈조건〉을 보고 판단하여, A가 고향 방문을 위해 우선순위로 생각하는 교통 수단을 순서대로 나열한 것은?

이번 설 명절에 포항에서 근무하는 A는 고향인 전주를 방문하기 위해서 여러 교통 수단을 알아보았다. 아래는 포항에서 전주까지 갈 수 있는 교통 수단을 나타낸 자료이다.

〈포항 → 전주 교통 수단〉

구분	경유지	총 소요 시간 (예정)	배차 시간	교통비 가격
KTX	포항 → 대전 → 전주	2시간 50분	포항 → 대전 1시간 50분 간격 대전 → 전주 50분 간격	42,000원
Ⅰ. 버스	경유지 없음	3시간 40분	1시간 20분 간격	28,000원
Ⅱ. 버스	포항 → 대전 → 전주	4시간 20분	포항 → 대전 1시간 간격 대전 → 전주 30분 간격	32,000원
항공	포항 → 군산 → 전주	1시간 40분	항공: 오전 11시, 오후 3시 군산 → 전주 20분 간격	68,000원
자가용	경유지 없음	3시간 30분	–	30,000원

〈조건〉

- ○ 교통 수단 평가 점수는 각 항목 점수의 총합이 되며, 평가 점수가 가장 높은 값을 기준으로 순서를 정한다.
- ○ 최대 점수 5점을 기준으로, 총 소요 시간이 증가되는 순서대로 1점씩 감소하여 부여한다.
- ○ 최대 점수 5점을 기준으로, 교통비 가격이 점차 증가되는 순서대로 1점씩 감소하여 부여한다.
- ○ 항공편을 제외한 배차 시간이 1시간 10분 이상이 되는 경우가 하나라도 포함되는 경우 -1점을 부여한다.
- ○ 경유지를 들리는 경우의 교통 수단은 전체 점수에 -1점을 가한다.

① 자가용 → 항공 → Ⅰ. 버스 → KTX → Ⅱ. 버스
② 자가용 → Ⅰ. 버스 → 항공 → KTX → Ⅱ. 버스
③ 자가용 → Ⅰ. 버스 → 항공 → Ⅱ. 버스 → KTX
④ Ⅰ. 버스 → 자가용 → 항공 → KTX → Ⅱ. 버스
⑤ Ⅰ. 버스 → 자가용 → KTX → 항공 → Ⅱ. 버스

16 아래의 자료를 바탕으로 J 기업에 다니는 김 과장이 G 기업으로 임시 파견을 갈 때, 〈조건〉에 부합하는 가장 옳은 것을 고르시오.

이번 J 기업 개발팀에서 근무하는 김 과장은 G 기업과 공동으로 연구 개발 사업을 진행하기 위해서 임시 파견을 다녀오기로 예정되어 있다. 아래의 도식화는 G 기업에서 J 기업으로 가는 경로를 나타낸 것이다.

〈J 기업에서 G 기업까지 가는 경로〉

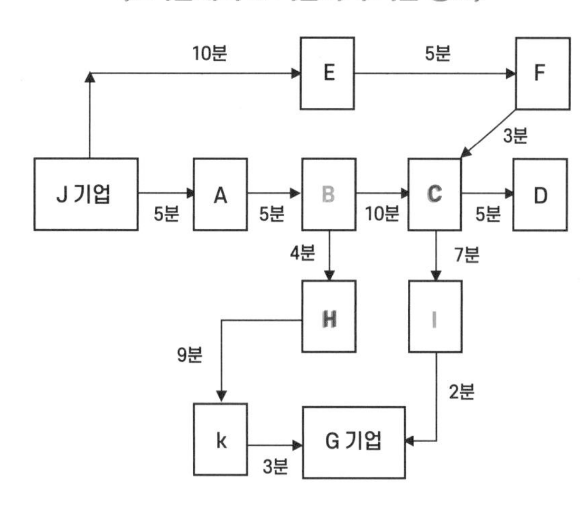

〈조건〉

○ 한 정거장을 가는 경우 1,000원의 교통 비용이 발생한다. (Ex. A → B: 1,000원의 비용이 발생한다. 환승도 포함)
○ 환승 정거장은 B, C, H, I이며 1번 환승 시 2% 할인이 누적되어 적용된다. (즉, 3번의 환승을 하게 되면 6%할인)
○ 최종 선택되는 이동 경로는 총 소요 비용[=각 정거장당 운영비+발생 시간(분당 50원으로 계산)]이 가장 적은 값으로 선정된다.
○ 총 소요 비용이 동일한 경우 환승 수가 적은 것으로 최종 선정된다.

〈선발된 경우의 수〉

○ Case Ⅰ. J 기업 → A → B → H → K → G 기업
○ Case Ⅱ. J 기업 → E → F → C → I → G 기업
○ Case Ⅲ. J 기업 → E → B → C → I → G 기업

	선택된 경로	소요되는 금액
①	Case Ⅲ.	6100원
②	Case Ⅲ.	6150원
③	Case Ⅱ.	6150원
④	Case Ⅰ.	6150원
⑤	Case Ⅰ.	6100원

17 아래의 스케줄 일정표를 확인하고 판단하였을 경우 올바르게 해석하지 못한 것은?

신병교육훈련대대에서 근무하는 작전 과장은 대대장에게 3월 5주차 주간 일정 예정표를 작성하여 보고하였다. 아래의 표는 5주차 주간 일정 예정표에 관한 자료이다.

〈3월 5주차 주간 일정 예정표〉

<table>
<tr><th>월</th><th>화</th><th>수</th><th>목</th><th>금</th></tr>
<tr><td>09:00~09:40
신병 입소식</td><td rowspan="4">09:00~17:00
전투준비태세
지휘 검열
(대대장 필참)</td><td rowspan="4">09:00~17:00
전투준비태세
지휘 검열
(대대장 필참)</td><td rowspan="4">09:00~17:00
각 중대 진지공사
현황 파악</td><td>09:00~09:40
분대장반 입소식</td></tr>
<tr><td>09:30~12:00
선투 제육</td><td>09:20~10:40
신병 퇴소식</td></tr>
<tr><td>13:30~15:30
연대장님 부대 방문</td><td>10:20~12:00
사단장님과 대화</td></tr>
<tr><td>15:30~17:00
신병에게 대대장님
훈화 말씀</td><td>13:00~17:00
인도 인접 및 현장 방문</td></tr>
<tr><td>17:00~18:00
전투 일일결산</td><td>17:00~18:00
전투 일일결산</td><td>17:00~18:00
전투 일일결산</td><td>17:00~18:00
전투 일일결산</td><td>17:00~18:00
전투 일일결산</td></tr>
</table>

〈참고 사항〉

- 직급 계열은 사단장, 연대장, 대대장 순서로 높다.
- 신병 입소식과, 퇴소식은 대대장이 꼭 참석해야 한다. / 분대장반 입소식은 작전 과장의 대리 업무가 가능하다.
- 신병교육훈련과 분대장반 교육은 별개로 운영되며, 서로 간섭되지 않는다.
- 신병이 입소한 뒤 신병 수료가 되기 전까지, 5주의 시간이 소요된다.
- 위의 해당 대대에서 운영하는 신병 기수는, 한 기수밖에 운영하지 못하는 것으로 간주한다.

① 만약 월요일에 20-5기가 입소했다면, 금요일에 퇴소하는 기수는 20-4기이다.
② 금요일 분대장반 입소식은 작전 과장이 직접 참석할 것이다.
③ 5주차의 전투 일일결산은 하루도 빠짐없이 매일 진행한다.
④ 만일 5주차 월요일의 '신병에게 대대장님 훈화 말씀'이 수요일 날 동시간대로 옮겨진다면, '전투준비태세 지휘 검열'의 훈련은 총 3월 5주차 훈련하는 시간에 대해서 10% 이상 감소되는 것이다.
⑤ 금요일의 분대장반 입소식을 월요일 동시간대에 진행한다 했을 경우, 장소만 2군데 이상 있으면 위의 일정표에는 아무런 차질이 없다.

18 다음 글을 읽고 A와 B가 받게 될 금액은 얼마인지 고르시오.

총무팀에서 근무하는 A는 외부 초청 강사님들에게 지급해야 하는 금액을 계산하는 중이며, 상황은 아래와 같다. 현재 환경적으로 이슈가 되는 미세 플라스틱의 문제점 및 향후 개선 발전 방안에 대한 세미나를 회사 내부에서 개최하고자 한다. 아래의 자료는 초청된 강사분과 소개하고자 하는 주제에 대해 간략히 정리된 것이다.

〈각 Section별 강의 주제 및 참석 인원〉

	참석 인원	강연 주제	강연 시간
Section 1	내국인 100명, 외국인 202명	플라스틱의 역사	1h
Section 2	내국인 70명, 외국인 30명	미세 플라스틱의 위험성	1h
Section 3	내국인 50명, 외국인 15명	친환경 플라스틱 개발	3h

〈참고 사항〉

○ Section 1, Section 2의 경우는 외부 초청 강사 A가 진행한다.
○ Section 3은 외부 초청 강사 B가 진행한다.
○ 기본 지급료는 시간당 200,000원이며, 만일 전체 참석률 대비 외국인 참석률이 20% 이상 되는 경우, 기본 지급료에 15%를 더 추가하여 드린다.

	A 초청 강사	B 초청 강사
①	43만 원	69만 원
②	40만 원	69만 원
③	43만 원	60만 원
④	23만 원	23만 원
⑤	40만 원	60만 원

19 다음 〈상황〉을 참고하여 판단하였을 때 옳지 않은 것을 고르시오.

〈상황〉

○ 3년 동안 동일 부서에 근무했던 경우, 다른 부서로 이동을 해야 한다. 단, 과학기술부는 4년을 기준으로 한다.
○ A는 과학기술부에 근무하고 있으며, 2개월 후 3년 만기 근무를 하게 되는 상황이다.
○ B는 인사기획부에 근무하고 있으며, 3개월 후 3년 동안 인사기획부에 만기 근무를 하게 되는 상황이다.
○ 인사 발령으로 공석이 생기는 경우 신입 사원으로 대체하거나 혹은 타 부서의 근무자로 대체한다.
○ 신입 사원의 경우 평가 점수 항목은 면접, 어학, 필기, 직무 능력 평가 총 4과목이며 이 과목의 총합이 가장 높은 수석의 경우 오직 과학기술부에, 차석은 과학기술부를 제외한 다른 부서에 근무하게 된다.

① A가 다른 부서로 발령되는 시점은 1년 2개월 뒤일 것이다.
② B가 다른 부서로 인사 발령이 난다면 신입 사원 혹은 타 부서의 근무자를 대체해야 하는 상황이다.
③ 3개월 후에 인사기획팀에 근무하고 있는 사람은 신입 사원을 기준으로 차석으로 입학한 사원일 것이다.
④ 수석으로 입학한 신입 사원이 과학기술부에 입사를 하게 된다면, 인사기획부에 차석으로 입사한 신입 사원이 다른 부서로 인사 발령되기까지 남은 기간은 27개월이 된다.
⑤ 차석으로 입사한 신입 사원이 인사기획부에서 다른 부서로 인사 발령이 된다면, 과학기술부에 수석으로 입사한 사원은 다른 부서로 발령될 시기가 2년보다는 다소 적을 것이다.

20 다음 글의 내용을 바탕으로 A가 휴가를 떠나게 될 때, 가장 오랫동안 휴가를 보내기 위해 사용해야 하는 날은?

2020년도 1월에 입사한 A는 선배들로부터 회사가 최근에 휴가 제도를 대폭 개선하였다는 것을 들었다. 이에 여자친구와 함께 해외여행을 계획하기 위해서 선배들에게 자문을 구하였다. 아래의 내용은 선배들로부터 참고하여 찾아본 개편된 휴가 제도에 관한 내용이다.

〈휴가 제도 개편 사항〉

1) 한 달에 최소 주어지는 휴가의 일수는 1일이며, 마일리지처럼 적립이 가능한 시스템이다.
2) 성과가 있는 달(Ex. 프로젝트가 성공적으로 마무리된 달)의 경우 기존 휴가+2일을 더 준다.
3) 분기별 있는 정기 감사에서 '상'을 받으면 기존 휴가+3일, '중'을 받으면 기존 휴가+1일, '하'를 받게 된다면 기존 휴가를 제외한 -2일의 제제를 받게 된다. (정기 감사도 성과로 취급한다.)
4) 여행 휴가의 경우 5,000km가 넘는 경우 +1의 추가적인 휴가를 얻게 되며, 10,000km를 넘게 되면 +2의 추가적인 휴가를 얻게 될 수 있다. (단, 거리는 국가별 수도 기준이다.)
5) 휴가와는 별개로 주말은 붙여서 사용될 수 있고, 주말은 휴가로 간주되지 않는다.

※ 단, 월에 생성되는 휴가는 각 달의 가장 마지막 평일인 날에 정산이 되고, 휴가를 사용하는 달은 성과에 대한 휴가 보상은 받을 수 없다.

이러한 상황에서 A 씨는 아직 신입 사원이라 불안한 나머지 분기별 평가에 '하'를 한 번 받을 것 같은 마음에 여자친구와 3월에 해외여행을 가자고 의논하였다. 이후 2월까지 개인적인 성과는 크게 두드러지지 않았지만, 다행히 3월 중순에 있었던 감사 평가에서 '중'을 받았다. 그래서 이번 기회에 오랫동안 쉬고 싶은 마음에 오타와를 선택하여 휴가를 다녀와야겠다고 마음을 먹었다.

〈2020년 3월 말, 4월 초 일정표〉

일	월	화	수	목	금	토
22	23	24	25	26	27	28
29	30	31	1	2	3	4

〈서울-각 수도별 거리 현황〉

캔버라	런던	아테네	방콕	워싱턴	오타와	싱가포르
8,419km	8,852km	8,528km	3,725km	11,157km	10,505km	4,677km

① 3월 23일 ② 3월 24일 ③ 3월 27일 ④ 3월 30일 ⑤ 4월 01일

21~22 아래 제시된 상황을 보고 이어지는 문제를 해결하시오.

G 기업은 최근 신종 바이러스 관련하여 마스크 및 필터 분야의 연구를 확장시키려고 한다. 이에 대해서 총무팀에 근무하는 A는 올해 개발팀의 예산 담당 업무를 맡았다. 그리고 올해 개발팀에서 사용 가능한 예산을 확인해 본 결과 6억 5천만 원이었다. 아래의 자료는 개발팀에서 운영되고 있는 예산 운영안이다.

〈예산 운영안〉

○ 인건비는 인당 월 200만 원이며, 성과를 낸 경우 50만 원을 추가 지급한다.
○ 재료비 및 시약비의 경우 매달 각 300만 원을 사용해야 하며, 다음 달로 이월이 되지 않는다.
○ 실험 장비는 1억 이하의 경우만 구매가 가능하며, 이에 대한 유지비는 15%로 정한다.
○ 국내 출장의 경우 하루에 받는 식비는 3만 원, 숙박비 5만 원, 일비 3만 원으로 책정된다.
○ 해외 출장의 경우 일주일에 받는 식비는 25만 원, 숙박비 50만 원, 일비 30만 원으로 책정된다.

※ 장비에 대한 유지비는 별도로 편성해야 한다.
※ 해외 출장의 경우 기본 단위가 일주일이며, 주말을 제외한 평일만을 의미한다.

21 개발팀에 근무하고 있는 인원이 총 10명이다. 위의 예산 운영안을 바탕으로 옳지 않은 것을 고르면?

① 연구팀이 올해 모두 성과가 없다면 인건비로 소요되는 금액은 한 해에 2억 4천만 원이다.
② 4,500만 원의 장비를 구매할 시 이에 대한 유지비는 675만 원이다.
③ 재료비 및 시약비로 각 매월 사용해야 하는 금액이 500만 원으로 변경되고, 인건비는 인당 250만 원/월로 지급되어진다면, 1억 원의 장비 2개를 구매했을 때 올해 편성된 예산안에 정확히 일치한다. (단, 올해 출장 계획은 없으며 성과를 낸 연구원도 없다고 가정한다.)
④ 개발팀 모든 인원이 국내 출장 4박 5일을 다녀오게 된다면, 소요되는 출장비 금액은 500만 원이다.
⑤ 올 한 해 출장 및 성과를 낸 연구자가 없는 경우 5,000만 원 장비 5개를 구매한다면 올해 예산안을 초과하지 않는다.

22 다음과 같은 〈상황〉에서 출장비로 소요된 금액은 얼마가 되겠는가?

〈상황〉

개발팀에 종사하는 모든 인원은 10명이다. 3박 4일의 국내 출장을 다녀오게 될 인원은 총 6명이다. 그리고 나머지 인원은 해외 출장을 다녀오기로 예정되어 있으며, 출장 기간은 총 2주일이다. 이후 해외 출장을 다녀온 나머지 인원은, 인당 총 받은 출장비의 10%를 총무팀에 근무하는 A 사원에게 환급하였다.

① 948만 원　② 978만 원　③ 990만 원　④ 1,020만 원　⑤ 1,032만 원

23 다음과 같은 상황에서 이야기할 수 있는 내용으로 가장 적절하지 않은 것은?

최근에 전 세계적으로 이슈가 된 신종 크로크 바이러스는 호흡기에 감염을 일으키는 전염성 바이러스이다. 특히 2m 반경 내 기침이나 콧물에서 온 호흡기 비말 혹은 침 등에 대한 밀접 접촉을 통해 주로 전파된다. 주로 노약자나 어린이 같은 면역력이 다소 부족한 사람들에게 증상이 발생하는 편이며, 심각한 경우에는 사망에 이르기까지 하는 위험한 질병이다. 따라서 더 큰 피해를 줄이기 위해 당국은 여러 방법을 도입하여 예방 및 문제 해결에 앞장서고 있다.

※ 1미터 = 10^6 마이크로미터 = 10^9m 나노미터

① 외출 후 청결하게 손 씻기 및 소독을 반드시 할 뿐만 아니라, 이를 지속적으로 실행하는 것이 좋다.
② 바이러스의 경우 수십 나노 크기를 갖는다. 시중에 판매하는 마스크의 경우는 마이크로 크기까지만 필터 효과를 발휘하기 때문에, 마스크를 착용한다고 해서 크게 달라지지 않을 것이다.
③ 의심자의 경우 재빨리 검진을 받아 보는 것이 필요하며, 확진자는 격리시켜 완치가 되기 전까지 다른 사람과 접촉을 금하게 하는 것이 좋다.
④ 예방 대책뿐만 아니라 바이러스를 억제하는 의약물을 개발할 수 있도록 경제적으로 지원해 주는 것도 하나의 방법이다.
⑤ 추가 재발의 가능성도 배제할 수 없기 때문에, 비록 완쾌하여 퇴원하였지만 당분간 정기적인 검진을 받는 것을 권장한다.

24 다음 글과 〈상황〉을 근거로 판단할 때, 출장을 함께 갈 수 있는 직원들의 조합으로 가능한 것은?

J은행 G 지점에서는 3월 11일 회계감사 관련 서류 제출을 위해 본점으로 출장을 가야 한다. 08시 정각 출발이 확정되어 있으며, 출발 후 G 지점에 복귀하기까지 총 8시간이 소요된다. 단, 비가 오는 경우 1시간이 추가로 소요된다.

〈조건〉

○ 출장 인원 중 한 명이 직접 운전하여야 하며, '운전면허 1종 보통' 소지자만 운전할 수 있다.
○ 출장 시간에 사내 업무가 겹치는 경우에는 출장을 갈 수 없다.
○ 출장 인원 중 부상자가 포함되어 있는 경우, 서류 박스 운반 지연으로 인해 30분이 추가로 소요된다.
○ 차장은 책임자로서 출장 인원에 적어도 한 명 포함되어야 한다.
○ 주어진 조건 외에는 고려하지 않는다.

〈상황〉

○ 3월 11일은 하루 종일 비가 온다.
○ 3월 11일 당직 근무는 17시 10분에 시작한다.

직원	직급	운전면허	건강 상태	출장 당일 사내 업무
A 사원	차장	1종 보통	부상	없음
B 사원	차장	2종 보통	건강	17시 15분 계약 업체 면담
C 사원	과장	없음	건강	17시 35분 고객 상담
D 사원	과장	1종 보통	건강	당직 근무
E 사원	대리	2종 보통	건강	없음

① A 사원, B 사원, C 사원
② A 사원, B 사원, D 사원
③ B 사원, C 사원, E 사원
④ B 사원, D 사원, E 사원
⑤ C 사원, D 사원, E 사원

25 다음 상황을 참고로 업무 일정표를 작성 시, 올바르게 작성한 것은?

○ 월요일을 기준으로 격일로 오전 09:00~10:00에는 '현재 보고사항 발표'를 넣는다.
○ 매일 10:00~12:00에는 '각종 서류작업 업무'를 진행한다.
○ 화요일, 수요일의 경우 14:00~16:00에 '외부 초청 세미나' 강연이 있어서 의무로 참석을 해야 한다.
○ 각종 '기타 업무(복사, 인쇄, 자료집 배포 등)'는 대체로 14:30~15:00에 하지만, 부득이한 상황인 경우에는 1시간 전에 진행한다.
○ 화요일, 목요일의 경우 16:00~18:00에 '아이디어 공유 미팅'을 진행한다.
○ 그 전날에는 '아이디어 계획 구상'의 업무를 진행한다. (이는 아이디어 공유 미팅 시간과 동일한 시간에 한다.)

①

월요일	화요일	수요일
09:00~10:00 현재 상황 보고 발표 10:00~12:00 서류작업 업무 14:30~15:00 기타 업무 16:00~18:00 아이디어 계획 구상	10:00~12:00 서류작업 업무 13:30~14:00 기타 업무 14:00~16:00 외부 초청 세미나 참석 16:00~18:00 아이디어 공유 미팅	09:00~10:00 현재 상황 보고 발표 10:00~12:00 서류작업 업무 13:30~14:00 기타 업무 14:00~16:00 외부 초청 세미나 참석 16:00~18:00 아이디어 계획 구상

②

월요일	화요일	수요일
09:00~10:00 현재 상황 보고 발표 10:00~12:00 서류작업 업무 14:30~15:00 기타 업무	09:00~10:00 현재 상황 보고 발표 10:00~12:00 서류작업 업무 13:30~14:00 기타 업무 14:00~16:00 외부 초청 세미나 참석 16:00~18:00 아이디어 공유 미팅	09:00~10:00 현재 상황 보고 발표 10:00~12:00 서류작업 업무 13:30~14:00 기타 업무 14:00~16:00 외부 초청 세미나 참석

③

월요일	화요일	수요일
09:00~10:00 현재 상황 보고 발표 10:00~12:00 서류작업 업무 14:30~15:00 기타 업무 16:00~18:00 아이디어 공유 미팅	10:00~12:00 서류작업 업무 13:30~14:00 기타 업무 14:00~16:00 외부 초청 세미나 참석 16:00~18:00 아이디어 계획 구상	09:00~10:00 현재 상황 보고 발표 10:00~12:00 서류작업 업무 13:30~14:00 기타 업무 14:00~16:00 외부 초청 세미나 참석 16:00~18:00 아이디어 공유 미팅

④

월요일	화요일	수요일
09:00~10:00 현재 상황 보고 발표 10:00~12:00 서류작업 업무 13:30~14:00 기타 업무 16:00~18:00 아이디어 계획 구상	10:00~12:00 서류작업 업무 13:30~14:00 기타 업무 14:00~16:00 외부 초청 세미나 참석 16:00~18:00 아이디어 공유 미팅	10:00~12:00 서류작업 업무 13:30~14:00 기타 업무 14:00~16:00 외부 초청 세미나 참석 16:00~18:00 아이디어 계획 구상

⑤

월요일	화요일	수요일
09:00~10:00 현재 상황 보고 발표 10:00~12:00 서류작업 업무 14:30~15:00 기타 업무 16:00~18:00 아이디어 계획 구상	10:00~12:00 서류작업 업무 13:30~14:00 기타 업무 14:00~16:00 외부 초청 세미나 참석 16:00~18:00 아이디어 공유 미팅	09:00~10:00 현재 상황 보고 발표 10:00~12:00 서류작업 업무 14:30~15:00 기타 업무 16:00~18:00 아이디어 계획 구상

26 주어진 〈상황〉과 표를 바탕으로 팀장님께서 A에게 질문할 수 있는 사항으로 가장 옳지 않은 것은?

〈홍보팀 MT 관련 예상 지출 내역서〉

항목	비용
점심 식사	280,000원
숙박비	390,200원
다음 날 아침 식사	64,000원
다과 및 음료	145,800원

〈상황〉

이번 홍보팀장은 직원들 간의 교류의 화합을 목적으로 1박 2일간의 MT를 제안하셨다. 그래서 A 사원에게 이번 MT 관련하여 예산 지출 내역서를 작성하여 보고해 달라고 요청하였고, 추가적으로 회사 내부 사정상 총 예상 지출 비용이 85만 원을 넘기지 않는 범위로 부탁하였다. 위의 표는 A가 팀장님의 요청으로 작성한 MT 관련 예상 지출 내역서를 나타낸 것이다. (단, MT 일정은 전날 오전 11:00부터 시작하며 종료 시점은 24시간 후이다. 아침 식사는 07:00, 점심 식사는 12:00, 저녁 식사는 18:00를 기준으로 한다.)

① 예상 지출 내역이 총 85만 원을 넘긴 이유는 무엇인가?
② 지출 내역서 항목에 교통비를 포함시키지 않은 것은 특별한 사유가 있는 것인가?
③ 전날 점심과 다음날 아침 식사의 비용이 크게 차이가 나는 이유는 무엇인가?
④ 숙박비 예상 시 성별 및 인원수를 고려하여 합리적으로 편성을 하였는가?
⑤ 다음날 점심 식사에 대한 지출 비용은 왜 항목에 넣지 않았는가?

27 주어진 상황과 내용을 바탕으로 점등식 축제 기간 동안 가동되는 총 점등 시간을 구하시오.

올해 5월 가정의 달을 맞이하여 많은 수의 관광객 유치를 위해, 전주시는 한옥마을에 5일 동안 점등식을 개최하려는 기획을 마련하였다. 점등식은 날씨와 큰 연관이 있으며, 아래의 표는 기상청으로부터 2020년 5월 첫째 주 예정 날씨를 간략하게 정리한 것이다.

〈2020년 5월 날씨 예보〉

4일(월요일) (흐림)	5일(화요일) (맑음)	6일(수요일) (맑음)	7일(목요일) (흐림)	8일(금요일) (맑음)

〈점등식 축제 기간 중 점등 일정〉

○ 맑은 날에는 오전 05:00~08:40, 오후 17:00~22:00에 점등을 한다.
○ 흐린 날에는 오전 09:00부터 오후 22:00까지 지속적으로 점등을 한다.
○ 월요일의 경우 전력 에너지 절약으로 인해 평소 점등 시간을 기준으로 1시간 20분 간격으로 점등과 소등을 교대로 번갈아 가면서 점등식을 진행한다. (기준은 점등부터 시작한다.)
○ 금요일에는 날씨와 관련 없이 흐린 날과 동일하게 점등 시간을 적용한다.

※ 일정된 시간 외에는 자동적으로 소등이 된다.

① 45시간 ② 47시간 ③ 49시간 ④ 51시간 ⑤ 53시간

28 다음 글을 참고하여 추론하였을 때 옳지 못한 것을 고르시오.

2016년 알파고와 이세돌 9단의 바둑대국 사건 이후로, 바둑에 대한 관심이 증가한 K는 여러 바둑 경기를 보게 되었다. 그러다 K는 최근에 본 바둑 대국 경기 결과를 정리하였고, 정리한 표는 다음과 같다.

〈바둑 대국 경기 결과〉

바둑 기사	단급	경기 결과
A	프로 9단	1경기: A와 B 경기 시, B가 이겼다. (초읽기 2분/3회)
B	프로 6단	2경기: B와 C 경기 시, C가 졌다. (초읽기 2분/3회)
C	프로 8단	3경기: C와 D 경기 시, C가 이겼다. (초읽기 2분/3회)
D	프로 6단	4경기: D와 A 경기 시, D가 졌다. (초읽기 3분/3회)
E	프로 9단	5경기: E와 A 경기 시, A가 이겼다. (초읽기 3분/3회)

※ 단급은 높은 숫자일수록 높은 단급을 의미한다.
※ 초읽기는 상대방이 돌을 두고 난 후, 그 다음 자신이 바둑돌을 두어야 하는 제한 시간이다.
횟수는 제한 시간을 넘기고 돌을 두었을 때 카운팅이 되며, 3회를 넘기면 무조건 패하는 것을 룰로 지정한다.

〈조건〉

○ (단급 차이)에 대한 조건은 다음과 같다.
1) 단급이 높은 사람이 낮은 사람을 이겼을 경우 0으로 간주한다.
2) 단급이 높은 사람이 낮은 사람에게 졌을 경우 -(단급 차이 값)로 음수로 간주한다.
3) 단급이 낮은 사람이 높은 사람에게 졌을 경우 0으로 간주한다.
4) 단급이 낮은 사람이 높은 사람에게 이겼을 경우 (단급 차이 값)으로 양수로 간주한다.
5) 동일한 단급인 경우 승패에 상관없이 0으로 간주한다.

○ 기본 점수=(단급 차이)×2 - (초읽기)[1분당 1점]
○ 최종 점수=(기본 점수) + 5(이겼을 경우) or 0(졌을 경우)를 바탕으로 순위를 매긴다.

① B 기사가 제일 높은 점수를 부여 받고 있다.
② 제 4경기에서 D가 이겼다면, 이를 바탕으로 부여 받은 점수는 A는 2점, D는 -3점일 것이다.
③ 제 5경기의 결과를 바탕으로 해석하면 A와 E가 부여 받은 점수의 차이는 5점이다.
④ 5경기까지 진행된 후, C 기사의 최종 점수는 0보다 작을 것이다.
⑤ 위의 자료만을 근거로 판단하였을 때 A 기사가 제일 많은 수의 경기를 치렀다.

29 다음 글을 읽고 〈보기〉를 참고하여 옳은 내용을 모두 고른 것은?

이번에 K는 본인의 아이디어를 바탕으로 창업을 진행하고자 한다. 설계를 바탕으로 시제품까지 도달하기 위해서는 여러 테스트를 진행해야 하며, 그렇게 하기 위해서는 동일한 제품을 많이 만들어야 한다. 따라서 이를 해결하고자 광고를 내어 아래와 같은 분들을 모집하였고, 각 능력과 업무에 관한 급여는 다음과 같다.

1) 제품 개수/시간을 A~E까지 나타내면 A=5, B=4, C=3, D=2, E=1(단위: 개수/시간)이다.
2) 주어진 업무는 동일하며, 한 제품을 제작하게 되면 15,000원의 수입을 얻는다.
3) 시간당 40,000원의 수입을 넘기는 경우, 총수입의 20%를 추가로 인센티브를 받고 그렇지 못하면 10%를 받는다.
4) 팀으로 구성하게 되는 경우 각 시간당 제품 개수는 평균값이 되고, 급여도 이에 대한 평균값으로 지급이 된다.
5) 단, 완성도의 값은 1)의 값의 역수이며, 0.35(시간/제품 개수) 아래의 값은 A의 완성도와 동일한 완성도로 판단한다.

| 보기 |

ㄱ. 하루의 총 업무 시간이 2시간인 경우, K가 지불해야 할 인건비는 50만 원을 넘는다.
ㄴ. A와 E를 한 팀으로 결성하여 업무를 수행시키게 된다면, A 혼자만 손해를 보게 된다.
ㄷ. 제작해야 하는 제품의 개수, 그리고 완성도까지 고려한다면 (A, B, C) / (D, E) 두 팀으로 배정하는 것이 K 입장에서는 가장 효율적이다.

① ㄱ, ㄷ ② ㄱ, ㄴ ③ ㄱ, ㄴ, ㄷ ④ ㄴ, ㄷ ⑤ ㄱ

30 다음 글을 바탕으로 추론하였을 때, 옳지 못한 것을 고르면?

올 겨울철 유독 화재 사건이 빈번하게 일어남에 있어서, 화재 예방 시설을 더욱 강화하고자 '화재 예방은 작은 일로부터 시작하기'라는 세미나를 개최하였다. 아래의 자료는 세미나 자료 중에, 소화기에 관련된 내용을 정리한 것이다.

〈소화기의 특징과 가격〉

소화기 종류	특징	가격 (1개당)
분말 소화기	• 다양한 화학 약재로 된 미세 분말을 포함한 소화기이다. • 냉각 및 질식, 억제 작용으로 소화시킨다. • 대부분의 화재에 모두 사용 가능하나. • 방사 후 소화 대상이 훼손될 우려가 있다.	13,000원
하론 소화기	• 할로젠 화합물 가스를 약재로 사용한 소화기이다. • 주로 질식, 억제의 원리로 소화시킨다. • 하론 가스는 독성이 있어 인체에 유해할 수 있다. • 방사 후 소화 대상물의 손상이 적다.	120,000원
이산화탄소 소화기	• 이산화탄소를 압축 액화하여 소화 약재로 사용한 소화기이다. • 주로 질식 및 냉각의 원리로 소화시킨다. • 대부분의 화재에 모두 사용 가능하다. • 분사 후 소화 대상물의 손상이 적은 것이 특징이다.	80,000원
투척용 소화기	• 액체 상태의 소화 약제가 든 소화기이며 유리에 보관되어 있다. • 주로 질식 및 냉각의 원리로 소화시킨다. • 불이 난 곳에 투척하여 불을 끄는 방식으로써 어린이, 노약자, 장애인 등이 사용하기에 편리하다. • 보관 시에는 아래로 떨어지지 않도록 주의한다.	8,000원

※ 하론: 할로젠화 탄화수소의 약칭으로 사용된다.
※ 투척용 소화기는 분말용 소화기에 비해 약 1/5만큼의 무게를 지니고 있다.
※ 통풍과 환기가 어렵거나 공간의 크기가 작은 곳에서는 화재뿐만 아니라, 독성 및 질식의 우려도 고려한다.

① 대부분 소화기의 소화 원리로 질식, 억제, 냉각을 다루고 있다.
② 분말 소화기가 어린이가 들기 어려울 정도로 무겁다면 투척용 소화기를 사용하는 것을 권장한다.
③ 10m²당 분말 소화기가 1개, 100m²당 하론 소화기 1개, 70m²당 이산화탄소 소화기 1개, 5m²당 투척용 소화기 1개가 법적으로 규정되어 있을 경우, 면적당 가격 대비 가장 좋은 소화기는 이산화탄소 소화기이다.
④ 투척용 소화기의 경우 편리성은 있지만, 깨질 만큼의 힘이 작용되지 않거나, 화재 장소에 정확하게 던지지 못하는 경우 화재 진압에 있어 단점으로 제시될 수 있다.
⑤ 하론 및 이산화탄소 소화기 모두 방사 후에 소화 대상물의 손상이 적기 때문에, 가정용으로 사용할 시 이산화탄소 소화기를 구매하는 것이 경제적, 인체적 유해성 측면에서 보다 좋다.

Chapter 6 대인관계유형

● 정답과 해설 549쪽

01 다음은 신입 사원 워크숍에서의 교육 내용이다. 이를 통하여 관리자와 리더의 역할에 대한 토론이 이루어졌다. 토론을 마무리하려고 할 때, 다음과 같이 조원들끼리 의견 차이가 있다면 A 씨가 조장으로서 취해야 할 행동은?

> 조원1: 회사는 결과로 이야기하는 곳이므로 리더의 덕목은 "성과를 잘 낼 수 있느냐"의 능력입니다. 이것을 저희의 결론으로 합시다.
> 조원2: 저는 좀 다른 의견입니다. 제 생각에는 리더의 가장 큰 덕목은 미래를 연구하여 나아가야 할 방향을 제시하여 구성원들을 이끌어 가는 능력이라고 생각합니다.
> 조원3: 조원2의 의견에 공감합니다. 조금 더 추가하자면, 구성원들을 하나의 방향으로 화합하고 통합하여 바람직한 미래로 이끌어 나가는 능력이 중요하다고 생각합니다.
> 조장: ______________________________

① 의견이 분분하니 우리 조의 의견은 제 의견으로 대신하겠습니다.
② 조원1의 의견이 더 적절한 것 같으니 이것을 저희 조의 의견으로 하겠습니다.
③ 조원2와 조원3의 의견이 더 적절한 것 같으니 이것을 저희 조의 의견으로 하겠습니다.
④ 조원1의 의견이 적절하기 때문에, 이 의견에 대한 근거를 더 이야기해 봅시다.
⑤ 조원2와 조원3의 의견이 적절하기 때문에 마지막으로 추가 의견을 수렴한 후 전체 의견을 결정하겠습니다.

02 아래와 같은 상황에 있을 때, 팀장은 어떤 판단과 조치를 취하는 것이 적절한가?

팀 장: 새로운 아이디어를 통하여 신제품 개발에 심혈을 기울여야 합니다. 다들 아이디어를 제시해 주세요.
이 사원: 환경과 접목하여 친환경적인 제품을 개발하면 어떨까요? 앞으로 환경 관련 중요성은 꾸준히 증가하니, 비전이 있는 선택인 것 같습니다.
김 사원: 요즘 트렌드를 모르니까 그런 이야기나 늘어놓지 요즘 누가 환경 관련한 개발을 진행합니까? 이미 환경 관련한 기술은 포화 상태이며 그런 창의적이지 않은 아이디어로는 성공할 수 없습니다.
팀 장: 왜 그렇게 동료의 의견에 대하여 비방과 적절하지 않은 말투로 이야기합니까? 서로 존중하는 태도를 지니도록 하세요. 우선 회의는 중단하고 두 사람 나랑 이야기 좀 합시다.

팀장은 두 사람과 이야기를 나눈 결과 개인적인 문제로 두 사람 사이가 좋지 않다는 것을 알게 되었다. 이 사원은 화해를 하려 했지만 김 사원이 부정적인 태도로 일관하여 좀처럼 화해의 길이 보이지 않았다.

① 부하 직원을 관리하지 못한 자신의 책임을 인정하고, 화합을 위한 회식을 준비한다.
② 두 사람 사이를 고려하여 두 사람이 마주칠 일을 부여하지 않는다.
③ 개인적인 문제로 생긴 오해를 풀어 좋은 관계를 회복할 수 있는 회식 자리를 마련한다.
④ 상대방에게 개인적인 감정이 있어도 공적인 자리에서는 드러내지 않도록 경고한다.
⑤ 두 사람 사이의 문제에 대하여 잘잘못을 따져 사과를 강요한다.

03 다음에 제시된 다섯 가지 갈등 해결 유형 중 설명이 적절한 것의 개수는?

갈등 해결 유형	적용되는 의미
회피형	I LOSE – YOU LOSE
경쟁형	I WIN – YOU WIN
수용형	I LOSE – YOU WIN
타협형	GIVE AND TAKE
통합형	WIN – WIN

① 1개 ② 2개 ③ 3개 ④ 4개 ⑤ 5개

04 **리더십의 유형은 크게 네 가지로 분류될 수 있다. 이 네 가지 리더십이 효과적으로 발휘될 수 있는 상황을 적절하게 연결 짓지 못한 것은?**

리더십은 크게 네 가지 유형으로 구분된다.
첫째, 독재자 유형이다. 이는 부하 직원에게 업무를 분담하며 결과에 대하여 책임 의식을 고취하는 유형이다. 이는 리더가 결과에 대한 책임을 져야 하기 때문에 집단이 통제가 없거나 눈에 보이는 목표가 없을 때 효과적이다. 두 번째, 민주주의 근접 유형이다. 이는 부하 직원 전체의 참여를 독려하며 다양한 의견을 수렴한다. 따라서 부하 직원들의 능력이 곧 리더의 능력과 직결된다. 세 번째, 파트너십 유형이다. 이 유형의 리더는 구성원들 간의 평등 비전 및 책임을 공유한다. 따라서 소규모 조직이나 재능있는 구성원들이 있는 경우 효과적이다. 네 번째, 변화적 유형의 리더십은 현 상황을 넘어서는 변화를 이끌어 나갈 수 있는 능력을 갖춘 리더이다.

① 독재자 유형 - 통제되어 있으며, 결과물이 가시적이고 목표 의식이 있는 상황에서 리더십을 발휘한다.
② 민주주의 근접 유형 - 혁신적이고 탁월한 부하 직원이 있을 때, 팀원 전체의 참여를 독려하며 리더십이 효과적으로 발휘된다.
③ 파트너십 유형 - 리더와 구성원의 경계가 없으며 평등 및 책임을 공유하므로 소규모의 조직이나 재능을 소유한 구성원이 있을 때 효과적으로 발휘된다.
④ 변화적 유형 - 현재 조직에서 현재 상태를 뛰어넘는 획기적인 변화에 맞추어 가는 상황에서 변화의 원동력이 되어 리더십을 발휘할 수 있다.

05 **A 상사에 새로 부임한 이 팀장은, 전 팀장인 김 팀장에 비하여 리더로서의 스타일이 다르다. 전임 팀장인 김 팀장은 각자의 능력을 믿고 묵묵히 자기 할 일만 하는 분위기를 주도하였다. 하지만 새로 부임한 이 팀장은 우리 팀의 목표를 구체적으로 제시하며, 구성원들과의 경계를 허물어 열정적으로 소통하려 한다. 결과적으로 팀의 분위기가 좋아지며 높은 업무 효율을 가져오는 결과를 이끌어 냈다. 이때, 새로 부임한 이 팀장은 김 팀장에 비하여 리더로서 어떤 강점을 지녔다고 할 수 있는가?**

① 통제 없이 자율적으로 운영되는 자율성에 강점이 있다.
② 그동안 정체되어 발휘되지 못한 능력을 이끌어 내는 변화를 일으키는 강점을 지녔다.
③ 팀원 각자의 풍부한 경험을 이끌어 내는 강점을 지닌다.
④ 팀원들의 단합을 이끌기보다는 개인적인 능력을 위주로 이끌어 내는 강점을 지녔다.

정보능력

● 정답과 해설 549쪽

01 다음의 스마트폰 연락처에서 검색을 하고자 할 때, 검색 결과 중 옳은 것은?

검색:

이름	전화번호
강민환	01068589485
김진호	01026858445
김형준	01033258849
이재준	01074629584
정경민	01021130895
최진현	01040529568
허민수	01046271544

① 'ㄱ'을 누르면 3명이 나온다.
② 'ㅈㅎ'을 누르면 1명이 검색된다.
③ '68'을 누르면 3명이 검색된다.
④ '6858'을 누르면 2명이 나온다.
⑤ 'ㄱㅁ'을 누르면 1명이 나온다.

02 다음 〈자료〉 중에 정보로 분류되는 것은 무엇인가?

〈자료〉

의류 회사에 다니는 K 사원은 20대의 패션 패턴을 파악하기 위해 설문지 조사 방법을 이용하였다. ① 고객의 지역, 나이, 주로 입는 옷 등을 자료로 만들고 조사하였다. 20대가 ② 주로 입는 옷의 종류와 테마를 집계하고, 요즘 20대가 ③ 오버핏 등 사이즈가 큰 옷들을 많이 이용한다는 결과를 확인하였다. 특히, ④ 20대 초반들은 색감이 있는 후드티 등을 선호하고, ⑤ 20대 후반들은 널널한 사이즈의 셔츠 등을 선호한다는 결과를 확인하였다.

03 다음 중 웹 캐시(Web Cash)에 대한 설명으로 옳은 것은?

① 웹 브라우저에서 제공하지 않는 부가 기능을 설치, 구현하는 프로그램
② 인터넷을 사용하려고 할 때, 네트워크에 접속하는 프로그램
③ 자주 접속하는 사이트 주소를 한 번의 클릭만으로 해당 사이트에 접속하게 해 주는 기능
④ 특정 웹 사이트에 접속할 때 반복 사용되는 정보를 가지고 있는 파일
⑤ 자주 사용하는 사이트 자료를 저장한 후 다시 동일한 사이트에 접속하면 자동으로 자료를 불러오는 기능

04 다음은 환율 계산 C프로그램이다. 이 프로그램에서 달러에 대한 원화 환율이 1,130원일 때 원화 200,000원은 몇 달러로 계산이 되는가? (계산 결과는 소수 첫째 자리에서 반올림)

[환율 계산 C프로그램]

```
1 /*환율을 계산하는 프로그램*/
2 #include〈stdio.h〉
3
4 int main(void)
5 {
6 float rate; //원/달러 환율
7 float usd; //달러화
8 int krw; //원화
9
10 printf("달러에 대한 원화 환율을 입력하시오.");
11 scanf("%f",&rate);
12
13 printf("원화 금액을 입력하시오.");
14 scanf("%d",&krw);
15
16 usd=krw / rate;
17
18 printf("원화 %d원은 %f 달러입니다.\n", krw, usd);
19
20 return 0;
21 }
```

① $173 ② $175 ③ $177 ④ $179 ⑤ $181

05 다음 중 5W2H의 분석 내용으로 가장 적절하지 않은 것은?

회사원 A는 전자레인지 신상품 기획서를 제출하려고 한다. 개발하고자 하는 전자레인지는 오븐 기능이 있는 복합 전자레인지이다. A는 전자레인지를 필요로 하는 대상의 연령, 선호하는 디자인, 기대 지불 금액 등에 대한 정보를 필요로 했다.

A는 연령대별로 설문지를 작성하게 하여 이러한 정보를 얻으려고 하였다. 다음주까지 기획서를 제출해야 하기 때문에 이번 주에 설문지를 만들어 설문 의뢰를 하기로 하였다. A는 전문 조사기관 P 기관에 설문을 의뢰하기로 하였고, P 기관의 설문 의뢰 비용은 건당 50만 원이었다.

〈5W2H〉

구분	의미	사례
WHO	정보 활동 주체	회사원 A
WHEN	정보의 요구 시점	이번 주
WHERE	정보의 소스(정보원)	P 기관
WHAT	수집할 정보	전자레인지를 필요로 하는 대상 연령, 선호하는 디자인, 기대 지불 금액 등
WHY	정보의 필요 목적	다음 주까지 기획안을 제출해야 하기 때문에
HOW	정보의 수집 방법	P 기관에 설문지 요청
HOW MUCH	정보 수집의 비용성	건당 50만 원

① WHERE ② WHAT ③ WHY ④ HOW ⑤ HOW MUCH

06 김 부장은 회사로부터 해외 출장 중 '식비와 숙박비에 대해서만 지원을 해 준다'는 소식을 들었다. 김 부장이 입력할 검색어로 적절한 것은 무엇인가?

① 식비 ! 숙박비
② 식비 & 숙박비
③ 식비 l 숙박비
④ 숙박비 near 식비
⑤ 숙박비 ! 식비

07 다음 〈자료〉를 보고 적절하지 않은 의견을 제시한 사람은?

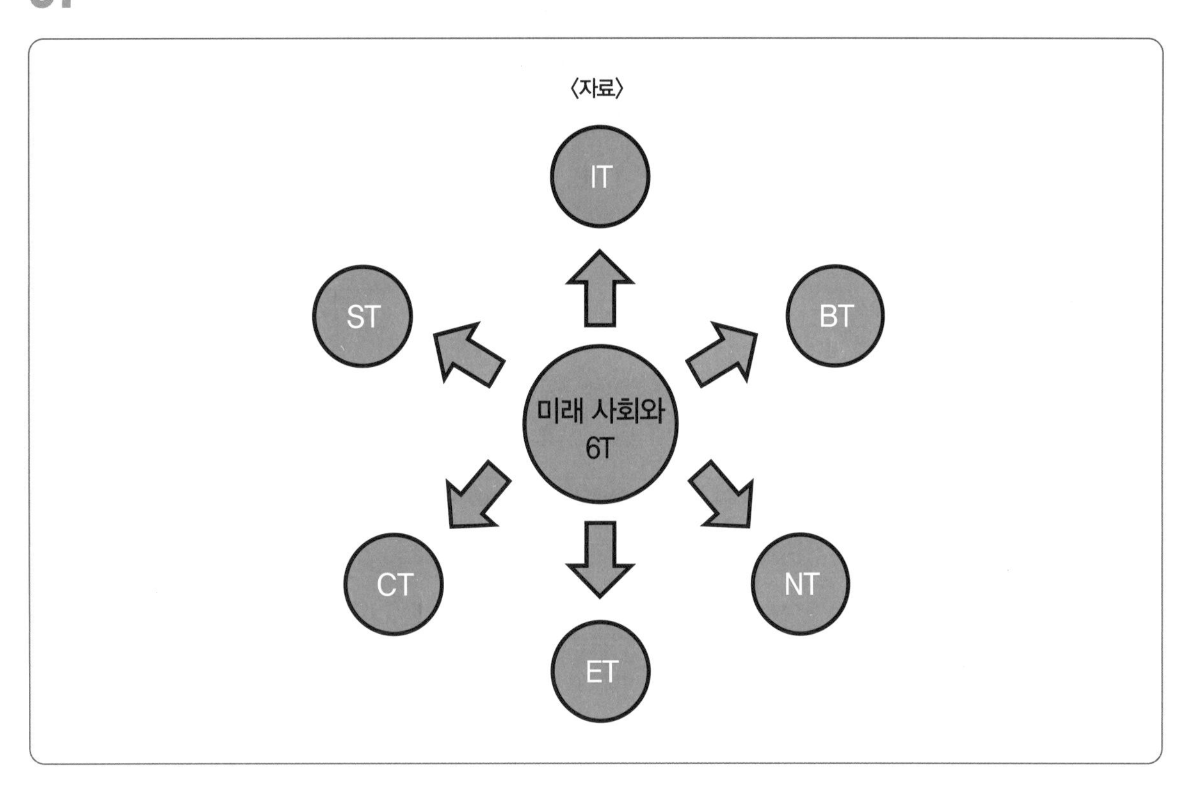

- A: 블록체인 기술의 발달과 함께 현재의 국제 기축 통화 질서에서도 혁신적인 변화가 일어날 것이다.
- B: 드라마 같은 한류 문화로 대표되는 CT 산업은 그 자체뿐 아니라 부가 상품 등으로 주목받는 시대가 올 것이다.
- C: 미래 사회에서는 새로운 지식과 기술을 활용, 공유할 수 있는 지식 근로자를 더욱 요구할 것이다.
- D: 기업의 생산 요소에 '정보'가 추가되면서 부가 가치의 새로운 형태가 출현하고 있다.
- E: 6T 근처에 IT가 자리 잡고 있어서 결국 미래 사회의 6T는 IT의 서브 산업으로 통폐합될 것이다.

① A ② B ③ C ④ D ⑤ E

08 다음 엑셀 화면을 보고 12월 20일까지의 금액을 계산하려고 한다. 가장 적절한 방법은?

	A	B	C	D	E	F
1						
2		식당 물품 공급 대장				
3		물품	공급일	수량	단가	가격
4		쌀	12월 2일	5	12,000	
5		달걀	12월 8일	10	2,000	
6		복숭아	12월 12일	30	2,500	
7		채소	12월 12일	10	3,000	
8		당면	12월 20일	5	2,000	
9		멸치	12월 21일	20	1,500	
10		간장	12월 30일	30	7,000	
11		합계				

① F4칸에 =D4*E4를 한다. → F4칸의 모서리에서 드래그하여 F8까지 내린다. → F11칸에 =SUM(F4~F8)을 한다.
② F4칸에 =D4*E4를 한다. → F4칸의 모서리에서 드래그하여 F8까지 내린다. → F11칸에 =AVG(F4:F8)을 한다.
③ F4칸에 =D4*E4를 한다. → F4칸의 모서리에서 드래그하여 F8까지 내린다. → F11칸에 =SUM(F4:F8)을 한다.
④ F4칸에 =D4*E4를 한다. → F4칸의 모서리에서 드래그하여 F8까지 내린다. → F11칸에 =SUM(F4:F10)을 한다.
⑤ F4칸에 MAX(D4*E4)를 한다. → F4칸의 모서리에서 드래그하여 F8까지 내린다. → F11칸에 =SUM(F4:F8)을 한다.

09 다음 〈조건〉을 보았을 때 결과값 중 1인 것은 몇 개인가?

연산자	검색 조건
AND	모두 참일 때만 참, 나머지는 거짓
OR	모두 거짓일 때만 거짓, 나머지는 참
NOR	둘 다 거짓일 때만 참, 나머지는 모두 거짓
XOR	둘의 참과 거짓이 다르면 참, 같으면 거짓

〈조건〉

- □의 값은 0이다.
- ■의 값은 1이다.
- 0은 거짓, 1은 참을 의미한다.
- A와 B에 대응되는 행과 열은 1:1로 각각 합성한다.
- A와 B에 NOR 연산을 취한다.

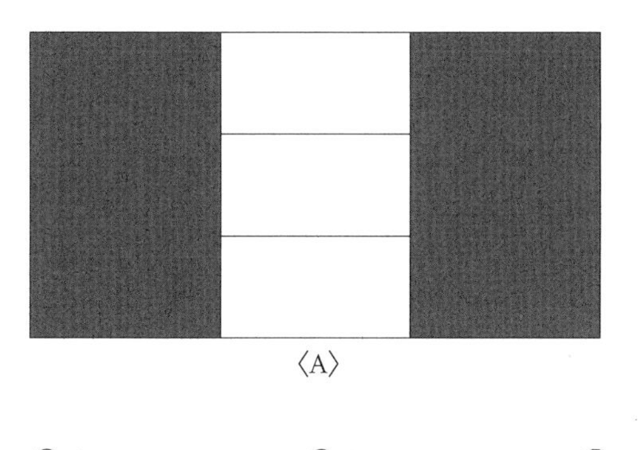
〈A〉

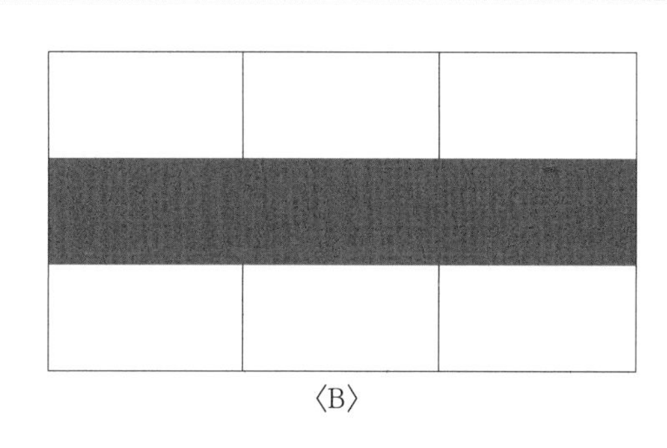
〈B〉

① 1　② 2　③ 3　④ 4　⑤ 5

10~12 다음은 K 신발 공장의 제품 시리얼 코드 생성 방법이다. 제시된 〈자료〉를 참고하여 다음 질문들에 답하시오.

| 보기 |

[생산 연월]-[생산 브랜드]-[생산 공장]-[제품 종류]-[생산 순서]
제품 시리얼 코드 1812-B-01-AFM-03112
2018년 12월 B 브랜드 1공장에서 3112번째로 생산된 남성 운동화

〈자료 1〉

생산 연월	생산 브랜드		생산 공장		제품 종류				생산 순서
					신발 종류		옵션		
1802 : 2018년 2월	A	A 브랜드	01	1공장	CV	단화	M	남성	• 00001부터 시작하여 생산 순서대로 5자리의 번호가 매겨짐 • 생산 연월에 따라 번호를 갱신함
			02	2공장			W	여성	
	B	B 브랜드	01	1공장	AF	운동화	M	남성	
			02	2공장			W	여성	
	C	C 브랜드	01	1공장	DM	구두	M	남성	
			02	2공장			W	여성	

〈자료 2〉

담당자	제품 관리 번호
전치홍	1702C01DMW49887
민준우	1705B02AFM25110
박병헌	1710B01AFW41100
안시영	1710A01CVW55551

10 다음 중 K 신발 공장이 2016년 C 브랜드에서 생산한 구두의 시리얼 코드로 알맞은 것은?

① 1605A02CVM64285
② 1612C01DMM24778
③ 1711C02DMW45852
④ 1612B01AFM45582
⑤ 1701B02AFW51442

11 다음 중 같은 해에 생산된 같은 신발 종류를 담당하고 있는 사람들로 짝지어진 것은?

① 전치홍-민준우
② 민준우-박병헌
③ 박병헌-안시영
④ 전치홍-박병헌
⑤ 민준우-안시영

12 각 제품 담당자는 00001번부터 제품 관리 번호까지 신발 생산을 담당하고 있다. 2017년 10월 B 브랜드에서 생산된 운동화를 담당한 담당자는 2017년 10월에 총 몇 개의 신발을 담당하였는가?

① 49887개　② 25110개　③ 41100개　④ 55551개　⑤ 3112개

13 다음 〈보기〉에서 설명하고 있는 전략 기술은 무엇인가?

보기

이것은 컴퓨터가 사용자에게 질문이나 명령을 받은 후, 기능을 수행, 콘텐츠를 제시, 추가 인풋을 요청하는 방향으로 일을 처리하는 것이다.

① 대화형 플랫폼(Conversational Platforms)
② 몰입 경험(Immersive Experience)
③ 에지 컴퓨팅(Edge Computing)
④ 지능형 앱 분석(Intelligent Apps and Analytics)
⑤ 지능형 사물(Intelligent Things)

14 핀테크에 대하여 옳지 않은 설명을 하고 있는 사람은?

A: 핀테크 기업은 기존의 인터넷 뱅킹 등의 금융 서비스만 다루는 것이 아니다. 고객의 신용도, 금융 사고 등을 빅데이터 분석으로 정확하게 파악해 맞춤형 자산 관리 서비스를 제공하는 영역까지 확대되었다.
B: 핀테크는 인터넷, 모바일 공간에서 결제, 송금, 이체 등 각종 금융 서비스를 제공하는 산업을 뜻하는 말이다.
C: 온라인상으로 자유롭게 주식을 거래할 수 있는 홈트레이딩 시스템도 핀테크로 볼 수 있다. 최근의 핀테크가 과거와 다른 점은, 예전에는 금융 회사들이 필요에 따라 정보통신기술을 주도적으로 채택해 활용해 온 반면, 최근에는 비금융 분야의 정보통신 기업들이 주도권을 쥐고 금융 관련 영역으로 진출하고 있다는 점이다.
D: 핀테크는 인터넷을 이용한 사업이라면 어디서든 볼 수 있다. 단순한 모바일 간편 결제는 물론이고, 메신저를 이용하여 돈을 주고받는 서비스나 모금을 통하여 사업을 벌이는 클라우드 컴퓨팅 또한 핀테크의 대표적인 예이다.
E: 핀테크의 단점은 어플리케이션의 보안 문제로 일어날 수 있는 사고와 빠르고 간단하게 금융 서비스를 받을 수 있다는 점을 악용한 범죄가 일어날 가능성이 있다는 점이다.

① A　② B　③ C　④ D　⑤ E

15 다음 설명을 보고 괄호 ㉠과 ㉡에 들어갈 말을 순서대로 묶은 것은?

(㉠)과(와) (㉡)의 차이점은 해커가 금융 사기를 수행하는 데 사용하는 벡터인 DNS이다.
(㉠)은(는) 합법적으로 보이는 스푸닝 사이트 또는 기밀 정보를 요구하는 회사 공식 웹사이트를 사용하여 작동한다. 반면에 (㉡)은(는) 희생자를 유인하기 위한 가짜 링크에 의존하지 않는다. DNS 서버를 손상시켜 합법적인 웹 주소가 올바르게 입력되었는지 여부와 상관없이 사용자를 가짜 웹 사이트로 방향을 전환시킨다. 올바른 주소를 입력했다고 하더라도 DNS 서버가 손상되었기 때문에 가짜 웹 사이트로 접속하게 되는 것이다.

	㉠		㉡
①	스미싱	-	피싱
②	스미싱	-	파밍
③	피싱	-	파밍
④	파밍	-	피싱
⑤	피싱	-	스미싱

16~17 아래 자료는 P 청소기 회사의 제품 분류 및 번호 부여 규칙이다. 다음 물음에 답하시오.

상품 구분		모델		색상		생산 공장		생산 연도	생산 번호
코드	명칭	코드	명칭	코드	명칭	코드	명칭		
D	대형	W1	1WAY	GD	골드	01	서울	생산 연도의 뒤 2자리를 부여	생산 순서대로 00001~99999의 번호 부여
		W2	2WAY	SI	실버	02	부산		
		W4	4WAY	BL	블랙	03	대전		
M	중형	L1	유선형	GR	그린				
		N1	무선형	WH	화이트				
E	소형	N2	전지형	BR	브라운				
		N3	충전형	YE	옐로우				

16 다음 중 2018년 서울 공장에서 제작한 브라운색 충전형 대형 청소기 제품의 시리얼 번호로 알맞은 것은?

① DN2BR011865300
② DN3BR011802554
③ DN3BR011724510
④ DW1BL011822200
⑤ DN3BR031898220

17 판매된 제품 중 'EL1GD031700530'에서 불량이 발생되었다는 민원이 접수되었다. 그래서 같은 시기, 같은 공장에서 동일 모델로 사용한 제품 100개를 리콜하기로 하였다. 다음 중 리콜해야 할 제품에 해당하는 것은?

① EL1S0318650001　② MW1GR011823111　③ DL1WH021700200
④ ML1BL031700515　⑤ DN2WH011600132

18 다음 중 트로이 목마(Trojan horse) 바이러스에 대한 설명으로 옳은 것은?

① 일반적인 컴퓨터 바이러스와 달리 다른 프로그램을 감염시키지 않고 자기 자신을 복제하면서 통신망 등을 통해서 널리 퍼진다.
② 사용자의 동의 없이 또는 사용자를 속여 설치되어 광고나 마케팅용 정보를 수집하거나 중요한 개인정보를 빼 가는 악의적 프로그램이다.
③ 겉으로는 전혀 해를 끼치지 않을 것처럼 보이지만 컴퓨터 바이러스와 비슷한 위험 인자를 지니고 있는 프로그램을 말한다. 주로 이메일이나 인터넷을 통해 다운 받는 프로그램에서 발견되며, 해킹을 목적으로 전송하는 프로그램이다.
④ 서버가 처리할 수 있는 용량을 초과하는 정보를 한꺼번에 보내 과부하로 서버를 다운시키는 공격 방식이다.
⑤ 인터넷 사용자의 컴퓨터에 잠입해 내부 문서나 스프레드시트, 그림 파일 등을 제멋대로 암호화해 열지 못하도록 만들고 이메일 주소로 접촉해 돈을 보내 주면 해독용 열쇠 프로그램을 전송해 준다며 금품을 요구하기도 한다.

19 2019년 K 기업 부산 지역 생산 부서에 최종 합격한 정민호의 사원 번호로 옳은 것은?

〈자료 1〉 K 기업 사원 번호 부여 방식

입사 연도		근무 지역		근무 부서		일련 번호
연도	코드	지역	코드	부서	코드	
2016	2K16	서울	S	영업	1	동일 연도 입사자는 성명 가나다 순으로 01부터 고유 번호를 부여함
2017	2K17	인천	I	생산	2	
2018	2K18	부산	B	기획	3	
2019	2K19	제주	J	관리	4	

〈자료 2〉 2019년 최종 합격자 명단

2019년 신입 사원 상반기 최종 합격자

- 영업부: 김OO, 이OO
- 생산부: 최OO, 강OO, 민OO, 정OO
- 기획부: 강OO, 전OO, 하OO
- 관리부: 황OO, 성OO, 주OO, 김OO

① 2K18B209 ② 2K19B208 ③ 2K19B209 ④ 2K19S102 ⑤ 2K19I402

20 다음 사례들을 보고, 토의한 내용으로 옳지 않은 것은?

사례 1: 교토에 전철이 있기는 하지만 전철보다 버스가 훨씬 편리합니다. 그리고 비용 절감을 위해서 교토 버스 1일 이용권을 이용하는 게 좋습니다. 또 교토 버스는 뒤에서 타고 앞으로 내립니다. 버스 경로에 맞게 교통편도 잘 알아보세요.

사례 2: 인도를 여행하려면 비자를 발급 받아야 합니다. 두 달 이내로 여행을 가실 분들은 온라인으로 전자 비자를 발급 받을 수 있지만 그 이상으로 여행을 다녀오시려는 분들은 강남에 가서 다른 비자를 만들어야 합니다.

사례 3: 호주는 세 가지의 시차로 분류됩니다. 첫 번째로 호주 사막 남쪽 호주는 우리나라보다 30분이 빠르고, 두 번째로 남동 해안 쪽은 우리나라보다 1시간이 빠릅니다. 마지막으로 서부 지역은 우리나라보다 1시간이 느립니다. 그리고 호주에는 썸머 타임이라고 여름에 낮시간이 긴 것을 이용해 표준시간을 1시간 앞당겨서 하루를 일찍 시작하는 제도가 있으니, 썸머 타임에 대해 숙지해서 가시기 바랍니다.

① 사례 1에서는 교토 여행 시에는 전철보다는 버스가 더 편리함을 알려 준다.
② 사례 2에서는 인도를 여행하기 위해서는 비자를 발급 받아야 한다는 정보를 알려 주고 있다.
③ 사례 3에서는 호주에 대한 여행 자료가 있더라도 뉴질랜드를 여행하는 것이라면 이 자료는 정보로서 가치가 없음을 알려 준다.
④ 사례 3에서는 호주 시차에 대한 정보를 알려 주고 있다.
⑤ 위 사례들은 정보와 자료의 차이점을 나타내고자 하는 것으로, 자료를 많이 수집하면 그것이 훌륭한 정보가 된다는 것을 보여 준다.

21~22 다음은 Q전자 TV의 제품 코드 부여 방식이다. 다음 물음에 답하시오.

| 보기 |

TV 모델명: WA56RBITBRCO

56인치 벽걸이형 TV로, 출시 연도는 2017년이다. B 디자인이고, 인터넷 기능이 있으며, 색상은 갈색이고, 옵션은 리모컨이다.

〈TV 제품 코드 부여 방식〉

제품 형태		크기		출시 연도		디자인	
ST	스탠드형	54	54인치	R	2017년	A	A 디자인
WA	벽걸이형	56	56인치	T	2018년	B	B 디자인
		60	60인치	X	2019년	C	C 디자인

제품 기능		제품 색상		옵션	
RE	다시 보기	BL	검은색	CO	리모컨
IT	인터넷	BR	갈색	CD	플레이어
		SI	은색		

21 다음 중 2019년도에 출시된 은색 A 디자인 스탠드형 56인치 TV이며, 다시 보기 기능과 플레이어 옵션으로 구성된 모델의 제품 코드로 적절한 것을 고르시오.

① WA60RBREBLCD ② ST54RAREBRCO ③ ST56XAITSICO
④ ST56XARESICD ⑤ ST60TCREBLCO

22 Q전자 벽걸이형 TV의 경우 C 디자인이 없고, 은색 색상이 없다. 2017년에는 인터넷 기능이 있는 TV를 출시하지 않았다. 다음 중 존재할 수 없는 모델은 모두 몇 개인가?

모델명	모델명
WA60TAITBLCO	ST60XCITSICO
WA54XBITBLCD	WA60TBRESICO
ST56RAITBRCO	ST54XBITSICD
ST60TAREBLCO	WA54XCREBLCD

① 1개 ② 2개 ③ 3개 ④ 5개 ⑤ 7개

Chapter 8 기술영역

● 정답과 해설 551쪽

01 현대의 기술이 혁신적으로 발전하여 그에 따른 산업이 디지털화되어 가고 있다. 산업 구조와 경제, 생활, 문화에서도 기술 혁신에 따른 급격한 변화가 일어나고 있다. 이러한 혁신에 따른 특징으로 옳지 않은 것을 고르시오.

① 기술의 발전은 지극히 경험적이며 개인의 경험에 의하여 급진적으로 일어난다.
② 기술의 발전은 예측할 수 없는 여러 가지 요소에 의하여 단기간에 이루어지기 힘들다.
③ 기술의 발전은 모험적이며 불확실하기 때문에 기업 내에서 많은 논의와 검토가 유발된다.
④ 기술의 발전은 기술의 분야를 넘나들며 이루어진다.
⑤ 기술의 발전은 사람이 새로운 지식과 경험을 쌓아 가며 이루어지는 정보 집약적인 활동이다.

02 새로 구입한 TV 화면에 수시로 검은 점이 보였다가 없어지는 증상이 발생했을 때, 〈대처법〉을 보고 어떤 조치를 해야 하는지 고르시오.

〈대처법〉

Check 701	증상: 화면의 선명도가 현저히 떨어짐 해결 방법: 해상도 조절 버튼으로 해상도 조절
Check 702	증상: 화면이 어두움 해결 방법: 전력 공급이 제대로 이루어지는지 확인
Check 703	증상: 디스플레이 에러 1 해결 방법: 사용자 설정 초기화
Check 704	증상: 디스플레이 에러 2 해결 방법: 디스플레이의 정상적인 동작을 위하여 온도를 실온으로 조성
Check 705	증상: 화면 중간중간 검은 점이 보임 해결 방법: 내부 청소가 필요함

① 해상도 조절 버튼으로 조절해야 한다.
② 코드가 제대로 연결되어 전력 공급에 이상이 없는지 확인해야 한다.
③ 사용자 설정을 처음으로 초기화시켜야 한다.
④ TV 설치 장소의 온도를 실온으로 설정하기 위해 노력해야 한다.
⑤ 내부의 먼지가 원인일 수 있으므로 내부 청소를 해야 한다.

03 현재 한국통신은 시장 점유율 2위이다. 한국통신 대표는 현재 매출액 25% 증가, 시장 점유율 1위를 목표로 세우고, 전략 상품 개발 TF를 내세웠다. 김 사원은 TF에 소속되어 전략 상품 개발 기술 선택에 대한 회의에 임하고 있다. 아래의 도식화된 그림에서 i~iv에 대한 의견 제시로 적절한 것은 무엇인가?

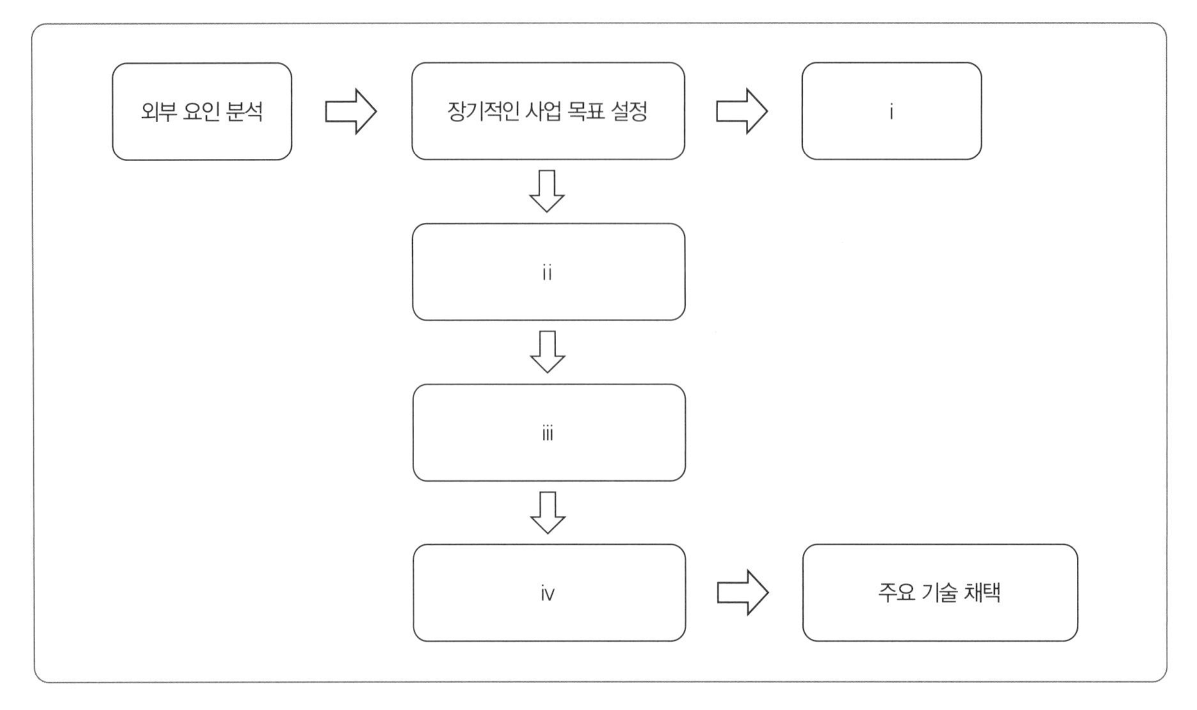

① i : 사용자들의 현재 수요를 파악하여 필요한 기술 변화를 분석하는 것이 우선입니다.

② ii : 시장에서 경쟁력을 갖기 위한 주요 기술을 채택했으면, 기업 내에서 개발할지, 외부로부터 도입할지에 대한 결정이 필요합니다.

③ iii : 전략 상품을 위한 제품의 외부 디자인과 내부 설계, 생산 공정, 부품 생산에 대한 기술을 분석하고 결론을 이끌어 내는 것이 필요합니다.

④ iv : 어떤 시장에서 경쟁할 것인지 선택한 후 타사에 우위를 점할 방법을 마련하는 것이 필요합니다.

04 건설 회사의 생산 공장에 입사한 한국이는 안전 관리에 대한 교육을 수강하고 있다. 다음은 교육 내용 자료를 정리한 내용이다. 공장 내에서의 산업 재해 위험 요소와 예방 방법에 대한 설명 중 틀린 것을 고르시오.

위험 요소	예방 방법
가동 중인 기계의 조작 미숙으로 인한 문제 생산 기계의 부적절한 사용 안전 복장 및 보호 장비 미착용 반입 금지 위험품 취급 부주의 현장 안전 수칙 불이행	① 안전 정신 강화 훈련 ② 안전 복장 및 보호구 착용 점검 ③ 공장 내 환경의 문제점 체크 ④ 복장 및 보호구의 성능 체크 위험 장소 접근 금지 표시

① 안전 정신 강화 훈련
② 안전 복장 및 보호구 착용 점검
③ 공장 내 환경의 문제점 체크
④ 복장 및 보호구의 성능 체크

05 다음은 최근 공사 현장에서 일어난 인명 피해에 대한 기사 내용이다. 사고의 원인 조사 결과 브리핑 내용을 참고할 때, 이 사고는 어떤 측면에서 발생 원인을 찾을 수 있겠는가?

〈뉴스 브리핑〉

오늘 일어난 사고에 대한 합동 조사 본부의 결과를 발표하겠습니다. 이번 인명 사고의 가장 큰 원인은 건물과 기계 장치의 잘못된 설계에 있었습니다. 또한 작업 구조와 환경이 부적합하였으며, 안전 점검을 위한 장비의 불량도 확인하였습니다. 안전관리본부는 앞으로 이와 같은 불행한 인명 사고가 발생하지 않도록 안전을 위해 노력하겠습니다. 이상입니다.

① 교육적 원인　　② 정서적 불안정　　③ 기계 작업 관리상 원인
④ 기술적 원인　　⑤ 불안정한 행동

06

김 과장은 회사의 이사로부터 “우리 회사의 최고 기술 책임자를 외부에서 영입하는 일이 추진되고 있으니, 그 사람의 능력을 체크할 수 있는 리스트를 만들어 달라”라는 과제를 부여 받았다. CTO는 최고 기술 책임자로서 단순 기술 관리자가 갖추어야 할 능력과는 다른 능력을 필요로 한다. 다음 중 CTO(최고 기술 책임자) 수준에서 요구되는 능력을 모두 고른 것은?

A. 기술 관련 팀을 하나로 통합하여 통솔할 수 있는 능력
B. 기술 관련 전문 인력을 운영 관리할 수 있는 능력
C. 대형 프로젝트를 위해 서로 다른 분야에 걸쳐 있는 기술 능력을 수행할 수 있는 능력
D. 기술을 이용하여 문제를 해결할 수 있는 능력
E. 기술의 유용성과 효율성을 평가할 수 있는 능력
F. 기술직 팀원들과 원활한 의사소통을 할 수 있는 능력
G. 최신 기술이나 발전 추세에 대한 이해 능력

① A, B, E ② A, C, F ③ B, C, E ④ B, C, F ⑤ C, D, E

07

다음 〈압력 밥솥 사용 설명서〉를 참고하여, 압력 밥솥의 작동 중 일어나는 현상과 문제에 대한 적절한 이해와 조치를 한 사람을 고르시오.

〈압력 밥솥 사용 설명서〉

문제	작동 불량 증상	적절한 조치
작동 이상	압력 밥솥이 작동하지 않아요	전원이 연결되어 있는지 확인하세요. 압력 밥솥이 잘 잠겨 있는지 확인하세요.
	내부에서 검은 연기가 나요	이물질, 음식물 찌꺼기 등이 원인일 수 있습니다. 깨끗이 청소해 주세요.
	밥솥 가동 시 증기가 배출되어요	증기가 배출되는 정상적인 동작입니다.
	조리 후 물이 생겨요	밥이 되는 과정에서 수증기가 생기는 정상적인 동작입니다.
조리 중 이상	조리 중 본체가 뜨거워요	정상적인 동작입니다. 안심하고 사용하세요.
	칙칙 소리가 나요	밥이 되고 있는 과정입니다.

① 김 사원: 압력 밥솥이 작동하지 않아 밥솥을 청소하였다.
② 이 사원: 내부에서 검은 연기가 나는 것을 보고 정상적인 작동이라고 생각하였다.
③ 최 대리: 조리 후 물이 생겨 떨어지는 것을 보고 불량이라고 생각해 AS를 맡기었다.
④ 권 대리: 밥솥 가동 중 증기가 배출되는 것을 보고 정상적으로 작동하고 있다고 판단하였다.
⑤ 유 부장: 본체가 뜨거워지는 것을 느끼고 재빨리 전원을 분리하였다.

08 다음은 4차 산업혁명 시대의 핵심인 네트워크 연결성에 대한 설명이다. 네크워크 혁명과 관련된 〈보기〉의 설명 중 옳은 것을 모두 고르시오.

| 보기 |

A. 사노프의 법칙은 텔레비전이나 라디오와 같은 미디어에서 시청자의 수에 비례하여 미디어의 가치도 산술적으로 증가한다는 법칙이다.
B. 멧칼프의 법칙은 네트워크의 창의성은 다양한 사고를 가진 사람이 네트워크로 연결되면 그에 따른 창의성은 기하급수적으로 높아진다는 것을 의미한다.
C. 무어의 법칙은 반도체 집적회로의 성능이 12개월마다 2배로 증가한다는 법칙이다. 이는 컴퓨터 처리 속도와 메모리의 양은 2배로 증가하지만, 비용은 상대적으로 떨어지는 효과를 가져온다는 의미이다.

① A ② A, B ③ A, C ④ B, C ⑤ A, B, C

09 "벤치마킹"이란 작업 현장에서의 새로운 기술 선택 방법 중 하나이다. 다음의 〈자료〉를 참고할 때 "벤치마킹"에 대해 제대로 이해하지 못한 사람을 고르시오.

〈자료〉

"벤치마킹"은 큰 위험부담 없이 할 수 있는 새로운 기술 선택 방법 중 하나이다. 하지만 벤치마킹을 성공하기가 쉽지만은 않다. 많은 기업들이 A사의 JIT 즉, 적기 공급 생산 방식을 본받고 싶어 한다.

이는 사내 재고를 최소화하고 낭비를 없애는 방식으로 많은 기업들이 따라하려고 노력하지만 대부분 실패하고 만다.

① "벤치마킹"은 기업 내 사고 방식과 조직의 문화 등 큰 변화가 필요하기 때문에 많은 시간이 걸린다.
② "벤치마킹"은 단순히 결과만 따라 하는 것만으로는 성공하기 힘들다.
③ "벤치마킹"은 동종 업계에서 하면 유리하며, 비용에서 상대적인 효율성을 지닌다.
④ "벤치마킹"은 좋은 기업의 기술, 상품, 기업의 경영 방식을 배워 활용하는 것이다.
⑤ "벤치마킹"은 외형적인 부분을 강조하기보다는 상품, 기술, 경영 방식 등 조직의 특성에 중점을 두어 조정해야 한다.

10 다음은 회사의 전략부 팀장인 김 팀장이 제출한 "회사의 대표 및 임원들에 대한 보고용 문서 작성 매뉴얼"이다. 아래의 문서 작성 매뉴얼에 맞지 않는 것을 고르시오.

〈'핵심 기술 참고 보고서'와 '핵심 기술 보고서'의 차이〉

핵심 기술 결정권자에게 유익한 정보를 제공한다는 면에서 핵심 기술 참고 보고서와 핵심 기술 보고서는 같지만, 핵심 기술 참고 보고서의 경우는 핵심 기술에 대한 사례 분석, 전문 지식이나 정보를 제공하고 일정한 형식에 제한되지 않는다는 측면에서 구분되며, 핵심 기술과 관련한 동향 보고 등은 핵심 기술 보고서로 분류되는 것이 타당함.

구분	특성	분량	형식	비고
상황 보고서	신속성	2매 이하	정형적	시의성에 중점
핵심 기술 보고서	정확성	2~3매	정형적	-
핵심 기술 참고 보고서	분석적	제한 없음	제한 없음	다양한 자료 포함

① 무인 자동차 관련 경쟁사의 신기술 개발에 대한 언론 동향을 정리한 기술 보고서를 작성해 보고하였다.
② 기업 내 생산 공장이 위치한 공단에 발생한 사고에 대한 긴급한 보고를 상황 보고서를 이용하여 보고하였다.
③ 정부의 핵심 기술 발전지원금 지급 불가에 대한 핵심 기술 참고 보고서를 작성해 보고하였다.
④ 홍보 강화를 위한 기업 내 조직 개편에 대한 기획을 참고 자료와 함께 핵심 기술 참고 보고서로 작성해 보고하였다.
⑤ 기업 홈페이지 고객 게시판에 제기되는 제품에 대한 불만 사항에 관한 상황 보고서를 작성해 보고하였다.

11 다음의 지적 재산권에 대한 설명을 올바르게 짝지은 것을 고르시오.

A. 제품의 외관에 미적인 감각을 느끼게 하는, 미적 감각을 고려한 고안을 보호하는 권리이다.
B. 경제, 사회 또는 문화의 변화나 기술의 발전에 따라 컴퓨터 프로그램, GMO, 반도체 설계 등 새로운 분야에서 출현하는 지적 재산을 의미한다.
C. 인간의 창조성을 지닌 활동 또는 경험에 의해 생기거나 발견된 지식, 정보, 기술이나, 사상이나 감정의 표현, 또는 물건의 표시, 생물의 품종이나 유전 자원, 그 밖의 무형적인 것으로서 재산적 가치가 실현될 수 있는 것을 의미한다.
D. 산업 및 경제 활동과 관련된 사람의 정신적 창작물이나 창작된 방법을 인정하는 무체 재산권을 총칭하는 용어이다.

① A - 의장권　② C - 신지식 재산　③ D - 지식 재산권　④ B - 산업 재산권

12 다음은 하인리히 법칙에 대한 설명이다. 아래 설명에서 얻을 수 있는 산업 재해 예방 및 대처 방법과 거리가 먼 것은?

> 1931년 허버트 윌리엄 하인리히(Herbert William Heinrich)가 펴낸 〈산업 재해 예방 : 과학적 접근 Industrial Accident Prevention : A Scientific Approach〉이라는 책에서 소개된 법칙이다.
>
> 업무 성격상 수많은 사고 통계를 접했던 하인리히는 산업 재해 사례 분석을 통해 하나의 통계적 법칙을 발견하였다. 그것은 바로 산업 재해가 발생하여 중상자가 1명 나오면 그 전에 같은 원인으로 발생한 경상자가 29명, 같은 원인으로 부상을 당할 뻔한 잠재적 부상자가 300명 있었다는 사실이었다. 하인리히 법칙은 1:29:300 법칙이라고도 부른다. 즉, 큰 재해와 작은 재해, 그리고 사소한 사고의 발생 비율이 1:29:300이라는 것이다. 큰 사고는 우연히 또는 어느 순간 갑작스럽게 발생하는 것이 아니라 그 이전에 반드시 경미한 사고들이 반복되는 과정 속에서 발생한다는 것을 실증적으로 밝힌 것으로, 큰 사고가 일어나기 전 일정 기간 동안 여러 번의 경고성 징후와 전조들이 있다는 사실을 입증하였다. 다시 말하면 큰 재해는 항상 사소한 것들을 방치할 때 발생한다는 것이다. 사소한 문제가 발생하였을 때 이를 면밀히 살펴 그 원인을 파악하고 잘못된 점을 시정하면 대형 사고나 실패를 방지할 수 있지만, 징후가 있음에도 이를 무시하고 방치하면 돌이킬 수 없는 대형 사고로 번질 수 있다는 것을 경고한다.

① 시설물 자체의 결함이나 구조물의 불안정함 등 작업 현장의 불안전한 상태를 개선하면 재해 예방이 가능하다.
② 작업자의 안전 지식의 부족, 안전 수칙 미준수, 경험 및 훈련의 부족 등에 대한 작업 방법 교육으로 사고를 방지할 수 있다.
③ 작은 문제가 생겼을 때 이를 파악하여 시정하면, 대형 사고를 방지할 수 있다.
④ 산업 재해의 직접적 원인 외에도 작업 관리상이나 기술적 원인 등의 기본적 원인에 대한 검토와 조치가 필요하다.
⑤ 위험 장소에서의 안전 장비 미착용이나 오착용, 불안정한 작업 동작 등 불안전한 행동을 제거하면 재해 예방이 가능하다.

13 A전자 인사팀에서 근무 중인 김 대리는 천장형 에어컨 가동 시 지속적으로 이슬이 맺혀 물로 떨어지며, 냄새가 나는 현상을 발견하였다. 이때 김 대리가 취해야 할 적절한 행동을 다음 대처법을 참고하여 고르시오.

증상	점검 사항	대처 방법
에어컨 전원이 켜지지 않아요.	전원 플래그가 제대로 연결되어 있나요?	전원 플래그를 콘센트에 연결해 주세요.
	과전류로 인하여 퓨즈가 손상되었나요?	퓨즈가 손상되었다면 새 제품으로 교체하여 주세요.
무선 리모컨에 반응하지 않아요.	리모컨의 건전지 잔량이 남아 있나요?	건전지를 새 제품으로 교체하여 주세요.
	리모컨의 소리는 들리지만 에어컨은 동작하지 않나요?	신호 수신부의 불량입니다. A/S를 요청하여 주세요.
에어컨 입구에서 물이 떨어져요.	실내의 습도가 높나요?	높은 습도로 인하여 이슬이 맺히는 현상입니다. 습도를 낮추고 이슬을 닦아 주세요.
에어컨 가동 시 냄새가 납니다.	냉매를 교체한 지 오래되었나요?	냉매가 오래되어 냄새가 날 수 있습니다. 냉매 교체를 요청하여 주세요.
	필터가 깨끗이 청소되어 있나요?	필터의 먼지가 원인일 수 있습니다. 필터 청소를 해 주세요.
인공지능 모드가 동작하지 않아요.	센서 주변에 장애물이 있나요?	센서 주변의 장애물 때문에 인공지능 모드가 동작하지 않을 수 있습니다. 주변의 장애물을 제거하여 주세요.

① 실내 습도를 확인한다.
② 안전 설비 기준을 확인한 후 시공처에 연락한다.
③ 필터를 꺼내어 청소한다.
④ 냉매 교체 일자를 확인한다.
⑤ 이슬을 닦는다.

14 B전자는 직원들의 휴게 공간에 비치할 최신형 커피포트를 구매하려고 한다. 구매 전 제품 사용 설명서를 참고하여 직원들끼리 이야기를 나누었을 때 적절하지 않은 내용을 이야기한 사람을 고르시오.

〈커피포트 사용 설명서〉

ⅰ. 개봉 시

- 처음 사용하기 전에는 위생상 세척 후 사용하십시오.

ⅱ. 사용 시

- 물을 가득 담은 상태로 동작할 경우 넘칠 수 있으므로, 물의 양은 최대 눈금(750ml)을 넘지 않도록 하십시오.
- 물 이외의 다른 액체는 사용하지 마십시오. 기계 고장의 원인이 될 수 있습니다.

ⅲ. 보관 시

- 포트 안 내용물을 포함하여 보관하는 경우, 기계 내부에 손상을 줄 수 있습니다. 장기간 보관 시 포트 안 내용물을 제거하여 주십시오.
- 장기간 보관 시 물이 오염될 수 있습니다. 물을 교체하여 사용하십시오.

ⅳ. 세척 시

- 반드시 전원 플래그를 분리하여 청소하십시오. 감전의 원인이 될 수 있습니다.
- 세척 후 물기를 충분히 제거한 다음 사용하여 주십시오. 감전이나 제품 오작동의 원인이 될 수 있습니다.

① 김 사원: 처음 사용할 때에는 반드시 세척 후 사용하여야겠군.
② 이 사원: 세척 후 충분히 건조시켜 사용해야겠어.
③ 최 대리: 우리 부서 사람들이 모두 마시려면 800ml의 물이 필요하니 한번에 끓일 수 있겠어.
④ 권 대리: 퇴근할 때는 포트 안의 내용물을 모두 버린 후 퇴근해야겠어.
⑤ 박 부장: 포트 세척 시 감전의 위험이 있으니 전원 플래그를 반드시 분리하고 세척해야겠어.

15 서울 N증권 회사에서 전국에서 일어나는 화재에 대비하여 〈화재 발생 시 대응 매뉴얼〉을 만들려고 한다. 다음 〈화재 발생 시 대응 매뉴얼〉을 참고하여 화재 발생 시 취해야 할 적절한 대응을 모두 고르시오.

〈화재 발생 시 대응 매뉴얼〉

1. 비상 소집을 합니다.
   - 일하고 있을 때 화재 경보가 울리면 불이 났는지 확인하려 하기보다는 소리를 질러 모든 사람들에게 알리고 모이게 한 후 대처 방안에 따라 밖으로 대피합니다.

2. 대피 방법을 결정합니다.
   - 손등으로 출입문 손잡이를 만져 보아 손잡이가 따뜻하거나 뜨거우면 문 반대쪽에 불이 난 것이므로 문을 열지 않습니다.
   - 연기가 들어오는 방향과 출입문 손잡이를 만져 보아 계단으로 나갈지, 창문으로 구조를 요청할지 결정합니다.

3. 신속히 대피합니다.
   - 대피할 때는 엘리베이터를 절대 이용하지 않고 계단을 통하여 지상으로 안전하게 대피합니다. 지상으로 대피가 어려운 경우에는 창문으로 구조 요청을 하거나, 대피 공간 또는 경량 칸막이를 이용하여 대피합니다.

4. 119로 신고합니다.
   - 안전하게 대피한 후 119에 신고합니다. 휴대 전화를 소지하여 신고가 가능하다면 신속히 하고, 신고하느라 대피 시간을 놓치지 않도록 합니다.

5. 대피 후 인원을 확인합니다.
   - 안전한 곳으로 대피한 후 인원을 확인합니다. 주변에 보이지 않는 사람이 있다면 출동한 소방관에게 알려 줍니다.

A. 화재 경보가 울리면 주변 사람에게 큰소리로 알린다.
B. 신속하게 대피해야 하므로, 닫혀 있는 문을 모두 연다.
C. 엘리베이터를 이용하기보다는 계단을 이용하여 신속히 지상으로 대피한다.
D. 지상으로 대피가 어려운 경우 책상 아래에 숨어 구조를 기다린다.
E. 안전하게 대피 후 신속히 119에 신고하여 화재 사실을 알린다.
F. 인원을 파악하여 보이지 않는 사람이 있다면 출동한 소방관에게 알려 준다.

① A, B, D, F
② A, B, C, E
③ A, C, D, F
④ A, C, E, F
⑤ A, D, E, F

16 다음은 김 대리가 업무에 필요한 컴퓨터를 구입하기 위하여 각 제품별 특성을 정리한 표이다. 정리한 내용을 바탕으로 〈특성〉에 맞는 제품을 구매하려고 한다. 이때 김 대리가 구입할 제품으로 가장 적합한 것은?

	A 제품	B 제품	C 제품	D 제품
저장 공간	120G	120G	200G	200G
가능한 USB 포트	3	2	3	2
CD 롬 여부	O	X	O	O
CPU 성능	i5	i7	i7	i9
무상 AS 기간	2년	1년	1년	2년
가격	800,000	750,000	1,200,000	1,560,000

〈특성〉

- 최소 저장 공간: 100G
- 최소 필요한 USB 포트의 개수: 2개
- CD 롬 필요 여부: 필요
- CPU 성능: 무관
- 무상 AS 기간: 최소 2년 이상
- 가격: 1,000,000원 이하

① 제품 A
② 제품 B
③ 제품 C
④ 제품 D
⑤ 만족하는 제품은 없다.

17 다음은 각 스위치의 기능을 정리한 표이다. 〈보기〉의 왼쪽 도형이 스위치의 동작을 통하여 오른쪽 그림이 되었을 때, 작동된 스위치를 옳게 나열한 것은?

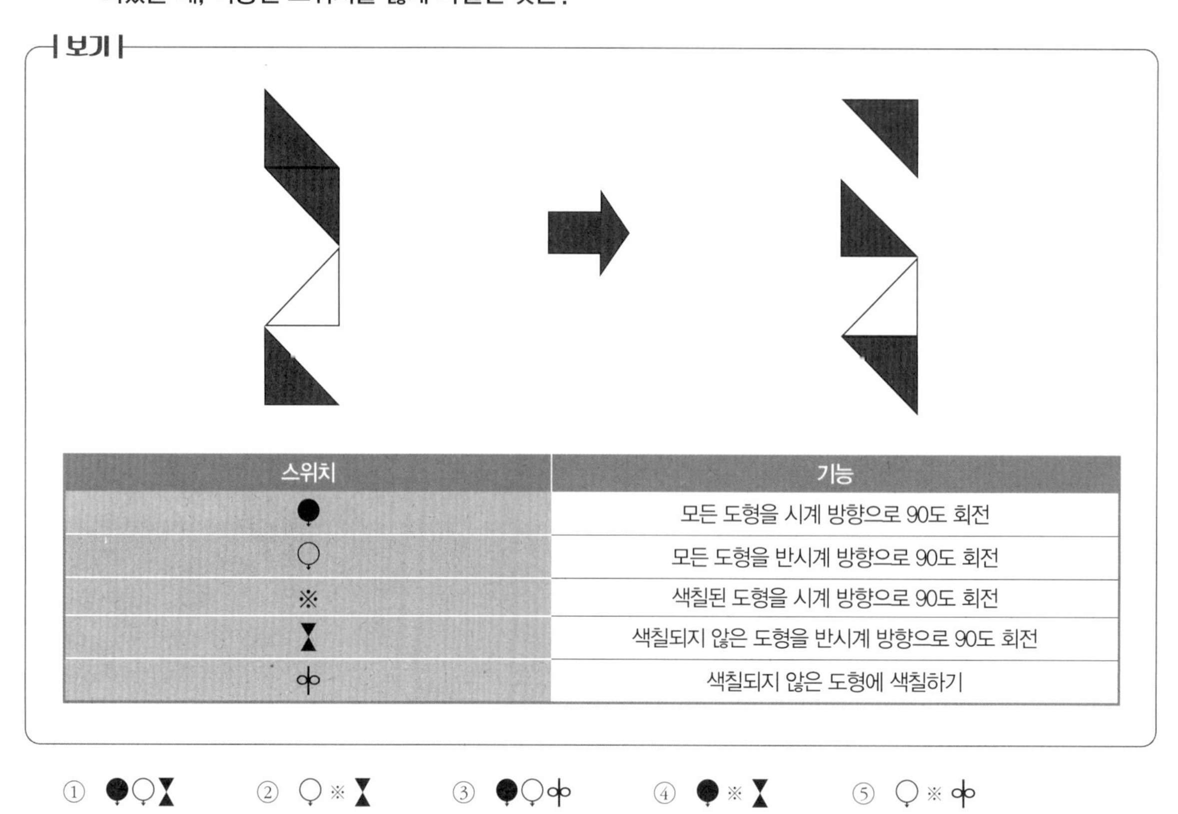

스위치	기능
●	모든 도형을 시계 방향으로 90도 회전
○	모든 도형을 반시계 방향으로 90도 회전
※	색칠된 도형을 시계 방향으로 90도 회전
⧗	색칠되지 않은 도형을 반시계 방향으로 90도 회전
⌽	색칠되지 않은 도형에 색칠하기

① ●○⧗ ② ○※⧗ ③ ●○⌽ ④ ●※⧗ ⑤ ○※⌽

18 다음은 〈특허권〉와 이에 관련된 〈구성요소 완비의 법칙〉, 〈균등론〉에 대한 설명이다. 〈보기〉를 참고할 때 특허권과 두 법칙에 대한 올바른 설명은 몇 가지인지 고르시오.

| 보기 |

1) 특허권은 발명을 공개하게 해서 산업 발전에 이바지하는 것을 목적으로 하는 법이다. 발명자의 권리 보호도 중요한 목적 중 하나이나 그것은 수단일 뿐, 〈발명자의 권리를 일정 정도 보호해서 공개를 유도하고 결과적으로 산업 발전을 촉진한다〉는 것이 더 정확한 특허권의 목적이다.

2) 이때 발명을 이루는 각 구성은 해당 기술적 아이디어를 실현하기 위한 필수불가결한 구성만으로 이루어져야 한다고 보며, 어떤 구성이 필수불가결한 것인지에 대한 판단은 권리자인 출원인이 기재한 대로 인정된다. 즉, 명세서의 특허 청구 범위에 기재한 구성 전부를 갖추어야 해당 특허에서 실현하려는 기술적 아이디어가 완결되는 것으로 간주한다. 이것을 〈구성요소 완비의 법칙〉이라고 한다.

3) 구성요소 완비의 법칙에 따르면 등록 특허의 구성과 침해 기술의 구성이 완전히 일치해야 특허권 침해를 형성한다. 처음에 특허권자가 본인 발명 구성의 필수적 요소를 명세서에 기재하였고 그 기재에 따라 등록이 허용된 것이므로 기재한 모든 필수적 구성요소를 갖춘 것이어야 등록 특허 발명의 기대 효과를 내는 것이고 따라서 침해 기술도 그런 모든 필수적 구성요소가 일치해야 한다는 이론이다.

4) 그러나 현실적으로 양 기술의 구성이 완전히 일치하는 것은 모방이 아니고서야 있기 어렵다. 그래서 나온 것이 〈균등론〉이다. 균등론은 구성 일부가 약간 다르기는 하나 균등 범위 내의 차이로 실질적으로 동일하다는 이론이다. 등록 특허의 구성이 X+Y+Z이고 침해 기술의 구성이 X+Y+Z'인데 Z와 Z'가 균등 범위 내의 변형에 불과하다면 양 발명은 실질적으로 동일하므로 특허 침해에 해당한다.

- 특허권은 발명자의 권리 보호가 산업 발전 촉진보다 우선시된다.
- 〈구성요소 완비의 법칙〉은 명세서의 특허 청구 범위에 기재한 구성 전부를 갖추어야 해당 특허에서 실현하려는 기술적 아이디어가 완결된다는 것이다.
- 〈구성요소 완비의 법칙〉에 따르면 침해 기술로 인정되려면 침해 기술의 구성이 등록 특허의 구성과 완전히 일치해야 한다.
- 두 가지 기술의 구성이 완전히 일치해야만 등록 특허 침해로 인정되어 침해 기술로 간주된다. 구성의 일부가 약간이라도 다르다면, 두 가지 기술은 다른 기술로 간주된다.

① 0개　② 1개　③ 2개　④ 3개　⑤ 4개

19~20 아래 〈예시〉는 그래프 구성 커맨드 실행 결과이다. 〈예시〉를 참고하여 물음에 답하시오.

〈예시〉

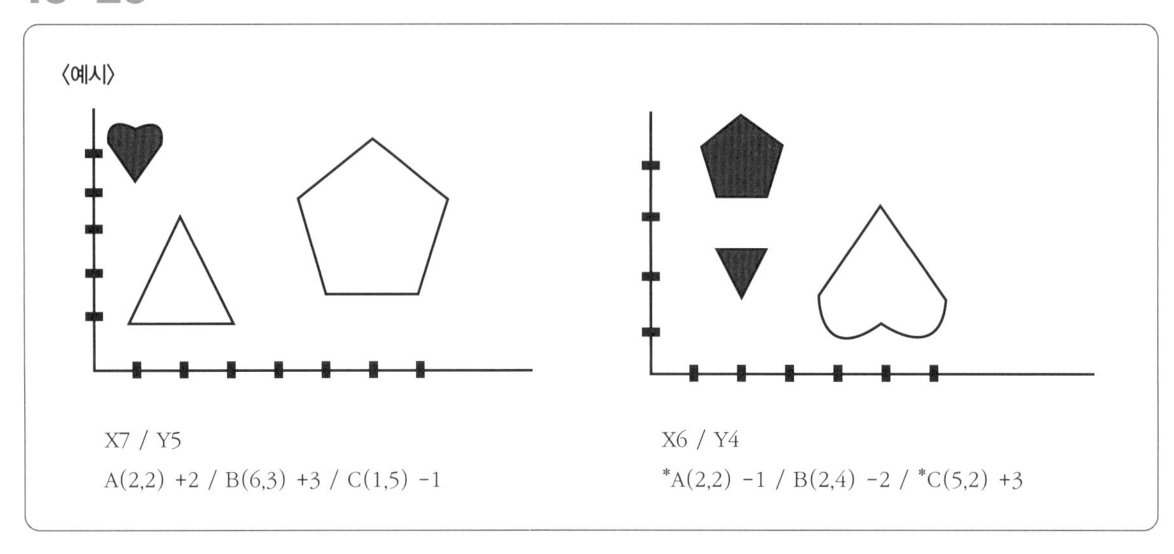

19 다음 중 커맨드 구성의 정의로 적절하지 않은 것을 고르시오.

	커맨드	의미
①	X,Y	X는 가로축, Y는 세로축을 의미한다.
②	A,B,C	도형을 나타내며 각각 삼각형, 오각형, 하트 모양을 의미한다.
③	*	도형의 180도 회전을 의미하며 회전되었을 때 * 표시가 된다.
④	+,–	+는 색이 있음을 표현하고, –는 색이 없음을 표현한다.
⑤	+,– 옆의 숫자	도형의 크기가 작은 순서부터 1, 2, 3으로 나타낸다.

20 다음 〈그림〉 그래프의 커맨드를 찾으시오.

〈그림〉

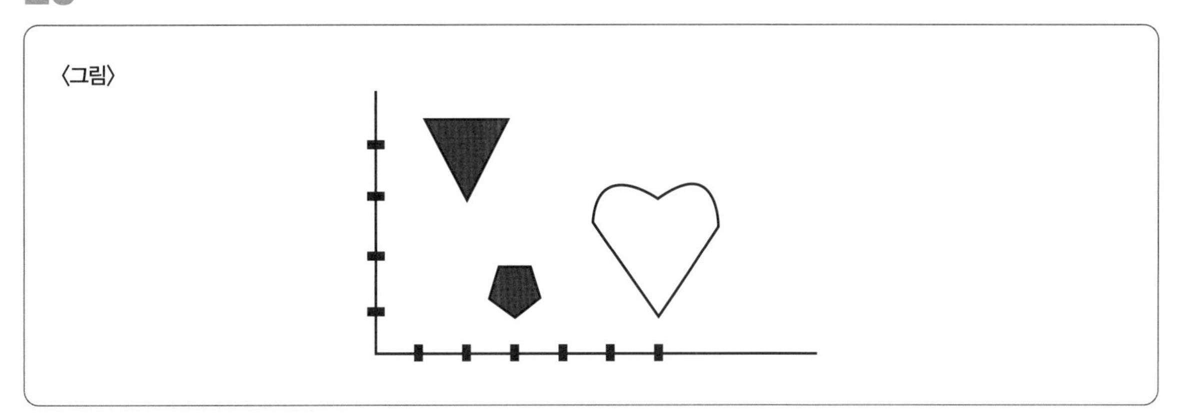

① X6 / Y4, *A(2,4) +2 / *B(3,1) +1 / C(5,2) -3

② X6 / Y4, *A(2,4) -2 / *B(1,3) -1 / C(6,2) +3

③ X6 / Y4, *A(2,4) -2 / *B(3,1) -1 / C(6,2) +3

④ X4 / Y6, A(2,4) -2 / *B(3,1) +1 / C(5,2) +3

⑤ X4 / Y6, *A(2,4) -2 / *B(1,3) -1 / C(6,2) +3

21 아래 〈보기〉는 그래프 구성 명령어 실행 예시이다. 〈보기〉를 참고하여 〈그림〉 그래프의 명령어를 찾으면?

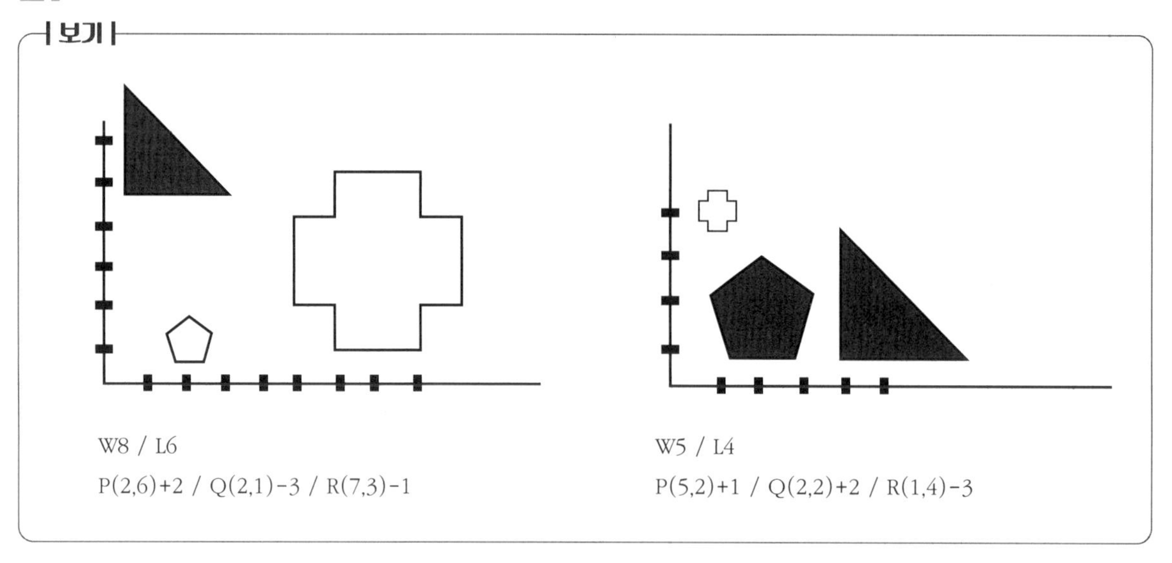

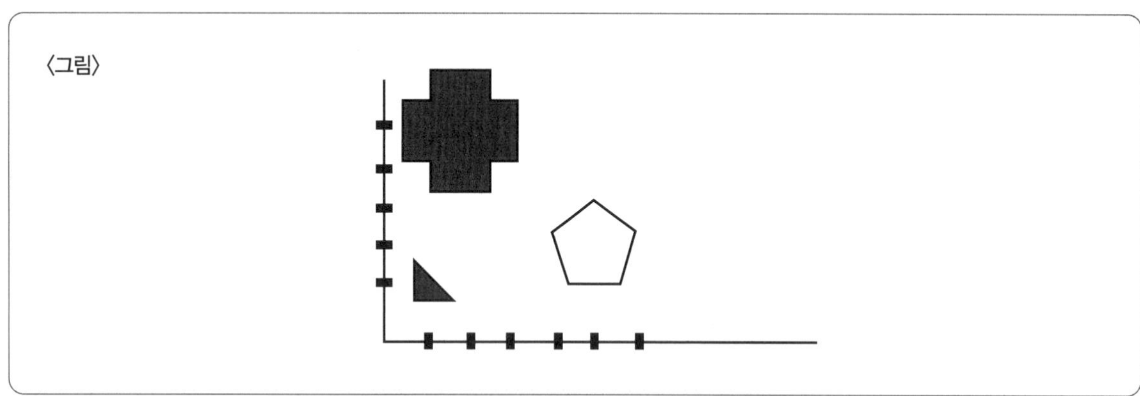

① W6 / L5, P(1,1)+3 / Q(5,2)-1 / R(2,5)+2

② W6 / L5, P(1,1)-3 / Q(5,2)+2 / R(2,5)-1

③ W5 / L6, P(1,1)+3 / Q(5,2)-2 / R(2,5)+1

④ W6 / L5, P(1,1)+3 / Q(5,2)-2 / R(2,5)+1

⑤ W5 / L6, P(1,1)+3 / Q(5,2)-2 / R(2,5)+1

22 아래 표를 참고하여 판단할 때 〈처음〉 상태에서 스위치를 세 번 눌렀더니 〈나중〉 상태로 변화하였다. 다음 〈스위치 기능표〉를 참고할 때 사용된 스위치의 순서를 고려하여 나열한 것을 고르시오.

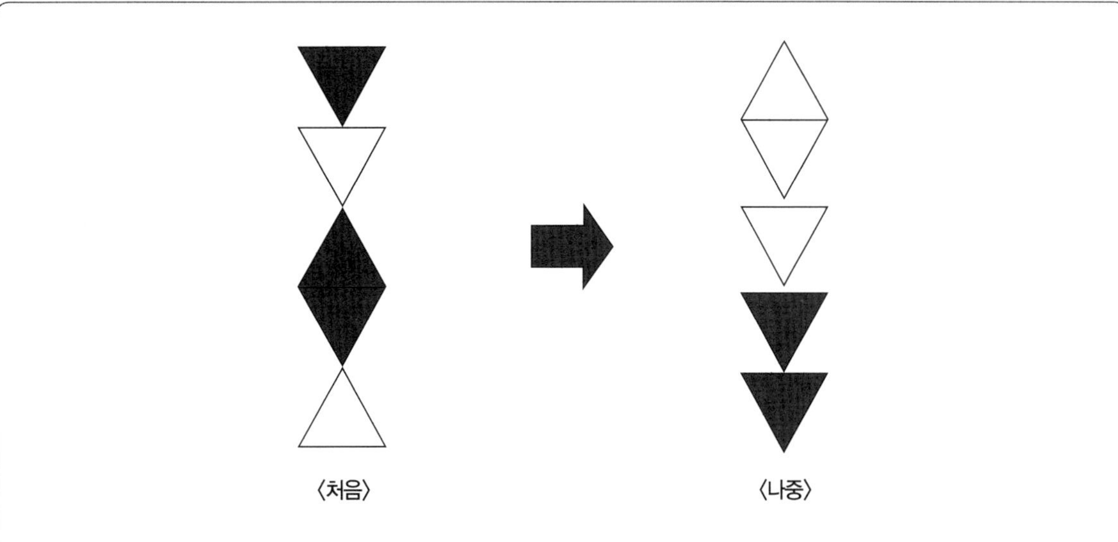

〈스위치 기능표〉

(단, 도형은 위에서부터 1번, 2번, 3번, 4번, 5번 삼각형이다.)

스위치	기능
⧼	홀수 번호의 도형을 시계 방향으로 180도 회전
⧽	짝수 번호의 도형을 시계 방향으로 180도 회전
《	2, 3번 도형을 반시계 방향으로 90도 회전
》	1, 5번 도형을 반시계 방향으로 90도 회전
∧	홀수 번호 도형의 색을 반전
∨	짝수 번호 도형의 색을 반전
★	모든 도형의 색을 반전

① ⧼ 《 》　② ⧽ ∧ ∨　③ ⧼ ∧ 《　④ ⧼ ∨ ★　⑤ ⧽ ∨ ★

Chapter 9 조직이해능력

● 정답과 해설 553쪽

01 신입 사원 교육이 시작되었다. 축사로 인재개발원장님이 교육에 참여한 신입 사원에게 "○○전자에 입사한 신입 사원 여러분들 모두 환영합니다. 교육이 진행되는 한 달 동안 여러분들은 ○○전자의 직장인으로서 갖춰야 할 기본 소양을 배우게 될 것입니다. 교육을 통해 대학생에서 어엿한 직장인으로 변화되길 기대하겠습니다. 특히 ○○전자에서는 대학생이 아닌 ○○인으로서 생각하고, 행동하는 인재로 활약해 주시길 바랍니다."라고 말씀하셨다. 다음 중 인재개발원장님 말씀의 취지에 가장 어울리는 것은 무엇인가?

① 교육을 통해 회사 내에서 개인이 얻을 수 있는 것은 무엇인지 파악하라는 의미이다.
② 회사가 추구하는 가치와 목표를 개인의 가치와 목표와 소화시키면서 생활하라는 의미이다.
③ 성공적인 직장 생활을 위하여 같은 대학의 선후배들과 좋은 관계를 유지하라는 의미이다.
④ 신입 사원 교육을 통해 대학을 다니며 갖고 있었던 생활 습관을 없애라는 의미이다.
⑤ 신입 사원으로서 상사의 명령에는 반드시 따르라는 의미이다.

02 A 사원이 출근하여 메일을 확인하던 중 조직 개편과 관련된 메일이 도착하였다. 아래의 메일 내용을 확인하며 A 사원이 생각한 내용 중 가장 적절하지 못한 것은 무엇인가?

2020년 2월 1일부로 아래와 같이 조직을 개편함

개편 이전	개편 이후
인사팀: 인사 담당 교육팀: 교육 담당	인사팀: 인사, 교육 담당
엔진개발팀: 가솔린, 디젤 엔진 담당	엔진개발팀: 가솔린, 디젤 엔진 담당 친환경엔진팀: 전기, 수소차 엔진 담당
A/S관리팀: A/S 센터 담당	국내 영업팀: 국내 영업 담당
영업팀: 국내/외 영업 담당	해외 영업팀: 해외 영업 담당

① 교육팀은 축소 통합되었다.
② 친환경 사업에 대한 중요성이 커졌다.
③ 조직이 대폭 축소되었다.
④ A/S 관련 조직이 사라졌다.
⑤ 영업이 국내/외를 구분하여 세분화되었다.

03 P 팀장은 올해 새롭게 팀장을 맡게 되었다. 팀장이라는 자리가 처음이기에 팀원들과 잦은 마찰을 일으키고 있다. P 팀장을 보면서 L 상무는 팀장으로서 보여 줘야 할 리더십을 직접 이야기하는 대신 다음의 글을 전달하여 이해시키고자 한다. P 팀장이 다음의 글을 읽고 보이는 모습 중 가장 적절하지 않은 것은 무엇인가?

'서번트 리더십'이란 부하 직원들과 목표를 공유하고 부하 직원들의 성장을 도와주면서, 리더와 부하 직원 사이의 신뢰를 형성시켜 궁극적으로 조직의 성과를 달성하는 리더십이다. '서번트 리더십'은 리더가 부하를 섬기는 자세로 그들의 성장과 발전을 돕고, 조직 목표 달성에 부하 스스로 기여하도록 유도한다. 상명하복으로 성과의 달성을 최우선 가치로 여기는 전통적 리더십과 달리, '서번트 리더십'은 부하 직원을 중심으로 그들과의 관계와 성장을 최우선 가치로 여긴다. '서번트 리더십'이 적절히 발휘되면 조직의 성과는 자연스럽게 따라오게 된다.

① 팀 업무를 추진할 때 팀원들이 자발적으로 일할 수 있는 환경을 구축한다.
② 팀과 관련된 사항들을 팀원 모두에게 공유하며 팀에 대한 사항들을 잘 알도록 한다.
③ 팀 교육 세션을 만들어 팀과 관련된 최신 동향을 함께 공부한다.
④ 성과를 만들어 내지 못하는 팀원은 즉시 반복하여 혼을 내어 성과를 내도록 한다.
⑤ 부하 직원들에게 도전적인 업무를 할당하여 그들이 일을 통해서 배워 나갈 수 있도록 유도한다.

04 임원 월례 회의에 다녀온 상무가 팀장들을 불러 모았다. 상무는 팀장들이 모인 자리에서 "급변하고 불안정성이 증가하는 시장 환경에서 보다 빠른 의사 결정과 창의적인 아이디어가 필요하다는 사장님의 말씀이 있었다. 상명하복 혹은 TOP DOWN 방식의 의사 결정이 아닌 막내 사원부터 자신의 의견을 자유롭게 제시할 수 있는 문화를 더욱 강화해야 한다."라고 언급하였다. 상무는 다음의 핵심 가치 중 어떤 가치를 팀장들에게 강조하였는가?

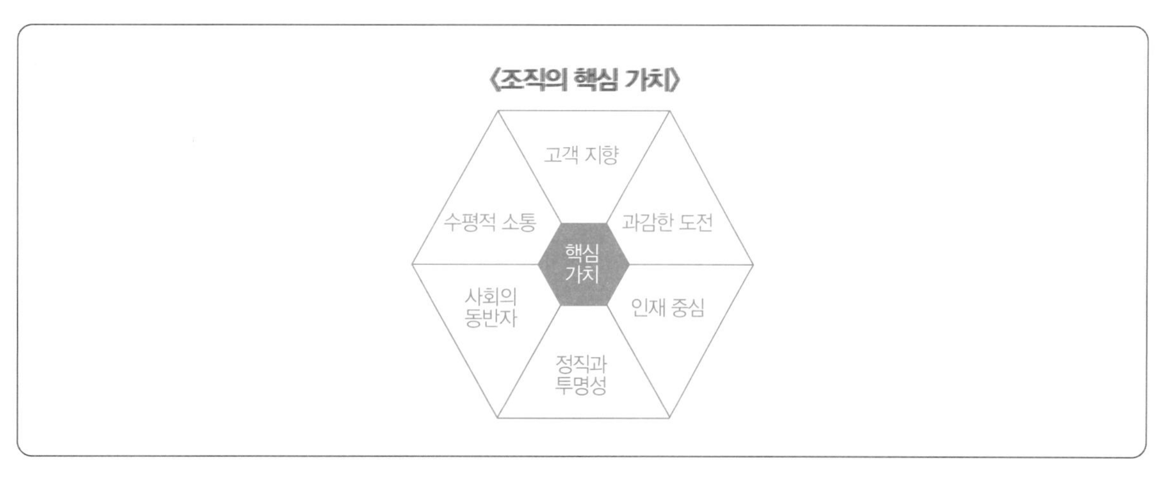

① 고객 지향 ② 과감한 도전 ③ 인재 중심 ④ 정직과 투명성 ⑤ 수평적 소통

05 아래 자료는 〈브룸-예튼 모형〉으로서 리더의 의사 결정 유형을 분류한 것이다. 이에 대한 설명으로 가장 적절하지 않은 것은 무엇인가?

〈브룸-예튼 모형〉

유형	내용
순수 독단형	리더가 단독으로 의사 결정을 한다.
참고적 독단형	구성원들에게 의견을 묻지만, 최종 의사 결정은 리더가 혼자 내린다.
개별 상담형	구성원들에게 개별적으로 의견을 묻지만 집단으로 모여 의사 결정을 내리지 않고, 리더가 최종적으로 의사 결정을 내린다.
집단 참여형	리더가 구성원들과 함께 집단 차원으로 문제를 공유하고 토의를 통해 해결책을 모색하도록 하지만, 여전히 최종 의사 결정은 리더가 단독으로 내린다.
위임형	리더가 구성원들과 함께 집단 차원으로 문제를 공유하고 토의를 통해 해결책을 모색하도록 하고 그 의견을 따른다. 리더는 토의 과정 중 중재자 역할을 담당할 수 있으나, 자신의 생각을 따르도록 구성원들을 압박하거나 유도하지 않는다.

① 〈브룸-예튼 모형〉은 리더의 의사 결정 과정에서 구성원들의 참여도에 따라 나타낸 분류이다.
② 구성원의 의견이 가장 반영되기 어려운 구조의 의사 결정 유형은 순수 독단형이다.
③ 개별 상담형과 집단 참여형의 가장 큰 차이점은 집단적인 활동의 유무이다.
④ 위임형의 경우 순수 독단형에 비해 의사 결정에 필요한 시간적 여유가 없을 때 더욱 효과적이다.
⑤ 리더가 스스로 의사 결정을 내리지 않는 의사 결정 유형은 위임형이다.

06 다음은 국내 햄버거 시장을 분석한 결과이다. 이를 토대로 할 때 국내 햄버거 시장이 처한 환경과 대응 전략에 대한 설명으로 가장 적절하지 않은 것은?

	현재의 시장 상황
현재 시장 내의 경쟁	– 비슷한 유형의 제품들을 가진 수많은 체인 브랜드의 시장 포화 상태 – 광고 및 판촉 비용의 증대
잠재적 진입자의 위협	– 푸드 트럭 등의 유행으로 체인이 아닌 개인 사업자 가능성 증대 – 편의점, 대형마트에서 자체 브랜드로 유사 제품 제공 – 최근 해외 브랜드의 국내 입점 가능성 증대
공급자의 교섭력	– 자재 가격 폭등으로 안정적인 자재 확보를 위한 경쟁이 더욱 치열 – 안정적인 가격 공급이 가능한 업체는 더 많은 이윤을 위한 발언권을 행사
구매자의 교섭력	– 건강식에 대한 수요 증가 – 배달 서비스에 대한 수요 증가 – 다양한 브랜드 지점의 확대
대체재의 위협	– 요리에 대한 관심 확대로 수제 버거에 대한 관심 증가 – 간편식으로 가능한 레토르트 제품의 확산

① 햄버거 시장의 경쟁은 최고조에 달하였으므로 차별화된 제품을 개발하여 구매자의 이목을 끌어야 한다.
② 버거에 들어가는 식자재 공급 업체와 낮은 가격으로 지속적인 공급을 하는 협상이 사전에 필요하다.
③ 웰빙 이미지를 갖는 버거 개발 혹은 배달 서비스에 대한 투자가 필요하다.
④ 햄버거를 전자레인지에서 조리가 가능한 레토르트 제품으로 개발하여 판매한다.
⑤ 해외 브랜드가 국내 입점을 한다면 경쟁이 완화될 것이다.

07~08 다음은 P진흥원의 〈전결 규정〉이다. 다음을 읽고 각각 물음에 답하시오.

〈전결 규정〉

제1조 목적

규정은 직무의 권한을 적절히 위임함으로써 업무 처리 및 자원의 효율화와 책임의 소재를 명확히 하는 것을 목적으로 한다.

제2조 적용 범위

전결에 관하여 이 규정에 명시된 사항으로서 다른 규정이 이 규정과 상이한 경우에는 이 규정이 정하는 바에 따른다.

제3조 전결 사항

업무 및 예산에 관한 전결권자의 전결 사항은 〈별표〉 전결 권한표에 의한다.

제4조 책임과 권한

전결권자는 처리한 사항에 대하여 책임을 지며 해당 업무 수행에 필요한 권한을 갖는다. 전결권자는 위임된 전결 사항을 공정하고 성실하게 직접 처리해야 하며, 전결권자의 결정 사항은 사장이 결정한 것과 동일한 효력을 갖는다.

구분	직무	세부 내용	팀장	본부장	사장
인사	채용	신입 채용			○
		경력직 채용			○
		아르바이트 채용	○		
근태	휴가	일주일 이하	○		
		일주일 초과		○	
	휴직	1개월 이하		○	
		1개월 이상			○
재산 관리	비용 처리	100만 원 이하	○		
		100만 원 초과 5,000만 원 이하		○	
		5,000만 원 초과			○

※ 비용 처리 결재의 경우 세부 지출 내역 및 영수증 증빙 필요

07 위의 결재 규정을 이해한 내용과 다른 것은 무엇인가?

① 전결 규정이 사라진다면 업무 처리 속도가 늦어질 수 있다.
② 업무 혹은 처리되는 비용에 따라서 전결권자는 달라질 수 있다.
③ 전결 권한을 갖는 자는 결재만 하면 되는 것이며, 해당 업무에 대한 책임은 사장에게 계속 있다.
④ 다른 규정과 전결에 대한 내용이 다르더라도 위의 전결 규정을 우선적으로 따라야 한다.
⑤ 비용 처리 시 지출 내역 및 영수증이 없다면 결재할 수 없다.

08 P진흥원의 L 과장은 출산으로 인하여 3개월의 휴직을 하게 되었다. L 과장의 빈자리를 채우기 위하여 경력직 채용을 진행하였고, 이와 관련하여 300만 원의 비용이 발생하였다. 다음 중 옳지 않은 것을 고르시오.

① L 과장의 휴직 신청서는 사장이 직접 결재하였을 것이다.
② 경력직 채용에 대한 결재 또한 사장이 직접 결재하였을 것이다.
③ 경력직 채용에서 발생한 비용 처리에 대한 결재는 전결권자가 존재한다.
④ 300만 원은 큰 비용이 아니기 때문에 별도의 지출 내역 등의 증빙은 불필요하다.
⑤ L 과장의 빈자리를 아르바이트 채용으로 대신한다면 사장 결재 대신 팀장 결재로도 가능하다.

09 아래의 SWOT 분석에 대한 설명과 실제 분석 결과를 바탕으로 만든 전략이 가장 적절한 것은?

〈SWOT 분석〉

강점(Strength), 약점(Weakness), 기회(Opportunity), 위협(Threat)의 앞 글자를 이용하여 만든 단어인 SWOT 분석은 경영 전략을 수립할 때 사용되는 도구 중 하나이다. SWOT 분석을 통해서 기업의 내/외부 분석 결과를 도출하여 이후 전략을 수립하게 된다.

SWOT 분석은 외부 기회는 최대한 살리고 위협은 회피하는 방향으로, 기업의 강점은 최대한 활용하고 약점은 보완한다는 논리를 기초에 두고 있다.

- SO 전략은 강점을 살려 기회를 포착하는 전략
- ST 전략은 강점을 살려 위협을 회피하는 전략
- WO 전략은 약점을 보완하여 기회를 포착하는 전략
- WT 전략은 약점을 보완하여 위협을 회피하는 전략

〈S커피 SWOT 분석 결과〉

구분	내용
강점 (Strength)	– 세계적으로 유명한 브랜드 파워, 시장 점유율 1위 – 철저한 지점 관리로 인한 균일한 품질 유지 – 높은 고객 충성도
약점 (Weakness)	– 타사 대비 높은 가격 – 국내 지점 수 부족 – 주문이 복잡하고 대기 시간이 길
기회 (Opportunity)	– 소확행 구매 형태 확산으로 커피 소비 확대 – 편리함을 추구하는 생활 방식 확대
위협 (Threat)	– 저가 정책을 펼치는 새로운 경쟁자 출현 – 원료 가격 상승에 따른 커피 가격 상승 가능성 증대

① SO 전략 - 일정 수 이상의 커피를 구매하면 상품을 제공하는 리워드 시스템을 개발하여 제공
② ST 전략 - 일부 제품의 품질 향상 및 프리미엄화를 진행하여 고급화 진행
③ WO 전략 - 모바일 주문 어플을 개발하여 주문이 편리하도록 제공함
④ WT 전략 - 자체적인 커피 원두 농장을 운영하여 가격대를 낮춤
⑤ WO 전략 - 국내 지점을 더욱 축소시켜 커피 구매의 희소성을 증가시킴

10 A 사원은 국내의 다른 지역 기업과 협약을 위하여 출장을 다녀왔다. 아래의 결재 규정을 바탕으로 A 사원이 작성한 결재 양식으로 틀린 것은?

〈 출장 비용 처리 관련 결재 규정 〉

□ 해당 규정은 비용 처리에 필요한 결재 업무의 업무 효율성을 높이기 위함을 목적으로 한다.
□ 전결은 결재 업무가 필요한 상황에서 최고 결재권자인 대표 이사 대신 결재권을 위임받은 자가 의사 결정 혹은 판단을 하는 행위를 말한다.
□ 결재를 올릴 때, 전결권을 위임받은 자가 있는 항목의 경우 전결권자의 결재란에 전결이라고 표시하고, 최종 결재권자란에 전결권자를 표시한다.
□ 최고 결재권자로부터 위임된 전결 사항은 아래의 표에 따른다.

구분	내용	기준	서류	팀장	상무	대표 이사
교통비	국내	10만 원 이하	교통비 계획서 교통비 신청서	●○		
		30만 원 이하			●○	
		30만 원 초과				●○
	해외			●		○
체제비	숙박비	10만 원 이하	숙박비 계획서 숙박비 신청서	●○		
		10만 원 초과		●	○	
	식비	5만 원 이하	식비 계획서 식비 신청서	●○		
		5만 원 초과		●	○	
교육 훈련비	사내 외 교육		교육 계획서 교육비 신청서	●		○
접대비	거래처 식대		지출 내역서		○	
법인 카드	법인카드 사용	10만 원 이하	지출 내역서	○		
		100만 원 이하			○	
		100만 원 초과				○

※●: 각종 계획서
※○: 각종 신청서, 지출 내역서

〈지출 내역〉

구분	금액	비고
교통비	150,000원	KTX 왕복 가격
숙박비	240,000원	2박 (1박 기준 120,000원)
식비	90,000원	6식 (1식 기준 15,000원)
거래처 식대	15,000원	

①

교통비 신청서				
결재	담당	팀장	상무	최종 결재
	A 사원		전결	상무

②

숙박비 계획서				
결재	담당	팀장	상무	최종 결재
	A 사원	전결		팀장

③

숙박비 신청서				
결재	담당	팀장	상무	최종 결재
	A 사원	전결		팀장

④

식비 신청서				
결재	담당	팀장	상무	최종 결재
	A 사원		전결	상무

⑤

접대비 지출 내역서				
결재	담당	팀장	상무	최종 결재
	A 사원		전결	상무

직업윤리

● 정답과 해설 554쪽

01 사내 식당에서 점심을 먹은 회계팀 팀원들은 식당에서 나오는 길에 회사에서 진행하는 이벤트 게임을 발견하였다. 게임은 '다음 중 일반적인 직업윤리의 덕목으로 옳은 것은 무엇일까요?'라는 내용의 사다리 게임이었다. 회계팀 팀원들은 이벤트에 참여하여 각자 하나씩 선택하였다. 결국 옳은 것을 선택한 한 팀원이 이벤트 상품을 받게 되었는데, 상품을 받은 팀원은 다음 중 누구인가?

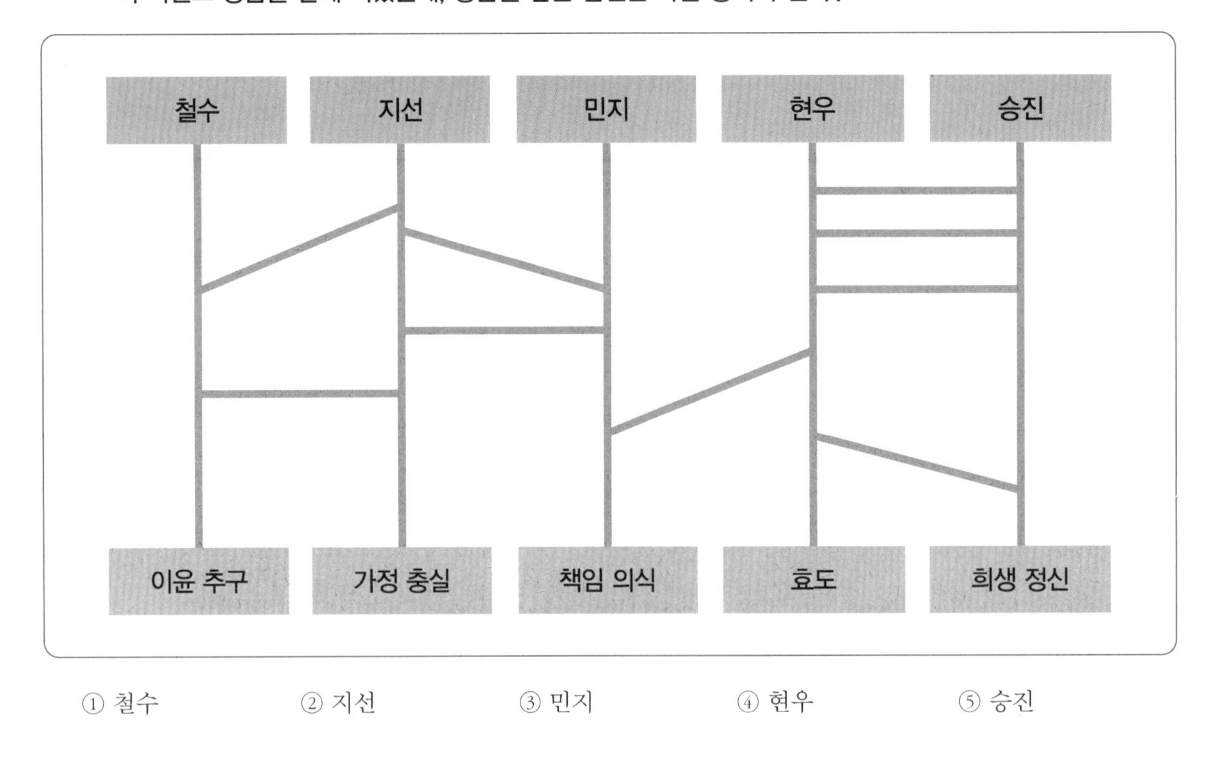

① 철수 ② 지선 ③ 민지 ④ 현우 ⑤ 승진

02 아래의 내용을 읽고 신입 L 사원이 상황별로 연습한 내용 중 가장 적절하지 않은 것은?

> 국내 최고의 회사인 ◇◇ 기업에 입사한 신입 L 사원은 한 달 동안의 교육을 마치고 드디어 근무지에 배치를 받게 되었다. 배치된 근무지로 첫 출근 전날, 조직 생활이 처음인 L 사원은 신입 교육에서 배웠던 직장 내 예절과 관련된 교육 자료를 다시 한 번 살펴보았다. 자료에 나온 내용들을 복습하면서 L 사원은 출근하여 발생할 수 있는 여러 상황들을 상상해 보았다. 설레는 마음으로 여러 가지 상황 속에서 L 사원은 어떻게 행동을 할 것인지 미리 연습해 보았다.

① 지나가다가 회사 선배를 마주치면 선배보다 먼저 인사한다.
② 팀장님께서 잘 부탁한다며 악수를 청하시면 밝은 표정으로 악수한다. 이때 팀장님 손을 세게 잡는 것을 주의한다.
③ E-MAIL을 보내는 경우 메시지는 최대한 간략히 작성하며, 제목은 요점을 나타내도록 적는다.
④ 전화를 거는 상대가 받지 않는 경우 상대가 받을 때까지 계속 전화하여 전달 사항을 전달한다.
⑤ 전화가 오는 경우 벨소리가 3~4번 울리기 전에 받으며, 내가 누구인지 알린다.

03 다음 중 성희롱이 발생한 상황에서 개인적인 대응 방안으로 적절하지 않은 것은 무엇인가?

① 조직장, 인사팀, 노동조합 등 도움을 받을 수 있는 회사 내 사람이나 조직에 도움을 요청한다.
② 성희롱에 대한 적절한 증거물을 수집하여 공식적인 처리를 진행한다.
③ 외부 성희롱 및 성폭력 상담 기관에 도움을 요청한다.
④ 성희롱을 발생시킨 대상에게 직접적으로 항의하여 중지할 것을 요청한다.
⑤ 성희롱을 당한 것에 참지 않고 폭력을 행사한다.

04 연말 인사 이동의 결과로 A 부장은 영업팀 팀장으로 임명되었다. 이를 축하하기 위하여 영업팀은 저녁 회식을 진행하였고, A 부장은 아래와 같이 "개인이 아닌 조직의 일원으로서 노력했다"라는 주제로 감사의 말을 팀원에게 하였다. 다음 중 A 부장의 주제와 거리가 먼 대목은 무엇인가?

> 우선 영업팀 팀원 모두에게 감사하다는 이야기를 하면서 말씀 올리겠습니다. 제 좌우명은 ⓐ '팀보다 위대한 선수는 없다'입니다. ⓑ 조직 생활을 하면서 언제나 저보다는 팀을 우선시했고 이 점을 높이 평가해 주셔서 이 자리까지 오게 된 것 같습니다. ⓒ 부족한 개인 역량을 기르기 위해 많은 시간을 할애했고, 많은 업무로 인해 힘들어하는 동료를 위해 ⓓ 동료의 업무를 분담하여 도왔습니다. 언제나 ⓔ 팀의 긍정적인 분위기를 조성하기 위해 노력했는데, 팀원들도 함께 동참해 주셔서 지금과 같은 긍정적인 우리 영업팀이 된 것 같습니다. 마지막으로 제가 가장 잘했다고 생각하는 것은….

① ⓐ ② ⓑ ③ ⓒ ④ ⓓ ⑤ ⓔ

05 명함을 교환하는 상황 속에서 적절하지 않은 예절 사항은 무엇인가?

① 상대방의 명함을 받으면 바로 명함 지갑에 넣어 잃어 버리는 것을 방지한다.
② 상대적으로 낮은 위치에 있는 사람이 명함을 먼저 꺼낸다.
③ 명함을 받으면 명함에 관하여 한두 마디 대화를 나눈다.
④ 동시에 명함을 주고받는 경우에는 왼손으로 상대방의 명함을 받고 오른손으로 나의 명함을 건넨다.
⑤ 상대방에 대한 부가 정보는 명함에 바로 적는 것보다는 만남이 종료된 후 적는다.

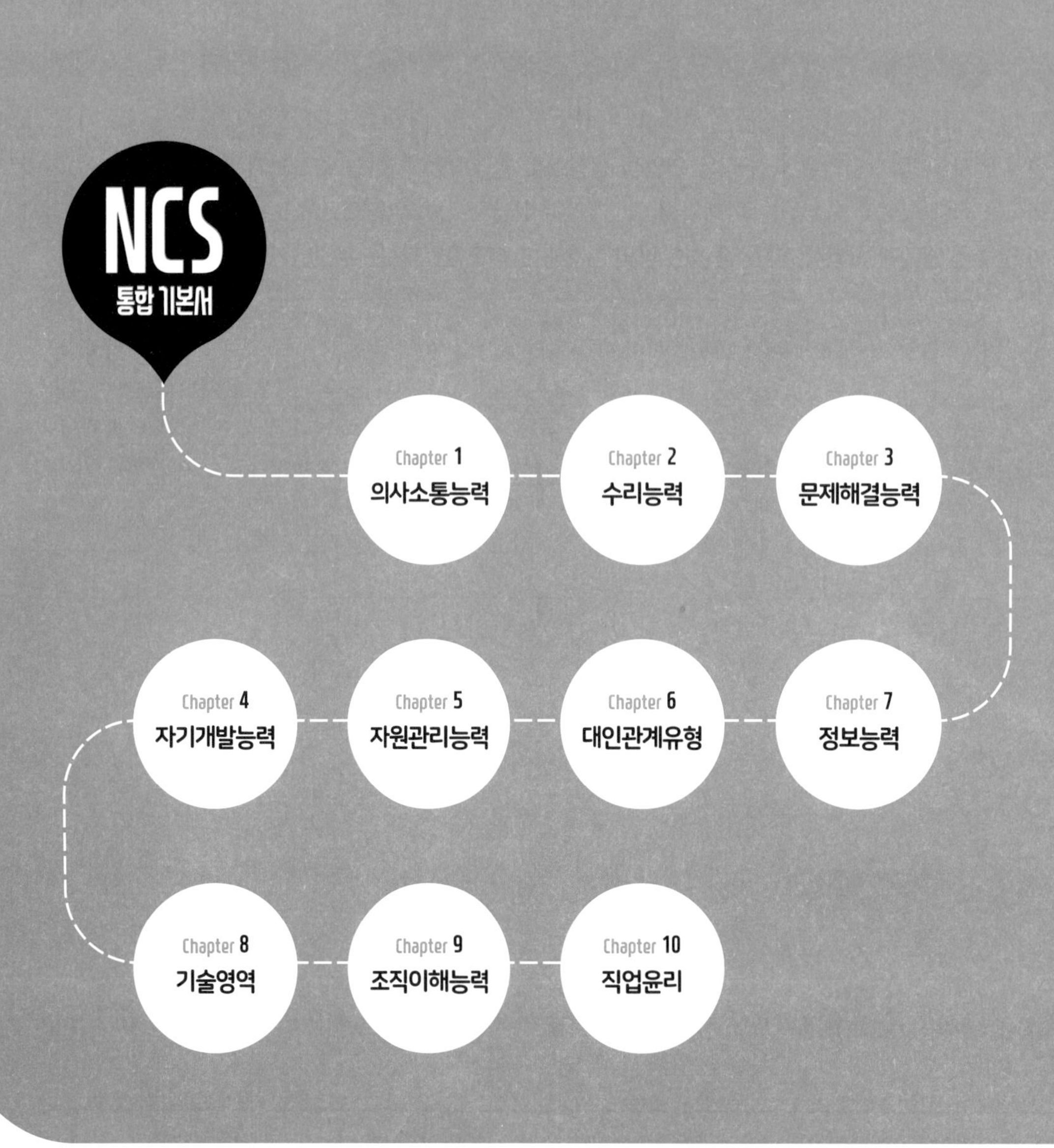
NCS
통합 기본서
Chapter 1
의사소통능력
Chapter 2
수리능력
Chapter 3
문제해결능력
Chapter 4
자기개발능력
Chapter 5
자원관리능력
Chapter 6
대인관계유형
Chapter 7
정보능력
Chapter 8
기술영역
Chapter 9
조직이해능력
Chapter 10
직업윤리

PART* 03

실전편

주요 영역 집중형 실전 모의고사 01(50문제)

01 다음 글의 주장으로 가장 적절한 것은?

> 사람은 일곱 자의 몸뚱이를 지니고 있지만 마음과 이치를 제하고 나면 귀하다 할 만한 것은 없다. 온통 한 껍데기의 피고름이 큰 뼈 덩어리를 감싸고 있을 뿐이다. 배고프면 밥 먹고 목마르면 물 마신다. 옷을 입을 줄도 알고 음탕한 욕심을 채울 줄도 안다. 가난하고 천하게 살면서 부귀를 사모하고, 부귀하게 지내면서 권세를 탐한다. 성날 때는 싸우고 근심이 생기면 슬퍼한다. 궁하게 되면 못 하는 짓이 없고, 즐거우면 음란해진다. 무릇 백 가지 하는 바가 한결같이 본능에 따르니, 늙어 죽은 뒤에야 그만둘 따름이다. 그렇다면 이를 짐승이라 말하여도 괜찮을 것이다.

① 근심과 슬픔은 늙기 전까지 끊이지 않는다.
② 빈부 격차는 인간 삶의 지향성에 영향을 준다.
③ 마음으로 본능을 다스리는 삶의 자세가 필요하다.
④ 자연의 이치를 알고자 하는 욕구는 사람에게 본능적이다.
⑤ 사람은 욕구에 다스려지는 인물이라서 한결같이 본능에 따를 수밖에 없다.

02 다음 〈그림〉은 2000~2009년 A국의 수출입액 현황을 나타낸 자료이다. 이에 대한 설명으로 옳지 않은 것은?

〈그림〉 A국의 수출입액 현황(2000~2009년)

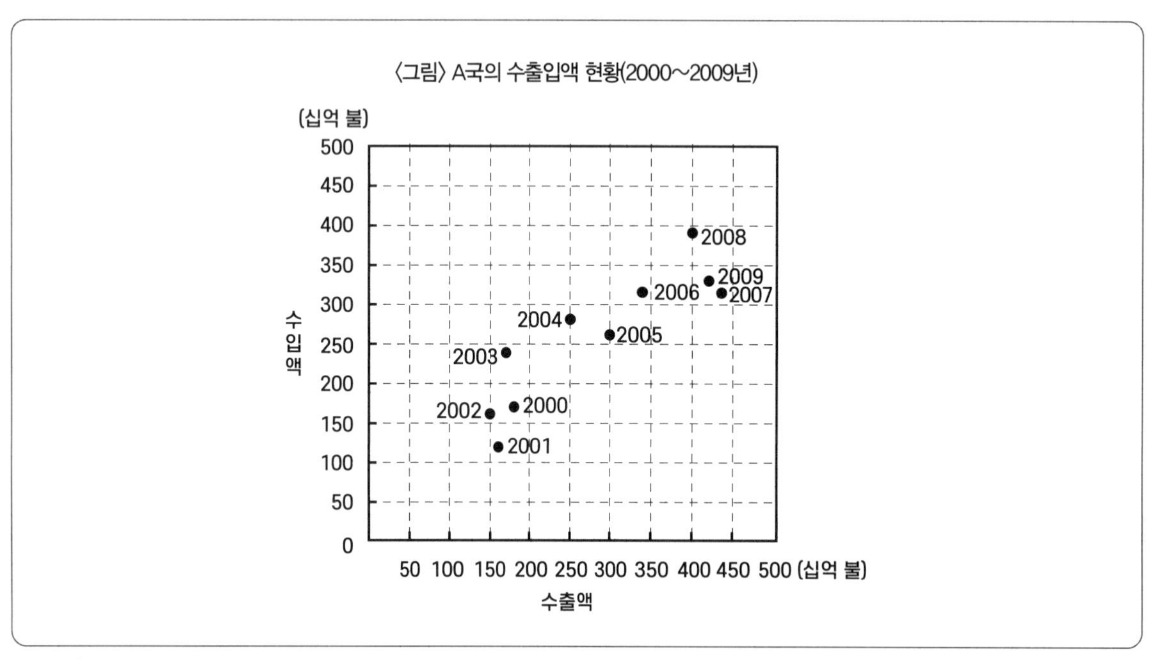

※ 1) 무역 규모=수출액+수입액
2) 무역 수지=수출액−수입액

① 무역 규모가 가장 큰 해는 2008년이고, 가장 작은 해는 2001년이다.
② 수출액 대비 수입액의 비율이 가장 높은 해는 2003년이다.
③ 무역 수지 적자폭이 가장 큰 해는 2003년이며, 흑자폭이 가장 큰 해는 2007년이다.
④ 2001년 이후 전년 대비 무역 규모가 감소한 해는 수출액도 감소하였다.
⑤ 수출액이 가장 큰 해는 2007년이고, 수입액이 가장 큰 해는 2008년이다.

03 다음은 J 항공사가 취항하는 항공권 기본 판매 가격 및 계절에 따른 할인율을 정리한 자료이다. 이를 바탕으로 올 한 해 4개의 국가에 모두 방문해야 하는 상황에서 가장 최저가로 방문할 수 있는 금액은 얼마인가? (단, 1분기당 한 국가밖에 방문하지 못하며, 국가별 기본 가격은 왕복 금액으로 간주한다.)

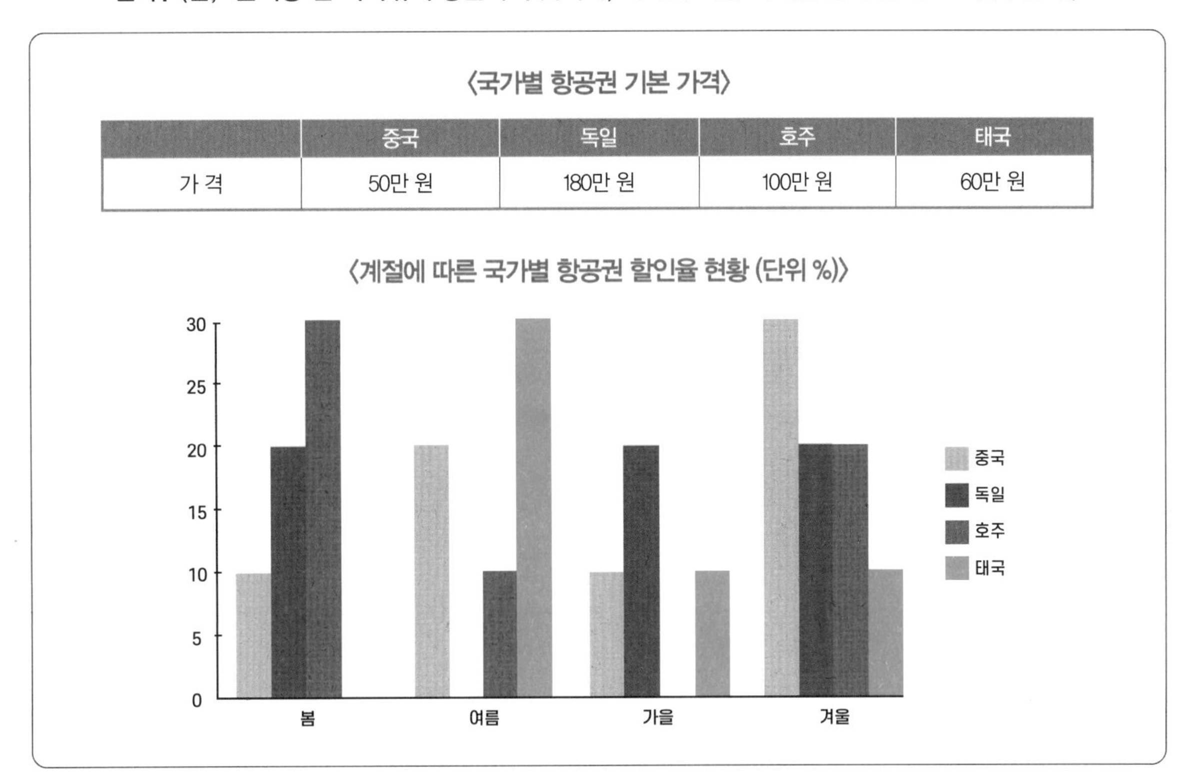

〈국가별 항공권 기본 가격〉

	중국	독일	호주	태국
가 격	50만 원	180만 원	100만 원	60만 원

① 291만 원
② 276만 원
③ 267만 원
④ 309만 원
⑤ 297만 원

04 △△ 기업 총무부에서 근무하고 있는 N 대리는 직원 교육을 위한 대강당 대여를 알아보고 있다. 대강당 대관 안내를 참고하여 N 대리가 준비한 품목의 총 대여 비용은 얼마인지 고르면?

〈대강당 대관 안내〉

• 대관 절차
 - 홈페이지를 통한 온라인 대관 접수 → 승인 심사 → 승인 결과 통보 → 대관 계약 체결 → 공연 및 행사 진행 → 종료 → 공연 및 행사 철수 확인
 - 무료로 대관하고 있으며, 대관 계약서에 명시되어 있는 물건에 대한 손상 또는 문제가 발생하였을 경우에는 손상된 물품 비용을 참가자 측이 전액 배상함을 원칙으로 함

• 추가 설비 사용료

구분	장비명	수량	가격	비고
무대 음향	유선 마이크	55	4,000원	5개까지 무료
	무선 마이크	10	15,000원	건전지 별도 준비
	모니터 스피커 시스템	3	30,000원	1일 1대 기준
영사기	빔 프로젝터	1	200,000원	1일 1대 기준
무대 조명	LED 빔 라이트	2	5,000원	1일 1대 기준
	무빙 라이트	10	50,000원	2개까지 무료

• 마이크: 유선 8개
• 노트북: 2대
• 스피커: 7개
• 조명: LED 빔 라이트 2개, 무빙 라이트 8개
• 빔 프로젝터: 1대

① 602,000원
② 610,000원
③ 612,000원
④ 622,000원
⑤ 642,000원

05 다음 글의 핵심적인 내용으로 가장 적절한 것을 고르시오.

1989년 프랑스 파리 근교의 한 공립 중학교에서 전통적인 이슬람의 여성 복장 중 하나인 히잡(Hijab)을 수업 시간에도 벗지 않으려고 했던 여중생 세 명이 퇴학 당했다. 이 사건은 20세기 초부터 프랑스에서 확고하게 정착되어 온 '교회와 국가의 분리' 원칙을 도마 위에 올려놓았다. 무슬림 여중생들은 가장 무거운 징계인 퇴학을 감수하면서까지 왜 히잡 착용을 고집했을까? 히잡은 이슬람 교리에 근거한 무슬림 여성들의 전통 의상으로, 이슬람 경전인 꾸란에 따르면 남녀 모두 머리카락을 천으로 덮어야 한다. 특히 여성은 가족 이외의 사람들 앞에서 자신의 몸에 걸친 일체의 장신구도 보여 줘서는 안 된다.

히잡 착용에 대한 의미는 시대적 상황과 지역적 특색에 따라 변화해 왔다. 예컨대 제2차 세계대전 후 알제리의 독립 투쟁이 진행되는 동안 프랑스인들은 알제리 여성의 해방을 주장하면서 여성들이 히잡을 착용하지 않도록 온갖 노력을 기울였다. 알제리의 반식민주의자들은 이러한 행위야말로 알제리 민족의 정체성을 말살하고, 알제리 문화를 왜곡하며, 더 나아가 알제리인들의 잠재적 저항력까지 약화시킨다고 보았다. 서구 식민주의자들의 침공 이전까지 알제리인들은 히잡을 그저 이슬람의 전통 복장으로 인식하였으나, 반서구 투쟁 과정에서 알제리인들은 히잡에 새로운 상징적 의미를 부여하기 시작했다. 그 결과 알제리 여성이 히잡을 착용하지 않는 것은 프랑스 식민주의의 수용을 의미하는 반면, 히잡을 착용하는 것은 식민주의의 거부를 의미하게 되었다.

그런데 이 히잡 착용이 1989년 프랑스 사회에서 논란을 불러일으켰다. 무슬림 여성들이 프랑스 사회에 정착한 지는 꽤 오랜 시간이 흘렀다. 그럼에도 이들이 여전히 히잡을 착용하는 것은 프랑스 사회로의 통합에 소극적이며, 나아가 프랑스 공화국의 원칙에 적대적인 것으로 프랑스인들에게 여겨지고 있다. 다른 사회 문제와 달리, 프랑스의 좌우파는 이 히잡 문제에 대해서만은 별다른 입장 차이를 보이지 않는다. 정치인 개인에 따라, 시기에 따라 입장이 나누어지긴 하지만, 대체로 이들은 공화국의 원칙을 위협하는 '히잡 쓴 소수의 소녀들'에게 공화국의 단호함을 보여 주려고 노력한다. 이러한 결실이 바로 2004년 3월 15일에 제정된 '종교 상징물 착용 금지법'이다. 이 법은 공화국의 원칙을 천명하려는 의지의 한 소산이라고 할 수 있다.

① 히잡은 이슬람 교리에 근거한 무슬림 여성들의 전통 의상이다.
② 히잡 착용에 대한 의미는 시대적 상황과 지역적 특색에 따라 변화해 왔다.
③ 히잡을 착용하는 것은 식민주의의 거부를 의미한다.
④ 히잡 착용 행위는 프랑스 공화국의 원리와 충돌하는 의미로 인식된다.
⑤ '종교 상징물 착용 금지법'은 오래된 법이다.

06 다음 〈그림〉은 각 산업의 부가 가치율, 연구개발 투자율 및 연구개발 투자 규모를 나타낸 그래프이다. 〈보기〉의 설명 중 옳은 것을 모두 고르면? (단, 원의 크기와 숫자는 연구개발 투자 규모를 나타내며 숫자 단위는 10억 원이다.)

〈그림〉 산업별 연구개발 투자 규모

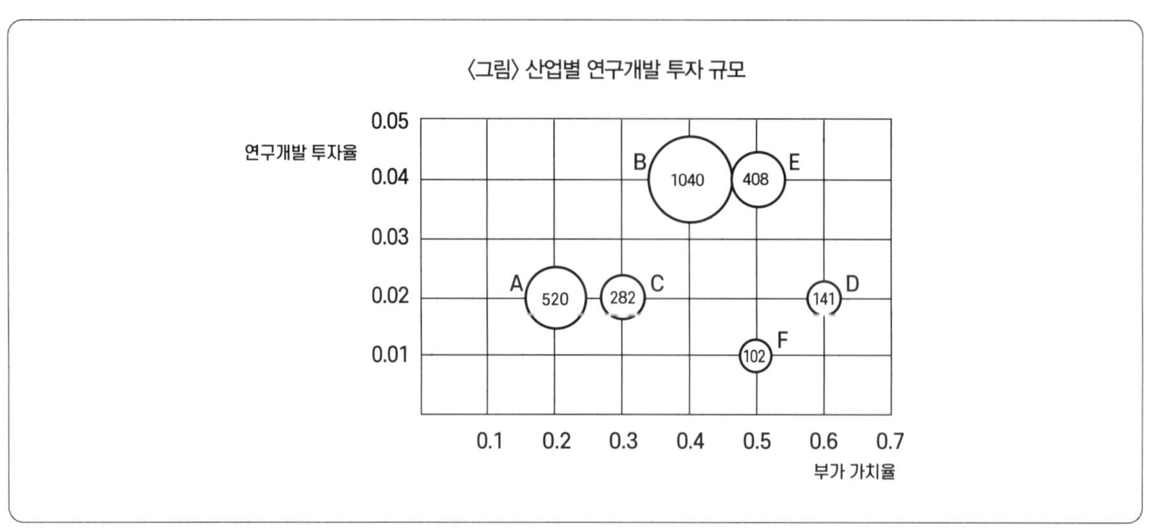

※ 1) 부가 가치율 = $\frac{\text{부가 가치}}{\text{매출액}}$

2) 연구개발 투자율 = $\frac{\text{연구개발 투자 규모}}{\text{매출액}}$

| 보기 |

ㄱ. A 산업보다 B 산업의 부가 가치가 더 크다.
ㄴ. C 산업의 매출액보다 D 산업의 매출액이 작으나, 부가 가치는 D 산업이 C 산업보다 더 크다.
ㄷ. E 산업과 F 산업의 부가 가치는 서로 동일하다.
ㄹ. C 산업의 연구개발 투자 규모가 520으로 증가하여 A 산업과 같아진다면, A 산업과 C 산업의 부가 가치가 서로 동일해진다.

① ㄱ, ㄴ
② ㄱ, ㄷ
③ ㄴ, ㄷ
④ ㄷ, ㄹ
⑤ ㄱ, ㄷ, ㄹ

07 당해 연도 팀장으로부터 미세먼지 필터 마스크 판매를 위한 각 도시별 인구수 및 접근성 현황의 자료를 받았다. 제공된 자료를 토대로 1순위는 이용 대상 수, 2순위는 접근성을 기준으로 미세먼지 필터 마스크 판매를 위한 판매점을 운영할 계획을 잡을 때, 우선적으로 설치할 판매점을 순서대로 나열하면 어떻게 되는가?

〈도시별 인구수 및 제품 판매 접근성〉

도시	성인 인구수	성인 인구 100명당 자녀 수	판매 접근성(10점 만점)
A	76만 명	25명	5점
B	57만 명	18명	4점
C	123만 명	21명	10점
D	101만 명	34명	8점
E	88만 명	23명	6점

① C-E-D-A-B
② C-D-E-A-B
③ C-D-A-E-B
④ D-C-E-A-B
⑤ D-C-A-E-B

08 다음 글의 주제로 가장 적절한 것을 고르시오.

한국은 대기업이 주도하는 경제인데, 이번 조사 결과 실제 대기업의 고용 비율은 12.8%에 불과했다. 이 수치는 대기업의 고용 비율이 11.6%인 그리스 다음으로 낮은 것이다. 대기업이 창출하는 부가 가치가 전체의 56%인 점을 감안하면 고용 비율이 얼마나 저조한지 알 수 있는 것이다.

또한, 보고서는 한국의 대기업과 중소기업 간 임금 격차가 심각한 수준이라는 사실도 알려 준다. 한국의 경우, 10~19명이 일하는 사업장의 노동자 임금은 대기업의 41.3%에 그쳤다. 조사 대상국 중 멕시코(38.2%)를 제외하고 격차가 가장 컸고, 스웨덴, 핀란드 등 북유럽 국가들(70% 대)에 비해 형편 없는 수준이었다. 다른 OECD 국가와 비교하면, 특히 대기업의 고용 비율이 낮고 대기업과 중소기업 간 임금 격차가 큰 것이 한국 경제의 특징이다.

한국은 외환위기 이후 성장률이 둔화하고, 성장은 하지만 고용은 없는 현상이 이어지고 있다. 과거 핵심 전략으로 양적 성장을 중시하면서 대기업 지원에 집중했고, 중소기업들은 대기업과의 불합리한 원·하청 관계에 시달리면서 성장의 과실을 제대로 공유하지 못했다. 내수 진작이나 대기업 위주의 수출 불균형이 야기된 것은 당연한 것이었다.

① 대기업은 노동자들에게 좋은 노동 환경을 제공하지 못한다.
② 대기업에서의 소극적인 고용 정책은 현재 사회의 문제이다.
③ 한국의 경제 성장과 대기업 사이에는 많은 연관이 있다.
④ 대기업의 성장 과실이 노동자와 사회로 잘 환원되지 않고 있다.
⑤ 국가 차원에서 대기업에 더 많은 지원을 해야 한다.

09 다음 〈그림〉은 OECD 국가의 대학 졸업자 취업에 관한 자료이다. A~L 국가 중 '전체 대학 졸업자' 대비 '대학 졸업자 중 취업자' 비율이 OECD 평균보다 높은 국가만으로 바르게 짝지어진 것은?

〈그림〉 OECD 국가의 대학 졸업자 취업률 및 경제 활동 인구 비중

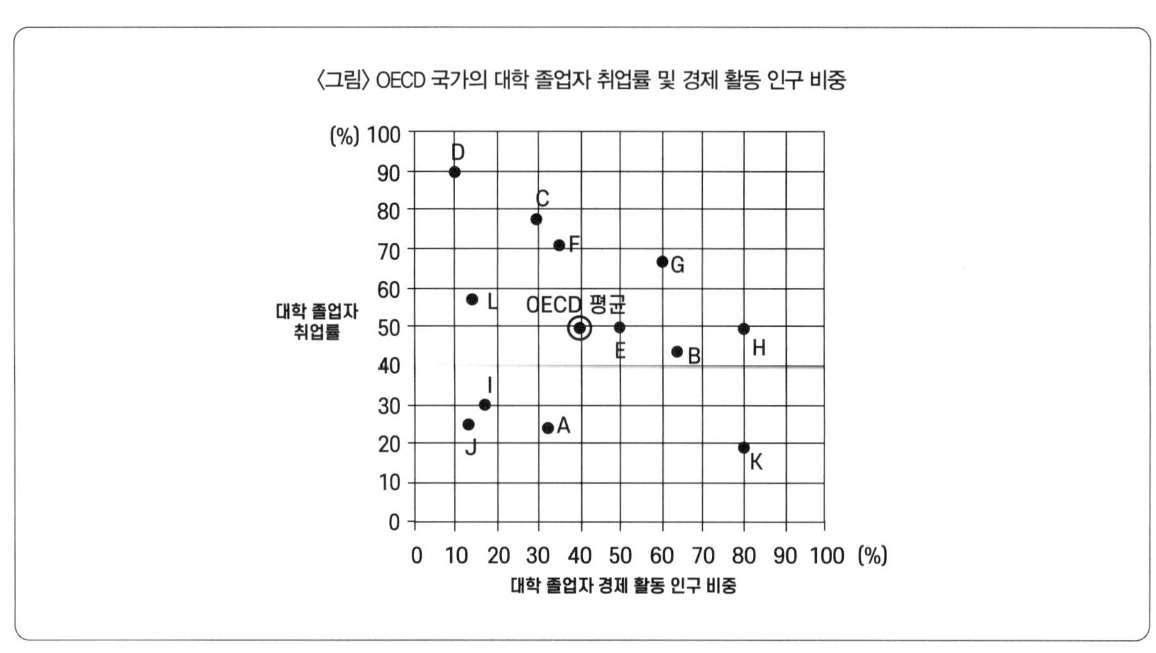

※ 1) 대학 졸업자 취업률(%) = $\frac{\text{대학 졸업자 중 취업자}}{\text{대학 졸업자 중 경제 활동 인구}} \times 100$

2) 대학 졸업자의 경제 활동 인구 비중(%) = $\frac{\text{대학 졸업자 중 경제 활동 인구}}{\text{전체 대학 졸업자}} \times 100$

① A, D ② B, C ③ D, H ④ G, K ⑤ H, L

10 다음과 같은 조건에 따라 반을 나누고자 할 때, 같은 반이 될 수 있는 조합을 고르면?

A, B, C, D, E, F 여섯 명의 학생을 세 명씩 두 반으로 나누려고 한다. 단, E와 F는 다른 반에 속해야 하며, C는 A 또는 B와 반드시 같은 반이 되어야 한다.

① A, B, C ② A, C, D ③ B, C, F ④ B, E, F ⑤ C, D, E

11 □□ 기업은 2020년 신제품의 상반기 판매 실적 달성을 위해 경영 전략을 추진하려고 한다. 다음의 경영 전략 추진 과정을 보고 적절하지 않은 것을 고르면?

전략 목표 설정	환경 분석	경영 전략 도출	경영 전략 실행	평가 및 피드백
① 비전 설정 – 미션 설정	– 내부 환경 분석 ② 외부 환경 분석 (SWOT)	– 조직 전략 ③ 사업 전략 – 부문 전략	④ 경영 전략 결과 평가	⑤ 전략 목표 및 경영 전략 재조정

12 다음 글을 근거로 판단할 때 옳은 것은?

처 부장 6명(A~F)의 〈회의 참여 가능 시간〉과 〈회의 장소 선호도〉를 반영하여, 〈조건〉을 충족하는 회의를 월~금요일 중 개최하려 한다.

〈회의 참여 가능 시간〉

부장 \ 요일	월	화	수	목	금
A	13:00~16:20	15:00~17:30	13:00~16:20	15:00~17:30	16:00~18:30
B	13:00~16:20	–	13:00~16:10	–	16:00~18:30
C	16:00~19:20	14:00~16:20	–	14:00~16:20	16:00~19:20
D	17:00~19:30	–	17:00~19:30	–	17:00~19:30
E	–	15:00~17:10	–	15:00~17:10	–
F	16:00~19:20	–	16:00~19:20	–	16:00~19:20

※ –: 참여 불가

〈회의 장소 선호도〉

장소 \ 부장	A	B	C	D	E	F
가	5점	4점	6점	6점	7점	5점
나	6점	6점	8점	6점	8점	8점
다	7점	8점	5점	6점	3점	4점

〈조건〉
○ 처 부장 A~F 중 3명 이상이 참여할 수 있어야 회의 개최가 가능하다.
○ 회의는 1시간 동안 진행되며, 회의 참여자는 회의 시작부터 종료까지 자리를 지켜야 한다.
○ 회의 시간이 정해지면, 해당 일정에 참여 가능한 전문가들의 선호도를 합산하여 가장 높은 점수가 나온 곳을 회의 장소로 정한다.

① 월요일에는 회의를 개최할 수 없다.
② 금요일 16시에 회의를 개최할 경우 회의 장소는 '가'이다.
③ 금요일 18시에 회의를 개최할 경우 회의 장소는 '다'이다.
④ A가 반드시 참여해야 할 경우 목요일 16시에 회의를 개최할 수 있다.
⑤ C, D를 포함하여 4명 이상이 참여해야 할 경우 금요일 17시에 회의를 개최할 수 있다.

13 다음은 ○○ 회사에서 2019년에 실시한 고객 만족도 조사 결과이다. 가장 적절하지 않은 것은?

- 조사 목적

  서비스 품질의 객관적 측정을 통한 공공 기관의 고객 만족 경영 마인드 확산 및 공공 서비스의 질적 수준 제고로 국민 편익 증진

- 조사 설계
  - 조사 대상: 최근 1년간(2018. 9. ~ 2019. 9.) 해당 서비스를 경험한 만 20세 이상 65세 이하 고객
  - 표본 수: 총 454명
  - 조사 방법: 구조화된 설문지를 이용한 전화 조사
  - 조사 기간: 2018. 12. 4 ~ 2020. 2. 22

① 위 조사의 목적은 공공 기관의 고객 만족 경영의 마인드 확산에 있다.
② 2019년 10월부터 서비스를 경험한 만 23세 여성도 조사 대상이 된다.
③ 공공 서비스의 질적 수준 제고로 국민의 편익을 증진시키기 위해 위 조사를 실시한다.
④ 전화를 걸어서 조사 대상들에게 비슷한 형식의 질문을 하는 방법으로 조사하였다.
⑤ 위의 고객 만족도 조사 기간은 약 3개월이다.

14 다음 〈표〉와 〈그림〉은 소나무재선충병 발생 지역에 대한 자료이다. 이를 이용하여 계산할 때, 고사한 소나무 수가 가장 많은 발생 지역은?

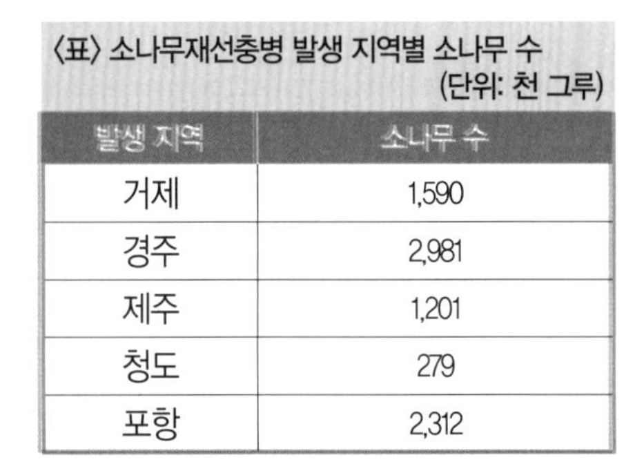
〈표〉 소나무재선충병 발생 지역별 소나무 수

(단위: 천 그루)

발생 지역	소나무 수
거제	1,590
경주	2,981
제주	1,201
청도	279
포항	2,312

〈그림〉 소나무재선충병 발생 지역별 감염률 및 고사율

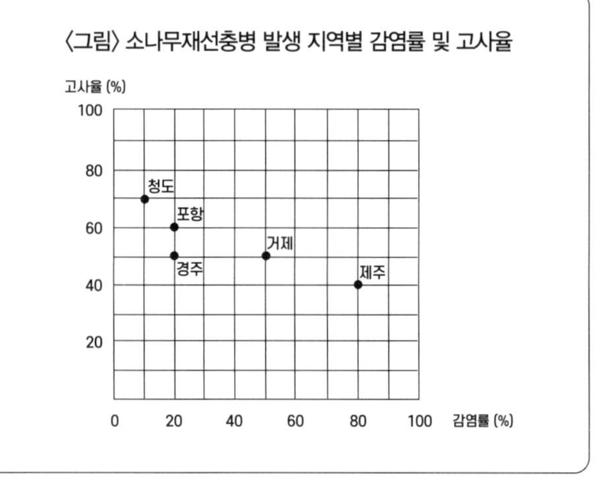

※ 1) 감염률(%) = $\frac{\text{발생 지역의 감염된 소나무 수}}{\text{발생 지역의 소나무 수}} \times 100$

2) 고사율(%) = $\frac{\text{발생 지역의 고사한 소나무 수}}{\text{발생 지역의 감염된 소나무 수}} \times 100$

① 거제 ② 경주 ③ 제주 ④ 청도 ⑤ 포항

15 △△ 기업에서는 직원들의 업무 효율을 높이고, 일과 삶이 조화롭게 균형을 유지하는 데 도움을 주기 위해 각 부서 과장들이 모여 회의를 실시하였다. 회의 내용과 결과가 다음과 같다면, 가장 먼저 실행할 수 있는 항목은 무엇인지 고르시오.

<table>
<tr><td>회의 일시</td><td colspan="2">2020. 01. 27 (월)</td></tr>
<tr><td>회의 안건</td><td colspan="2">1. 근무 시간 연장 해결 방안
2. 업무 방식 변화 방법
3. 업무 문화 변화 방법</td></tr>
<tr><td>회의 내용</td><td colspan="2">1. 근무 시간 연장 해결 방안
– 가족과 함께하는 저녁 실천
– 문화 생활 즐기기 실천
– 근무 시간 외 업무 연락 자제
– 집중 근무 시간 활성화
2. 업무 방식 변화 방법
– 꼭 필요한 회의만 효율적으로 진행
– 구체적이고 명확한 업무 지시
– 업무의 질과 성과로 능력 평가
– 유연성 있는 근무 환경 적극 도입
3. 업무 문화 변화 방법
– 건전한 회식 문화
– 자유로운 연차 사용
– 책임자부터 적극적인 업무 실천</td></tr>
<tr><td rowspan="5">결정 사항</td><td>내용</td><td>진행 일정</td></tr>
<tr><td>정시 퇴근하기</td><td>금일부터</td></tr>
<tr><td>회의 시간 사전 공지</td><td>매주 화요일</td></tr>
<tr><td>탄력 근무, 재택 근무 실시</td><td>2020.03.01부터</td></tr>
<tr><td>문화 회식 실시</td><td>02월 20일 ~ 3월 20일</td></tr>
</table>

① 근무 시간 외 전화, 문자 자제하기
② 구체적이고 명확한 업무 지시
③ 집중 근무 시간 활성화
④ 정시 퇴근하기
⑤ 회의 시간 사전 공지

16 다음과 같은 상황을 직면한 당신이 해야 할 행동으로 적절한 것과, 하지 말아야 할 행동을 가장 알맞게 짝지은 것을 고르면?

대외 협력팀에 근무하는 당신은 팀장으로부터 1분기 대외 협력 발전안에 관한 제안서를 3일 안에 보고하도록 지시 받았다. 그러나 다른 팀으로부터 업무 지원 요청이 들어왔다. 요청된 업무는 2일 내로 작업을 마무리해야 하는 실정이며 당신의 팀장은 타 부서의 지원 요청에 대해 승인하였다. 이를 당신에게 부탁하면서 우리 업무도 중요하지만 타 부서의 업무 협조도 중요하다고 이야기하며, 우선적으로 타 부서의 업무를 진행해 달라고 말했다. 그러나 당신의 역량을 비추어 보았을 때, 제안서를 작업하여 보고하는 업무만 최소 2일 이상이 소요된다.

	행동
A	팀장님께 현재 당신의 상황을 말씀드리며, 제안서 보고 날짜를 연기하도록 요청해 본다.
B	후배에게 현재 직면한 상황을 이야기하고, 제안서 업무를 맡긴 뒤 당신은 타 부서의 업무에 집중하여 작업을 마친다.
C	이번 기회에 자신의 역량을 높인다고 생각하며, 무리해서라도 주어진 상황을 헤쳐 나간다.
D	우리 부서 업무가 더 중요하다고 팀장님을 설득시킨 후 제안서 작업에 집중한다.
E	팀장님과 함께 논의하여 더 우선적으로 중요시되는 업무를 선정하고, 타 부서와의 업무 조정이 가능한지 혹은 제안서 보고 기일을 조율할지 추후 모색해 나간다.

	해야 할 행동	하지 말아야 할 행동
①	C	E
②	A	E
③	E	D
④	B	A
⑤	C	B

17 다음 글을 읽고 이 글과 일치하지 않는 것을 고르시오.

11세기 말 이슬람 제국의 고관 알 물크는 어려운 문제에 직면하였다. 페르시아 북부에는 코란에 시아파 신비주의를 접목한 교리를 추종하는 이스마일파가 있었는데, 강력한 카리스마를 지닌 지도자 하사니 사바가 제국의 통치에 염증을 느낀 사람들을 수천 명이나 이스마일파로 개종시킨 것이다. 이스마일파의 영향력이 나날이 커져 가면서 알 물크의 시름도 깊어갔지만 문제는 그들이 철저하게 비밀리에 활동한다는 것이었다. 누가 이스마일파로 개종했는지조차 알아 낼 수 없었다.

그런데 얼마 후 알 물크는 이스파한에서 바그다드로 향하던 길에 암살을 당하였다. 누군가가 그가 타고 가던 마차에 접근하더니 단검을 꺼내어 그를 찔렀던 것이다. 그리고 알 물크의 피살이 단순한 행위가 아니라, 이스마일파가 전쟁을 벌이는 방식이라는 사실이 곧 드러났다. 그것은 낯설고도 소름 끼치는 전쟁이었다. 그 뒤 몇 년에 걸쳐 술탄 무함마드 타파르의 주요 각료들이 동일한 방식, 즉 살인자가 군중 속에서 홀연히 나타나 단검으로 치명상을 입히는 방식으로 살해되었다.

테러의 공포가 제국의 지배층을 휩쓸었다. 도대체 누가 이스마일파인지 구분하기는 불가능했다. 어느 누구도 진실을 알 수 없는 상황이었기에 모두가 혐의자가 될 수밖에 없었다. 술탄은 이 악마같은 자와 협상하는 편이 낫겠다는 생각이 들어, 출정을 취소하고 하사니 사바와 화해했다. 수년에 걸쳐 이스마일파의 정치력이 커지면서, 이 종파에 속한 암살자들은 거의 신화적인 존재가 되었다. 한 암살자가 살해에 성공한 뒤 묵묵히 체포되어 고문을 당한 다음 처형 당하고 나면 또 다른 암살자가 뒤를 이었다. 그들은 이스마일파 교리에 완전히 매료되어서 종파의 대의를 지키기 위하여 자신의 목숨을 비롯한 모든 것을 바쳤다.

당시 하사니 사바의 목표는 페르시아 북부에 자신의 종파를 위한 국가를 건설하고, 그 국가가 이슬람 제국 내에서 살아남아 번영하도록 만드는 것이었다. 하지만 신자 수가 상대적으로 적은데다 각지에 권력자들이 버티고 있는 상황에서 그는 더 이상 세력을 확장시킬 수가 없었다. 그래서 정치 권력에 대항하여 역사상 최초로 테러 전쟁을 조직화하는 전략을 고안했던 것이다. 이스마일파의 세력은 사실상 매우 취약했다. 그러나 부하들을 꾸준히 제국의 심장부 깊숙이 침투시킴으로써, 자신들이 어디에나 도사리고 있는 듯한 착각을 만들어 냈다. 그리하여 하사니 사바가 통솔하던 기간 동안 암살 행위는 총 50회에 불과했지만, 그 정치적 영향력은 수십만 대군을 거느린 것처럼 대단하였다.

① 이스마일파의 테러는 소수 집단의 한계를 뛰어넘고자 사용되었다.
② 이스마일파의 테러리스트들은 희생을 마다하지 않았다.
③ 이스마일파는 테러를 통해 공포 분위기를 조성함으로써 커다란 정치력을 발휘하였다.
④ 이스마일파의 구성원을 구분할 수 없어서 이슬람 제국의 지배층은 효과적으로 대응할 수 없었다.
⑤ 이스마일파의 정치적 영향력이 엄청났던 것은 수많은 암살 행위를 통해 얻어진 결과이다.

18 다음 〈표〉는 효소별 기질 농도(S)와 반응 속도(V)의 관계를 나타낸 자료이다. 〈정보〉를 참고하여 효소 A의 반응 속도 최댓값과 효소 B의 기질 친화도를 고르면?

〈표〉 효소별 기질 농도와 반응 속도의 관계

기질 농도(S)의 역수 값	각 효소별 반응 속도(V)의 역수 값	
	효소 A	효소 B
1	0.012	0.015
0.5	0.011	0.0125
0.2	0.0104	0.011
0.1	0.0102	0.0105

〈정보〉

효소의 기질 농도(S)와 그에 따른 효소 반응 속도(V)는 다음과 같은 관계를 가진다.

V=(Vmax×S)/(K+S)

Vmax와 K는 각 효소가 가지는 고유의 상수로서, 이 중 Vmax는 효소의 반응 속도 최댓값이고 K의 역수는 효소의 기질 친화도이다.

	효소 A의 반응 속도 최댓값	효소 B의 기질 친화도
①	100	0.5
②	200	0.5
③	100	2.0
④	200	1.0
⑤	100	1.0

19 □□공사 홍보부 T 대리는 이번 주 금요일에 열리는 여수 바다축제 개막식에 초대되어 참석하게 되었다. 개막식은 16시에 시작하여 20시에 종료되며, 입장은 행사 종료 2시간 전까지만 가능하다. 행사 당일 13시에 회사에서 출발할 수 있다면, 아래 제시된 교통 수단별 소요 시간을 참고하여 T 대리가 선택할 교통편으로 가장 적절한 것을 고르시오. (단, 자가용으로 회사에서 출발해도 여수역을 지나가게 된다.)

• 회사에서 출발 시 이동 시간

출발지	도착지	소요 시간
회사	서울역	40분
	김포 공항	120분
	여수역(자가용 이동)	270분

• KTX 및 비행기 시간표

구분	출발지	도착지	출발 시간	소요 시간
KTX	서울역	여수역	14:10	130분
비행기	김포 공항	여수 공항	15:00	60분

• 교통 수단별 행사장까지 이동 시간

교통편	출발지	소요 시간
일반 버스	여수역	50분
	여수 공항	70분
지하철	여수역	35분
	여수 공항	45분
택시(자가용)	여수역	20분
	여수 공항	30분

① KTX - 지하철
② 비행기 - 택시
③ 자가용 이동
④ KTX - 택시
⑤ 비행기 - 버스

20 다음의 내용은 대표적인 경영 전략인 마이클 포터(Michael E. Porter)의 〈본원적 경영 전략〉이다. 이를 참조하여 각 전략에 알맞은 사례로 적절하지 않은 것은 무엇인가?

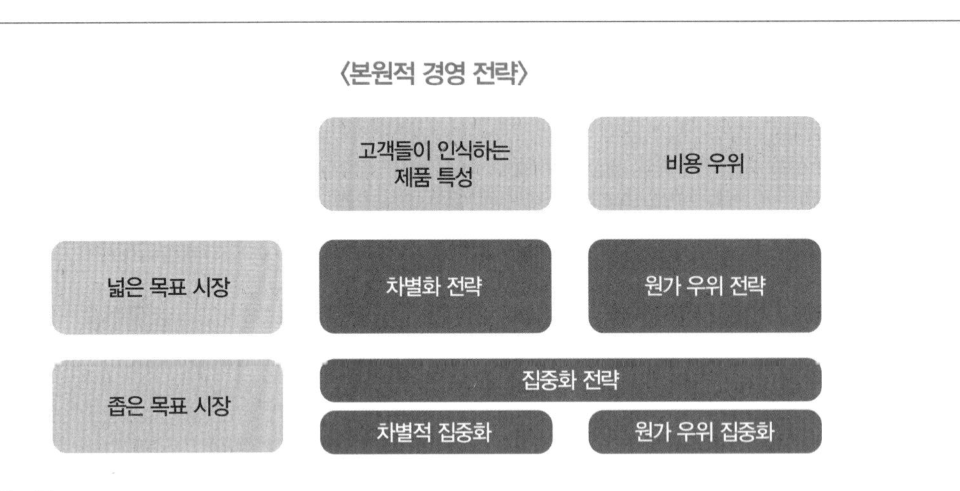

■ **원가 우위 전략**

원가 우위 전략이란 경쟁 기업보다 낮은 원가로 상품을 제공함으로써 경쟁자에 대해 비교 우위를 확보하려는 전략이다. 저원가를 무기로 원가 선도 기업으로 시장을 주도해 나갈 수 있으며, 특히 산업이 포화된 상황에서 가격 경쟁이 시작되면 원가 선도 기업은 유리한 위치에 설 수 있다.

■ **차별화 전략**

차별화 전략이란 차별화된 제품이나 서비스를 제공하여 산업 전반에서 독특하다고 인식될 수 있는 그 무엇을 창조함으로써 경쟁 우위를 달성하고자 하는 전략이다. 고객들은 제품의 독특함에 대한 프리미엄을 기꺼이 지불하고자 하는 성향을 갖고 있어 높은 수익성을 기대할 수 있다.

■ **집중화 전략**

집중화 전략이란 특정 시장, 소비자 집단, 제품 종류, 지역 등을 집중적으로 공략하는 전략이다. 원가 우위 전략과 차별화 전략이 전체 시장을 대상으로 한 전략임에 반해 집중화 전략은 특정 시장에만 집중하는 전략이다.

① 원가 우위 전략: A 과일 음료 업체는 자체 과일 공급 농장을 보유하고 있어 경쟁 업체보다 싼 값에 생과일 주스를 공급한다.
② 차별화 전략: B 스마트폰 업체는 비싼 제품 가격에도 불구하고 디자인, 혁신 등의 브랜드 이미지로 인하여 고객 충성도가 높은 기업이다.
③ 집중화 전략: C 에너지 음료 업체는 주 소비층인 젊은 세대를 공략할 수 있는 모델을 이용한 광고를 지속적으로 제작한다.
④ 원가 우위 전략: D 자동차 업체는 공장 내 자동 생산 시설을 확대하여 제품 생산비를 낮추었다.
⑤ 차별화 전략: E 음식 업체는 경쟁사들이 건강식을 출시하는 것에 대응하기 위해 유사한 제품을 출시하였다.

21 다음 글의 제목으로 가장 적절한 것은?

언제부터인가 이곳 속초 청호동은 본래의 지명보다 '아바이 마을'이라는 정겨운 이름으로 불리고 있다. 함경도식 먹을거리로 유명해진 곳이기도 하지만 그 사람들의 삶과 문화가 제대로 알려지지 않은 동네이기도 하다. 속초의 아바이 마을은 대한민국의 실향민 집단 정착촌을 대표하는 곳이다. 한국 전쟁이 한창이던 1951년 1·4 후퇴 당시, 함경도에서 남쪽으로 피난 왔던 사람들이 휴전과 함께 사람이 거의 살지 않던 이곳 청호동에 정착해 살기 시작했다.

동해는 사시사철 풍부한 어종이 잡히는 고마운 곳이다. 봄 바다를 가르며 달려 도착한 곳에서 고기가 다니는 길목에 설치한 '어울'을 끌어올려 보니, 속초의 봄 바다가 품고 있던 가자미들이 나온다. 다른 고기는 나오다 안 나오다 하지만 이 가자미는 일 년 열두 달 꾸준히 난다. 동해를 대표하는 어종 중에 명태는 12월에서 4월, 도루묵은 10월에서 12월, 오징어는 9월에서 12월까지 주로 잡힌다. 하지만 가자미는 사철 잡히는 생선으로, 어부들 말로는 그 자리를 지키고 있는 '자리고기'라 한다.

청호동에서 가자미식해를 담그는 광경은 이젠 낯선 일이 아니라 할 만큼 유명세를 탔다. 함경도 대표 음식인 가자미식해가 속초에서 유명하다는 것은 입맛이 정확하게 고향을 기억한다는 것과 상통한다. 속초에 새롭게 터전을 잡은 함경도 사람들은 고향 음식이 그리웠다. 가자미식해를 만들어 상에 올렸고, 이 밥상을 마주한 속초 사람들은 배타심이 아닌 호감으로 다가섰고, 또 판매를 권유하게 되면서 속초의 명물로 재탄생하게 된 것이다.

① 속초 자리고기의 유래
② 속초의 아바이 마을과 가자미식해
③ 아바이 마을의 밥상
④ 청호동 주민과 함경도 실향민의 화합
⑤ 속초 지명과 밥상의 연관성

22 다음은 △△ 기업이 A~G의 7개 업체와 체결한 계약 체결 순서에 관한 정보이다. 다음 조건에 따라 항상 진실이 아닌 것을 고르면?

- A, D는 연속하여 계약하지 않았다.
- A, C와의 계약은 G보다 나중에 체결되었다.
- B와의 계약은 F와의 계약보다 선행되었다.
- B와의 계약은 가장 먼저 체결된 계약이 아니다.
- G와의 계약은 D와의 계약보다 먼저 체결되었고, E와 F보다는 나중에 체결되었다.

① D 업체와는 5번째로 계약하였다.
② B 업체와는 2번째로 계약하였다.
③ C 업체와는 6번째로 계약하였다.
④ F 업체와는 3번째로 계약하였다.
⑤ G 업체와는 4번째로 계약하였다.

23 다음에 제시된 상황을 참고하여 B 팀장이 Ⓐ 단계에서 팀원들에게 할 수 있는 말로 가장 적절한 것을 고르면?

마케팅팀 B 팀장은 최근 신제품 출시를 앞두고 새롭게 출시되는 제품은 국내 시장뿐만 아니라 해외 시장에서도 판매하기 위해 전략을 수립하려 한다. 신제품의 해외 시장 판매 전략은 마케팅팀 팀원들과 함께 합리적 의사 결정에 따라 업무가 수행될 것이다.

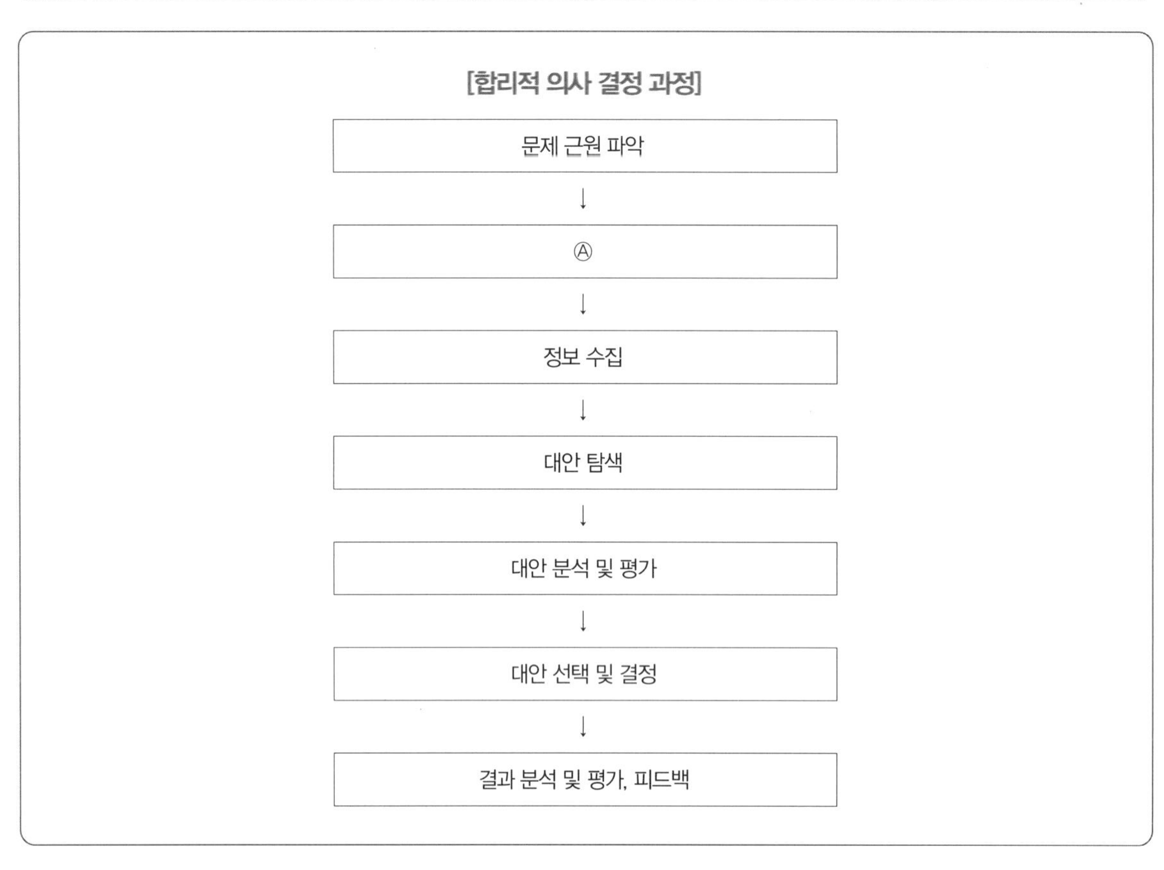

① 우리가 타깃으로 할 나라를 정하여 가중치를 얼마나 부여하면 좋을지 연구해 봅시다.
② 신제품을 어떻게 하면 더욱 효율적으로 판매할 수 있을지 회의해 봅시다.
③ 제품이 판매될 수 있는 시장은 모두 조사해야 할 필요가 있습니다.
④ 경쟁사 제품의 성능을 파악하고 우리 제품과 비교하여, 어떤 장점을 홍보하면 좋을지 알아보세요.
⑤ 전년도 제품의 해외 판매 실적을 알아보고, 판매율이 저조했던 이유를 분석해 오세요.

24 부장님께서 각 처에 근무하는 행정 직원들을 위한 워크숍을 개최하려고 한다. 아래의 자료를 바탕으로 워크숍 개최 날짜와 장소를 올바르게 선정한 것은 무엇인가?

〈워크숍 참석 인원수〉

처 \ 요일	월	화	수	목	금
인사처	9명	7명	5명	5명	6명
교육처	4명	8명	10명	6명	7명
기획처	10명	6명	12명	9명	11명
개발처	6명	9명	8명	7명	6명

〈워크숍 개최 장소에 따른 가격 및 선호도〉

	인당 가격	선호도
울산	150만 원	★★☆☆☆
대전	100만 원	★★★☆☆
부산	180만 원	★★★★☆
광주	250만 원	★★★★★
대구	100만 원	★★☆☆☆

〈조건〉

○ 참석하는 인원수가 많은 곳을 우선순위로 워크숍 개최 날짜를 선정한다.
○ 해당 날짜에 참석하는 인원수가 최소 30명 이상이 될 경우 워크숍을 진행한다.
○ 워크숍 개최와 관련하여 최우선적으로 고려해야 하는 사항은 최소 금액이 발생하는 경우이다.
○ 발생되는 금액이 동일한 경우 선호도가 더 높은 곳으로 장소를 선정한다.

	개최 날짜	개최 장소
①	수요일	대전
②	화요일	대구
③	월요일	대전
④	금요일	대구
⑤	화요일	대전

25 아래 글의 ㉠~㉤ 중 다른 접속사가 들어갈 자리는 무엇인지 고르시오.

수명 연장의 꿈을 갖고 제안된 것들 중 하나로 냉동 보존이 있다. 이는 낮은 온도에서는 화학적 작용이 완전히 중지된다는 점에 착안해, 지금은 치료할 수 없는 환자를 그가 사망한 직후 액화질소 안에 냉동한 후, 냉동 및 해동에 따른 손상을 회복시키고 원래의 병을 치료할 수 있을 정도로 의학 기술이 발전할 때까지 보관한다는 생각이다. (㉠) 인체 냉동 보존술은 제도권 내에 안착하지 못했으며, 현재는 소수의 열광자들에 의해 계승되어 이와 관련된 사업을 알코어 재단이 운영 중이다.

그런데 시신을 냉동하는 과정에서 시신의 세포 내부에 얼음이 형성되어 심각한 세포 손상이 일어난다는 것이 밝혀졌다. 이를 방지하기 위하여 저속 냉동 보존술이 제시되었는데, 이는 주로 정자나 난자, 배아, 혈액 등의 온도를 1분에 1도 정도로 천천히 낮추는 방식이었다. 이 기술에서 느린 냉각은 삼투압을 이용해 세포 바깥의 물을 얼음 상태로 만들고 세포 내부의 물은 냉동되지 않도록 하는 방식이다. (㉡) 이 또한 치명적이지는 않더라도 여전히 세포들을 손상시킨다. 최근에는 액체 상태의 체액을 유리질 상태로 변화시키는 방법을 이용해 세포들을 냉각시키는 방법이 개발되었다. 유리질 상태는 고체이지만 결정 구조가 아니다. 그것의 물 분자는 무질서한 상태로 남아 있으며, 얼음 결정에서 보이는 것과 같은 규칙적인 격자 형태로 배열되어 있지 않다. 알코어 재단은 시신 조직의 미시적 구조가 손상되는 것을 줄이기 위해 최근부터 유리질화를 이용한 냉동 방법을 활용하고 있다.

(㉢) 뇌과학자 A는 유리질화를 이용한 냉동 보존에 대해서 회의적인 입장이다. 그에 따르면 우리의 기억이나 정체성을 이루고 있는 것은 신경계의 뉴런들이 상호 연결되어 있는 연결망의 총체로서의 커넥톰이다. 냉동 보존된 인간을 다시 살려냈을 때, 그 사람이 냉동 이전의 사람과 동일한 사람이라고 할 수 있기 위해서는 뉴런들의 커넥톰이 그대로 보존되어 있어야 한다. (㉣) A는 이러한 가능성에 대해서 회의적이다. 인공호흡기로 연명하던 환자를 죽은 뒤에 부검해 보면, 신체의 다른 장기들은 완전히 정상으로 보이지만 두뇌는 이미 변색이 일어나고 말랑하게 되거나 부분적으로 녹은 채로 발견되었다. (㉤) 병리학자들은 두뇌가 신체의 나머지 부분보다 훨씬 이전에 죽는다고 결론을 내렸다. 알코어 재단이 냉동 보존할 시신을 수령할 무렵 시신의 두뇌는 최소한 몇 시간 동안 산소 결핍 상태에 있었으며, 살아 있는 뇌세포는 하나도 남아 있지 않았고 심하게 손상된 상태였다.

① ㉠ ② ㉡ ③ ㉢ ④ ㉣ ⑤ ㉤

26

자재관리 부서에서 일하는 A 사원은, 올 한 해 분기별 재고 현황에 대해 조사를 하다가 4분기에 작년 대비 2배 이상의 재고가 있음을 확인하였고, 이는 올해 비품 구매 계획과는 어긋난 결과임을 알게 되었다. 이러한 결과를 담당 상사에게 보고하였을 때 해당 보고서를 본 상사가 A 사원에게 언급해야 할 말로 적절하지 않은 것을 고르면?

① 4분기에 새로운 대안으로 최대한 재고를 소진시키도록 아이디어를 함께 도모하자고 한다.
② 내년도에는 조금 더 꼼꼼한 체크를 하도록 주의를 준다.
③ 이러한 실수가 반복되지 않도록 앞으로 다른 동료와 함께 검토를 진행하자고 한다.
④ A 사원에게 먼저 누가 책임을 질 건지 따지듯이 이야기한다.
⑤ 더 늦기 전에 보고해 준 점에 대해서 다독여 주며, 앞으로는 좀 더 세밀한 주의가 필요하다고 이야기한다.

27

다음 〈표〉는 조선 시대 함평 현감의 재임 기간 및 출신에 대한 자료이다. 이에 대한 설명으로 옳지 않은 것은?

〈표 1〉 함평 현감의 재임 기간별 인원 (단위: 명)

재임 기간	인원
1개월 미만	2
1개월 이상~3개월 미만	8
3개월 이상~6개월 미만	19
6개월 이상~1년 미만	50
1년 이상~1년 6개월 미만	30
1년 6개월 이상~2년 미만	21
2년 이상~3년 미만	22
3년 이상~4년 미만	14
4년 이상	5
계	171

〈표 2〉 함평 현감의 출신별 인원 (단위: 명)

구분	문과	무과	음사(陰仕)	합
인원	84	50	37	171

① 함평 현감 중 재임 기간이 1년 미만인 현감의 비율은 전체의 50% 이하이다.
② 재임 기간이 6개월 이상인 함평 현감 중에는 문과 출신자가 가장 많다.
③ 함평 현감의 출신별 통계를 보면 음사 출신자는 전체의 20%를 초과한다.
④ 재임 기간이 3년 미만인 함평 현감 중에는 음사 출신자가 반드시 있다.
⑤ 재임 기간이 1년 6개월 미만인 함평 현감 중 적어도 24명 이상이 문과 출신이다.

28 A시는 2016년에 폐업 신고한 전체 자영업자를 대상으로 창업 교육 이수 여부와 창업부터 폐업까지의 기간을 조사하였다. 다음 〈그림〉은 조사 결과를 이용하여 창업 교육 이수 여부에 따른 기간별 생존 비율을 비교한 자료이다. 이에 대한 설명으로 옳은 것은?

〈그림〉 창업 교육 이수 여부에 따른 기간별 생존 비율

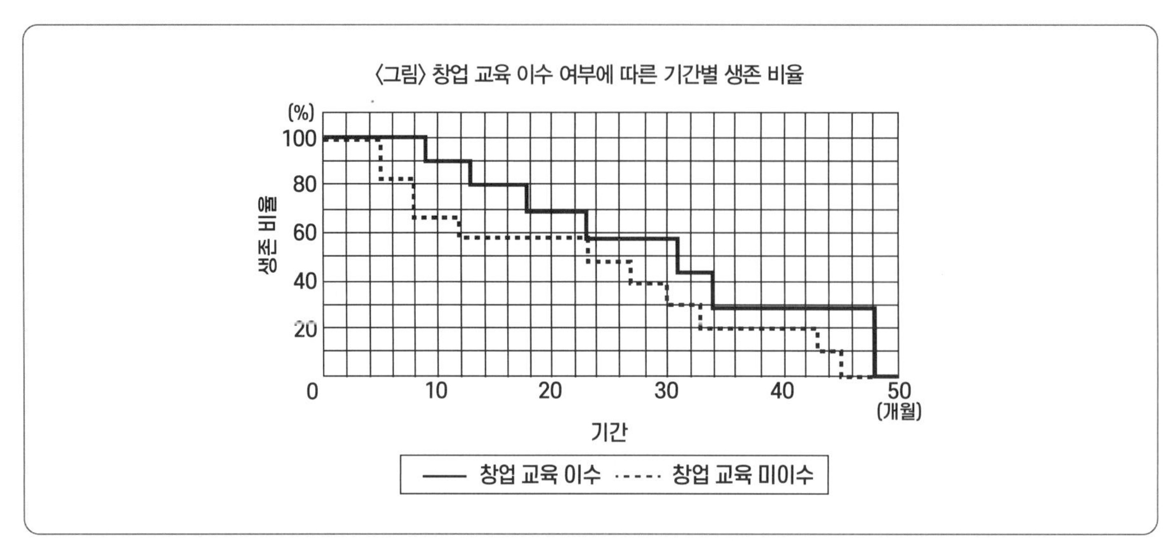

※ 1) 창업 교육을 이수(미이수)한 폐업 자영업자의 기간별 생존 비율은 창업 교육을 이수(미이수)한 폐업 자영업자 중 생존 기간이 해당 기간 이상인 자영업자의 비율임.
2) 생존 기간은 창업부터 폐업까지의 기간을 의미함.

① 창업 교육을 이수한 폐업 자영업자 수가 창업 교육을 미이수한 폐업 자영업자 수보다 더 많다.
② 창업 교육을 미이수한 폐업 자영업자의 평균 생존 기간은 창업 교육을 이수한 폐업 자영업자의 평균 생존 기간보다 더 길다.
③ 창업 교육을 이수한 폐업 자영업자의 생존 비율과 창업 교육을 미이수한 폐업 자영업자의 생존 비율의 차이는 창업 후 20개월에 가장 크다.
④ 창업 교육을 이수한 폐업 자영업자 중 생존 기간이 32개월 이상인 자영업자의 비율은 50% 이상이다.
⑤ 창업 교육을 미이수한 폐업 자영업자 중 생존 기간이 10개월 미만인 자영업자의 비율은 20% 이상이다.

29 다음 글을 읽고 부합하지 않는 내용을 고르시오.

기생 생물과 숙주는 날을 세운 창과 무쇠를 덧댄 방패와 같다. 한쪽은 끊임없이 양분을 빼앗으려 하고, 한쪽은 어떻게든 방어하려 한다. 이때 문제가 발생한다. 기생 생물은 가능한 한 숙주로부터 많은 것을 빼앗는 것이 유리하지만 숙주가 죽게 되면 기생 생물에게도 오히려 해가 된다. 기생 생물에게 숙주는 양분을 공급해 주는 먹잇감인 동시에 살아가는 서식처이기 때문이다. 따라서 기생 생물은 최적의 생활 조건을 유지하기 위해 '중용의 도'를 깨달아야 하는 상황에 놓인다. 이때쯤 되면 기생 생물은 자신의 종족이 장기적으로 번성하려면 많은 양분을 한꺼번에 빼앗아 숙주를 죽이는 것이 아니라 견딜 수 있을 만큼만 빼앗아 숙주를 살려 둔 상태로 장기간 수탈하는 것이 더 낫다고 판단한다.

보통, 미생물은 인간과 처음 마주치게 되면 낯선 숙주인 인간을 강력하게 공격한다. 설상가상으로 낯선 미생물을 접해 본 적이 없는 인간의 면역계는 그에 대한 항체를 만드는 데 서투르기 때문에 낯선 미생물과 인간의 초기 전투는 미생물의 일방적인 승리로 끝난다. 2세기경 로마 제국에서는 알 수 없는 역병이 두 번에 걸쳐 유행했다. 이 역병의 대유행으로 지칠 대로 지친 로마는 4세기경 게르만족이 침입했을 때 이미 싸울 기력조차 없었다. 학자들은 지중해의 패권을 쥐었던 로마를 속으로부터 골병들게 만들었던 장본인을 홍역으로 보고 있다. 이제는 유아 질환으로 자리 잡은 홍역의 위력이 당시에는 어마어마했던 것이다. 소에서 유래된 것으로 알려진 홍역 바이러스가 처음 인간의 몸에 유입되었을 때 인간은 이에 대한 항체가 거의 없었기 때문에 속수무책으로 당할 수밖에 없었다. 그러나 대유행이 몇 번 지나가고 나면 점차 독성이 약해진다. 이는 미생물이 숙주를 장기간 착취하려고 한발 물러서는 한편, 숙주가 항체를 만들어 내면서 미생물 퇴치에 한발 나아감에 따라 저울의 추가 균형점으로 이동하기 때문이다.

① 숙주는 기생 생물들의 먹잇감인 동시에 보호해야 하는 존재이다.
② 홍역은 로마의 전투력이 떨어지게 한 원인이다.
③ 보통 미생물과의 초기 전투에서 인간은 일방적으로 진다.
④ 항체가 생기는 과정에서 숙주와 미생물은 가장 치열한 전투를 한다.
⑤ 독성이 약해지는 것은 미생물이 더 먼 미래를 위해 후퇴하기 때문이다.

30 다음 〈표〉는 2009년 주요 OECD 국가의 인간 발전 지수(Human Development Index, HDI)에 관한 자료이다. 이에 대한 설명 중 옳지 않은 것은?

〈표 1〉 2009년 주요 OECD 국가의 인간발전지수(HDI)

구분 / 국가	HDI	출생 시 기대 수명(년)	성인 문자 해독률(%)	취학률(%)	1인당 국내 총생산($)	기대 수명 지수	교육 지수	국내 총생산 지수
A	( )	78.0	99.0	92.4	43,968	0.884	0.968	1.000
B	( )	81.6	99.0	96.0	35,814	0.944	0.980	0.982
C	( )	71.6	88.1	71.1	11,535	0.776	( )	0.792
D	( )	75.3	99.3	87.7	14,675	( )	0.952	0.833
E	( )	78.2	99.0	98.5	22,985	( )	0.988	0.908
OECD 평균	0.925	78.5	–	89.1	30,879	0.891	0.927	0.957

〈표 2〉 각 지수 계산을 위한 최댓값과 최솟값

지 수	최댓값	최솟값
출생 시 기대 수명(년)	85	25
성인 문자 해독률(%)	100	0
취학률(%)	100	0

※ 1) 인간 발전 지수(HDI)= $\frac{(\text{기대 수명 지수+교육 지수+국내 총생산 지수})}{3}$

2) 기대 수명 지수= $\frac{(\text{출생 시 기대 수명 실제값–출생 시 기대 수명 최솟값})}{(\text{출생 시 기대 수명 최댓값–출생 시 기대 수명 최솟값})}$

3) 성인 문자 해독률 지수= $\frac{(\text{성인 문자 해독률 실제값–성인 문자 해독률 최솟값})}{(\text{성인 문자 해독률 최댓값–성인 문자 해독률 최솟값})}$

4) 취학률 지수= $\frac{(\text{취학률 실제값–취학률 최솟값})}{(\text{취학률 최댓값–취학률 최솟값})}$

5) 교육 지수= $(\frac{2}{3}\times\text{성인 문자 해독률 지수})+(\frac{1}{3}\times\text{취학률 지수})$

① 각국의 취학률과 교육 지수는 양(+)의 상관 관계가 있다.
② B 국가의 인간 발전 지수가 위 국가들 중에서 가장 높다.
③ C 국가의 교육 지수가 위 국가들 중에서 가장 낮다.
④ D 국가의 인간 발전 지수는 OECD 평균보다 낮다.
⑤ E 국가의 인간 발전 지수는 E 국가의 국내 총생산 지수보다 낮다.

31 다음은 자전거 종류에 따른 운동 효과에 대한 자료이다. 이를 근거로 하여 다음 4명의 운전자 중 운동량이 많은 순서대로 나열한 것을 고르면?

〈자전거의 운동 효과〉

종류	바퀴 수	보조 바퀴 여부
일반 자전거	2개	X
연습용 자전거	2개	○
외발 자전거	1개	X

- 운동량은 자전거 주행 거리에 비례한다.
- 보조 바퀴가 달린 자전거를 타면 같은 거리를 주행하여도 운동량이 일반 자전거의 70% 밖에 되지 않는다.
- 바퀴가 1개인 자전거를 타면 같은 거리를 주행하여도 운동량이 일반 자전거보다 50% 더 많다.
- 같은 거리를 주행하여도 자전거에 운전자 외에 한 명이 더 타면 운동량은 두 배가 된다.
- 이외의 다른 조건은 모두 동일하다.

㉠ 2km의 거리를 혼자 외발 자전거로 주행하였다.
㉡ 1km의 거리를 뒷자리에 한 명을 태우고 일반 자전거로 주행하였다.
㉢ 1.5km의 거리를 뒷자리에 한 명을 태우고 연습용 자전거로 주행하였다.
㉣ 0.7km의 거리를 뒷자리에 한 명을 태우고 연습용 자전거로 주행한 후, 1km의 거리를 혼자 일반 자전거로 주행하였다.

① ㉠〈㉢〈㉡〈㉣ ② ㉢〈㉠〈㉣〈㉡ ③ ㉢〈㉡〈㉠〈㉣ ④ ㉡〈㉢〈㉣〈㉠ ⑤ ㉡〈㉣〈㉢〈㉠

32 경영에 관심이 많은 A 대리는 여러 글을 읽어 보던 중 아래의 경영 전략의 추진 과정에 대한 자료를 보게 되었다. 글을 읽은 후 A 대리가 아래의 물음에 대해 답변한 것으로 가장 옳은 것은 무엇인가?

전략 목표 설정 → 환경 분석 → 경영 전략 설정 → 경영 전략 실행 → 평가 및 피드백

질문: 설정한 경영 전략을 구체적으로 실행한 이후 다음 단계에서는 구체적으로 어떤 일을 해야 하는가?

① 경영 전략이 구체적으로 실행된 이후에는 전체 과정이 즉시 마무리된다.
② 조직의 미션과 비전을 설정한다.
③ SWOT 분석 기법을 이용해서 조직의 내/외부 환경을 분석한다.
④ 조직 전략, 사업 전략, 부문 전략 등 실제 실행할 전략을 수립한다.
⑤ 실행된 전략의 결과를 평가하여, 전략의 수정 혹은 재실행 여부를 결정한다.

33~34 다음 지문을 읽고 이어지는 질문에 답하시오.

(㉠)

조선은 국가적인 차원에서 산림을 보호하고 목재를 안정적으로 확보하기 위해 노력하였다. 특히 가장 중요한 목재인 소나무를 보호하기 위하여 소나무의 사적인 벌목을 금지하는 금산(禁山)을 곳곳에 지정하였다. 양인(良人)들도 조상들의 분묘를 중심으로 한 일정한 구역 내에서 타인의 경작, 채취, 건축, 묘지 조성 등을 금지시키는 분산수호권(墳山守護權)과, 그 범위 내에 있는 산림 특히 소나무를 기르고 독점할 수 있는 금양권(禁養權)을 가질 수 있었다. 이러한 권리를 통해 이들은 그 구역을 사양산(私養山)이라 칭하면서 여기에서 나는 버섯, 꿀, 약용 식물 등의 여러 경제적 산물을 배타적으로 소유하였다.

(㉡)

그런데 산림의 경제성이 증대됨에 따라 18세기에는 목재를 불법적으로 베어 가는 투작(偸斫)이 광범위하게 확산되었다. 특히 사양산은 금산에 비해 통제가 약하였기 때문에 투작의 피해가 더욱 클 수밖에 없었다. 투작은 신분을 가리지 않고 시도되었다. 힘 있는 사족(士族)들은 본인이 소유한 사양산의 경계를 넘어 투작하거나 친족의 나무를 도둑질하여 팔았다.

(㉢)

또한 이들은 몰락한 양반 또는 돈 많은 평민들의 사양산이나 분묘 주변에서 다수의 인원을 동원하여 강제로 투작하는 늑작(勒斫)을 행하기도 하였다. 지방 향리층의 투작에는 정해진 숫자를 초과해 벌목하는 난작(亂斫)이 많았다. 그러나 사족이나 향리층의 투작은 평민층의 투작에 비하면 그 비중이 높지 않았다. 평민층의 투작은 한 사람의 소규모 투작에서 수십 명이 작당하는 대규모 투작까지 그 종류와 규모가 다양하였다. 일례로 충청도 임천에서는 산주가 출타한 틈을 타 인근 마을에 사는 평민들이 작당하고 27명을 동원하여 소나무 200여 그루를 투작하기도 하였다.

(㉣)

선박 한 척을 만드는 데 많을 경우 400여 그루의 소나무가 필요하였기 때문에 목상들은 닥치는 대로 나무를 구매하여 유통시켰다. 이에 목상들에게 판매하기 위한 소나무를 확보하기 위하여 금산이나 사양산을 가리지 않고 무차별적인 투작이 행해졌다. 투작은 가난한 평민들이 손쉽게 큰돈을 만질 수 있는 수단이었으나 그로 인해 전국의 산림은 크게 황폐해져 갔다.

(㉤)

33 위의 ㉠~㉤ 중 다음 〈보기〉의 내용이 들어갈 부분으로 가장 적절한 곳을 고르시오.

| 보기 |

이러한 투작 현상을 확대시키는 데 일조한 것은 목상(木商)들의 활동이었다. 목상들은 운반이 편리하며 굵고 큰 금산의 나무를 선호하였는데, 이들에 의해 유통된 목재는 개인 소유 선박인 사선의 제작에 주로 사용되었다. 이에 따라 수군의 병선 제작이나 관선 제작이 어려움을 겪을 정도였다. 목상의 활동으로 인해 피해를 입은 것은 사양산의 소나무도 예외는 아니었다.

① ㉠　　② ㉡　　③ ㉢　　④ ㉣　　⑤ ㉤

34 윗글의 내용과 일치하지 않는 것을 고르시오.

① 양인들이 사양산의 버섯, 꿀, 약용 식물 등의 여러 경제적 산물을 갖는 것은 불법이었다.
② 사양산이 금산에 비해 투작하기 쉬웠다.
③ 금산의 소나무로 수군의 병선이나 관선을 만들었다.
④ 목상들의 활동은 전국의 산림을 황폐하게 만들었다.
⑤ 평민층의 투작은 사족이나 향리층의 투작보다 그 정도가 심하였다.

35 다음 〈표〉는 은진이의 호텔 평가 결과이다. 〈정보〉의 내용을 참고하여 가~마 호텔을 평가할 때, 은진이의 태도가 가장 긍정적으로 나오는 호텔은?

〈표〉 은진이의 호텔 평가 결과

구 분		속 성		
		위치	가격	서비스의 질
각 속성의 중요도		50%	30%	20%
평가 대상 호텔	가	8	7	9
	나	7	9	9
	다	9	6	8
	라	7	8	9
	마	8	8	7

〈정보〉

- Fishbein의 다속성 태도 모델(Multi-attribute Attitude Model) 공식 $A_C = \sum_{i=1_r}^{n_r} B_i \cdot I_i$
- A_C: 특정 대안에 대한 태도(Attitude Toward an Object) - AC 값이 클수록 특정 대안에 대한 태도가 더 긍정적임
- B_i: 고객이 특정 대안의 속성에 부여하는 점수 · 신념(Belief)
- I_i: 고객에게 속성이 가지는 중요도(Importance)
- n: 본 제품 구입에 있어 고객이 고려하는 총 제품 속성의 수

① 가 ② 나 ③ 다 ④ 라 ⑤ 마

36 ○○자동차 제조 생산팀에 근무 중인 A 과장은 공정 비용을 감축하기 위해 공정 개선 작업을 착수하려고 한다. 다음에 제시된 공장의 생산 단계별 공정 비용을 참고하여 공정 개선 후 총비용의 감소율을 20%로 설정하였을 때, 조립 공정의 개선 후 공정 비용으로 알맞은 것을 고르면?

생산 공정	생산 공정 비용(만 원)	
	개선 전	개선 후
프레스	4,000	3,000
엔진	5,000	4,200
차체	2,500	2,300
도장	1,500	1,100
조립	1,000	
최종 평가	1,000	600

① 500 ② 700 ③ 800 ④ 900 ⑤ 1,000

37 다음 글을 읽고 알맞게 이해한 사람들을 모두 고르시오.

김치는 자연 발효에 의해 익어 가기 때문에 미생물의 작용에 따라 맛이 달라진다. 김치가 발효되기 위해서는 효모와 세균 등 여러 미생물의 증식이 일어나야 하는데, 이를 위해 김치를 담글 때 찹쌀 가루나 밀가루로 풀을 쑤어 넣어 준다. 이는 풀에 들어 있는 전분을 비롯한 여러 가지 물질이 김치 속에 있는 미생물을 쉽게 자랄 수 있도록 해 주는 영양분의 역할을 하기 때문이다. 김치는 배추나 무에 있는 효소뿐만 아니라 그 사이에 들어가는 김칫소에 포함된 효소의 작용에 의해서도 발효가 일어날 수 있다. 김치의 발효 과정에 관여하는 미생물에는 여러 종류의 효모, 호기성 세균, 그리고 유산균을 포함한 혐기성 세균이 있다. 갓 담근 김치의 발효가 시작될 때 호기성 세균과 혐기성 세균의 수가 두드러지게 증가하지만, 김치가 익어 갈수록 호기성 세균의 수는 점점 줄어들어 나중에는 그 수가 완만하게 증가하는 효모의 수와 거의 비슷해진다. 그러나 혐기성 세균의 수는 김치가 익어 갈수록 증가하며 결국 많이 익어서 시큼한 맛이 나는 김치에 있는 미생물 중 대부분을 차지한다. 김치를 익히는 데 관여하는 균과 매우 높은 산성의 환경에서도 잘 살 수 있는 유산균이 그 예이다. 김치를 익히는 데 관여하는 세균과 유산균뿐만 아니라 김치의 발효 초기에 증식하는 호기성 세균도 독특한 김치 맛을 내는 데 도움을 준다. 김치에 들어 있는 효모는 세균보다 그 수가 훨씬 적지만 여러 종류의 효소를 가지고 있어서 김치 안에 있는 여러 종류의 탄수화물을 분해할 수 있다. 또한 김치를 발효시키는 유산균은 당을 분해해서 시큼한 맛이 나는 젖산을 생산하는데, 김치가 익어 가면서 김치 국물의 맛이 시큼해지는 것은 바로 이런 이유 때문이다. 김치가 익는 정도는 재료나 온도 등의 조건에 따라 달라지는데 이는 유산균의 발효 정도가 달라지기 때문이다. 특히 이 미생물들이 만들어 내는 여러 종류의 향미 성분이 더해지면서 특색 있는 김치 맛이 만들어진다. 김치가 익는 기간에 따라 여러 가지 맛을 내는 것도 모두가 유산균의 발효 정도가 다른 데서 비롯된다.

A: 밀가루 풀을 쑤어 넣는 이유가 발효를 위한 것이었구나.
B: 배추에나 효소가 있지 김칫소는 맛만 내는 역할을 하네.
C: 혐기성 세균은 시큼한 맛이 나는 김치의 대부분이다.
D: 김치에 들어 있는 효모는 세균보다 적어서 탄수화물 분해의 역할을 못한다.
E: 유산균의 발효 정도에 따라 김치의 익는 정도도 달라지겠네.

① A, B, C ② B, C, D ③ B, C, E ④ C, D, E ⑤ A, C, E

38 '갑' 정당은 당 대표 선출을 위한 경선을 진행하고 있으며 5명의 후보가 출마하였다. 다음 〈표〉는 각 경선의 후보별 지지율을 나타낸 것이다. 〈선출 방식〉을 참고하여, 이에 대한 〈보기〉의 설명 중 옳은 것을 모두 고르면?

〈표〉 '갑' 정당 경선 후보별 지지율 (단위: %)

	당원 투표	선거인단 경선	1차 여론 조사	2차 여론 조사
A	45	(가)	25	25
B	25	(나)	20	25
C	10	(다)	(라)	25
D	10	10	(마)	7
E	7	15	5	3
무응답 · 기권	3	5	20	15
합계	100	100	100	100

〈선출 방식〉

방식 1. 당원 투표와 선거인단 경선의 지지율을 합산한 수치가 가장 높은 후보를 선출한다.

방식 2. '당원 투표:선거인단 경선:2차 여론 조사'의 비중을 '3:4:5'로 하여 지지율을 합산한 수치가 가장 높은 후보를 선출한다.

방식 3. '당원 투표:선거인단 경선:1차 여론 조사:2차 여론 조사'의 비중을 '2:2:1:1'로 하여 지지율을 합산한 수치가 가장 높은 후보를 선출한다.

※ 합산 결과가 동점이면 어떤 후보도 선출되지 않고 전년도 당선자 F가 자동 선출되는 것으로 함.

| 보기 |

ㄱ. 방식 1을 채택하여 B 후보가 선출되었다면 (나)는 25보다 크다.
ㄴ. 방식 1을 채택하여 A 후보가 선출되었다면 방식 2에 의해 C 후보가 선출될 가능성은 없다.
ㄷ. (다)가 55면 방식 3을 채택할 때 A 후보는 선출될 가능성이 없다.
ㄹ. (나)가 20이라면 방식 1과 방식 2 중 어떤 것을 채택하더라도 B 후보는 선출될 가능성이 없다.

① ㄱ, ㄴ
② ㄱ, ㄹ
③ ㄷ, ㄹ
④ ㄱ, ㄴ, ㄷ
⑤ ㄴ, ㄷ, ㄹ

39 다음 내용으로부터 옳게 추론한 것을 〈보기〉에서 모두 고른 것은?

다음 G 회사에 다니는 A 직원은 J 기업의 회의에 참석을 해야 한다. 회의 시간은 15:40~17:00이며, 회의를 마치고 돌아올 때 기차만 편도 가격의 50% 정도 할인을 받을 수 있다. A 직원이 J 기업의 회의를 참석한 후에 G 회사에 돌아와서 상사에게 보고하는 상황에서 아래의 정보를 수집하게 되었다.

〈교통 수단에 따른 소요 시간, 가격〉

	소요 시간	가격 (편도)	출발 시간
기차	1시간 30분	45,000원	당일 14:00
버스	3시간	18,000원	당일 12:10
항공	1시간	60,000원	당일 14:20
렌트카	2시간	32,000원	당일 14:00

| 보기 |

ㄱ. 렌트카를 제외한 모든 교통 수단을 이용하게 되면 회의 시간 내에 맞추어 참석할 수 있다.
ㄴ. 기차만을 통해 왕복하는 가격이 항공 편도 가격에 비하여 낮다.
ㄷ. 회의를 마치고 돌아올 때, 소요되는 시간당 가격이 기차가 버스를 제외한 모든 수단에 비해 경제적이다.

① ㄱ, ㄴ
② ㄱ, ㄷ
③ ㄱ, ㄴ, ㄷ
④ ㄴ, ㄷ
⑤ ㄱ

40 다음은 □□ 기업 상시 채용 최종 합격자에게 나가는 안내 사항이다. 자료를 참고하여 최종 합격자가 안내 사항을 확인한 후에 진행하는 절차로 가장 적절하지 않은 것을 고르면?

〈2020년도 S 회사 상시 채용 최종 합격자 안내 사항〉

1. 채용 일정

대상	등록 일시	장소	주요 내용
최종 합격자 등록	2020.3.2(월)~4(수) 3일간 14:00~17:00	S 회사 여의도 센터	최종 합격자 등록 등록 서류 확인
담당 부서 확인 및 근로 계약서 작성	2020.3.9(월) 14:00~16:00(예정)	S 회사 회의실	구체적인 사항은 추후 개별 문자 통보 예정

2. 유의 사항

- 채용 신체 검사서(원본)는 추후 제출 가능

※ 발급일 당일 채용 담당자에게 사본을 제출할 것

※ 채용 신체 검사서는 모든 항목에 대해 합격, 불합격 등으로 판정이 있어야 함

- 보건증(사본)은 추후 제출 가능

※ 근로 계약서 작성일까지 보건증 사본 1부를 채용 담당자에게 제출(원본 필수 지참)

※ 보건증 미소지자는 채용 취소될 수 있으니 즉시 보건증 발급을 위해 검사를 받기 바람

- 2020.03.09(월) 합격자 담당 부서 확인 및 근로 계약서 작성 예정이며, 합격자는 근로 계약서 작성을 위해 지정된 시간에 채용 담당 부서로 방문하기 바람

* 구체적인 내용은 추후 개별 문자 통보

① 최종 합격자 등록 – 보건증 제출 – 근로 계약서 작성
② 근로 계약서 작성 – 최종 합격자 등록 – 신체 검사서 제출
③ 신체 검사서 제출 – 보건증 제출 – 근로 계약서 작성
④ 채용 신체 검사서 제출 – 최종 합격자 등록 – 근로 계약서 작성
⑤ 보건증 제출 – 신체 검사서 제출 – 최종 합격자 등록

41 다음 글에서 필자가 궁극적으로 주장하는 바를 고르시오.

아! 이 책은 붕당의 분쟁에 관한 논설을 실었다. 어째서 '황극(皇極)'으로 이름을 삼았는가? 오직 황극만이 붕당에 대한 옛설을 혁파할 수 있기에 이로써 이름 붙인 것이다. 내가 생각하기에 옛날에는 붕당을 혁파하는 것이 불가능했다. 왜 그러한가? 그때는 군자는 군자와 더불어 진붕(眞朋)을 이루고 소인은 소인끼리 무리지어 위붕(僞朋)을 이루었다. 만약 현부(賢否), 충사(忠邪)를 살피지 않고 오직 붕당을 제거하기에 힘쓴다면 교활한 소인의 당이 뜻을 펴기 쉽고 정도(正道)로 처신하는 군자의 당은 오히려 해를 입기 마련이었다. 이에 구양수는 붕당론을 지어 신하들이 붕당을 이루는 것을 싫어하는 임금의 마음을 경계하였고, 주자는 사류(士類)를 고르게 보합하자는 범순인의 주장을 비판하였다. 이들은 붕당이란 것은 어느 시대에나 있는 것이니, 붕당이 있는 것을 염려할 것이 아니라 임금이 군자당과 소인당을 가려내는 안목을 지니는 것이 관건이라고 하였다. 군자당의 성세를 유지시킨다면 정치는 저절로 바르게 되기 때문이다. 이것이 옛날에는 붕당을 없앨 수 없었던 이유이다. 그러나 지금 붕당을 만드는 것은 군자나 소인이 아니다. 의논이 갈리고 의견을 달리하여 저편이 저쪽의 시비를 드러내면 이편 또한 이쪽의 시비로 대응한다. 저편에 군자와 소인이 있으면 이편에도 군자와 소인이 있다. 따라서 붕당을 그대로 둔다면 군자를 모을 수 없고 소인을 교화시킬 수 없다. 이제는 붕당이 아닌 재능에 따라 인재를 등용하는 정책을 널리 펴야 한다. 그런 까닭에 영조대왕은 황극을 세워 탕평 정책을 편 것을 50년 재위 기간의 가장 큰 치적으로 삼았다.

① 유능한 인재들만으로 붕당을 만들어야 한다.
② 예전과 현재의 인재들은 같이 협력해야 한다.
③ 붕당을 없애고 유능한 인재를 등용하여야 한다.
④ 군자나 소인들은 싸우지 않고 서로 화합해야 한다.
⑤ 항상 임금을 경계하는 정치를 펼쳐야 한다.

42 다음 〈표〉는 A 업체에서 판매한 전체 주류와 주세에 관한 자료이다. 이에 대한 〈보기〉의 설명 중 옳은 것만을 모두 고르면?

〈표 1〉 주류별 판매량과 판매 가격 (단위: 천 병, 원)

구분 \ 주류	탁주	청주	과실주
판매량	1,500	1,000	1,600
병당 판매 가격	1,500	1,750	1,000

〈표 2〉 주세 계산 시 주류별 공제 금액과 세율 (단위: 백만 원, %)

구분 \ 주류	탁주	청주	과실주
공제 금액	450	350	400
세율	10	20	15

※ 주류별 세율(%) = $\frac{\text{주류별 주세}}{\text{주류별 판매액} - \text{주류별 공제 금액}} \times 100$

| 보기 |

ㄱ. 탁주, 청주는 판매량과 병당 판매 가격이 각각 10% 증가하고 과실주는 변화가 없다면, A 업체의 주류별 판매액 합은 15% 증가한다.
ㄴ. 탁주의 주세는 과실주의 주세보다 크다.
ㄷ. 각 주류의 판매량과 공제 금액이 각각 10% 증가할 경우, A 업체의 주류별 주세의 합은 708백만 원이다.
ㄹ. 각 주류의 판매량은 각각 10% 증가하고 각 주류의 병당 판매 가격은 각각 10% 하락한 경우, A 업체의 주류별 판매액 합은 5,544백만 원이다.

① ㄱ, ㄴ ② ㄱ, ㄷ ③ ㄱ, ㄹ ④ ㄴ, ㄷ ⑤ ㄷ, ㄹ

43 다음 〈표〉는 A 기업의 신입 사원 면접 참가자들의 점수별 인원과 백분위수를 나타낸 자료의 일부이다. 이에 대한 〈보기〉의 설명 중 옳지 않은 것을 모두 고르면?

〈표〉 A 기업 신입 사원 면접 결과

면접 점수(점)	인원(명)	백분위수
30	1	100.00
29	2	98.75
28	( )	96.25
27	( )	91.25
26	3	87.50
25	0	( )
5	0	8.75
4	4	( )
3	( )	3.75
2	0	1.25
1	( )	1.25

※ 1) 면접 점수가 26점 이상이면 합격함.
2) 백분위수는 해당 면접 점수 이하에 전체 면접 참가자의 몇 %가 분포되어 있는가를 나타내는 수치임.

| 보기 |

ㄱ. 면접 점수가 27점인 참가자는 3명이다.
ㄴ. 면접 점수가 4점인 참가자의 백분위수는 6.25이다.
ㄷ. 면접 점수가 5~25점인 참가자는 59명이다.
ㄹ. 면접 불합격자는 67명이다.

① ㄱ, ㄴ
② ㄴ, ㄷ
③ ㄷ, ㄹ
④ ㄱ, ㄴ, ㄷ
⑤ ㄱ, ㄴ, ㄹ

44 다음 〈그림〉은 고졸자와 대졸자 간의 임금비와 고용비를 나타낸 것이다. 〈그림〉을 해석한 내용 중 옳은 것을 〈보기〉에서 모두 고르면?

〈그림〉 임금비와 고용비 추이

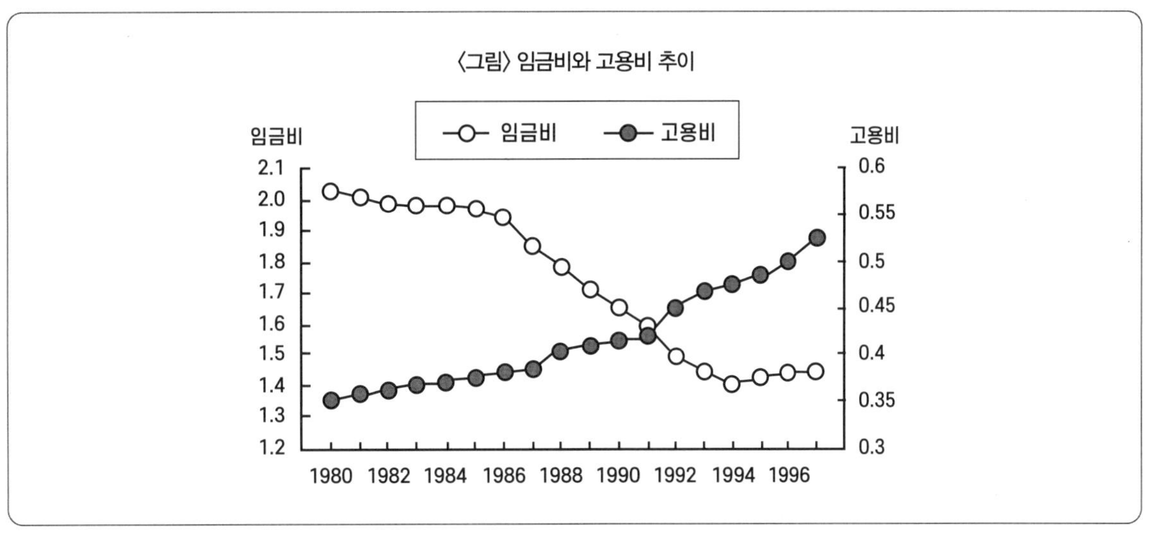

※ 임금비= $\frac{\text{대졸자 임금}}{\text{고졸자 임금}}$

※ 고용비= $\frac{\text{대졸 취업자 수}}{\text{고졸 취업자 수}}$

※ 고졸 취업자 수와 대졸 취업자 수는 1980년 이후 지속적으로 증가함.

| 보기 |

ㄱ. 1980년 고졸자 임금의 총액은 대졸자 임금의 총액보다 많다.

ㄴ. 임금비의 하락은 고졸자 임금 하락과 대졸자 임금 상승을 의미한다.

ㄷ. 1980년 0.35 수준이었던 고용비의 지속적 상승은 고졸 취업자 수 대비 대졸 취업자 수의 비가 지속적으로 증가했음을 의미한다.

ㄹ. 1980년 이후 1994년까지 고용비와 임금비는 반대 방향으로 변화하였으나, 1994년 이후 같은 방향으로 변화하였다.

ㅁ. 1996년에는 대졸 취업자 수와 고졸 취업자 수가 동일하다.

① ㄱ, ㄴ
② ㄷ, ㄹ
③ ㄱ, ㄷ, ㄹ
④ ㄱ, ㄷ, ㅁ
⑤ ㄴ, ㄹ, ㅁ

45 다음 중 빈칸에 들어갈 말로 가장 알맞은 것을 고르시오.

지구 곳곳에서 심각한 기후 변화가 나타나고 있고 그 원인이 인간의 활동에 있다는 주장은 일견 과학적인 것처럼 들리지만 따지고 보면 진실과는 거리가 먼, 다분히 정치적인 프로파간다에 불과하다. "자동차는 세워 두고, 지하철과 천연가스 버스 같은 대중교통을 이용합시다."와 같은, 기후 변화와 사실상 무관한 슬로건에 상당수의 시민이 귀를 기울이도록 만든 것은 환경주의자들의 성과였지만, 그 성과는 사회 전체의 차원에서 볼 때 가슴 아파해야 할 낭비의 이면에 불과하다.

희망컨대 이제는 진실을 직시하고, 현명해져야 한다. 기후 변화가 일어나는 이유는 인간이 발생시키는 온실가스 때문이 아니라 (　　　) 때문이라고 보는 것이 합리적이다. 태양 표면의 폭발이나 흑점의 변화는 지구의 기후 변화에 막대한 영향을 미친다. 결과적으로 태양의 활동이 활발해지면 지구의 기온이 올라가고, 태양의 활동이 상대적으로 약해지면 기온이 내려간다. 환경주의자들이 말하는 온난화의 주범은 사실 자동차가 배출하는 가스를 비롯한 온실가스가 아니라 태양이다. 태양 활동의 거시적 주기에 따라 지구 대기의 온도는 올라가다가 다시 낮아지게 될 것이다.

대기화학자 브림블컴은 런던의 대기 오염 상황을 16세기 말까지 추적해 올라가서 20세기까지 그 거시적 변화의 추이를 연구했는데, 그 결과 매연의 양과 아황산가스 농도가 모두 19세기 말까지 빠르게 증가했다가 그 이후 아주 빠르게 감소하여 1990년대에는 16세기 말보다도 낮은 수준에 도달했음이 밝혀졌다. 반면에 브림블컴이 연구 대상으로 삼은 수백 년의 기간 동안 지구의 평균 기온은 지속적으로 상승해왔다. 두 변수의 이런 독립적인 행태는 인간이 기후에 미치는 영향이 거의 없다는 것을 보여 준다.

① 태양의 온도
② 태양의 활동
③ 태양의 위치
④ 인간의 생활 방식
⑤ 인간의 문명화

46 다음 〈그림〉은 '갑' 제품의 제조사별 매출액에 대한 자료이다. '갑' 제품의 제조사는 A, B, C만 존재한다고 할 때, 〈보기〉 중 옳은 것을 모두 고르면?

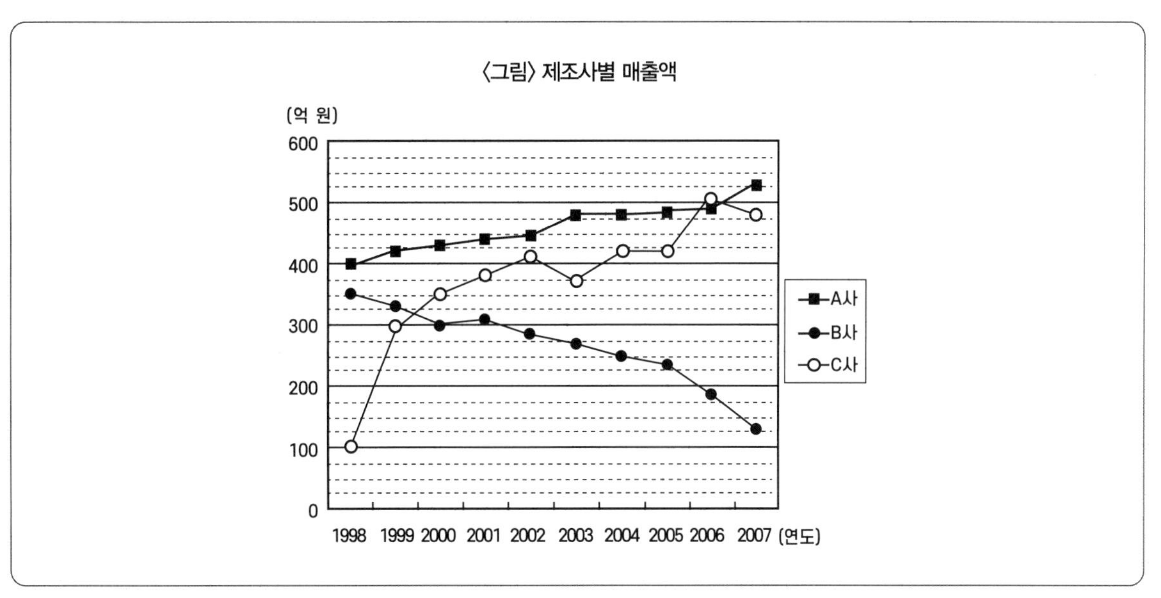

※ 시장 규모와 시장 점유율은 매출액을 기준으로 산정함.

| 보기 |

ㄱ. 1999~2007년 사이 '갑' 제품의 시장 규모는 매년 증가하였다.
ㄴ. 2004~2007년 사이 B사의 시장 점유율은 매년 하락하였다.
ㄷ. 2003년 A사의 시장 점유율은 2002년에 비해 상승하였다.
ㄹ. C사의 시장 점유율은 1999~2002년 사이에 매년 상승하였으나 2003년에는 하락하였다.

① ㄱ, ㄴ
② ㄴ, ㄷ
③ ㄷ, ㄹ
④ ㄱ, ㄴ, ㄹ
⑤ ㄴ, ㄷ, ㄹ

47

질소, 산소, 메탄으로 조성된 혼합물은 어느 조성 범위에서 불씨가 존재하면 폭발할 수 있다. 다음 〈그림〉에서 굵은 선으로 표시한 삼각형 안의 영역이 폭발 범위라면, 혼합물의 조성비 중 폭발 범위 안에 있는 것은?

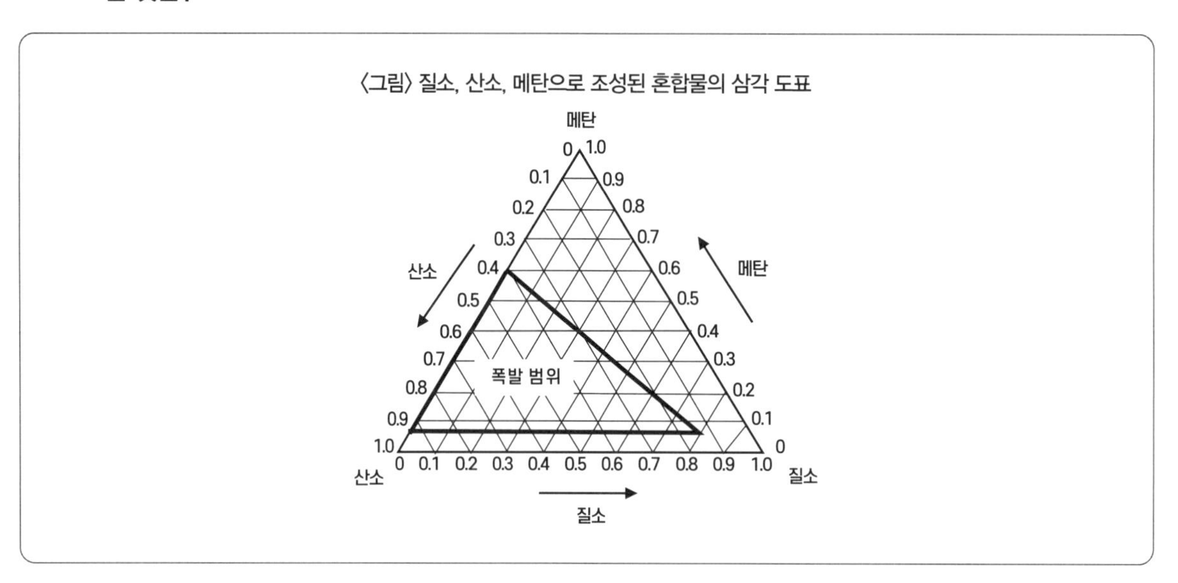

〈그림〉 질소, 산소, 메탄으로 조성된 혼합물의 삼각 도표

〈삼각 도표의 독해〉

세 가지 물질이 섞여 있는 혼합물의 조성을 나타내는 방법으로 삼각 도표가 있다. 다음 삼각 도표에서 혼합물 P는 물질 A, B, C로 조성되어 있으며 조성비는 각각 a, b, c이다.

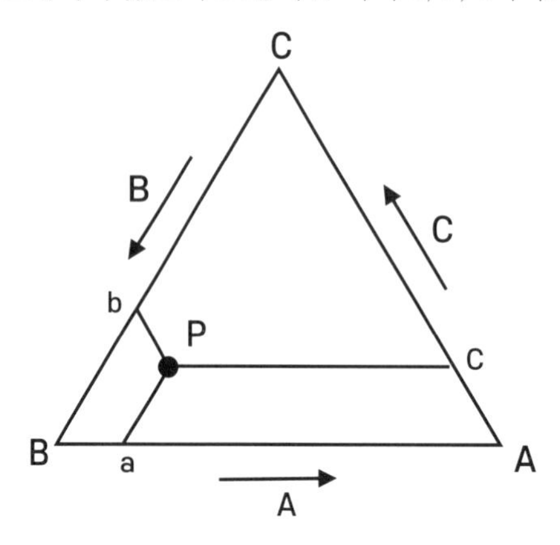

	질소	산소	메탄
①	0.1	0.3	0.6
②	0.2	0.3	0.5
③	0.3	0.2	0.5
④	0.4	0.3	0.3
⑤	0.5	0.2	0.3

48 다음은 한 제조업체 A사의 비전과 전략에 대한 내용을 도식화한 것이다. 이는 향후 기업의 의사 결정의 행동 양식에 근거가 된다. 이를 기반으로 한 기업의 향후 의사 결정 내용으로 가장 적절하지 않은 것은 무엇인가?

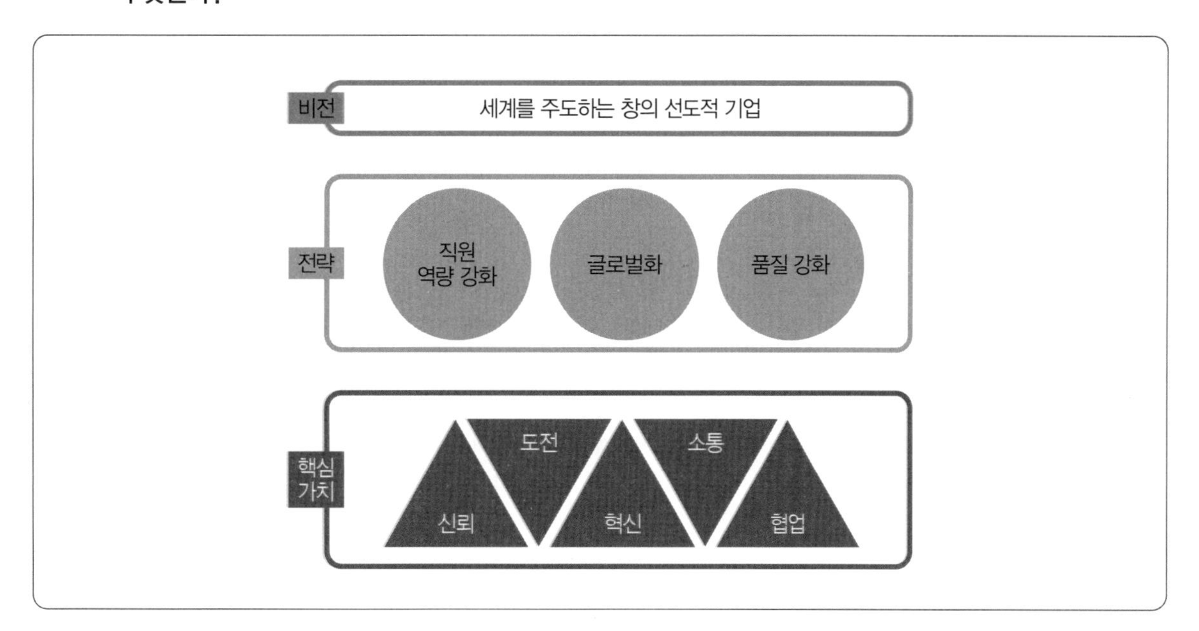

① A사는 향후 성장 잠재력이 높은 동남아 시장에 적극적으로 진출할 것이다.
② A사는 직원의 교육을 위하여 인재 개발원을 설립할 것이다.
③ A사는 최고 품질을 위해 R&D 본부에 많은 돈을 투자할 것이다.
④ A사는 수익성을 극대화하기 위해 매출이 낮은 제품 생산을 중지할 것이다.
⑤ A사는 해외의 능력 있는 인재들을 적극적으로 영입할 것이다.

49 아래의 글과 같은 내용을 고르시오.

'원시인'이라는 말은 아프리카 · 남태평양 · 아메리카 및 아시아 등지의 지역에 사는 원주민을 일컫는 일반적인 명칭이다. 원주민들이 유럽인들에 의해 발견된 것은 주로 15세기에서 19세기 사이였으며, 어떤 경우에는 20세기까지 포함되기도 한다. 현대에 발견되는 원시인은 대부분 선사 시대인이나 현대 유럽인과 신체적으로 다르지만, 그들을 원시인이라고 판단하는 기준은 그들의 신체적 특징이 아닌 문화적 발달 단계에 의한 것이다. 원시인의 문화적 발달 단계는 혹자가 '야만적'이라고 표현하는 단계부터 비교적 고도로 발달된 단계까지 다양하다. 그래서 원시인이라는 단어는 그 자체의 의미상 규정이 명확하지 않다.

'문명인'과 구분하여 '원시인'에 대해 적당한 정의를 내리는 일은 불가능하지 않지만 어려운 일이다. 우리들 자신의 문명을 표준으로 삼는 일조차 그 문명의 어떤 측면이나 특징을 결정적인 것으로 생각하는가 하는 문제가 발생한다. 보통 규범 체계, 과학 지식, 기술적 성과와 같은 요소를 생각할 수 있다. 이러한 측면에서 원시 문화를 살펴보면, 현대의 문화와 동일한 종류는 아니지만, 같은 기준 선상에서의 평가가 가능하다. 대부분의 원시 부족은 고도로 발달된 규범 체계를 갖고 있었다. 헌법으로 규정된 국가 조직과 관습으로 규정된 부족 조직 사이에는 본질적인 차이가 없으며, 원시인들 또한 국가를 형성하기도 했다. 또한 원시인들의 법은 단순한 체계를 가지고 있었지만 정교한 현대의 법 체계와 마찬가지로 효과적인 강제력을 지니고 있었다. 과학이나 기술 수준 역시 마찬가지다. 폴리네시아의 선원들은 천문학 지식이 매우 풍부하였는데 그것은 상당한 정도의 과학적 관찰을 필요로 하는 일이었다. 에스키모인은 황폐한 국토에 내장되어 있는 빈곤한 자원을 최대한 활용할 수 있는 기술을 발전시켰다. 현대의 유럽인이 같은 조건하에서 생활한다면, 북극 지방의 생활에 적응하기 위하여 그들보다 더 좋은 도구를 만들어 내지 못할 것이며, 에스키모인의 생활 양식을 응용해야 한다.

원시인을 말 그대로 원시인이라고 느낄 수 있는 부분은 그나마 종교적인 면에서일 뿐이다. 우리의 관점에서 보면 다양한 형태의 원시 종교는 비논리적이지는 않더라도 매우 불합리하다. 원시 종교에서는 주술이 중요한 역할을 담당하지만, 문명 사회에서는 주술이나 주술사의 힘을 믿는 경우는 거의 찾아볼 수 없다.

① 원시 사회의 법보다 유럽 사회의 법이 더 효과적이다.
② 원시 문화란 인간 문화의 가장 기초적인 단계이다.
③ 현대 유럽 사회의 종교와 달리 원시 사회의 종교는 불합리하다.
④ 원시 사회의 기술이 현대 유럽 사회의 기술보다 저급하다.
⑤ 유럽인들이 15세기에 발견한 원시인들은 19세기에 발견한 원시인들보다 문화적 발달 단계가 더 낮다고 할 수 있다.

50 G 회사의 인사 부서팀에서 일하는 담당자 A는 3월 당직 근무 일정표를 아래와 같은 〈조건〉을 바탕으로 작성하려고 한다. 아래의 자료를 참고하였을 때, 옳은 것을 고르면?

○ 근무자: 김나래, 박순희, 최바람, 정태양, 이별빛, 최샘물, 김노을

〈조건〉
○ 당직 근무를 맡은 이후 다음 당직 근무는 최소 48시간 이후가 지나서 배정될 수 있다.
○ 주말 당직은 회사 규정상 인당 3회 이상을 초과할 수 없다.
○ 인당 당직 근무 총횟수는 회사 규정상 6회를 초과할 수 없다.
○ 3월 25일은 회사 창립 기념일로 주말 당직과 동등하게 취급된다.

※ 위 조건의 기간은 한 달 기준이다.

〈3월 당직 근무 일정표〉

일	월	화	수	목	금	토
1 (김나래)	2 (박순희)	3 (최바람)	4 (정태양)	5 (이별빛)	6 (최샘물)	7 (김노을)
8 (최바람)	9 (정태양)	10 (이별빛)	11 (최샘물)	12 (김노을)	13 (김나래)	14 (박순희)
15 (정태양)	16 (이별빛)	17 (최샘물)	18 (김노을)	19 (김나래)	20 (박순희)	21 (최바람)
22 (이별빛)	23 (최샘물)	24 (김노을)	25 (김나래)	26 (박순희)	27 (최바람)	28 (정태양)
29 (최샘물)	30 (김노을)	31 (김나래)				

① 3월 14일에 박순희 대신 최샘물이 당직 근무를 서도 괜찮다.
② 3월 25일에 김나래 대신 정태양이 당직 근무를 서도 무방하다.
③ 3월 31일에 김나래 대신 박순희가 당직 근무를 서게 된다면 3월에 가장 많은 당직 근무를 맡게 된다.
④ 위의 당직 근무 일정표는 위의 조건에 어긋나지 않게 작성되어 있다.
⑤ 이별빛은 3월 당직 근무 일정표에서 주말 당직이 2회 예정되어 있다.

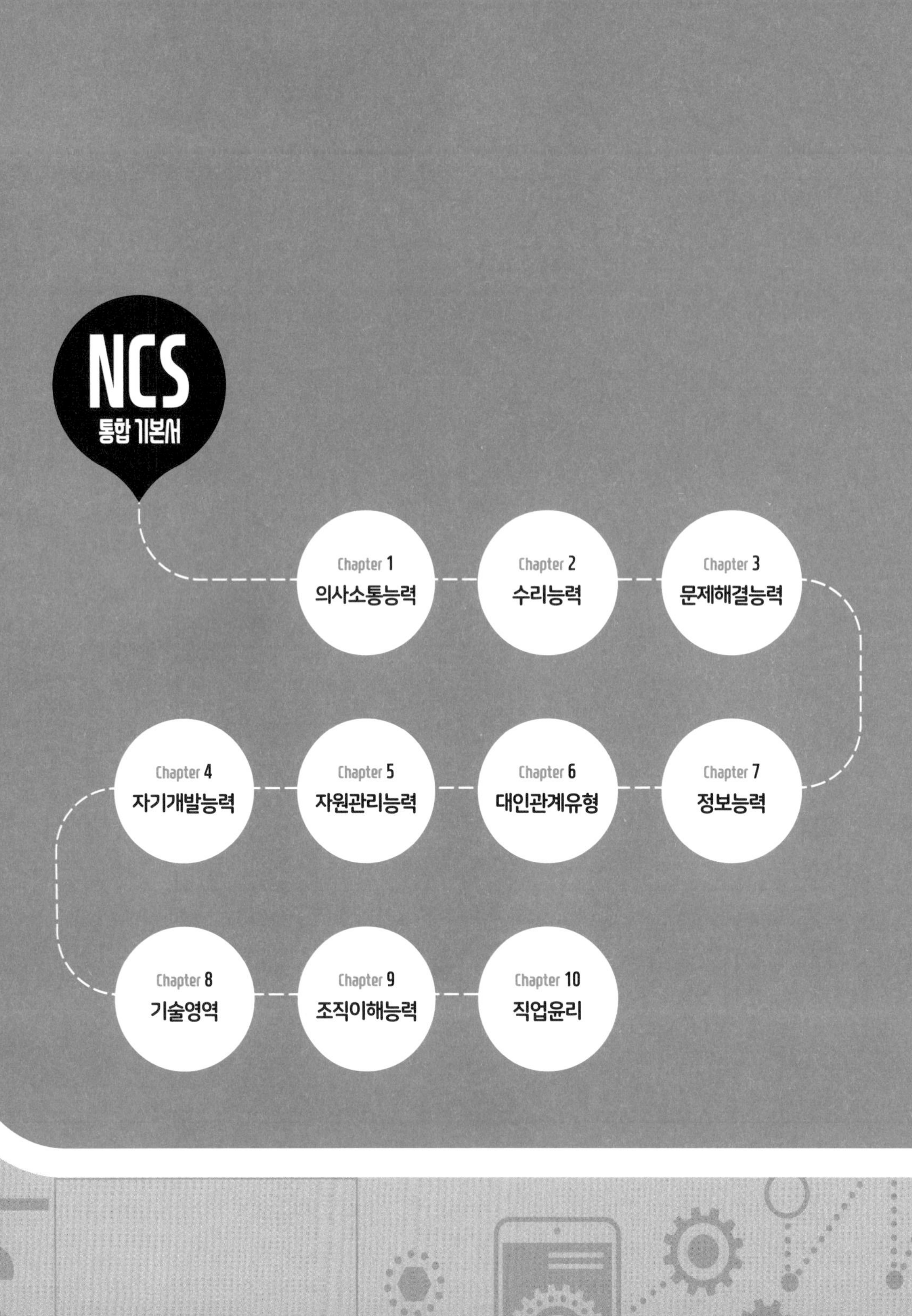
NCS
통합 기본서
Chapter 1
의사소통능력
Chapter 2
수리능력
Chapter 3
문제해결능력
Chapter 4
자기개발능력
Chapter 5
자원관리능력
Chapter 6
대인관계유형
Chapter 7
정보능력
Chapter 8
기술영역
Chapter 9
조직이해능력
Chapter 10
직업윤리

PART* 03

실전편

통합형 전 범위 실전 모의고사 02(80문제)

01 아래 글의 핵심적인 내용으로 적절한 것을 고르시오.

롤랑 바르트는 『기호의 제국』에서 "우리 얼굴이 '인용'이 아니라면 또 무엇이란 말인가?"라는 말을 한 적이 있다. 우리의 헤어 스타일이나 패션, 감정을 나타내는 얼굴 표정 등은 모두 미디어로부터 '복제'된 것일 가능성이 높다. 작가가 다른 책의 구절들을 씨앗글로 인용하는 일을 계기로 한 편의 글을 완성하듯, 우리는 남의 표정과 스타일을 복사한다. 이렇게 다른 것을 복제하고 인용하는 문화는 확산되고 있다. 그것은 오늘날 성형의 트렌드가 확산되는 현상을 보면 잘 알 수 있다. 성형을 하는 사람은 쇼핑하듯 트렌드가 만든 미인 얼굴을 구매한다.

① 롤랑 바르트의 복제에 대한 주장은 절대적이다.
② 모방과 복제 문화가 점점 확산되고 있다.
③ 모방과 복제로 인해 사람들이 미의식을 갖추었다.
④ 모방과 복제 없이 예술도 없다.
⑤ 모방과 복제의 문화로 인해 성형 수술이 유행하고 있다.

02 다음 〈표〉는 일제 강점기 어느 해의 부별, 국적별 인구 분포를 나타낸 자료이다. 이에 대한 설명으로 옳은 것은?

〈표〉 일제 강점기 부별, 국적별 인구 분포 (단위: 명, %)

지역	부	전체	조선인	외국인								조선인 비중	일본인 비중
				일본	중국	영국	미국	소련	프랑스	독일	기타		
북부 지역	평양부	140,703	116,899	20,073	3,534	14	176	6	0	0	1	83.1	14.3
	원산부	42,760	32,241	9,260	1,218	2	16	1	1	16	5	75.4	21.7
	함흥부	43,851	34,191	8,984	667	7	0	0	0	1	1	78.0	20.5
	청진부	35,925	25,639	8,873	1,402	0	0	8	1	2	0	71.4	24.7
	신의주부	48,047	31,445	7,526	9,071	0	5	0	0	0	0	65.4	15.7
	진남포부	38,296	32,073	5,333	887	0	3	0	0	0	0	83.8	13.9
중부 지역	경성부	394,234	279,865	105,639	8,275	98	175	113	27	9	33	71.0	26.8
	인천부	68,126	52,971	11,758	3,372	1	7	2	6	9	0	77.8	17.3
	개성부	49,520	47,722	1,531	242	0	25	0	0	0	0	96.4	3.1
남부 지역	부산부	146,092	97,558	47,761	737	9	4	15	0	3	5	66.8	32.7
	대구부	93,314	73,060	19,426	792	5	17	1	10	0	3	78.3	20.8
	군산부	26,320	16,894	8,707	718	0	0	1	0	0	0	64.2	33.1
	목포부	34,688	26,335	7,922	416	0	13	2	0	0	0	75.9	22.8
	마산부	27,885	22,189	5,587	102	6	0	0	1	0	0	79.6	20.0
합계		1,189,761	889,082	268,380	31,433	142	441	149	46	40	48	–	–

※ 복수 국적자 및 무국적자는 없음.

① 각 부에서 조선인과 일본인을 합한 인구는 해당 부 전체 인구의 90%를 넘는다.
② 외국인 수가 세 번째로 많은 부는 대구부이다.
③ 함흥부와 청진부는 외국인 국적 종류 수가 같다.
④ 각 부의 전체 인구에서 일본인을 제외한 외국인이 차지하는 비중이 가장 큰 부는 일본인 수가 가장 적은 부이다.
⑤ 지역별로 보면, 가장 많은 수의 중국인이 거주하는 지역은 북부 지역이고, 가장 많은 수의 일본인이 거주하는 지역은 남부 지역이다.

03 ○○공사의 김 팀장은 지난주에 3박 4일 동안 지방으로 출장을 다녀왔다. 김 팀장이 출장 기간에 지출한 목록을 다음과 같이 〈표〉로 정리하였다. 출장 기간 동안 김 팀장은 식사 한 끼에 10,000원씩 회사에서 지원을 받을 수 있다. 김 부장이 회사에 식대로 요청할 수 있는 금액을 고르면? (단, 한 끼에 10,000원 미만의 가격으로 식사를 한 경우 남은 금액은 청구할 수 없고, 10,000원 이상의 식사를 한 경우는 초과된 금액의 30%까지 추가 지원을 받을 수 있다.)

〈표〉 출장비 지출 목록

날짜	지출 목록	금액
1월 12일	버스비	5,000원
	KTX(왕복)	120,000원
	저녁 식대	10,000원
	숙박비(3박 4일)	240,000원
1월 13일	아침 식대	8,000원
	접대비	60,000원
	저녁 식대	10,000원
1월 14일	아침 식대	7,000원
	택시비	15,000원
	행사 입장료	30,000원
	저녁 식대	20,000원
1월 15일	아침 식대	7,000원
	택시비	20,000원
	버스비	3,000원

① 55,000원 ② 57,000원 ③ 60,000원 ④ 62,000원 ⑤ 65,000원

04 다음 〈표〉는 우리나라 7대 도시의 주차장 수용 가능 차량 대수 현황이다. A부터 K까지의 자료는 소실된 상태이다. 이에 대한 〈보기〉의 설명 중 옳은 것을 모두 고르면?

〈표〉 7대 도시 주차장 수용 가능 차량 대수 현황 (단위: 대)

구분	노상 주차장			노외 주차장			부설 주차장	전체
	유료	무료	소계	공영	민영	소계		
7대 도시 전체	248,234	206,460	454,694	108,234	232,029	340,263	4,481,351	5,276,308
서울	196,032	0	196,032	39,746	83,144	122,890	2,312,538	2,631,460
부산	A	B	83,278	D	59,468	C	474,241	629,749
대구	8,397	81,917	90,314	9,953	26,535	36,488	F	E
인천	3,362	43,918	47,280	13,660	17,899	31,559	469,977	548,816
광주	815	12,939	13,754	2,885	17,112	19,997	231,977	265,728
대전	I	7,849	H	J	13,907	23,758	K	G
울산	1,192	14,018	15,210	19,377	13,964	33,341	217,794	266,345

※ 전체 주차장은 노상, 노외, 부설 주차장으로 구성됨.

보기

ㄱ. 대전의 공영 노외 주차장의 수용 가능 차량 대수는 7대 도시 공영 노외 주차장의 평균 수용 가능 차량 대수보다 많다.

ㄴ. 대구, 인천, 광주는 각각 노상 주차장 중 유료 주차장 수용 가능 차량 대수가 차지하는 비율이 노외 주차장 중 공영 주차장 수용 가능 차량 대수가 차지하는 비율보다 낮다.

ㄷ. 서울의 부설 주차장 수용 가능 차량 대수는 전국 부설 주차장 수용 가능 차량 대수의 50% 이상을 차지한다.

ㄹ. 각 도시의 전체 주차장 수용 가능 차량 대수 중 노외 주차장 수용 가능 차량 대수가 차지하는 비율은 부산이 광주보다 높다.

① ㄱ, ㄴ　② ㄱ, ㄷ　③ ㄴ, ㄷ　④ ㄴ, ㄹ　⑤ ㄷ, ㄹ

05 문맥상 다음 글에 이어질 내용으로 가장 적절한 것은?

테레민이라는 악기는 손을 대지 않고 연주하는 악기이다. 이 악기를 연주하기 위해 연주자는 허리 높이쯤에 위치한 상자 앞에 선다. 연주자의 오른손은 상자에 수직으로 세워진 안테나 주위에서 움직인다. 오른손의 엄지와 집게손가락으로 고리를 만들고 손을 흔들면서 나머지 손가락을 하나씩 펴면 안테나에 손이 닿지 않고서도 음이 들린다. 이때 들리는 음은 피아노 건반을 눌렀을 때 나는 것처럼 정해진 음이 아니고 현악기를 연주하는 것과 같은 연속음이며, 소리는 손과 손가락의 움직임에 따라 변한다. 왼손은 손가락을 펼친 채로 상자에서 수평으로 뻗은 안테나 위에서 서서히 오르내리면서 소리를 조절한다.

오른손으로는 수직 안테나와의 거리에 따라 음고(音高)를 조절하고 왼손으로는 수평 안테나와의 거리에 따라 음량을 조절한다. 따라서 오른손과 수직 안테나는 음고를 조절하는 회로에 속하고 왼손과 수평 안테나는 음량을 조절하는 또 다른 회로에 속한다. 이 두 회로가 하나로 합쳐지면서 두 손의 움직임에 따라 음고와 음량을 변화시킬 수 있다.

테레민에서 어떻게 다른 음고의 음이 발생되는지 알아보자. 음고를 조절하는 회로는 가청주파수 범위 바깥의 주파수를 갖는 서로 다른 두 개의 음파를 발생시킨다. 이 두 개의 음파 사이에 존재하는 주파수의 차이값에 의해 가청주파수를 갖는 새로운 진동이 발생하는데 그것으로 소리를 만든다. 가청주파수 범위 바깥의 주파수 중 하나는 고정된 주파수를 갖고 다른 하나는 연주자의 손 움직임에 따라 주파수가 바뀐다. 이렇게 발생한 주파수의 변화에 의해 진동이 발생되고, 이 진동의 주파수는 가청주파수 범위 내에 있기 때문에 그 진동을 증폭시켜 스피커로 보내면 소리가 들린다.

① 수직 안테나에 손이 닿으면 소리가 발생하는 원리
② 왼손 손가락의 모양에 따라 음고가 바뀌는 원리
③ 수평 안테나와 왼손 사이의 거리에 따라 음량이 조절되는 원리
④ 음고를 조절하는 회로에서 가청주파수의 진동이 발생하는 원리
⑤ 오른손 손가락으로 가상의 피아노 건반을 눌러 음량을 변경하는 원리

06 다음 〈그림〉과 〈표〉는 2007년 국내 암 발생률에 대한 자료이다. 이에 대한 〈보기〉의 설명 중 옳은 것을 모두 고르면?

〈그림〉 2007년 성별 10대암 발생률

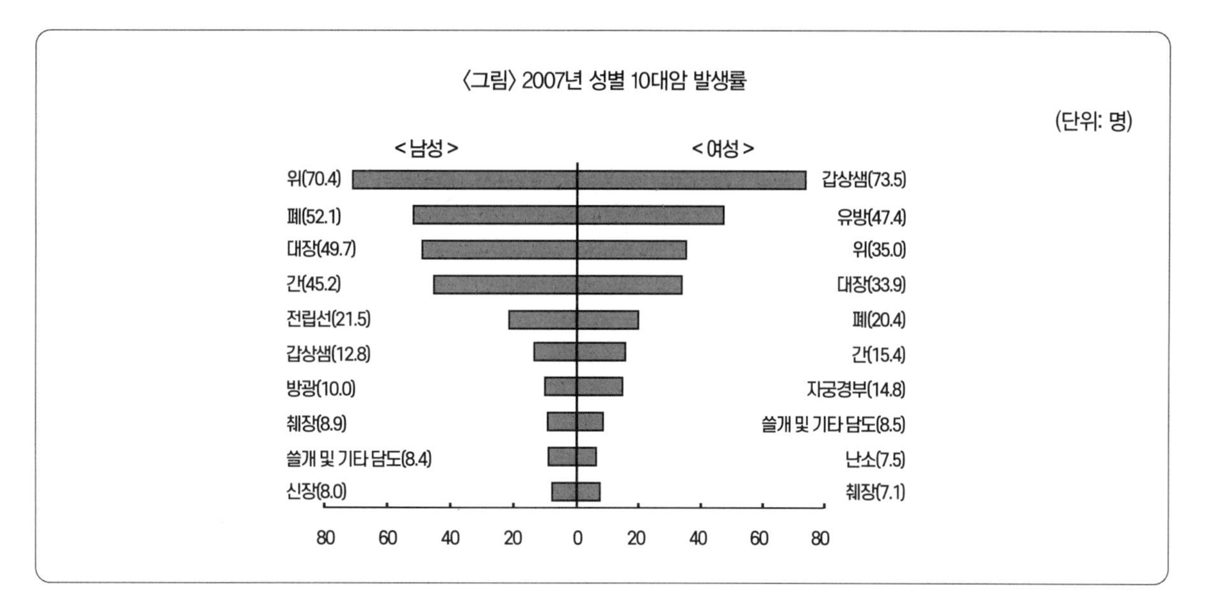

〈표〉 2007년 성별 암 발생률 (단위: 명)

구분	남성	여성
암 발생률	346.2	312.8

※ 1) 암 발생률: 특정 기간 동안 해당 집단의 인구 10만 명당 새롭게 발생한 암 환자 수
2) 10대암은 암 발생률이 높은 상위 10개를 의미함.

| 보기 |

ㄱ. 2007년 남성에게서 발생률이 가장 높은 암은 위암이고, 그 다음으로 폐암, 대장암, 간암의 순이며, 이들 네 개 암 발생률의 합은 그 해 남성 암 발생률의 50% 이상이다.
ㄴ. 2007년 남성의 위암, 폐암, 대장암, 간암의 발생률은 각각 여성의 해당 암 발생률의 두 배 이상이다.
ㄷ. 2007년 여성의 갑상샘암 발생률은 남성의 5배 이상이다.
ㄹ. 2007년 여성 암 환자 중 갑상샘암 환자의 비율은 20% 이상이다.

① ㄱ, ㄷ ② ㄴ, ㄷ ③ ㄴ, ㄹ ④ ㄱ, ㄴ, ㄹ ⑤ ㄱ, ㄷ, ㄹ

07

A, B, C는 ○○ 기업 신입 사원으로 다음 주에 첫 출근을 앞두고 있다. 다음 조건을 참고하여 A가 첫 출근하는 요일을 고르면?

- A, B, C는 다음 주에 첫 출근을 하며, 각각 다른 날 출근한다.
- 다음 주 화요일은 공휴일이다.
- B는 A보다 이틀 후 출근한다.
- C가 가장 먼저 출근하고, A와 B 순서로 출근한다.

① 월요일 ② 수요일 ③ 목요일 ④ 금요일 ⑤ 알 수 없음

08

아래 자료는 P 학원 학생들의 월초 모의고사 성적이다. 〈표 1〉의 월별 점수를 합산하여 〈표 2〉처럼 학원생별로 평가 점수를 합산하고자 한다. 다음 엑셀 시트에서 〈표 1〉의 정보를 바탕으로 〈표 2〉의 김재진 학생의 모의고사 점수 합계를 구하고자 할 때, 입력해야 하는 식으로 알맞은 것은?

	A	B	C	D	E	F
1						
2		〈표 1〉			〈표 2〉	
3	시험 날짜	이름	점수		이름	점수 합계
4	6월 1일	이성호	85		이성호	255
5	6월 1일	강유진	72		강유진	230
6	6월 1일	오세민	92		오세민	278
7	6월 1일	김재진	68		김재진	
8	7월 1일	이성호	88			
9	7월 1일	강유진	80			
10	7월 1일	오세민	96			
11	7월 1일	김재진	84			
12	8월 1일	이성호	82			
13	8월 1일	강유진	78			
14	8월 1일	오세민	90			
15	8월 1일	김재진	88			
16						

① =COUNTIF(B4:B15,E7)
② =LARGE(C4:C15,1)
③ =SUM(C4,C15)
④ =SUMIF(A4:A15,"김재진",C4:C15)
⑤ =SUMIF(B4:B15,"김재진",C4:C15)

09 다음 〈보고서〉는 A~E 국가 중 하나인 '갑'국의 일일 평균 TV 시청 시간별, 성별 사망률 간의 관계를 분석한 것이고, 〈표〉는 A~E 국가의 일일 평균 TV 시청 시간별, 성별 사망률에 대한 자료이다. 이를 근거로 '갑'국에 해당하는 국가를 A~E에서 고르면?

〈보고서〉

'갑'국의 일일 평균 TV 시청 시간에 따른 남녀 사망률의 차이는 다음과 같다. 첫째, 남성과 여성 모두 일일 평균 TV 시청 시간이 길면 사망률이 높다. 둘째, 일일 평균 TV 시청 시간의 증가에 따른 사망률의 증가폭은 남성이 여성보다 컸으나, 일일 평균 TV 시청 시간이 증가함에 따라 남성과 여성 간 사망률 증가폭의 차이는 줄어들었다. 셋째, 남성과 여성 모두 TV를 일일 평균 8시간 시청했을 때의 사망률이 TV를 일일 평균 2시간 시청했을 때 사망률의 1.65배 이상이다. 넷째, TV를 일일 평균 6시간 시청했을 때 남성과 여성의 사망률 차이는 TV를 일일 평균 2시간 시청했을 때 남성과 여성의 사망률 차이의 2배 이상이다.

〈표〉 A~E 국가의 일일 평균 TV 시청 시간별, 성별 사망률 (단위: %)

일일 평균 TV 시청 시간 / 성별 / 국가	2시간		4시간		6시간		8시간	
	남	여	남	여	남	여	남	여
A	5.8	6.3	8.1	7.7	10.5	9.3	12.7	10.8
B	7.1	4.2	7.8	4.5	9.5	5.9	11.4	7.5
C	6.8	7.7	10.2	9.8	13.0	11.4	14.8	13.1
D	5.3	2.5	8.0	4.8	12.6	4.6	15.1	7.2
E	6.2	4.7	7.3	5.0	8.8	5.8	11.5	7.5

① A ② B ③ C ④ D ⑤ E

10~11 아래는 S사의 RAM 코드를 부여하는 방법이다. 〈자료〉를 읽고 물음에 답하시오.

〈자료〉

① ② ③ ④ ⑤ ⑥ ⑦ ⑧ ⑨ ⑩
1024GB/2R/x8/PC4/2400/U/222/10/E/2

① 메모리 총용량
② 칩의 구성. 1R는 단면, 2R는 양면
③ 메모리 칩의 비트폭
④ DDR4는 PC4, DDR2는 PC2
⑤ 메모리 모듈의 대역폭
⑥ 모듈 종류
⑦ 메모리 지연 시간
⑧ 인코딩 리버전. 10은 1.0을 뜻함
⑨ 표준 디자인이면 A, 엔지니어링 샘플은 E
⑩ 설계 변경 번호. 0은 초기, 이후 숫자가 계속 올라감

10 다음 조건에 맞는 RAM의 코드로 가장 적절한 것은?

RAM의 용량은 16GB, 지연 시간은 444의 표준 디자인. DDR2를 채용한 6400의 모듈 대역폭을 가지고 있는 U모델. 비트폭은 x8에 양면 기판에 인코딩 리버전은 2.0인 4번 모델

① 16GB1Rx8PC23200U44420E4
② 16GB2Rx8PC26400T44420A4
③ 16GB2Rx8PC26400U44410E4
④ 16GB2Rx8PC26400U44420A4
⑤ 16GB1Rx8PC42200U44420A4

11 S사는 올해 엔지니어링 샘플과 인코딩 리버전 3.0 이상 버전은 출시하지 않는다고 한다. 다음 중 출시하지 못하는 코드의 개수는?

[RAM의 코드]

① 8GB1Rx8PC22200T44420A8
② 32GB2Rx8PC26400U44420A4
③ 16GB2Rx8PC26400T44420E9
④ 64GB1Rx8PC43200U44410E4
⑤ 512MB2Rx8PC44800T44430A7
⑥ 32GB1Rx8PC23200U22210E18
⑦ 64GB2Rx8PC22400T22240A24
⑧ 16GB1Rx8PC44800U44420A12

① 2개 ② 3개 ③ 4개 ④ 5개 ⑤ 6개

12 다음 〈표〉는 소프트웨어 A~E의 제공 기능 및 가격과 사용자별 필요 기능 및 보유 소프트웨어에 관한 자료이다. 이에 대한 〈보기〉의 설명 중 옳은 것만을 모두 고르면?

〈표 1〉 소프트웨어별 제공 기능 및 가격 (단위: 원)

구분 / 소프트웨어	기능										가격
	1	2	3	4	5	6	7	8	9	10	
A	○		○		○		○	○		○	79,000
B		○	○	○		○			○	○	62,000
C	○	○	○	○	○	○		○	○		58,000
D		○				○	○		○		54,000
E	○		○	○	○	○	○	○			68,000

※ 1) ○: 소프트웨어가 해당 번호의 기능을 제공함을 뜻함.
2) 각 기능의 가격은 해당 기능을 제공하는 모든 소프트웨어에서 동일하며, 소프트웨어의 가격은 제공 기능 가격의 합임.

〈표 2〉 사용자별 필요 기능 및 보유 소프트웨어

구분 / 사용자	기능										보유 소프트웨어
	1	2	3	4	5	6	7	8	9	10	
갑			○		○		○	○			A
을		○	○	○		○			○	○	B
병	○		○					○			( )

※ 1) ○: 사용자가 해당 번호의 기능이 필요함을 뜻함.
2) 각 사용자는 소프트웨어 A~E 중 필요 기능을 모두 제공하는 1개의 소프트웨어를 보유함.
3) 각 소프트웨어는 여러 명의 사용자가 동시에 보유할 수 있음.

| 보기 |

ㄱ. '갑'의 필요 기능을 모두 제공하는 소프트웨어 중 가격이 가장 낮은 것은 E이다.
ㄴ. 기능 1, 5, 8의 가격 합과 기능 10의 가격 차이는 3,000원 이상이다.
ㄷ. '을'의 보유 소프트웨어와 '병'의 보유 소프트웨어로 기능 1~10을 모두 제공하려면, '병'이 보유할 수 있는 소프트웨어는 E뿐이다.

① ㄱ ② ㄱ, ㄴ ③ ㄱ, ㄷ ④ ㄴ, ㄷ ⑤ ㄱ, ㄴ, ㄷ

13 동호회 모임원인 가, 나, 다, 라, 마, 바, 사 7명은 동호회 활동을 마치고 집으로 가는 데 모두 지하철 1호선 또는 2호선을 이용하였다. 다음과 같은 조건에 따른다고 할 때 가능하지 않은 것을 고르면?

- 가는 1호선을 이용하지 않는다.
- 1호선을 이용한 사람은 많으면 3명이다.
- 가는 라와 같은 호선을 이용하지 않는다.
- 나는 라와 같은 호선을 이용한다.
- 바와 사는 같은 호선을 이용하지 않는다.

① 나는 1호선을 탄다.
② 다는 2호선을 탄다.
③ 라는 1호선을 탄다.
④ 마는 2호선을 탄다.
⑤ 바는 1호선을 탄다.

14~15 다음 글을 읽고 이어지는 질문에 답하시오.

A 효과란 기업이 시장에 최초로 진입하여 무형 및 유형의 이익을 얻는 것을 의미한다. 반면 뒤늦게 뛰어든 기업이 앞서 진출한 기업의 투자를 징검다리로 이용하여 성공적으로 시장에 안착하는 것을 B 효과라고 한다. 물론 B 효과는 후발 진입 기업이 최초 진입 기업과 동등한 수준의 기술 및 제품을 보다 낮은 비용으로 개발할 수 있을 때만 가능하다.

생산량이 증가할수록 평균 생산 비용이 감소하는 규모의 경제 효과 측면에서, 후발 진입 기업에 비해 최초 진입 기업이 유리하다. 즉, 대량 생산, 인프라 구축 등에서 우위를 조기에 확보하여 효율성 증대와 생산성 향상을 꾀할 수 있다. 반면 후발 진입 기업 역시 연구 개발 투자 측면에서 최초 진입 기업에 비해 상대적으로 유리한 면이 있다. 후발 진입 기업의 모방 비용은 최초 진입 기업이 신제품 개발에 투자한 비용 대비 65% 수준이기 때문이다. 최초 진입 기업의 경우, 규모의 경제 효과를 얼마나 단기간에 이룰 수 있는가가 성공의 필수 요건이 된다. 후발 진입 기업의 경우, 절감된 비용을 마케팅 등에 효과적으로 투자하여 최초 진입 기업의 시장 점유율을 단기간에 빼앗아 오는 것이 성공의 핵심 조건이다.

규모의 경제 달성으로 인한 비용상의 이점 이외에도 최초 진입 기업이 누릴 수 있는 강점은 강력한 진입 장벽을 구축할 수 있다는 것이다. 시장에 최초로 진입했기에 소비자에게 우선적으로 인식된다. 그로 인해 후발 진입 기업에 비해 적어도 인지도 측면에서는 월등한 우위를 확보한다. 또한 기술적 우위를 확보하여 라이센스, 특허 전략 등을 통해 후발 진입 기업의 시장 진입을 방해하기도 한다. 뿐만 아니라 소비자들이 후발 진입 기업의 브랜드로 전환하려고 할 때 발생하는 노력, 비용, 심리적 위험 등을 마케팅에 활용하여 후발 진입 기업이 시장에 진입하기 어렵게 할 수도 있다. 결국 A 효과를 극대화할 수 있는지는 규모의 경제 달성 이외에도 얼마나 오랫동안 후발 주자가 진입하지 못하도록 할 수 있는가에 달려 있다.

14 윗글의 내용과 일치하지 않는 것을 고르시오.

① 후발 진입 기업의 모방 비용은 최초 진입 기업이 신제품 개발에 투자한 비용보다 적다.
② 최초 진입 기업이 후발 진입 기업에 비해 인지도 측면에서 우위에 있는 것은 A 효과의 경우이다.
③ 후발 진입 기업이 성공하기 위해서는 절감된 비용으로 시장 점유율을 빨리 뺏어 와야 한다.
④ 더 많은 마케팅 비용을 사용하는 쪽은 최초 진입 기업이다.
⑤ 후발 진입 기업이 최초 진입 기업과 같은 수준의 기술이나 제품을 낮은 비용으로 개발할 수 없다면 B 효과를 얻을 수 없는 것이다.

15 윗글에서 말하는 'A 효과'가 아닌 경우를 고르시오.

① '가'는 제품 개발에서 줄인 비용을 마케팅에 투자하여 시장 점유율을 높였다.
② '나' 회사는 신제품 출시를 하고 그 기술에 대한 특허 등록을 하였다.
③ '다' 회사는 '최초 개발'이라는 문구를 활용하여 마케팅하였다.
④ 소비자들은 '세탁기' 하면 '라' 회사라는 인식을 갖고 있다.
⑤ '마' 회사는 새로운 신제품에 대한 인프라 구축의 우위를 더 빨리 확보할 수 있었다.

16

다음 〈그림〉과 〈표〉는 2010~2014년 '갑'국 상업용 무인기의 국내 시장 판매량 및 수출입량과 '갑'국 A사의 상업용 무인기 매출액에 대한 자료이다. 이에 대한 〈보기〉의 설명 중 옳은 것만을 모두 고르면?

〈그림〉 '갑'국 상업용 무인기의 국내 시장 판매량

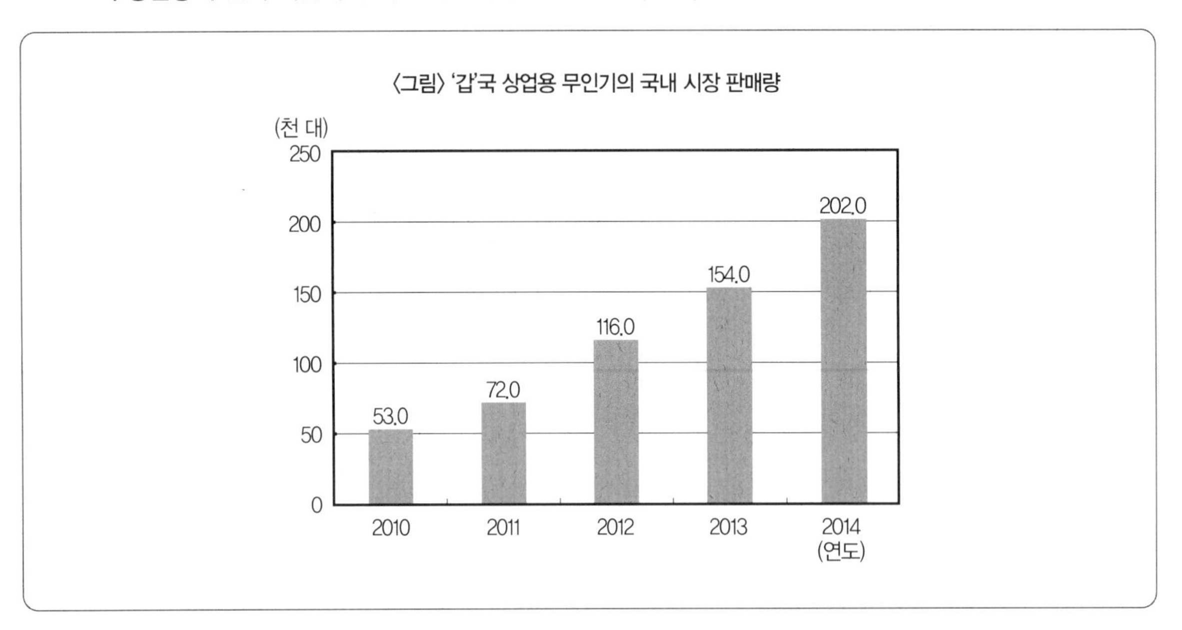

〈표 1〉 '갑'국 상업용 무인기 수출입량 (단위: 천 대)

구분 \ 연도	2010	2011	2012	2013	2014
수출량	1.2	2.5	18.0	67.0	240.0
수입량	1.1	2.0	3.5	4.2	5.0

※ 1) 수출량은 국내 시장 판매량에 포함되지 않음.
2) 수입량은 당해 연도 국내 시장에서 모두 판매됨.

〈표 2〉 '갑'국 A사의 상업용 무인기 매출액 (단위: 백만 달러)

연도	2010	2011	2012	2013	2014
매출액	4.3	43.0	304.4	1,203.1	4,348.4

| 보기 |

ㄱ. 2014년 상업용 무인기의 국내 시장 판매량 대비 수입량의 비율은 3.0% 이하이다.
ㄴ. 2011~2014년 동안 상업용 무인기 국내 시장 판매량의 전년 대비 증가율이 가장 큰 해는 2012년이다.
ㄷ. 2011~2014년 동안 상업용 무인기 수입량의 전년 대비 증가율이 가장 작은 해에는 상업용 무인기 수출량의 전년 대비 증가율이 가장 크다.
ㄹ. 2012년 '갑'국 상업용 무인기 수출량의 전년 대비 증가율과 2012년 '갑'국 A사의 상업용 무인기 매출액의 전년 대비 증가율의 차이는 30%p 이하이다.

① ㄱ, ㄴ ② ㄷ, ㄹ ③ ㄱ, ㄴ, ㄷ ④ ㄱ, ㄴ, ㄹ ⑤ ㄴ, ㄷ, ㄹ

17 다음은 △△ 기업 아이디어 공모전의 평가 방법에 대한 자료와 5개 팀의 최종 심사 결과이다. 순위를 순서대로 배열한 것을 고르면?

〈아이디어 공모전 평가 방법〉

• 최종 심사 점수 = (전문 심사단 최종 반영 점수) + (현장 평가단 최종 반영 점수)

• 전문 심사단 최종 반영 점수

점수 순위	1위	2위	3위	4위	5위
최종 반영 점수(점)	50	45	40	35	30

• 현장 평가단 최종 반영 점수

득표율	90% 이상	80% 이상 90% 미만	70% 이상 80% 미만	60% 이상 70% 미만	60% 미만
최종 반영 점수(점)	50	40	30	20	10

※득표율(%)=현장 평가단 득표수/현장 평가단 총인원수x100

	A	B	C	D	E
전문 심사단 점수(점)	74	80	84	67	72
현장 평가단 득표수(표)	176	182	172	145	137

※ 현장 평가단 총인원수는 200명

① A-B-C-D-E ② A-C-D-E-B ③ B-C-A-D-E ④ B-A-C-D-E ⑤ C-B-A-E-D

18 다음 글을 읽고 '포괄 수가제'와 일치하는 것을 고르시오.

행위별 수가제는 환자가 병 · 의원에 입원해서 퇴원할 때까지 진료 받은 진찰 · 검사 · 수술 · 주사 · 투약 등 개별 진료 행위 수가를 모두 합해 총진료비를 산출하는 방식이다. 하지만 의료 서비스의 항목별로 가격을 매기는 행위별 수가제는 개별 진료 행위의 가격을 모두 합해 총진료비를 산출하기 때문에, 환자에게 진료 행위량을 늘릴수록 의사의 수입이 늘어날 수밖에 없는 구조적인 한계가 있다. 그래서 환자에게 꼭 필요한 만큼의 진료 행위량을 넘어선 과잉 진료가 발생할 수 있는 문제가 있다.

따라서 이를 보완하기 위한 방안으로 포괄 수가제가 도입되었다. 포괄 수가제는 진료의 종류나 양과 관계없이 미리 정해진 일정액의 진료비를 부담하는 제도를 말한다. 하지만 모든 질병을 포괄하는 것은 아니고 7개 질병군과 관련된 질환에만 한정되어 운영된다.

① 진료나 질병의 종류에 관계없이 일정액의 진료비를 부담하는 제도이다.
② 기존의 '행위별 수가제'의 문제점을 보완하기 위한 것이다.
③ 진료비를 산출하는 방식이 '행위별 수가제'와 같다.
④ '행위별 수가제'는 과잉 진료를 예방할 수 있다.
⑤ 돈을 벌고 싶어하는 의사들은 '포괄 수가제'를 더 반긴다.

19 다음 〈표〉는 2010년 지역별 외국인 소유 토지 면적에 대한 자료이다. 이에 대한 〈보기〉의 설명 중 옳은 것을 모두 고르면?

〈표〉 2010년 지역별 외국인 소유 토지 면적 (단위: 천m^2)

지역	면적	전년 대비 증감 면적
서울	3,918	332
부산	4,894	−23
대구	1,492	−4
인천	5,462	−22
광주	3,315	4
대전	1,509	36
울산	6,832	37
경기	38,999	1,144
강원	21,747	623
충북	10,215	340
충남	20,848	1,142
전북	11,700	289
전남	38,044	128
경북	29,756	603
경남	13,173	530
제주	11,813	103
계	223,717	5,262

| 보기 |

ㄱ. 2009년 외국인 소유 토지 면적이 가장 큰 지역은 경기이다.
ㄴ. 2010년 외국인 소유 토지 면적의 전년 대비 증가율이 가장 큰 지역은 서울이다.
ㄷ. 2010년에 외국인 소유 토지 면적이 가장 작은 지역이 2009년에도 외국인 소유 토지 면적이 가장 작다.
ㄹ. 2009년 외국인 소유 토지 면적이 세 번째로 큰 지역은 경북이다.

① ㄱ, ㄷ
② ㄴ, ㄷ
③ ㄴ, ㄹ
④ ㄱ, ㄴ, ㄹ
⑤ ㄱ, ㄷ, ㄹ

20 다음 〈그림〉은 A강의 지점별 폭-수심비의 변화를 나타낸 것이다. 이에 대한 〈보기〉의 설명 중 옳은 것을 모두 고르면?

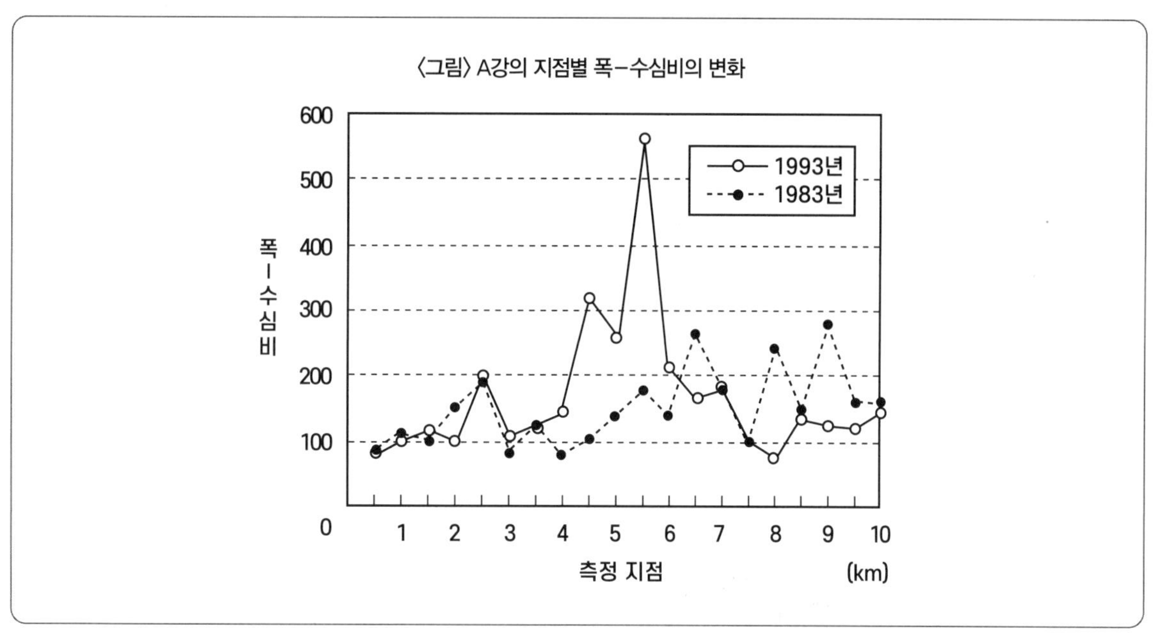

※ 폭-수심비는 전체 10km 측정 구간 중 하류 지점부터 매 500m마다의 측정 지점에서 폭과 수심을 측정하여 계산한 결과임.

| 보기 |

ㄱ. 1993년 폭-수심비 최댓값은 500보다 크다.
ㄴ. 1983년과 1993년의 폭-수심비 차이가 가장 큰 측정 지점은 6.5km 지점이다.
ㄷ. 1983년 폭-수심비 최댓값과 최솟값의 차이는 300보다 크다.

① ㄱ
② ㄴ
③ ㄱ, ㄷ
④ ㄴ, ㄷ
⑤ ㄱ, ㄴ, ㄷ

21 다음 제시된 조건을 바탕으로 점심 메뉴와 저녁 메뉴를 고르려고 할 때, 혜정이 선택한 메뉴가 바르게 연결된 것을 고르면?

- 혜정과 민진, 우영은 점심 메뉴로 김밥, 떡볶이, 오므라이스를 선택했다.
- 세 사람 모두 각각 다른 음식을 골랐다.
- 혜정과 민진, 우영은 저녁 메뉴로도 김밥, 떡볶이, 오므라이스를 선택하였으며, 모두 점심 메뉴와는 다른 메뉴를 선택하였다.
- 혜정은 우영이 선택한 저녁 메뉴를 점심에 선택했다.
- 우영은 점심 메뉴로 김밥을 선택하지 않았다.
- 민진과 우영은 떡볶이를 점심 메뉴로 선택하지 않았다.
- 혜정이 선택한 저녁 메뉴는 김밥이다

	점심 메뉴	저녁 메뉴
①	김밥	오므라이스
②	김밥	떡볶이
③	떡볶이	오므라이스
④	떡볶이	김밥
⑤	오므라이스	떡볶이

22 A, B, C, D, E, F는 7층에서 같은 엘리베이터를 타고 내려오고 있다. 다음과 같은 조건을 따를 때 5층에 근무하는 사람을 고르면?

- 모두 다른 층에서 근무한다.
- A와 F는 연속해서 내린다.
- B는 짝수 층에서 일하고 C와 두 층 차이가 난다.
- C는 가장 먼저 내리고 F는 가장 늦게 내린다.
- D의 밑에는 두 층이 있다.
- A, B, C, D, E, F의 사무실은 1~6층에 위치하고 있다.

① A ② B ③ D ④ E ⑤ 알 수 없음

23 다음 〈표〉는 잉여 현금 흐름 증가율 상위 10개 기업 현황에 대한 자료이다. 이에 대한 〈보기〉의 설명 중 옳은 것을 모두 고르면?

〈표〉 잉여 현금 흐름 증가율 상위 10개 기업 현황 (단위: %, 백만 원)

기업명	잉여 현금 흐름 증가율	증가액	2016년 누적 현금 흐름	2015년 누적 현금 흐름
A	( )	115,764	141,515	25,751
B	367.6	55,256	( )	15,030
C	334.0	65,785	( )	19,699
D	( )	537,424	701,681	164,257
E	( )	272,225	424,798	152,573
F	172.3	332,556	525,619	( )
G	165.9	2,899,005	4,646,660	( )
H	163.8	187,671	302,274	114,603
I	135.0	359,778	626,272	266,494
J	( )	238,759	418,887	180,128

※ 1) 증가액 = 2016년 누적 현금 흐름 – 2015년 누적 현금 흐름

2) 잉여 현금 흐름 증가율(%)= $\frac{\text{증가액}}{\text{2015년 누적 현금 흐름}} \times 100$

| 보기 |

ㄱ. 2015년 누적 현금 흐름이 가장 큰 기업은 G이다.
ㄴ. E 기업의 잉여 현금 흐름 증가율은 200% 이상이다.
ㄷ. 잉여 현금 흐름 증가율이 가장 큰 기업과 가장 작은 기업의 차이는 300%p 이상이다.
ㄹ. 2016년 누적 현금 흐름이 가장 작은 기업은 C이다.
ㅁ. 잉여 현금 흐름 증가율이 300% 이상인 기업은 모두 4개이다.

① ㄱ, ㄴ ② ㄱ, ㄷ ③ ㄷ, ㅁ ④ ㄱ, ㄷ, ㄹ ⑤ ㄱ, ㄷ, ㅁ

24 다음 빈칸에 들어갈 말로 가장 알맞게 짝지어진 것을 고르시오.

유토피아는 우리가 살고 있는 세계와는 다른 '또 다른 세계'이며, 나아가 전적으로 인간의 지혜로 설계된 세계이다. 유토피아를 설계하는 사람은, 완전히 뜯어고쳐야 할 만큼 이 세상이 잘못되어 있다고 생각한다. 또한 그는 새 세계를 만들고 관리할 능력이 인간에게 있다고 믿는다. 어떤 사람이 유토피아를 꿈꾸고 설계하는지 않는지는 그 사람이 세상을 대하는 태도와 밀접하게 연관되어 있다.

인간이 세상을 대하는 태도는 다음 세 가지로 나눌 수 있다. 첫째, 산지기의 태도이다. 산지기의 주요 임무는, 인위적인 간섭을 (㉠)하면서 맡겨진 땅을 지키는 것이다. 이른바 땅의 자연적 균형을 유지하는 것이 그의 목적이다. 신의 설계에 담긴 지혜와 조화, 질서를 인간이 다 이해할 수는 없으나, 삼라만상이 적재적소에 놓여 있는 신성한 존재의 사슬이라는 것이 산지기의 신념이다.

둘째, 정원사의 태도이다. 정원사는 자기가 끊임없이 보살피고 노력하지 않으면 이 세상이 (㉡) 질 것이라고 여긴다. 그는 우선 바람직한 배치도를 머리에 떠올린 후 정원을 그 이미지에 맞추어 개조한다. 그는 적합한 종류의 식물을 키우고 잡초들은 뽑아 버림으로써 자신이 생각해 놓은 대로 대지를 디자인한다.

셋째, 사냥꾼의 태도이다. 사냥꾼은 사물의 전체적인 균형에 대해서 (㉢). 사냥꾼이 하는 유일한 일은 사냥감으로 자기 자루를 최대한 채우는 것이다. 사냥이 끝난 후에 숲에 동물들이 남아 있도록 할 의무가 자기에게 있다고 생각하지 않는다.

	㉠	㉡	㉢
①	최소화	무질서해	무관심하다
②	최소화	질서 정연해	신경을 쓴다
③	최소화	깨끗해	신경쓰지 않는다
④	최대화	무질서해	관심이 없다
⑤	최대화	더러워	무관심하다

25 다음 〈표〉는 세조 재위 기간 중 지역별 흉년 현황을 나타낸 것이다. 이에 대한 설명으로 옳지 않은 것은?

〈표〉 세조 재위 기간 중 지역별 흉년 현황

재위년 \ 지역	경기	황해	평안	함경	강원	충청	경상	전라	흉년 지역 수
세조 1	×	×	×	×	×	○	×	×	1
세조 2	○	×	×	×	×	○	○	×	3
세조 3	○	×	×	×	×	○	○	○	4
세조 4	○	( )	( )	( )	×	( )	×	( )	4
세조 5	○	( )	○	○	○	×	×	×	( )
세조 8	×	×	×	×	○	×	×	×	1
세조 9	×	○	×	( )	○	×	×	×	2
세조 10	○	×	×	○	○	○	×	×	4
세조 12	○	○	○	×	○	○	×	×	5
세조 13	○	×	( )	×	○	×	×	( )	3
세조 14	○	○	×	×	○	( )	( )	×	4
흉년 빈도	8	5	( )	2	7	6	( )	1	

※ 1) ○(×): 해당 재위년 해당 지역이 흉년임(흉년이 아님)을 의미함.
2) 〈표〉에 제시되지 않은 재위년에는 흉년인 지역이 없음.

① 흉년 빈도가 네 번째로 높은 지역은 평안이다.
② 흉년 지역 수는 세조 5년이 세조 4년보다 많다.
③ 경기, 황해, 강원 3개 지역의 흉년 빈도 합은 흉년 빈도 총합의 55% 이상이다.
④ 충청의 흉년 빈도는 경상의 2배이다.
⑤ 흉년 지역 수가 5인 재위년의 횟수는 총 2번이다.

26 다음 〈표〉는 A~D 지역으로만 이루어진 '갑'국의 2015년 인구 전입 · 전출과 관련한 자료이다. 이에 대한 〈보기〉의 내용 중 옳은 것만을 모두 고르면?

〈표 1〉 2015년 인구 전입 · 전출 (단위: 명)

전출지 \ 전입지	A	B	C	D
A		190	145	390
B	123		302	260
C	165	185		110
D	310	220	130	

※ 1) 전입·전출은 A~D 지역 간에서만 이루어짐.
2) 2015년 인구 전입·전출은 2015년 1월 1일부터 12월 31일까지 발생하며, 동일인의 전입·전출은 최대 1회만 가능함.
3) 예시: 〈표 1〉에서 '190'은 A 지역에서 190명이 전출하여 B 지역으로 전입하였음을 의미함.

〈표 2〉 2015, 2016년 지역별 인구 (단위: 명)

지역 \ 연도	2015	2016
A	3,232	3,105
B	3,120	3,030
C	2,931	( )
D	3,080	( )

※ 1) 인구는 매년 1월 1일 0시를 기준으로 함.
2) 인구 변화는 전입·전출에 의해서만 가능함.

| 보기 |

'갑'국의 지역 간 인구 이동을 파악하기 위해 2015년의 전입 · 전출을 분석한 결과 총 2,530명이 주소지를 이전한 것으로 파악되었다. '갑'국의 4개 지역 가운데 ㉠ 전출자 수가 가장 큰 지역은 A이다. 반면, ㉡ 전입자 수가 가장 큰 지역은 A, B, D 지역으로부터 총 577명이 전입한 C이다. 지역 간 인구 이동은 지역경제 활성화에 따른 일자리 수요와 밀접하게 연관된다. 2015년 인구 이동 결과, ㉢ 2016년 인구가 가장 많은 지역은 D이며, ㉣ 2015년과 2016년의 인구 차이가 가장 큰 지역은 A이다.

① ㉠, ㉡　② ㉠, ㉢　③ ㉡, ㉣　④ ㉢, ㉣　⑤ ㉠, ㉢, ㉣

27 다음에서 설명하고 있는 소프트웨어는 무엇인지 고르시오.

이 소프트웨어는 사용자가 시스템을 편리하게 사용할 수 있도록 지원하는 프로그램이다. 표준화된 프로그램을 사용함으로써 프로그램을 작성하는 부담을 덜어 준다. 전체 업무를 처리하기 위한 프로그램 작성의 한 부분을 담당함으로써 프로그램 개발 기간을 단축한다.

① 스프레드시트
② 문서 편집기
③ 워드 프로세서
④ 유틸리티 프로그램
⑤ 그래픽 프로그램

28 □□공사 2020년 신규 직원들은 부산으로 교육을 가게 되었다. 교육의 마지막 일정은 부산의 유명 관광지를 돌아보고 되돌아오는 것이다. 다음 〈자료 1〉, 〈자료 2〉를 보고, 옳은 것을 고르면?

〈자료 1〉

[이동 시간]

해운대 – 광안대교: 50분
광안대교 – 태종대: 45분
태종대 – 남포동: 50분
남포동 – 해운대: 20분
해운대 – 태종대: 20분
광안대교 – 남포동: 40분

[관광 가능 시간]

- 해운대
10:00~12:00
14:00~16:00
- 광안대교
06:00~17:00
- 태종대
08:00~17:00
- 남포동
08:00~18:00

〈자료 2〉

- 각 관광지에서 관광에 소요되는 시간은 2시간이며, 2시간 이상을 관광할 수 없다.
- 해운대 관광 가능 시간은 오전 10시와 오후 14시로 이 시간 이외에는 관광이 불가능하다.
- 교육 마지막 날 하루 동안 모든 관광지를 한 번씩 관광하여야 하고, 되도록 빠른 시간 내에 관광을 마쳐야 한다.
- 아침과 점심은 이동 시간에 도시락을 먹는다.

| 보기 |

㉠ 모든 관광지를 한 번씩 관광하고 되도록 가장 빠른 시간에 관광을 마치는 시간은 16시이다.
㉡ 남포동과 태종대의 관광 순서는 바뀌어도 상관없다.
㉢ 광안대교부터 관광을 해야 한다.

① ㉠, ㉡
② ㉠, ㉢
③ ㉡, ㉢
④ ㉢
⑤ ㉠, ㉡, ㉢

29 다음 〈표〉는 2012~2016년 조세 심판원의 연도별 사건 처리 건수에 관한 자료이다. 이에 대한 〈보기〉의 설명 중 옳은 것만을 모두 고르면?

〈표〉 조세 심판원의 연도별 사건 처리 건수 (단위: 건)

구분 \ 연도		2012	2013	2014	2015	2016
처리 대상 건수	전년 이월 건수	1,854	( )	2,403	2,127	2,223
	당해 접수 건수	6,424	7,883	8,474	8,273	6,003
	소계	8,278	( )	10,877	10,400	8,226
처리 건수	취하 건수	90	136	163	222	163
	각하 건수	346	301	482	459	506
	기각 건수	4,214	5,074	6,200	5,579	4,322
	재조사 건수	27	0	465	611	299
	인용 건수	1,767	1,803	1,440	1,306	1,338
	소계	6,444	7,314	8,750	8,177	6,628

※ 1) 당해 연도 전년 이월 건수=전년도 처리 대상 건수−전년도 처리 건수

2) 처리율(%) = $\frac{\text{처리 건수}}{\text{처리 대상 건수}} \times 100$

3) 인용률(%) = $\frac{\text{인용 건수}}{\text{각하 건수+기각 건수+인용 건수}} \times 100$

| 보기 |

ㄱ. 처리 대상 건수가 가장 적은 연도의 처리율은 75% 이상이다.
ㄴ. 2013~2016년 동안 취하 건수와 기각 건수의 전년 대비 증감 방향은 동일하다.
ㄷ. 2013년 처리율은 80% 이상이다.
ㄹ. 인용률은 2012년이 2014년보다 높다.

① ㄱ, ㄴ ② ㄱ, ㄹ ③ ㄴ, ㄷ ④ ㄱ, ㄷ, ㄹ ⑤ ㄴ, ㄷ, ㄹ

30 다음 빈칸에 들어갈 사자성어로 알맞은 것을 고르시오.

공영(公營) 방송은 세 번의 위기를 겪었다. 첫 번째는 사영(私營) 방송의 등장이었다. 서유럽에서 방송은 1920년대 탄생 초기부터 공영으로 운영되는 것이 일반적이었는데 1950년대 이후 사영 방송이라는 경쟁자가 나타나게 된 것이다. 그러나 이러한 사영 방송의 등장은 공영 방송에 '위협'이 되었을 뿐, 진정한 '위기'를 불러오지는 않았다. 경제적으로 꾸준히 발전하던 이 시기에 공영 방송은 사영 방송과 함께 시장을 장악했다.

두 번째 위기는 케이블 TV 등 다채널 방송의 등장이었다. 서구에서는 1980년대, 한국에서는 1990년대 후반에 시작한 다채널 서비스의 등장은 공영 방송의 존재에 큰 회의를 품게 하였다. 다채널 방송은 공영 방송이 제공해 온 차별적인 장르들, 즉 뉴스, 다큐멘터리, 어린이 프로그램들을 훨씬 더 전문적인 내용으로, 더 많은 시간 동안 제공하게 되었다. 공영 방송은 양질의 프로그램 제작을 위해 상대적으로 더 많은 재원을 필요로 하게 되었고, 이를 위해 수신료 인상이 필요했지만, 시청자들은 이에 동의하지 않았다. 그러나 이러한 위기에도 불구하고 공영 방송은 어느 정도의 시청률을 유지한 채 주류 방송으로서의 지위를 굳건히 지켜 냈다.

최근 들어 디지털 융합형 미디어의 발전이라는 세 번째 위기가 시작되었다. 이는 채널 제공 경쟁자가 늘어나는 것이 아니라 수용자의 미디어 소비 패턴 자체를 바꾸는 변화이기 때문에 훨씬 더 위협적이다. 디지털 미디어에 익숙한 젊은 시청자들은 채널을 통해 제공하는 일방향 서비스에 의존적이지 않다. 개별 국가의 정체성 형성을 담당하던 공영 방송은 유튜브와 팟캐스트 등 국경을 넘나드는 새로운 플랫폼에 (   )인 상황에 처하게 되었다.

① 태평성대 ② 각주구검 ③ 속수무책 ④ 결초보은 ⑤ 과유불급

31 다음은 ○○전자 휴대전화 A/S 안내문이다. 안내문을 보고 A 고객의 A/S 견적을 바르게 계산한 것을 고르면?

〈A/S 기본 요금〉

스마트폰: 30,000원
일반폰: 20,000원

〈A/S 진행 시 수리 비용〉

구분	불량 원인	수리 비용
전면부	부분 교체	30,000
	파손	80,000
후면부	부분교체	40,000
	파손	90,000
배터리	일부 손상	30,000
	파손	50,000
액정	접촉 불량	70,000 (메인보드 교체 시 50,000 추가)
	부분 파손	100,000
	전체 파손	250,000

〈A 고객 A/S 견적〉

- 전면부 손상으로 인한 부분 교체
- 배터리 파손으로 배터리 교체 필요
- 메인보드 손상으로 인한 접촉 불량, 액정 부분 파손 복구

① 230,000원 ② 300,000원 ③ 330,000원 ④ 370,000원 ⑤ 420,000원

32 다음 〈표〉는 2010~2014년 A 시의회의 발의 주체별 조례 발의 현황에 관한 자료이다. 이에 대한 설명으로 옳지 않은 것은?

〈표〉 A 시의회 발의 주체별 조례 발의 현황 (단위: 건)

연도 \ 발의 주체	단체장	의원	주민	합
2010	527	( )	23	924
2011	( )	486	35	1,149
2012	751	626	39	( )
2013	828	804	51	1,683
2014	905	865	( )	1,824
전체	3,639	3,155	202	( )

※ 조례 발의 주체는 단체장, 의원, 주민으로만 구성됨.

① 2012년 조례 발의 건수 중 단체장 발의 건수가 50% 이상이다.
② 2011년 단체장 발의 건수는 2013년 의원 발의 건수보다 적다.
③ 주민 발의 건수는 매년 증가하였다.
④ 2014년 의원 발의 건수는 2010년과 2011년 의원 발의 건수의 합보다 많다.
⑤ 2014년 조례 발의 건수는 2012년 조례 발의 건수의 1.5배 이상이다.

33 다음 〈표〉는 행정심판위원회 연도별 사건 처리 현황에 관한 자료이다. 이에 대한 〈보기〉의 설명 중 옳은 것만을 모두 고르면?

〈표〉 행정심판위원회 연도별 사건 처리 현황 (단위: 건)

연도 \ 구분	접수	심리 · 의결				취하 · 이송
		인용	기각	각하	소계	
2010	31,473	4,990	24,320	1,162	30,472	1,001
2011	29,986	4,640	23,284	( )	28,923	1,063
2012	26,002	3,983	19,974	1,030	24,987	1,015
2013	26,255	4,713	18,334	1,358	24,405	1,850
2014	26,014	4,131	19,164	( )	25,270	744

※ 1) 당해 연도에 접수된 사건은 당해 연도에 심리 · 의결 또는 취하 · 이송됨.

2) 인용률(%) = $\frac{\text{인용 건수}}{\text{심리·의결 건수}} \times 100$

| 보기 |

ㄱ. 인용률이 가장 높은 해는 2013년이다.
ㄴ. 취하 · 이송 건수는 매년 감소하였다.
ㄷ. 각하 건수가 가장 적은 해는 2011년이다.
ㄹ. 접수 건수와 심리 · 의결 건수의 연도별 증감 방향은 동일하다.

① ㄱ, ㄴ ② ㄱ, ㄷ ③ ㄷ, ㄹ ④ ㄱ, ㄷ, ㄹ ⑤ ㄴ, ㄷ, ㄹ

34 다음 〈표〉는 '갑'국의 2008~2013년 연도별 산업 신기술 검증 현황에 대한 자료이다. 이에 대한 설명으로 옳은 것은?

〈표〉 산업 신기술 검증 연간 건수 및 연간 비용 (단위: 건, 천만 원)

구분 \ 연도		2008	2009	2010	2011	2012	2013
서류 검증	건수	755	691	( )	767	725	812
	비용	54	( )	57	41	102	68
현장 검증	건수	576	650	630	691	( )	760
	비용	824	1,074	1,091	( )	2,546	1,609
전체	건수	1,331	1,341	1,395	1,458	1,577	1,572
	비용	878	1,134	1,148	1,745	2,648	( )

※ 신기술 검증은 서류 검증과 현장 검증으로만 구분됨.

① 산업 신기술 검증 전체 비용은 매년 증가하였다.
② 서류 검증 건수는 매년 현장 검증 건수보다 많다.
③ 서류 검증 건당 비용은 2008년에 가장 크다.
④ 전년에 비해 현장 검증 비용이 감소한 연도는 2개이다.
⑤ 전년에 비해 현장 검증 건수가 감소한 해에는 전년에 비해 서류 검증 건수가 증가하였다.

35 다음 글을 근거로 판단할 때, 〈보기〉에서 옳은 것만을 모두 고르면?

〈조건〉

○ A국의 1일 통관 물량은 1,000건이며, 모조품은 1일 통관 물량 중 1% 확률로 존재한다.
○ 검수율은 전체 통관 물량 중 검수 대상을 무작위로 선정해 실제로 조사하는 비율을 뜻하는데, 현재 검수율은 10%로 전문 조사 인력을 매일 10명 투입한다.
○ 검수율을 추가로 10%p 상승시킬 때마다 전문 조사 인력은 1일당 20명이 추가로 필요하다.
○ 인건비는 1인당 1일 기준 30만 원이다.
○ 모조품 적발 시 부과되는 벌금은 건당 1,000만 원이며, 이 중 인건비를 차감한 나머지를 세관의 '수입'으로 한다.

※ 검수 대상에 포함된 모조품은 모두 적발되고, 부과된 벌금은 모두 징수된다.

| 보기 |

ㄱ. 1일 평균 수입은 700만 원이다.
ㄴ. 1일 통관 물량 중 모조품이 2% 확률로 존재한다면, 평균 수입은 현재 수입의 2배가 넘을 것이다.
ㄷ. 검수율이 40%면 1일 평균 수입은 현재의 4배 이상일 것이다.
ㄹ. 검수율을 30%로 하는 방안과 검수율을 10%로 유지한 채 벌금을 2배로 인상하는 방안을 비교하면, 벌금을 인상하는 방안의 1일 평균 수입이 더 많을 것이다.

① ㄱ, ㄴ ② ㄱ, ㄴ, ㄹ ③ ㄱ, ㄷ, ㄹ ④ ㄴ, ㄷ ⑤ ㄴ, ㄷ, ㄹ

36 ○○기관 신입 사원 A, B, C, D는 경영기획팀, 인사팀, 영업팀, 홍보팀 중 한 곳에 배정을 받는다. 다음 제시된 조건이 모두 진실일 때 옳은 것을 고르면?

㉠ 한 부서에 반드시 한 명의 신입 사원이 배정된다.
㉡ 신입 사원 4명의 나이는 28세, 29세, 30세, 32세로 모두 다르다.
㉢ A는 홍보팀에 배정을 받지 않았고, 30세이다.
㉣ B는 28세이고, 경영기획팀에 배정 받았다.
㉤ C는 30세가 아니고, 영업팀에 배정 받았다.
㉥ D는 29세가 아니다.

① 영업팀에 배정 받은 신입 사원은 30세이다.
② A는 32세이다.
③ B는 C보다 나이가 많다.
④ C는 인사팀에 배정 받았다.
⑤ D는 홍보팀에 배정 받았다.

37~38 A사 인사실은 매주 수요일에 회의를 진행한다. 다음은 인사실에서 진행된 회의에 참석한 P 사원이 작성한 회의록이다. 아래의 내용을 참고하여 이어지는 물음에 답하시오.

<table>
<tr><th colspan="2">회의록</th><th>문서번호</th><td>인사-20-0205</td><th>작성자</th><td>P 사원</td></tr>
<tr><th>일시</th><td colspan="5">2020년 2월 5일 수요일 AM 10:00~12:00</td></tr>
<tr><th>장소</th><td colspan="5">14층 회의실 1</td></tr>
<tr><th>참석</th><td colspan="5">인사실장 L 이사, 채용팀장 K 부장, 교육팀장 N 부장, P 사원</td></tr>
<tr><th colspan="3">내용</th><th colspan="3">협력 부서</th></tr>
<tr><td colspan="3">1. 2020년 상반기 채용 계획
– 충원 인력 확정
: 메일을 통해 각 부서에 충원 필요한 인원 확인할 것
– 충원 인력 확정 후 채용 계획안 보고
– 상반기 채용 설명회 실시
: 오프라인 설명회 2회, SNS 소통 상시 실시
: 홍보팀 자체 채널을 통해 설명회 홍보 실시</td><td colspan="3">홍보팀</td></tr>
<tr><td colspan="3">2. 상반기 신입 교육
– 채용 인원에 맞춰 세부 교육 일정 수립
: 총 3회 실시(4/6, 4/13, 4/20)
– 기존 교육 과정 개정
: 교육 평가가 낮았던 수업을 우선으로 개정
: 핵심 가치 교육 등</td><td colspan="3"></td></tr>
<tr><td colspan="3">3. 신상품 판매 교육
– 영업팀 전체 임직원 대상
– 영업팀과 사전에 일정 조율하여 교육 일정 확정
– 교육을 위한 신상품 사전에 충분히 확보할 것
– 주요 교육
: 신상품 기능 교육, 판매전략 교육 등</td><td colspan="3">영업팀</td></tr>
<tr><th>비고</th><td colspan="5">– 채용 공고 일시: 2/25　　– 채용 설명회 일시: 2/25~26　　– 신상품 출시 일시: 3/10</td></tr>
</table>

37 다음은 회의가 끝난 후 팀장이 팀원에게 지시한 내용이다. 해당 지시 사항을 받은 팀원이 향후 진행한 업무 중 가장 적절하지 않은 것은?

> K 대리님, 오전 중 회의가 진행되었습니다. 사전에 팀 내 공유가 되었던 것처럼 3월에는 신규 채용이 진행되어야 합니다. 우선 회사에 필요한 충원 인력을 파악하여 채용 인원을 확정한 후 보고가 되어야 합니다. 이후 채용 공고 및 홍보에 대한 준비가 필요합니다. 팀원분들은 이런 큰 업무 흐름을 숙지하고 맞춰서 각자 맡은 업무를 진행해 주시기 바랍니다.

① 회사 내 부서에 충원이 필요한 인력에 대한 수요를 확인하는 메일을 보낸다.
② 보고를 위한 채용 계획안을 작성한다.
③ 오프라인 설명회를 위한 대관 장소를 찾아본다.
④ 신입 사원 교육을 위한 기존 교육 과정을 검토한다.
⑤ 홍보팀과 협력하여 오프라인 홍보 방식 외 SNS 등 새로운 홍보 채널을 확인한다.

38 위의 지시 사항을 이행하기 위해 P 사원은 채용 인원 확정을 위한 충원 인력 필요 조사를 실시하고자 메일을 보내려고 한다. P 사원이 작성한 메일 내용 중 잘못 작성한 사항은 무엇인가?

메일	
일시	2020. 02. 06 AM 10:00
수신	① 전 부서
참조	채용팀
발신	채용팀 P 사원
제목	② 신입 채용을 위한 충원 인원 조사

안녕하세요.
채용팀 P 사원입니다.

상반기 채용을 위하여 전 부서의 ③ 충원이 필요한 인원을 조사 중에 있습니다.
회신된 ④ 필요 인력은 향후 채용 계획안을 통해 보고가 이루어진 후 채용 인원이 최종적으로 확정될 예정입니다.
각 부서의 담당자께서는 충원이 필요한 인력을 ⑤ 2월 말일까지 회신 부탁드립니다.

39 아래와 같은 문서를 작성할 때의 방법으로 적절하지 않은 것은?

> 1965년 노벨상 수상자 게리 베커는 '시간의 비용'이 시간을 소비하는 방식에 따라 변화한다고 주장했다. 예를 들어 수면이나 식사 활동은 영화 관람에 비해 단위 시간당 시간의 비용이 작다. 그 이유는 수면과 식사가 생산적인 활동에 기여하기 때문이다. 잠을 못 자거나 식사를 제대로 하지 못해 체력이 떨어진다면, 생산적인 활동에 제약을 받기 때문에 수면과 식사 활동에 들어가는 시간의 비용이 영화 관람에 비해 작다고 볼 수 있다. 베커는 "주말이나 저녁에는 회사들이 문을 닫기 때문에 활용할 수 있는 시간의 길이가 길어지고 이에 따라 특정 행동의 시간의 비용이 줄어든다"고도 지적한다.
>
> 시간의 비용이 가변적이라는 개념은, 기대 수명이 늘어나서 사람들에게 더 많은 시간이 주어지는 것이 시간의 비용에 영향을 미칠 수 있다는 점에서 의미가 있다. 시간의 비용이 가변적이라고 생각한 이는 베커만이 아니었다. 스웨덴의 경제학자 스테판 린더는 서구인들이 엄청난 경제 성장을 이루고도 여유를 누리지 못하는 이유를 논증한다. 경제가 성장하면 사람들의 시간을 쓰는 방식도 달라진다. 임금이 상승하면 직장 밖 활동에 들어가는 시간의 비용이 늘어난다. 일하는 데 쓸 수 있는 시간을 영화나 책을 보는 데 소비하면 그만큼의 임금을 포기하는 것이다. 따라서 임금이 늘어난 만큼 일 이외의 활동에 들어가는 시간의 비용도 함께 늘어난다는 것이다.
>
> 베커와 린더는 사람들에게 주어진 시간을 고정된 양으로 전제했다. 1965년 당시의 기대 수명은 약 70세였다. 하루 24시간 중 8시간을 수면에 쓰고 나머지 시간에 활동이 가능하다면, 평생 408,800시간의 활동가능 시간이 주어지는 셈이다. 하지만 이 방정식에서 변수 하나가 바뀌면 어떻게 될까? 기대 수명이 크게 늘어난다면 시간의 가치 역시 달라져서, 늘 시간에 쫓기는 조급한 마음에도 영향을 주게 되지 않을까?

① 명령문보다는 평서문으로 작성한다.
② 정확하게 기술해야 한다.
③ 독자가 이해하기 어려운 전문 용어는 가급적 사용하지 않는다.
④ 동일한 문장의 반복은 피하고 다양한 표현을 사용한다.
⑤ 복잡한 내용은 최대한 이해하기 쉽게 자세한 줄글로 쓴다.

40

다양한 경쟁 상품과 고객을 위한 새로운 서비스의 등장으로 조직에도 변화가 필요하다고 생각한 □□ 기업 김 부장은 환경 변화에 따른 조직 변화 계획을 수립하려고 한다. 계획 수립을 위해 조직 변화의 과정에 대해 알아보려고 할 때, 그 과정을 바르게 나타낸 것을 고르면?

① 환경 변화 인지 – 조직 변화 방향 수립 – 조직 변화 실행 – 변화 결과 평가
② 환경 변화 인지 – 조직 변화 실행 – 조직 변화 방향 수립 – 변화 결과 평가
③ 조직 변화 방향 수립 – 환경 변화 인지 – 조직 변화 실행 – 변화 결과 평가
④ 조직 변화 실행 – 환경 변화 인지 – 조직 변화 방향 수립 – 변화 결과 평가
⑤ 변화 결과 평가 – 환경 변화 인지 – 조직 변화 실행 – 조직 변화 방향 수립

41

A, B, C, D 중 1명이 경품에 당첨되었다. 이 중 1명만 진실을 말하고 있다면, 경품에 당첨된 사람은 누구인지 고르시오.

A: 나는 경품에 당첨되지 않았어.
B: 경품에 당첨된 사람은 C가 맞아.
C: B가 하는 말은 거짓말이야.
D: B가 당첨된 사람이 확실해.

① A ② B ③ C ④ D ⑤ 알 수 없음

42 다음 〈그림〉은 A 자선 단체의 수입액과 지출액에 관한 자료이다. 이에 대한 설명 중 옳은 것은?

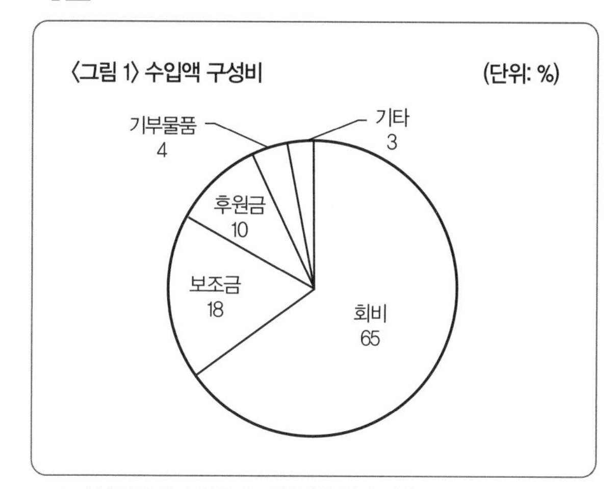

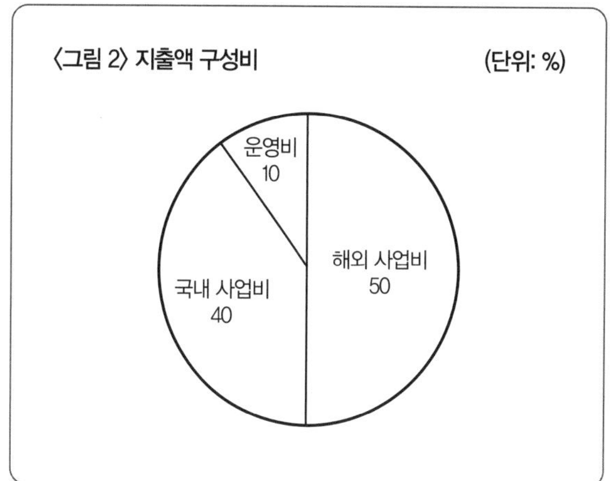

※ A 자선 단체의 수입액과 지출액은 항상 같음.

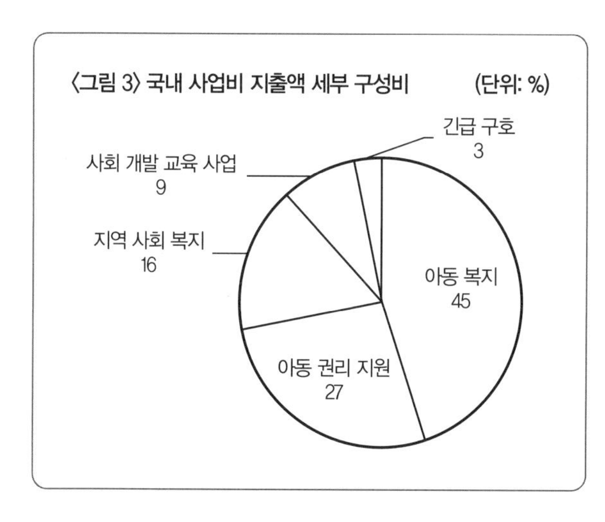

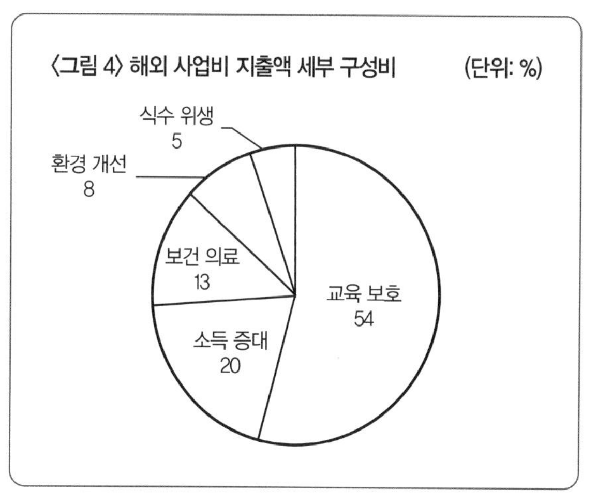

① 전체 수입액 중 후원금 수입액은 국내 사업비 지출액 중 아동 복지 지출액보다 많다.
② 국내 사업비 지출액 중 아동 권리 지원 지출액은 해외 사업비 지출액 중 소득 증대 지출액보다 적다.
③ 국내 사업비 지출액 중 아동 복지 지출액과 해외 사업비 지출액 중 교육 보호 지출액의 합은 A 자선 단체 전체 지출액의 45%이다.
④ 해외 사업비 지출액 중 식수 위생 지출액은 A 자선 단체 전체 지출액의 2% 미만이다.
⑤ A 자선 단체 전체 수입액이 6% 증가하고 지역 사회 복지 지출액을 제외한 다른 모든 지출액이 동일하게 유지된다면, 지역 사회 복지 지출액은 2배 이상이 된다.

43 다음 <표>는 로봇 시장 현황과 R&D 예산의 분야별 구성비에 대한 자료이다. 이에 대한 <보기>의 설명 중 옳은 것만을 모두 고르면?

<표 1> 용도별 로봇 시장 현황(2013년)

용도 \ 구분	시장 규모(백만 달러)	수량(천 개)	평균 단가(천 달러/개)
제조용	9,719	178	54.6
전문 서비스용	3,340	21	159.0
개인 서비스용	1,941	4,000	0.5
전체	15,000	4,199	3.6

<표 2> 분야별 로봇 시장 규모(2011~2013년)

(단위: 백만 달러)

용도	분야 \ 연도	2011	2012	2013
제조용	제조	8,926	9,453	9,719
전문 서비스용	건설	879	847	883
	물류	166	196	216
	의료	1,356	1,499	1,449
	국방	748	818	792
개인 서비스용	가사	454	697	799
	여가	166	524	911
	교육	436	279	231

※ 로봇의 용도 및 분야는 중복되지 않음.

<표 3> 로봇 R&D 예산의 분야별 구성비(2013년)

(단위: %)

분야	제조	건설	물류	의료	국방	가사	여가	교육	합계
구성비	21	13	3	22	12	12	14	3	100

| 보기 |

ㄱ. 2013년 전체 로봇 시장 규모 대비 제조용 로봇 시장 규모의 비중은 70% 이상이다.
ㄴ. 2013년 전문 서비스용 로봇 평균 단가는 제조용 로봇 평균 단가의 3배 이하이다.
ㄷ. 2013년 전체 로봇 R&D 예산 대비 전문 서비스용 로봇 R&D 예산의 비중은 50%이다.
ㄹ. 개인 서비스용 로봇 시장 규모는 각 분야에서 매년 증가했다.

① ㄱ, ㄴ ② ㄱ, ㄹ ③ ㄴ, ㄷ ④ ㄴ, ㄹ ⑤ ㄷ, ㄹ

44 회사의 복지 정책 중 하나로 탄력 근무제를 도입하여 모든 직원이 여유 시간을 조절할 수 있게 되었다. 다음 자료를 근거로 추론하였을 때, 옳은 것을 고르면?

〈영화 관람 가능 시간〉

직원 \ 요일	월	화	수	목	금
A	09:00~11:20	–	09:00~12:00	09:00~13:10	17:00~19:30
B	09:00~11:20	10:30~14:00	15:00~18:10	11:50~15:20	17:00~19:30
C	–	11:30~15:00	–	–	18:00~20:20
D	13:00~15:30	–	17:00~19:30	11:30~15:50	15:00~18:30
E	–	11:50~15:30	–	–	–
F	14:00~16:00	–	16:00~19:20	13:00~16:20	17:30~19:30

〈영화별 평점〉

영화	평점
가	★★★☆☆
나	★★★★★
다	★★☆☆☆

〈조건〉

○ 영화 관람 시간은 2시간이며, 최소 3명 이상이 참석할 때 관람이 가능하며, 입장 후 다른 직원이 중간에 참석하여 입장할 수 없다.

○ 영화 기본 금액은 12,000원이며 12:00 전에 영화관에 입장하게 되는 경우에는 30% 할인을 받을 수 있다.

○ '나' 영화의 경우 12:00 이후에만 상영 가능하며, 영화는 평점이 높은 순으로 선정된다.

① 월요일에는 영화를 관람할 수 있다.

② 화요일과 목요일의 영화비 지출 내역을 비교하였을 때, 목요일이 더 저렴하다.

③ 목요일의 경우 '나'의 영화를 관람하게 될 것이다.

④ 금요일에 영화를 관람하게 되는 인원은 총 3명이다.

⑤ 화요일에 지출되는 영화비는 총 28,800원이다.

45 브레인라이팅(Brain-Writing)은 창의적인 아이디어를 생산하기 위한 기법이다. 아래의 내용은 브레인라이팅의 주요 기법 중 6-3-5 기법의 절차를 나타낸 것이다. 이를 읽고 생각한 내용으로 가장 적절하지 않은 것은?

〈6-3-5 기법〉

1. 인원은 6명으로 구성하며, 문제가 적힌 종이를 6장 준비한다.
2. 각 문제를 보고 첫 번째 줄에 아이디어 3개를 적는다. (제한 시간 5분)
3. 아이디어를 적고 오른쪽으로 종이를 넘긴다.
4. 다른 사람이 넘겨 준 종이에 적힌 아이디어를 보고 자신이 추가하거나 수정하여 아이디어를 3개 적는다. (제한 시간 5분)
5. 위의 방법으로 모든 인원이 6번 반복하여 모든 문제에 답한다.
6. 30분이 지나면 한 가지 주제에 대한 아이디어가 최종적으로 108개 모인다.

① 말로 하는 것이 아니라 글로 작성하기에 내성적 성향인 사람들의 더욱 적극적인 참여가 가능하다.
② 기입한 것을 다음 사람이 읽고 아이디어를 제시해야 하기 때문에 본인의 아이디어는 자세히 기입해야 한다.
③ 소수의 아이디어를 얻기에는 어려운 기법이다.
④ 조직의 지위나 직급과 상관없이 모두가 평등하게 발상할 수 있는 구조이다.
⑤ 기법의 절차상 참여자 모두가 아이디어를 내야 하는 구조이다.

46 다음은 A사의 〈사내 복지제도 변경 사항〉에 대한 내용이다. 인사팀의 A 사원이 〈사내 복지제도 변경 사항〉과 관련하여 사내 안내 메일을 발송하려고 한다. 메일에 포함되는 내용 중 잘못된 것은 무엇인가?

〈2020년 사내 복지제도 변경 사항〉

2020년 1월 2일 인사팀

구분	세부 사항
주택 지원	○ 사택 지원 – 총 6동 300가구 (1~6동) – 1년 단위로 계약되어, 총 5년까지 거주 가능 ○ 지원 대상 – 1인 가구 직원 중 무주택자 (1~2동 지원) – 기혼 직원 중 무주택자 (3~6동 지원)
주거 대출 지원	○ 대출 지원 – 최대 1억 원 대출 – 5년 내 상환 기준 무이자 대출 지원 ○ 지원 대상 – 기혼 직원 중 무주택자에 한함
경조사 지원	○ 본인/직계 가족의 각종 경조사 시 – 금액 50만 원 제공 – 경조사 사안에 따라 휴가 제공
학자금 지원	○ 입사 10년 차 이상의 중 · 고 · 대학생 자녀의 학자금 지원 ○ 선발자에 한해 해외 유학 및 체제금 지원

〈2020년 사내 복지제도 신청 내역〉

No.	이름	부서	신청 내역	연차
1	이정찬	회계팀	결혼	3년 차
2	박수진	인재개발팀	사택	10년 차
3	김동혁	서비스팀	사택	15년 차
4	서지수	노무팀	자녀 학비	7년 차
5	김지성	정보보안팀	모친상	1년 차
6	임혜경	품질혁신팀	생일	13년 차
7	고오진	국내영업팀	부친 회갑	23년 차
8	김현우	홍보팀	주거 지원 대출	4년 차
9	황지연	법무팀	생일	9년 차
10	유하리	채용팀	자녀 학비	17년 차

① 6개 사택이 신축되어 총 300가구의 주택이 지원됩니다.
② 주거 대출 금액이 확대되어 최대 1억 원이 가능해집니다.
③ 주거 대출 금액의 이자는 금액 및 상환 기간과 상관없이 연 1%로 고정됩니다.
④ 경조사 시 50만 원의 금액이 지원되며, 경조사 휴가가 제공됩니다.
⑤ 입사 10년 차 이상의 직원들에게는 학자금 지원이 신설되었으니 꼭 확인하세요!

47~48 아래의 글을 읽고 이어지는 질문들에 답하시오.

광장의 기원은 고대 그리스의 아고라에서 찾을 수 있다. '아고라'는 사람들이 모이는 곳이란 뜻을 담고 있다. 호메로스의 작품에 처음 나오는 이 표현은 물리적 장소만이 아니라 사람들이 모여서 하는 각종 활동과 모임도 의미한다. 아고라는 사람들이 모이는 도심의 한복판에 자리 잡되 그 주변으로 사원, 가게, 공공 시설, 사교장 등이 자연스럽게 둘러싸고 있는 형태를 갖는다. 물론 그 안에 분수도 있고 나무도 있어 휴식 공간이 되기는 하지만 그것은 부수적 기능일 뿐이다. 아고라 곧 광장의 주요 기능은 시민들이 모여 행하는 다양한 활동 그 자체에 있다.

르네상스 이후 광장은 유럽의 여러 제후들이 도시를 조성할 때 일차적으로 고려하는 사항이 된다. 광장은 제후들이 권력 의지를 실현하는 데 중요한 역할을 할 수 있었기 때문이다. 이 시기 유럽의 도시에서는 고대 그리스 이후 자연스럽게 발전해 온 광장이 의식적으로 조성되기 시작한다. 도시를 설계할 때 광장의 위치와 넓이, 기능이 제후들의 목적에 따라 결정된다.

『광장』을 쓴 프랑코 만쿠조는 유럽의 역사가 곧 광장의 역사라고 말한다. 그에 따르면, 유럽인들에게 광장은 일상 생활의 통행과 회합, 교환의 장소이자 동시에 권력과 그 의지를 실현하는 장이고 프랑스 혁명 이후 근대 유럽에서는 저항하는 대중의 연대와 소통의 장이라는 의미도 갖게 된다. 우리나라의 역사적 경험에서도 광장은 그와 같은 공간이었다. 우리의 마당이나 장터는 유럽과 형태는 다를지라도 만쿠조가 말한 광장의 기능과 의미를 담당해 왔기 때문이다.

이처럼 광장은 인류의 모든 활동이 수렴되고 확산되는 공간이며 문화 마당이고 예술이 구현되는 장이며 더 많은 자유를 향한 열정이 집결하는 곳이다. 특히 근대 이후 광장을 이런 용도로 사용하는 것은 시민의 정당한 권리가 된다. 광장은 권력의 의지가 발현되는 공간이면서 동시에 시민에게는 그것을 넘어서고자 하는 자유의 열망이 빚어지는 장이다.

47 윗글의 제목으로 가장 적절한 것은?

① 광장의 역할
② 광장과 유럽
③ 광장의 형태
④ 광장의 예술적 측면
⑤ 광장의 정치적 기능

48 위의 내용과 일치하는 것을 고르시오.

① 고대 그리스의 '아고라'는 사람들이 모이는 장소의 의미만 가졌다.
② 아고라 주변의 사원, 가게, 공공 시설, 사교장 등도 주요 기능이 되었다.
③ 도시를 설계할 때 모든 광장의 위치와 넓이, 기능들은 통일되었다.
④ 프랑스 혁명 이후 광장의 의미는 더 넓어졌다.
⑤ 우리나라 역사에서의 광장은 장터 이상의 역할을 하지 않았다.

49~51 다음은 B사의 자동차 코드 번호 부여 방식이다. 다음 〈자료〉를 바탕으로 물음에 답하시오.

〈자료〉

BA/E/D/H/2/B/B/03652/19
① ② ③ ④ ⑤ ⑥ ⑦ ⑧ ⑨

① 차종: BA-세단, BS-SUV, BC-승합차
② 차 등급: C-下급, E-中급, S-上급
③ 엔진 종류: G-가솔린 엔진, D-디젤 엔진, L-LPG 엔진, H-하이브리드 엔진
④ 변속기 종류: H-수동 변속, A-자동 변속
⑤ 안전 장치: 1-Active Seat Belt, 2-Passive Seat Belt
⑥ 생산 공장: B-베를린, S-상하이, P-파리
⑦ 생산 연도: A-2016, B-2017, C-2018, D-2019
⑧ 일련번호: 00001~99999로 제작 순서대로 부여
⑨ 검증 번호: ⑤+⑦의 뒷 2자리 (안전 장치 번호에 생산 연도 뒤의 2자리를 더한다.)

49 B사에 다니는 A 사원이 보유하고 있는 업무용 차량 코드 번호는 BCCLA1PD2541320이다. 다음 중 엔진과 변속기 종류를 바르게 연결한 것은?

① 하이브리드 엔진-자동 변속　② LPG 엔진-자동 변속　③ LPG 엔진-수동 변속
④ 가솔린 엔진-자동 변속　⑤ 디젤 엔진-수동 변속

50 A 사원은 검증 번호가 20 이상인 上급 SUV의 차량을 확인하러 가라는 지시를 받았다. 다음 중 A 사원이 확인해야 할 차량으로 옳은 것은?

① BSSGB2BB64750 □□　② BSSDA1PC16582 □□　③ BSSHA2SC28731 □□
④ BCSGA2SC35220 □□　⑤ BSEHB2PD78546 □□

51 검증 번호는 전산 시스템에 의한 오류 여부를 검증하기 위하여 부여한 번호이다. 다음 코드 번호에서 □□에 들어갈 숫자로 가장 적절한 것은?

BACGA1BA78546 □□

① 17　② 18　③ 19　④ 20　⑤ 21

52 총무팀에서 근무하는 당신은 인건비에 관련된 업무를 맡게 되었다. 아래와 같은 〈조건〉을 참고하였을 때 〈보기〉에서 옳게 추론한 것을 모두 고르면?

〈조건〉

○ 신입 사원의 경우 기본 월급은 300만 원으로 책정된다.

○ 회사의 연차가 올라갈수록 연간 기본급의 10%의 월급을 추가적으로 받게 된다.

○ 8년 차가 된 경우, 받는 월급에 50%의 인센티브를 추가적으로 지급 받게 된다.

○ 중도 퇴직하는 경우에는 연차에 맞는 연봉에 200%의 퇴직금을 부여 받는다. (단, 1년 차는 해당되지 않는다.)

○ 신입 사원의 기간은 총 1년으로 간주하며, 연봉은 월급×12개월로 산정한다.

〈회사에 근무한 연차〉

	A 사원	B 사원	C 사원	D 사원
연차	신입 사원(1년 차)	2년 차	5년 차	8년 차

| 보기 |

ㄱ. B 사원의 기본 월급은 300만 원이 된다.

ㄴ. D 사원이 받게 되는 월급은 765만 원이 된다.

ㄷ. C 사원이 중도에 퇴직하였을 때 받게 되는 퇴직금은 1억 원 이상이 된다.

① ㄱ, ㄴ

② ㄱ, ㄷ

③ ㄱ, ㄴ, ㄷ

④ ㄴ, ㄷ

⑤ ㄱ

53 다음 〈표〉는 '갑'국의 개인 A~D의 연소득에 대한 자료이고, 개인별 소득세 산출액은 〈소득세 결정 기준〉에 따라 계산한다. 이를 근거로 A~D 중 소득세 산출액이 가장 많은 사람과 가장 적은 사람을 바르게 나열한 것은?

〈표〉 개인별 연소득 현황 (단위: 만 원)

개인	근로 소득	금융 소득
A	15,000	5,000
B	25,000	0
C	20,000	0
D	0	30,000

※ 1) 근로 소득과 금융 소득 이외의 소득은 존재하지 않음.
2) 모든 소득은 과세 대상이고, 어떤 종류의 공제·감면도 존재하지 않음.

〈소득세 결정 기준〉

○ 5천만 원 이하의 금융 소득에 대해서는 15%의 '금융 소득세'를 부과함.

○ 과세 표준은 금융 소득 중 5천만 원을 초과하는 부분과 근로 소득의 합이고, 〈과세 표준에 따른 근로 소득 세율〉에 따라 '근로 소득세'를 부과함.

○ 소득세 산출액은 '금융 소득세'와 '근로 소득세'의 합임.

〈과세 표준에 따른 근로 소득 세율〉 (단위: %)

과세 표준	세율
1,000만 원 이하분	5
1,000만 원 초과 5,000만 원 이하분	10
5,000만 원 초과 1억 원 이하분	15
1억 원 초과 2억 원 이하분	20
2억 원 초과분	25

○ 예를 들어, 과세 표준이 2,500만 원인 사람의 '근로 소득세'는 다음과 같음.
1,000만 원×5% + (2,500만 원 - 1,000만 원)×10% = 200만 원

	가장 많은 사람	가장 적은 사람
①	A	B
②	A	D
③	B	A
④	D	A
⑤	D	C

54 다음 〈그림〉은 2010년 세계 인구의 국가별 구성비와 OECD 국가별 인구를 나타낸 자료이다. 2010년 OECD 국가의 총인구 중 미국 인구가 차지하는 비율이 25%일 때, 이에 대한 〈보기〉의 설명 중 옳은 것을 모두 고르면?

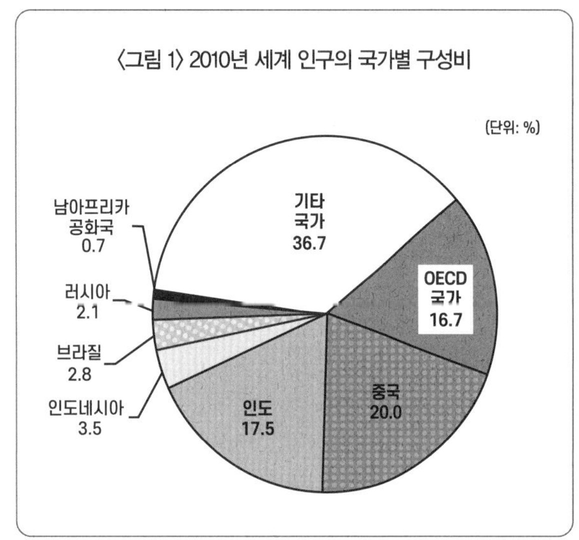

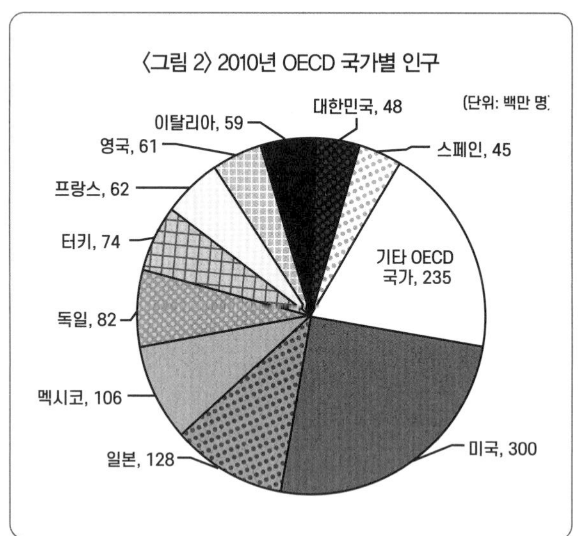

| 보기 |

ㄱ. 2010년 세계 인구는 70억 명 이상이다.
ㄴ. 2010년 기준 독일 인구가 매년 전년 대비 10% 증가한다면, 독일 인구가 최초로 1억 명 이상이 되는 해는 2014년이다.
ㄷ. 2010년 OECD 국가의 총인구 중 터키 인구가 차지하는 비율은 5% 이상이다.
ㄹ. 2010년 남아프리카공화국 인구는 스페인 인구보다 적다.

① ㄱ, ㄴ ② ㄱ, ㄷ ③ ㄱ, ㄹ ④ ㄴ, ㄷ ⑤ ㄷ, ㄹ

55 다음 〈표〉는 1995년 A대학교 박사 과정에 입학한 학생들의 전공별 박사 학위 취득 소요 기간을 정리한 것이다. 박사 과정 입학 후 10년 이내에 박사 학위를 취득하지 못하면 제적된다. 〈보기〉에 제시된 ㄱ~ㅁ 항목에 해당하는 수를 모두 합한 값은?

〈표〉 전공별 박사 학위 취득자 현황

전공 \ 구분		1995년도 입학 학생 수(명)	기간별 학위 취득자의 누적 백분율(%)						학위 취득자의 학위 취득 평균 소요 기간(년)
			0~5년	0~6년	0~7년	0~8년	0~9년	0~10년	
인문대학	비교문학	10	10	20	30	40	40	40	6.3
	영문학	10	0	0	20	30	40	40	7.3
	역사학	19	0	11	21	37	42	42	7.1
	철학	24	13	17	25	38	42	42	6.6
사회대학	인류학	11	18	36	36	45	55	55	5.4
	경제학	39	18	21	31	33	36	36	5.6
	언어학	7	0	0	0	0	14	14	8.3
	정치학	28	7	25	29	36	43	43	6.4
	사회학	20	0	5	15	40	50	50	7.6
	심리학	27	19	48	56	67	67	67	5.7
자연대학	응용수학	16	25	38	56	56	63	63	5.7
	화학	79	22	43	65	70	71	71	5.8
	생리학	25	32	48	56	60	64	64	5.4
	지리학	21	57	71	76	86	86	86	5.1
	물리학	40	10	28	38	43	45	45	6.1
공과대학	항공우주공학	33	58	67	67	67	67	67	3.6
	화학공학	9	67	78	78	78	78	78	4.3
	컴퓨터공학	33	33	39	42	45	52	52	5.3
	토목공학	40	43	53	58	63	65	65	4.7
	전기공학	42	36	40	45	50	50	50	4.0
	기계공학	7	71	71	71	71	71	71	4.2

※ 누적 백분율은 소수 첫째 자리에서 반올림하였음.

| 보기 |

ㄱ. 박사 학위 취득자 중 박사 학위 취득 소요 기간이 9년을 초과한 사람의 수
ㄴ. 화학공학과에서 박사 학위 취득에 0~5년이 걸린 사람의 수
ㄷ. 박사 학위 취득 실패율이 가장 낮은 학과에서 박사 학위를 취득하지 못한 사람의 수
ㄹ. 박사 학위 취득 평균 소요 기간이 가장 긴 학과에서 박사 학위 취득에 0~7년이 걸린 사람의 수
ㅁ. 사회학과에서 박사 학위 취득자 중 박사 학위 취득 소요 기간이 7년을 초과한 사람의 수

① 10 ② 13 ③ 16 ④ 19 ⑤ 21

56 다음 〈표〉는 신체 질량 지수에 의한 비만도와 표준 체중법에 의한 비만도에 관한 것이다. A 씨는 신장이 170cm, 체중이 86.7kg이라고 할 때, 이에 대한 설명 중 옳지 않은 것은?

〈표 1〉 신체 질량 지수에 의한 비만도 판정과 암 발생률 (단위: %)

비만도	판정 \ 암 종류	위암	대장암	폐암	식도암
18.5 미만	저체중	15.8	13.5	17.2	9.7
18.5~23 미만	정상	14.4	11.3	16.3	10.8
23~25 미만	과체중	15.3	13.4	17.6	12.7
25 이상	비만	23.9	27.6	19.2	14.1

※ 신체 질량 지수에 의한 비만도= $\frac{\text{체중}(kg)}{[\text{신장}(m)]^2}$

〈표 2〉 신장별 표준 체중식

신장(cm)	표준 체중(kg)
150 미만	[신장(cm)−100]×1.0
150~160 미만	[신장(cm)−150] ÷ 2+50
160 이상	[신장(cm)−100]×0.9

〈표 3〉 표준 체중법에 의한 비만도 판정

비만도(%)	판정
90 미만	저체중
90~110 미만	정상
110~120 미만	과체중
120~130 미만	비만
130 이상	병적 비만

※ 표준 체중법에 의한 비만도 = $\frac{\text{현재 체중}(kg)}{\text{표준 체중}(kg)}\times 100$

① 신체 질량 지수에 의한 비만도 판정에 따르면, A 씨가 속한 집단의 대장암 발생률은 위암 발생률보다 높다.
② A 씨가 신장의 변화 없이 16.7kg을 감량할 때 신체 질량 지수에 의한 비만도 판정에 따르면, A 씨가 속하는 집단의 식도암 발생률은 12.7%이다.
③ 신체 질량 지수에 의한 비만도 판정에 따르면, '비만'으로 판정된 사람이 속한 집단의 대장암 발생률은 '저체중'으로 판정된 사람이 속한 집단의 대장암 발생률의 2배 이상이다.
④ A 씨의 표준 체중법에 의한 비만도는 [86.7÷{(170 - 100)×0.9}]×100이다.
⑤ 표준 체중법에 의한 비만도 판정에 따르면, A 씨는 '비만'으로 판정된다.

57 다음 〈표〉는 질병 진단 키트 A~D의 임상 실험 결과 자료이다. 〈표〉와 〈정의〉에 근거하여 〈보기〉의 설명 중 옳은 것만을 모두 고르면?

〈표〉 질병 진단 키트 A~D의 임상 실험 결과 (단위: 명)

A

판정 \ 질병	있음	없음
양성	100	20
음성	20	100

B

판정 \ 질병	있음	없음
양성	80	40
음성	40	80

C

판정 \ 질병	있음	없음
양성	80	30
음성	30	100

D

판정 \ 질병	있음	없음
양성	80	20
음성	20	120

※ 질병 진단 키트당 피실험자 240명을 대상으로 임상 실험한 결과임.

〈정의〉

○ 민감도: 질병이 있는 피실험자 중 임상 실험 결과에서 양성 판정된 피실험자의 비율
○ 특이도: 질병이 없는 피실험자 중 임상 실험 결과에서 음성 판정된 피실험자의 비율
○ 양성 예측도: 임상 실험 결과 양성 판정된 피실험자 중 질병이 있는 피실험자의 비율
○ 음성 예측도: 임상 실험 결과 음성 판정된 피실험자 중 질병이 없는 피실험자의 비율

| 보기 |

ㄱ. 민감도가 가장 높은 질병 진단 키트는 A이다.
ㄴ. 특이도가 가장 높은 질병 진단 키트는 B이다.
ㄷ. 질병 진단 키트 C의 민감도와 양성 예측도는 동일하다.
ㄹ. 질병 진단 키트 D의 양성 예측도와 음성 예측도는 동일하다.

① ㄱ, ㄴ ② ㄱ, ㄷ ③ ㄴ, ㄷ ④ ㄱ, ㄷ, ㄹ ⑤ ㄴ, ㄷ, ㄹ

58~59 다음은 B 회사의 회의록이다. 회의록을 보고 다음 물음에 답하시오.

회의 일시	2020. 01. 13
작성자	○○○
부서	프로젝트팀
참석자	프로젝트팀 팀장, 마케팅팀 팀장, 홍보팀 대리, 프로젝트팀 사원

내용	타 부서 협조/시한
1. 신제품 출시에 따른 준비 사항: 프로젝트팀 – 홍보 디자인 시안 및 마케팅 협의 – 학생, 대학생 한정 마케팅 전략 수립 – 경쟁사 마케팅 전략 및 효과 분석	▶ 홍보 기본 계획 (홍보팀, 1월 18일) ▶ 경쟁사 제품 분석 (마케팅팀, 1월 20일)
2. 신제품 출시 기념 특별 판매 행사 – 판매 일정 확인 – 신제품 특별 패키지 확인 – 이벤트 및 사은품 증정 행사 지원 – 온라인 광고 및 홍보 일정 확인	▶ SNS 및 온라인 홍보 지원 (홍보팀: 수시 협의)
3. 기타 사항 – 제품 관련 직원 교육 진행: 각 부서 팀장 (관련 교안은 프로젝트팀이 개발) – 임직원 및 가족 대상 특별 판매 혜택 실시 – 특별 패키지 프로모션 진행을 위한 운영자 모집	▶ 교안 개발 및 발행 (프로젝트팀 팀장이 최종 결재) ▶ 사내 직원 대상 공지 – 전산실 협조 (프로젝트팀 사전 확인)

※ 각 담당별로 진행 사항은 프로젝트팀 팀장에게 수시 보고.

58 조직 간의 관계를 이해할 수 있는 내용이 아닌 것을 고르면?

① 회의는 4명 구성으로 진행되었다.
② 경쟁사 제품 분석은 마케팅팀에서 진행한다.
③ 이 조직은 대기업의 조직이다.
④ 신제품 출시는 프로젝트팀 팀장이 총괄한다.
⑤ 신제품 관련 직원 교육 진행은 각 부서 팀장이 한다.

59 회의 결과 내용으로 옳지 않은 것을 고르면?

① 학생을 위한 마케팅 전략이 필요하다.
② 사내 직원 대상 공지는 전산실에서 알아서 진행한다.
③ 신제품은 온라인에서도 홍보할 것이다.
④ 신제품 판매 시 사은품 증정 행사를 실시한다.
⑤ 신제품은 사내 임직원 및 가족을 대상으로 특별한 혜택 판매를 실시할 예정이다.

60 다음은 ○○ 건설 회사 C 씨의 자기 관리를 위한 질문이다. 자기 관리 5단계 중 이와 관련된 단계를 고르면?

| 보기 |

- 나에게 가장 중요한 것은 무엇일까?
- 내가 살아가면서 지켜야 할 원칙에는 어떤 것이 있을까?
- 나는 무엇을 위해 이렇게 열심히 살아가고 있는 것일까?

① 1단계: 비전 및 목표 정립 ② 2단계: 과제 발견 ③ 3단계: 일정 수립
④ 4단계: 수행 ⑤ 5단계: 반성 및 피드백

61 다음 〈표〉는 S군의 군수 선거 결과에 대한 자료이다. 이에 대한 〈보기〉의 설명 중 옳은 것을 모두 고르면?

〈표 1〉 2006년 후보자별 득표수 분포 (단위: 표)

후보자 이름	출신지	지역					부재자	합
		A읍	B읍	C면	D면	E면		
갑	B읍	106	307	101	68	110	69	761
을	A읍	833	347	107	294	199	85	1,865
병	B읍	632	1,826	789	477	704	168	4,596
정	A읍	481	366	136	490	1,198	144	2,815
무	A읍	1,153	1,075	567	818	843	141	4,597
계		3,205	3,921	1,700	2,147	3,054	607	14,634

〈표 2〉 2010년 후보자별 득표수 분포 (단위: 표)

후보자 이름	출신지	지역					부재자	합
		A읍	B읍	C면	D면	E면		
병	B읍	1,446	2,323	930	1,043	1,670	601	8,013
무	A읍	1,846	1,651	835	1,118	2,152	619	8,221
기	B읍	578	621	175	375	437	175	2,361
계		3,870	4,595	1,940	2,536	4,259	1,395	18,595

※ 1) 2006년과 2010년의 후보자 수는 각각 5명, 3명이며, 동명이인은 없음. 2) 두 번의 선거 모두 무효표는 없었음.
3) S군에는 A읍, B읍, C면, D면, E면만 있음.

| 보기 |

ㄱ. 2006년과 2010년 모두, 부재자 투표에서 다른 어떤 후보자보다도 더 많이 득표한 후보자가 득표수의 합도 가장 컸다.
ㄴ. 부재자 득표수를 제외할 때, 2006년과 2010년 모두 출마한 후보자의 경우, A~E 5개 읍면에서의 득표수는 각각 2006년에 비해 2010년에 증가하였다.
ㄷ. 부재자 득표수를 제외할 때, 2006년과 2010년 두 번의 선거에서 모든 후보자는 다른 지역보다 본인의 출신지에서 가장 많은 표를 얻었다.
ㄹ. 2006년과 2010년의 S군 총유권자 수가 25,000명으로 동일하다면, 2010년 투표율은 2006년에 비해 20%p 이상 증가하였다.

① ㄴ ② ㄱ, ㄷ ③ ㄴ, ㄷ ④ ㄴ, ㄹ ⑤ ㄱ, ㄷ, ㄹ

62 다음 〈표〉는 2003년부터 2005년까지 OECD 25개국의 실업률을 기록한 것이다. 〈표〉에 대한 〈보기〉의 설명 중 옳은 것을 모두 고르면?

〈표〉 2003~2005년 OECD 국가의 실업률 (단위: %)

지역	국가 \ 연도	2003	2004	2005
서유럽 지역	오스트리아	4.3	4.9	5.2
	벨기에	8.2	8.4	8.4
	덴마크	5.4	5.5	4.8
	프랑스	9.5	9.6	9.9
	독일	9.1	9.5	9.4
	아일랜드	4.7	4.5	4.4
	이탈리아	8.4	8.0	7.7
	룩셈부르크	3.7	5.1	4.5
	네덜란드	3.7	4.6	4.7
	포르투갈	6.2	6.7	7.6
	스페인	11.1	10.6	9.2
	스위스	4.2	4.4	4.5
	영국	4.9	4.7	4.8
북유럽 지역	핀란드	9.0	8.9	8.4
	노르웨이	4.5	4.4	4.6
	스웨덴	5.6	6.4	6.5
동유럽 지역	체코	7.8	8.3	7.9
	헝가리	5.9	6.1	7.2
	폴란드	19.6	19.0	17.7
기타 지역	미국	6.0	5.5	5.1
	호주	6.1	5.5	5.1
	캐나다	7.6	7.2	6.8
	일본	5.3	4.7	4.4
	한국	3.6	3.7	3.7
	뉴질랜드	4.6	3.9	3.7
OECD 전체 평균		7.1	6.9	6.6
EU-15 평균		8.0	8.1	7.9

※ 1) EU-15는 조사 당시 OECD 회원국인 EU 15개국을 가리킴. 2) 실업률 $= \frac{\text{실업자 수}}{\text{경제 활동 인구}} \times 100$

| 보기 |

ㄱ. 2005년에 지역별로 실업률이 가장 높은 국가들의 경우, 서유럽 지역을 제외하고는 2004년과 2005년의 실업률이 전년 대비 매년 감소했다.
ㄴ. 2003년에 한국의 경제 활동 인구가 3,000만 명, 2005년에 3,500만 명이라고 할 경우 2003년부터 2005년까지 한국의 실업자 수는 30만 명 이상 증가하였다.
ㄷ. 2004년과 2005년 서유럽 지역의 경우, 실업률이 전년 대비 매년 증가한 국가 수가 전년 대비 매년 감소한 국가 수보다 크다.
ㄹ. 2003년 서유럽 지역에서 실업률이 가장 높은 국가의 실업률은 같은 해 동유럽 지역에서 실업률이 가장 높은 국가의 실업률보다 낮다.
ㅁ. 2005년 프랑스와 영국의 경제 활동 인구가 각각 4,000만 명이라고 할 경우, 프랑스 실업자 수와 영국 실업자 수의 차이는 200만 명 이하이다.

① ㄱ, ㄷ, ㄹ ② ㄱ, ㄷ, ㅁ ③ ㄱ, ㄹ, ㅁ ④ ㄴ, ㄷ, ㄹ ⑤ ㄴ, ㄹ, ㅁ

63 물류센터에서 D 지점까지 가는 경로가 아래와 같이 되어 있다. 다음 자료를 바탕으로 옳지 못한 것을 고르면?

〈물류센터에서 D 지점까지 가는 경로〉

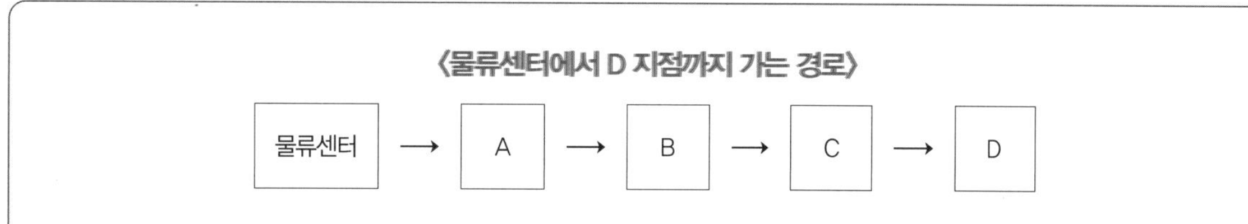

〈각 운송 수단별 소요되는 시간 및 가격〉

	도보	스쿠터	자동차
가격 (km당)	–	2,000원	5,000원
시간 (km당)	10분	3분	1분

〈각 지점 간 거리〉

	가	나	다	라
단위 (km)	5km	8km	10km	2km

※ 물류센터에서 D 지점까지 가는 경로는 물류센터–A–B–C–D 순으로 밖에 갈 수 없다.
※ 한 지점 도착 후 다른 지점으로 향할 시 교통 수단은 바꿀 수 있다.

① A에서 B 경로를 도보로 이용하게 된다면 1시간 20분이 소요된다.
② 물류센터에서 D의 경로로 스쿠터로만 이동하였을 때 발생되는 가격은 5만 원이다.
③ 물류센터에서 D의 경로로 자동차만으로 이동하였을 때 소요되는 시간은 25분이다.
④ 물류센터에서 B 지점까지는 스쿠터로 이동하고, B에서 D 지점까지 자동차로 이동하는 경우에 발생되는 가격은 이와 반대의 교통 수단을 이용하였을 때보다 저렴하다.
⑤ '가'와 '나'의 구간은 스쿠터로, '다'의 구간은 자동차, '라'의 구간은 도보로 이용하였을 때 소요되는 시간은 70분을 넘긴다.

64 다음 〈표〉는 고려 시대 중앙군 2군 6위에 관한 자료이다. 〈보기〉를 이용하여 A, B, C, D 중 가장 큰 값과 두 번째 큰 값을 차례로 구하면?

〈표〉 고려 시대 중앙군 2군 6위

명칭	병종	편제	군사 수(명)
2군	응양군	1령	1,000
	용호군	2령	2,000
6위	좌우위	보승 10령, 정용 A령	( )
	신호위	보승 5령, 정용 B령	( )
	흥위위	보승 7령, 정용 C령	( )
	금오위	정용 D령, 역령 1령	( )
	천우위	상령 1령, 해령 1령	2,000
	감문위	1령	1,000
계		45령	45,000

※ 1) 영(령)은 역할에 따라 보승·정용·역령·상령·해령 등으로 구분되기도 함.
2) 하나의 영(령)은 1천 명의 군사로 조직됨.

| 보기 |

○ 신호위와 금오위의 군사 수는 같다.
○ 좌우위의 정용의 수와 신호위의 정용의 수를 합하면 흥위위의 정용의 수와 같다.
○ 좌우위의 정용의 수는 금오위의 정용의 수의 절반이다.

	가장 큰 값	두 번째 큰 값
①	5	4
②	5	3
③	6	5
④	6	4
⑤	7	4

65 다음 〈표〉는 신재생 에너지 및 절약 분야 사업 현황이다. 신재생 에너지 분야의 사업별 평균 지원액이 절약 분야의 사업별 평균 지원액의 5배 이상이 되기 위한 사업 수의 최대 격차는?

〈표〉 신재생 에너지 및 절약 분야 지원금과 사업 수 (단위: 억 원, %, 개)

구분	신재생 에너지	절약	합
지원금 (비율)	3,500 (85.4)	600 (14.6)	4,100 (100.0)
사업 수	( )	( )	600

※ 신재생 에너지 분야의 사업 수는 절약 분야의 사업 수보다 큼.

① 44개 ② 46개 ③ 48개 ④ 54개 ⑤ 56개

66 아래의 글을 읽고 제대로 이해하지 못한 사람을 모두 고르시오.

인간이 서로 협력하지 않을 수 없게 하는 힘은 무엇인가? 사회는 타인과 어울리고 싶어 하는 끊임없는 충동이나 노동의 필요 때문에 생겨나지 않았다. 인간이 협력하고 단합하는 원인은 다름 아닌 폭력의 경험이다. 사회란 공동체의 구성원들끼리 공동의 보호를 위해 만든 예방 조치이다. 사회가 구성되면 모든 것이 허용되는 시절은 끝나게 된다. 무제약적으로 자유를 추구하던 시절이 끝나게 되는 것이다.

행동을 제한하는 규약이 없다면 도처에 수시로 간섭이나 침해가 이뤄질 수밖에 없다. 결국 살아남기 위한 투쟁이 불가피해진다. 그런데 이 말은 누구나 항상 폭력을 행사하고 무법천지의 상태를 만든다는 뜻이 아니라, 누구나 언제든지 의도적이건 의도적이지 않건 간에 주먹질을 할 가능성이 열려 있다는 뜻이다. 만인에 대한 만인의 투쟁 상태는 끊임없는 유혈 사태가 아니라, 그런 사태가 일어날 가능성으로 인한 지속적인 불안감에서 비롯된다. 사회를 구성하는 동기와 근거는 바로 인간이 서로에 대해 느끼는 공포와 불안이다.

모든 인간은 신체를 갖고 있다는 점에서 동등하다. 사람들은 상처를 받을 수 있기 때문에, 그리고 자신의 몸에 발생할지도 모르는 고통의 가능성을 너무나 두려워하기 때문에 각종 계약을 맺어야 할 필요성을 느낀다. 상대방으로부터 안전을 확보하기 위해 서로 손을 잡고, 서로 관계를 맺음으로써 스스로를 보존한다. 결국 사회의 탄생은 인간이라는 존재의 육체적 속성에 뿌리를 두고 있다. 사회가 생겨난 근원은 신체상의 고통이다. 그래서 인간은 자신의 대인 기피증을 완화하며 동시에 자신의 신체를 방어하기 위해 다양한 사회 형태를 고안했다.

세라: 인간이 계약을 통해 만든 사회 형태들은 서로의 폭력에 대한 불안을 완화시키지 못한다.
장혁: 인간 행동에 대한 지나친 규제는 타인에 대한 간섭을 발생시켜 결국 투쟁을 일으킨다.
치순: 인간은 타인의 침해로 인한 신체적 고통을 피하기 위해 계약을 맺는다.
은동: 결국 사회가 생긴 근본적인 원인은 신체의 고통이다.
승준: 인간은 상대방으로부터 안전을 확보하기 위해 손을 잡음으로써 스스로를 보존한다.

① 세라, 장혁
② 세라, 치순
③ 치순, 은동
④ 치순, 승준
⑤ 은동, 승준

67 다음 〈표〉는 투자 결정 기준으로 안정성과 수익성 중 한 가지를 선택한 투자자 수에 대한 자료이다. 2011년과 2012년 투자 결정 기준이 동일한 투자자 수의 합이 750명이라면, B에 해당하는 값은?

〈표〉 투자 결정 기준 선택 결과 (단위: 명)

2011년 \ 2012년	안정성	수익성	합
안정성	(A)	(B)	500
수익성	(C)	(D)	500
계	450	550	1,000

① 100 ② 150 ③ 200 ④ 350 ⑤ 400

68 다음은 인사처 팀장으로부터 전달 받은 사항이다. 이를 근거로 가장 옳지 못하게 주장한 것은?

> 최근에 '워라벨(work and balance의 약어)'의 취지가 회사 내에도 붐을 일으키면서 6시 이전 퇴근 도입을 강조하고 있다. 이는 여가 시간을 보내며 본인의 활력을 얻고, 이를 바탕으로 회사의 효율성을 높이고자 하는 주된 이유가 근간이 되었다. 그러나 정해진 시간 외적으로 본인이 스스로 업무 시간 이후에 추가 업무 신청을 지원하여 근무를 하는 경우 추가적인 인센티브를 부여하자는 의견이 나왔다. 이는 본인의 여가 시간을 자발적으로 회사를 위해 사용하는 마음으로 판단되었기 때문이다.

① 위와 같은 사항이 실행되면, 업무 시간에 대한 효율성이 저하될 우려가 있다.
② 본인 혼자만 여가 시간을 위해 퇴근하는 경우, 편한 마음으로 퇴근을 하지 못하는 경우가 발생한다.
③ 추가적인 인센티브가 여가 시간과 기회 비용이 비슷하다면, 검토해 볼 사항으로 볼 수 있다.
④ 6시 이후 퇴근하여 여가 시간을 보내는 것이 본인의 수입에 악영향을 미칠 수 있기 때문에 무조건 좋은 취지이다.
⑤ 업무 시간 외에 자발적으로 일을 한다는 것 자체가 오직 회사를 위한 행동이 아닐 수 있다.

69 다음 〈표〉는 1901~2010년 동안 A상의 수상 결과와 1981~2010년 동안 분야별 수상자 현황을 나타낸 자료이다. 〈표〉의 내용을 바탕으로 〈보기〉의 ㄱ~ㄷ에 해당하는 값을 바르게 나열한 것은?

〈표 1〉 1901~2010년 기간별 · 분야별 A상의 수상 결과 (단위: 회, %)

구분 / 기간	전체 수상 횟수	분야별 공동 수상 횟수				공동 수상 비율
		생리 · 의학상	물리학상	화학상	합	
1901~1910	30	2	3	0	5	16.7
1911~1920	15	0	1	1	2	13.3
1921~1930	27	3	2	1	6	22.2
1931~1940	24	3	3	4	10	41.7
1941~1950	24	6	0	2	8	33.3
1951~1960	30	6	8	3	17	56.7
1961~1970	( )	9	5	4	18	60.0
1971~1980	30	9	9	5	23	76.7
1981~1990	30	8	8	6	22	73.3
1991~2000	30	8	8	6	22	73.3
2001~2010	( )	9	10	8	27	90.0
계	300	63	57	40	160	( )

※ 1) 공동 수상 비율(%)= $\frac{\text{공동 수상 횟수}}{\text{전체 수상 횟수}} \times 100$ 2) 공동 수상 비율은 소수점 아래 둘째 자리에서 반올림한 값임.
3) 모든 수상자는 연도 및 분야에 관계없이 1회만 수상함.

〈표 2〉 1901~2010년 분야별 A상의 공동 수상 결과 (단위: 회)

구분		수상 분야			합
		생리 · 의학상	물리학상	화학상	
전체 수상 횟수		100	100	100	300
공동 수상	2인 공동 수상	31	29	22	82
	3인 공동 수상	32	28	18	78
	소계	63	57	40	160

〈표 3〉 1981~2010년 기간별 · 분야별 A상의 수상자 현황 (단위: 명)

구분 / 기간	분야별 수상자 수			합
	생리 · 의학상	물리학상	화학상	
1981~1990	23	23	19	65
1991~2000	21	22	20	63
2001~2010	27	29	25	81
계	71	74	64	209

| 보기 |

ㄱ. 1981~1990년 동안 전체 공동 수상자 수
ㄴ. 2001~2010년 동안 전체 단독 수상자 수
ㄷ. 1901~2010년 동안 물리학상 전체 수상자 수

	ㄱ	ㄴ	ㄷ
①	55	3	189
②	57	5	185
③	55	5	189
④	57	3	189
⑤	57	3	185

70 CSR팀에 새롭게 배치된 C 사원은 팀 내 교육을 통하여 기업의 사회적 책임(CSR, Corporate Social Responsibility)에 대해 배우게 되었다. 기업의 사회적 책임을 주제로 한 대화 중 밑줄 친 부분의 사례로 적절하지 않은 것은 무엇인가?

C 사원: 기업은 이윤을 추구하기 위한 조직이 아닌가요? 기업의 사회적 책임 활동이 왜 필요한가요?
K 팀장: 기업이 이윤 추구뿐 아니라 사회적 책임까지 고려해야 하는 이유는 기업이 혼자 힘으로만 존재할 수 없기 때문입니다. 사회에는 우리 기업에서 일하는 노동자, 상품을 구매하는 고객이 존재합니다. 또한 기업은 공동체를 위한 여러 사회 기반 시설을 이용하기에 기업이 완벽하게 독립적일 수 없습니다. 더 나아가 지구의 자원을 사용하여 생산 활동을 하기에 지구 환경에 대한 책임까지 있다고 볼 수 있습니다.
C 사원: 그렇군요! 그렇다면 우리 기업에서 실행하고 있는 <u>사회적 책임 활동</u>에는 무엇이 있나요?

① 대학생 봉사단을 구성하여 매년 국내의 무주택자들에게 집을 만들어 주는 활동
② 중국의 황사 발원지에 나무를 심어 사막을 산림 지역으로 개선하는 활동
③ 재해가 발생하였을 때 필요 구호물품을 지원하는 활동
④ 기업에 소속된 노동자들의 복지 혜택을 확대하는 활동
⑤ 문화 시설이 부족한 낙후 지역 내 문화센터 건설을 지원하는 활동

71 S 중공업에서는 최근 직원들이 자기개발에 관하여 고민이 많다는 점을 인지하고 외부에서 강사를 초빙하여 교육을 진행하였다. 함께 일하는 동료와 소규모로 팀을 구성하여 본인과 동료에 대해 자유롭게 이야기하고 조해리의 창을 그리는 작업을 하였다. A 대리에 대해 각 직원이 말한 〈보기〉의 내용은 조해리의 창의 어느 영역에 해당하는가?

| 보기 |

A 대리: "저는 회사에 잘 적응하기 위해 의식적으로 노력해요. 사실 회사 밖에서는 혼자 있는 시간이 많아요."
B 대리: "A 대리는 항상 기분 좋게 웃어서 함께 일하기 좋아요."
C 사원: "제가 모르는 것이 있으면 A 대리님이 먼저 다가와서 도움을 주시고 친절하게 대해 주세요."

〈조해리의 창(Johari's Windows)〉

	내가 아는 나	내가 모르는 나
타인이 아는 나	공개된 자아 ㉠ (Open self)	눈먼 자아 ㉡ (Blind self)
타인이 모르는 나	숨겨진 자아 ㉢ (Hidden self)	아무도 모르는 자아 ㉣ (Unknown self)

① ㉠　　② ㉡　　③ ㉢　　④ ㉣　　⑤ 없다.

72 다음 〈표〉는 1908년 대한제국의 내각 직원 수에 관한 자료이다. 〈조건〉의 설명에 근거하여 〈보기〉의 내용 중 옳은 것만을 모두 고르면?

〈표〉 1908년 대한제국의 내각 직원 수 (단위: 명)

구분			직원 수
본청	경비국		(A)
	대신관방	문서과	7
		비서과	3
		회계과	4
		소계	14
	법제국	총무과	1
		관보과	3
		기록과	(B)
		법제과	5
		소계	( )
	외사국	총무과	(C)
		번역과	3
		외사과	3
		소계	7
법전조사국	경비과		(D)
	서무과		(E)
	회계과		5
	조사과		12
	소계		( )
표훈원	경비과		1
	제장과		6
	서무과		4
	소계		( )
문관전고소			9
전체			99

※ 내각은 본청, 법전조사국, 표훈원, 문관전고소만으로 구성되어 있음.

〈조건〉

○ 본청 경비국 직원 수(A)는 법전조사국 서무과 직원 수(E)의 1.5배이다.
○ 법전조사국 경비과 직원 수(D)는 본청 경비국 직원 수(A)에 본청 법제국 기록과 직원 수(B)를 합한 것과 같다.
○ 법전조사국 경비과 직원 수(D)는 본청 법제국 기록과 직원 수(B)의 3배와 본청 외사국 총무과 직원 수(C)를 합한 것과 같다.
○ 법전조사국 서무과 직원 수(E)는 본청 외사국 총무과 직원 수(C)의 2배와 본청 법제국 기록과 직원 수(B)를 합한 것과 같다.

| 보기 |

ㄱ. 표훈원 직원 수는 내각 전체 직원 수의 $\frac{1}{9}$ 이다.
ㄴ. 법전조사국 서무과 직원 수와 표훈원 서무과 직원 수의 합은 법전조사국 조사과 직원 수보다 크다.
ㄷ. 법전조사국 직원 수는 내각 전체 직원 수의 30% 미만이다.
ㄹ. A + B + C + D의 값은 27이다.

① ㄱ, ㄴ ② ㄱ, ㄷ ③ ㄱ, ㄹ ④ ㄴ, ㄷ ⑤ ㄴ, ㄹ

73 다음은 자기 관리 능력 중 합리적인 의사 결정의 단계를 7단계로 나타낸 것이다. 빈칸에 들어갈 내용을 A, B, C 순서대로 가장 적절하게 배열한 것은?

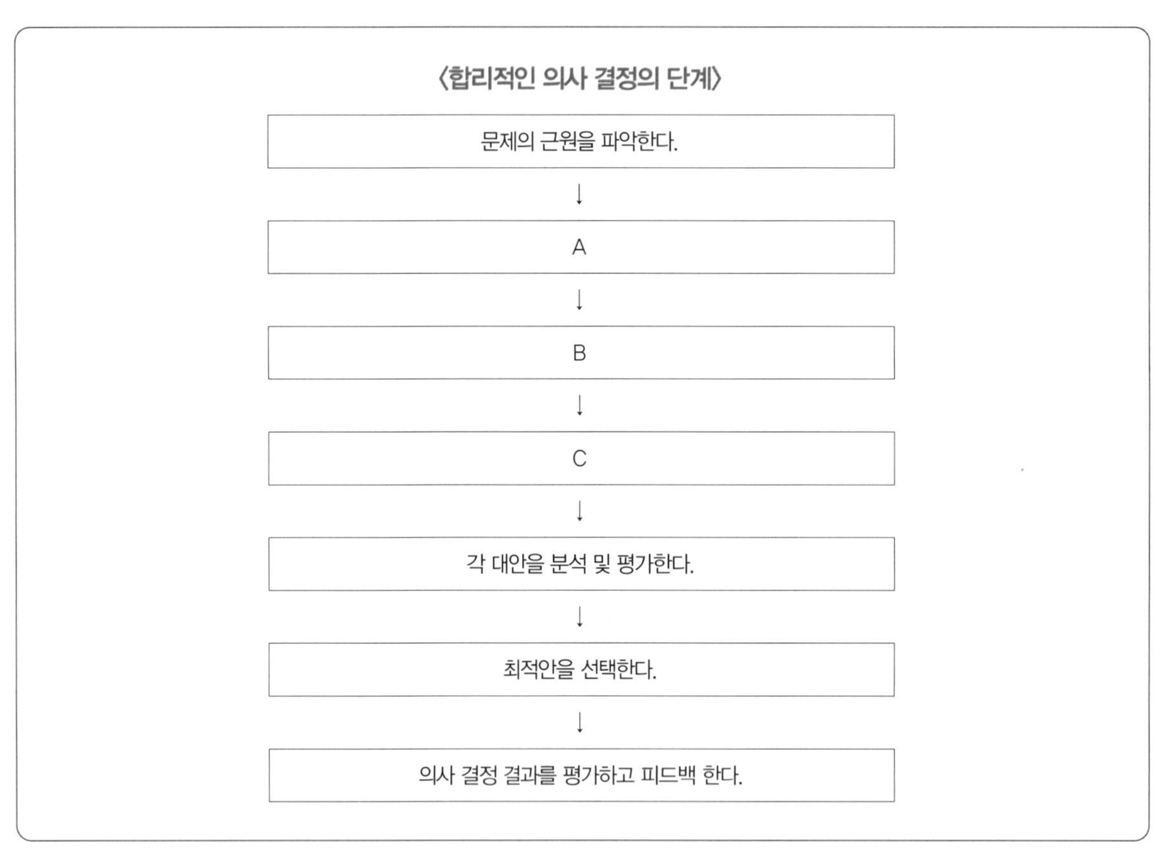

① 가능한 모든 대안을 탐색한다. → 의사 결정 기준과 가중치를 정한다. → 의사 결정에 필요한 정보를 수집한다.
② 가능한 모든 대안을 탐색한다. → 의사 결정에 필요한 정보를 수집한다. → 의사 결정 기준과 가중치를 정한다.
③ 의사 결정에 필요한 정보를 수집한다. → 의사 결정 기준과 가중치를 정한다. → 가능한 모든 대안을 탐색한다.
④ 의사 결정 기준과 가중치를 정한다. → 가능한 모든 대안을 탐색한다. → 의사 결정에 필요한 정보를 수집한다.
⑤ 의사 결정 기준과 가중치를 정한다. → 의사 결정에 필요한 정보를 수집한다. → 가능한 모든 대안을 탐색한다.

74 다음 〈정보〉와 〈표〉는 2014년 A~E 기업의 기본 생산 능력과 초과 생산량 및 1~3월 생산 이력에 관한 자료이다. 이에 근거하여 기본 생산 능력이 가장 큰 기업과 세 번째로 큰 기업을 바르게 나열한 것은?

〈정보〉
- 각 기업의 기본 생산 능력(개/월)은 변하지 않는다.
- A 기업의 기본 생산 능력은 15,000개/월이고 C 기업과 E 기업의 기본 생산 능력은 동일하다.
- B, C, D 기업의 경우 2014년 1~3월 동안 초과 생산량이 발생하지 않았다.
- E 기업의 경우 2014년 3월에 기본 생산 능력에 해당하는 생산량 이외에 기본 생산 능력의 20%에 해당하는 초과 생산량이 발생하였다.
- 생산 참여 기업의 월 생산량 = 기본 생산 능력에 해당하는 월 생산량 + 월 초과 생산량

〈표〉 2014년 1~3월 생산 이력

구분	1월	2월	3월
생산 참여 기업	B, C	B, D	C, E
손실비	0.0	0.5	0.0
총생산량(개)	23,000	17,000	22,000

※ 해당 월 총생산량=해당 월 '생산 참여 기업의 월 생산량'의 합×(1−손실비)

	가장 큰 기업	세 번째로 큰 기업
①	A	B
②	A	D
③	B	D
④	D	A
⑤	D	B

75~76 다음은 성희롱 상담 센터에 들어온 성희롱 신고 내역이다. 다음을 읽고 물음에 답하시오.

신고 1. 팀원 중 한 명이 매일 제 옷차림을 평가합니다. 하루는 "너는 회사를 다니는 것이 아니라, 술집을 다니는 거야? 오늘따라 더 예뻐 보인다!"라는 언행을 하였습니다.

신고 2. 회식을 할 때마다 팀장님이 자꾸 저를 자신의 옆자리에 앉으라고 강요합니다. 그리고는 자신에게 술을 따르라고 하면서 제 허벅지에 손을 올립니다.

신고 3. 서로에 대한 존중 없이 상대방을 아줌마, 아저씨라고 하대하는 사람이 있습니다. 엄연히 같은 팀에서 근무하는 동료인데 상당히 불쾌합니다.

신고 4. 팀원 전체로 보내는 메일에 성적인 농담이 너무 많이 담겨 있습니다. 팀 내 여자는 저 혼자이기 때문에 상당히 부끄럽습니다. 이런 상황을 팀장에게 보고하였으나 뭘 그런 것 가지고 민감해 하냐는 반응만 되돌아왔습니다.

75 성희롱 상담 센터에 신고된 내역 중 실제 성희롱인 사례는 총 몇 개인가?

① 0개 ② 1개 ③ 2개 ④ 3개 ⑤ 4개

76 성희롱 상담 센터에 신고된 내역을 처리하기 위해 성희롱을 일으킨 가해자들을 불러 모아 교육을 진행하였다. 교육 내용으로 적절하지 못한 것은?

① 규제가 처벌하지 않는 선에서 음란한 농담은 허용될 수 있습니다.
② 여러분들의 의도와는 상관없이 사소한 말 한마디로 상대는 상처를 받을 수 있다는 점을 명심하셔야 합니다.
③ 성희롱의 기준은 여러분들이 아닌 피해자가 성적 수치심을 느꼈는지에 중점을 두고 있습니다.
④ 신체적 접촉만이 성희롱의 대상이 아니라 말을 통해서도 성희롱이 발생할 수 있습니다.
⑤ 여성과 남성이 동등한 지위를 갖기 때문에 한쪽에 편향된 언행을 주의해야 합니다.

77 다음 중 직장 생활에서 전화와 관련된 예절로 적절하지 않은 것은?

① 전화는 정상 근무 시간에 걸고 근무 외 시간에는 전화 거는 것을 피한다.
② 전화를 요청하는 연락이 왔다면 최대한 빠른 시간 안에 전화를 걸어 준다.
③ 장시간 자리를 비우는 경우 다른 사람에게 전화를 받아 달라고 요청하거나 자리를 비운다는 메시지를 남겨 놓는다.
④ 전화를 받을 때 본인이 누구인지 알릴 필요 없이 바로 용건을 묻는다.
⑤ 본인 소유의 스마트폰은 무음이나 진동으로 하여 타인에게 폐를 끼치지 않는다.

78 쇼핑을 좋아하는 J 씨는 매장에 들러 옷을 볼 때 사이즈 혹은 컬러가 소량씩 남은 제품들을 모아 놓은 코너로 먼저 간다. 마지막으로 남은 수량이기 때문에 해당 옷을 구매할 수 있는 마지막 기회라는 생각으로 계획에 없던 옷도 구매하며, 특히 가격적인 할인까지 들어간 경우에는 반드시 놓치지 않는다. J 씨의 의사 결정에는 어떤 오류가 있는가?

① 호감의 법칙
② 상호성의 법칙
③ 희귀성의 법칙
④ 숭배에 의한 논증
⑤ 사회적 증거의 법칙

79 다음 〈표〉는 A국의 토지 구성 변화를 나타내며, 〈그림〉은 A국 도시의 대지, 도로, 공장 용지 비율의 변화를 나타낸다. 이에 대한 설명 중 옳지 않은 것은?

〈표〉 A국의 토지 구성 (단위: km²)

구분 연도	도시	산림	하천	농경지	기타	합
1979	360	5,890	550	2,780	550	10,130
1984	420	5,930	310	2,880	610	10,150
1989	490	5,850	330	2,830	620	10,120
1994	580	5,830	350	2,780	640	10,180
1999	730	5,720	400	2,630	670	10,150
2002	820	5,650	430	2,570	670	10,140

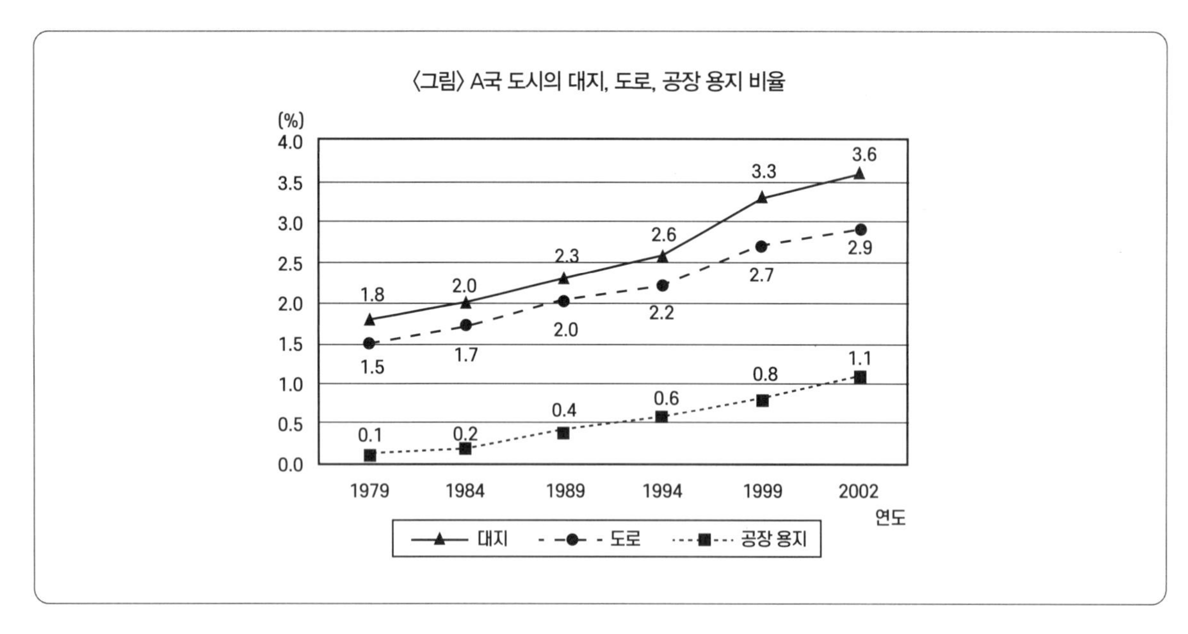

① 2002년 A국 도시의 도로 면적은 1979년 대비 약 240% 증가하였다.
② 1989년 A국 도시의 도로 면적은 1979년 A국 도시의 대지 면적보다 넓다.
③ 2002년 A국 도시의 공장 용지 비율은 1979년 대비 1%p 증가하였다.
④ 1999년 A국 도시의 도로 면적은 1979년 대비 약 14km² 증가하였다.
⑤ 1999년 A국 도시의 대지 면적은 1999년 A국 하천 면적의 약 6%이다.

80 다음은 직업윤리의 덕목에 대한 설명이다. 각 덕목에 대한 설명이 어떤 것인지 적절하게 배치된 것은 무엇인가?

〈직업윤리의 덕목〉

- (가): 맡은 일은 하늘에 의해 맡겨진 일이라고 생각하는 것
- (나): 맡은 일이 나의 능력과 적성에 잘 맞는 일이라고 여기며, 열성을 다해 임하는 것
- (다): 맡은 일에 대한 사회적 역할과 책무를 충실히 하여 책임을 다하는 것
- (라): 맡은 일이 누구나 하는 것이 아니라 지식과 교육을 바탕으로 성실히 수행해야 한다고 생각하는 것
- (마): 맡은 일을 통해 공동체에 대해 봉사하는 정신을 갖추고 실천하는 것

① (가): 전문가 의식
② (나): 직분 의식
③ (다): 책임 의식
④ (라): 봉사 의식
⑤ (마): 소명 의식

*정답과 해설

PART 01 기본편
유형 연습문제

Chapter 1 의사소통능력

문서 이해 능력을 다루는 유형 1, 2

01 ② 02 ⑤ 03 ① 04 ③ 05 ④ 06 ③
07 ④ 08 ① 09 ⑤ 10 ②

01 ②

현재 무시되고 있는 농업이 결국엔 과학 기술과 같이 새로운 시장과 상품을 창출할 수 있다고 하였다.
① 이 글의 입장과 반대되는 내용이다.
③ 글의 내용과는 일치하지만 중심 내용이라고 할 수 없다.
④ 글의 내용과는 일치하지만 중심 내용이라고 할 수 없다.
⑤ 과학 기술의 눈부신 발전을 수용하여 새로운 상품과 시장을 창출할 수 있는 농업의 잠재적 가치가 중요하다고 하였다.

02 ⑤

전체적으로 미국과 멕시코의 예시를 들면서 원주민들의 인구가 감소한 이유는 곧 전염병 때문이라고 말하고 있으므로 ⑤가 적절하다.
① 이 글에 제시되지 않았다.
② 콜럼버스 도착 이후 95%가 줄어든 것은 맞지만, 전염병 때문이지 콜럼버스 때문은 아니다. 그리고 글의 중심이 되는 내용도 아니다.
③ 글의 전체적인 핵심 내용은 아니다.
④ 사실이지만 글의 전체적인 핵심 내용은 아니다.

03 ①

글의 처음부터 끝까지 계몽주의 사상가들인 헤겔, 다윈 등의 진보, 진화에 대한 견해에 대해 설명하고 있다.

04 ③

외부의 압력 없이 자발적으로 언어를 말살시키는 현상이 언어 자살이라면서 이에 대한 설명을 하고 있으므로 ③이 정답으로 가장 적절하다.
① 사실이지만 주제로 보기엔 어렵다.
② 정부의 정책이 아니라 자발적으로 이루어지고 있다고 했다.

05 ④

글의 마지막 부분을 보면 "로마는 문명이란 무엇인가라는 물음에 대해 가장 진지하게 반성할 수 있는 도시이기 때문에 가장 먼저 보라고 권하고 싶다"고 하였다. 따라서 ①보다는 ④가 필자가 말하고자 하는 바이다.

06 ③

발룽엔을 어떻게 해석할 것인지에 따라 증거와 가설 사이의 논리적 관계에 대한 다양한 해석이 나오게 된다고 하였다.

07 ④

원시 수메르어 문자 체계는 완전한 문자 체계가 아니었다.
① 원시 수메르어 문자 체계에는 숫자와 사람, 동물, 사유물, 토지 등의 기호가 있었다.
② 원시 수메르어는 인간 행동의 제한된 영역에 속하는 특정한 종류의 정보만 표현할 수 있는 기호 체계이다.
③ 원시 수메르어는 불완전한 문자 체계인 반면 브라유 점자는 완전한 문자 체계였다.
⑤ 수메르어 문자 체계는 불완전해서 인간 행동의 제한된 영역에 속하는 특정한 종류의 정보만 표현할 수 있는 기호 체계이다.

08 ①

시작 수는 사용자가 직접 입력할 수도 있고, 컴퓨터에 내장된 시계에서도 얻을 수 있다고 하였다.

09 ⑤

① 알코올 농도와 탁하고 맑음에 따라 탁주와 청주로 나뉜다.
② 얼마나 맑아야, 또 얼마나 탁해야 탁주와 청주로 나누는 것인지는 애매하다.
③ 병 뒤에 작은 물체가 보이는지 안 보이는지에 따라 나뉘므로 과학적이지 않다.
④ 발효 과정 중 에너지는 품온이고, 이것이 막걸리의 질과 풍미를 결정한다.

10 ②

중국이나 일본의 건축은 자연을 정복, 소유하고자 한다고 하였다. 반면 한국 건축은 자연 친화적이어서 중간에 크고 작은 마당이 있으며, 자연적인 곡선을 선호한다고 하였다. 하지만 외형적인 크기에 집착하는 사람들은 한국 건축물을 초라하다고 느낄 수 있다고 하였다.

추론 / 빈칸 채우기 유형

01 ① 02 ① 03 ④ 04 ③ 05 ③ 06 ②
07 ② 08 ④ 09 ④

01 ①

3단락의 내용이 곧 S의 주장을 뒷받침해 주는 근거이므로 3단락을 보면 된다. 어렸을 때 손위 형제들이 집 안으로 병균을 끌고 들어오면 오히려 알레르기 예방에 유리하다고 하였다. 그래서 외동인 아이들이 더 취약했고, 손위 형제들이 있는 아이들보다 동생이 있는 아이들이 더 취약했다. 따라서 이는 병원균에 대한 노출이 많을수록 알레르기에 걸릴 확률이 낮다는 것이다.

02 ①

지문의 두 주장을 정리하면 다음과 같다.
[도시철도 → 무인 운전/도시철도 → 무인 운전 X]
〈보기〉를 정리하면 다음과 같다.

(가) 도시철도 AND 무인 운전, (나) (무인 운전 AND 도시철도) OR (도시철도 X), (다) 도시철도 → 무인 운전, (라) 무인 운전 → 도시철도
㉠ – ㉠으로 해석할 경우, C도시에 도시철도를 건설하지 않기로 했으므로 원래의 문장은 거짓이 된다고 한다. 따라서 빈칸은 C시에 도시철도를 건설하지 않기로 했으므로 원래의 문장은 거짓이 된다와 같은 문장이어야 한다. 따라서 (가)가 적절하다.
㉡ – 빈칸과 같이 분석된 문장은 C시에 도시철도를 건설해 그것을 무인 운전이 아닌 방식으로 운행하는 일은 없다는 주장과 같은 의미를 지닌다고 한다. 따라서 빈칸에는 C시에 도시철도를 건설해 그것을 무인 운전이 아닌 방식으로 운행하는 일은 없다와 같은 문장이 들어가야 한다. 따라서 보기에는 (다)가 적절하다.

03 ④

ㄱ. 물체에 힘을 가하는 원인이 있다면 결과인 속도 변화가 생기고, 가해지지 않는다면 변화가 생기지 않는 것은 원인이 있으면 결과가 있고, 원인이 없다면 결과가 없다는 (다)에 해당한다.
ㄴ. 원인에 해당하는 뇌염 모기를 없애면 그 결과인 뇌염 발생도 막을 수 있으니 (가)에 해당한다.
ㄷ. 원인을 발생시켜 결과를 내는 것으로 (나)에 해당한다.

04 ③

㉠ – 빈칸 앞에 '다시 말해'라는 표현이 있으므로 빈칸의 내용이 앞 문장과 동일하다는 것이다. 따라서 여기에는 x와 y 가운데 하나는 음소이고 다른 하나가 음소가 아니라면 서로 변별적으로 인식하지 못한다와 같은 의미가 필요하다. 따라서 '변이음'이라는 어휘가 있는 문장이 빈칸에 알맞다.
㉡ – 빈칸 바로 앞 문장의 내용을 1단락의 첫 문장에 대입하면 '사람들은 그 소리를 변별적으로 인식하지 못한다'라는 결론을 얻을 수 있다. 따라서 선택지에서 이와 동일한 내용을 찾으면 된다.

05 ③

기분관리 이론은 기분이 좋을 때는 슬픈 음악, 나쁠 때는 흥겨운 음악을 듣는다는 이론이다. 하지만 기분조정 이론은 기분관리 이론이 현재 시점에만 초점을 맞추고 있다는 것을 지적한다.
그리고 집단2가 과제 시간이 가까워지자 흥겨운 노래를 차분한 음악으로 바꾸었다. 이는 추후의 상황에 대비하여 기분을 조절하고자 음악을 선택한 것이다. 따라서 ③이 정답이다.

06 ②

빈칸은 결론의 전제 내용이자 근거이다.
① (×) 게르만어와 로망어는 세속어에 속하므로 지문의 근거와 반대이다.
② (○) 루이나 샤를 모두 게르만어나 로망어를 모어로 사용한 것이 알려져 있다면 적어도 루이와 샤를 중 한 명은 서약 문서를 자신의 모어로 작성한 것이 아니게 된다고 하였다. 따라서 이 선택지는 빈칸에 적절하다.
③ (×) 스트라스부르의 세속어는 루이와 샤를의 모어와 달랐다는 사실은 다른 전제나 결론과 전혀 상관이 없다.
④ (×) 루이와 샤를의 모어가 각각 상대방이 분할 받은 영토의 세속어와 일치하였다면 루이와 샤를 모두 서약 문서를 자신의 모어로 작성하였다는 결론이 도출된다. 하지만 이 내용은 지문의 결론과 다르다.
⑤ (×) 결론과 관련이 없는 내용으로 빈칸에 적합하지 않다.

07 ②

1단락 – 죽음의 편재성이 죽음의 공포를 일으키기 때문에 죽음의 편재성을 회피한다.
2단락 – 공포를 일으키지만 죽음의 편재성이 언제나 회피 대상이 되는 것은 아니다. + 사례
따라서 빈칸에는 2단락에 해당하는 동일한 의미가 들어가야 한다. 그러므로 죽음의 공포를 불러일으키는 것이 반드시 회피 대상인 것만은 아니라는 내용이 가장 적합하다.

08 ④

빈칸에는 다음 문장(결론)의 이유에 해당하는 문장이 들어가야 한다.
이 지문의 결론은 알려진 것의 설명만 우세해지고, 그것만이 우리의 사고 방식을 지배하게 된다는 것이다. 빈칸에는 그 이유가 들어가는 것이 적절하므로 '알려진 것'만 남기고 '알려지지 않은 것'을 제거한다는 내용의 ④가 가장 적절하다.

09 ④

① (×) 시기별, 신분별 이양법의 효과는 나타나 있지 않다.
② (×) (둘째 단락) 자녀 균분 상속제가 사라진 것의 결과는 장자를 제외한 사람들이 영세한 소작인으로 전락한 것이다.
③ (×) 이앙법은 많은 양의 다양한 농작물 수확이 가능하다. 집약적 농업 또한 수확량은 줄어들어도 한꺼번에 많은 양의 작물을 재배하는 것이다.
④ (○) 둘째 단락에서 장자를 제외한 사람들은 영세한 소작인으로 전락했고, 셋째 단락에서 소작인들의 농산물 생산량이 줄었다는 내용으로 보아 결국 두 집단 모두 부농이 될 수 없었다는 내용이다.
⑤ (×) 균분 상속의 폐지로 영세한 소작인으로 전락했고, 집약적 농사로 인해 생산력이 낮아졌다고 주장한다.

글의 작성 / 효과적인 전략 유형

01 ③ 02 ③ 03 ③ 04 ④ 05 ②

01 ③

(가), (다), (라) 모두 회전문에 대한 이야기이다. 반면 (나)에서는 문의 존재의 이유에 대해 설명하다가 예시로 회전문을 들고 있기 때문에 (나)가 가장 먼저 와야 한다.
(나)의 마지막에서 회전문이 어떤 식으로 열리는지에 대해 알면 놀랄 것이라고 하였으므로 그 다음으로는 회전문이 열리는 방식(메커니즘)에 대해 나와야 한다. → (가)
회전문은 계속 닫혀 있는 방식이다. → (나)에서 계속 닫혀 있거나 계속 열려 있는 문은 무의미하다고 하였다. 즉 회전문의 (–)요소에 대해 설명하고 있다.
(라) 또한 회전문의 (–)에 대해 이야기한다. 회전문의 메커니즘에 맞출 수 없는 사람들은 문을 쉽게 통과 못한다는 것이다.
따라서 회전문은 인간이 만든 문 중에서 가장 미개한 문이라는 결론이 나온다. (다)

02 ③

'문학이 구축하는 세계는 실제 생활과 다르다는 것'을 '완공된 한 건물과 그 본래의 재료가 전혀 다른 것'과 같다며 유추를 통해 설명하였다. 이와 같은 설명 방법은 ③이다.
③에서는 '목적이 없는 인생은 완주하지 못하는 것'을 '목표 없는 마라톤에서 완주를 못한다'는 유추를 통해 설명하였다.
⑤에서 인물들의 이름은 단지 예시들의 나열일 뿐이다.

03 ③

① (○) 3단락에서 이렇듯 역사적으로 고전파 음악은 종교의 영역에서 음악 자체의 영역을 확보하였으며, 최고 수준의 음악적 내용과 형식을 수립하였다고 설명하였다.
② (○) 모차르트, 베토벤 등 음악의 역사에서 가장 위대한 작곡가들이 배출되었다며 예를 들었다.
③ (×) 형식과 내용의 일체화를 꾀하였다고 하였다.
④ (○) 글의 첫 부분을 질문으로 시작해서 독자의 호기심을 유발하고 있다.

04 ④

ㄷ의 끝은 '도구를 만드는 것'으로 끝난다. 따라서 바로 ㄱ의 '도구의 발달'이 그 뒷 내용으로 이어져야 한다. ㄱ에서 자연 환경의 제약으로부터 인간이 벗어나게 되므로 결과적으로 ㄴ이 알맞다. 그리고 그 예로 ㄹ이 있다.

05 ②

선택지를 보면 가장 첫 시작은 (가)임을 알 수 있다. (가)에서는 이쪽에서는 모두가 저것, 저쪽에서 모두가 이것이라고 하고 있다. 이 말을 더 구체화시키는 (나)가 그 다음 순서로 가장 적절하다. (나)에서는 이것이 혜시의 방생의 설이라고 설명한다. 하지만 (라) 죽음이 있으면 반드시 삶이 있듯이 반대되는 경우도 있다. 따라서 (다)에서처럼 절대적인 것에 비추어야 한다는 순서가 가장 매끄럽다.

글쓴이의 입장 강화 / 약화 유형

01 ④ 02 ③ 03 ④

01 ④

① (×) 멜라토닌은 송과선에서 분비되므로 송과선을 제거하면 멜라토닌 분비가 안 된다. 따라서 생식 기관이 발달할 것이다.
② (×) 해가 뜨면 멜라토닌이 감소하므로 봄이 되면 멜라토닌도 감소한다.
③ (×) 해가 지면 멜라토닌이 증가하므로 어둠 속에서 키우면 멜라토닌 농도는 높아진다.
④ (○) 해가 뜨면 멜라토닌이 감소 / 밤마다 빛에 노출하면 멜라토닌도 감소 → 생식 기관 발달
⑤ (×) 생식 기관의 발달이 미달이면 멜라토닌 과잉이다.

02 ③

글에서 개념의 사례를 식별하는 능력은 반드시 개념을 이해하는 능력을 함축하는 것은 아니라고 하였다. 그런데 ③의 내용은 개념을 이해하는 것이 식별하는 데 필수적이라는 것이므로 이 글의 논지와 반대, 즉 약화한다.

① 개념을 몰라도 식별할 수 있으므로 강화한다.
② 감별은 하지만 그렇다고 개념을 꼭 알고 있다는 것은 아니므로 강화한다.
④ 개념을 몰라도 식별을 할 수 있으므로 강화한다.
⑤ 식별은 못하지만 그렇다고 개념을 모른다고 할 수는 없으므로 강화한다.

03 ④

㉠의 해석은 영상을 본 오랑우탄들은 이미 B가 상자 뒤에 숨었다는 것을 알고 있지만 그 사실을 모르는 A의 입장이 되어 상자 뒤가 아닌 건초더미를 봤다는 해석이다. 하지만 ④에서처럼 단순히 건초더미가 가까이에 있어서 주목했다고 하면 이 해석의 논지를 약화시킨다.

Chapter 2 수리능력

상대 수치와 절대 수치 유형

01 ⑤ 02 ①

01 ⑤

ㄱ. 2008년 수리(가) 영역에서 A 지역은 C 지역보다 1~4등급을 받은 학생 수가 2배 이상이다.
⇒ (×) 〈표 1〉에서 2008년 A 지역에서 수리(가) 영역의 등급이 1~4등급인 학생의 비율은 64.9%이고, C 지역에서 수리(가) 영역의 등급이 1~4등급인 학생의 비율은 29.4%임을 알 수 있다. 따라서 A 지역의 비율이 C 지역 비율의 2배 이상임을 알 수 있다. 하지만 각 지역의 학생 수에 대한 정보는 나와 있지 않으므로 ㄱ은 알 수 없다.

ㄴ. 2009년 대학수학능력시험 4개 영역 중 1~4등급 비율이 가장 높은 지역과 가장 낮은 지역 간 비율 차이가 가장 작은 영역은 언어 영역이다.
⇒ (×) 〈표 1〉에서 2009년 영역별 1~4등급 비율이 가장 높은 지역과 가장 낮은 지역 간 차이는 각각 언어는 12.8%, 수리(가)는 25.8%, 수리(나)는 18.1%, 외국어는 12.4%임을 알 수 있다. 즉, 비율 차이가 가장 작은 영역은 외국어 영역이다.

ㄷ. A 지역의 2009년 수리(가) 영역에서 1~4등급을 받은 학생 수는 7~9등급을 받은 학생 수의 5배 이상이다.
⇒ (○) 〈표 1〉을 보면 A 지역의 2009년 수리(가) 영역에서 1~4등급을 받은 학생 수의 비율은 54.2%임을 알 수 있고, 〈표 3〉을 보면 A 지역의 2009년 수리(가) 영역에서 7~9등급을 받은 학생 수의 비율은 8.4%임을 알 수 있다. 따라서 1~4등급을 받은 학생 수는 7~9등급을 받은 학생 수의 5배 이상이다.

ㄹ. 2009년 언어 영역에서 1~4등급, 5~6등급, 7~9등급 비율 중 가장 큰 값과 가장 작은 값의 차이가 가장 작은 지역은 D 지역이다.
⇒ (○) 물론 각 지역 비율의 최댓값과 최솟값을 구하여 직접 계산해도 되지만, 더 쉬운 방법으로 해결해 보도록 하겠다. D 지역의 경우 2009년 언어 영역에서 가장 작은 비율을 차지하는 등급은 7~9등급으로 25.1%이며, 가장 큰 비율을 차지하는 등급은 5~6등급으로 37.5%임을 알 수 있다. 즉, 두 값의 차이는 12.4%임을 알 수 있는데, 나머지 지역은 〈표 2〉와 〈표 3〉에서 2009년 등급별 언어 영역의 비율 차이가 모두 20%를 넘는다는 것을 쉽게 알 수 있다. 즉, D 지역을 제외한 나머지 지역의 최댓값과 최솟값의 차이는 적어도 20%는 넘는다는 뜻이므로 ㄹ은 옳은 설명이다.

02 ①

ㄱ. 공공연구기관의 연구개발비는 BT 분야가 NT 분야의 2배 이상이다.
⇒ (○) 〈그림〉을 보면 공공연구기관의 BT 분야 연구개발비가 차지하는 비율은 공공연구기관 연구개발비 전체의 11.2%임을 알 수 있고, NT 분야 연구개발비는 5.4%임을 알 수 있다. 따라서 ㄱ은 옳다.

ㄴ. 기업체의 IT, NT 분야 연구개발비 합은 기업체 전체 연구개발비의 50% 이상이다.
⇒ (○) 〈그림〉을 보면 기업체의 IT 분야와 NT 분야의 연구개발비가 차지하는 비율은 각각 기업체 연구개발비 전체의 41.0%, 13.4%임을 알 수 있다. 즉, 두 분야가 차지하는 비율의 합은 54.4%이므로 ㄴ은 옳다.

ㄷ. 3개 기관 유형 중 ET 분야 연구개발비는 공공연구기관이 가장 많다.
⇒ (×) 〈그림〉에서 제시하고 있는 자료는 3개 기관 유형의 분야별 연구개발비의 비중이지, 연구개발비 자체를 제시하고 있는 것이 아니다. 즉, 단순히 비율이 높다고 해서 연구개발비가 높다고 말할 수 없으므로 ㄷ은 알 수 없다.

ㄹ. 공공연구기관의 ST 분야 연구개발비는 기업체와 대학의 ST 분야 연구개발비 합보다 크다.
⇒ (×) ㄷ에서 설명했듯이 〈그림〉에서 제시하고 있는 자료는 연구개발비의 비중이지 연구개발비 자체가 아니므로 ㄹ 또한 알 수 없다.

ㅁ. 기타를 제외하고 연구개발비 비중이 가장 작은 분야는 3개 기관 유형에서 모두 동일하다.
⇒ (×) 〈그림〉을 보면 기업체와 대학은 ST 분야의 연구개발비가 차지하는 비율이 가장 작은 반면, 공공연구기관은 NT 분야의 연구개발비가 차지하는 비율이 가장 작음을 알 수 있다.

분수를 통한 비율 비교 유형

01 ⑤ 02 ③ 03 ④ 04 ① 05 ②

01 ⑤

⑤ 1990년에 비해 2000년에 대리의 수가 늘어난 출신 지역은 대리의 수가 줄어든 출신 지역에 비해 많다.
⇒ (×) 〈표 1〉과 〈표 2〉를 보면 1990년에 비해 2000년에 대리의 수가 늘어난 출신 지역은 서울·경기도, 강원도, 충청남도로 총 3개의 지역이다. 반면, 대리의 수가 줄어든 출신 지역은 충청북도, 경상남도, 전라북도, 전라남도 총 4개의 지역이므로, 대리의 수가 늘어난 출신 지역은 대리의 수가 줄어든 출신 지역에 비해 적음을 알 수 있다.

① 출신 지역을 고려하지 않을 때, 1990년 대비 2000년에 직급별 인원의 증가율은 이사 직급에서 가장 크다.
⇒ (○) 〈표 1〉과 〈표 2〉를 보면 1990년 대비 2000년 인원 증가율은 이사 직급이 100%로 가장 높고, 나머지 직급은 100%가 안 된다는 것을 알 수 있다.

② 출신 지역별로 비교할 때, 2000년의 경우 해당 지역 출신 임직원 중 과장의 비율은 전라북도가 가장 높다.
⇒ (○) 각 지역별 과장 비율을 직접 계산하지 않고, 해당 지역 과장 수/해당 지역 임직원 수로 나타낸 분수의 크기 비교를 통해 쉽게 해결할 수 있다. 해당 지역 과장 수/해당 지역 임직원 수로 나타낸 분수의 분자가 가장 큰 지역은 전라북도이다. 또한, 전라북도보다 분모의 크기가 작은 지역은 경상북도밖에 없으므로 두 지역만 비교를 해 봐도 충분하다. 두 지역을 비교해 보면 전라북도가 더 높다는 것을 알 수 있다.

③ 1990년에 비해 2000년에 과장의 수는 증가하였다.
⇒ (○) 〈표 1〉과 〈표 2〉를 보면 과장의 수는 44명에서 75명으로 증가하였음을 알 수 있다.

④ 1990년과 2000년 모두 충청북도 출신의 임직원이 가장 많다.
⇒ (○) 〈표 1〉과 〈표 2〉를 보면 1990년과 2000년 모두 충청북도 출신의 임직원이 각각 67명, 71명으로 가장 많음을 알 수 있다.

02 ③

ㄱ. 감사 횟수당 '감사 실적' 건수는 매년 감소했다.
⇒ (×) 〈표 1〉에서 연도별 감사 횟수 대비 감사 실적 건수는 각각 2001년에 43/1,039, 2002년에 42/936, 2003년에 36/702, 2004년에 38/560, 2005년에 35/520이다. 감사 횟수 대비 감사 실적 건수가 매년 감소했다는 뜻은 역방향으로 봤을 때는 매년 증가해야 한다는 뜻이다. 하지만 2005년의 비율인 35/520보다 2004년의 비율인 28/560이 더 낮으므로 ㄱ은 옳지 않다.

ㄴ. 2005년 '군수 시설' 업무 감사에서 결함 원인이 '운영 불합리'인 경우는 126건 이상이다.
⇒ (○) 〈표 2〉에서 보면 2005년 '군수 시설'의 감사 실적 건수는 194건이다. 또한, 〈표 3〉에서 2005년 결함 원인이 '운영 불합리'인 경우는 452건이고, 총 감사 실적 건수는 520임을 알 수 있다. 따라서 194+452−520=126임을 알 수 있는데, 이 뜻은 '군수 시설'의 감사 실적 건수와 '운영 불합리'인 경우의 건수를 더했을 때 '군수 시설'과 관련된 건수 중 최소 126건이 두 번씩 세어졌다는 뜻이고, 결국 '군수 시설' 업무 감사에서 결함 원인이 '운영 불합리'인 경우는 최소 126건 이상이라는 뜻이다.

ㄷ. 2002~2005년 동안 전년 대비 증감 방향이 '감사 실적' 건수의 전년 대비 증감 방향과 동일한 처분 종류는 세 가지이다.
⇒ (○) 〈표 1〉에서 보면 2002~2005년 동안 '감사 실적'은 매년 전년 대비 감소하고 있음을 알 수 있다. 따라서 증감 방향이 매년 감소하는 처분 종류를 찾으면 되는데, 〈표 1〉에서 그러한 처분의 종류는 시정, 개선, 권고로 총 3가지이다.

ㄹ. 2005년 결함 원인이 '운영 불합리'인 건수의 당해 연도 '감사 실적' 건수 대비 비중은 2001년 처분 종류가 '시정'인 건수의 당해 연도 '감사 실적' 건수 대비 비중보다 작다.
⇒ (×) 〈표 3〉에서 2005년 결함 원인이 '운영 불합리'인 건수의 당해 연도 '감사 실적' 건수 대비 비중은 452/520이다. 또한, 〈표 1〉에서 2001년 처분 종류가 '시정'인 건수의 당해 연도 '감사 실적' 건수 대비 비중은 231/1,039이다. 따라서 ㄹ은 옳지 않다.

03 ④

④ 2011년 각 부서의 현원과 일반직을 비교할 때, 현원 대비 일반직 비중이 가장 큰 부서는 2011년 모든 부서 중 기본 경비 예산이 가장 적다.
⇒ (○) 〈표 2〉를 보면 현원 대비 일반직 비중은 각각 A 35/47, B 25/34, C 14/18, D 23/29, E 14/16, F 38/72이므로 E가 가장 크다는 것을 알 수 있다. 또한, 〈표 1〉에서 2011년 E의 기본 경비 예산은 24,284으로 모든 부서 중 가장 적다는 것을 알 수 있다.

① 모든 부서 중 정원이 가장 많은 부서와 가장 적은 부서의 2011년 예산을 합하면 2011년 전체 예산의 30% 이상이다.
⇒ (×) 〈표 2〉에서 정원이 가장 많은 부서는 F, 가장 적은 부서는 E임을 알 수 있다. 〈표 1〉에서 2011년 F의 예산과 E의 예산을 합하면 24,023,883임을 알 수 있는데, 이는 2011년 전체 예산인 97,206,713의 30%보다 적으므로 ①은 옳지 않다.

② 2011년 부서별 인건비 예산의 합은 2011년 전체 예산의 3% 미만이다.
⇒ (×) 〈표 2〉에서 2011년 전체 예산은 97,206,713이므로 전체 예산의 3%는 약 2,916,201임을 알 수 있다. 그런데 F의 인건비만 해도 3,869,526으로 3%가 넘으므로 ②는 옳지 않다.

③ 2010년 현원 1인당 기본 경비 예산이 가장 적은 부서는 B이다.
⇒ (×) 〈표 1〉에서 2010년 B의 기본 경비 예산은 34,930이다. 〈표 2〉에서 B의 현원은 34명이므로 2010년 B의 현원 1인당 기본 경비 예산은 1,000이 넘는다는 것을 알 수 있다. 반면, 〈표 1〉에서 2010년 D의 기본 경비 예산은 24,050인데 〈표 2〉에서 D의 현원은 29명이므로 D의 현원 1인당 기본 경비 예산은 1,000을 넘지 않는다는 것을 알 수 있다. 따라서 ③은 옳지 않다.

⑤ 2011년 사업비는 모든 부서에서 전년에 비해 증가하였으며, 그중 A 부서의 전년 대비 사업비 증가율이 가장 높았다.
⇒ (×) 〈표 1〉을 보면 2011년 사업비는 모든 부서에서 전년에 비해 증가하였다는 것을 쉽게 알 수 있다. 한편, A 부서의 전년 대비 사업비 증가율은 100%를 넘지 않는 반면 D 부서의 증가율은 100%를 넘었으므로 ⑤는 옳지 않다.

04 ①

① 2007년에 거래된 도시 지역 내 토지의 필지당 면적이 두 번째로 작은 용도 지역은 주거 지역이다.
⇒ (○) 〈표 2〉에서 2007년 거래된 도시 지역 내 토지의 필지당 면적이 두 번째로 작다는 뜻은 면적당 필지가 두 번째로 크다는 뜻이다. 계산을 해 보면 면적당 필지가 주거 지역보다 큰 용도 지역은 상업 지역뿐이므로 ①은 옳다. 참고로 계산을 할 때 면적과 필지 수로 계산하는 것이 아니라 백분율(%)로 계산을 해야 간단하다.

② 2006년에 비해 2007년 도시 지역 내 각 용도 지역의 토지거래 면적이 감소하였다.
⇒ (×) 〈표 1〉과 〈표 2〉를 비교해 보면 공업 지역의 경우 2006년에 비해 2007년의 토지거래 면적이 증가하였음을 알 수 있다.

③ 2006년에 비해 2007년에 도시 지역 내 용도 미지정 토지의 거래 면적이 증가하였다.
⇒ (×) 〈표 1〉과 〈표 2〉를 비교해 보면 용도 미지정 토지의 경우 2006년에 비해 2007년의 토지거래 면적이 감소하였음을 알 수 있다.

④ 2006년에 거래된 토지의 필지당 면적은 도시 지역이 비도시 지역보다 크다.
⇒ (×) 〈표 1〉을 보면 2006년에 거래된 토지의 필지당 면적은 도시 지역 24.6/75, 비도시 지역 75.4/25.0이므로 도시 지역이 비도시 지역보다 작음을 알 수 있다.

⑤ 2006년에 비해 2007년에 상업 지역의 토지거래 횟수는 증가하였다.
⇒ (×) 〈표 1〉과 〈표 2〉에서 토지거래 횟수에 대한 정보는 확인할 수 없다.

05 ②

ㄱ. 2010년 전년 대비 창업보육센터 지원 금액 증가율은 2010년 전년 대비 창업보육센터 수 증가율의 5배 이상이다.
⇒ (○) 〈그림〉을 보면 2010년 전년 대비 창업보육센터 지원 금액의 증가율은 47/306이고, 전년 대비 창업보육센터 수의 증가율은 7/286이다. 7/286에 5를 곱해도 47/306보다 작으므로 ㄱ은 옳은 설명이다.

ㄴ. 2010년 창업보육센터의 전체 입주업체 수는 전년보다 적다.
⇒ (×) 〈표〉를 보면 창업보육센터당 입주업체 수는 2009년에 17.1개, 2010년에 16.8개로 2010년에 더 적음을 알 수 있다. 하지만 〈그림〉에서 알 수 있듯이 창업보육센터의 수는 2009년에 279개, 2010년에 286개이므로 2010년 창업보육센터의 전체 입주업체 수는 2009년보다 많다.

ㄷ. 창업보육센터당 지원 금액이 가장 적은 해는 2005년이며, 가장 많은 해는 2010년이다.
⇒ (○) 〈그림〉에서 보면 창업보육센터의 수와 지원 금액의 차이가 가장 큰 해는 2005년이고, 가장 작은 해는 2010년임을 알 수 있다. 따라서 창업보육센터당 지원 금액이 가장 적은 해는 2005년이고, 가장 많은 해는 2010년이다.

ㄹ. 창업보육센터 입주업체의 전체 매출액은 2008년 이후 매년 증가하였다.
⇒ (×) 창업보육센터 입주업체의 전체 매출액은 창업보육센터당 입주업체 매출액에 창업보육센터의 수를 곱하면 구할 수 있다. 〈표〉를 보면 창업보육센터당 입주업체 매출액은 2009년에 91.0, 2010년에 86.7이고, 〈그림〉을 보면 창업보육센터 수는 2009년에 279개, 2010년에 286개임을 알 수 있다. 따라서 2009년 창업보육센터 입주업체의 전체 매출액은 25,389이고 2010년은 24,796.2이므로 ㄹ은 옳지 않다.

곱셈 비교 유형

01 ④ 02 ③ 03 ① 04 ⑤

01 ④

④ 2009년 연간 관중 수는 배구가 핸드볼보다 많다.
⇒ (○) 연간 관중 수의 경우 관중 수용률×연간 경기장 수용 규모의 값을 통해 비교할 수 있다. 2009년 배구의 경우 관중 수용률×연간 경기장 수용 규모의 값은 30.4×4,843이고, 핸드볼의 경우 43.8×2,756임을 알 수 있다. 즉, 배구의 연간 경기장 수용 규모는 핸드볼보다 1.5배 이상임을 알 수 있다. 하지만 핸드볼의 관중 수용률은 배구의 관중 수용률보다 1.5배 이하임을 알 수 있으므로, 결국 관중 수용률×연간 경기장 수용 규모의 값은 배구가 핸드볼보다 크다는 것을 알 수 있다.

① 축구의 연간 관중 수는 매년 증가한다.
⇒ (×) 〈표〉를 보면 축구의 2009년 관중 수용률은 29.0이고 2008년 관중 수용률은 28.7이므로 거의 변화가 없음을 알 수 있다. 하지만 수용 규모의 경우 2008년에 비해 2009년에 큰 폭으로 감소하였으므로, 2009년의 연간 관중 수는 2008년 대비 감소했음을 짐작할 수 있다.

② 관중 수용률은 농구가 야구보다 매년 높다.
⇒ (×) 〈표〉를 보면 2011년의 경우 야구가 농구보다 높다는 것을 쉽게 알 수 있다.

③ 관중 수용률이 매년 증가한 종목은 3개다.
⇒ (×) 〈표〉를 보면 관중 수용률이 매년 증가한 종목은 야구, 축구 2종목뿐임을 알 수 있다.

⑤ 2007~2011년 동안 연간 경기장 수용 규모의 전년 대비 증감 방향은 농구와 핸드볼이 동일하다.
⇒ (×) 〈표〉를 보면 2007년만 하더라도 농구의 연간 경기장 수용 규모는 전년 대비 증가하였지만, 핸드볼의 경우 전년 대비 감소하였음을 알 수 있다.

02 ③

ㄱ. 1804년 대비 1867년의 가구당 인구수는 증가하였다.
⇒ (×) 〈표〉를 보면 A군의 1804년 가구당 인구수는 68,930/8,670이고, 1867년은 144,140/27,360이다. 두 분수 값을 비교해 봤을 때, 1867년 분수 값의 분모는 1804년 대비 3배 이상 증가하였으나 분자는 3배 이하로 증가하였으므로, 결론적으로 가구당 인구수는 감소하였음을 알 수 있다.

ㄴ. 1765년 상민 가구 수는 1804년 양반 가구 수보다 적다.

⇒ (○) 〈표〉와 〈그림〉을 보면 1765년 상민 가구 수의 비율은 전체의 57.0%이므로 상민 가구 수는 7,210×57.0%임을 알 수 있고, 1804년 상민 가구 수의 비율은 전체의 53.0%이므로 상민 가구 수는 8,670×53.0%임을 알 수 있다. 두 곱셈을 비교해 봤을 때 8,670은 7,210의 1.1배보다 크지만 57은 53의 1.1배보다 작으므로 결과적으로 두 곱셈 중 1804년의 상민 가구 수인 8,670×53.0%의 값이 더 큼을 알 수 있다.

ㄷ. 노비 가구 수는 1804년이 1765년보다는 적고 1867년보다는 많다.

⇒ (×) 〈표〉와 〈그림〉의 자료를 통해 각 연도의 노비 가구 수를 구하는 곱셈들을 파악하여 ㄴ과 같은 방법으로 비교해 보면, 1804년의 노비 가구 수는 1765년보다 적고 1867년보다도 적다는 것을 알 수 있다.

ㄹ. 1729년 대비 1765년에 상민 가구 구성비는 감소하였고 상민 가구 수는 증가하였다.

⇒ (○) 〈그림〉을 보면 1729년 대비 1765년에 상민 가구 구성비는 59.0%에서 57.0%로 감소하였다는 것을 쉽게 알 수 있다. 또한, 각 연도의 상민 가구 수를 구하는 곱셈들을 파악하여 ㄴ과 같은 방법으로 비교해 보면, 1765년의 상민 가구 수는 1729년 대비 증가하였음을 알 수 있다.

03 ①

① 2013년 인문 계열의 입학정원은 2003년 대비 5% 이상 감소하였다.

⇒ (○) 〈그림 2〉에서 2003년 대학 전체 입학정원은 327,000명이고, 그 중 인문계열의 입학정원이 차지하는 비중은 14.4%이다. 또한, 2013년 대학 전체 입학정원은 341,000명이고, 그중 인문 계열의 입학정원이 차지하는 비율은 13.1%이다. 따라서 2013년 인문 계열 입학정원의 2003년 대비 증가율은 $(\frac{341,000\times13.1}{327,000\times14.4}-1)\times100 \fallingdotseq -5.13\%$이므로 ①은 옳다.

② 계열별 입학정원 순위는 2003년과 2013년에 동일하다.

⇒ (×) 〈그림 2〉를 보면 2003년 입학정원 순위는 교육 계열이 의약 계열보다 높지만, 2013년 입학정원 순위는 의약 계열이 교육 계열보다 높음을 알 수 있다.

③ 2003년 대비 2013년 학과 수의 증가율이 가장 높은 계열은 예체능이다.

⇒ (×) 〈그림 1〉에서 2003년 대비 2013년 예체능 계열 학과 수의 증가율은 $(\frac{11,000\times14.6}{9,500\times12.0}-1)\times100$임을 알 수 있다. 증가율은 실질적으로 $\frac{11,000\times14.6}{9,500\times12.0}$의 크기에 따라 결정이 되는데, 9,500과 11,000은 고정된 숫자이므로 결국 2003년과 2013년 각 계열 학과 수가 차지하는 비율로 증가율은 결정된다. 의약 계열 학과 수의 경우 2003년 차지하는 비율은 4.4%이고, 2013년 차지하는 비율은 5.6%이다. 따라서 5.6/4.4가 14.6/12.0보다 크므로 증가율은 예체능 계열보다 의약 계열이 더 높다는 것을 알 수 있다.

④ 2013년 예체능, 의약, 교육 계열 학과 수는 2003년에 비해 각각 증가하였으나 나머지 계열의 학과 수의 합계는 감소하였다.

⇒ (×) 〈그림 1〉에서 2003년 대학 전체 학과 수는 9,500개이고 그중 예체능, 의약, 교육 계열 학과를 제외한 나머지 계열의 학과 수가 차지하는 비중은 63.2%이다. 또한, 2013년 대학 전체 학과 수는 11,000개이고, 그중 예체능, 의약, 교육 계열 학과를 제외한 나머지 계열의 학과 수가 차지하는 비중은 59%이다. 따라서 2003년 예체능, 의약, 교육 계열 학과를 제외한 나머지 계열의 학과 수는 9,500×63.2%개이고 2013년에는 11,000×59%개인데, 곱셈 비교를 통해 두 연도의 학과 수를 비교해 보면 2013년이 더 크다는 것을 알 수 있다.

⑤ 2003년과 2013년을 비교할 때, 계열별 학과 수 비율의 증감방향과 계열별 입학정원 비율의 증감 방향은 일치하지 않는다.

⇒ (×) 〈그림 1〉과 〈그림 2〉를 비교해 보면 계열별 학과 수 비율의 증감 방향과 계열별 입학정원 비율의 증감 방향은 일치한다는 것을 쉽게 알 수 있다.

04 ⑤

ㄱ. 2020년 대비 2030년의 노인 인구 증가율은 55% 이상으로 예상된다.

⇒ (×) 〈표 1〉의 자료를 토대로 2020년 대비 2030년의 노인 인구 증가율은 $(\frac{48,941\times28.0}{51,974\times17.0}-1)\times100$으로 계산할 수 있다. 증가율이 55% 이상이라는 뜻은 $\frac{48,941\times28.0}{51,974\times17.7}$의 값이 1.55 이상이 나와야 한다는 뜻이다. 그런데 48,941은 51,974의 0.94배 정도 되고, 28.0은 17.7의 1.58배 정도 된다. 따라서 이 분수의 값은 결국 1.55보다 작게 나온다는 것을 알 수 있다.

ㄴ. 2016년에는 노인 인구가 유소년 인구보다 많다.

⇒ (○) 〈표 2〉를 보면 2016년 노령화 지수는 119.3%임을 알 수 있다. 노령화 지수가 100보다 크다는 이야기는 노인 인구가 유소년 인구보다 많다는 뜻이므로 ㄴ은 옳은 설명이다.

ㄷ. 2016년 노년 부양비는 20% 이상이다.

⇒ (○) 노년 부양비의 경우 노인 인구÷생산 가능 인구×100으로 구할 수 있다. 〈표 2〉를 보면 2016년 노령화 지수는 119.3%이므로 2016년 생산 가능 인구는 대략 51,246−8,181(1+5÷6)임을 알 수 있다. 따라서 노인 인구÷생산 가능 인구=8,181÷{51,246−8,181−(8,181×5÷6)}인데, 이는 0.2보다 높으므로 ㄷ은 옳은 설명이다.

ㄹ. 2020년 대비 2030년의 생산 가능 인구 감소폭은 600만 명 이상일 것으로 예상된다.

⇒ (○) 생산 가능 인구의 경우 노인 인구÷노년 부양비×100으로 구할 수 있다. 〈표 1〉과 〈표 2〉를 참고하면 2030년의 생산 가능 인구의 경우 13,703÷46.3×100이고, 2020년의 생산 가능 인구의 경우 9,219÷25.6×100임을 알 수 있다. 따라서 계산을 해 보면 감소폭이 600만 명 이상임을 알 수 있다.

효율적인 증감률 계산 유형

01 ④ 02 ② 03 ② 04 ⑤ 05 ④

01 ④

ㄱ. 2006년 대비 2056년 콩고의 인구는 50% 이상 증가할 것으로 예상된다.

⇒ (○) 〈표〉를 보면 2006년 콩고의 인구는 10위권 밖임을 알 수 있다. 즉, 일본보다 작다는 뜻인데 실제로 일본의 인구를 계산하면 128×1.5=192이므로, 2056년 콩고의 인구보다 작다. 따라서 ㄱ은 옳은 설명이다.

ㄴ. 2006년 대비 2056년 러시아의 인구는 감소할 것으로 예상된다.

⇒ (○) 〈표〉를 보면 2006년 러시아의 인구는 146(백만)명이나, 2056년의 경우 이디오피아의 예상 인구인 145(백만)명보다도 작을 것으로 예상되므로 ㄴ은 옳은 설명이다.

ㄷ. 2006년 대비 2056년 인도의 인구는 중국의 인구보다 증가율이 낮을 것으로 예상된다.

⇒ (×) 〈표〉를 보면 2006년 대비 2056년 인도 인구의 증가율은 506/1,122이고 중국 인구의 증가율은 126/1,311일 것으로 예상되므로 ㄷ은 옳지 않다.

ㄹ. 2006년 대비 2056년 미국의 인구는 중국의 인구보다 증가율이 낮을 것으로 예상된다.

⇒ (×) 〈표〉를 보면 2006년 대비 2056년 미국 인구의 증가율은 121/299이므로 중국 인구의 증가율보다 높을 것으로 예상된다. 따라서 ㄹ은 옳지 않다.

ㅁ. 2006년 대비 2056년 나이지리아의 인구는 두 배 이상이 될 것으로 예상된다.

⇒ (○) 〈표〉를 보면 2006년 대비 2056년 나이지리아의 인구는 두 배 이상이 될 것임을 쉽게 알 수 있다.

02 ②

② 2009년 이후 의무지출은 매년 전년 대비 증가하고 있으며, 총지출에서 차지하는 비중 역시 매년 증가하고 있다.

⇒ (×) 〈표 1〉을 보면 2009년 이후 의무지출은 매년 전년 대비 증가하고 있음을 알 수 있다. 하지만 총지출에서 차지하는 비중의 경우 2014년 대비 2015년에 감소하였으므로 ②는 옳지 않다.

① 2008~2016년 연평균 의무지출 증가율은 연평균 총지출 증가율보다 높다.

⇒ (○) 부디 복잡한 계산을 하지 않았기를 바란다. 〈표 1〉을 보면 2008년의 의무지출 비중보다 2016년의 의무지출 비용이 높다는 것을 알 수 있다. 즉, 2008~2016년 연평균 의무지출 증가율은 연평균 총지출 증가율보다 높다.

③ 의무지출을 성질별로 살펴볼 때 2008년 대비 2016년 가장 큰 비율로 증가한 항목은 복지 분야 의무지출이다.

⇒ (○) 〈표 2〉를 보면 복지 분야의 경우 2008년 대비 2016년 의무지출이 2배 이상 증가하였음을 알 수 있다. 복지 분야를 제외한 다른 분야들의 경우 모두 2배 이하로 증가하였으므로 ③은 옳은 설명이다.

④ 2008년 대비 2016년의 복지 분야 의무지출 증가액은 다른 3개의 의무지출 증가액을 더한 값보다 크다.

⇒ (○) 〈표 2〉를 보면 복지 분야의 경우 2008년 대비 2016년의 의무지출 증가액은 43.3이다. 또한, 의무지출 합계의 경우 2008년 대비 2016년에 68.3만큼 증가하였다. 즉, 전체 의무지출 합계의 증가액 중 복지 분야의 의무지출 증가액이 차지하는 비중이 50%를 초과하므로 ④는 옳은 설명이다.

⑤ 의무지출을 성질별로 살펴볼 때 2009년 이후 매년 전년 대비 증가하고 있는 의무지출은 복지 분야가 유일하다.

⇒ (○) 〈표 2〉를 보면 2009년 이후 매년 전년 대비 증가하고 있는 의무지출은 복지 분야뿐임을 쉽게 알 수 있다.

03 ②

ㄱ. 2006~2008년 동안 문화체육관광부 예산에서 문화산업부문이 차지하는 비중은 매년 증가하였다.

⇒ (×) 〈표 1〉을 보면 2007년 예산에서 문화산업부문이 차지하는 비중은 9.0+4.9=13.9이다. 2008년 예산에서 문화산업부문이 차지하는 비중은 9.9+3.7=13.6이므로 2008년 문화체육관광부 예산에서 문화산업부문이 차지하는 비중은 2007년 대비 감소하였음을 알 수 있다. 따라서 ㄱ은 옳지 않다.

ㄴ. 1999년 문화산업부문 예산이 문화체육관광부 예산에서 차지하는 비중은 전년 대비 9.5% 증가하였다.

⇒ (×) 〈표 1〉을 보면 1998년 문화산업부문 예산이 문화체육관광부 예산에서 차지하는 비중은 2.2%이고, 1999년의 비중은 11.7%임을 알 수 있다. 따라서 1999년 문화산업부문 예산이 문화체육관광부 예산에서 차지하는 비중은 전년 대비 9.5%p 증가하였다. %와 %p의 차이점을 정확히 알도록 하자.

ㄷ. 2008년에는 산업국과 미디어국 각각 전년 대비 예산 증가율이 문화체육관광부 전년 대비 예산 증가율보다 작다.

⇒ (×) 부디 구체적인 값을 계산하여 해결하지 않았기를 바란다. 〈표 1〉을 보면 산업국과 미디어국에 대한 문화체육관광부 예산 대비 비중이 있는데, 만약 2008년에 산업국과 미디어국 각각의 전년 대비 예산 증가율이 문화체육관광부 전년 대비 예산 증가율보다 작았다면 각각의 문화체육관광부 예산 대비 비중 또한 전년 대비 작았어야 할 것이다. 하지만 그렇지 않으므로 ㄷ은 옳지 않다.

ㄹ. 2008년 문화산업부문 세부 분야 중 문화 콘텐츠 분야에 가장 많은 예산이 배정되었으며 이어서 문화산업 기반육성, 미디어, 저작권, 출판 분야 순으로 예산이 많이 배정되었다.

⇒ (○) 〈표 2〉를 보면 2008년 문화산업부문 세부 분야들의 예산 배정 순위를 쉽게 알 수 있다.

04 ⑤

ㄱ. E 전공 분야의 과목 수는 이 대학 전체 과목 수의 25% 이상이다.

⇒ (×) 혹시 구체적인 계산을 하였는가? 〈그림 1〉에서 보면 E의 경우 사분원보다 작다는 것을 알 수 있다. 즉, E 전공 분야의 과목 수는 이 대학 전체 과목 수의 25% 이하이다.

ㄴ. 영어강의 과목 수가 두 번째로 적은 전공 분야는 A이다.

⇒ (○) 〈그림 1〉에 주어져 있는 각 전공 분야별 과목 수에 〈그림 2〉에 주어져 있는 전공 분야별 영어강의 과목 비율을 각각 곱해 보도록 하자. 그러면 A는 약 7개, B는 약 10개, C는 약 11개, D는 약 8개, E는 약 25개, F는 약 8개, G는 약 4개임을 알 수 있다. 따라서 영어강의 과목 수가 두 번째로 적은 전공 분야는 A이다.

ㄷ. D 전공 분야의 영어강의 과목 수는 G 전공 분야 영어강의 과목 수의 2배 이상이다.

⇒ (○) ㄴ을 해결하는 과정에서 D 전공 분야의 영어강의 과목 수는 약 8개, G 전공 분야 영어강의 과목 수는 약 4개임을 확인했다. 따라서 ㄷ은 옳은 설명이다.

ㄹ. 영어강의 과목 수는 이 대학 전체 과목 수의 50% 이상이다.

⇒ (○) 〈그림 1〉에서 이 대학의 전체 과목 수는 130개임을 알 수 있다. 또한, ㄴ을 해결하는 과정에서 구했듯이 각 전공 분야별 영어강의 과목 수의 합은 7+10+11+8+25+8+4=73개이므로, 영어강의 과목 수는 이 대학 전체 과목 수의 50% 이상임을 알 수 있다.

05 ④

④ 전년 대비 2016년 준시장형 공기업의 부채 증가율은 같은 기간 자기자본 증가율보다 높다.

⇒ (×) 잘 생각해 보자. 만약 전년 대비 2016년 준시장형 공기업의 부채 증가율이 같은 기간 자기자본 증가율보다 높았다면 (부채÷자기자본)×100으로 계산되는 부채 비율은 전년 대비 증가하였을 것이다. 하지만 〈표 1〉을 보면 2016년 준시장형 공기업의 부채 비율은 전년 대비 감소하였으므로 ④는 옳지 않다.

① 2016년 기준 공공기관의 자산 총액은 798.7조 원으로 전년 대비 17.4조 원 증가하였으며, 부채 총액은 499.4조 원으로 전년 대비 5.4조 원 감소하였다.

⇒ (○) 〈표 1〉과 〈표 2〉를 보면 쉽게 확인할 수 있다.

② 2016년 기준 공공기관 전체의 부채 비율은 166.9%로 2012년 이후 감소 추세에 있다.

⇒ (○) 〈표 1〉을 보면 2016년 기준 공공기관 전체의 부채 비율은 166.9%임을 쉽게 알 수 있으며, 공공기관 전체의 부채 비율이 2012년 이후 매년 감소한 것 또한 쉽게 알 수 있다.

③ 2016년 전체 공기업 자산의 전년 대비 증가율은 2016년 전체 준정부기관의 자산의 전년 대비 증가율보다 낮다.

⇒ (○) 〈표 2〉를 보면 2016년 전체 공기업 자산의 전년 대비 증가율은 (17.4÷781.3)×100이고, 전체 준정부기관 자산의 전년 대비 증가율은 (9.1÷193.3)×100임을 알 수 있다. 따라서 전체 공기업 자산의 전년 대비 증가율이 더 낮음을 알 수 있다.

⑤ 위탁집행형 준정부기관의 2012년 대비 2016년 자산 증가율은 기타공공기관의 같은 기간 자산 증가율보다 높다.

⇒ (○) 〈표 2〉를 보면 위탁집행형 준정부기관의 2012년 대비 2016년 자산 증가율은 (31.5÷57.1)×100이며, 기타공공기관의 2012년 대비 2016년 자산 증가율은 (8.2÷27.8)×100이므로, 위탁집행형 준정부기관의 자산 증가율이 더 높다는 것을 알 수 있다.

Chapter 3 문제해결능력

삼단 논법, 명제 논리를 활용하여 참 / 거짓, 전제 등을 판단하는 유형

01 ④ 02 ⑤ 03 ⑤

01 ④

주어진 진술들을 정리하면 다음과 같다. 결론은 매출이 높아지는 것이므로 두 진술을 연결하거나 두 번째 진술의 요소들 중 하나가 참이면 타당한 논증이 된다.

광고 증가 → 인지도 상승

제품력 향상 → 생산성 높아짐 → 매출 높아짐

따라서 ④ '인지도 상승 → 제품력 향상'일 때 두 진술이 연결되어, '광고 증가 → 인지도 상승 → 제품력 향상 → 생산성 높아짐 → 매출 높아짐'으로 타당한 논증이 성립한다.

02 ⑤

A → B이고, B → C이면 A → C (삼단 논법)

운동을 좋아하지 않으면 스포츠를 좋아하지 않는다. (~C → ~A)

대우: 스포츠를 좋아하면, 운동을 좋아한다. (A → C)

따라서 '스포츠를 좋아하면 운동을 좋아한다.'가 빈칸에 가장 적절하다.

03 ⑤

제시된 명제를 각각 A, B, C, D, E로 정리하면 다음과 같다.

A: 꿀을 좋아한다.

B: 복숭아를 좋아한다.

C: 탄산음료를 좋아한다.

D: 물을 좋아한다.

E: 이온음료를 좋아한다.

참인 조건은, A → ~B, ~C → D, E → B, ~E → C이다.

대우 역시 참이 되므로, B → ~A, ~D → C, ~B → ~E, ~C → E도 참이다.

- 꿀을 좋아하는 사람은 복숭아를 좋아하지 않는다. → 복숭아를 좋아하는 사람은 꿀을 좋아하지 않는다.
- 탄산음료를 좋아하지 않는 사람은 물을 좋아한다. → 물을 좋아하지 않는 사람은 탄산음료를 좋아한다.
- 이온음료를 좋아하는 사람은 복숭아를 좋아한다. → 복숭아를 좋아하지 않는 사람은 이온음료를 좋아하지 않는다.
- 이온음료를 좋아하지 않는 사람은 탄산음료를 좋아한다. → 탄산음료를 좋아하지 않는 사람은 이온음료를 좋아한다.

논리 퍼즐 유형

01 ① 02 ① 03 ④ 04 ③ 05 ② 06 ④
07 ② 08 ③

01 ①

A방의 안내문과 B방의 안내문은 서로 모순이다. 이를 통해 경우의 수를 정리하면 다음과 같다.

[1] A방이 참인 경우

A가 참이므로, B방에는 벌칙이 있다. C방의 안내문은 거짓이기 때문에 상품은 A방 또는 B방에 있다고 볼 수 있다. 하지만 B방에 벌칙이 있으므로 상품은 A방에 있고, C방에는 아무것도 없다.

[2] B방이 참인 경우

B가 참이면 B방에는 아무것도 없다. C방의 안내문은 거짓이기 때문에 상품은 A방 또는 B방에 있다. 하지만 B방에는 아무것도 없으므로 상품이 있는 방은 A방이다. 벌칙이 있는 방은 C방이다.

따라서 상품이 있는 방은 A방이다.

02 ①

조건을 정리하면 다음과 같다.

㉠ A〉B+C+D

㉡ F〉B+D

㉢ B=C=D

㉣ B+C〉D+E

따라서 가장 먼저 입사한 순서대로 나열하면, E〈B=C=D〈F〈A가 된다.

03 ④

먼저 내린 순서대로 정리를 해 보면, 민준이 은정보다는 빨리 내리고 서연보다는 늦게 내리므로, 서연 – 민준 – 은정 순서대로 내리는 것을 알 수 있다.

영호가 은정보다 세 층 전에 내리고 현우보다 한 층 늦게 내리므로, 현우 – 영호 – [ ] – [ ] – 은정 순서로 내린다.

은정이 제일 마지막에 내리지 않기 때문에 성훈이 제일 마지막에 내린다.

따라서 현우 – 영호 – 서연 – 민준 – 은정 – 성훈 순서로 내린다.

3층에 내리는 사람은 영호이다.

04 ③

㉢, ㉣에 따라 7일은 화요일이며 공휴일이다.

㉥에서 최 대리는 7일(화요일)에 붙여 월차를 사용한다고 했고, ㉣에 따라 팀장님이 월요일에 월차를 사용하므로, 최 대리가 월차를 사용하려는 요일은 8일 수요일이다.

05 ②

재원이는 3호선을 이용하였고, 친구 B는 재원이와는 다른 노선, E와는 같은 노선을 이용하였다.
1호선 – B, E
3호선 – 재원
친구 C, D는 서로 다른 노선을 이용, 1호선을 3명 이하가 이용한다고 했기 때문에 두 가지 경우가 생긴다.
[1] 1호선 – B, E, C
3호선 – 재원, D, A, F
[2] 1호선 – B, E, D
3호선 – 재원, C, A, F
따라서 1호선은 B, E, 3호선은 재원, A, F이다.
C, D는 알 수 없다.

06 ④

<table>
<tr><th>1월</th><th>2월</th><th>3월</th><th>4월</th><th>5월</th><th>6월</th><th>7월</th><th>8월</th><th>9월</th><th>10월</th><th>11월</th><th>12월</th></tr>
<tr><td colspan="5">A</td><td></td><td></td><td></td><td></td><td></td><td></td><td></td></tr>
<tr><td></td><td colspan="6">B</td><td></td><td></td><td></td><td></td><td></td></tr>
<tr><td colspan="3">C</td><td colspan="7"></td><td colspan="2">C</td></tr>
<tr><td></td><td></td><td></td><td colspan="4">D</td><td></td><td></td><td></td><td></td><td></td></tr>
<tr><td></td><td></td><td></td><td></td><td></td><td></td><td colspan="3">E</td><td></td><td></td><td></td></tr>
<tr><td></td><td></td><td></td><td></td><td></td><td></td><td></td><td></td><td></td><td colspan="3">F</td></tr>
<tr><td colspan="12">G</td></tr>
</table>

1월 A
2월 3월 4월 5월 6월 7월 B
8월 9월 E
10월 F
11월 12월 C
따라서 출장을 못 가는 사람은 D, G이다.

07 ②

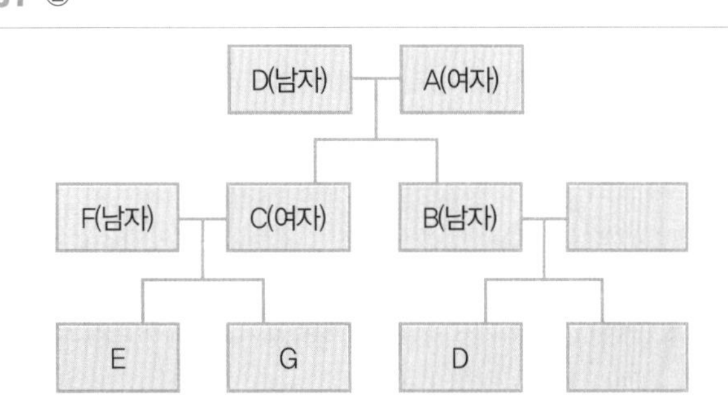

① B는 G의 외삼촌이다.
③ F는 두 명의 자녀가 있다.
④ D는 F의 장인어른이다.
⑤ C는 D의 고모이다.

08 ③

참이라고 말한 사람을 가정해야 한다.
민지의 말이 참이라고 가정하면 현재의 말도 참이다. 그러면 수지의 말은 거짓이 되어야 하기 때문에 수지와 민지 중 한 명이 다른 업무를 한 것이다. 하지만 현재가 다른 업무를 한 사람이 재석이라고 했기 때문에 맞지 않다. 그래서 민지와 현재의 말은 거짓이다.
3명의 이야기가 참이라고 했으므로 영훈, 재석, 수지가 참을 말하였다. 재석, 민지, 수지, 현재는 다른 업무를 하지 않았다고 했기 때문에 다른 업무를 한 사람은 영훈이다.

직무나 업무 상황에 적용하거나 해결 방법을 찾는 유형

01 ④　02 ④　03 ①　04 ⑤

01 ④

제5조 (휴직자의 급여) 부분을 보면, 업무 외 질병으로 인한 휴직은 무급이고, 업무상 질병 및 재해로 인한 휴직은 유급이라는 것을 알 수 있다. 독감은 업무상 질병 및 재해라고 볼 수 없다.

02 ④

사이 통로에 설치하는 것은 실외용으로 양면 배너로 설치하며, 건물 외부용 거치대가 필요하다. 따라서 양면 배너 한 장 20,000원 + 건물 외부용 거치대 15,000원 = 35,000원이다. 3관 내부에 설치하는 배너는 일반 배너와 건물 내부용 거치대를 사용하기 때문에 일반 배너 한 장 15,000원 + 건물 내부용 배너 거치대 10,000원 = 25,000원이다. 따라서 총합은 60,000원이다.

03 ①

5why란 문제에 대하여 왜?(Why?)를 반복하여 문제가 발생한 근본 원인을 찾아가는 방법이다.
5why를 통해 생산 라인이 갑자기 멈춘 상황에 대하여 인과 관계를 따져 보면 다음과 같다.
Q1: 생산 라인이 멈춘 원인은 무엇인가?
A1: 전력 과부하로 전원 퓨즈가 끊어졌다.
Q2: 왜 전력 과부하가 발생했을까?
A2: 기계 작동을 담당하는 축의 베어링이 빡빡해졌기 때문이다.
Q3: 왜 베어링이 빡빡해졌을까?
A3: 윤활유 펌프가 불안전하게 작동했기 때문이다.
Q4: 왜 윤활유 펌프가 불안전하게 작동했을까?
A4: 윤활유 펌프에 이물질이 쌓여 있다.
Q5: 왜 윤활유 펌프에 이물질이 쌓여 있을까?
A5: 펌프 내의 필터가 없다.

04 ⑤

보호자 차량은 18시 이후에는 무료로 주차가 가능하다. 토요일에는 낮 2시간은 무료로 이용이 가능하기 때문에 방문자는 무료로 주차를 할 수 있다.

문제를 분석하거나 해결안을 도출하는 데 필요한 기법에 관한 유형

01 ③　02 ②　03 ⑤　04 ①　05 ②

01 ③

전략 과제라 함은 자사의 취약점을 보완하는 것이라고 할 수 있다.

ㅁㅁ 기업은 높은 가격대의 메뉴를 가지고 있다. 그렇기 때문에 높은 가격대의 메뉴 개발은 적절하지 못한 전략 과제이다.

02 ②

이어폰: 국내 물류 센터 → 베트남 물류 센터 → 베트남 A/S 센터 총 15,000원을 왕복하면 30,000원이 된다.

스피커: 국내 물류 센터 → 베트남 물류 센터 → 제조 공장 총 17,000원을 왕복하면 34,000원이 된다.

03 ⑤

	자기개발비 지원	동호회 지원	복지포인트 지급	만족도
경영지원팀	○	○	○	↑
총무팀		○		
마케팅팀	○		○	↑
고객서비스팀	○	○		

만족도가 향상된 경영지원팀과 마케팅팀에서 공통적으로 실시한 항목은 자기개발비 지원과 복지포인트 지급이다. 고객서비스팀의 사례를 살펴보면 자기개발비 지원을 실시하였지만 만족도는 향상되지 않았다. 따라서 직원들의 만족도를 향상시킨 제도는 복지포인트 지급이라고 할 수 있다.

04 ①

②, ③, ④, ⑤는 전략 과제에서 도출할 수 있는 적절한 추진 방향이라고 할 수 있지만, ①은 전략 과제의 추진 방향이라기보다는 추진하는 과정에서 발생할 수 있는 어려움에 대해 말하고 있기 때문에 적절하지 않다.

05 ②

① 선행 투자를 통해 전략적 우위를 확보하고, 핵심 역량 강화 및 집중하는 것은 A 전략이다.
② 단가를 낮추어 저가형 제품을 판매하는 것은 내부의 약점만을 보완하는 것이며 기회를 살리거나 위협을 회피하지 못한다.
③ 수익성 없는 사업 철수하고 협력 네트워크 프로그램 운영을 고려하는 것은 D 전략이다.
④ 성장 가능성이 보이는 사업에 집중 투자하는 전략은 A 전략이다.
⑤ 효율적인 기업 운영을 위해 경영 프로세스를 개혁하는 것은 C 전략이다.

Chapter 4 자기개발능력

자기개발의 보편적인 개념과 정의를 다루고 있는 유형

01 ⑤ 02 ② 03 ④

01 ⑤

메세지에 의하면 환경은 빠르게 변화하고 있으며 이런 상황에서 관습에 빠지는 것의 위험성에 대해 경고하고 있다. 이는 빠르게 변화하는 환경에 적응하기 위한 끊임없는 자기개발의 필요성을 강조한다.

02 ②

자기개발과 자기개발능력에 대한 설명이다. 자기개발은 자신의 강점과 약점을 찾고 확인하여, 강점을 강화시키고 약점을 관리하여 성장을 위한 기회로 활용하는 것이다. 자기개발능력은 직업 생활과 관련하여 자신의 가치, 신념, 흥미, 적성, 성격 등 자신이 누구인지 파악하고 수립한 목표와 전략을 성취하기 위해 스스로를 관리하며 개발해 나가는 능력이다.

03 ④

ㄱ. (×) 공개된 자아 영역이 작은 사람은 대체로 인간관계가 원만하지 않고 고립형 인간이다.
고립형 인간은 아무도 모르는 자아 영역이 넓은 사람을 말한다.
ㄴ. (○) 눈먼 자아 영역이 넓은 사람은 자신의 기분이나 의견을 잘 표현하며 솔직한 사람일 수 있다.
ㄷ. (○) 숨겨진 자아 영역이 넓은 사람은 속이 깊고 신중하며 다른 사람의 이야기를 잘 들어주는 사람일 수 있다.
ㄹ. (×) 아무도 모르는 자아 영역이 넓은 사람은 성격적으로 문제가 있을 수 있어 고치려는 노력을 해야 한다.
아무도 모르는 자아 영역이 넓은 사람은 자신의 성격을 모르는 것이 아니라 인간관계에 소극적인 사람을 의미한다.

업무 수행 성과 향상을 위한 전략을 다루는 유형

01 ④ 02 ⑤

01 ④

각 직원이 업무 수행 성과를 높이기 위해 취한 행동 전략을 파악한다.

임 대리: 다른 사람과 다른 방식을 제공하는 것은 좋지만, 회사와 팀의 업무 지침은 지켜야 한다.

최 대리: 일을 미루지 않는다.

김 사원: 역할 모델을 설정하는 것은 좋으나, 무조건적인 것은 적절한 행동 전략이라고 볼 수 없다.

정 과장: 업무를 묶어서 처리한다.

02 ⑤

개인의 업무 수행을 성과를 높이기 위해서 자신의 생활을 전략적으로 기획하고 정한 시간 내에 목표를 달성하기 위하여 어떻게 하는 것이 가장 효과적인지를 고려해 본다. 자신을 시기하는 동료들을 신경쓰며 숨으려고 하는 태도는 이러한 전략과 무관하다.

경력개발 설계를 다루는 유형

01 ② 02 ③

01 ②

빠르고 쉬운 것만 골라 무작정 취득하는 자격증은 업무 능력에 도움이 되지 않는다. 현대 사회에서는 단순히 자격증으로 평가하는 것이 아니라 업무 능력에 있어서 전문성을 요구한다.

02 ③

WLB는 가족 친화적 요소 강화, 근무 형태의 다양화, 직원의 자기계발 지원 등의 다양한 형태로 도입되고 있다. 문제의 보기 외에도 업무시간 내 생산성 올리기, 휴가, 유연근무 늘리기, 자기계발 및 알찬 휴가 사용이 대표적이다.

③ 직원들의 업무 효율을 높이고 친목을 도모하기 위해 부서 내 및 부서 간 회식을 늘린다. (×)
이는 일(Work)을 위한 행동으로 생활(Life)을 위한다고 보기는 어렵다. 불필요한 회식은 줄여야 한다.

Chapter 5 자원관리능력

시간 관리를 다루는 유형(최단 / 최장 경로, 이동 시간, 이동 비용 등)

01 ⑤ 02 ② 03 ③ 04 ③ 05 ① 06 ②

01 ⑤

버스로 교통 수단을 잡은 경우에는 회사 → 서울고속버스터미널 → 대전복합터미널 → 대전 행사장의 경로를 지나가야 되고, 이에 대하여 발생하는 금액은 택시비(4,000원)+버스비(25,000원)=29,000원이다. 13시 버스를 탄 경우에 17시에 대전복합터미널에 도착을 하고 택시로 20분을 더 이동해야 하므로, 17:20에 도착 예정이다.
기차를 교통 수단으로 잡은 경우에는 회사 → 서울역 → 대전역 → 대전 행사장이며, 15:00 이후의 기차는 30,000원으로 할인되어 운행되므로 대전역까지 택시비(3,200원)+기차비(30,000원)이다. 이후는 도보로 운행하면 되므로 총금액은 33,200원이다. 그리고 4시 기차를 탑승하고 도보로 이동하였다면 19:15에 행사장에 도착하였을 것이다.

02 ②

버스를 통해 이동하는 경우는 15시 버스를 탑승하고 대전복합터미널에서 콜택시를 통해 도착하는 경우가 최선이다. 이에 대한 도착 시간과 교통비를 계산하였을 때 각 19시 20분, 29,000원이다.
기차를 통해 이동하는 경우는 16시 기차를 탑승하고 대전역에서 콜택시 혹은 도보를 통해 도착하는 경우가 최선이다. 마찬가지로 이에 대한 도착시간과 교통비를 계산하면 19시 10분, 34,000원(대전역에서 콜택시 이용), 19시 15분, 33,200원(대전역에서 도보 이용)이다.
자가용을 이용하였을 경우 이미 33,500원을 초과하기 때문에 이는 논외로 한다.
비록 최저가는 버스를 타고 도착하는 경우이지만, 최우선 조건이 B와 만나는 시간이기 때문에 19시 15분이 해당된다.

03 ③

4시 기차를 탑승 후 도보로 이동하는 경우 기차비 30,000원과 회사에서 서울역까지 가는 금액 3,200원을 포함해야 하므로 총 33,200원이다.

04 ③

ㄱ. 서울 → 대구 → 대전을 통해 이동하여 발표를 하게 된다면 총 이동 경비는 36만 원이며, 이는 30% 지원을 받게 되므로 {36만 원−(36만 원×0.3)}=25.2만 원이다.
ㄴ. 대전 → 부산 → 광주를 통해 이동하면 460km를 운행하게 되고, 30% 지원을 받게 되면 32.2만 원이 소요된다.
반면에 대구 → 광주 → 부산을 통해 이동하게 되면 400km를 운행하게 되고 마찬가지로 30% 지원을 받게 되면 26만 원이 소요되므로, 둘의 차이는 4.2만 원이 된다.
ㄷ. 광주 → 울산 → 서울의 경로로 이동하면 530km를 운행하게 되고 이는 40% 지원을 받는다. 따라서 31.8만 원이 소요된다. 반면, 부산 → 울산 → 서울의 경로로 이동하게 되면 346km가 되고 이는 회사로부터 지원을 받지 못한다. 따라서 이 경우 34.6만 원이 소요되기 때문에 광주 → 울산 → 서울 경로로 이동하는 것이 더 이득이다.

05 ①

3월 6일의 경우는 서울 → 대구 → 대전, 3월 7일의 경우는 대전 → 광주 → 부산, 3월 8일의 경우는 부산 → 울산 → 서울의 경로를 이용하게 되면 총 857,000원이 소요된다.

06 ②

주말에 배차 간격은 40분이다. 오후 5시에 연락을 받았다면, 가장 빠르게 탑승했던 셔틀버스는 오후 5시 20분이다. 추가로 교통 체증으로 인해 소요시간의 1.5배의 시간이 걸리는 것을 감안하면, 최종적으로 도착하는 시간은 오후 5시 50분이다.

일정 관리를 다루는 유형(스케줄 작성, 시차 계산과 같은 시간 / 일정 등)

01 ③ 02 ④ 03 ② 04 ④ 05 ④

01 ③

OT 기획이 성공적으로 가능하게 되려면 첫째 날과 마지막 날의 풍속이 14.0m/s 미만이어야 하며, 둘째 날과 셋째 날 둘 중 하나의 날만이라도 풍속이 12.0m/s 미만인 경우 OT 일정 날짜로 선정이 가능하다.

02 ④

2월 26, 27일의 예정 풍속은 10m/s이다. 두 날짜 중 한 날이라도 12m/s 이상의 풍속이 예정된다면 그 당일에는 독도 방문을 하지 못하지만, 그렇지 않은 날짜에는 독도 방문이 가능하다.

03 ②

ㄱ. 2월 17일은 평일이다. 따라서 오후에 가장 빠르게 탑승 가능한 시간은 오후 1시이다. 즉, 주말에 운행하는 가장 빠른 시간인 오후 1시와 동일한 시간이다.
ㄴ. 첫째 날 당일 독도까지 방문하려면 울릉도↔독도 마지막 운행 시간인 3시 전에는 울릉도에 도착을 해야 한다.
따라서 평일인 19일 오후에 포항↔울릉도 운행 시간은 1시, 2시 20분, 4시…이므로 늦어도 2시 20분에 포항에서 여객선에 탑승해야 한다. (포항↔울릉도↔독도의 각 소요 시간은 고려하지 않는다는 전제 조건 때문)
ㄷ. 26일에 OT 일정을 시작하게 되면, 마지막 날은 주말이 되므로 오후 3시가 마지막 운항 시간이다.

04 ④

A: 3번째 특별심사 대상자이다. 따라서 오후 1시 기준으로 5번째 면접자이다. 즉, 오후 2시 40분~3시이다.
B: A가 면접장에 나가는 것을 본 후 1시간 뒤에 입장하였다. 따라서 오후 4시~4시 20분이다.
C: A가 면접장에 도착하기 20분 전에 면접을 마쳤으므로 오전 9시 20분~9시 40분이다.
D: C가 2번째 일반심사 대상자이다. 그리고 D와 C사이에 12명이 있다는 것은, D는 일반심사 대상자이며 15번째 순번이라는 의미이다. 즉, 오전에 9명의 일반심사자가 끝나고 오후 면접의 12번째 면접자가 된다. 따라서 면접 시간은 오후 4시 40분~5시이다.
E: A와 본인 사이에 2명이 더 있다고 했으므로, 특별심사 6번째 순번의 면접자이다. 즉, 오후 1시 기준으로 11번째 면접자이며, 따라서 면접 시간은 오후 4시 20분~4시 40분이다.

05 ④

우선 ?를 제외한 각 자리에 해당하는 숫자를 다 더하면 23이다. 3의 배수가 되는 경우는 ?가 1 or 4 or 7의 경우일 때 해당된다. 다음으로 ?를 제외한 각 자리에 해당하는 숫자를 모두 곱하면 432이며, ?까지 곱했을 경우 8이 되게 하려면 해당되는 후보의 숫자 중 4가 된다. 따라서 목요일에는 운행할 수 없다.

비용 관리를 다루는 유형(출장비, 지원금과 같은 특정 목적을 위한 금품 지급 등)

01 ⑤ 02 ② 03 ⑤ 04 ③

01 ⑤

아래의 자료에서 참고된 조건을 따라 천천히 계산하면 다음과 같은 표를 얻을 수 있고, 최종적으로 마희망이 가장 높은 인센티브를 부여 받게 된다.

이름	연차	연차별 기본 급여	추가 조건	최종 금액
가열정	1년 차	500,000원	–	500,000원
나행복	3년 차	600,000원	100,000원	700,000원
다기쁨	5년 차	700,000원	–	700,000원
라최선	2년 차	550,000원	55,000원	605,000원
마희망	4년 차	650,000원	65,000원	715,000원

02 ②

ㄱ. 마크의 총 판매 수입은 (470,000명/1,000명×15,000원)=705만 원으로 700만 원 이상이다.
ㄴ. 팀쿡의 총 판매 수입은 (690,000명/1,000명×12,000원)=828만 원이며, 스완의 총 판매 수입은 (1,010,000명/1,000명×8,000원)=808만 원이므로 팀쿡의 총 판매 수입이 더 높다.
ㄷ. 마크의 총 판매 수입이 가장 낮고 기본 월급 200만 원의 15%가 감량되어 받으면 170만 원이다. 이에 4배를 하게 되면 680만 원이 된다. 따라서 705만 원에 비해 금액이 낮다.

03 ⑤

출장 경비=교통비+숙박비+식비이다.
교통비=250,000원/명×4명=100만 원이다.
숙박비=일본에서 3박을 숙박하기 때문에 20% 할인가인 40,000원/1박이다. 3박을 숙박하므로 12만 원이다.
중국에서는 2박을 하지만 2인실밖에 없다. 따라서 방이 두 개 필요하고 60,000원/1박의 금액이 발생된다.
따라서 2일을 숙박하게 되면 12만 원이 나와 숙박비로는 총 24만 원이 소요된다.
식비=300,000원/명×4명=120만 원에서 인당 5만 원씩 남겨왔으므로 소요비용은 100만 원이다.
최종적으로 이를 모두 더하게 되면 224만 원의 출장 경비가 발생한다.

04 ③

① B팀의 경우 출장 경비는 다음과 같은 식을 통해서 출장 경비=교통비+숙박비+식비, 175만 원+4만 원(필리핀, 말레이시아)+3만 원(베트남)+90만 원=272만 원이다. 따라서 A팀보다 많은 비용이 발생한다.
② 일본에서 2일만 숙박을 하게 되면 50,000원/1박의 금액이 되고, 이틀 동안 머물게 되므로 100,000원이다.
③ A팀 224만 원 + B팀 272만 원 = 496만 원이다.
④ A팀은 총 5박 6일, B팀은 총 3박 4일이므로 B팀이 먼저 회사에 복귀하게 된다.
⑤ B팀이 100,000원을 남겨 오지 않았다면 총 100만 원의 식비를 사용했다고 볼 수 있다. 따라서 식비는 A팀과 같은 금액을 소비하게 된다.

예산 관리를 다루는 유형(예산의 수립 및 지급 비용 등)

01 ③ 02 ⑤ 03 ③ 04 ①

01 ③

홍보 효과 기대치 대비 소요되는 예산안을 고려하면 되므로, 세미나 개최의 경우 5억 원/3점=1.66…억 원/점이고, 이벤트 행사 방법의 경우는 3억 원/2점=1.5억 원/점이다. 따라서 홍보 효과 기대치 대비 경제적인 것은 이벤트 행사이다.

02 ⑤

직책에 상관없이 회사 내에 바이러스 확진자가 발생되는 것을 최소한으로 막아야 하는 것이 우선시되어야 한다.

03 ③

10월에 받게 되는 기본 금액은 6월에 비해 120% 인상되어 받게 되므로 300만 원×120%=360만 원이다. 이에 추가적으로 7월에서 9월까지 3개월간 6월 금액의 30%씩 감봉된 금액의 합은 총 270만 원이므로, 10월에 받게 되는 금액은 630만 원이다. 그러나 이는 총 500만 원을 넘게 되므로 6월에 받은 금액의 차액의 1/2를 반환해야 한다. 따라서 {630만 원–(630만 원–300만 원)/2}=465만 원이다.

04 ①

우선 기존의 합금강판에 비해 철의 함량은 낮추고 나머지 원소는 5% 이상이 되는 소재를 구매하고자 하므로, G 기업과 K 기업은 거래가 되지 못한다. 이후 100g당 각 원소의 가격을 참고로 아래의 표를 작성하면 다음과 같다.

기업명	철	마그네슘	알루미늄	아연	총금액 (1kg당)
H 기업	960원	100원	75원	40원	1,175원
I 기업	900원	120원	75원	64원	1,159원
J 기업	900원	50원	150원	40원	1,140원

따라서 합금강판 1kg당 낮은 금액 순으로 나열하면 J 기업 → I 기업 → H 기업 순이 된다.

인사 관리를 다루는 유형(입사 / 승진 / 복직 / 퇴직 등 인사에 관한 규정 / 규칙 등)

01 ④ 02 ④ 03 ① 04 ⑤

01 ④

① 해외 어학연수의 휴가를 신청하지 않는 외국인의 경우 연간 30일의 일반휴가만 사용 가능하므로 총 4년 5개월을 근무해야 한다.
② 일반휴가의 연간 지급되는 기간은 총 30일이다. 이를 분기별 6일로 나누어서 사용하게 된다면, 마지막 분기에는 총 12일이 남는다. 조건에서 10일 이상은 사용이 불가능하다고 하였기 때문에 3일의 기간을 낭비하게 된다.
③ 외국인의 경우 최소 5년간 근무를 해야 한다. 1년 차의 경우에는 해외 어학연수에 대한 휴가 신청이 어렵기 때문에 2년 차, 4년 차에 해외 어학연수를 사용해야 근무 시간이 줄어든다. 허나 해외 어학연수와 일반휴가를 같은 해에 사용할 수 없으므로 1, 3, 5년 차에는 일반휴가만 적용한다. 따라서 5년–8개월–3개월=4년 1개월이다.
④ G 회사에서 기본적으로 가장 적은 근무 기간이 가능한 사원은 특별전형으로 입사한 사원이다. 따라서 총 3년의 기간에서 1, 3년 차에 해외 어학연수 휴가를 사용하고, 2년 차에 일반휴가를 사용하게 되면 최소 근무 기간은 2년 3개월이다.
⑤ 일반전형으로 입사한 사원은 최소 4년의 근무기간이 필요하고 이 중 2년은 해외 어학연수 휴가, 2년은 일반휴가 사용이 가능하다. 따라서 4년–8개월–2개월 = 3년 2개월이다. 즉, ③과 비교하였을 때 11개월 적게 근무한다.

02 ④

상반기에는 6h의 교육 이수 시간을 넘기면 되므로 가장 적은 시간대의 수강 목록을 4개 선정한다. 여기서 소방은 1h을 수강하게 되면 2h을 인정해주기 때문에 필수적으로 넣고, 나머지 3개의 과목은 수강 시간이 적은 순서대로 넣는다. 따라서 소방교육으로 인해 이수 시간은 총 8h이 되지만 실제로 이수를 하기 위해 소요된 시간은 7h이 된다. 하반기의 경우, 유전자 변형 관련 실험을 6개월 이상 진행하였으므로 LMO 교육을 수강해야 한다. 이후 상반기와 유사하게 소방교육은 필수적으로 넣고 나머지 교육은 소요 시간이 적은 순으로 넣는 것이 유리하다. 결국 하반기에 이수된 시간은 9h이 되지만, 실제 수강했던 시간은 8h이 된다.

03 ①

주어진 자료를 바탕으로 아래와 같은 표를 작성하면 다음과 같다.

직원	근무 부서	어학 능력	근무 실적	주위 동료들에 대한 평가 (10점 만점)	기타	총점수
A	인사부	6	75	6	2	89
B	기획부	4	70	8	4	86
C	총무부	2	75	9	0	86
D	영업부	6	65	7	3	81
E	인사부	4	80	8	0	92
F	기획부	6	75	7	0	88

총점수 기준으로는 D를 제외한 나머지 모두 승진이 가능한 상황이지만 동일 부서에 2명이 승진을 할 수 없기 때문에, 인사부에서는 E가, 기획부에서는 F가 승진이 된다.

04 ⑤

추가적인 인원을 선발하지 않고 3교대에서 4교대로 전환하며 연봉 동결 시, 근로자 입장에서는 근무 시간당 받는 금액이 증가하여 이득을 얻게 되지만, 회사 입장에서는 동일한 금액이 나가기 때문에 손해를 보지 않는다.

업무 관리를 다루는 유형(업무의 우선순위 / 진행 여부 / 진행 방법 등)

01 ② 02 ③ 03 ③ 04 ⑤

01 ②

점심시간을 기준으로 오전에 3시간, 오후에 5시간 일을 할 수 있다. 참고 사항을 바탕으로 오전과 오후에 따른 가장 최적화된 경우의 방법을 찾아서 해결해 본다.
우선 판매제품 재고 파악하기를 오전에 진행하게 된다면 오전에는 판매제품 재고 파악하기 + 미팅 + 회의 준비로 총 3시간을 쓸 수 있다. 이후 오후에는 서류 정리는 보고서 작성에 포함되므로 이는 총 2시간 50분으로 감안하고, 남은 시간을 모두 더하면 오후 5시 50분에 모든 업무가 종료된다.
반대로 판매제품 재고 파악하기 업무를 오후에 하게 된다면, 오전에는 보고서 제작하기 + 기타 서류 정리하기가 되어 총 2시간 40분을 소요할 것이다. 이후 오후가 되면 판매제품 재고 파악을 후배에게 부탁할 수 있으니 이에 대한 업무는 제외가 되고, 이후 나머지 업무의 시간을 다 더하면 오후 4시 30분에 업무가 종료된다.

02 ③

ㄱ. 순이익을 분배했을 때 J사가 순이익을 극대화하게 하려면 2:1로 배분되는 광고 홍보비로 기준을 제시해야 한다.
ㄴ. G사의 순이익이 극대화되려면 연구 개발비를 기준으로 제시해야 한다. 먼저 기준 1)에 의해서 각각 5%씩 분배되어 남은 금액은 160억 원이고, 이후 연구 개발비를 기준으로 분배가 되면 J사는 40억 원, G사는 120억 원으로 배분이 된다. 따라서 최종적으로 J사는 50억 원의 순이익을, G사는 150억 원의 순이익을 얻게 되므로 정확히 3배가 맞다.
ㄷ. 제조 원가를 제외한 나머지의 지출 비용을 계산하게 되면 J사는 600

억 원, G사는 650억 원이다. G사가 J사보다 최종적으로 지출 비용이 적게 되려면 순이익 배분율이 G사에 유리한 것으로 지정되어야 한다. 연구 개발비를 기준으로 배분되면 J사는 600−50=550억 원, G사는 650−150=500억 원으로 G사가 이득을 보게 된다. 만일 판매 관리를 기준으로 하게 된다면 J사는 600−90=510억 원, G사는 650−110=540억 원으로 J사가 이득을 보게 된다. 따라서 연구 개발비 기준만을 제시하는 방법밖에 없다.

03 ③

D에 의해서 A는 C가 맡은 업무를 진행하게 되었다. 허나 C가 4월 7일~4월 8일간 B 대신 사용한다고 했으므로 4월 6일에 사용은 불가능하다. 또한 다행히 4월 13일 예정되어 있던 날의 5일 전부터 비가 온다고 했으므로 4월 둘째 주에 B가 장비를 사용할 수 있는 날은 4월 6일 뿐이다. 따라서 A가 진행할 수 있는 가장 빠른 날짜는 4월 9일이 된다.

04 ⑤

A~C의 사원이 각각 추구하는 기준에 따라서 업무 순서를 나열하면 다음과 같다.

A: ⑤ → ⑥ → ② → ⑨ / 시간이 오래 걸리는 것을 우선적인 기준으로 나열한 결과이다.

B: ⑥ → ⑨ → ② → ⑤, ⑨ → ⑥ → ② → ⑤ / 회사 창립 20주년에 가장 의미 있는 것을 우선적인 기준으로 나열한 결과이다.

C: ② → ⑥ → ⑨ → ⑤, ② → ⑨ → ⑥ → ⑤ / 영상 제작을 우선순위로 두고, 이후 B → A의 순서라는 기준을 바탕으로 나열한 결과이다.

따라서 이에 해당되는 조건과 부합되는 것은 ⑤번밖에 없으므로 정답은 ⑤이다.

Chapter 6 대인관계유형

직장 동료와의 관계를 다루고 있는 유형

01 ⑤ 02 ④

01 ⑤

① 이 부장은 근무 태도가 불량한 직원 A에 대하여 휴가를 제한하였다.
 = 지각을 줄이기 위해 긍정적 강화인 휴가를 제한하는 방법인 '소거'를 사용하였다.

② 이 부장은 항상 지각을 하는 직원 B에게 출근 시간보다 15분 일찍 출근하라고 이야기하였다.
 = 지각하는 행위를 줄이기 위해 출근 시간을 앞당기는 부정적 결과를 사용하였으므로 '처벌'을 사용한 사례이다.

③ 이 부장은 출근 시간을 잘 지키고 성실한 직원 C를 모두가 보는 앞에서 칭찬하고 인사고과에 반영하였다.
 = 출근 시간을 잘 지키는 직원 C의 행동을 칭찬하고 인사고과에 좋게 반영한 것으로 '긍정적 강화'를 사용했다고 볼 수 있다.

④ 이 부장은 매일 지각하는 직원 D에게 사무실 청소를 시켰고, 이에 반감이 생긴 직원 D는 의도적으로 매일 지각하였다.
 = 지각에 대하여 사무실 청소라는 불쾌한 자극을 주었으므로 '부정적 강화'라고 생각할 수도 있지만, 오히려 일부러 지각을 하는 등 금지된 행위가 유도되었으므로 '부정적 강화'의 효과가 나타나지 않은 사례라고 볼 수 있다.

⑤ 이 부장은 자주 지각하는 직원 E에게 개인 면담을 통하여 훈계를 하였고, 이에 직원 E는 개인 면담과 훈계를 듣기 싫어 지각하는 횟수가 현저히 줄었다.
 = 개인 면담과 훈계라는 불쾌한 자극을 벗어나기 위해 지각을 줄이는 바람직한 행위가 유도되었으므로 '부정적 강화'를 사용한 사례이다.

02 ④

④ 회사의 새로운 사업에 반대하는 구성원에게는 불이익이 있음을 이야기하며 열심히 할 것을 독려한다. (×)
 = 새로운 사업에 반대하는 구성원에게 불이익이 있음을 이야기하면 직원들의 업무 능력과 의지를 하락시켜 구성원들에게 도움이 되지 않는다.

직장 생활 중 발생하는 갈등 관리를 다루고 있는 유형

01 ① 02 ④

01 ①

② 갈등 정도가 줄어든다면 업무 성과는 항상 줄어들겠군. (×)
 = 갈등이 심한 경우 갈등 정도가 줄어든다면 업무 성과는 올라간다.

③ 갈등 정도가 증가함에 따라 업무 성과가 줄어들다가 늘어나는 현상이 발생하겠군. (×)
 = 갈등 정도가 낮음에서 적절, 높음으로 증가함에 따라 업무 성과는 증가하다 감소하는 추세를 보일 것이다.

④ 갈등 정도를 최소로 하는 것이 업무 성과를 높이는 좋은 방법이겠군. (×)
 = 자료에 따르면 적절한 갈등이 업무 성과를 높인다고 하였다. 갈등 정도가 최소라고 하여 업무 성과가 좋다고 할 수 없다.

⑤ 업무 성과 향상에 갈등이 필요하므로 일부러 반대 의견을 내는 것도 좋은 방법이겠군. (×)
 = 갈등은 서로의 의견을 조율해 가는 건설적인 방향으로 이루어져야 한다. 일부러 반대 의견을 내 갈등을 조장하는 것은 업무 성과를 증가시킬 수 없다.

02 ④

형과 동생이 서로 의견을 굽히며 협상이 시작된다. 이때 제 3자인 아버지가 갈등 해결에 도움을 주는 역할을 하였다. 따라서 〈보기〉는 진정 국면에 해당한다고 볼 수 있다.

고객 서비스를 다루고 있는 유형

01 ④ 02 ④

01 ④

㉣ "불량품을 배송해 드린 저희 잘못으로 고객님께 사용하실 수 있는 할인 쿠폰을 같이 발송해 드리거나 사은품을 증정해 드리려 하는데, 어느 편이 괜찮으실까요?" (×)

= 불량품이 배송되었을 때, 어떠한 방법으로 하면 고객이 만족스러울지 질문하는 정보 파악 단계이다. 신속 처리 단계에서는 잘못된 부분을 신속히 시정해야 하므로 "해당 부서에 불량품 관련 이슈를 전달하였으며, 불량품 회수 및 새 제품 배송 역시 접수되었습니다." 정도의 내용이 적당하다.

02 ④

업무가 집중되지 않으며 고객의 시간적 효율성과 전문적인 상담을 모두 고려하였을 때 가장 적절한 대답은 ④ "자주 물어보는 문의사항은 매뉴얼로 정리하여 상담에 도움이 될 수 있도록 하고, 전문성이 필요한 경우 전문 상담사에게 연결하도록 하면, 효율성과 전문성을 동시에 가질 수 있을 거야."이다.

Chapter 7 정보능력

소프트웨어 활용 유형

01 ⑤ 02 ② 03 ②

01 ⑤

엑셀의 가상 분석 기능 중 '목표값 찾기' 기능에 대한 문제이다.
'수식 셀'에는 변경될 값이 들어갈 셀을, '찾는 값'에는 목표값을, '값을 바꿀 셀'에는 목표값을 위해 변화할 값이 들어갈 셀을 입력한다. 이를 순서대로 바르게 나열하면,
$C$10–5,000,000–$C$20이다.

02 ②

① 워드 프로세서에 대한 설명이다.
③ 데이터 베이스에 대한 설명이다.
④ 프레젠테이션에 대한 설명이다.
⑤ 운영 체제에 대한 설명이다.

03 ②

COUNTIFS 함수는 COUNTIFS(범위, 조건 문자열, 범위, 조건 문자열…)로 표현하며, 주어진 범위에서 조건을 충족하는 횟수를 계산한다. 따라서 COUNTIFS(A2:A8, B3, C2:C8, C2)라고 입력하였다면, 이는 명단에서 개발부 사원의 인원수를 찾는 것이다. 이에 해당하는 사람은 성민아, 박한솔 2명이다.

컴퓨터의 기초적인 활용 유형

01 ④ 02 ②

01 ④

① 컴파일러(compiler)에 대한 설명이다.
② 인터프리터(interpreter)에 대한 설명이다.
③ 어셈블러(assembler)에 대한 설명이다.
⑤ 펌웨어(firm ware)에 대한 설명이다.

02 ②

① (×): 'and'는 두 단어가 모두 포함된 문서를 검색한다.
② (○): ' – '는 해당 기호의 앞에 오는 단어를 포함하지만 기호의 다음에 오는 단어를 포함하지 않는 문서를 검색한다.
③ (×): 'near'는 두 단어가 가깝게 인접해 있는 문서를 검색한다.
④ (×): 'or'는 두 단어가 모두 포함되거나, 하나만 포함된 문서를 검색한다.
⑤ (×): '!'는 ' – '와 마찬가지로 해당 기호의 앞에 오는 단어를 포함하지만 기호의 다음에 오는 단어를 포함하지 않는 문서를 검색한다.

정보의 분류 / 적용 / 분석 유형 (바코드, 분류 코드 등)

01 ② 02 ② 03 ③

01 ②

제품 용도 중에서 04(저장용)의 코드를 가지고 있는 제품을 찾아야 한다. 따라서 김민호, 최성희 2명이 담당하는 창고 내 제품이 저장용 제품이다.

02 ②

생산 연월 코드가 동일한 제품을 찾아야 한다. 김민호와 이재준이 담당하는 제품이 생산 연월 코드가 1711로 동일하다.

03 ③

생산 연월 코드 앞 2자리가 18로 시작하는 코드의 제품을 찾아야 한다. 강준희, 박대희, 성혜정 등 이 3명이 담당하는 창고 내 제품이 18년도에 생산한 제품이다.

정보의 이해 및 분류에 관한 유형

01 ③ 02 ① 03 ① 04 ⑤

01 ③

생산 연도와 모델의 코드가 같은 관리자는 17CR(2017년 캐리어)로 송지용 – 진선화가 같다.

02 ①

줄무늬 디자인 가방은 디자인 코드가 ST인 것을 찾아야 한다. 해당 가방을 관리하는 관리자는 정찬현 1명이다.

03 ①

용량	단/양면	모델 종류	대역폭	비트폭	버전	디자인	변경 번호
64GB	2R	U	2400	x16	1.0	A	3

04 ⑤

디자인 코드가 E이거나 버전 코드가 3.0 이상인 것을 찾아야 한다. ②, ③, ④, ⑥, ⑦, ⑧ 총 6개의 코드이다.

Chapter 8 ______ 기술영역

매뉴얼 적용을 다루고 있는 유형 (제품 매뉴얼, 설명서 등)

01 ③ 02 ②, ⑤

01 ③

(○) ① 김 과장: 『어린이용 잠금』이 설정되어 있어 전원이 켜지지 않아 잠금을 해제 후 사용하였다.
(○) ② 이 대리: 새 제품이라 필터의 비닐을 제거하지 않아 제거 후 사용하였다.
(×) ③ 김 부장: 조작하지 않았는데 풍량이 변하여, AS 센터에 신고하였다.
〈사용 매뉴얼〉에 의하면 조작하지 않았는데 풍량이 변하였다면 『작동 모드』을 확인하여야 한다.
(○) ④ 이 사원: 풍량을 바꾸고 싶어 현재의 작동 모드를 확인 후 『모드 전환 버튼』을 조작해 작동 모드를 변경하였다.
(○) ⑤ 최 대리: 갑자기 전원이 들어오지 않아 전원 플러그와 콘센트의 연결을 확인하였다.

02 ②, ⑤

(○) ① 에어컨의 무게와 안정성을 고려할 때 바닥에 설치하는 것이 바람직하겠군.
(×) ② 에어컨 위치를 수시로 바꿀 수 있도록 바닥면에 고정하지 않는 것이 좋겠어.
〈에어컨 설치 중 주의사항〉에 의하면 강풍이나 지진 발생에 대비해 제품이 바닥 면에 고정될 수 있도록 설치하라고 명시되어 있다.
(○) ③ 정전이나 전류 누설에 대비하여 규정된 용량의 차단기와 퓨즈를 사용하였는지 확인해야겠어.
(○) ④ 에어컨의 정격 냉방 능력을 확인 후 표기치보다 크면 안전 관리자를 선임해야겠어.
(×) ⑤ 인테리어를 고려하여 에어컨의 모양을 내 취향에 맞게 개조해야겠어.

변화 규칙 또는 알고리즘을 적용하거나 분석하는 유형

01 ③ 02 ④

01 ③

색이 칠해진 도형을 제거한 뒤, 남아 있는 색이 칠해지지 않은 도형에 색을 칠하고 마지막으로 맨 아래줄의 도형의 색을 제거하면 오른쪽 그림과 같은 도형을 얻을 수 있다.

02 ④

W와 L은 가로와 세로의 칸 수를 의미한다. 또한 T는 삼각형, R은 정사각형, S는 별 모양을 의미하며 괄호 안의 숫자는 도형이 위치한 곳을 의미한다. +와 −는 도형의 색칠 여부를 나타내며 +는 색칠되어 있는 도형을, −는 색칠되어지지 않은 도형을 나타낸다. 마지막으로 있는 숫자는 도형 크기의 순서를 나타낸다. 주어진 세 도형 중 가장 큰 도형에 1을, 두 번째로 큰 도형에 2를, 세 번째로 큰 도형에 3을 표시하여 준다.

기술의 이해 및 적용을 다루고 있는 유형

01 ③ 02 ④ 03 ⑤

01 ③

(○) ① A 사원: 점점 중요해지는 환경 문제에 큰 도움이 될 수 있는 기술이구나.
(○) ② B 사원: 기술이 발전하면서 차량 내에서 배터리가 차지하는 비중이 줄면서 설계의 유연성이 더해지겠구나.
(×) ③ C 대리: 전기 도로를 설치하는 비용이 현재 석탄 연료 사용 비용보다 비싸니 설치하지 않는 것이 장기적으로 보았을 때 경제적으로 이익이겠구나.
무선 충전 전기 자동차에 대한 설명에 따르면 전기 도로를 설치하는 것이 장기적으로 보았을 때 경제적으로 이익이다.
(○) ④ D 과장: 이미 유럽에서 전기 도로를 설치하려는 움직임을 보니 앞으로 전기 도로에 대한 관심이 높아지겠어.
(○) ⑤ E 부장: 전기 자동차 기술이 발전하고 상용화된다면 장거리 운전에도 충전을 자주 하지 않아도 되겠구나.

02 ④

a) 인터넷 경제의 3원칙 가운데 하나로, 마이크로칩의 밀도가 18개월마다 2배로 늘어난다는 법칙이다. [24개월(×), 18개월(○)]
b) 가치 사슬을 지배하는 법칙은 조직의 계속 거래 비용은 비용이 적게 드는 쪽으로 변화한다는 것이다. [많이 드는 쪽으로(×), 적게 드는 쪽으로(○)]
c) 메트칼프의 법칙은 어떤 네트워크의 유용성 또는 실용성은 사용자의 제곱에 비례한다는 법칙이다. (○)
d) 무어의 법칙과 메트칼프의 법칙은 인터넷 관련 사업에서 가입자가 곧 수입이라는 네트워크 비즈니스로 이해되어 왔다. (○)

03 ⑤

㉠, ㉡, ㉢ 모두 a, b, c에 해당하는 실패 요인을 정확하게 분석한 설명이다.

Chapter 9 ______ 조직이해능력

조직 구조의 이해를 다루는 유형(조직도, 회의록, 공지사항, 회사의 비전 / 미션 등)

01 ① 02 ④ 03 ① 04 ④

01 ①

법정 의무교육은 직원들이 필수적으로 받아야 하는 교육이므로, 교육과 관련된 부서인 인재개발팀에 속한 담당자에게 연락을 취해야 한다. 따라서 연락을 취할 담당자가 속한 본부는 경영지원본부이다.

02 ④

신년사 내용 중 '실패를 회피하고 비난하는 문화에서 탈피하여 실패를 인정하고, 실패로부터의 교훈을 성장의 동력으로 삼는 문화로 전환해 나가야 합니다.'라는 내용을 통해 '실패를 최대한 줄인다.'라는 보기는 바람직하지 않다는 것을 확인할 수 있다.

03 ①

① 개발 초안이 완성되어 있다는 사실은 확인할 수 없다. 회의 일자는 3월 20일이며, 개발 초안 보고가 5월인 것으로 보아 신규 교육 프로그램 개발 초안은 아직 완성되지 않았다고 보는 것이 타당하다.
② 회의 참석자가 인재개발팀 전원인 것으로 보아 작성자인 K 대리는 인재개발팀 소속이다.
③ 멘토링 및 학습 세션이 8주간 진행되며, 주 1회 보고를 하기 때문에 교육 결과를 총 8회 팀장에게 보고한다.
④ 업체 품평회가 3월 27일에 진행되기 때문에 참여 독려 메일은 3월 27일 이전에 발송되어야 한다.
⑤ 십만 원 이상 천만 원 미만의 비용 처리는 구두 보고가 필요하다.

04 ④

11만 5천 원의 비용은 십만 원 이상 천만 원 미만의 비용 처리 프로세스에 속한다. 또한 사무용품 구매는 L 사원이 하는 것이기에 L 사원 – 팀장 – 실장 순으로 결재가 이뤄져야 한다.

결재 양식 및 프로세스 판단 유형

01 ①　02 ④

01 ①

규정을 살펴보면 50만 원을 초과하는 접대비 항목에서만 대표 이사의 결재가 필요하며, 그 외에는 모두 전결권자가 존재한다. 따라서 틀린 진술이다.

02 ④

100만 원 초과의 법인카드 내역은 본부장 전결로 처리된다. 따라서 4번이 적절하게 작성되었다.

조직을 운영하는 데 필요한 경영 전략을 다루는 유형

01 ④　02 ④　03 ⑤

01 ④

① (○) SO 전략: 카페인이 없는 건강한 음료(S) + 웰빙 라이프(O)
② (○) WO 전략: 음료에 포함된 비타민의 효능을 강조(W) + 몸에 좋은 음료(O)
③ (○) ST 전략: 가장 많은 사람들이 찾는 1등 비타민 음료임을 제시(S) + 타 브랜드 제품과의 차별화(T)
④ (×) WT 전략: WT 전략은 약점을 극복해 위협 요인을 극복하는 전략이다. 하지만 제품을 프리미엄화하여 높은 수익성을 창출하는 것은 오히려 강점을 포기하는 행위로 WT 전략이 될 수 없다.
⑤ (○) WO 전략: 건강한 이미지의 광고 모델(W) + 웰빙 이미지 강조(O)

02 ④

갑 부장(○): 전략 목표 설정 단계에서는 비전과 미션을 설정하여야 한다.
을 차장(○): 환경 분석은 내/외부 환경을 분석하는 것으로 분류되며, SWOT 분석은 이를 동시에 분석할 수 있다.
병 과장(○): 경영 전략 설정은 조직 / 사업 / 부문 전략으로 나뉠 수 있으며, 이를 토대로 경영 전략이 실행된다.
정 대리(×): 경영 전략 실행 이후 결과를 평가하며, 이에 따라 전략 목표 및 경영 전략을 재수정하는 과정이 필요하다.

03 ⑤

제시된 〈분석 항목〉에서 강점은 ③ ⑥, 약점은 ① ⑧, 기회는 ⑤ ⑦, 위험은 ② ④가 가장 적합하다.

Chapter 10 직업윤리

공동체 윤리를 다루고 있는 유형

01 ③　02 ①

01 ③

메일을 보낸 의도는 메일을 읽은 후 A/S 서비스 향상에 대한 태도를 취하는 것을 목적으로 하고 있다. 그러나 ③의 보기는 서비스 향상과 관련 없이 고정 비용이 크지 않으니 사례처럼 노력하지 않아도 된다는 입장이다. 이는 서비스 향상을 바라는 회사의 목적과는 부합하지 않으므로 적절하지 않은 태도이다.

02 ①

① (○) 규제의 범위에 대해 A 사원은 보다 강력한 규제를 통한 강제적인 사회적 책임 활동을 이야기하며, B 과장은 최소한의 규제를 통한 기업의 자발적인 사회적 책임 활동을 이야기하고 있다.
② (×) 이미지 개선의 부분은 B 과장만 이야기하는 부분으로 전체 주제로는 옳지 않다.
③ (×) A 사원과 B 과장은 사회적 책임 활동의 적극성보다는 규제에 초점을 맞춰 이야기하고 있다.
④ (×) 자발적 책임 활동의 이유에 대해서 언급이 되어 있지만 주요 논점은 규제의 범위에 더 초점이 맞춰져 있다.
⑤ (×) 해당 내용에 대한 언급은 크게 나타나지 않는다.

근로자 윤리를 다루고 있는 유형

01 ⑤　02 ③　03 ④

01 ⑤

신년사를 통해 대표 이사가 전하고자 하는 말의 핵심은 갑질에 대한 경계이다. 다만 이런 경계가 조직이 설정하는 규제를 통해 정해지는 경계는 아니다. 임직원이 스스로 갑질에 대해 경계하고 스스로 상생을 추구하는 태도를 갖추는 것을 의미한다. 따라서 이에 가장 부합하는 보기는 ⑤이다. 다른 보기들은 규제와 관련된 내용을 포함하고 있으므로 부적절한 반응이다.

02 ③

A 이사는 직업윤리의 5대 원칙 중 객관성의 원칙을 유지해야 한다. 객관성의 원칙은 '업무의 공사 구분을 명확히 하고 모든 것을 투명하게 처리하는 것'이다. 따라서 입찰 기간이 지났기에 친구의 부탁이 오더라도 기간 내 입찰을 하지 않은 친구의 회사는 제외하고 기존 입찰한 회사들만 공정하게 평가를 해야 한다. 따라서 적절한 보기는 ③이다.

03 ④

두 내용을 보면 공통적으로 제도적인 장치가 없기 때문에 성희롱이 발생하더라도 적절한 후속 조치가 이뤄지지 않았다는 점이 보인다. 제도가 없기 때문에 적절한 처벌이 없으며, 이로 인해 직장 내 성희롱이 근절되지 않는다는 것을 예상할 수 있다. 따라서 P 대리는 팀장에게 제도를 만드는 것과 관련된 아이디어를 제시하는 것이 가장 적절하므로, 정답은 ④이다.

PART* 02 응용편 예상문제

Chapter 1 의사소통능력

01 ①	02 ⑤	03 ⑤	04 ④	05 ③	06 ④
07 ③	08 ②	09 ①	10 ③	11 ④	12 ③
13 ②	14 ①	15 ④	16 ③	17 ①	18 ④
19 ①	20 ⑤	21 ②	22 ③	23 ④	24 ②
25 ③	26 ①	27 ①	28 ③	29 ⑤	30 ④
31 ④	32 ②	33 ⑤	34 ②	35 ⑤	36 ②
37 ④	38 ③	39 ①	40 ②		

01 ①

조국이 비극적인 역사를 갖고 있을 때 시인의 역할을 말하고 있으므로 시인의 역할, 사명, 책임 등이 이 글의 주제라고 할 수 있다.

02 ⑤

러시아어 표준어 정책을 강력하게 실시한 이후부터 러시아의 문예어가 발달하기 시작했다고 했다. 그 과정에서 민주 의식이 고양되면서 표준어가 결정되고 국민 문예가 성립하는 과정을 거쳤다고 했으므로 ②가 가장 적절하다.

03 ⑤

행랑채를 수리하지 않았던 것, 나무가 썩어서 못 쓰게 되는 것의 예를 들면서 잘못을 바로 고쳐야 한다는 것을 궁극적으로 주장하고 있다.

04 ④

보기의 문서는 공문서에 대한 설명이다. 공문서의 작성법은 다음과 같다.

- 공문서는 회사의 외부로 전달되는 문서로 누가, 언제, 어디서, 무엇을, 어떻게(왜)가 정확하게 드러나도록 해야 한다.
- 날짜 작성은 꼭 해야 하며, 연도와 월일을 반드시 기입해야 한다. 또한 날짜 다음에 괄호를 사용할 경우에는 마침표를 찍지 않는다.
- 한 장에 담아내는 것이 원칙이다. → 따라서 ④의 내용은 옳지 않다.
- 마지막엔 반드시 '끝'자로 마무리 해야 한다.
- 복잡한 내용은 항목별로 구분한다.

05 ③

글의 서두에서 '힐링'으로 시작하고 있지만 여러 가지 상품들보다는 내면에 눈뜨고 운동을 통해 자신감을 얻는 것이 '힐링'의 시작이라고 하고 있다.
① 글의 내용을 너무 포괄적으로 담고 있다.
⑤ 운동뿐만 아니라 명상 등을 통해 내면도 다스려야 한다.

06 ④

B: 문장을 그어가면서 암기하는 독서는 진정한 독서가 아니라고 하였다.
D: 같은 책이 아닌, 글을 읽고 다음으로 그 글을 집필한 필자, 그리고 그 글이 제기하고 있는 문제뿐만 아니라 필자가 어떤 시대, 어떤 사회에 발 딛고 있는지를 읽어야 한다고 했다.

07 ③

한국 사회의 경우 근대화가 급속하게 압축적으로 이루어졌기 때문에 근대적 개인주의 문화가 정착되지 못했다.
① 가: 이 글의 전체 내용으로 보아 맞는 내용이다.

08 ②

헌법 재판관들은 현재 다수 국민들의 실제 의사를 반영하기 위하여 임명되는 것이 아니다. 그들의 임무는 현재 국민들이 헌법을 개정하지 않는 한 헌법에 선언된 과거 국민들의 미래에 대한 약정을 최대한 실현하는 것이다. 그래서 헌법 재판은 의회로부터 ③ 어느 정도 독립되고, 전문성을 갖춘 재판관들이 담당해야 한다.

09 ①

토지 자유제는 자본주의 성립을 위한 필수 조건이 아니라고 주장하고 있다.

10 ③

지문의 가장 첫 부분이 빈칸인 것으로 보아, 빈칸에는 주제문 혹은 중심 내용이 들어가는 것이 가장 알맞다. 단원 김홍도의 그림을 비롯하여 우리의 전통 회화에서는 사실적인 것을 추구한 서양 회화와는 달리, 그림자 표현을 찾아보기 어렵다고 하였다.

11 ④

한국 한자음이 중국 한자음에 기반을 두고 있을 수도 있다는 것으로 보아 '한국 한자음의 뿌리'로 오답을 선택할 수 있다. 하지만 결국엔 중국, 일본, 베트남의 한자음과도 다르다고 하였고 독특한 모습을 띠는 경우가 많다고 했으므로 '특성'이 가장 알맞은 제목이다.

12 ③

모차르트의 장례식 날에는 천둥이 치고 진눈깨비가 흩날렸다고 하였지만, 기상대에 남아 있는 기상 자료와 일치하지 않는다고 하였다. ⑤의 경우, 수입이 적지 않았다는 것으로 보아 그의 작품성과 수입은 비례했다.

13 ②

② 미래 전략을 수립하고 분별 있는 결정을 내리기 위해 의사 결정자들은 미래학자에게서 단순히 전망 보고나 브리핑을 받는 데서 그치지 않고, 그들과 정기적으로 장기적인 사안을 논의할 수 있어야 한다고 하였다.

14 ①

월급은 익일(다음달) 12일에 지급된다고 했으므로 6월 12일까지는 수습 기간 동안의 월급인 180만 원을 받는다.
② 1일 근무 시간은 8시간이고 근무는 오전 9시부터 오후 6시까지이니 휴식 시간은 1시간이다.
③ '수습 사원'의 2)항을 보면 채용이 거부될 수 있다고 나와 있다.
④ 연봉이 24,000,000원이면 월급은 200만 원이다. 단, 수습 기간 3개월은 180만 원을 받으므로, (180x3)+(200x9)=2,340만 원이다.
⑤ '안전 보건' 항목의 2)항에서 과실로 인한 재해는 안전 보건 관리 규정에 따라 처벌된다고 했다.

15 ④

㉠ – 산출할 수 있는 최대의 수익을 얻기 위해 경작이 이루어지므로 '판매를 위해 경작하는 농업'이 맞다.
㉡ – 앞에 '인간적이었던 관계가 사라진 것처럼'이라고 했으니 '친밀하고 가까웠던 관계'가 사라진 것이 맞다.
㉢ – 대량 판매 시장을 위해서이므로 '기계가 인간을 대체'가 옳다.
㉣ – 뒷부분에 '임금 구조의 고착화로 농장주와 농장 노동자 간의 소득 격차는 갈수록 벌어졌'다고 하였으니 양극화가 나타난 것이 옳다.

16 ③

① 19년도 11월부터 20년도 2월까지의 지역 발전 기여도를 살펴보니까 해당되지 않는 기간이다.
② 법 위반 사실이 있거나 신용 등급이 낮은 기업 모두 제외된다.
③ 현장 실사 단계에서 근로자의 임금 수준, 비정규직 비중, 근로 시간 등을 조사한다.
④ 우수 기업 중에서 모범 기업을 선정하므로 틀리다.
⑤ 후보 기업은 500개이고, 모범 기업은 30개소를 선정하므로 10%가 아니다.

17 ①

'판옥선'의 장점과 임진왜란에서의 역할 등을 말하고 있지만 그 한계점에 대한 언급은 없다.

18 ④

일본군은 우리와 달리 승선 전투 전술에 강했고, 판옥선은 선체가 높았기 때문에 일본군들을 곤란하게 했다.

19 ①

배출 시간은 수거 전날 저녁 7시부터 수거 당일 새벽 3시까지인데, 일요일에는 수거를 하지 않는다. 따라서 토요일은 수거 전날에 해당되지 않는다.

20 ⑤

빈칸에 알맞은 접속사를 넣는 것은 명쾌하게 답이 보일 때도 있지만, 애매하여 그중에 가장 최선의 답을 골라야 하는 경우도 있다.
㉠ – 앞에는 '국민'에 함의되어 있는 말을 나타냈고, 그 뒤에 '국민'에 함의되어 있는 말이 결국 불안감을 조장하는 일이기도 한 부정적인 뜻을 나타내기도 하므로 '그런데, 그러나'가 가장 적절하다.
㉡ – 일본에서 불안감을 조장한 일은 식민지 조선에서도 마찬가지였으므로 '그리고'가 가장 알맞다.

21 ②

일본이 사용한 '국민' 의식의 강조는 조선인들에게 심리적인 포섭의 원리인 동시에 '비국민'으로서의 공포감을 동반한 강력한 배제의 원리로 작용하였으므로 ⑤가 가장 적절하다.

22 ③

조선 시대의 농사 방법에 대한 설명글이다. 농사 방법에 따라 각 장점과 단점들을 나열하며 설명하고 있다.

23 ④

모두 다 밭고랑에 농사를 짓는 방식이었다.

24 ②

① (×) 4단락에서 법칙과 자료를 지금 모두 알 수 없어도 여전히 유의미하게 인과 관계를 주장할 수 있다고 했으므로 관련 법칙을 명시할 수 없어도 인과 진술은 의미가 있다.

② (○) 5단락에서 입증이나 반증하는 증거가 나타날 여지가 있으면 유의미하다고 했다.

③ (×) 사건 X는 사건 Y의 원인이라는 것은 사건 X는 사건 Y보다 먼저 일어났다는 것이므로 논리적 도출을 통해 입증된 인과 진술들 가운데 나중에 일어난 사건이 원인이 될 수 없다.

④ (×) 미래의 어느 시점에 그 진술을 입증 또는 반증하는 증거가 나타날 여지가 있다면 그 진술은 유의미하다고 했다. 따라서 입증이나 반증의 시기를 가까운 장래로 한정하지 않는다.

⑤ (×) 우리가 관련 법칙과 자료를 지금 알 수 없어도 여전히 유의미하게 인과 관계를 주장할 수 있다고 했으므로 인과 관계가 반드시 배척되는 것은 아니다.

25 ③

ㄱ. (○) 'A는 B의 원인이다'와 'C는 D의 원인이다'는 둘 다 유의미하다.

ㄴ. (×) 틀린 법칙을 사용했다고 해서 우리의 인과 진술이 무의미하다고 주장해서는 안 되기 때문에 거짓이 아니라 참이 된다.

ㄷ. (○) 틀린 법칙을 사용했다고 해서 우리의 인과 진술이 무의미하다고 주장해서는 안 된다라고 하면서 이 경우에도 인과성을 인정하고 있다. 따라서 병호가 A로부터 B를 논리적으로 도출하기 위해 사용한 법칙과 자료가 거짓이어도 A는 B의 원인이라는 것은 유의미하다. 또 우리는 관련된 참된 법칙과 자료를 써서 C로부터 D를 논리적으로 도출함으로써 C가 D의 원인이라는 것을 입증했다고 하면서 인과관계를 인정하고 있다. 따라서 정호가 C로부터 D를 논리적으로 도출하기 위해 사용한 법칙과 자료는 참인 경우 당연히 C는 D의 원인이라는 것은 유의미하다.

26 ①

① 업무 보고서는 핵심이 잘 드러날 수 있게 최대한 간결하고 명료하게 써야 한다.

[업무 보고서 작성 시 유의 사항]

- 상사에게 보고해야 할 특이 사항이나 제안 사항이 있으면 기재한다.
- 최대한 중복을 피하고 간결하게 서술한다.
- 내용에 대한 예상 질문을 사전에 생각하고 그에 대한 답을 미리 준비한다.

27 ①

신제품의 수요 동향에 대한 내용이므로 보고서의 제목은 〈신제품 ○○의 수요 동향 보고서〉가 가장 적절하다.

28 ③

한 개의 문구를 읽고 여러 가지 해석 방법을 통하여 여러 가지 해석을 할 수 있다는 뜻에서, 언어가 두루 영향을 미치는 보편적인 의미를 갖고 있다고 할 수 있다.

29 ⑤

'실내'가 아닌 '실외'에서 신발을 신어도 된다고 판단한 것은 반대 해석을 한 것이다. ①, ②는 확장 해석이고 ③, ④는 실내가 더러워질 것을 염려해 팻말을 붙였을 거라는 유추를 한 것이므로 유추 해석을 한 것이다.

30 ④

감염에 대한 반응을 '발열', '면역 체계 가동', '자연 선택에 의한 반응'으로 나누어 설명하고 있다.

⑤ 아프리카 흑인 등의 예시는 있지만 설명의 이해를 돕기 위한 것일 뿐, 주장하기 위한 것은 아니다.

31 ④

㉣에는 영리한 병원체들이 굴복하지 않는 존재가 들어가야 하므로 병원체들과 맞서 싸우는 '면역력'이 적당하다. 나머지에는 '질병'이 알맞다.

32 ②

② 예방 접종은 질병을 실제로 경험하지 않고 죽은 병원체를 접종하는 것이다.

① 수동적인 현상처럼 여겨지지만 능동적인 행위가 된다.

③ 정상 모양인 도넛 모양에서 낫 모양으로 변화시켜 말라리아로부터 저항성을 가지게 한다.

33 ⑤

㉠ 앞에는 종교 조직이 제국 조직의 구성 요소로 전락했다는 내용이, 뒤에는 개인이 종교 조직에 구속받지 않게 했다는 비슷한 내용(종교 조직의 위상이 떨어짐)을 말하고 있으므로 '또한, 게다가' 등이 알맞다.

㉡ 앞에서 제국이 강력한 힘을 가진 정치의 행위 주체뿐만 아니라 여러 토대를 마련했다고 하였고 뒤에서도 문화적 통합을 가능하게 한 힘이었다는 것으로 보아 ㉡ 앞의 내용을 한 문장으로 정리하는 것이다. 따라서 '즉, 다시 말해, 따라서' 등이 적당하다.

34 ②

제국이 발전함에 따라 피지배 세력이 아닌 지배 엘리트가 사용하는 언어가 사회의 보편적인 언어가 되었다.

⑤ 제국은 개인이 종교나 씨족과 같은 기존 체제와 맺는 관계를 약화시켰다.

35 ⑤

29일 디딤돌 대출 신청분부터 유한 책임 대출 대상자를 부부합산 연소득 5천만 원 이하까지 확대한다고 했으므로 해당되지 않는다.

36 ②

① (○) (1단락 마지막 줄) 흑체는 온도에 따라서 다양한 색을 띨 수 있기 때문에 검지 않게 보일 수 있다.

② (×) 온도가 올라감에 커지다가 줄어드는 것이 아니라 (3단락 1줄) 전자기파의 파장이 커짐에 따라 그러한 경향을 보인다. 또 공동 온도가 상승하면 전자기파가 방출되지만 파장이 지속적으로 커지는 것은 알 수 없다.
③ (○) (2단락 마지막 줄) + (1단락 마지막 줄)에 의하여 알 수 있다.
④ (○) (3단락 1줄)에 의해서 알 수 있다.
⑤ (○) (2단락 3줄~)에서 상온으로 유지되는 공동 내벽에 전자기파가 방출된다는 것을 알 수 있다.

37 ④

① (○) 분구와 호석은 지상에 분명하게 성토한 '분'에 설치되므로 발견되지 않는다.
② (○) 묘는 세 가지 요소로 구성되고 있고 묘, 분, 총의 발전 단계를 상정하기도 한다.
③ (○) (가)의 16번째 문장, 17번째 문장을 보면 알 수 있다.
④ (×) 이러한 것을 일상품적 위세품이라고 하므로 일상품에 해당한다.
⑤ (○) 성토를 높게 하여 뚜렷하게 구분되는 대형 분구를 총이라고 하므로 총에 묻힌 피장자의 신분이 높다는 것을 추론할 수 있다.

38 ③

① (○) B 가설에 의하면 삼국 모두 묘 – 분 – 총의 발전 단계를 보이면서 성토가 높은 것은 신분의 높음이라고 하였다. 그런데 근거 a는 가장 높은 신분을 표현한 것이므로 강화한다.
② (○) A 가설에 의하면 시신을 넣어 두는 용기는 목관과 옹관뿐이다. 하지만 석관이 있다는 것은 이 가설을 약화시킨다.
③ (×) 근거 d는 가설 C와 아무 상관이 없다.
④ (○) 근거 b에 의해 가설 B가 약화된다. 따라서 수용될 수 없고, 근거 c에 의해 가설 A가 약화되기 때문에 수용될 수 없다. 따라서 근거 b, c에 비추어 수용될 수 있는 가설은 C이다.
⑤ (○) : 근거 b에 의해 가설 B가 약화되며 근거 c에 의해 A가 약화된다. 또 근거 a ~ d는 가설 C와 관련이 없다.

39 ①

① (○) 변화와 성질이 전혀 다른 새로운 물건이 만들어진 것으로 변호사의 반론을 강화한다.
② (×) 두 지폐는 동일성이 유지되므로 변호사의 반론을 강화하지 않는다.
③ (×) 두 이름 모두 첫째라는 실체에 변화가 없으므로 변호사의 반론을 강화하지 않는다.
④ (×) 작품에 이름을 쓰기 전이나 후나 동일하기 때문에 반론을 강화하지 않는다.
⑤ (×) 수술 전과 후의 사람은 똑같으므로 반론을 강화하지 않는다.

40 ②

원칙의 내용을 정리하면 다음과 같다.
(1) 사람 → 책임 (2) 정체성 X → 책임 X = (2–1) 책임 → 정체성
(3) 인과 관계 → 역사적 연속성
(4) 역사적 연속성 ≡ 정체성
① (○) (3) + (4)에 의해 박을수와 김갑수는 동일한 정체성이 인정되므로 김갑수는 이리나를 죽인 사람이 된다.
② (×) (4)에 의해 이리나를 죽인 사람이 김갑수라고 판단할 수 있다.
③ (○) (1)에 의해 책임이 있어야 하는데 (2)에 의해서 정체성이 없다면 책임도 물을 수 없다. 따라서 정체성이 없다면 책임도 없기 때문에 유죄 판결을 내리기 위해서는 정체성이 필요하다.
④ (○) (2)에 의해 정체성이 없어야 책임을 물을 수 없다. 그리고 (4)에 의해 변호사는 김갑수의 책임을 부정하는 무죄를 입증 못한다. 따라서 변호사의 변론은 김갑수의 무죄를 입증하지 못한다.
⑤ (○) (2)에 의해 정체성이 없어야 책임을 물을 수 없다. 그런데 제시문에서 생채 정보의 지속만 개인 정체성 지속의 요건이라면, 박을수와 김갑수는 생채 정보의 지속성이 인정이 되지 않아서 개인 정체성 지속의 요건을 갖추지 못한다. 따라서 책임을 묻기 어렵다.

Chapter 2 ____ 수리능력

01 ②	02 ⑤	03 ①	04 ④	05 ⑤	06 ④
07 ⑤	08 ③	09 ④	10 ①	11 ⑤	12 ⑤
13 ①	14 ②	15 ③	16 ③	17 ①	18 ④
19 ②	20 ③	21 ⑤	22 ②	23 ⑤	24 ④
25 ④	26 ②	27 ①	28 ③	29 ③	30 ⑤
31 ④	32 ④	33 ⑤	34 ②	35 ①	36 ①
37 ④	38 ①	39 ⑤	40 ②		

01 ②

ㄱ. 성인 남자 문맹률이 높은 지역일수록 문맹 청소년 수가 많다.
⇒ (×) 〈그림 1〉을 보면 D, E 지역의 문맹률은 각각 10%, 9%임을 알 수 있다. 하지만 〈그림 2〉를 보면 D 지역의 문맹 청소년 수가 E 지역의 문맹 청소년 수보다 적으므로 ㄱ은 옳지 않다.
ㄴ. A 지역의 경우, 성인 남자 문맹자 수는 성인 여자 문맹자 수보다 많다.
⇒ (×) 〈그림 1〉에서 알 수 있는 것은 각 지역별 성인 남자와 성인 여자의 문해율 및 문맹률뿐이다. 즉, 문맹자 수 자체는 알 수 없으므로 ㄴ은 알 수 없다.
ㄷ. 남녀 간 성인 문해율의 차이가 가장 큰 지역은 B 지역이다.
⇒ (○) 〈그림 1〉을 보면 남녀 간 성인 문해율의 차이가 가장 큰 지역은 B 지역임을 쉽게 알 수 있다.
ㄹ. A 지역의 문맹 청소년 수는 C 지역의 문맹 청소년 수의 2배 이상이다.
⇒ (○) 〈그림 2〉를 보면 문맹 청소년 지역별 분포 중 A 지역의 문맹 청소년이 차지하는 비율은 55%이고, C 지역의 문맹 청소년이 차지하는 비율은 26%이다. 따라서 A 지역의 문맹 청소년 수는 C 지역의 문맹 청소년 수의 2배 이상임을 알 수 있다.
ㅁ. 성인 여자 문맹률이 두 번째로 높은 지역은 문맹 청소년 수가 전체 지역 중에서 두 번째로 많다.
⇒ (×) 〈그림 1〉을 보면 성인 여자 문맹률이 두 번째로 높은 지역은 A 지역이다. 그런데 〈그림 2〉를 보면 A 지역은 문맹 청소년 수가 전체 지역 중 가장 많으므로 ㅁ은 옳지 않다.

02 ⑤

ㄱ. 안전 점검 대상 시설물 중 지하도 상가의 소유 주체는 1종과 2종 모두 민간이 공공보다 많다.
⇒ (×) 〈표 1〉을 보면 안전 점검 대상 시설물 중 지하도 상가의 소유 주체는 2종의 경우 공공이 더 많다는 것을 쉽게 알 수 있다.

ㄴ. 안전 점검 결과가 E급인 시설물은 모두 지자체 관리 시설물이다.

⇒ (○) 〈표 3〉을 보면 안전 점검 결과가 E급인 시설물 5개소는 모두 지자체 관리 시설물임을 쉽게 알 수 있다.

ㄷ. 안전 점검 대상 시설물 중 철도, 댐, 하천의 소유 주체는 모두 공공이다.

⇒ (×) 〈표 1〉을 보면 철도에서 교량 2종의 경우 1개소는 민간 소유임을 쉽게 알 수 있다.

ㄹ. 안전 점검 대상 시설물 중 터널, 지하차도는 안전 점검 결과 취약 시설물로 판정되지 않았다.

⇒ (○) 〈표 3〉을 보면 취약 시설물로 판정된 시설물 중 터널, 지하차도는 없으므로 ㄹ은 옳은 설명이다.

ㅁ. 안전 점검 대상 시설물 중 90% 이상이 A급 또는 B급이었으며, 취약 시설물 중 지자체 관리 시설물이 가장 많다.

⇒ (○) 〈표 2〉에서 안전 점검 대상 시설물은 총 38,232개소이다. C, D, E급 판정을 받은 시설물의 합은 3,299+68+5=3,372개소인데, 이는 38,232의 10%보다 작으므로 A, B급을 받은 시설물의 합은 90% 이상임을 알 수 있다. 또한, 〈표 3〉을 보면 취약 시설물 중 지자체 관리 시설물이 가장 많다는 것을 쉽게 알 수 있다.

03 ①

① 2008년은 전년에 비해 '지지 정당 없음'의 비율이 낮아졌다.

⇒ (○) 〈그림〉을 보면 전년 대비 2008년 정당 지지도는 A당과 B당 모두 증가하였음을 알 수 있다. A당과 B당 모두 증가하였다는 뜻은 결국 '지지 정당 없음'의 비율이 낮아졌다는 뜻이므로 ①은 옳은 설명이다.

② 2006년에 비해 2007년에 모든 연령대에서 A당에 대한 지지도는 높아졌다.

⇒ (×) 〈표〉를 보면 60대 이상의 경우 2006년 대비 2007년 A당에 대한 지지도는 낮아졌음을 쉽게 알 수 있다.

③ 20대의 정당 지지도 차이는 2006년부터 확대되고 있으나, 2009년에는 축소되었다.

⇒ (×) 〈표〉를 보면 20대의 정당 지지도 차이는 2006년에는 18.8%, 2007년에는 1.2%이므로 ③은 옳지 않다.

④ A당이 B당의 지지도를 처음으로 추월한 해에 A당 지지도가 가장 높은 연령대는 40대이다.

⇒ (×) 〈그림〉을 보면 A당이 B당의 지지도를 처음으로 추월한 해는 2007년이다. 그런데 〈표〉를 보면 2007년 A당 지지도가 가장 높은 연령대는 50대이므로 ④는 옳지 않다.

⑤ 정당 지지도의 차이가 가장 큰 해에, 그 차이보다 더 큰 정당 지지도 차이를 보이는 연령대의 수는 3개이다.

⇒ (×) 〈그림〉을 보면 정당 지지도의 차이가 가장 큰 해는 2009년으로 24.2%의 차이를 보이고 있다. 그런데 〈표〉를 보면 2009년에 24.2% 이상의 정당 지지도 차이를 보이는 연령대는 50대와 60대 이상 2개뿐이므로 ⑤는 옳지 않다.

04 ④

ㄱ. 1990, 1995, 2000, 2005년 해당 연도 전체 인구에서 15~65세 미만 인구 비율은 각각 70% 이상이다.

⇒ (×) 전체 인구에서 15~65세 미만 인구 비율이 70% 이상이려면 15세 미만과 65세 이상 인구의 합이 30% 이하여야 한다. 그런데 〈표〉를 보면 1990년의 경우 15세 미만과 65세 이상 인구의 합이 30%를 넘으므로 ㄱ은 옳지 않다.

ㄴ. 2000년 15세 미만 인구 100명당 65세 이상 인구는 30명 이상이다.

⇒ (○) 〈표〉를 보면 2000년 15세 미만 인구의 비율은 21.0%이고, 65세 이상 인구는 7.3%임을 알 수 있다. 즉, 65세 이상 인구는 15세 미만 인구의 30% 이상이므로 ㄴ은 옳은 설명이다.

ㄷ. 2005년 65세 이상 인구는 1985년 65세 이상 인구의 2배 이상이다.

⇒ (×) 〈표〉에 나와 있는 자료는 연령 집단별 인구 구성비이다. 따라서 인구 자체는 알 수 없으므로 ㄷ은 알 수 없다.

ㄹ. 1980년 이후 조사 연도마다 전체 인구에서 15세 미만 인구의 비율은 감소하고 전체 인구에서 65세 이상 인구의 비율은 증가한다.

⇒ (○) 〈표〉에서 1980년과 1985년의 15세 미만 인구 구성비를 구해 보면 각각 33.8%, 29.9%임을 알 수 있다. 따라서 ㄹ은 옳은 설명이다.

05 ⑤

⑤ A시와 B시 각각의 '민원 접수' 건수 대비 '미완료' 건수의 비율은 10%p 이상 차이가 난다.

⇒ (○) '민원 접수' 건수 대비 '미완료' 건수의 비율 차이는 결국 '민원 접수' 건수 대비 '완료' 건수의 비율 차이와 같다. 〈표〉를 보면 A시의 '민원 접수' 건수 대비 '완료' 건수의 비율은 약 92.2%이고, B시는 약 78.5%임을 알 수 있으므로 ⑤는 옳은 설명이다.

① A시는 B시에 비해 '민원 접수' 건수가 적고, 시민 1인당 '민원 접수' 건수도 B시에 비해 적다.

⇒ (×) 문제에 제시된 자료에서 A시와 B시의 시민 인구수는 알 수 없으므로 ①은 알 수 없다.

② '수용' 건수는 B시가 A시에 비해 많고, 수용 비율도 B시가 A시에 비해 높다.

⇒ (×) 〈표〉를 보면 A시의 '수용' 건수는 14,362건이므로 B시가 A시에 비해 많다는 것을 알 수 있다. 하지만 수용 비율의 경우 A시는 (14,362÷18,135)×100이고, B시는 (23,637÷32,049)×100이므로 A시가 더 높다는 것을 알 수 있다.

③ '미완료' 건수는 B시가 A시의 5배를 넘지 않는다.

⇒ (×) 〈표〉를 보면 A시의 '미완료' 건수는 1,564건이고, B시는 8,781건이다. 즉, B시가 A시의 5배를 넘으므로 ③은 옳지 않다.

④ B시의 '민원 접수' 건수 대비 '수용' 건수의 비율은 50% 미만이다.

⇒ (×) 〈표〉를 보면 B시의 '민원 접수' 건수 대비 '수용' 건수의 비율은 50% 이상임을 쉽게 알 수 있다.

06 ④

ㄱ. 기초 지방 자치 단체 중에서는 군의 응답률이 가장 높다.

⇒ (○) 〈표〉에서 기초 지방 자치 단체의 응답률을 구해 보면 시는 (66÷74)×100, 군은 (78÷84)×100, 구는 (62÷69)×100임을 알 수 있다. 따라서 군의 응답률이 가장 높다.

ㄴ. 미응답한 구가 모두 '도입'으로 응답한다면 구의 도입률은 75% 이상이다.

⇒ (×) 〈표〉를 보면 미응답한 구가 모두 '도입'으로 응답한다면 구의 도입률은 (50÷69)×100≒72.5%임을 알 수 있다. 따라서 ㄴ은 옳지 않다.

ㄷ. 기초 지방 자치 단체 중에서 '도입'으로 응답한 기초 지방 자치 단체 수는 군이 시보다 많다.

⇒ (○) 〈표〉에서 기초 지방 단체 중 '도입'으로 응답한 시는 66−15=51개, 군은 78−22=56개임을 알 수 있다. 따라서 ㄷ은 옳은 설명이다.

ㄹ. 광역 지방 자치 단체의 도입률은 기초 지방 자치 단체의 도입률보다 10%p 이상 높다.

⇒ (○) 〈표〉를 보면 광역 지방 자치 단체의 도입률은 (14÷17)×100≒82.35%, 기초 지방 자치 단체의 도입률은 (150÷227)×100≒66.08%임을 알 수 있다. 따라서 ㄹ은 옳은 설명이다.

07 ⑤

ㄱ. 1770년 대비 1908년의 시장 수 증가율이 가장 큰 지역은 경상도이다.

⇒ (×) 〈표〉를 보면 충청도의 1770년 대비 1908년의 시장 수 증가율은 (5÷157)×100이고, 경상도의 증가율은 (7÷276)×100이므로 충청도가 더 크다는 것을 알 수 있다.

ㄴ. 각 지역별로 시장 수를 살펴보면 3개 이상의 시기에서 시장 수가 같은 지역은 4곳이다.

⇒ (○) 〈표〉를 보면 3개 이상의 시기에 시장 수가 같은 지역은 황해도, 평안도, 강원도, 함경도로 총 4곳임을 쉽게 알 수 있다.

ㄷ. 시기별 시장 수 하위 5개 지역의 시장 수 합은 해당 시기 전체 시장 수의 50% 미만이다.

⇒ (○) 하위 5개 지역의 시장 수를 합하는 것보다 상위 3개 지역의 시장 수를 합하는 것이 훨씬 빠를 것이다. 〈표〉를 보면 1770년 상위 3개 지역 시장 수의 합은 276+216+257=649개로 1770년 전체 시장 수의 50%를 초과하므로, 하위 5개 지역의 시장 수의 합은 전체 시장 수의 50% 미만임을 알 수 있다. 같은 방법으로 다른 시기도 계산해 보면 ㄷ이 옳다는 것을 알 수 있다.

ㄹ. 1830년 각 지역의 읍당 시장 수를 살펴보면 함경도의 읍당 시장 수는 다섯 번째로 많다.

⇒ (○) 함경도의 읍당 시장 수를 기준으로 살펴보도록 하자. 〈표〉를 보면 1830년 함경도의 읍당 시장 수는 42÷14=3개임을 알 수 있다. 그런데 각 지역의 읍 수에 3을 곱하였을 때 1830년의 시장 수를 넘지 않는 지역은 4개이므로, 함경도의 읍당 시장 수는 다섯 번째로 많다는 것을 알 수 있다.

08 ③

③ 30년 경과 비공개 기록물 중 공개로 재분류된 기록물의 비율이 30년 미경과 비공개 기록물 중 비공개로 재분류된 기록물의 비율보다 낮다.

⇒ (×) 〈표 1〉을 보면 30년 경과 비공개 기록물 중 공개로 재분류된 기록물의 비율은 (1,079,690÷1,199,421)×100이고, 30년 미경과 비공개 기록물 중 비공개로 재분류된 기록물의 비율은 (1,284,352÷1,503,232)×100이다. 따라서 30년 경과 비공개 기록물 중 공개로 재분류된 기록물의 비율이 더 높음을 알 수 있다.

① 2010년 '비공개 기록물 공개 재분류 사업' 대상 전체 기록물 중 절반 이상이 다시 비공개로 재분류되었다.

⇒ (○) 〈표 1〉을 보면 2010년 '비공개 기록물 공개 재분류 사업' 대상 전체 기록물의 수는 2,702,653건이고, 그중 비공개로 재분류된 기록물 수는 1,404,083건이다. 따라서 절반 이상이 다시 비공개로 재분류되었음을 알 수 있다.

② 30년 경과 비공개 기록물 중 전부 공개로 재분류된 기록물 건수가 30년 경과 비공개 기록물 중 '개인 사생활 침해' 사유에 해당하여 비공개로 재분류된 기록물 건수보다 적다.

⇒ (○) 〈표 1〉을 보면 30년 경과 비공개 기록물 중 전부 공개로 재분류된 기록물 건수는 33,012건이고, 〈표 2〉를 보면 30년 경과 비공개 기록물 중 '개인 사생활 침해' 사유에 해당하여 비공개로 재분류된 기록물 건수는 46,298건임을 알 수 있다.

④ 재분류 건수가 많은 것부터 순서대로 나열하면, 30년 경과 비공개 기록물은 부분 공개, 비공개, 전부 공개 순이고 30년 미경과 비공개 기록물은 비공개, 전부 공개, 부분 공개 순이다.

⇒ (○) 〈표 1〉을 보면 쉽게 알 수 있다.

⑤ 30년 경과 비공개 기록물 중 '국민의 생명 등 공익 침해'와 '개인 사생활 침해' 사유에 해당하여 비공개로 재분류된 기록물 건수의 합은 2010년 '비공개 기록물 공개 재분류 사업' 대상 전체 기록물의 5% 이하이다.

⇒ (○) 〈표 2〉를 보면 30년 경과 비공개 기록물 중 '국민의 생명 등 공익 침해'와 '개인 사생활 침해' 사유에 해당하여 비공개로 재분류된 기록물 건수의 합은 54,329+46,298=100,627건이다. 그리고 〈표 1〉을 보면 2010년 '비공개 기록물 공개 재분류 사업' 대상 전체 기록물 건수는 2,702,653이다. 즉, 2010년 '비공개 기록물 공개 재분류 사업' 대상 전체 기록물 건수는 30년 경과 비공개 기록물 중 '국민의 생명 등 공익 침해'와 '개인 사생활 침해' 사유에 해당하여 비공개로 재분류된 기록물 건수의 합의 20배보다 작으므로 ⑤는 옳은 설명이다.

09 ④

ㄱ. 전체 인식률은 0.8 이상이다.

⇒ (×) 〈표〉를 보면 전체 인식률=(87+90+92+75+78)÷610≒0.7이므로 ㄱ은 옳지 않다.

ㄴ. '내륜 결함' 오류율은 '외륜 결함' 오류율보다 낮다.

⇒ (○) 오류율이 낮다는 것은 인식률이 높다는 뜻이다. 〈표〉에서 '내륜 결함'의 인식률은 90/116이고 '외륜 결함'의 인식률은 92/133이므로 '내륜 결함'의 인식률이 더 높다는 것을 알 수 있다.

ㄷ. '불균형 결함' 인식률은 '외륜 결함' 인식률보다 낮다.

⇒ (×) 〈표〉에서 '불균형 결함'의 인식률은 87/115이고 '외륜 결함'의 인식률은 92/133이다. 즉, '불균형 결함'의 인식률이 더 높으므로 ㄷ은 옳지 않다.

ㄹ. 실제 결함 원인이 '정렬 불량 결함'인 베어링 중에서, 추정 결함 원인이 '불균형 결함'인 베어링은 추정 결함 원인이 '볼 결함'인 베어링보다 적다.

⇒ (○) 〈표〉에서 보면 실제 결함 원인이 '정렬 불량 결함'인 베어링 중 추정 결함 원인이 '불균형 결함'인 베어링의 수는 5개이고, 추정 결함 원인이 '볼 결함'인 베어링은 16개다. 따라서 ㄹ은 옳은 설명이다.

10 ①

ㄱ. 1997년도 부채 구성 비율이 당해 연도 7개 기업의 산술 평균보다 높은 기업은 3개이다.

⇒ (○) 부채 구성 비율=(부채÷총자산)×100이고, 자기 자본 비율=(자기 자본÷총자산)×100이므로 부채 구성 비율+자기 자본 비율=100%임을 알 수 있다. 결국 1997년도 부채 구성 비율이 당해 연도 7개 기업의 산술 평균보다 높다는 것은 1997년 자기 자본 비율이 당해 연도 7개 기업의 산술 평균보다 낮다는 뜻이고, 〈표〉에서 그러한 기업을 찾으면 D, F, G로 총 3개이다.

ㄴ. 1997년도 대비 2008년도 부채 비율의 감소율이 가장 높은 기업은 A이다.

⇒ (○) 1997년도 대비 2008년도 부채 비율의 감소율이 가장 크다는 뜻은 2008년 부채 비율 대비 1997년 부채 비율의 값이 가장 크다는 것과 같다. 〈표〉에서 A 기업의 2008년 대비 1997년 부채 비율은 (295.6÷26.4)×100이므로 1,000%가 넘는다는 것을 알 수 있고, 나머지 기업들은 모두 1,000%를 넘지 않으므로 ㄴ은 옳은 설명이다.

ㄷ. 기업의 매출액이 클수록 자기 자본 비율이 동일한 비율로 커지는 관계에 있다고 가정하면, 2008년도 순이익이 가장 많은 기업은 A이다.

⇒ (×) 매출액을 자기 자본 비율로 생각해도 무방하다. 그리고 순이익률=(순이익÷매출액)×100이므로 순이익의 크기 비교는 결국 '순이익률×자기 자본 비율'의 크기 비교를 통해 가능하다. 그런데 〈표〉를 보면 B의 순이익률×자기 자본 비율의 크기가 A의 크기보다 더 크므로 ㄷ은 옳지 않다.

ㄹ. 2008년도 순이익률이 가장 높은 기업은 1997년도 영업 이익률도 가장 높았다.

⇒ (×) 〈표〉를 보면 2008년도 순이익률이 가장 높은 기업은 B이다. 그런데 1997년도 영업 이익률이 가장 높은 기업은 F이므로 ㄹ은 옳지 않다.

11 ⑤

ㄱ. 화물 지수가 1인 항공사의 수가 여객 지수가 1인 항공사의 수보다 많다.

⇒ (○) 화물 지수가 1이라는 뜻은 여객 운항 횟수가 0이라는 뜻이므로 〈표〉에서 그러한 항공사를 찾으면 D, G, H, I로 총 4개이다. 또한, 여객 지수가 1이라는 뜻은 운항 횟수와 여객 운항 횟수가 같다는 뜻이므로 〈표〉에서 그러한 항공사를 찾으면 E뿐이다. 따라서 ㄱ은 옳은 설명이다.

ㄴ. 여객 지수가 B 항공사보다 큰 외국 항공사의 수는 4개이다.

⇒ (○) 〈표〉에서 B 항공사의 여객 지수는 501÷555≒0.90임을 알 수 있고, 외국 항공사 중 여객 지수가 0.90보다 큰 항공사를 찾아 보면 E, J, K, L로 총 4개이므로 ㄴ은 옳은 설명이다.

ㄷ. 국내 항공사가 취항하는 전체 노선 수 중 A 항공사가 취항하는 노선 수가 차지하는 비중은 65%를 넘는다.

⇒ (×) 〈표〉를 보면 국내 항공사가 취항하는 전체 노선 수는 225개이고, 그중 A 항공사가 취항하는 노선 수는 137개이다. 따라서 국내 항공사가 취항하는 전체 노선 수 중 A 항공사가 취항하는 노선 수가 차지하는 비중은 (137÷225)×100≒61%로 ㄷ은 옳지 않다.

ㄹ. '국내 항공사 전체'의 여객 지수가 '외국 항공사 전체'의 여객 지수보다 크다.

⇒ (○) 〈표〉를 보면 '국내 항공사 전체'의 여객 지수는 1,158÷1,335이고, '외국 항공사 전체'의 여객 지수는 293÷395임을 알 수 있다. 즉, '국내 항공사 전체'의 여객 지수가 '외국 항공사 전체'의 여객 지수보다 크므로 ㄹ은 옳은 설명이다.

12 ⑤

문제에서 A와 C의 관계 차별성과 B와 D의 관계 차별성이 같게 되는 선택지를 고르라고 했으므로 우선 A와 C, B와 D의 관계 차별성의 경우의 수에 대하여 살펴볼 필요가 있다. 〈그림〉을 보면 A와 C의 관계 차별성은 1 또는 2가 될 수 있고, B와 D의 관계 차별성은 1 또는 2 또는 3이 될 수 있음을 알 수 있다. 그런데 두 관계 차별성이 같아야 하므로 B와 D의 관계 차별성은 절대 3이 될 수가 없다. 따라서 A, C, E의 직급이 모두 다른 경우는 답이 될 수 없으므로 ①, ②, ④는 소거가 된다.

또한, ③의 경우 A와 C의 관계 차별성은 1이고, B와 D의 관계 차별성은 2이므로 ③ 역시 소거가 된다. 따라서 정답이 ⑤라는 것을 도출해 낼 수 있으며, 실제로 각 알파벳에 대입을 시켜 보면 A와 C, B와 D의 관계 차별성이 2로 같음을 알 수 있다.

13 ①

ㄱ. 1인당 항공비를 50% 더 지급하면 출장팀의 해외 출장비는 예산 한도를 초과한다.

⇒ (×) 〈표 2〉에서 출장팀의 출장비를 계산해 보면 항공비 포함 총 $3,400이 나온다는 것을 알 수 있다. 1인당 항공비는 직급에 관계없이 왕복 기준 $200이므로 1인당 항공비를 50% 더 지급하였다는 이야기는 1인당 항공비를 $100 더 지급하였다는 뜻이고, 출장팀의 인원은 5명이므로 출장비는 총 $500 더 지급하게 된다. 그런데 $500을 더 지급하여도 예산 한도인 $4,000보다는 적으므로 ㄱ은 옳지 않다.

ㄴ. 직급별 1인당 일비 기준액을 $10씩 증액하면 출장팀의 해외 출장비가 $200 늘어난다.

⇒ (○) 〈표 2〉를 보면 출장팀의 인원은 총 5명이므로, 1인당 일비 기준액을 $10씩 증액하면 해외 출장비는 총 (10×4)×5=$200 늘어나게 된다.

ㄷ. 출장 기간을 4박 5일로 늘려도 출장팀의 해외 출장비는 예산 한도를 초과하지 않는다.

⇒ (×) 〈표 2〉에서 출장팀의 예상 출장비는 총 $3,400이다. 여기서 출장 기간이 4박 5일로 늘어나게 되면 인원당 1박의 숙박비 및 1일의 일비가 추가된다. 즉, 부장 2인의 경우 (80+90)×2=$340 증가하게 되고, 과장 3인의 경우 (40+70)×3=$330 증가하게 된다. 따라서 기간을 4박 5일로 늘리면 예상 출장비는 총 $4,070이 되므로 ㄷ은 옳지 않다.

ㄹ. 부장 이상 1인당 숙박비, 일비 기준액을 각 $10씩 줄이면, 부장 1명을 출장팀에 추가해도 출장팀의 해외 출장비는 예산 한도를 초과하지 않는다.

⇒ (○) 부장 이상 1인당 숙박비, 일비 기준액을 각 $10씩 줄이면 출장팀의 출장비는 총 $140 감소하게 된다. 여기에 부장 1명을 출장팀에 추가하게 되면 출장비는 $730 증가하게 되고, 이렇게 되면 출장팀의 예상 출장비는 결국 3,400−140+730=$3,990이 되므로 ㄹ은 옳은 설명이다.

14 ②

ㄱ. 현재까지 치러지지 않은 경기는 모두 여섯 경기이다.

⇒ (○) 〈그림〉에서 알 수 있듯이, 현재까지 치러진 경기의 수는 총 14경기이다. 그런데 A~E팀은 자신을 제외한 모든 팀과 두 번씩 경기를 하게 되므로, 경기는 총 20경기가 치러지게 된다. 따라서 현재까지 치러지지 않은 경기는 모두 여섯 경기이다.

ㄴ. 현재까지 가장 많은 경기를 치른 팀은 B팀이다.

⇒ (×) 〈그림〉을 보면 A~E팀이 각각 현재까지 치른 경기의 수는 A는 4경기, B는 6경기, C는 4경기, D는 6경기, E는 7경기이다. 따라서 현재까지 가장 많은 경기를 치른 팀은 E이다.

ㄷ. A팀이 남은 경기를 모두 승리한다면, 다른 팀들의 남은 경기 결과에 관계없이 A팀의 최종 승수가 가장 많다.

⇒ (○) 승수를 알 수 있는 방법은 두 가지가 있다. 하나는 승리한 경기의 수를 직접 세는 것이고, 다른 하나는 패배한 경기의 수를 세는 것이다. 〈그림〉에서 보면 현재 A, C, D팀의 패수는 각각 2패이고 나머지 팀은 그보다 많은 패를 했음을 알 수 있다. A팀이 남은 경기를 모두 승리하게 된다면 A팀의 패수는 2패로 고정이 되고, C, D팀의 패수는 각각 늘어나므로 따라서 A팀의 패수가 가장 적음을 알 수 있다. 패수가 가장 적다는 뜻은 승수가 가장 많다는 뜻이므로, ㄷ은 옳은 설명이다.

ㄹ. A팀이 남은 경기를 모두 승리하고 E팀이 남은 경기를 모두 패배한다면, D팀의 최종 승수는 4승이다.

⇒ (×) 〈그림〉에서 현재 D의 승수는 4승임을 알 수 있다. E팀은 아직 D팀과의 경기가 1경기 남았으므로 E팀이 남은 경기를 모두 패배한다면 D팀의 승수는 1승이 오르게 되므로, ㄹ은 옳지 않다.

15 ③

A와 B의 월급 자체를 모두 구해서 해결하였다면, 문제를 다시 읽어 보길 바란다. 문제에서 요구하는 것은 A와 B의 월급 차이이다. 그런데 두 명의 기본급은 220만 원으로 동일하므로, 결국 수당의 차이가 어느 항목에서 발생하는지만 잘 파악하면 문제는 쉽게 해결이 된다. 다음 표를 통해 확인해 보자.

구분	A	B
정근 수당	기본급의 50%	기본급의 45%
명절 휴가비	−	−
가계 지원비	−	−
정액 급식비	−	−
교통 보조비	−	−
직급 보조비	250,0000	400,000

표를 보면 알 수 있듯이 두 명의 수당 차이는 정근 수당과 직급 보조비에서 만 발생하므로 두 수당의 차이만 계산을 하면 된다. 정근 수당의 경우 A가 B보다 기본급의 5%를 더 받게 되므로 정근 수당은 A가 11만 원을 더 받게 되고, 직급 보조비의 경우 B가 A보다 15만 원을 더 받게 된다. 결론적으로 B가 A보다 4만 원을 더 받게 되는 것이므로 정답은 ③이다.

16 ③

우선 연필 1톤을 만들기 위한 재료의 운송비를 구해 보면 나무는 3×2=6, 흑연은 2×5=10, 연필은 2임을 알 수 있다. 우리는 지금 총운송비를 최소로 할 수 있는 연필 공장의 입지 지점을 선택해야 하므로, 운송비가 가장 많이 드는 흑연의 운송 거리를 최소화할 수 있는 지점을 고려해야 한다. 따라서 흑연 산지와 가장 가까운 C 지점이 우선순위가 될 것이며, 흑연 산지와 비교적 가까이 있는 D와 E 지점과의 총운송비를 비교해 보는 것만으로도 충분할 것이다.
C 지점의 경우 나무의 운송비 48, 연필의 운송비 16이 발생하므로 총운송비는 64이다. D 지점의 경우에는 나무의 운송비 24, 흑연의 운송비 40, 연필의 운송비 12가 발생하므로 총운송비는 76이다. 마지막으로 E 지점의 경우에는 나무의 운송비 18, 흑연의 운송비 60, 연필의 운송비 6이 발생하므로 총운송비는 84이다. 따라서 총운송비를 최소로 할 수 있는 연필 공장의 입지 지점은 C임을 알 수 있다.

17 ①

① 10년을 운행하면 A 자동차의 필요 경비가 D 자동차의 필요 경비보다 적다.
⇒ (×) 필요 경비=신차 구입 가격+연료비이므로 〈표 1〉과 〈표 2〉를 통해 A 자동차와 D 자동차의 필요 경비를 계산해 보도록 하자. A 자동차의 경우 신차 구입 가격은 2,000만 원이고 사용 연료는 휘발유이므로, 필요 경비는 2,000+(20,000×0.17)=5,400만 원이다. D 자동차의 경우 신차 구입 가격은 3,500만 원이고 사용 연료는 휘발유이므로, 필요 경비는 3,500+(10,000×0.17)=5,200만 원이다. 따라서 10년을 운행하면 A 자동차의 필요 경비가 D 자동차의 필요 경비보다 더 크다.
② 연료 탱크를 완전히 채웠을 때 추가 주유 없이 가장 긴 거리를 운행할 수 있는 것은 D 자동차이다.
⇒ (○) 연료 탱크를 완전히 채웠을 때 추가 주유 없이 운행할 수 있는 거리는 연비와 연료 탱크 용량을 곱하면 구할 수 있다. 따라서 〈표〉를 보면 가장 긴 거리를 운행할 수 있는 자동차는 D임을 쉽게 알 수 있다.
③ B 자동차로 500km를 운행하기 위해서는 운행 중간에 적어도 한 번 주유를 하여야 한다.
⇒ (○) 〈표〉를 보면 B 자동차의 경우 연료 탱크를 완전히 채웠을 때 운행할 수 있는 거리는 480km임을 알 수 있다. 따라서 500km를 운행하기 위해서는 운행 중간에 적어도 한 번 주유를 하여야 한다.
④ 동일한 거리를 운행하는 데 연료비가 가장 많이 드는 차는 A 자동차이다.
⇒ (○) 〈표〉를 보면 10km를 운행하는 경우 A는 1,700원, B는 1,250원, C는 1,250원, D는 850원의 연료비가 드는 것을 알 수 있다. 따라서 동일한 거리를 운행하는 데 연료비가 가장 많이 드는 차는 A 자동차이다.
⑤ 자동차 구입 시점부터 처음 1년 동안의 필요 경비가 가장 적은 차량은 B 자동차이고, 가장 많은 차는 D 자동차이다.
⇒ (○) 필요 경비=신차 구입 가격+연료비로 구할 수 있다. 따라서 〈표〉의 자료를 활용하여 계산해 보면 처음 1년 동안의 필요 경비가 가장 적은 차량은 B 자동차이고, 가장 많은 차는 D 자동차임을 알 수 있다.

18 ④

④ 교육 연수가 16년 이상인 A사 남자 신입 사원은 교육 연수가 동일한 B사 남자 신입 사원보다 초임이 높다.
⇒ (×) ①과 같은 원리로 계산을 해 보면, 교육 연수가 6년보다 크다면 B사 남자 신입 사원의 초임이 A사 남자 신입 사원의 초임보다 높다는 것을 알 수 있다. 따라서 16년 이상인 A사 남자 신입 사원은 교육 연수가 동일한 B사 남자 신입 사원보다 초임이 낮다.
① B사 여자 신입 사원은 교육 연수가 동일한 A사 남자 신입 사원보다 초임이 높다.
⇒ (○) 신입 사원 초임 결정공식을 보면 B사 여자 신입 사원의 기본 초임은 A사 남자 신입 사원보다 1,200만 원 더 높다. 그런데 교육 연수에 따른 초임 상승은 A사 남자 신입 사원이 B사 여자 신입 사원보다 60만 원 더 높으므로 입사 후 20년이 지난 시점부터는 A사 남자 신입 사원의 초임이 더 높아진다는 것을 알 수 있다. 하지만 〈표〉를 보면 신입 사원의 교육 연수는 최대 18년이므로, B사 여자 신입 사원은 교육 연수가 동일한 A사 남자 신입 사원보다 초임이 높다는 것을 알 수 있다.
② 교육 연수가 14년 이하인 B사 여자 신입 사원은 교육 연수가 동일한 B사 남자 신입 사원보다 초임이 높다.
⇒ (○) 신입 사원 초임 결정공식을 보면 B사 여자 신입 사원의 기본 초임은 남자 신입 사원보다 1,450만 원 더 높다. 그런데 교육 연수에 따른 초임 상승은 남자 신입 사원이 여자 신입 사원보다 100만 원 더 높으므로, 입사 후 14년까지는 여자 신입 사원의 초임이 더 높다가 15년 차부터는 남자 신입 사원의 초임이 더 높아진다는 것을 알 수 있다. 따라서 ②는 옳은 설명이다.
③ A사 여자 신입 사원 중, 교육 연수가 동일한 A사 남자 신입 사원보다 초임이 낮은 A사 여자 신입 사원의 비율은 40%이다.
⇒ (○) ①과 같은 원리로 계산을 해 보면, A사의 경우 교육 연수가 14년보다 작다면 여자 신입 사원의 초봉이 더 높고, 14년보다 크다면 남자 신입 사원의 초봉이 더 높다는 것을 알 수 있다. 〈표〉를 보면 교육 연수가 14년 초과인 여성 신입 사원은 100명 중 40명이므로 ③은 옳은 설명이다.
⑤ B사 남자 신입 사원 중, 교육 연수가 동일한 B사 여자 신입 사원보다 초임이 높은 B사 남자 신입 사원의 비율은 50%이다.
⇒ (○) ②의 풀이 과정을 보면, B사의 경우 교육 연수가 14년보다 크면 남자 신입 사원의 초임이 더 높다는 것을 알 수 있다. 〈표〉를 보면 교육 연수가 14년보다 큰 남자 신입 사원은 100명 중 50명이므로 ⑤는 옳은 설명이다.

19 ②

선택지에 나오는 모든 조합의 이용객 선호도를 계산한 뒤 세 번째로 큰 조합을 찾는 방법을 사용하지 않았길 바란다. 물론, 이 문제의 경우 계산이 단순하여 그 방법으로 풀었어도 시간이 그리 오래 걸리진 않았겠지만 PSAT에서 요구하는 본질에 맞는 풀이를 설명해 보고자 한다.
문제에서 물어보는 것은 이용객 선호도가 세 번째로 큰 '조합'이다. 즉, 세 번째로 큰 '값'을 물어보는 것이 아니라는 뜻이다. 〈표 1〉과 〈표 2〉를 보면 '5,000원+유' 조합의 이용객 선호도가 가장 크다는 것은 쉽게 알 수 있다. 여기서 입장료가 10,000원으로 오른다면 선호도는 1.0점 내려가고, 사우나가 '무'로 변한다면 0.7점이 내려가게 된다. 따라서 이용객 선호도가 세 번째로 큰 조합은 '5,000원+무' 조합이라는 것을 쉽게 알 수 있다.

20 ③

③ '아'의 성실성 점수는 '라'와 같다.

⇒ (×) 〈표〉에서 '아'의 성실성 점수는 375−{80+(85×2)+(2×20)}=85점임을 알 수 있다. 따라서 '아'의 성실성 점수는 '라'보다 높으므로 ③은 옳지 않다.

① '가'의 평가 점수는 400점으로 지원자 중 가장 높다.
⇒ (○) 〈표〉를 보면 '가'의 평가 점수는 80+90+(95×2)+(2×20)=400점으로 지원자 중 가장 높다는 것을 쉽게 알 수 있다.

② '라'의 성실성 점수는 '다'보다 높지만 '마'보다는 낮다.
⇒ (○) 〈표〉에서 '라'의 성실성 점수는 255−{85+(50×2)}=70점임을 알 수 있다. 따라서 '라'의 성실성 점수는 '다'보다는 높고 '마'보다는 낮다는 것을 알 수 있다.

④ S등급인 지원자는 4명이다.
⇒ (○) 〈표〉를 보면 S등급인 지원자는 가, 사, 아, 자 총 4명임을 알 수 있다.

⑤ '차'는 체력 점수를 원래 점수보다 5점 더 받으면 A등급이 된다.
⇒ (○) 〈표〉를 보면 '차'의 평가 점수는 290점이고, 체력 점수를 5점 더 받으면 평가 점수는 10점이 오르므로 300점이 된다. 따라서 체력 점수를 원래 점수보다 5점 더 받으면 A등급이 된다.

21 ⑤

⑤ 학원 '을'과 '병'이 12월 수강료를 10% 할인한다면 12월의 총수강료는 A 가구보다 B 가구가 18,000원 더 많다.
⇒ (×) 〈표〉를 보면 11월 A 가구의 수강료 총합은 370,000원, B 가구의 수강료 총합은 380,000원임을 알 수 있다. 그런데 학원 '을'과 '병'이 12월 수강료를 10% 할인할 경우, A 가구의 수강료 총합은 21,000원 감소하고 B 가구의 수강료 총합은 30,000원 감소하므로 12월 총수강료는 A 가구보다 B 가구가 1,000원 더 많게 된다는 것을 알 수 있다.

① 11월 가구별 총수강료는 B 가구가 A 가구보다 1만원 더 많다.
⇒ (○) 〈표〉를 보면 A 가구는 B 가구보다 '갑' 학원을 등록한 아동이 1명 더 많고, B 가구는 A 가구보다 '병' 학원을 등록한 아동이 1명 더 많음을 알 수 있다. 따라서 11월 총수강료는 B 가구가 A 가구보다 1만 원 더 많다.

② 총수강료가 가장 많은 아동의 11월 수강료는 총수강료가 가장 적은 아동의 11월 수강료의 3배 이상이다.
⇒ (○) 〈표〉를 보면 총수강료가 가장 많은 아동은 민준이고, 총수강료가 가장 적은 아동은 '을' 학원 하나만을 등록한 재경임을 알 수 있다. 그런데 민준이의 수강료는 재경이의 수강료의 3배 이상이므로 ②는 옳은 설명이다.

③ 학원 '을'이 12월 수강료를 10% 인상한다면 A 가구의 12월 총수강료는 11월에 비해 12,000원 증가한다.
⇒ (○) '을'의 수강료가 10% 인상된다는 뜻은 '을'의 수강료가 6,000원이 인상된다는 뜻이다. 그런데 A 가구에서 '을' 학원을 등록한 학생은 2명이므로 A 가구의 12월 총수강료는 전월 대비 12,000원 증가하게 된다.

④ 학원 '갑', '을', '병'이 한 가구에서 아동 2명 이상 등록 시 12월 수강료를 20% 할인한다면 11월과 12월 총수강료 차이는 B 가구가 A 가구보다 크다.
⇒ (○) 〈표〉를 보면 A 가구에서 수강료 할인 대상이 되는 학원은 '갑'과 '을' 학원이고, B 가구에서 수강료 할인 대상이 되는 학원은 '을'과 '병'임을 알 수 있다. 그런데 '을'과 '병'의 수강료 합이 '갑'과 '을'의 수강료 합보다 크므로 11월과 12월 총수강료 차이는 B 가구가 A 가구보다 크게 될 것이다.

22 ②

〈표〉의 자료를 통해 부처별 최종 심사 점수를 계산해 보면 다음과 같다.

구분 \ 부처	A	B	C	D	E
서면 심사 최종 반영 점수	40	45	50	30	35
현장 평가단 최종 반영 점수	40	50	40	30	20
최종 심사 점수	80	95	90	60	55
순위	3위	1위	2위	4위	5위

② E만 현장 평가단으로부터 3표를 더 받는다면 최종 심사 점수의 순위가 바뀌게 된다.
⇒ (○) E만 현장 평가단으로부터 3표를 더 받는다면, E의 현장 평가단 최종 반영 점수는 30으로 오르게 되고 나머지 부처의 점수는 그대로 유지되므로, E가 D의 순위를 역전하게 된다는 것을 알 수 있다.

① 현장 평가단 최종 반영 점수에서 30점을 받은 부처는 E이다.
⇒ (×) 위의 표를 보면 현장 평가단 최종 반영 점수에서 30점을 받은 부처는 D임을 알 수 있다.

③ A만 서면 심사 점수를 5점 더 받는다면 최종 심사 점수의 순위가 바뀌게 된다.
⇒ (×) 〈표〉를 보면 A만 서면 심사 점수를 5점 더 받게 되더라도 서면 심사 점수의 순위는 그대로 유지된다는 것을 알 수 있다. 따라서 최종 심사 점수의 순위 또한 그대로 유지된다.

④ 서면 심사 점수가 가장 낮은 부처는 최종 심사 점수도 가장 낮다.
⇒ (×) 〈표〉를 보면 서면 심사 점수가 가장 낮은 부처는 D이지만, 위의 표를 보면 최종 심사 점수가 가장 낮은 부처는 E이므로 ④는 옳지 않다.

⑤ 서면 심사 최종 반영 점수와 현장 평가단 최종 반영 점수 간의 차이가 가장 큰 부처는 C이다.
⇒ (×) 위의 표를 보면 서면 심사 최종 반영 점수와 현장 평가단 최종 반영 점수 간의 차이가 가장 큰 부처는 E임을 알 수 있다.

23 ⑤

⑤ 사망자가 30명 이상인 사고를 제외하면 화재 규모가 클수록 복구 비용이 크다.
⇒ (○) 〈표〉를 보면 사망자가 30명 미만인 사고는 A, C, D, F이다. 그런데 A, C, D, F의 복구 비용 순위는 화재 규모의 순위와 동일하므로 ⑤는 옳은 설명이다.

① 터널 길이가 길수록 사망자가 많다.
⇒ (×) 〈표〉를 보면 D의 터널 길이는 E의 터널 길이보다 길지만 사망자는 E가 훨씬 많다. 따라서 ①은 옳지 않다.

② 화재 규모가 클수록 복구 기간이 길다.
⇒ (×) 〈표〉를 보면 A의 화재 규모는 B보다 크지만 복구 기간은 B가 훨씬 길다. 따라서 ②는 옳지 않다.

③ 사고 A를 제외하면 복구 기간이 길수록 복구 비용이 크다.
⇒ (×) 〈표〉를 보면 C의 복구 기간은 D의 복구 기간보다 길지만 복구 비용은 D가 훨씬 크다. 따라서 ③은 옳지 않다.

④ 사망자가 가장 많은 사고 E는 사고 비용도 가장 크다.
⇒ (×) 〈표〉를 보면 E의 사고 비용은 570+(192×5)=1,530억 원이고, A의 사고 비용은 4,200+5=4,205억 원임을 알 수 있다. 따라서 ④는 옳지 않다.

24 ④

④ 1993년 대비 2002년에 규제 표지의 2.2배 이상이 되었지만 증가율은 교통안전시설 중 가장 낮았다.
⇒ (×) 〈표〉를 보면 1993년 대비 2002년 규제 표지의 증가율은 (140÷110)×100이고, 지시 표지의 증가율은 (85÷80)×100이다. 즉, 지시 표지

의 증가율이 더 낮으므로 ④는 옳지 않다.

① 이 기간 중 규제 표지가 안전 표지의 1/3 이상을 차지한 적은 없었다.
  ⇒ (○) 〈표〉를 보면 규제 표지의 값에 3을 곱했을 때 안전 표지 소계를 넘는 연도는 없다는 것을 쉽게 알 수 있다. 따라서 ①은 옳은 설명이다.

② 이 기간 중 주의 표지와 규제 표지의 합은 항상 안전 표지의 50% 이상을 차지하였다.
  ⇒ (○) 〈표〉를 보면 주의 표지와 규제 표지의 합에 2를 곱했을 때 안전 표지 소계를 안 넘는 연도는 없다는 것을 쉽게 알 수 있다. 따라서 ②는 옳은 설명이다.

③ 1993년 대비 2002년에 차 신호등은 3배 이상이 되었고 증가율은 교통안전시설 중 가장 높았다.
  ⇒ (○) 〈표〉를 보면 1993년 대비 2002년에 차 신호등은 88개에서 270개로 3배 이상 증가되었음을 알 수 있다. 그런데 차 신호등을 제외한 나머지 교통안전시설 중 1993년 대비 2002년 개수가 3배 이상 증가한 시설은 없으므로 ③은 옳은 설명이다.

⑤ 보행등은 1994년에 40,000개이던 것이 2002년도에는 95,000개로 2.3배 이상이 되었다.
  ⇒ (○) 〈표〉를 보면 1994년 대비 2002년 보행등은 2.3배 이상이 되었음을 쉽게 알 수 있다.

25 ④

우선 〈표 1〉을 활용하여 푸르미네 월간 탄소 배출량을 계산해 보면 (420×0.1)+(40×0.2)+(60×0.3)+(160×0.5)=148임을 알 수 있다. 따라서 보기 중 탄소 흡수량이 148이 되도록 하는 조합을 찾으면 된다.

선택지를 계산할 때 소나무와 벚나무를 한 세트로 생각하고 계산을 하면 조금 더 수월하다. 보기 ㄱ을 예로 들어 보자. ㄱ의 경우 소나무 4그루와 벚나무 12그루이므로 탄소 흡수량을 계산해 보면 (14×4)+(6×12)=128이 된다. 그런데 소나무와 벚나무를 한 세트로 생각하게 되면 (20×4)+(6×8)=128로 계산할 수가 있다. 즉, 소나무와 벚나무를 한 세트로 묶으면 그 한 세트에서 나오는 탄소 흡수량은 20이 되므로 계산하기가 좀 더 수월해지는 것이다. 이러한 방법으로 나머지 보기의 탄소 흡수량도 구해 보면 ㄴ은 138, ㄷ은 158, ㄹ은 148, ㅁ은 150이 나오게 된다. 따라서 정답은 ④이다.

물론 소나무와 벚나무를 한 세트로 생각해서 풀지 않아도 계산 속도는 그리 많이 차이 나지는 않을 것이다. 하지만 이런 미묘한 차이가 모아져 큰 차이를 만들어 낸다는 것을 명심하자.

26 ②

'가'와 '나', '라'와 '마'를 묶어서 생각해 보도록 하자. '가'와 '나'에 참여하는 부서는 총 4개이므로 한 부서당 지출 비용은 20,000÷4=5,000만 원이 된다. 또한 '라'와 '마'에 참여하는 부서는 총 8개이므로 한 부서당 지출 비용은 176,000÷8=22,000만 원이 될 것이다. 이것을 바탕으로 해결해 보도록 하자.

② B 부서는 8,000만 원을 환급받는다.
  ⇒ (×) 〈표〉를 보면 B 부서는 모든 행사에 참여를 한다. 따라서 위에서 계산한 결과를 활용하면 B 부서가 지출해야 하는 비용은 5,000+7,000+22,000=34,000만 원임을 알 수 있다. 따라서 B 부서는 8,000만 원을 지급해야 하므로 ②는 옳지 않다.

① G 부서는 22,000만 원을 지급한다.
  ⇒ (○) 〈표〉를 보면 G 부서는 '라'와 '마' 행사에만 참여를 한다. 위에서 계산한 결과 '라'와 '마'에 참여하는 부서는 한 부서당 22,000만 원씩 지출하게 되므로 G 부서는 22,000만 원을 지급하게 됨을 알 수 있다.

③ E 부서는 146,000만 원을 환급받는다.
  ⇒ (○) 〈표〉를 보면 E 부서는 다, 라, 마 세 개의 행사에 참여를 한다. 따라서 위에서 계산한 결과를 활용하면 E 부서가 지출해야 하는 비용은 7,000+22,000=29,000만 원이므로 E 부서는 175,000−29,000=146,000만 원을 환급받게 됨을 알 수 있다.

④ A 부서, C 부서, D 부서는 각각 사전 지출 비용 외에 24,000만 원씩 추가로 지급한다.
  ⇒ (○) 〈표〉를 보면 A, C, D 부서는 모든 행사에 참여를 한다. 따라서 위에서 계산한 결과를 활용하여 각 부서의 지출 비용을 따져 보면 각각 사전 지출 비용 외에 24,000만 원씩 추가로 더 지급해야 함을 알 수 있다.

⑤ '다' 행사에 참여한 각 부서는 '다' 행사에 대하여 7,000만 원씩 진행 비용을 부담한다.
  ⇒ (○) 〈표〉를 보면 '다' 행사에 참여한 부서는 총 5개이므로, '다' 행사에 참여한 부서는 각각 35,000÷5=7,000만 원씩 부담하게 됨을 알 수 있다.

27 ①

구체적인 계산보다는 두 나라의 임금 대체율 차이값을 파악하여 두 여성의 총임금 차이를 파악하는 것이 더 쉬운 길이다.

주차	1~15주	16~50주	51, 52주
기간	15주	35주	2주
A	100%	80%	80%
B	60%	50%	100%

각 나라에서 출산 휴가와 육아 휴가를 최대한 사용할 경우, 52주 동안 받게 되는 대체 임금은 위와 같다. 즉, 1~15주 동안에는 A 나라의 임금이 40%가 많고, 16~50주 동안에는 A 나라의 임금이 30%가 많으며, 51~52주 동안에는 B 나라의 임금이 20%가 많다. 따라서 두 여성의 총임금 차이는 결국 (15×24)+(35×18)−(2×12)=966만 원이 되므로 정답은 ①이다.

28 ③

〈표〉를 보면 A 정당의 득표수는 10,000으로 특히 C, D 정당에 비해 압도적으로 많다. 배분 방식을 보면 단계 2에서 각 정당별로 '정당 득표수÷(배분된 누적 의석수+1)'을 계산하고, 미배분 의석 중 1석을 이 값이 가장 큰 정당에 배분한다고 나와 있다. 그런데 A 정당의 득표수는 10,000이고, C 정당의 득표수는 2,000이므로 적어도 A 정당에 배분된 누적 의석수가 4석이 되기 전까지는 C 정당에 의석이 배분되지 않는다는 것을 파악할 수 있다. 또한, C 정당 앞에는 득표수가 4,000이나 더 많은 B 정당도 존재하기 때문에 결국 C 정당은 한 자리의 의석도 받지 못하게 될 것이라는 것을 쉽게 파악해 볼 수 있다. 따라서 C 정당에 배분되는 의석수는 0이며, B 정당의 득표수는 C 정당의 3배이므로 6석의 의석 중 B 정당이 확보하게 되는 의석수는 2석임을 알 수 있다.

29 ③

ㄱ. 기형 발생률은 약물 복용 횟수가 1회인 경우가 0회인 경우보다 0.02%p 더 높다.
  ⇒ (○) 〈표〉를 보면 약물 복용 횟수가 0회인 경우 기형 발생률은 (48÷16,000)×100=0.3%이며, 1회인 경우는 (40÷12,500)×100=0.32%임을 알 수 있다. 따라서 1회인 경우가 0회인 경우보다 0.02%p 더 높다.

ㄴ. 약물 복용 횟수가 2회 이하인 경우의 기형 발생률은 1.62%이다.
  ⇒ (×) 〈표〉를 보면 약물 복용 횟수가 2회 이하인 경우의 기형 발생률은

{(48+40+8)÷(16,000+12,500+800)}×100≒0.33%임을 알 수 있다. 따라서 ㄴ은 옳지 않다.

ㄷ. 약물 복용 횟수가 1회씩 증가할수록 기형 발생률의 증가폭이 커진다.
⇒ (×) 〈표〉를 보면 약물 복용 횟수가 2회인 경우 기형 발생률은 1%, 3회인 경우 기형 발생률은 3%, 4회인 경우 기형 발생률은 5%임을 알 수 있다. 즉, 약물 복용 횟수가 2회에서 3회로 증가할 때보다 3회에서 4회로 증가할 때의 기형 발생률 증가폭이 더 작으므로 ㄷ은 옳지 않다.

ㄹ. 기형 발생 오즈(odds)는 약물 복용 횟수가 4회인 경우가 2회인 경우보다 5배 이상 높다.
⇒ (○) 기형 발생 오즈(odds)=기형 발생률÷(100−기형 발생률)로 구할 수 있다. 따라서 약물 복용 횟수가 4회인 경우 기형 발생 오즈=5÷(100−5)이고, 2회인 경우 기형 발생 오즈=1÷(100−1)이므로 4회인 경우가 2회인 경우보다 5배 이상 높다는 것을 알 수 있다.

30 ⑤

ㄱ. 2020년 대비 2030년의 노인 인구 증가율은 55% 이상으로 예상된다.
⇒ (×) 〈표 1〉의 자료를 토대로 2020년 대비 2030년의 노인 인구 증가율은 $(\frac{48,941 \times 28.0}{51,974 \times 17.7} - 1) \times 100$으로 계산할 수 있다. 증가율이 55% 이상이라는 뜻은 $\frac{48,941 \times 28.0}{51,974 \times 17.7}$의 값이 1.55 이상 나와야 한다는 뜻이다. 그런데 48,941은 51,974의 0.94배 정도 되고, 18.0은 17.7의 1.58배 정도 된다. 따라서 이 분수의 값은 결국 1.55보다 작게 나온다는 것을 알 수 있다.

ㄴ. 2016년에는 노인 인구가 유소년 인구보다 많다.
⇒ (○) 〈표 2〉를 보면 2016년 노령화 지수는 119.3%임을 알 수 있다. 노령화 지수가 100보다 크다는 이야기는 노인 인구가 유소년 인구보다 많다는 뜻이므로 ㄴ은 옳은 설명이다.

ㄷ. 2016년 노년 부양비는 20% 이상이다.
⇒ (○) 노년 부양비의 경우 노인 인구÷생산 가능 인구×100으로 구할 수 있다. 〈표 2〉를 보면 2016년 노령화 지수는 119.3%이므로 2016년 생산 가능 인구는 대략 51,246−8,181(1+5÷6)임을 알 수 있다. 따라서 노인 인구÷생산 가능 인구=8,181÷{51,246−8,181−(8,181×5÷6)}인데, 이는 0.2보다 높으므로 ㄷ은 옳은 설명이다.

ㄹ. 2020년 대비 2030년의 생산 가능 인구 감소폭은 600만 명 이상일 것으로 예상된다.
⇒ (○) 생산 가능 인구의 경우 노인 인구÷노년 부양비×100으로 구할 수 있다. 〈표 1〉과 〈표 2〉를 참고하면 2030년의 생산 가능 인구의 경우 13,703÷46.3×100이고, 2020년의 생산 가능 인구의 경우 9,219÷25.6×100임을 알 수 있다. 따라서 계산을 해 보면 감소폭이 600만 명 이상임을 알 수 있다.

31 ④

ㄱ. 2013년 성과 평가 등급이 높은 사원부터 순서대로 나열하면 D, A, C, B이다.
⇒ (×) 〈표 1〉에서 2013년 대비 2014년 연봉 인상폭을 보면 성과 평가 등급을 파악할 수 있다. 따져 보면 A의 연봉 인상률은 20%, B의 연봉 인상률은 0%, C의 연봉 인상률은 5%, D의 연봉 인상률은 10%이므로 2013년 성과 평가 등급이 높은 사원부터 순서대로 나열하면 A, D, C, B이다.

ㄴ. 2015년에 A와 B는 동일한 성과 평가 등급을 받았다.
⇒ (○) 〈표 1〉을 보면 A와 B의 2015년 대비 2016년 연봉 인상률이 같다는 것을 쉽게 알 수 있다.

ㄷ. 2013~2015년 동안 C는 성과 평가에서 Ⅰ등급을 받은 적이 있다.
⇒ (○) 〈표 1〉을 보면 C의 2015년 대비 2016년 연봉 인상률은 20%이다. 따라서 C는 2015년 성과 평가에서 Ⅰ등급을 받았다는 것을 알 수 있다.

ㄹ. 2013~2015년 동안 D는 성과 평가에서 Ⅲ등급을 받은 적이 있다.
⇒ (×) 〈표 1〉을 보면 D는 2013년과 2015년에는 각각 Ⅱ등급을 받고, 2014년에는 Ⅳ등급을 받았다는 것을 알 수 있다. 따라서 ㄹ은 옳지 않다.

32 ④

이 문제는 두 가지 방법으로 풀어 보도록 하겠다.

1) 건물의 층수=연면적÷건축 면적=연면적÷(건폐율×대지 면적)으로 구할 수 있다. 따라서 각 건물의 층수를 구해 보면 A=600÷(0.5×300)=4, B=1,080÷(0.6×300)=6, C=720÷(0.6×200)=6, D=800÷(0.5×200)=8, E=1,260÷(0.7×300)=6이므로 D가 가장 높다는 것을 알 수 있다.
2) 우선 건폐율이 같은 A와 D를 비교해 보면 A의 대지 면적이 D의 대지 면적의 1.5배이지만, 연면적이 더 작기 때문에 D의 층수가 더 높을 것이다. 또한, B와 C는 서로 간의 건폐율이 같고 대지 면적의 비율과 연면적의 비율이 같기 때문에 층수는 같을 것이다. 마지막으로 D와 E를 비교해 보면 E의 연면적은 D의 1.5배 이상이지만, 건폐율이 1.4배이고 대지 면적이 1.5배이므로 D의 층수가 더 높을 것이다. 결론적으로 D의 층수가 가장 높다는 것을 알 수 있다.

이 문제에서 만큼은 두 가지 방법 모두 빠른 시간 내에 풀 수 있는 방법이기에 어느 것을 사용해도 상관은 없겠지만, 두 번째 방법을 잘 익혀 놓으면 앞으로 정말 유용하게 쓰일 것이라고 자신 있게 말할 수 있다. 또한, PSAT에서 요구하는 사고 방식은 두 번째 방법이라고 할 수 있겠다.

33 ⑤

계산을 하는 방법이 아닌 다른 방식으로 풀이를 해 보도록 하겠다. 우선 각주로 달려 있는 공식에 상수 k는 말 그대로 상수이므로 임의의 숫자를 대입해도 상관이 없다. 따라서 k를 1로 생각을 하면 '두 도시 간 인구 이동량×두 도시 간의 거리=두 도시 인구의 곱'으로 생각해 볼 수 있다.

이제 〈표〉의 자료를 활용하여 A↔B와 A↔C의 경우를 비교해 보도록 하자. 〈표〉를 보면 A↔B의 인구 이동량은 A↔C의 2배이다. 하지만 거리는 A↔C가 A↔B의 2배를 초과한다. 따라서 C의 인구가 B의 인구보다 크다는 것을 알 수 있다. 같은 방법으로 A↔D, A↔E의 경우를 비교해 보면 E의 인구가 D의 인구보다 더 크다는 것을 알 수 있다. 따라서 정답은 ⑤가 된다.

34 ②

이 문제의 경우에도 A~E 유형의 교통 요금 절감액을 직접 계산하는 것이 아니라, 신규 환승 정책 시행에 의한 각 유형의 요금 절감액의 차이값을 활용하여 풀이를 해 보도록 하겠다. 다음의 표를 보자.

환승 유형	환승 내용	요금 절감액	연간 환승 유형 이용 건수
A	버스→버스	800	1,650
B	버스→지하철	750	1,700
C	지하철→버스	750	1,150
D	버스→버스→버스	1,600	800
E	버스→지하철→버스	1,500	600

신규 환승 정책을 보면 동일 교통 수단으로 환승할 때는 150원의 환승 요

금을 지불하므로 요금 절감액은 800원이라는 뜻이고, 다른 교통 수단으로 환승할 때는 200원의 환승 요금을 지불하므로 요금 절감액은 750원이라는 뜻이다. 따라서 그를 반영한 위의 표를 살펴보면, 우선 A가 D보다 절감액이 크다는 것과 B가 E보다 절감액이 크다는 것은 쉽게 확인이 가능하다. 또한, E의 요금 절감액은 C의 2배인데, C의 연간 환승 유형 이용건 수는 E의 2배보다 적으므로 E가 C보다 절감액이 크다는 것도 알 수 있다. 따라서 정답은 ②가 된다.

35 ①

① 3차년도의 사채장부가액은 96억 원 이하이다.
⇒ (×) 〈표〉를 보면 3차년도의 A는 930이고 C는 330이므로 E는 9,300+330=9,630임을 알 수 있다. 단위가 백만 원이므로 9,630=96.3억이다. 따라서 ①은 옳지 않다.

② 3차년도, 4차년도의 상각액은 전년도 대비 매년 증가한다.
⇒ (○) 〈표〉를 보면 B가 매년 일정하고 E는 매년 증가하므로 상각액에 해당하는 C는 전년도 대비 매년 증가한다는 것을 쉽게 알 수 있다.

③ 3차년도, 4차년도의 이자 비용은 전년도 대비 매년 증가한다.
⇒ (○) 〈표〉를 보면 E는 매년 증가하므로 이자 비용에 해당하는 A도 매년 증가한다는 것을 알 수 있다.

④ 3차년도, 4차년도의 미상각 잔액은 전년도 대비 매년 감소한다.
⇒ (○) 〈표〉를 보면 당해 연도 D=전년도 D−당해 연도 C이므로 미상각 잔액에 해당하는 D는 전년도 대비 매년 감소한다는 것을 알 수 있다.

⑤ 3차년도 대비 4차년도의 사채장부가액 증가액은 4차년도의 상각액과 일치한다.
⇒ (○) 〈표〉를 보면 당해 연도 E=전년도 E+당해 연도 C임을 알 수 있다. 따라서 사채장부가액에 해당하는 E의 전년 대비 증가액은 당해 연도 상각액과 일치한다는 것을 알 수 있다.

36 ①

ㄱ. 2010년 의사 수가 가장 많은 국가는 2011년 인구 만 명당 의사 수도 가장 많다.
⇒ (○) 〈표〉를 보면 2010년 의사 수가 가장 많은 국가는 H 국가라는 것을 알 수 있고, 2011년 인구 만 명당 의사 수가 가장 많은 국가 역시 H 국가라는 것을 쉽게 알 수 있다.

ㄴ. 2011년 기준 C, D, E 3개국 중 인구가 가장 적은 국가는 D이다.

$$\Rightarrow (\circ)\ \frac{\text{의사 수}}{\text{인구 만 명당 의사 수}} = \frac{\text{의사 수}}{\frac{\text{의사 수}}{\text{인구}} \times 10{,}000} = \frac{\frac{\text{의사 수}}{1}}{\frac{\text{의사 수}}{\text{인구}} \times 10{,}000}$$

$=\frac{\text{인구}}{10{,}000}$ =인구(만 명)임을 알 수 있다. 따라서 〈표〉를 보면 D의 의사 수÷인구 만 명당 의사 수가 가장 적다는 것을 알 수 있으므로 ㄴ은 옳은 설명이다.

ㄷ. 2011년 인구가 2010년보다 많은 국가의 수는 4개다.
⇒ (○) 의사 수÷인구 만 명당 의사 수=인구이므로 2010년 대비 2011년 인구 만 명당 의사 수의 증가율보다 의사 수 증가율이 더 큰 국가를 찾으면 된다. 따라서 그러한 국가를 찾으면 D, E, F, G로 총 4개임을 알 수 있다.

ㄹ. 2010년 기준 의사 수가 많은 국가일수록 같은 해 인구 만 명당 의사 수도 많다.
⇒ (×) 〈표〉를 보면 2010년 기준 B 국가의 의사 수가 A 국가의 의사 수보다 많지만, 같은 해 인구 만 명당 의사 수는 A 국가가 B 국가보다 더 많다는 것을 쉽게 알 수 있다.

37 ④

ㄱ. 1922년 한국의 인구는 1921년에 비해 감소하였다.
⇒ (○) 〈표〉를 보면 1921년 대비 1992년 한국의 연간 쌀 생산량은 동일하나, 1인당 연간 쌀 소비량은 증가했음을 알 수 있다. 다시 말하면, 1921년 대비 1922년 한국의 인구는 감소하였다.

ㄴ. 일본으로의 연간 쌀 순수출량은 1911년에 비해 1922년에 100% 이상 증가하였다.
⇒ (×) 1911년 대비 1922년 연간 쌀 순수출량이 100% 이상 증가했다는 뜻은, 1922년의 연간 쌀 수출량이 1911년의 2배 이상이라는 뜻이다. 그런데 〈표〉를 보면 일본으로의 1922년 연간 쌀 순수출량은 1911년의 2배 이하이므로 ㄴ은 옳지 않다.

ㄷ. 1912년부터 1922년까지 한국의 연간 쌀 생산량이 전년보다 증가한 연도 수가 감소한 연도 수보다 많다.
⇒ (○) 〈표〉를 보면 1912년부터 1922년까지 한국의 연간 쌀 생산량이 전년보다 증가한 연도 수는 7개이고, 감소한 연도 수는 4개임을 알 수 있다.

ㄹ. 1911년부터 1917년까지 매년 한국인의 1인당 연간 쌀 소비량은 일본인의 1인당 연간 쌀 소비량의 50% 이상이다.
⇒ (×) 〈표〉를 보면 1917년의 경우 한국인의 1인당 연간 쌀 소비량은 일본인의 1인당 연간 쌀 소비량의 50% 이하임을 쉽게 알 수 있다.

38 ①

GDP 대비 보건비=보건비÷GDP, 보건비 대비 공공 보건비=공공 보건비÷보건비, 1인당 민간 보건비=민간 보건비÷인구로 나타낼 수 있고, 보건비=공공 보건비+민간 보건비이다. 따라서 이를 활용하여 식을 정리해 보면, 공공(민간) 보건비÷인구=GDP÷인구×보건비÷GDP×공공(민간) 보건비÷보건비로 나타낼 수 있다.

ㄱ. 2010년 A국의 1인당 보건비는 2,500달러이다.
⇒ (○) 〈표〉에서 2010년 A국의 1인당 민간 보건비는 1,000이고, 보건비 대비 공공 보건비의 비중은 60%이다. 따라서 보건비 대비 민간 보건비의 비중은 40%라는 것을 알 수 있고, 1,000÷0.4=2,500이므로 ㄱ은 옳은 설명이다.

ㄴ. 2000년에 비해 2010년 B국의 GDP가 100% 증가할 경우, B국의 2010년 공공 보건비는 2000년에 비해 275% 증가한다.
⇒ (○) 위에서 유도한 식을 사용해 보도록 하자. 위의 식에서 양변에 인구수를 곱하면 공공(민간) 보건비=GDP×보건비÷GDP×공공(민간) 보건비÷보건비가 된다. 여기서 GDP는 100%가 증가하였고, GDP 대비 보건비 비중은 9/6=3/2배, 보건비 대비 공공 보건비 비중은 50/40=5/4배가 되었으므로 결국 공공 보건비는 2×3/2×5/4=3.75배 증가하였음을 알 수 있다. 따라서 B국의 2010년 공공 보건비는 200년에 비해 375−100=275% 증가하였다.

ㄷ. E국의 2010년 1인당 GDP는 40,000달러이다.
⇒ (○) 위의 식에서 1인당 GDP는 1인당 공공(민간) 보건비를 GDP 대비 보건비와 보건비 대비 공공(민간) 보건비의 곱으로 나누면 된다는 것을 알 수 있다. 따라서 E국의 2010년 1인당 GDP=4,000÷(0.2×0.5)=40,000이 되므로 ㄷ은 옳은 설명이다.

ㄹ. 2000년에 비해 2010년 E국의 1인당 보건비가 100% 증가할 경우, 2000년 1인당 민간 보건비는 2,500달러이다.
⇒ (×) 2000년에 비해 2010년 1인당 보건비가 100% 증가한다는 뜻은 2000년에 비해 2010년 1인당 보건비가 2배로 증가한다는 뜻이다. 그런데 1인당 보건비가 2배로 증가하게 되면, 1인당 공공 보건비와 민간 보건비 모두 2배로 증가하게 되므로 ㄹ은 옳지 않다.

ㅁ. 2010년 GDP 대비 공공 보건비의 비율은 C국이 D국보다 높다.

⇒ (×) 공공 보건비÷GDP=보건비÷GDP×공공 보건비÷보건비임을 알 수 있다. 따라서 〈표〉를 보면 2010년 C국의 GDP 대비 공공 보건비의 비율은 0.05×0.8이고, D국의 비율은 0.1×0.6이므로 D국이 C국보다 높다는 것을 알 수 있다.

39 ⑤

ㄱ. 2005년 노인 인구의 성비는 10년 전보다 낮아졌다.
⇒ (×) 〈표 1〉을 보면 1995년 남자/여자=987/1,670이고, 2005년 남자/여자=1,760/2,623임을 알 수 있다. 따라서 2005년 노인 인구의 성비는 10년 전보다 높아졌다.

ㄴ. 2005년에는 15~64세 인구 7.9명이 노인 1명을 부양하고, 2020년에는 15~64세 인구 4.6명이 노인 1명을 부양할 것이다.
⇒ (○) 15~64세 인구 7.9명이 노인 1명을 부양한다는 뜻은 (1/7.9)×100=노년 부양비라는 뜻이다. 〈표 2〉를 보면 2005년 노년 부양비는 12.6=(1/7.9)×100이고, 2020년 노년 부양비는 21.8=(1/4.6)×100임을 알 수 있으므로 ㄴ은 옳은 설명이다.

ㄷ. 2020년의 0~14세 인구 100명당 노인 인구는 1990년의 0~14세 인구 100명당 노인 인구의 6배 이상이다.
⇒ (○) 〈표 2〉를 보면 2020년의 노령화 지수는 1990년 노령화 지수의 6배 이상이다. 따라서 ㄷ은 옳은 설명이다.

ㄹ. 2005년 노년 부양비는 10년 전에 비해 4.3%p 증가하였고, 2005년에 비해 2020년에는 9.2%p 증가할 것이다.
⇒ (○) 〈표 2〉를 보면 2005년 노년 부양비는 10년 전에 비해 4.3%p 증가하였고, 2005년에 비해 2020년에는 9.2%p 증가할 것이라는 것을 쉽게 알 수 있다.

40 ②

ㄱ. 조사 대상 기업 중에서 적자로 보고한 기업 수는 2005년에 최대, 2003년에 최소이다.
⇒ (×) 적자 보고율=적자로 보고한 기업 수÷조사 대상 기업 수이므로 적자로 보고한 기업 수=적자 보고율×조사 대상 기업 수로 구할 수 있을 것이다. 〈표〉를 보면 2005년 적자로 보고한 기업 수=620×0.150이고, 2006년 적자로 보고한 기업 수=530×0.180이므로 2006년이 2005년보다 더 많다는 것을 알 수 있다. 따라서 ㄱ은 옳지 않다.

ㄴ. 이익 수준의 전체 평균 대비 하위 평균의 비율이 가장 큰 해와 이익 수준의 전체 표준편차가 가장 큰 해는 동일하다.
⇒ (○) 〈표〉를 보면 하위 평균÷전체 평균이 가장 큰 해는 2006년임을 알 수 있으며, 이익 수준의 전체 표준편차가 가장 큰 해 역시 2006년이므로 ㄴ은 옳은 설명이다.

ㄷ. 이익 수준의 상위 평균이 가장 높은 해는 전체 평균이 가장 높은 2004년이다.
⇒ (×) 〈표〉를 보면 이익 수준의 상위 평균이 가장 높은 해는 2004년이 맞지만, 전체 평균이 가장 높은 해는 2005년임을 쉽게 알 수 있다.

ㄹ. 2003년부터 2007년까지 적자 보고율과 이익 수준 상위 평균의 전년 대비 증감 방향은 매년 일치한다.
⇒ (○) 〈표〉를 보면 적자 보고율과 이익 수준 상위 평균의 전년 대비 증감 방향은 매년 일치한다는 것을 쉽게 알 수 있다.

Chapter 3 문제해결능력

01 ④	02 ③	03 ⑤	04 ③	05 ③	06 ①
07 ②	08 ①	09 ④	10 ②	11 ②	12 ③
13 ②	14 ①	15 ④	16 ⑤	17 ③	18 ②
19 ②	20 ④	21 ①	22 ②	23 ⑤	24 ⑤
25 ④	26 ①	27 ①	28 ③	29 ④	30 ③
31 ②	32 ④	33 ④	34 ①	35 ①	36 ③
37 ②	38 ④	39 ②			

01 ④

자기개발은 자신을 이해하고, 자기 관리를 통해 성취해 나가는 것을 목표로 한다. 이러한 활동은 업무와 관련하여 이루어지고, 평생에 걸쳐 이루어지는 과정이기 때문에 일상 가운데 이루어지는 것이 적절하다.

① 자신을 객관적으로 인식하기 위해서는 내가 나를 아는 것만이 아니라 타인과의 대화를 통해 자신을 인식하거나, 표준화된 검사를 통해 자신의 특성을 확인해야 한다.
② 자아 인식 단계에서는 자신의 흥미, 적성, 특성 등을 이해하여 자기 정체성을 파악한다.
③ 자기개발을 위해서는 자신의 행동과 업무를 균형적으로 관리할 수 있어야 한다.
⑤ 자신이 어떠한 특성을 가지고 있는지 바르게 인식해야 적절한 자기개발이 이루어진다.

02 ③

호감 가는 브랜드의 조건으로는 열정, 친근감, 책임감이 있다. 열정은 가지고 싶은 강한 욕구, 친근감은 편안하고 친숙한 느낌, 책임감은 관계 지속에 대한 약속을 의미한다.

03 ⑤

자아를 인식하는 방법에는 스스로 묻는 방법, 다른 사람과의 대화를 통해서 파악하는 방법, 표준화 검사를 활용하는 방법 등이 있다.

※ 조해리의 창(Johari's window)

	내가 아는 나	내가 모르는 나
타인이 아는 나	공개된 자아 Open self	눈먼 자아 Blind self
타인이 모르는 나	숨겨진 자아 hidden self	아무도 모르는 자아 Unknown self

04 ③

A단계에서 수행해야 하는 일은 '의사 결정의 기준과 가중치를 결정하는 것'이다. 따라서 이와 가장 적합한 것은 ③이다.

① 경쟁사의 성능 파악과 우리 제품의 장점을 확인하는 것은 의사 결정에 필요한 정보를 수집하는 과정이다.
② 제품이 판매되는 시장 조사를 하는 것은 의사 결정에 필요한 정보를 수집하는 과정이다.

④ 이전 제품의 판매 실적을 바탕으로 판매율이 저조했던 이유를 파악하는 것은 문제의 근원을 파악하는 과정에 해당한다.
⑤ 제품 마케팅과 관련해 탐색된 모든 방법을 토의하는 것은 각 대안을 분석·평가하는 과정이다.

05 ③

생산량(개)	0	1	2	3	4	5	6	7
총생산 비용(만 원)	10	16	27	35	42	51	63	75
이윤(만 원)	−10	−6	−7	−5	+2	+1	+3	+5

③ 1개를 생산할 때는 이윤이 −6이지만 생산량이 0개일 때는 −10만 원의 이윤이 발생하기 때문에 생산하지 않는 것이 더 손해이다.
① 2개를 생산할 때의 이윤은 −7, 5개를 생산할 때의 이윤은 +1이다.
② 생산량이 많아진다고 이윤이 늘어나지는 않는다. 생산량이 1개에서 2개로 늘어났을 때, 4개에서 5개로 늘어났을 때는 이윤이 줄어들었다.
④ 이윤을 극대화하는 생산량은 생산량이 7개일 때이다.
⑤ 생산량이 많다고 해서 손해를 보는 것은 아니다.

06 ①

㉠을 제외한 나머지는 모두 조직의 요구에 의한 것이지만, ㉠은 개인의 요구이다. 경력 개발은 직무 변화 등과 같은 외부적 상황의 변화 또는 개인의 기대 및 목표의 변화와 같은 주관적 인식의 변화에 따라 이루어진다.

07 ②

■■은행 \ ○○은행	A	B	C	D
A	20	18	25	18
B	24	30	27	26
C	23	27	29	15
D	27	14	24	28

○○은행과 ■■은행의 적금 가입자 수가 가장 많을 때를 고르면 (B, B) 3,000명일 때이다.

08 ①

A: 의사 결정이 잘못된 경우의 부작용이다.
B: 업무의 우선순위를 정하는 것은 직장에서 자주 경험하는 대표적인 의사 결정의 순간이라 할 수 있다. 우선순위에 따라 업무 효율이 다르기 때문에 합리적인 의사 결정을 해야 한다.
C: 나의 생활과 일의 균형을 적절하게 맞추기 위해서 합리적인 의사 결정이 필요하다.
D: 나의 인생과 조직의 운명은 똑같이 중요하지 어느 하나가 더 중요하다고 할 수 없다.

09 ④

4단계 경력 개발 전략 수립은 현재 직무를 성공적으로 수행하고, 역량을 강화하며 인적 네트워크를 강화하는 단계이다. 역량 개발을 위한 교육 프로그램 및 상급 학교 진학, 학습 동아리 활동 등이 포함된다.
– 1단계 직무 정보 탐색은 관심 직무에서 요구하는 능력이나 고용, 전망, 직무 만족도 등의 모든 정보들을 알아내는 단계이다.
– 2단계 자신과 환경 이해는 자신의 능력, 흥미, 적성, 가치관을 이해하고 직무 관련 환경의 기회와 장애 요인을 파악하는 단계이다.
– 3단계 경력 목표 설정은 5~7년의 장기 목표를 수립하거나, 2~3년의 단기 목표를 수립하는 단계이다.
– 5단계 실행 및 평가는 전략을 실행하고 평가하여 경력 목표, 전략을 수정하는 단계이다.

10 ②

WLB(워라밸)은 Work – Life Balance로 일과 생활의 균형을 의미한다. 현대 사회에서 직장이나 직업을 선택할 때 고려하는 중요한 요소 중 하나로 떠오르고 있다.

11 ②

디자인이 좋음 이상인 패딩 점퍼는 B와 C이다.
가격이 좋은 패딩 점퍼는 B와 D와 E이다.
따라서 디자인과 가격 모두 좋음 이상인 패딩 점퍼는 B이다.

12 ③

현재 시간은 11시 30분이고 투어 출발 30분 전까지 안내 부스 앞으로 모여야 하기 때문에 12시 이후에 출발하는 투어 코스가 가능하다.
따라서 2곳 이상 다녀올 수 있는 일정은 다음의 2가지가 있다. 투어 출발 30분 전까지는 모여야 하므로 연속된 시간으로 일정을 안내하는 것은 불가능하다.
첫 번째: 12시 출발 남산 투어 + 14시 출발 도심 투어
두 번째: 12시 출발 남산 투어 + 15시 출발 쇼핑 투어

13 ②

㉡에 따르면 B와 D는 한식을 먹는다. ㉢에 의해 E는 B와는 다른 음식을 먹어야 하므로 분식 또는 중식을 먹는다.
㉠에 따르면 A는 분식을 먹지 않으므로 중식을 먹는다. C는 분식을 먹는다.
㉣에 따라 F와 G는 같은 음식을 먹어야 하기 때문에 중식을 먹어야 한다.
따라서 E는 분식을 먹는다.

14 ①

- A가 출장 대상자가 아니라면 E도 출장 대상자가 아니다.
  (대우) E가 출장 대상자라면 A도 출장 대상자이다.
  → ⑤는 정답이 아니다.
- D가 출장 대상자이면 E도 출장 대상자이다.
  → ③, ④는 정답이 아니다.
- D가 출장 대상자가 아니라면 C도 출장 대상자가 아니다.
  (대우) C가 출장 대상자이면 D도 출장 대상자이다.
  → ②는 정답이 아니다.

15 ④

지민 – 송진은 서로 모순관계를 취하고 있다. 따라서 둘 중 한 명은 거짓을 말하고 한 명은 진실을 말한다. 한 명만 진실을 말하고 있다고 했기 때문에 나머지 세 명은 거짓말을 하는 사람이다.

- **지민이 진실일 때**
  송진이가 지각한 사람이 된다. 강훈이도 거짓을 말하고 있기 때문에 강훈이도 지각한 사람이 된다. 따라서 지각한 사람이 두 명이 되어 정답이 아니다.

- **송진이가 진실일 때**
  지민이의 말은 거짓이므로 송진이는 지각한 사람이 아니다. 민준이의 말도 거짓이므로 지민이는 지각을 한 사람이 아니다. 강민이의 진술도 거짓이기 때문에 강훈이가 지각한 사람이 된다.

따라서 지각한 사람은 강훈, 진실을 말한 사람은 송진이다.

16 ⑤

한 명만 진실이라고 하였는데 B와 C는 모두 시험이 수요일에 실시된다고 하고 있으므로 B와 C는 모두 거짓을 말하고 있다. 따라서 A와 D 중 진실을 말하는 사람이 있다.

- **A가 진실일 때**
  화요일과 목요일은 아니다. B, C, D가 거짓이므로 수요일과 금요일도 아니다. 따라서 월요일에 시험이 실시된다.
- **D가 진실일 때**
  금요일에 시험이 실시된다. 그러면 A도 진실이 되므로 정답이 아니다.
  따라서 시험은 월요일에 실시된다.

17 ③

김 양은 정아보다 세 살 위이다 → 김 양의 나이는 35세, 정아는 32세이다.
이 양의 이름은 '지현'이거나 '정아'이고, 나이는 중간이다. → 정아는 32세이므로, 이지현은 34세이다.
따라서 김수지 35세, 장정아 32세이다.

18 ②

규칙을 정리하면 다음과 같다.

1	2	3	4	5
		ⓒ E		㉠ B

ⓛ에 따르면 D는 항상 A의 바로 앞에 줄을 서야 한다고 했기 때문에 D는 1번째, A는 2번째, C는 4번째로 줄을 선다.
따라서 D – A – E – C – B 순이다.

19 ②

홍보부장이 가장 먼저 발표하였다.
법무지원부장은 인사부장 바로 다음에 발표를 했으므로 인사부장 → 법무지원부장 순서이다.
인사부장은 경영기획부장보다 먼저 발표하였고, 경영기획부장은 재무관리부장보다 일찍 발표하였으므로 인사부장 → 법무지원부장 → 경영기획부장 → 재무관리부장 순서로 발표하였다.
따라서 발표 순서는 홍보부장 → 인사부장 → 법무지원부장 → 경영기획부장 → 재무관리부장이다.
세 번째 발표자는 법무지원부장이다.

20 ④

부장의 자리를 고정시켜 놓고 조건을 정리해 보면 다음과 같다. 부장의 양 옆에 대리가 앉아 있고, A 사원은 D 대리의 오른쪽에 앉아 있다고 했으므로 D 대리의 왼쪽에 부장이 앉아 있다는 것을 알 수 있다.
따라서 부장의 오른쪽에는 D 대리가, 왼쪽에는 C 대리가 앉아 있다. 과장은 대리와 마주보고 앉아 있다고 했으므로 D 대리와 마주앉게 된다. 나머지 한 자리에 B 사원이 앉게 된다.

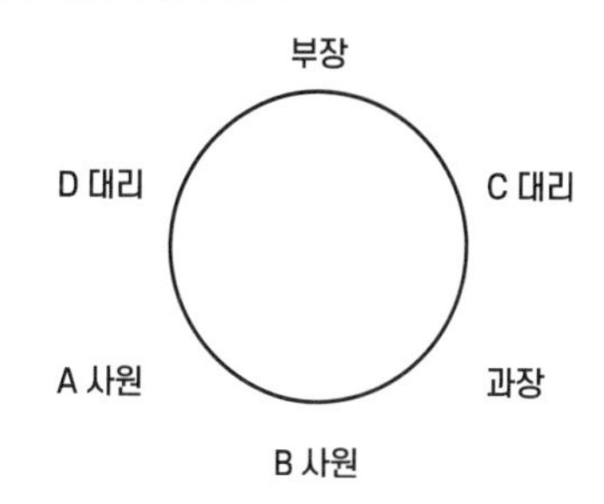

21 ①

보기의 제품으로 단가를 계산해 보면 다음과 같다.
①의 생산 원가: 17,000×6+3,000×2=108,000원 → 상 – 상
②의 생산 원가: 15,000×6+3,000×2=96,000원 → 중 – 중
③의 생산 원가: 15,000×6+3,000×2=96,000원 → 중 – 상
④의 생산 원가: 17,000×6+4,000×2=110,000원 → 상 – 상
⑤의 생산 원가: 18,000×6+3,000×2=114,000원 → 중 – 중
가장 저렴한 96,000원보다 20% 많은 가격은 115,200원으로 이 금액 내에서 내구성이 좋은 제품을 선택해야 한다. 따라서 상 – 상의 제품 중 가격이 더 저렴한 ①번이 적절하다.

22 ②

이안심 사원 : 1.6+1.3=2.9
이재원 차장 : 3.85+3.3=7.15
김은지 과장 : 2.5+1.75=4.25
배지원 대리 : 1.75+2.2+1.5=5.45
강주미 사원은 2개 이상의 프로젝트에 참여하지 않았고, 하나의 프로젝트에만 참여했다.
따라서 이재원 차장이 가장 높은 점수를 받았다.

23 ⑤

프로젝트에 참가한 직원은 모두 7명이다.
① 프로젝트별로 직급이 높아질수록 업무 기여도가 높아지고 있다.
② 프로젝트 중 하나의 프로젝트에만 참여한 사람은 세 사람이다.
③ 각 프로젝트마다 동일한 업무 기여도를 가진 사람은 없고 모두 다른 비율로 업무에 기여하였다.
④ 프로젝트 A의 총성과 점수는 7.2점, 프로젝트 B의 총성과 점수는 10.2점, 프로젝트 C의 총성과 점수는 5.5점이다.

24 ⑤

이재원 차장 = (3.85+3.3)×100,000원 = 715,000원

25 ④

대만은 국내 면허 인정 국가로서 학과 시험 없이 적성검사(신체검사)로 국내 면허를 교환 발급 받을 수 있다. 따라서 근처 운전면허 시험장에서 국내 면허로 교환 발급 받을 수 있도록 안내해야 한다.

26 ①

대기 문서 목록에 있는 출력물이 인쇄가 잘 되지 않을 때는 프린터 드라이

버의 설정에 오류가 있는지 먼저 확인하는 것이 필요하다. 또한, 프린터의 설정에 오류가 있는지도 살펴보아야 한다.
특수 용지나 인화지가 아닌 프린트 용지로 교환하는 것은 프린터 내부에 용지가 걸렸을 때 확인해 보는 방법이다.

27 ①

현수막 200장 가격
A 업체: 150만 원, B 업체: 184만 원, C 업체: 156만 원
가장 저렴한 업체는 A 업체이다.

안내장 2,000장 가격
A 업체: 20만 원, B 업체: 12만 원, C 업체: 15만 원
가장 저렴한 업체는 B 업체이다.

기념품 10,000개 가격
A 업체: 194만 원, B 업체: 180만 원, C 업체: 160만 원
가장 저렴한 업체는 C 업체이다.

28 ③

하반기 판매 시 A 제품은 50% 증가, B 제품은 30% 감소, C 제품은 40% 증가하므로 기대 수익은 다음과 같다.

가팀 \ 나팀	A 제품	B 제품	C 제품
A 제품	(7.5, 15)	(1.2, −3.5)	(1.5, −2.1)
B 제품	(18, −1.5)	(2.1, 4.9)	(1.4, 11.2)
C 제품	(−3.6, 7.5)	(2.8, 2.8)	(9.8, −3)

가팀의 하반기 기대 수익을 계산해 보면 다음과 같다.
A 제품 (7.5+1.2+1.5)/3≒1.73
B 제품 (18+2.1+1.4)/3≒7.16
C 제품 (−3.6+2.8+9.8)/3≒3

나팀의 하반기 기대 수익을 계산해 보면 다음과 같다.
A 제품 {15+(−1.5)+7.5}/3≒7
B 제품 (−3.5+4.9+2.8)/3≒1.4
C 제품 {−2.1+11.2+(−3)}/3≒2.03

따라서 가팀은 A 제품을, 나팀은 B 제품을 피해야 한다.

29 ④

컴퓨터 전산 전공자인 김 과장이 문제 해결을 위해 가장 적절하겠지만, 김 과장은 오후 03시 30분부터 30분의 개인 업무 일정이 있어 시간을 낼 수 없으므로 전산 자격증을 보유하고 있는 석 대리가 적합하다. 석 대리는 03시 20분부터 04시 10분까지 개인 업무 일정이 없으므로 업무 지원이 가능하다.

30 ③

주말을 제외하고, 보기에서 회의가 불가능한 날을 찾으면 다음과 같다.
6월 4일: B 과장 외근
6월 11일: B 과장 연차
6월 25일: 5명 미만
6월 30일: 업무가 10일 미만으로 남았기 때문에 회의 불가능
따라서 회의가 가능한 날은 6월 18일, 6월 19일, 6월 23일이다.

31 ②

㉠ 40~50대에서 남성과 여성은 모두 TV, 휴대전화, 태블릿 PC 순으로 선호하고 있다.
㉡ 남녀 모두 연령대가 높아질수록 TV 선호 비율이 높아진다.
  – 여성의 TV 선호율: 30대 10%, 40~50대 25%, 60대 이상 50%
  – 남성의 TV 선호율: 30대 10%, 40~50대 35%, 60대 이상 60%
㉢ 여성의 TV 선호율은 30대 10%, 40~50대는 15% 증가하였고, 60대 이상 35% 증가하였다.
  남성의 TV 선호율은 30대 10%, 40~50대 20% 증가, 60대 이상 25% 증가하였다.
  따라서 여성보다 남성이 큰 폭으로 증가한다.
㉣ 30대 이하 태블릿 PC 선호율은 여성 50%, 남성 60%로 남성의 비율이 높다. 하지만 남성과 여성의 인원수를 알 수 없기 때문에 남성의 수가 더 많은지는 알 수 없다.

32 ④

음식점 \ 평가 항목	음식 종류	이동 거리	가격 (1인기준)	맛 평가	방 예약 가능	총점
취밍	2	4	5	1	1	13
뉴욕레스토랑	3	3	3	2	1	12
툇마루	4	5	2	3		14
도쿄스트리트	5	2	4	4		15
남산밥상	4	1	1	5		11

33 ④

병가, 4대 보험 지원, 출산 유급 휴가(1년)는 기타로 구분되어 있다.
따라서 D는 출산 유급 휴가로서 기타에 속해야 한다.

34 ①

중간 점검 전에 디자인팀이 상품 기획 페이지를 최종 완료하는 것이 아니라 1차적으로 시안을 제작하는 것이므로 옳지 않다.

35 ①

추가 안건은 마케팅팀이 담당하고 있는 업무이지만 수신은 마케팅팀 박○○ 팀장으로 하는 것이 더 적절하다. 공○○ 사원도 마케팅팀 직원이긴 하지만 메일의 내용이 마케팅팀이 담당하고 있는 전반적인 업무에 대한 것이며 업무 분장을 요청하고 있기 때문에 공○○ 사원보다는 박○○ 팀장에게 보내야 한다.

36 ③

정○○ 대리는 기획팀에 소속되어 있다. 따라서 2월 6일까지 메인, 서브 메인, 상세 페이지, 제품 소개 웹페이지를 기획하는 업무를 끝내야 한다.

37 ②

①, ④ 2019년 8월 13일에 발행된 상품권은 사용할 수 있다.
③ 80% 이상의 금액을 사용했기 때문에 잔액을 돌려받는다.

⑤ 현재 오프라인 매장에서 사용할 수 있는 상품권은 15,000원이다. 15,000의 80%는 12,000원이므로 잔액을 받을 수 없다.
② 현재 가지고 있는 상품권 중 온라인에서 사용 가능한 금액은 15,000원이므로 잔액이 없다.

38 ④

발행일이 2014년 10월 11일인 5,000원 상품권을 제외하고는 모두 사용 가능하다.

39 ②

"국가가 망하지 않는 한 연금은 반드시 받습니다."
국민연금은 국가가 최종적으로 지급을 보장하기 때문에 국가가 존속하는 한 반드시 지급되며, 적립된 기금이 모두 소진된다 하더라도 그 해 연금 지급에 필요한 재원을 그 해에 걷어 지급하는 이른바 부과 방식으로 전환해서라도 연금을 지급한다고 하였다.

Chapter 4 자기개발능력

01 ③	02 ②	03 ⑤	04 ①	05 ④

01 ③

현재 맡은 일이 자신의 적성과 잘 맞는지 파악하고 싶은 상황이다. 표준화된 다양한 검사 도구를 활용하거나, 타인에게 피드백을 받는 행동은 적절하다.

- 나 스스로 자문해 보는 것은 객관적이지 않기 때문에 의미가 없을 거야. (×)
  객관성이 중요하기는 하지만 다른 사람이 알 수 없는 내면은 본인만 알 수 있으므로 스스로 곰곰이 자문해 보는 것이 필요하다.
- 최대한 많은 사람의 의견이 필요하니까 같이 일하지 않는 사람들에게도 피드백을 받아야지. (×)
  자신의 직무가 적성에 잘 맞는가를 평가해 주기 위해서는 업무적으로 관련이 있는 사람이어야 한다.

02 ②

성찰을 통해 실수했던 부분을 회상하며, 그 실수를 있는 그대로 받아들이고 분석해야만 더 발전적인 사람이 될 수 있다. 아름답게 긍정적으로 포장하는 것은 올바르지 않다.

03 ⑤

빈칸에 해당하는 단계는 ㉠ 과제 발견, ㉡ 수행이며, 각 단계에 해당하는 내용은 다음과 같다.
㉠ 과제 발견: 현재 주어진 역할 및 능력, 역할에 따른 활동 목표, 우선순위 설정
㉡ 수행: 수행과 관련된 요소 분석, 수행 방법 찾기

04 ①

경영학과 관련 있는 세미나와 같이 직무 수행에 도움이 될 만한 교육에 참석하거나 자격증을 취득하기 위해 노력하는 민서 씨는 직업 탐색 시기에 필요한 행동이다. 반면 역량을 강화하고 인적 네트워크를 강화하여 자신의 입지를 확고히 다져 나가며 승진에 관심이 있는 홍민 씨는 경력 중기에 해당하는 행동 사항이다.
ㄱ. 직업 선택: 적합한 직업 탐색 및 선택, 관련 능력 증진
ㄴ. 조직 입사: 원하는 조직 입사 및 직무 선택 과정
ㄷ. 경력 초기: 직무와 조직의 규칙에 대해 배우는 과정
ㄹ. 경력 중기: 성취한 것을 재평가하고 생산성 유지 과정
ㅁ. 경력 말기: 조직의 기여자로 남고 퇴직을 고려하는 과정

05 ④

문제의 기사는 자신의 목표를 직장에서 찾기보다는 일과 삶의 균형(Work and life balance)을 즐기면서 회사 생활을 하는 직장인들이 늘고 있다고 말하며, 현재와 2017년 데이터를 비교하여 분석하고 있다. 임원을 준비하며 회사에서 피로감을 느끼기보다는 개인의 삶에 조금 더 집중하여 일과 삶의 균형을 맞추어 work and life balance를 실천한다.

Chapter 5 자원관리능력

01 ④	02 ⑤	03 ③	04 ②	05 ②	06 ④
07 ③	08 ①	09 ②	10 ⑤	11 ①	12 ④
13 ④	14 ③	15 ②	16 ⑤	17 ④	18 ①
19 ④	20 ④	21 ⑤	22 ③	23 ②	24 ④
25 ①	26 ⑤	27 ③	28 ②	29 ①	30 ⑤

01 ④

동아리 인원 총 5명 중 2명과, 3명의 요구 사항에 맞추어서 각각 계산을 진행을 해 본다.
우선 2명의 경우 최우선 순위를 조건으로 판단하면 D3101, D4101, D5101 3 제품이 후보가 되고, 이 중 무게가 적게 나가는 것은 D4101이지만, 한 개의 드론 구매 시 발생되는 금액을 고려하면 75,000원+20,000원=95,000원인 D3101 제품을 선정하게 될 것이다. 나머지 3명의 경우 최우선 순위 조건으로 판단하여 후보군을 선별하면 D1101, D2101 두 제품이 되지만, D2101의 경우 건전지 값을 고려하면 100,000원을 넘기 때문에 최종 선정 제품은 D1101 제품이 된다. 따라서 최종적으로 계산을 하게 되면 (95,000원×2)+(98,000원×3)= 484,000원이다.

02 ⑤

당일에 출근하면, 전날 계획했던 것에 추가적으로 업무를 진행할 가능성은 배제할 수 없다. 하지만 그렇다고 해야 할 업무들이 줄어들지 않는 것은 분명하다. 따라서 미리 내일의 업무를 정리한 후, 다음날 출근하여 추가된 업무를 배분하여 계획을 짜는 것이 더 효율적인 업무 수행 방법이다.

03 ③

주어진 자료 및 〈조건〉에 따라서 A 사원을 기준으로 명예퇴직금을 계산하는 방법은 다음과 같다.
A 사원 명예퇴직금={187.5만 원(=3,000만 원/16)+93.75만 원(187.5만 원×4/8[400% 상여금, 8회 지급])}×2(연차)×3(배)=1,687.5만 원≒1,700만 원이다. 이를 바탕으로 나머지 사원의 명예퇴직금을 계산하면 아래와 같다.

명예 퇴직자	연봉 계약서	근무 연수	명예 퇴직금
A 사원	연봉 3,000만 원, 상여금 400% 포함(8회 지급)	2년	1,700만 원
B 사원	연봉 3,500만 원, 상여금 500% 포함(10회 지급)	5년	4,600만 원
C 사원	연봉 4,000만 원, 상여금 300% 포함(6회 지급)	3년	3,600만 원
D 사원	연봉 4,000만 원, 상여금 400% 포함(8회 지급)	3년	3,400만 원
E 사원	연봉 3,500만 원, 상여금 400% 포함(8회 지급)	5년	4,900만 원

이 자료를 바탕으로 문제를 해결하면 ③이 옳지 못한 것을 알 수 있다.

04 ②

제설 차량이 4인 기준일 때 제설 속도가 가장 빠르기 때문에, 차량 지원이 가능한 지역에서는 눈삽 대신 제설 차량을 대체로 운행한다. 따라서 A구간은 30분에 넉가래 3팀이 총 30cm, 제설 차량 1팀이 30cm를 제거할 수 있다. 즉, A구간은 30분에 총 60cm의 쌓인 눈을 제거하므로 총 150분이 소요된다. 그러나 C구간처럼 눈삽 팀이 남아 있는 경우에는 가장 오래 걸리는 시간인 60분 기준으로 계산을 해야 한다. 즉, 60분에 넉가래 1팀은 20cm, 눈삽 1팀은 10cm, 제설 차량 1팀은 60cm로, 총 1시간에 90cm 제설이 가능하며 총 180분이 소요된다. 나머지 구간도 이와 같은 방법으로 해결하면 B구간은 120분, D구간은 240분, E구간은 180분이 걸린다.

05 ②

조건에 맞게 차근차근 풀어 나가면 된다. 첫 번째 조건으로 인하여 SP202 제품은 15,400원이 된다. 두 번째 조건으로 인하여 SP404 제품은 16,000원으로 구매가 가능하게 된다. 높이와 가로 길이의 제약 조건으로 인하여 SP101, SP303, SP505의 제품은 구매 선상에서 제외가 된다. 따라서 마지막 조건을 바탕으로 선정하면 SP202 제품을 고를 것이다.

06 ④

① G 기업이 단독으로 공사를 진행하면 총 구간 길이는 330km이고, 1억 원/3km이므로 총 110억 원이 소요된다.

② J 기업이 단독으로 공사를 진행하면 총 구간 길이는 360km이고, 2억 원/5km이므로 총 144억 원이 소요된다.

③ J 기업의 공사 기간은 360km×7일/5km=504일이다. 이를 기준으로 판단하여 G 기업의 공사 기간을 계산하면 330km×5일/3km=550일이므로 G 기업은 기간 내에 완공을 할 수 없다.

④ 5일과 7일과의 최소 공배수는 35일이다. 35일 동안 G 기업은 21km을, J 기업은 25km이며, 이를 합하면 총 46km가 완공이 된다. 105일은 35일의 3배이다. 따라서 46km×3=138km이고, 138km/150km=0.92(즉 92%)이므로 전체 완공률의 90%가 넘게 된다.

⑤ 공동으로 작업을 진행하게 된다면, 단독으로 진행했을 경우에 비해 C구간에서 발생되는 소요 금액이 각각 줄어들기 때문에, 두 기업 모두 경제적으로 이득을 얻는다.

07 ③

ㄱ. 국가의 재정 지원 비율이 50%이면서, 총사업비 550억 원의 경우 국가 재정 지원은 275억 원이므로 300억 원을 넘지 못한다.

ㄴ. 제△△조 ①항을 참고하면 민간인 사업도 해당됨을 알 수 있다.

ㄷ. 제△△조 ①항의 2호를 참고하면 건설 사업은 200억 원 이상 시 타당성 조사를 해야 한다.

ㄹ. 제△△조 ①항의 2호를 참고하면 건설 사업은 200억 원 이상 시 타당성 조사를 해야 한다.

08 ①

ㄱ. 회의가 오전 9~10시이므로 가능한 운동 종목은 수영밖에 없다.

ㄴ. 오전밖에 운동을 할 시간이 없다고 했기 때문에, 수요일에는 운동을 할 수 없다.

ㄷ. 현재 상황에서는 수영이 한 주 동안 최대 2회 정도 가능하다. 따라서 3회 이상이 되는 종목이 없기 때문에 취미로 선정할 수 있는 종목은 없다.

ㄹ. 위의 상황에 따르면 A가 탁구를 할 수 있는 시간은 금요일 오후 1시~3시까지이다. 따라서 2시간 이상을 하지 못한다.

ㅁ. 금요일에 A가 운동하고자 하는 시간을 5시간 연장한다면 총 21:00까지 가능하다는 것이다. 따라서 한 주에 3회 이상 운동 가능한 종목은 클라이밍과 수영이므로 총 2개를 선정할 수 있다.

09 ②

오전 9시에 미팅이기 때문에 A를 가장 우선순위로 두고, 이후에 마감이 하루 남은 프로젝트를 진행한다. 매트릭스를 참고하면 자기계발이 중장기 계획에 속하고, 홍보팀의 지원 업무는 긴급하지만 중요하지 않은 일로 분류되기 때문에, 자기계발을 우선순위로 한 다음 홍보팀 업무를 지원하는 순서로 한다. 따라서 결과적으로 업무 순서를 나열하면 A → C → E → B → D인 ②번이 된다.

10 ⑤

가장 우선순위로 전체 평가 결과의 합이 높은 사원은 A이므로 개발팀에 A 사원이 배정된다. 직무 능력과 영어 회화 능력 점수의 합이 가장 높은 C 사원이 홍보팀에 배정을 받게 된다. 직무 능력 점수와 창의성 점수가 가장 높은 사원은 B, D 사원이지만, B는 1지망, D는 2지망의 선호도를 가지므로 기획팀은 B 사원이 맡게 된다. 이후 인사팀에서 A를 제외한 가장 높은 컴퓨터 활용능력 점수를 가진 사람은 D 사원이다. 이렇게 배정된 뒤 E 사원의 경우에는 1지망이 홍보팀이므로 C와 함께 홍보팀에서 근무하게 된다.

11 ①

비행기 탑승 시간과 업무로 인해 머무는 일정을 더한 후 GMT 시간을 고려하면 아래의 표를 얻을 수 있고, 이와 맞는 시간은 ①번이다.

	출발 시간 (한국 기준)	도착 시간 (한국 기준)	GMT 고려 후, 날짜	업무 시간 마친 후 최종 비행기 탑승 시간
A 사원	2일 오전 4시	2일 오후 4시	2일 오전 7시 (-9시간)	3일 오전 7시 (+24시간)
B 사원	2일 오후 2시	2일 오후 11시	2일 오전 4시 (-17시간)	2일 오후 7시 (+15시간)
C 사원	2일 오전 4시	2일 오후 2시	2일 오후 4시 (+2시간)	3일 오전 2시 (+10시간)

12 ④

문제에 대한 조건을 바탕으로 표를 만들어서 정리하면 다음과 같다.

	직책	현재 연봉	업무 평가 점수	이후 연봉
A 사원	과장	7,000만 원	89점	9,800만 원
B 사원	과장	6,500만 원	91점	9,750만 원
C 사원	팀장	5,000만 원	75점	7,000만 원
D 사원	팀장	5,200만 원	82점	7,800만 원
E 사원	사원	4,000만 원	81점	6,000만 원

① A 사원은 B 사원에 비하여 약 50만 원 더 받기 때문에 총연봉이 더 높다.
② E 사원은 50%의 인센티브를 부여 받고, C 사원은 40%의 인센티브를 부여 받는 점을 고려해서 총연봉을 계산하면 위의 표에서 알 수 있듯이 1,000만 원의 차이가 난다.
③ A 사원이 50%의 인센티브를 부여 받게 되면 총연봉은 10,500원이다. 따라서 B 사원에 비해서 750만 원 더 높다.
④ C 사원과 D 사원의 현재 연봉 차이는 200만 원이다. C 사원의 인센티브 비율이 50%로 증가하게 된다면 총연봉은 7,500만 원이다. 따라서 총연봉의 차이 값은 300만 원이므로 여전히 총연봉의 차이 값이 더 크다.
⑤ 총연봉=현재 연봉+(현재 연봉×인센티브 비율)이므로 두 항 모두 현재 연봉이 포함된다. 따라서 총연봉에 중요한 요소는 현재 연봉임을 알 수 있다.

13 ④

B가 구매하려 하는 품목은 등산복, 등산화, 배낭, 매트리스, 텐트이다. 조건에 맞게 가격을 책정하면 다음과 같다.
등산복: 120,000원×0.8=96,000원
등산화: 150,000원×0.7(등산복 II 제품을 구매했기 때문)=105,000원
배낭: 80,000원×0.75(가장 적은 용량을 선택했기 때문)=60,000원
매트리스: 30,000원×0.8 =24,000원
따라서 이 모두를 더하면 285,000원이고, 이후 텐트를 구매한다고 하지만 300,000원을 넘기지 못했으므로, 텐트 할인 가격은 20%밖에 적용되지 못한다. 따라서 285,000원+(250,000원×0.8)=485,000원이다.

14 ③

각 면접자의 평가 기준에 대한 모든 합을 더하면 동일한 점수이다. 그러나 등수가 발생된 경우는, 해당 가중치가 다르기 때문이다. 이를 파악하기 위해 3점인 부분만 따로 추출하여 정리하면 다음과 같다.
순위권별로 평가 기준을 나열해 보면, 열정 → 표현력 → 잠재력 → 논증력 → 가치관, 혹은 열정 → 표현력 → 잠재력 → 가치관 → 논증력의 순서로 가중치가 부여되어 있음을 대략적으로 짐작할 수 있다. 따라서 이를 바탕으로 옳은 것을 고르면 ③이 된다.

등수	면접자	평가 기준
1등	B	열정, 표현력
2등	E	잠재력, 표현력
3등	A	잠재력, 가치관
4등	D	잠재력, 논증력
5등	C	가치관, 논증력

15 ②

주어진 표를 조건에 따라 점수를 부여하여 점수표를 제작하면 다음과 같다.

구분	총 소요 시간	교통비 가격	배차 시간	경유지	총점
KTX	4점	2점	−1점	−1점	4점
I. 버스	2점	5점	−1점	0점	6점
II. 버스	1점	3점	0점	−1점	3점
항공	5점	1점	0점	−1점	5점
자가용	3점	4점	0점	0점	7점

따라서 점수가 가장 높은 순서대로 나열하면 정답은 ②번이 된다.

16 ⑤

모든 Case에 대하여 건너가는 정거장은 모두 동일하게 총 5번이다. 따라서 환승 횟수와 소요되는 시간만 고려하면 된다.
Case I의 경우는 총 26분 소요되며, 환승 횟수는 2번이므로 할인율은 총 4%이다. 따라서 26분×50원/분+5,000원×0.96=6,100원이다.
Case II의 경우는 총 27분 소요되며, 환승 횟수는 2번이므로 할인율은 총 4%이다. 따라서 27분×50원/분+5,000원×0.96=6,150원이다.
Case III의 경우는 총 28분 소요되며, 환승 횟수는 3번이므로 할인율은 총 6%이다. 따라서 28분×50원/분+5,000원×0.94=6,100원이다. 즉, Case I과 Case III는 동일한 금액이지만, 환승 횟수가 더 적은 것은 Case I이다.

17 ④

'전투준비태세 지휘 검열'의 훈련은 3월 5주차에 총 16시간 운영된다. 그런데 월요일에 있는 대대장님 훈화 말씀이 수요일 동일 시간으로 옮겨진다면 '전투준비태세 지휘 검열'의 교육 종료 시간은 1시간 30분 감소된 14:30이 된다. 이 비율을 통해 계산을 해 본다면 약 9.4% 감소된 수치이므로, 10%는 넘지 않는다.

18 ①

A 외부 초청 강사: Section 1의 경우 전체 참석자 대비 외국인 비율이 약 16.7%이므로 추가적인 인센티브를 받지 못한다. 하지만 Section 2의 경우는 30%이므로 인센티브를 받는다. 따라서 200,000원과 230,000원을 더한 430,000원이 A 외부 초청 강사가 받는 금액이다.
B 외부 초청 강사: Section 3의 경우는 외국인 참석자 비율이 30%가 되므로 인센티브를 받는다. 하지만 강의 시간이 3시간이므로 230,000원×3=690,000원이 된다.

19 ④

① 총 4년 동안 만기를 채워야 하므로 A가 다른 부서로 발령되는 시점은 1년 2개월이다.
② 위의 상황을 참고하면 쉽게 알 수 있다.
③ 과학기술부에 입사를 할 수 있는 사람은 수석밖에 없다.
④ A가 1년 2개월 후 다른 부서로 발령이 난 후 수석의 신입 사원이 들어오게 된다면, 차석의 인사 발령까지 남은 기간은, 1년 2개월−3개월인 총 11개월 먼저 근무를 했기 때문에 3년인 36개월−11개월인 25개월이 된다.
⑤ ④번을 근간으로 과학기술부 입사 기준으로부터 48개월−25개월=23개월이며, 이는 2년이 되지 못한다.

20 ④

주말은 휴가에 포함이 안 된다는 점, 월말 평일에 휴가 1일이 주어진다는 점, 휴가를 사용한 달은 성과로부터 얻은 휴가 날짜를 사용할 수 없다는 점을 고려했을 때, 3월 30일에 신청해야 앞에 주말을 끼면서, 3월 31일을 초과하여 3월 휴가를 얻고, 추후에 4월로 넘어가기 때문에 성과급의 휴가 사용이 가능하다. 또한 4월 첫 주의 주말도 이용 가능하므로 3월 30일에 휴가를 사용하는 것이 가장 길게 휴가를 보낼 수 있는 날짜이다.

21 ⑤

① 성과가 없는 경우 인당 200만 원이다. 따라서 인당 2400만 원씩 연간 인건비로 소요되며, 총 10명이므로 2억 4천만 원이다.
② 4,500만 원×0.15=675만 원이다.
③ 연간 인건비는 250만 원×12개월×10명=3억, 재료비 및 시약비로 지출되는 금액은 1억 2천만 원이다. 여기에 1억 원의 장비 2개를 구매하게 된다면 2억 원+3천만 원(유지비)이 소요되고, 이를 모두 더하면 6억 5천만 원이다.
④ 국내 출장 시 인당 사용 가능한 금액은 11만 원이다. 총 4박 5일이므로 4박 동안은 11×4(박)×10(인원)=440만 원이다. 그리고 마지막 5일차는 숙박을 하지 않기 때문에 인당 사용 가능한 금액이 6만 원이다. 따라서 6×10(인원) =60만 원이다. 결국 모든 금액을 더하면 500만 원이 된다.
⑤ 각 항목별 소요되는 금액을 계산하면 인건비=2억 4천만 원, 재료비=7천 2백만 원이며 이 둘의 합은 3억 1천 2백만 원이다. 여기에 5천만 원 장비 6개를 추가로 구매 시, 3억+4천 5백(유지비)이 추가되므로 총지출 예정 금액은 6억 5천 5백만 원이다. 따라서 예산안을 초과하게 된다.

22 ③

국내팀: 인당 하루에 사용 가능한 금액은 11만 원이다. 총 3박 4일이므로 3박 동안은 11만 원×3(박)×6(인원)=198만 원이다. 그러나 마지막 4일차는 숙박을 하지 않기 때문에 인당 사용 가능한 금액이 6만 원이다. 6만 원×6(인원) =36만 원이고, 따라서 국내팀의 출장 지출비는 234만 원이다.
해외팀: 1주일에 인당 사용 가능한 금액은 105만 원이다. 따라서 총 2주 동안 사용 가능한 금액은 105만 원×2(기간)×4(인원)=840만 원이다. 그러나 인당 10%씩 환급을 했으므로 총환급 금액은 21만 원×4명=84만 원이다. 따라서 해외 출장비로 지출된 금액은 756만 원이다.
결국 최종적으로 지출되었던 출장비는 234만 원(국내)+756만 원(해외)=990만 원이다.

23 ②

비록 바이러스가 수십 나노의 크기를 갖는다고 하지만, 감염은 침이나 비말 등을 통해서 이루어진다. 따라서 마이크로 크기 정도를 필터 할 수 있는 마스크는 반드시 착용하는 것이 올바른 것이다.

24 ④

'1종 보통' 소지자는 A와 D이다. 또한 차장은 'A와 B'임을 간주할 때, A가 포함되는 경우로 인원을 배정하게 된다면, 업무 시간이 겹치지 않는 인원으로 편성해야 한다. 3월 11일의 경우 비가 오기 때문에 9시간이 걸리며, A 사원이 부상자이기 때문에 30분이 더 지체가 된다. 이를 감안하면 총 9시간 30분의 총 소요 시간이 발생된다. 즉 A를 포함하게 된다면 가능한 인원 배치는 A, C, E의 경우밖에 없지만, 선택 문항에는 존재하지 않는다. 따라서 B를 기준으로 접근해야 한다. B의 경우는 2종 보통이므로, D 사원이 반드시 필요하다. 따라서 B와 D가 포함된 선택지는 ④번뿐이므로 답은 ④가 된다.

25 ①

주어진 상황을 바탕으로 차근차근 시간의 순서에 따라 작성하면 답은 ①이 된다.

26 ⑤

MT 출발 일정은 전날 오전 11:00이며, 기간은 24시간이다. 즉, MT 종료 시점은 다음날 오전 11:00를 의미한다. 점심 식사는 12:00를 기준으로 정했기 때문에, 다음날 점심에 관한 지출 예정서를 포함하지 않는 것은 적절한 판단이다. 결국 팀장님께서 다음날 점심에 관련하여 질문한 것은 적절하지 못하다.

27 ③

월요일(흐림): 총 13시간 점등이 되지만, 점등과 소등이 번갈아 되므로 총점등 시간은 5시간 40분이다.
화요일, 수요일(맑음): 맑은 날의 기준을 따르면 각각 8시간 40분이 점등된다.
목요일, 금요일(흐림): 금요일은 맑음이지만, 흐린 날과 동일하게 점등 시간이 적용된다. 따라서 각 13시간씩 점등된다.

28 ②

① B 기사의 경우 본인보다 높은 단급의 기사를 모두 이겼기 때문에 점수가 가장 높다.
② 제 4경기에서 D가 이겼다면, A의 경우는−(3×2)−3+0=−9점, D는 (3×2)−3+5=8점을 부여 받는다.
③ A, E 기사는 동일한 단급이기 때문에 승률에 관한 점수만 비교하면 되므로 총 5점이다.
④ 제 2경기를 바탕으로 C가 낮은 급수인 상대에게 졌기 때문에, −(2×2)−2−0=−6점을 부여 받았고, 제 3경기에서는 C가 낮은 급수 상대에게 이겼기 때문에 (0×2)−2+5=3이다. 따라서 −6+3=−3이므로 0보다 작다.
⑤ A 기사만 가장 많은 횟수인 3번의 경기를 치렀다.

29 ①

ㄱ.

	A	B	C	D	E
1시간	75,000원	50,000원	45,000원	30,000원	15,000원
2시간	150,000원	100,000원	90,000원	60,000원	30,000원
인센티브 고려	180,000원	144,000원	108,000원	66,000원	33,000원

따라서 A~E까지 인센티브를 고려하여 다 더하게 되면 50만 원은 넘는다.
ㄴ. A와 E 둘이서 팀으로 작업하면 총 1시간에 6개의 제품이 생산되고, 받는 금액은 평균으로 1/2되어 각 45,000원이 된다. 따라서 A 혼자서 1시간에 75,000의 수입을 벌 수 있으므로 A는 손해를 보는 것이 맞다. 그러나 E도 45,000원이 되기 때문에 추후에 인센티브 부여 시 E도 10%에서 20%로 인상이 된다. 따라서 A뿐만 아니라 E도 손해를 보게 된다.
ㄷ. C를 기점으로 C의 역수는 1/3=약 0.33이다. 따라서 C는 제품 개수를 초점에 둔, A와 B가 있는 팀에 배정을 하고, 완성도를 초점에 둔 D와 E를 한 팀으로 배정하는 것이 효율이 극대화된다.

30 ⑤

① 주어진 표를 확인해 보면 대부분의 원리는 질식, 냉각, 억제이다.

② 투척용 소화기는 분말형 소화기에 비해 약 1/5 정도의 무게를 지니고 있으므로 힘이 약한 분들에게 권장된다.
③ 최소공배수 700m²를 기준으로 가격을 비교하면 분말 소화기: 910,000원, 하론 소화기: 840,000원, 이산화탄소 소화기: 800,000원, 투척용 소화기: 1,120,000원이다. 따라서 이산화탄소 소화기가 면적당 가격 측면에서 제일 좋다.
④ 비록 투척용 소화기가 편리성이 있다고 하나, 던졌을 때 깨지지 않거나 혹은 정확한 장소에 던지지 못하는 경우 소화 능력을 잃기 때문에 단점으로 제시될 수 있다.
⑤ 하론 소화기, 이산화탄소 소화기 둘 중 하나를 사용하는 경우 경제적인 측면으로는 이산화탄소 소화기가 좋을 수 있으나, 이산화탄소 소화기의 가장 큰 문제점이 질식 문제로 의한 호흡 곤란이다. 따라서 하론용 소화기와 인체적 유해성을 비교하는 것 자체가 옳지 못하다.

Chapter 6 ____ 대인관계유형

01 ⑤ 02 ④ 03 ④ 04 ① 05 ②

01 ⑤

이 문제는 두 가지 요소를 묻고 있다. 첫째, 관리자와 리더의 가장 큰 차이점이자 관리자와 다른 리더의 핵심 특징은 미래에 대한 비전을 제시하여 집단을 통솔하여 이끌어 간다는 것이다. 또한 결론을 내야 하는 단계에서 추가적인 토론을 지속하는 것은 옳지 않다. 추가 의견을 수렴한 후 최종 결론을 도출해야 한다.

02 ④

상대방의 말과 행동에 부정적 감정이 있다고 하여도, 그런 개인적인 감정을 공적인 조직 생활의 회의 시간에 드러내는 두 사람의 태도를 시정해야 한다.

03 ④

경쟁형은 'I WIN – YOU LOSE'의 의미로 해석되어야 한다.
'I WIN – YOU WIN'은 통합형의 상황이다.

04 ①

① 독재자 유형 – 통제되어 있으며, 결과물이 가시적이고, 목표 의식이 있는 상황에서 리더십을 발휘한다. (×)
= 독재자 유형은 리더가 팀원에게 업무를 분담시키고, 결과에 대한 책임을 져야 하므로, 집단이 통제가 없는 상태에 있거나 눈에 보이는 성과물이 없을 때 효과적이다.

05 ②

이 팀장은 발휘되지 못한 팀원들의 능력을 이끌어 내기 위하여 구체적인 목표를 제시하고, 팀원들과의 면담을 통해 개개인의 변화를 이끌어 내어 전체적인 팀의 변화로 이끌었다. 이 과정 속에서 팀원들의 사기를 북돋아 업무 성과가 오르는 긍정적인 변화가 발생하였으며, 이에 해당되는 이 팀장의 강점은 "② 그동안 정체되어 발휘되지 못한 능력을 이끌어 내는 변화를 일으키는 강점"이 적절하다.

Chapter 7 ____ 정보능력

01 ④	01 ②	03 ⑤	04 ③	05 ①	06 ③
07 ⑤	08 ③	09 ②	10 ②	11 ②	12 ③
13 ①	14 ④	15 ③	16 ②	17 ④	18 ③
19 ③	20 ⑤	21 ④	22 ②		

01 ④

① (×) 'ㄱ'을 누르면 강민환, 김진호, 김형준, 정경민 4명이 나온다.
② (×) 'ㅈㅎ'을 누르면 김진호, 최진현 2명이 나온다.
③ (×) '68'을 누르면 강민환, 김진호, 정경민, 최진현 4명이 나온다.
④ (○) '6858'을 누르면 강민환, 김진호 2명이 나온다.
⑤ (×) 'ㄱㅁ'을 누르면 강민환, 정경민 2명이 나온다.

02 ②

①은 가공되지 않은 자료이고, ②는 자료를 가공한 정보이다. ③, ④, ⑤는 지식에 해당된다.

03 ⑤

① 부가 기능의 일종으로 Active X, 플러그인에 대한 설명이다.
② 웹 브라우저에 대한 설명이다.
③ 북마크에 대한 설명이다.
④ 쿠키에 대한 설명이다.
⑤ 웹 캐시에 대한 설명이다.

04 ③

C프로그램의 6, 7, 8번 줄은 변수를 나타내고 있다. rate는 원/달러 환율이고, usd는 달러화를 나타내고 있으며, krw은 원화를 나타낸다. 이러한 변수를 이용하여 환율을 계산하는 수식은 프로그램의 16번째 줄에 있다. 즉, usd(달러화)=krw(원화)/rate(원/달러 환율)이다. 문제에서 원화 환율이 1,130원일 때 원화 200,000원의 달러화를 묻고 있으므로, 수식에 넣어 계산하면 200,000원/1,130원=176.9915가 된다. 계산 결과를 소수점 첫째 자리에서 반올림하면 원화 200,000원은 177달러로 환산된다.

05 ①

WHERE은 정보의 소스(정보원)를 파악하는 것이기 때문에 P 기관이 아니라 설문지가 답이 된다.

06 ③

정보 검색을 위한 연산자를 묻는 문제이다. 식비와 숙박비에 대해서만 지원을 해 준다는 것이기 때문에 이는 두 가지를 'or'로 연결할 수 있다는 의미이며, 연산자로 'or'의 의미를 갖는 것은 '|'이다. 따라서 ③이 정답이다.
'!'는 검색 연산자로 'not'을 의미한다. '&','*'=and이다. '|'=or이며, 'near'은 앞뒤의 단어가 서로 인접해 있는 문서를 검색할 때 쓴다.

07 ⑤

E의 발언이 부적절하다. 6T의 근처에 정보 기술, 즉 IT가 자리 잡고 있는 것

은 적절한 분석이다. 하지만 그렇다고 해서 미래 사회의 6T가 IT의 서브 산업으로 통폐합된다고 보는 것은 옳지 않다. 각각의 산업은 IT 기술을 활용하기는 하지만 독자적으로 발전한다는 것이 상식적으로 받아들여지는 전문가들의 분석이다.
정보가 생산 요소로 포함된다거나, 문화와 관련된 부가 산업이 주목받게 된다거나, 기축 통화 질서에 변화가 예상된다거나, 지식 근로자의 수요가 더욱 늘어날 것이란 전망은 상식적으로 타당한 의견들이다.

08 ③

F4칸에 =D4*E4를 한다. : F4값이 나온다.
F4칸의 모서리에서 드래그하여 F8까지 내린다. : F8까지 각각의 값이 나온다.
F11칸에 =SUM (F4:F8)을 한다. : F11값이 나온다.

09 ②

〈A〉와 〈B〉에 NOR 연산을 취하면 둘 다 거짓일 때만 참, 나머지는 모두 거짓이므로, 다음과 같은 음영 결과가 표시된다. 따라서 1인 것은 총 2개다.
〈A〉 NOR 〈B〉

10 ②

2016년	월	C 브랜드	생산 공장	구두	옵션	생산 순서
16	?	C	?	DM	?	?

위의 조건을 만족하는 시리얼 코드는 ②이다.

11 ②

민준우와 박병헌은 2017년에 운동화를 담당하였다.

12 ③

2017년 10월 B 브랜드에서 생산된 운동화를 담당한 사람은 박병헌이다. 박병헌이 담당한 제품의 시리얼 코드는 1710B01AFW41100이다.
1710B01AFW00001부터 1710B01AFW41100까지 총 41100개를 담당하였다.

13 ①

② 몰입 경험은 가상 현실(VR)과 증강 현실(AR), 혼합 현실로 대변되는 세상이다. 가상 현실과 증강 현실, 혼합 현실은 직접 경험한 현실을 더욱 실감나게 하거나 경험할 수 없는 경험까지 체험할 수 있는 기술이다.
③ 에지 컴퓨팅은 정보 처리와 콘텐츠 수집, 전달이 해당 정보 소스와 인접한 곳에서 처리되는 컴퓨팅이다.
④ 지능형 앱 분석은 모든 애플리케이션, 서비스들이 일정 수준의 AI를 포함하는 것이다. 지능형 앱은 인간과 시스템 간 새로운 지능적 매개층을 형성하며, 업무 본질과 현장 구조를 변화시킬 잠재력을 가진다.
⑤ 지능형 사물은 AI를 통한 고급 기능을 선보이며 인간, 주변 환경과 한층 자연스러운 상호작용을 하는 사물을 의미한다.

14 ④

D는 클라우드 컴퓨팅이 아닌 클라우드 펀딩에 대해 이야기를 하고 있다. 클라우드 펀딩은 소셜 네트워크 서비스를 이용해 소규모 후원을 받거나 투자 등의 목적으로 인터넷과 같은 플랫폼을 통해 다수의 개인들로부터 자금을 모으는 행위이다. 주로 자선 활동, 이벤트 개최, 상품 개발 등을 목적으로 자금을 모집한다. 투자 방식 및 목적에 따라 자본 투자, 대출, 보상, 후원 등으로 분류할 수 있다.

15 ③

피싱은 개인 정보(private date)와 낚시(fishing)의 조합어이다. 개인 정보를 불법으로 얻으려는 피셔(Pisher)가 불특정 다수에게 이메일을 보내 네티즌 금융 정보 등을 빼내는 금융 사기 기법이다. 피싱에는 특정 사이트를 가짜로 만들고 로그인이나 카드 결제를 하는 것처럼 속여 개인 정보를 빼 가는 수법이 흔히 사용된다.
파밍은 합법적으로 소유하고 있던 사용자의 도메인을 탈취하거나 도메인 네임시스템(DNS) 또는 프락시 서버의 주소를 변조함으로써, 사용자들로 하여금 진짜 사이트로 오인하여 접속하도록 유도한 뒤 개인 정보를 훔치는 컴퓨터 범죄 수법이다.
스미싱은 문자 메시지(SMS)와 피싱(Phising)의 합성어이다. 예를 들어, '무료쿠폰 제공', '돌잔치 초대장', '모바일 청첩장' 등을 문자 메시지로 받은 후, 연결된 인터넷 주소를 클릭하면 악성 코드가 설치되어 버린다.

16 ②

찾아야 할 제품은 대형 청소기 D, 충전형 N3, 브라운색 BR, 서울 공장 01, 2018년 생산 18, 5자리 생산 번호의 조합인 ② DN3BR011802554이다.

17 ④

리콜해야 할 제품은 2017년 대전 공장에서 제작된 유선형 제품으로, 생산 번호 00530의 전후에 있는 제품이다. ④ 제품은 17년 대전 공장에서 제작된 유선형 제품으로, 생산 번호 00515로 불량 제품과 비슷한 때에 생산된 제품이므로 리콜 대상에 해당한다.

18 ③

① 웜 바이러스에 대한 설명이다.
② 스파이 웨어에 대한 설명이다.
④ DDos(분산 서비스 거부 공격)에 대한 설명이다.
⑤ 랜섬 웨어에 대한 설명이다.

19 ③

– 2019년 입사자 = 2K19
– 부산 지역 근무 = B
– 생산 부서 근무 = 2
– 정민호의 일렬 번호 = 09(가나다순 아홉 번째)
따라서 정민호의 사원 번호는 2K19B2090이다.

20 ⑤

정보란 자료 가운데 자신에게 필요한 것만을 골라낸 것을 의미한다. 무분별한 자료는 정보로서 가치가 없고, 사용자가 필요로 하는 것을 잘 가공하고 처리한 것만 정보로서 가치가 있는 것이다.

21 ④

스탠드형	56인치	2019년도	A디자인	다시보기	은색	플레이어 옵션
ST	56	X	A	RE	SI	CD

22 ②

1. WA 형태일 경우 C는 없고, SI 색상은 없다. – WA54XCREBLCD
2. R(2017)년도일 경우 IT 기능은 없다. – ST56RAITBRCO

이 2개의 제품이 존재할 수 없는 모델이다.

Chapter 8 기술영역

01 ①	02 ⑤	03 ①	04 ①	05 ③	06 ③
07 ④	08 ②	09 ③	10 ⑤	11 ①	12 ②
13 ②	14 ③	15 ④	16 ①	17 ④	18 ③
19 ④	20 ③	21 ④	22 ④		

01 ①

기술 혁신은 급진적 혁신과 점진적 혁신으로 구분할 수 있다. 급진적 혁신은 작동 원리가 전혀 다른 기술 시스템으로 대체되는 것을 의미하며, 주로 과학 지식에 바탕을 두고 기술이 주도한다. 반면 개인의 경험에 의하여 일어나는 혁신은 점진적 기술 혁신이며, 급진적으로 이루어지지 않고 장기간에 걸쳐 점진적으로 이루어진다.

02 ⑤

화면 중간중간 검은 점이 보이는 것에 해당하는 해결 방법은 내부 청소를 하는 것이다. 이에 알맞은 선택지는 "⑤ 내부의 먼지가 원인일 수 있으므로 내부 청소를 해야 한다."이다.

03 ①

이 표는 기술 선택 절차를 도식화한 표이다. ⅰ~ⅳ에 해당하는 내용은 ⅰ–내부 역량 분석, ⅱ–사업 전략 수립, ⅲ–요구 기술 분석, ⅳ–기술 전략 수립 절차이다.

이 중 ①에 해당하는 "사용자들의 현재 수요를 파악하여 필요한 기술 변화를 분석하는 것이 우선입니다."라는 내용은 외부 환경 분석에 해당하는 내용이므로 내부 역량 분석 단계에 어울리지 않는다.

04 ①

정신 강화 훈련은 산업 재해 예방 활동의 일환으로 볼 수 있지만, 예방의 방법이 되지는 않는다. 예방 방법에는 보호구 착용 상태 점검, 작업 환경 결함 체크, 복장 및 보호구 상태 점검, 위험 장소의 접근 금지 팻말 부착 등이 있다.

05 ③

이 상황과 같은 산업 재해의 원인은 기계 장치의 잘못된 설계와 작업 구조와 환경의 부적합이다. 따라서 기계 작업 관리상의 원인으로 사고가 발생했다고 보는 것이 타당하다.

06 ③

위의 자료 중에서 기술 경영자인 CTO에게 요구되는 직접적인 능력은 기술을 효과적으로 평가하는 능력, 크고 복잡하고 서로 다른 분야에 걸쳐 있는 프로젝트를 수행할 수 있는 능력, 기술 전문 인력을 운용할 수 있는 능력이다.

이밖에 요구되는 것은, 기술을 기업의 전반적인 전략 목표에 통합시키는 능력, 빠르고 효과적으로 새로운 기술을 습득하고 기존의 기술에서 탈피하는 능력, 기술 이전을 효과적으로 할 수 있는 능력, 새로운 제품 개발 시간을 단축할 수 있는 능력, 조직 내의 기술 이용을 수행할 수 있는 능력 등이다.

주의해야 할 점은 대부분의 CTO들이 기술 관리자의 단계를 거쳐서 성장했을 것이기 때문에, 자료에 등장한 다른 능력은 당연히 보유하고 있을 것으로 판단하는 것이 보다 합리적이다. 다만, 기술 경영자로 올라서기 위해서는 앞서 설명한 능력을 보유할 필요가 있다.

07 ④

① 김 사원: 압력 밥솥이 작동하지 않아 밥솥을 청소하였다.
   (×) – 콘센트를 확인해야 한다.

② 이 사원: 내부에서 검은 연기가 나는 것을 보고 정상적인 작동이라고 생각하였다.
   (×) – 검은 연기는 이물질, 음식물 찌꺼기 등이 원인일 수 있으니 청소를 해야 한다.

③ 최 대리: 조리 후 물이 생겨 떨어지는 것을 보고 불량이라고 생각해 AS를 맡기었다.
   (×) – 조리 후 물이 생기는 것은 정상적인 동작이다.

④ 권 대리: 밥솥 가동 중 증기가 배출되는 것을 보고 정상적으로 동작하고 있다고 판단하였다.
   (○) – 밥솥 가동 중 증기가 배출되는 것은 밥솥이 정상적으로 동작하고 있는 것이다.

⑤ 유 부장: 본체가 뜨거워지는 것을 느끼고 재빨리 전원을 분리하였다.
   (×) – 조리 중 본체가 뜨거워지는 것은 정상적인 동작이다.

08 ②

C) 무어의 법칙은 반도체 집적회로의 성능은 12개월이 아닌 18개월마다 2배로 증가한다는 법칙이다. 이는 컴퓨터 처리 속도와 메모리의 양은 2배로 증가하지만, 비용은 상대적으로 떨어지는 효과를 가져온다는 의미이다.

09 ③

① "벤치마킹"은 기업 내 사고 방식과 조직의 문화 등 큰 변화가 필요하기 때문에 많은 시간이 걸린다. (○)

② "벤치마킹"은 단순히 결과만 따라 하는 것만으로는 성공하기 힘들다. (○)

③ "벤치마킹"은 동종업계에서 하면 유리하며, 비용에서 상대적인 효율성을 지닌다. (×)
   벤치마킹은 동일 업종의 경쟁자뿐만 아니라, 같은 기업 내부나 전혀 다른 업종과 성격의 기업 등을 대상으로도 진행된다. 따라서 벤치마킹이 동일 업종에 유리하고, 비용 효율적이라고 할 수 없다.

④ "벤치마킹"은 좋은 기업의 기술, 상품, 기업의 경영 방식을 배워 활용하는 것이다. (○)

⑤ "벤치마킹"은 외형적인 부분을 강조하기보다는 상품, 기술, 경영 방식 등 조직의 특성에 중점을 두어 조정해야 한다. (○)

10 ⑤

① 무인 자동차 관련 경쟁사의 신기술 개발에 대한 언론 동향을 정리해 기술 보고서를 작성해 보고하였다. (○)
② 기업 내 생산 공장이 위치한 공단에 발생한 사고에 대한 긴급한 보고를 상황 보고서를 이용하여 보고하였다. (○)
③ 정보의 핵심 기술 발전지원금 지급 불가에 대한 핵심 기술 참고 보고서를 작성해 보고하였다. (○)
④ 홍보 강화를 위한 기업 내 조직 개편에 대한 기획을 참고 자료와 함께 핵심 기술 참조 보고서로 작성해 보고하였다. (○)
⑤ 기업 페이지 고객 게시판에 제기되는 제품에 대한 불만 사항에 관한 상황 보고서를 작성해 보고하였다. (×)
상황 보고서는 신속성이 지녀야 하며, 시의성에 중점을 둔다. 고객 게시판에 제기되는 제품에 대한 불만 사항은 신속성과 시의성을 가진다고 보기 어렵다.

11 ①

A. 제품의 외관에 미적인 감각을 느끼게 하는, 미적 감각을 고려한 고안을 보호하는 권리이다. → 의장권에 대한 설명이다.
B. 경제, 사회 또는 문화의 변화나 기술의 발전에 따라 컴퓨터 프로그램, GMO, 반도체 설계 등 새로운 분야에서 출현하는 지적 재산을 의미한다.
→ 지식 재산 기본법에서 내리고 있는 '신지식 재산'에 대한 정의이다.
C. 인간의 창조성을 지닌 활동 또는 경험에 의해 생기거나 발견된 지식, 정보, 기술이나 사상이나 감정의 표현 또는 물건의 표시, 생물의 품종이나 유전 자원, 그 밖의 무형적인 것으로서 재산적 가치가 실현될 수 있는 것을 의미한다.
→ 지식 재산 기본법에서 내리고 있는 '지식 재산'에 대한 정의이다.
D. 산업 및 경제 활동과 관련된 사람의 정신적 창작물이나 창작된 방법을 인정하는 무체 재산권을 총칭하는 용어이다.
→ 산업 재산권은 특허권, 실용신안권, 상표권, 의장권을 총칭하는 것으로, 산업 및 경제 활동과 관련된 정신적 창작물이나 창작된 방법을 인정한 무체 재산권을 총칭하는 용어이다.

12 ②

② 작업자의 안전 지식의 부족, 안전 수칙 미준수, 경험 및 훈련의 부족 등에 대한 작업 방법 교육으로 사고를 방지할 수 있다. (×)
하인리히 법칙은 작업자 개인의 결함이나 문제만을 지적한 것이 아니다. 재해 예방을 위한 교육이 꼭 필요하나, 교육의 부족 외에도 기술적, 작업 환경과 관리상 문제 등의 재해 예방 조치가 필요하다.

13 ②

② "안전 설비 기준을 확인한 후 시공처에 연락한다."는 이슬이 맺히고 냄새가 나는 현상에 대한 올바른 대처법이 아니다.
① 실내 습도를 확인한다.
③ 필터를 꺼내어 청소한다.
④ 냉매 교체 일자를 확인한다.
⑤ 이슬을 닦는다.
나머지 4개의 대처법은 표에 명시되어 있다.

14 ③

③ 최 대리: 우리 부서 사람들이 모두 마시려면 800ml의 물이 필요하니 한 번에 끓일 수 있겠어. (×)
사용 시 "물을 가득 담은 상태로 동작할 경우 넘칠 수 있으므로, 물의 양은 최대 눈금(750ml)을 넘지 않도록 하십시오."라고 명시되어 있다. 따라서 최대 눈금(750ml)을 넘는 물의 양을 한번에 끓이는 것은 적절하지 않다.

15 ④

B. 신속하게 대피해야 하므로, 닫혀있는 문을 모두 연다. (×)
손등으로 출입문 손잡이를 만져 보아 손잡이가 따뜻하거나 뜨거우면 문을 열지 말아야 한다.
D. 지상으로 대피가 어려운 경우 책상 아래에 숨어 구조를 기다린다. (×)
지상으로 대피가 어려운 경우에는 창문으로 구조 요청을 하거나 대피 공간 또는 경량 칸막이를 이용하여 대피해야 한다. 책상 아래 숨어 구조를 기다리는 것은 적절하지 않다.

16 ①

A 제품은 모든 〈특성〉을 만족한다.
B 제품은 CD롬이 갖춰지지 않았고, 무상 AS 기간 역시 1년으로 〈특성〉을 모두 만족시키지 못한다.
C 제품은 무상 AS 기간이 1년이며, 가격 역시 1,200,000원으로 〈특성〉을 만족시키지 못한다.
D 제품은 가격이 1,560,000원으로 가격 〈특성〉을 만족시키지 못한다.

17 ④

색칠된 도형은 모두 시계 방향으로 180도 회전하였고, 색칠되지 않은 도형은 회전하지 않았다. 따라서 이에 맞는 스위치는 모든 도형을 시계 방향으로 90도 회전시킨 후, 색칠된 도형은 시계 방향으로 90도 회전, 색칠되지 않은 도형은 반시계 방향으로 90도 회전시키는 기능을 수행하는 스위치인 ④ ● ※ ⧗ 이다.

18 ③

- 특허권은 발명자의 권리 보호가 산업 발전 촉진보다 우선시된다. (×)
발명자의 권리 보호도 중요한 목적 중 하나이나 그것은 수단일 뿐, 〈발명자의 권리를 일정 정도 보호해서 공개를 유도하고 결과적으로 산업 발전에 촉진한다〉는 것이 더 정확한 특허권의 목적이다.
- 두 가지 기술의 구성이 완전히 일치해야만 등록 특허 침해로 인정되어 침해 기술로 간주된다. 구성의 일부가 약간이라도 다르다면, 두 가지 기술은 다른 기술로 간주된다. (×)
구성 일부가 약간 다르기는 하나 균등 범위 내의 차이로 실질적으로 동일하다는 균등론에 의하면 일부가 약간이라도 달라도 특허 침해일 수 있다.

19 ④

④ + 는 색이 있음을 표현하고, – 는 색이 없음을 표현한다. (×)
→ – 는 색이 있음을 표현하고, + 는 색이 없음을 표현한다.

20 ③

X는 가로축, Y는 세로축을 의미하며 〈그림〉은 X6 / Y4이다.
도형을 나타내며 각각 삼각형(A), 오각형(B), 하트(C) 모양을 의미한다.
(2,4) / (3,1) / (6,2)는 도형의 위치를 나타낸다.
도형의 180도 회전을 의미하며 회전되었을 때 *가 생기는데 A 도형과 B 도형이 180도 회전되었다.
– 는 색이 있음을 표현하고, +는 색이 없음을 표현하는데, 삼각형과 오각형

이 색이 있다.
도형의 크기가 작은 순서부터 1, 2, 3으로 표현되는데 제일 작은 오각형(B) 이 1, 두 번째로 작은 삼각형(A)이 2, 세 번째로 작은 하트(C)가 3을 대응 받는다. 따라서 올바른 커맨드는 ③ X6 / Y4. *A(2,4)-2 / *B(3,1)-1 / C(6,2) +3이다.

21 ④

W는 가로축, L는 세로축의 칸 수를 의미하며 〈보기〉는 W6 / L5이다.
도형을 나타내며 각각 삼각형(P), 오각형(Q), 십자가(R) 모양을 의미한다.
도형의 위치는 삼각형(1,1), 오각형(5,2), 십자가(2,5)이다.
+는 색칠되어 있음을 표현하고, -는 색이 없음을 표현하는데, 삼각형과 십자가가 색이 있다.
도형의 크기가 큰 순서부터 1, 2, 3으로 표현되는데 제일 큰 십자가(R)가 1, 두 번째로 큰 오각형(B)이 2, 세 번째로 큰 삼각형(A)이 3을 대응 받는다.
따라서 〈그림〉의 그래프의 명령어를 찾으면 ④ W6 / L5 , P(1,1)+3 / Q(5,2)-2 / R(2,5)+1이다.

22 ④

짝수 번호 도형의 색을 반전시킨 후, 모든 도형의 색을 반전시키면 4, 5번 도형만 색이 칠해져 있다. 이때 1, 3, 5번째 도형만 180도 회전이 되어 있으므로 이에 알맞은 스위치 배열은 ④ <·V ★이다.

Chapter 9 조직이해능력

01 ②	02 ③	03 ④	04 ⑤	05 ④	06 ⑤
07 ③	08 ④	09 ⑤	10 ③		

01 ②

인재개발원장님이 말씀하신 "특히 ○○전자에서는 대학생이 아닌 ○○인으로서 생각하고, 행동하는 인재로 활약해 주시길 바랍니다."의 의미는 개인이 아닌 조직에 소속된 사람으로서 행동하라는 의미로 해석할 수 있다. 따라서 보기 중 ②가 가장 이에 부합한다.

02 ③

교육팀, A/S 관리팀이 사라지면서 조직이 축소된 것처럼 보일 수 있으나 친환경엔진팀이 신설되고, 영업팀이 국내/외로 세분화되었기 때문에 조직이 대폭 축소되었다고 볼 수 없다. 가장 적절하지 못한 보기이다.

03 ④

서번트 리더십은 성과주의와 팀원을 하나의 자원으로 보는 전통적인 리더십과는 다른 리더십으로, 성과보다는 팀원들의 성장을 우선적으로 중요시 여긴다. 따라서 성과를 내지 못하는 팀원에게 반복적인 압박을 주는 행위는 적절한 보기가 아니다.

04 ⑤

상무는 상명하복 혹은 TOP DOWN과 같은 수직적 의사 결정 과정을 탈피하자는 것을 강조하고 있다. 반대로 보면 수평적인 의사 결정을 강조하는 것이며, 핵심 가치 중 수평적 소통을 강조하는 것이다.

05 ④

① (○) 구성원들의 참여도에 따라 5가지 분류로 나뉜다. 맞는 설명이다.
② (○) 순수 독단형의 경우 의사 결정 과정이 구성원들의 의견과는 전혀 무관하다. 맞는 설명이다.
③ (○) 개별 상담형과 집단 참여형은 리더가 최종 의사 결정을 한다는 공통점을 갖지만 구성원들에게 의견을 구하는 과정이 개별적인지 집단적인지에 따라 유형이 분류된다. 맞는 설명이다.
④ (×) 위임형의 경우 집단적으로 문제 상황 공유 및 토의 등의 활동이 필요함으로, 리더가 독단적으로 의사 결정을 하는 순수 독단형에 비해 많은 시간이 필요하다. 따라서 틀린 설명이다.
⑤ (○) 위임형 외에 나머지 유형은 결국 리더가 스스로 의사 결정을 내린다. 맞는 설명이다.

06 ⑤

① (○) 비슷한 유형의 제품군을 갖는 유사 브랜드가 많기 때문에 차별화된 제품을 개발하는 것은 유사 브랜드 사이에서 차별화를 만드는 전략이기에 적절한 대응 전략일 수 있다.
② (○) 식자재를 낮은 가격으로 공급받는 계약을 한다면 제품 가격 및 수익성의 안정성에 영향을 주기 때문에 적절한 대응 전략일 수 있다.
③ (○) 건강식에 대한 수요가 증가하는 상황에서 웰빙 이미지를 갖는 버거는 수요에 알맞은 전략이며, 또한 정크 푸드의 이미지를 갖는 햄버거 브랜드들 사이에서 차별화를 이끌어 낼 수 있다는 점에서 적절한 대응 전략일 수 있다.
④ (○) 간편식에 대한 수요가 증가하는 상황에서 레트로 제품은 시장 수요에 대한 적절한 대응 전략일 수 있다.
⑤ (×) 국내 브랜드도 이미 경쟁이 포화된 상황에서 해외 브랜드의 입점은 경쟁을 더욱 가속화시킨다.

07 ③

제4조 책임과 권한 내용을 보면 전결권자는 처리한 사항에 대한 책임을 진다. 따라서 해당 보기는 적절하지 않다.

08 ④

결재 규정 가장 하단에 비용 처리에 대한 지출 내역 및 영수증 증빙이 필요하다고 명시되어 있다. 따라서 금액의 대소와는 상관없이 지출 내역 및 영수증 증빙이 있어야 결재가 가능하다.

09 ⑤

국내 지점을 더욱 축소시키는 행위는 약점을 더욱 부각시키는 행위이며, 이는 약점을 보완하여 기회를 포착하는 형태인 WO 전략과는 거리가 먼 전략이다. 따라서 적절하지 않은 전략이다.

10 ③

결재를 받는 서류의 종류와 금액에 따라 전결권자가 누구인지 달라진다. ③의 경우 숙박비 신청서이며, 금액은 10만 원을 초과하기에 전결권자는 상무이다. 따라서 틀린 양식이다.

Chapter 10 직업윤리

01 ⑤ 02 ④ 03 ⑤ 04 ③ 05 ①

01 ⑤

일반적인 직업윤리의 덕목은 소명 의식, 천진 의식, 직분 의식, 책임 의식, 전문가 의식, 봉사 의식이다. 따라서 사다리 게임에서 책임 의식을 선택한 승진이 이벤트 상품을 받게 된다.

02 ④

원하는 상대와 통화할 수 없는 경우에는 다른 사람에게 전화를 요청하는 메시지를 남기는 것이 바람직하다. 따라서 상대가 전화를 받지 않는 경우 계속해서 받을 때까지 전화를 거는 행위는 적절한 직장에서의 예절이 아니다.

03 ⑤

성희롱이 발생하였다고 하더라도 폭력이 정당화될 수는 없다. 성희롱이 발생한 경우 단호하게 중지할 것을 요청하며 이런 요청에도 불응할 시, 증거자료를 수집하여 내/외부 기관에 도움을 요청하는 등의 적절한 대응이 필요하다.

04 ③

개인 역량을 기르기 위해 많은 시간을 할애한 것은 개인보다는 조직을 위해 노력했다는 주제와는 가장 동떨어진 대목이다. 물론 개인의 역량을 길러 조직의 성과에 기여한다는 것으로 추론하여 조직을 위한다는 것으로 연결시킬 수도 있다. 그러나 나머지 보기들은 보다 직접적으로 쉽게 조직을 위한다는 것으로 판단이 되기 때문에 ③이 가장 거리가 먼 대목이다.

05 ①

상대방과 명함을 주고받은 이후에 명함을 바로 넣는 것보다는, 명함을 확인한 후 관련된 사항으로 가볍게 상대방과 이야기를 주고받는 것이 적절한 예절 사항이다.

PART* 03 실전편

주요 영역 집중형 실전 모의고사

01 ③	02 ④	03 ①	04 ③	05 ④	06 ②
07 ②	08 ④	09 ②	10 ③	11 ④	12 ⑤
13 ②	14 ①	15 ④	16 ③	17 ⑤	18 ③
19 ②	20 ⑤	21 ②	22 ①	23 ①	24 ⑤
25 ⑤	26 ④	27 ⑤	28 ⑤	29 ④	30 ⑤
31 ⑤	32 ⑤	33 ④	34 ①	35 ②	36 ③
37 ⑤	38 ②	39 ②	40 ②	41 ③	42 ③
43 ②	44 ③	45 ②	46 ⑤	47 ④	48 ④
49 ③	50 ④				

01 의사소통 정답 ③

첫 문장에서 인간에게 있어 가장 중요한 것은 마음과 이치인 것을 알 수 있다. 그 뒤의 내용은 마음과 이치가 없을 경우의 인간의 본능만을 이야기하고 있다. 따라서 ③이 가장 적절하다.

02 수리 정답 ④

④ 2001년 이후 전년 대비 무역 규모가 감소한 해는 수출액도 감소하였다.
⇒ (×) 〈그림〉을 보면 2009년의 경우 전년 대비 무역 규모는 감소하였으나, 수출액은 증가하였다는 것을 알 수 있다.

① 무역 규모가 가장 큰 해는 2008년이고, 가장 작은 해는 2001년이다.
⇒ (○) 〈그림〉에 $x+y=800$의 그래프를 그렸을 때, 그 그래프와 가장 가까이 있는 해는 2008년이므로 무역 규모가 가장 큰 해는 2008년임을 알 수 있다. 또한, 같은 방법으로 비교해 보면 무역 규모가 가장 작은 해는 2001년임을 알 수 있다.

② 수출액 대비 수입액의 비율이 가장 높은 해는 2003년이다.
⇒ (○) 수출액 대비 수입액의 비율이 가장 높다는 것은 수입액/수출액의 크기가 가장 크다는 뜻이고, 수입액/수출액은 〈그림〉에서 원점으로부터의 기울기를 뜻한다. 그런데 〈그림〉에서 원점으로부터의 기울기가 가장 큰 해를 찾으면 2003년임을 알 수 있으므로 ②는 옳은 설명이다.

③ 무역 수지 적자폭이 가장 큰 해는 2003년이며, 흑자폭이 가장 큰 해는 2007년이다.
⇒ (○) 무역 수지=수출액 – 수입액이다. 따라서 무역 수지 적자폭이 가장 크다는 뜻은 〈그림〉에 $y=x$의 그래프를 그렸을 때, 그 그래프와 위쪽으로 가장 많이 떨어져 있다는 뜻이므로 무역 수지 적자폭이 가장 큰 해는 2003년이라는 것을 알 수 있다. 또한, 같은 방법으로 비교해 보면 무역 수지 흑자폭이 가장 큰 해는 2007년임을 알 수 있다.

⑤ 수출액이 가장 큰 해는 2007년이고, 수입액이 가장 큰 해는 2008년이다.
⇒ (○) 〈그림〉을 보면 수출액이 가장 큰 해는 2007년이고, 수입액이 가장 큰 해는 2008년임을 쉽게 알 수 있다.

03 자원관리 정답 ①

계절별 최고 할인율을 기반으로, 분기별 다녀올 국가를 우선적으로 선정한다. 이를 바탕으로 선정하면 봄 – 호주, 여름 – 태국, 가을 – 독일, 겨울 – 중국이 되며, 이에 해당하는 할인율을 적용하여 계산하면 70만 원, 42만 원, 144만 원, 35만 원이다. 따라서 이를 모두 더하게 되면 291만 원이다.

04 문제해결 정답 ③

마이크는 5개까지 무료이기 때문에 3개: 12,000원
스피커는 7개가 필요하지만 3개만 보유: 3×30,000 = 90,000원
조명은 LED 빔 라이트 2개: 5,000×2=10,000원
무빙 라이트 8개: 두 개까지는 무료이므로 50,000×6=300,000원
빔 프로젝터: 200,000원
따라서 총합은 612,000원이다.

05 의사소통 정답 ④

히잡에 관한 역사와 프랑스의 관계를 이야기하면서 결국, 프랑스에서는 히잡을 적대시한다고 말하고자 하였다.
②는 두 번째 문단의 핵심 내용이다.

06 수리 정답 ②

각주를 보면 부가 가치율=부가 가치÷매출액, 연구개발 투자율=연구개발 투자 규모÷매출액이다. 따라서 〈그림〉에서 기울기=연구개발 투자율÷부가 가치율=연구개발 투자 규모÷부가 가치라는 것을 알 수 있다.

ㄱ. A 산업보다 B 산업의 부가 가치가 더 크다.
⇒ (○) 위에서 유도한 식을 보면, 부가 가치=연구개발 투자 규모×(1/기울기)이라는 것을 알 수 있다. 따라서 〈그림〉을 보고 각 산업의 부가 가치를 계산해 보면 A=520×10이고, B=1,040×10이므로 A 산업보다 B 산업의 부가 가치가 더 크다는 것을 알 수 있다.

ㄴ. C 산업의 매출액보다 D 산업의 매출액이 작으나, 부가 가치는 D 산업이 C 산업보다 더 크다.
⇒ (×) 〈그림〉을 보면 C 산업과 D 산업은 연구개발 투자율이 같으므로 연구개발 투자 규모가 더 큰 산업이 매출액도 클 것이다. 그런데 C 산업의 연구개발 투자 규모가 D 산업보다 더 크므로 매출액은 C 산업이 더 크다는 것을 알 수 있다. 참고로 부가 가치율은 C 산업과 D 산업이 동일하다.

ㄷ. E 산업과 F 산업의 부가 가치는 서로 동일하다.
⇒ (○) 위에서 유도한 식을 보면, 부가 가치=연구개발 투자 규모×(1/기울기)이라는 것을 알 수 있다. 그런데 〈그림〉을 보면 E 산업의 연구개발 투자 규모는 F 산업의 4배이고, E 산업의 기울기 또한 F 산업의 4배임을 알 수 있으므로 부가 가치는 결국 동일하다는 것을 알 수 있다.

ㄹ. C 산업의 연구개발 투자 규모가 520으로 증가하여 A 산업과 같아진다면, A 산업과 C 산업의 부가 가치가 서로 동일해진다.
⇒ (×) 〈그림〉을 보면 C 산업의 연구개발 투자 규모가 A 산업과 같아지더라도 기울기가 다르므로 두 산업의 부가 가치는 동일해질 수 없다는 것을 쉽게 알 수 있다.

07 자원관리 정답 ②

미세먼지 필터 마스크 이용자 수가 1순위이기 때문에 우선순위로 인구수를 고려하면 된다. 즉, 각 도시별 총인구수를 고려하면 되므로, 총인구수 = 성인 인구수 + (성인 인구수/100 × 성인 인구 100명당 자녀 수)이다.
따라서 A=950,000명, B=672,600명, C=1,488,300명, D=1,353,400명, E=1,082,400명이므로 우선적으로 판매할 도시를 순서대로 나열하면 C – D – E – A – B이다.

08 의사소통 정답 ④

글의 전반부 내용을 살펴보면 결국 한국의 경제는 대기업 위주로 성장을 했지만 '고용과 분배'라는 기능을 충실히 이행하지 못했다는 의미로 볼 수 있다. 대기업의 문제점으로 낮은 고용률과 중소기업과의 임금 격차를 언급하고 있으며, 이것이 한국 경제의 특징이라고 하였다.

09 수리 정답 ②

각주의 두 공식을 살펴보면,
1) 대학 졸업자 취업률=(대학 졸업자 중 취업자÷대학 졸업자 중 경제 활동 인구)×100
2) 대학 졸업자의 경제 활동 인구 비중=(대학 졸업자 중 경제 활동 인구÷전체 대학 졸업자)×100

이므로 문제에서 물어보는 '전체 대학 졸업자' 대비 '대학 졸업자 중 취업자' 비율의 크기는 결국 1)×2)로 결정된다는 것을 알 수 있다. 또 〈그림〉을 보면 1)×2)는 원점으로부터 각 점까지 이르는 사각형의 넓이라는 것을 알 수 있다. 따라서 OECD 평균보다 '전체 대학 졸업자' 대비 '대학 졸업자 중 취업자' 비율이 높은 국가는 B와 C라는 것을 알 수 있다. 참고로 사각형의 넓이는 가로와 세로 길이의 비교를 통해 충분히 비교가 가능하다.

10 문제해결 정답 ③

보기의 조건을 정리하면 다음과 같다.
1) C와 E가 같은 반일 때
- (E, C, A) / (F, B, D)
- (E, C, B) / (F, A, D)

2) C와 F가 같은 반일 때
- (E, B, D) / (F, C, A)
- (E, A, D) / (F, C, B)

11 문제해결 정답 ④

경영 전략 실행 과정에서는 경영 목적 달성이 이루어져야 한다. 경영 전략 결과 평가는 평가 및 피드백 과정에서 실행되어진다.

12 자원관리 정답 ⑤

① 월요일 17:00에 회의를 진행할 경우 C, D, F 3분이 참석 가능하다.
② 금요일 16:00에 회의를 진행할 경우 A, B, C 3분의 참석이 가능하고, 이에 대하여 선호도를 모두 더하게 되면 '나' or '다'의 장소가 선정된다.
③ 금요일 18:00에 회의를 진행할 경우 C, D, F 3분의 참석이 가능하고, 이에 대하여 선호도를 모두 더하게 되면 '나' 장소가 선정된다.
④ 목요일 16:00에 회의가 원활하게 진행이 되려면 최소 1시간, 3분 이상의 참석자가 필요하다는 조건에서 C가 20분 밖에 머물지 못하기 때문에, 목요일 16:00에 회의를 개최할 수 없게 된다.

13 자원관리 정답 ②

조사 대상을 살펴보면 2018. 9. ~ 2019. 9.까지 서비스를 이용한 사람이 조사 대상이므로, 10월에 서비스를 이용한 사람은 조사 대상이 아니다.

14 수리 정답 ①

각주의 공식을 잘 보면, 감염률×고사율=발생 지역의 고사한 소나무 수÷

발생 지역의 소나무 수임을 알 수 있다. 따라서 이 사실을 가지고 비교해 보도록 하겠다.

〈표〉를 보면 경주의 소나무 수는 거제의 소나무 수의 2배 이하이다. 하지만 〈그림〉에서 보면 감염률×고사율을 뜻하는 원점으로부터의 사각형의 넓이는 거제가 경주의 2배 이상이므로, 고사한 소나무의 수는 거제가 경주보다 많다는 것을 알 수 있다. 또한, 포항의 소나무 수 역시 거제의 소나무 수의 2배 이하이지만, 사각형의 넓이는 거제가 포항의 2배 이상이므로, 포항의 소나무 수 역시 거제의 소나무 수보다 적다는 것을 알 수 있다. 이러한 방법으로 나머지 지역들도 비교해 보면 고사한 소나무 수가 가장 많은 지역은 거제임을 알 수 있다.

15 문제해결 정답 ④

회의에서 결정된 사항 중 진행 일정이 금일부터인 정시 퇴근하기가 가장 먼저 실행할 수 있는 항목이다.

16 자원관리 정답 ③

타 부서의 업무 및 제안서 보고 업무 모두 맡은 실정에서 팀장님과 함께 의논하여 현재 당신이 직면한 문제를 풀어 가는 행동이 해야 할 행동이다. 이를 근거로 A, E의 경우는 해야 할 행동이지만, D와 같이 팀장님의 의견은 배제하고 본인의 입장에서만 설득시키려는 행동은 옳지 않은 경우이다. 또한, 무리해서라도 업무를 진행하는 행동은 추후에 업무 효율성을 고려해 보았을 때 바람직하지 않은 행동이다.

17 의사소통 정답 ⑤

하사니 사바가 통솔하던 기간 동안 암살 행위는 총 50회에 불과했지만, 그 정치적 영향력은 대단하였다고 했다. 그럴 수 있었던 이유는 부하들을 꾸준히 제국의 심장부 깊숙이 침투시킴으로써, 자신들이 어디에나 도사리고 있는 듯한 착각을 만들어 냈기 때문이다.

18 수리 정답 ③

〈표〉에 주어진 자료는 모두 S와 V의 역수 값이라는 것에 주의하며 〈정보〉의 공식을 정리해 보면 다음과 같다.

$V=\frac{V_{max}\times S}{K+S} \Rightarrow \frac{1}{V}=\frac{K+S}{V_{max}\times S} \Rightarrow \frac{1}{V}=\frac{K}{V_{max}}\times\frac{1}{S}+\frac{1}{V_{max}}$

따라서 〈표〉의 값들을 대입해 보면, 효소 A의 경우

$0.012=\frac{K}{V_{max}}\times 1+\frac{1}{V_{max}}$, $0.011=\frac{K}{V_{max}}\times 0.5+\frac{1}{V_{max}}$

이 두 가지의 관계식을 얻을 수 있고, 연립해 보면

$\frac{1}{V_{max}}=0.01$, $\frac{K}{V_{max}}=0.002$가 나온다는 것을 알 수 있다.

따라서 효소 A의 반응 속도 최댓값은 100임을 알 수 있다. 또한, 같은 방법으로 효소 B에 대해서도 구해 보면 효소 B의 기질 친화도는 2가 나온다는 것을 알 수 있다.

19 문제해결 정답 ②

① KTX – 지하철 → 16:55 도착
② 비행기 – 택시 → 16:20 도착
③ 자가용 이동 → 17:30 도착
④ KTX – 택시 → 16:50 도착
⑤ 비행기 – 버스 → 16:50 도착

20 조직이해 정답 ⑤

타사가 이미 출시한 건강식과 유사한 제품을 출시한 E 음식 업체는 타사와 비교하여 고객들에게 독특하다고 인식될 수 있는 요소가 없다. 따라서 차별성이 없는 전략이기에 차별화 전략과는 거리가 멀다.

21 의사소통 정답 ②

문단 별로 핵심 내용을 정리하면 다음과 같다.
첫째 문단: 아바이 마을에 대한 소개
둘째 문단: 동해의 생선 – 그중 사시사철 잡히는 가자미(자리고기)
셋째 문단: 가자미식해가 속초에서 유명해지게 된 유래

따라서 ②가 글의 제목으로 가장 알맞다.

22 문제해결 정답 ①

조건을 정리해 보면, 두 가지 경우가 생긴다.
1) E – B – F – G – D – C – A
2) E – B – F – G – A – C – D

23 문제해결 정답 ①

② 판매 방법에 대해 회의하는 것은 대안을 분석 및 평가하는 과정이다.
③ 시장 조사를 하는 것은 정보 수집 과정이다.
④ 경쟁사의 성능을 파악하고, 우리 제품의 장점을 알아보는 것은 정보 수집 과정이다.
⑤ 전년도 제품의 저조한 판매율을 분석하는 것은 문제의 근원을 파악하는 과정이다.

24 문제해결 정답 ⑤

최소 30명 이상인 경우에 워크숍을 개최하므로 각 요일에 총 참석 가능한 인원수를 먼저 고려하면 월=29명, 화=30명, 수=35명, 목=27명, 금=30명이다. 따라서 워크숍 개최가 가능한 요일은 화, 수, 금이다. 가장 적은 비용이 발생하는 경우는 적은 인원수에 인당 금액이 낮은 곳이므로 화요일 혹은 금요일이다. 이에 선호도까지 고려하게 되면 최종적으로 화요일, 대전이 적합하다.

25 의사소통 정답 ⑤

㉤ 앞에서 두뇌는 이미 변색이 일어나고 말랑하게 되거나 부분적으로 녹은 채로 발견되었다고 했고, 그 뒤에는 두뇌가 신체의 나머지 부분보다 훨씬 이전에 죽는다고 결론을 내렸다는 내용이다. 따라서 ㉤에는 '이를 통해, 결국, 따라서' 등이 어울린다. 나머지 ㉠, ㉡, ㉢, ㉣에는 '하지만, 그러나' 등의 표현이 어울린다.

26 자원관리 정답 ④

업무에 있어서 예산안에 맞추어 제품을 구매하는 것은 중요한 과제이다. 하지만 이 상황에서 올바른 판단은 현재 상황에 대해 재고 소진 방안을 마련하거나, 주어진 자원에서 최대한의 이윤을 얻도록 노력하는 것이다. 따라서 책임을 누가 맡을 것인지는 현 상황에서 올바르지 않다.

27 수리 정답 ⑤

⑤ 재임 기간이 1년 6개월 미만인 함평 현감 중 적어도 24명 이상이 문과

출신이다.

⇒ (×) 〈표 1〉을 보면 재임 기간이 1년 6개월 미만인 함평 현감 수는 2+8+19+50+30=109명임을 알 수 있다. 그런데 〈표 2〉를 보면 문과 출신자는 총 84명이고 109+84−171=22명이므로 ⑤는 옳지 않다.

① 함평 현감 중 재임 기간이 1년 미만인 현감의 비율은 전체의 50% 이하이다.

⇒ (○) 〈표 1〉을 보면 함평 현감 중 재임 기간이 1년 미만인 현감의 수는 2+8+19+50=79명이므로, 전체 171명의 50% 이하라는 것을 알 수 있다.

② 재임 기간이 6개월 이상인 함평 현감 중에는 문과 출신자가 가장 많다.

⇒ (○) 〈표 1〉을 보면 재임 기간이 6개월 미만인 함평 현감 수는 2+8+19=29명임을 알 수 있다. 그런데 〈표 2〉를 보면 함평 현감 중 문과 출신자는 84명이고, 재임 기간이 6개월 미만인 29명의 현감이 모두 문과 출신자라고 해도 남은 문과 출신자는 55명이 되므로, 재임 기간이 6개월 이상인 함평 현감 중에는 문과 출신자가 가장 많다는 것을 알 수 있다.

③ 함평 현감의 출신별 통계를 보면 음사 출신자는 전체의 20%를 초과한다.

⇒ (○) 〈표 2〉를 보면 전체 171명 중 음사 출신자는 37명이다. 따라서 음사 출신자의 비율은 (37÷171)×100≒21.6%로, 전체의 20%를 초과한다는 것을 알 수 있다.

④ 재임 기간이 3년 미만인 함평 현감 중에는 음사 출신자가 반드시 있다.

⇒ (○) 〈표 1〉을 보면 재임 기간이 3년 미만인 함평 현감 수는 171−5−14=152명임을 알 수 있다. 그런데 〈표 2〉를 보면 음사 출신자는 총 37명이고, 152+37>171이 성립하므로 ④는 옳은 설명이다.

28 수리 정답 ⑤

⑤ 창업 교육을 미이수한 폐업 자영업자 중 생존 기간이 10개월 미만인 자영업자의 비율은 20% 이상이다.

⇒ (○) 〈그림〉을 보면 창업 교육을 미이수한 폐업 자영업자 중 생존 기간이 10개월 미만인 자영업자의 비율은 20% 이상이라는 것을 쉽게 알 수 있다.

① 창업 교육을 이수한 폐업 자영업자 수가 창업 교육을 미이수한 폐업 자영업자 수보다 더 많다.

⇒ (×) 〈그림〉에서 우리에게 알려 주고 있는 것은 창업 교육 이수 여부에 따른 기간별 생존 비율이지 폐업한 자영업자 수 자체가 아니다. 따라서 ①은 알 수 없다.

② 창업 교육을 미이수한 폐업 자영업자의 평균 생존 기간은 창업 교육을 이수한 폐업 자영업자의 평균 생존 기간보다 더 길다.

⇒ (×) 〈그림〉을 보면 창업 교육을 미이수한 폐업 자영업자의 평균 생존 기간은 창업 교육을 이수한 폐업 자영업자의 평균 생존 기간보다 더 짧다는 것을 쉽게 알 수 있다.

③ 창업 교육을 이수한 폐업 자영업자의 생존 비율과 창업 교육을 미이수한 폐업 자영업자의 생존 비율의 차이는 창업 후 20개월에 가장 크다.

⇒ (×) 〈그림〉을 보면 창업 교육을 이수한 폐업 자영업자의 생존 비율과 창업 교육을 미이수한 폐업 자영업자의 생존 비율의 차이는 창업 후 20개월보다 창업 후 8~9개월 사이에 더 크다는 것을 알 수 있다.

④ 창업 교육을 이수한 폐업 자영업자 중 생존 기간이 32개월 이상인 자영업자의 비율은 50% 이상이다.

⇒ (×) 〈그림〉을 보면 창업 교육을 이수한 폐업 자영업자 중 생존 기간이 32개월 이상인 자영업자의 비율은 50% 미만이라는 것을 쉽게 알 수 있다.

29 의사소통 정답 ④

대유행이 몇 번 지나가고 나면 점차 독성이 약해지는 현상은 '미생물이 숙주를 장기간 착취하려고 한발 물러서는 한편 숙주가 항체를 만들어 내면서 미생물 퇴치에 한발 나아감에 따라 저울의 추가 균형점으로 이동하기 때문'이라고 하였다. 따라서 항체가 생기는 과정에서 미생물은 가장 치열한 전투가 아닌 후퇴를 한다.

30 수리 정답 ⑤

⑤ E 국가의 인간 발전 지수는 E 국가의 국내 총생산 지수보다 낮다.

⇒ (×) 〈표 1〉을 보면 E 국가의 기대 수명 지수는 A 국가의 기대 수명 지수와 거의 비슷할 것이라는 것을 예측해 볼 수 있는데, E 국가의 기대 수명 지수를 0.884라고 가정한다면 E 국가의 인간 발전 지수는 국내 총생산 지수보다 높아지므로 ⑤는 옳지 않다.

① 각국의 취학률과 교육 지수는 양(+)의 상관 관계가 있다.

⇒ (○) 각주를 보면 교육 지수={(2/3)×성인 문자 해독률 지수}+{(1/3)×취학률 지수}라는 것을 알 수 있다. 즉, 취학률이 높을수록 교육 지수도 높아지므로 ①은 옳은 설명이다.

② B 국가의 인간 발전 지수가 위 국가들 중에서 가장 높다.

⇒ (○) 〈표 1〉에서 B 국가의 인간 발전 지수를 기준으로 비교해 본다면 B 국가의 인간 발전 지수가 위 국가들 중 가장 높다는 것을 쉽게 알 수 있다. 참고로 C의 경우 성인 문자 해독률과 취학률이 위 국가들 중 가장 낮으므로, 교육 지수는 B 국가보다 낮을 것이라는 것을 쉽게 알 수 있다. 이런 방법으로 다른 국가들도 비교해 보면 된다.

③ C 국가의 교육 지수가 위 국가들 중에서 가장 낮다.

⇒ (○) 〈표 1〉을 보면 C는 성인 문자 해독률과 취학률이 위 국가들 중 가장 낮으므로, 교육 지수 또한 위 국가들 중에서 가장 낮을 것이라는 것을 쉽게 알 수 있다.

④ D 국가의 인간 발전 지수는 OECD 평균보다 낮다.

⇒ (○) 〈표 1〉을 보면 D 국가의 경우 교육 지수는 OECD 평균보다 0.025 정도 높고, 국내 총생산 지수는 약 0.12 정도 낮다는 것을 알 수 있다. 또한, 출생 시 기대 수명 역시 OECD보다 낮으므로 기대 수명 지수도 OECD보다 낮다는 것을 알 수 있다. 따라서 D 국가의 인간 발전 지수는 OECD 평균보다 낮다.

31 문제해결 정답 ⑤

일반 자전거로 1km 주행할 때의 운동량을 기준(운동량1)으로 잡는다. 1km당 연습용 자전거의 운동량은 0.8, 외발 자전거의 운동량은 1.5이다.

㉠ 1.5×2×1 = 3

㉡ 1×2×1 = 2

㉢ 0.8×1.5×2 = 2.4

㉣ 0.8×2×0.7+1×1×1= 2.12

32 조직이해 정답 ⑤

경영 전략의 실행 이후에는 평가 및 피드백 단계가 이뤄져야 한다. 평가 및 피드백 단계에서는 실행의 결과를 확인하여 전략에 대한 적절한 후속 조치를 취하게 된다. 따라서 이와 가장 밀접한 보기는 ⑤이며, ②는 전략 목표 설정이다.

33 의사소통 정답 ④

〈보기〉에서는 "이러한 투작 현상을 확대시키는 데 일조한 것은"이라면서 투작 현상이 점점 확대되게 된 원인이 나오고 있다. 따라서 앞에 투작 현상이 심했던 경우인 ㉣ 다음이 알맞다. 또한 〈보기〉의 마지막에 '수군의 사선, 관선 제작에 어려움이 있었다'는 내용이 있으므로, 그 다음에는 '선박을 만들기 위해 목상들은 닥치는 대로 나무를 구매하여 유통시켰다'는 내용이 알맞다.

34 의사소통 정답 ①

양인들은 분산수호권과 금양권을 통해 그 구역을 사양산이라 칭하면서 여기에서 나는 버섯, 꿀, 약용 식물 등의 여러 경제적 산물을 배타적으로 소유하였다. 목재를 불법적으로 투작하는 것이 불법이었다.

35 수리 정답 ②

물론 계산 속도가 빠르고 계산 실수를 하지 않는 편이라면 각 속성과 중요도의 곱을 합하여 계산해 보면 되겠지만, 그렇지 않다면 다음과 같은 방법을 생각해 보도록 하자.
〈표〉에서 각 속성의 중요도를 보면 위치는 50%, 가격은 30%, 서비스의 질은 20%라는 것을 알 수 있는데, 50%=30%+20%이므로 결국 가격과 서비스의 질을 하나로 생각해 볼 수 있을 것이다. 예를 들면, '가' 호텔의 경우 가격에 대한 점수는 7점이고 서비스의 질에 대한 점수는 9점인데, 두 속성의 중요도는 각각 30%, 20%이므로 두 점수에 가중치를 곱한 값은 8점을 넘지 않을 것이다. 즉, 50%에 해당하는 위치의 점수가 8점이고, 나머지 50%에 해당하는 점수가 8점 미만이므로 '가' 호텔의 점수는 8점 미만이 될 것이라는 점을 예측해 볼 수 있다. 이러한 방법으로 나머지 호텔의 점수도 따져 본다면, '나' 호텔의 점수는 8점이고 나머지 호텔의 점수는 8점 미만이 나온다는 것을 알 수 있다. 따라서 정답은 ②가 된다.

36 문제해결 정답 ③

개선 전 생산 공정 비용은 총 15,000만 원이다. 개선 후 총비용의 감소율을 20%로 설정한다고 하였으므로, 개선 후 생산 공정 총비용은 12,000만 원이 되어야 한다. 조립 공정을 제외한 개선 후 생산 공정 총비용이 11,200만 원이므로 조립 공정의 개선 후 공정 비용은 800만 원이다.

37 의사소통 정답 ⑤

B: 김치는 배추나 무에 있는 효소뿐만 아니라 그 사이에 들어가는 김칫소에 포함된 효소의 작용에 의해서도 발효가 일어날 수 있다.
D: 김치에 들어 있는 효모는 세균보다 그 수가 훨씬 적지만 여러 종류의 효소를 가지고 있어서 김치 안에 있는 여러 종류의 탄수화물을 분해할 수 있다.

38 수리 정답 ②

ㄱ. 방식 1을 채택하여 B 후보가 선출되었다면 (나)는 25보다 크다.
⇒ (○) 방식 1을 채택하였으므로 〈표〉를 보면 모든 후보자의 지지율의 합은 200이라는 것을 알 수 있다. 그중 D, E, 무응답·기권의 지지율의 합은 10+10+7+15+3+5=50%이므로 A, B, C의 지지율의 합은 150%라는 것을 알 수 있다. 그런데 B 후보가 선출되었다고 했으므로 (나)의 크기는 25보다 당연히 커야 한다는 것을 알 수 있기 때문에 ㄱ은 옳은 설명이다.
ㄴ. 방식 1을 채택하여 A 후보가 선출되었다면 방식 2에 의해 C 후보가 선출될 가능성은 없다.
⇒ (×) 〈표〉에서 (가)=18, (나)=0, (다)=52, (라)=30, (마)=0인 경우, 방식 1을 채택하면 A 후보가 선출되지만 방식 2를 채택하면 C 후보가 선출되는 반례가 된다는 것을 알 수 있다. 따라서 ㄴ은 옳지 않다.
ㄷ. (다)가 55면 방식 3을 채택할 때 A 후보는 선출될 가능성이 없다.
⇒ (×) 〈표〉에서 (가)=15, (나)=0, (다)=55, (라)=0, (마)=30인 경우, 방식 3을 채택하면 A 후보가 선출되는 반례가 된다는 것을 알 수 있다. 따라서 ㄷ은 옳지 않다.
ㄹ. (나)가 20이라면 방식 1과 방식 2 중 어떤 것을 채택하더라도 B 후보는 선출될 가능성이 없다.
⇒ (○) 〈표〉에서 (나)가 20이라고 한다면 방식 1일 때 B 후보의 점수는 45이고, 방식 2일 때의 점수는 135라는 것을 알 수 있다. 그런데 방식 1을 채택한 경우 (가)가 1%라도 된다면 A 후보가 선출될 것이고, 방식 2를 채택한 경우 (가)가 0%라고 하여도 A 후보의 점수가 B 후보의 점수보다 높다. 따라서 어떠한 방식을 채택하더라도 B 후보는 선출될 가능성이 없다는 것을 알 수 있다.

39 자원관리 정답 ②

ㄱ. 렌트카를 이용하게 되면 16:00에 도착하게 되므로 회의 시간에 참석할 수 없지만, 다른 수단을 이용하게 되면 도착 시간이 기차 15:30, 버스 15:10, 항공 15:20이므로 모두 당일 15:40 내로 도착 가능하다.
ㄴ. 기차만을 통해 왕복하는 경우 45,000원+22,500원=67,500원이므로, 항공 편도 가격 60,000원에 비해 높다.
ㄷ. 돌아올 때 소요되는 시간당 가격은 기차 15,000원, 버스 6,000원, 항공 60,000원, 렌트카 16,000원이므로 기차를 이용하는 것이 버스 이용 다음으로 경제적이다.

40 문제해결 정답 ②

근로 계약서 작성은 최종 합격자를 등록한 후에 진행하는 절차이다.

41 의사소통 정답 ③

의논이 갈리고 의견이 다르면 서로 시비만 건다고 하였다. 따라서 붕당을 그대로 두면 안 된다고 하면서 붕당이 아닌 재능에 따라 인재를 등용하는 정책을 널리 펴야 한다고 하였으므로 ③이 바로 필자의 주장이다.

42 수리 정답 ③

ㄱ. 탁주, 청주는 판매량과 병당 판매 가격이 각각 10% 증가하고 과실주는 변화가 없다면, A 업체의 주류별 판매액 합은 15% 증가한다.
⇒ (○) 탁주와 청주의 경우 판매량과 병당 판매 가격이 각각 10%씩 증가하였으므로 각각의 판매액 증가율은 21%라는 것을 알 수 있다. 그런데 탁주+청주:과실주=4,000:1,600=5:2라는 것을 알 수 있다. 즉, 21%와 0%의 가중비는 5:2이므로 A 업체의 주류별 판매액 합은 15% 증가한다는 것을 알 수 있다.
ㄴ. 탁주의 주세는 과실주의 주세보다 크다.
⇒ (×) 〈표 1〉과 〈표 2〉를 활용하여 계산해 보면 탁주의 주세와 과실주의 주세는 180백만 원으로 같다는 것을 알 수 있다. 따라서 ㄴ은 옳지 않다.
ㄷ. 각 주류의 판매량과 공제 금액이 각각 10% 증가할 경우, A 업체의 주류별 주세 합은 708백만 원이다.
⇒ (×) 〈표 1〉과 〈표 2〉를 보면 각 주류의 판매량과 공제 금액이 각각 10% 증가할 경우, A 업체의 주류별 주세는 각각 탁주=198백만 원, 청주=308백만 원, 과실주=198백만 원이 된다는 것을 알 수 있다. 따라서 주세의 합=198+308+198=704백만 원이므로 ㄷ은 옳지 않다.
ㄹ. 각 주류의 판매량은 각각 10% 증가하고 각 주류의 병당 판매 가격은 각각 10% 하락한 경우, A 업체의 주류별 판매액 합은 5,544백만 원이다.
⇒ (○) 〈표 1〉에서 각 주류의 판매량은 각각 10% 증가하고 병당 판매 가

격은 각각 10% 하락하는 경우, A 업체의 주류별 판매액 합=2,227.5+1,732.5+1,584=5,544백만 원이라는 것을 알 수 있다.

43 수리 정답 ②

ㄱ. 면접 점수가 27점인 참가자는 3명이다.
⇒ (○) 〈표〉를 보면 면접 점수가 30점인 인원은 1명인데, 29점을 받은 사람들의 백분위수는 98.75이므로 1명이 차지하는 비율은 1.25%라는 것을 알 수 있다. 그런데 27점과 26점의 백분위수 차이는 91.25−87.50=3.75%이므로 27점을 받은 참가자는 3명이라는 것을 알 수 있다.
ㄴ. 면접 점수가 4점인 참가자의 백분위수는 6.25이다.
⇒ (×) 〈표〉를 보면 면접 점수가 5점인 참가자의 백분위수는 8.75인데, 면접 점수가 5점인 참가자는 0명이므로 면접 점수가 4점인 참가자의 백분위수는 그대로 8.75라는 것을 알 수 있다.
ㄷ. 면접 점수가 5~25점인 참가자는 59명이다.
⇒ (×) 〈표〉에서 면접 점수가 26점인 참가자는 3명이므로 면접 점수가 25점인 참가자의 백분위수는 87.5−3.75=83.75라는 것을 알 수 있다. 또한, 면접 점수가 5점인 참가자의 백분위수는 8.75이므로, 면접 점수가 5~25점인 참가자는 (83.75−8.75)÷1.25=60명이라는 것을 알 수 있다.
ㄹ. 면접 불합격자는 67명이다.
⇒ (○) 면접 점수가 26점 이상이어야 합격이므로 면접 점수가 25점 이하인 참가자는 불합격이라는 것을 알 수 있다. 그런데 〈표〉에서 면접 점수가 25점인 참가자의 백분위수는 83.75라는 것을 알 수 있으므로, 면접 불합격자는 총 83.75÷1.25=67명이라는 것을 알 수 있다.

44 수리 정답 ③

ㄱ. 1980년 고졸자 임금의 총액은 대졸자 임금의 총액보다 많다.
⇒ (○) 임금비=대졸자 임금÷고졸자 임금, 고용비=대졸 취업자 수÷고졸 취업자 수이므로 '임금비×고용비'의 값을 통해 고졸자 임금의 총액과 대졸자 임금의 총액을 비교해 볼 수 있다. 그런데 〈그림〉을 보면 1980년 임금비는 2.0~2.1이고, 고용비는 0.35~0.4이므로 임금비×고용비의 값은 0.7~0.84라는 것을 알 수 있다. 즉, 임금비×고용비의 값이 1보다 작으므로 1980년 고졸자 임금의 총액은 대졸자 임금의 총액보다 많다는 것을 알 수 있다.
ㄴ. 임금비의 하락은 고졸자 임금 하락과 대졸자 임금 상승을 의미한다.
⇒ (×) 임금비=대졸자 임금÷고졸자 임금이므로 고졸자의 임금이 하락하고 대졸자의 임금이 상승한다면 임금비는 상승한다는 것을 알 수 있다.
ㄷ. 1980년 0.35 수준이었던 고용비의 지속적 상승은 고졸 취업자 수 대비 대졸 취업자 수의 비가 지속적으로 증가했음을 의미한다.
⇒ (○) 고용비=대졸 취업자 수÷고졸 취업자 수이다. 따라서 고용비의 지속적 상승은 고졸 취업자 수 대비 대졸 취업자 수의 비가 지속적으로 증가했음을 의미한다.
ㄹ. 1980년 이후 1994년까지 고용비와 임금비는 반대 방향으로 변화하였으나, 1994년 이후 같은 방향으로 변화하였다.
⇒ (○) 〈그림〉을 보면 1980년 이후 1994년까지 고용비와 임금비는 반대 방향으로 변화하였으나, 1994년 이후 같은 방향으로 변화하였다는 것을 쉽게 알 수 있다.
ㅁ. 1996년에는 대졸 취업자 수와 고졸 취업자 수가 동일하다.
⇒ (×) 고용비=대졸 취업자 수÷고졸 취업자 수이므로 대졸 취업자 수와 고졸 취업자 수가 동일하다는 것은 고용비가 1이라는 것과 같다. 그런데 〈그림〉을 보면 1996년의 고용비는 약 0.5라는 것을 알 수 있다. 따라서 ㅁ은 옳지 않다.

45 의사소통 정답 ②

바로 이어지는 다음 내용에 '태양의 활동이 활발해지면 지구의 기온이 올라가고, 태양의 활동이 상대적으로 약해지면 기온이 내려간다.' '환경주의자들이 말하는 온난화의 주범은 사실 자동차가 배출하는 가스를 비롯한 온실가스가 아니라 태양이다.'로 보아 빈칸에 들어갈 말은 결국 '태양의 활동'이다.

46 수리 정답 ⑤

ㄱ. 1999~2007년 사이 '갑' 제품의 시장 규모는 매년 증가하였다.
⇒ (×) 〈그림〉을 보면 2002년에서 2003년으로 넘어갈 때, A사의 매출액 증가량보다 B사와 C사의 매출액 감소량 합의 크기가 더 크다는 것을 알 수 있다. 즉, 2002~2003년 사이 '갑' 제품의 시장 규모는 감소하였다.
ㄴ. 2004~2007년 사이 B사의 시장 점유율은 매년 하락하였다.
⇒ (○) 〈그림〉을 보면 2004~2007년 사이 B사의 매출액은 매년 감소하였고, A사와 C사의 매출액은 증가하였다는 것을 알 수 있다. 따라서 2004~2007년 사이 B사의 시장 점유율은 매년 하락하였다.
ㄷ. 2003년 A사의 시장 점유율은 2002년에 비해 상승하였다.
⇒ (○) 〈그림〉을 보면 2003년 A사의 매출액은 전년 대비 증가하였고 B사와 C사의 매출액은 전년 대비 감소하였으므로 2003년 A사의 시장 점유율은 2002년에 비해 상승하였다는 것을 알 수 있다.
ㄹ. C사의 시장 점유율은 1999~2002년 사이 매년 상승하였으나 2003년에는 하락하였다.
⇒ (○) 〈그림〉을 보면 1999~2002년 사이 전체 매출액 대비 C사가 차지하는 매출액의 비중은 매년 증가하고 있으나, 2003년의 경우에는 전년 대비 감소하였다는 것을 알 수 있다. 따라서 ㄹ은 옳은 설명이다.

47 수리 정답 ④

각 선택지의 조성비로 만들어지는 혼합물을 〈그림〉에 나와 있는 도표에 표시해 본다면 정답은 ④라는 것을 쉽게 알 수 있다. 참고로 혼합물의 위치는 질소, 산소, 메탄 중 두 항목의 값만으로도 이미 결정이 되므로 세 항목 중 두 항목의 값만 표시해도 충분하다.

48 조직이해 정답 ④

① (○) 글로벌화는 A사의 전략이다. 동남아 시장에 적극적으로 진출하는 것은 이에 적절한 의사 결정이다.
② (○) 직원 역량 강화는 A사의 전략이다. 기존 직원들의 역량 강화를 위한 인재 개발원 설립은 적절한 의사 결정이다.
③ (○) 품질 강화는 A사의 전략이다. 이를 위한 R&D 본부 투자는 적절한 의사 결정이다.
④ (×) 수익성과 관련된 A사의 전략은 확인할 수 없다. 수익성을 위한 행위로는 적절하나, 주어진 자료를 근거로 할 수 있는 의사 결정은 아니다. 따라서 부적절한 의사 결정이다.
⑤ (○) 직원 역량 강화는 A사의 전략이다. 유능한 인재들을 영입하는 것 또한 직원의 역량 강화로 볼 수 있으며, 해외의 인재들을 통해 글로벌화에도 도움이 될 수 있다.

49 의사소통 정답 ③

마지막 문단에서 '원시인을 원시인이라고 느낄 수 있는 부분은 종교적인 면에서일 뿐'이라고 하였다. 우리의 관점에서 보면 다양한 형태의 원시 종교는 주술이나 주술사의 힘을 믿는 것으로 보아 불합리하다고 하였다. 다만 비논리적인 것은 아니라고 하였다.

① 원시 사회의 법보다 현대 유럽 사회의 법이 더 효과적이지는 않다.
② 원시 문화가 인간 문화의 가장 초보적 단계를 의미하는 것은 아니다.
④ 자연환경에 최적화된 원시 사회의 기술이 현대 유럽 사회의 기술보다 저급하지는 않다.
⑤ 유럽인들이 15세기에 발견한 원시인들이 19세기에 발견한 원시인들보다 문화적 발달 단계가 더 낮은 것은 아니다.

50 자원관리 정답 ④

① 최샘물이 김나래 대신 당직 근무를 맡게 되면 3월에 총 6회 당직이므로 조건에 부합하지 않는다.
② 3월 25일은 주말 당직과 동등하게 취급되므로 정태양이 당직 근무를 서게 되면 주말 당직 총 3회 이상이 되어 조건에 부합되지 않는다.
③ 3월 31일에 김나래 대신 박순희가 당직 근무를 맡게 되면 총 5회이므로 가장 높은 당직 근무 횟수가 되지 않는다.
⑤ 이별빛은 3월에 주말 당직 근무가 총 1회 예정되어 있다.

PART* 03 실전편

통합형 전 범위 실전 모의고사

01 ②	02 ③	03 ①	04 ④	05 ③	06 ①
07 ②	08 ⑤	09 ①	10 ④	11 ④	12 ②
13 ⑤	14 ④	15 ①	16 ④	17 ③	18 ②
19 ③	20 ①	21 ④	22 ④	23 ⑤	24 ①
25 ①	26 ⑤	27 ④	28 ⑤	29 ②	30 ③
31 ②	32 ⑤	33 ②	34 ⑤	35 ②	36 ⑤
37 ④	38 ⑤	39 ⑤	40 ①	41 ①	42 ③
43 ③	44 ④	45 ③	46 ③	47 ①	48 ④
49 ②	50 ③	51 ①	52 ③	53 ④	54 ②
55 ③	56 ⑤	57 ②	58 ③	59 ②	60 ①
61 ①	62 ①	63 ⑤	64 ③	65 ②	66 ①
67 ②	68 ④	69 ⑤	70 ④	71 ③	72 ③
73 ⑤	74 ⑤	75 ④	76 ①	77 ④	78 ③
79 ①	80 ③				

01 의사소통 정답 ②

① (×) 롤랑 바르트가 모방과 복제 문화가 확산되고 있음을 말하고 있긴 하지만 이 주장이 절대적이진 않다.
② (○) 우리가 헤어 스타일, 패션, 감정을 나타내는 표정 등을 다른 사람을 보고 따라한다는 것을 예로 들어 결국 모방과 복제 문화가 확산되고 있음을 말하고 있다.
③ (×) 모방과 복제로 인해 미인 얼굴을 쇼핑하는 것은 맞지만 미의식을 갖추었다고는 할 수 없다.
④ (×) 모방과 복제를 통해 헤어 스타일, 패션, 책의 구절을 완성하는 것은 맞지만, 모방과 복제가 없으면 예술도 없다는 것은 지나친 일반화이다.
⑤ (×) 성형 수술은 모방과 확산의 한 예일 뿐, 성형 수술의 유행이 중심 내용이라고는 할 수 없다.

02 문제해결 정답 ③

① 각 부에서 조선인과 일본인을 합한 인구는 해당 부 전체 인구의 90%를 넘는다.
⇒ (×) 〈표〉에서 신의주부의 경우 조선인과 일본인을 합한 인구는 해당 부 전체 인구의 90% 미만임을 알 수 있다. 따라서 ①번은 옳지 않다.
② 외국인 수가 세 번째로 많은 부는 대구부이다.
⇒ (×) 〈표〉를 보면 평양부, 경성부, 부산부는 대구부보다 외국인 수가 많다는 것을 쉽게 알 수 있다. 따라서 ②번은 옳지 않다.
③ 함흥부와 청진부는 외국인 국적 종류 수가 같다.
⇒ (○) 〈표〉에서 함흥부의 외국인 국적 종류는 일본, 중국, 영국, 독일, 기타임을 알 수 있으며, 청진부의 외국인 국적 종류는 일본, 중국, 소련,

프랑스, 독일임을 알 수 있다. 그런데 함흥부의 기타 국가 외국인의 수는 1명이고, 복수 국적자 및 무국적자는 없다고 하였으므로 결국 함흥부와 청진부의 외국인 국적 종류 수는 같다는 것을 알 수 있다.

④ 각 부의 전체 인구에서 일본인을 제외한 외국인이 차지하는 비중이 가장 큰 부는 일본인 수가 가장 적은 부이다.
⇒ (×) 〈표〉를 보면 전체 인구에서 일본인을 제외한 외국인이 차지하는 비중이 가장 큰 부는 신의주부이며, 신의주부의 일본인 수는 7,526명임을 알 수 있다. 그런데 신의주부보다 일본인 수가 적은 부가 존재하므로 ④번은 옳지 않다.

⑤ 지역별로 보면, 가장 많은 수의 중국인이 거주하는 지역은 북부 지역이고, 가장 많은 수의 일본인이 거주하는 지역은 남부 지역이다.
⇒ (×) 〈표〉를 보면 숫자 구성상 가장 많은 수의 일본인이 거주하는 지역은 중부 지역임을 쉽게 알 수 있다.

03 문제해결 정답 ①

김 팀장이 출장 기간에 사용한 식대를 정리하면 다음과 같다.
- 1월 12일: 저녁 식대 10,000원
- 1월 13일: 아침 식대 8,000원 저녁 식대 10,000원
- 1월 14일: 아침 식대 7,000원 저녁 식대 20,000원
- 1월 15일: 아침 식대 7,000원

식대가 10,000원이 넘는 경우 30%까지 지원 받을 수 있으므로 총 55,000원을 지원 받을 수 있다.

04 수리 정답 ④

ㄱ. 대전의 공영 노외 주차장의 수용 가능 차량 대수는 7대 도시 공영 노외 주차장의 평균 수용 가능 차량 대수보다 많다.
⇒ (×) 〈표〉를 보면 대전의 공영 노외 주차장의 수용 가능 차량 대수는 대략 10,000대 정도임을 알 수 있다. 그런데 이 값의 7배는 7대 도시 공영 노외 주차장의 전체 수용 가능 차량 대수보다 현저히 적으므로, ㄱ은 옳지 않다는 것을 알 수 있다.

ㄴ. 대구, 인천, 광주는 각각 노상 주차장 중 유료 주차장 수용 가능 차량 대수가 차지하는 비율이 노외 주차장 중 공영 주차장 수용 가능 차량 대수가 차지하는 비율보다 낮다.
⇒ (○) 〈표〉를 보면 대구, 인천, 광주는 각각 노상 주차장 중 유료 주차장 수용 가능 차량 대수가 차지하는 비율이 노외 주차장 중 공영 주차장 수용 가능 차량 대수가 차지하는 비율보다 낮다는 것을 쉽게 알 수 있다.

ㄷ. 서울의 부설 주차장 수용 가능 차량 대수는 전국 부설 주차장 수용 가능 차량 대수의 50% 이상을 차지한다.
⇒ (×) 〈표〉에 나와 있는 자료는 7대 도시 주차장 수용 가능 차량 대수 현황이다. 즉, 전국 부설 주차장 수용 가능 차량 대수에 대한 정보는 알 수 없으므로, ㄷ은 알 수 없다.

ㄹ. 각 도시의 전체 주차장 수요 가능 차량 대수 중 노외 주차장 수용 가능 차량 대수가 차지하는 비율은 부산이 광주보다 높다.
⇒ (○) 〈표〉를 보면 부산의 전체 주차장 수용 가능 차량 대수 중 노외 주차장 수용 가능 차량 대수가 차지하는 비율=(72,230/629,749)x100=약 11.5%, 광주의 비율=(19,997/265,728)x100=약 7.5%임을 알 수 있다. 따라서 ㄹ은 옳은 설명이다.

05 의사소통 정답 ③

글의 내용을 간략하게 정리해 보면 다음과 같다.
첫째 단락 – 테레민의 연주 방법
둘째 단락 – 음고와 음량 변화의 방법 (오른손과 왼손 / 수평, 수직 안테나)
셋째 단락 – 음고를 바꾸는 주파수의 원리
둘째 단락에서 음고는 오른손과 수직 안테나로 조절하고, 음량은 왼손과 수평 안테나로 조절한다고 하였다. 그리고 셋째 단락에서 음고를 바꾸는 원리를 자세하게 설명하였으므로, 다음에는 음량이 조절되는 원리를 더 자세하게 설명하는 것이 자연스럽다.

06 수리 정답 ①

ㄱ. 2007년 남성에게서 발생률이 가장 높은 암은 위암이고, 그 다음으로 폐암, 대장암, 간암의 순이며 이들 네 개 암 발생률의 합은 그 해 남성 암 발생률의 50% 이상이다.
⇒ (○) 〈그림〉을 보면 2007년 남성에게서 발생률이 가장 높은 암은 위암, 폐암, 대장암, 간암의 순임을 알 수 있다. 또한 이들 네 개 암 발생률의 합은 70.4 + 52.1 + 49.7 + 45.2 = 217.4로 2007년 남성의 암 발생률인 346.2의 50% 이상을 차지한다.

ㄴ. 2007년 남성의 위암, 폐암, 대장암, 간암의 발생률은 각각 여성의 해당 암 발생률의 두 배 이상이다.
⇒ (×) 〈그림〉을 보면 남성의 위암, 폐암, 간암의 발생률은 각각 여성의 해당 암 발생률의 두 배 이상임을 알 수 있다. 하지만 대장암의 경우 남성의 발생률은 49.7, 여성의 발생률은 33.9이므로 두 배 이하이다.

ㄷ. 2007년 여성의 갑상샘암 발생률은 남성의 5배 이상이다.
⇒ (○) 〈그림〉을 보면 2007년 여성의 갑상샘암 발생률은 73.5, 남성의 갑상샘암 발생률은 12.8임을 알 수 있다. 즉, 여성의 갑상샘암 발생률은 남성의 5배 이상이다.

ㄹ. 2007년 여성 암 환자 중 갑상샘암 환자의 비율은 20% 이상이다.
⇒ (×) 〈그림〉에서는 2007년에 새로 갑상샘암이 발생한 여성의 비율만 알 수 있을 뿐, 이미 과거에 발생하여 현재까지 투병 중인 사람의 비율은 알 수 없다. 따라서 (ㄹ)은 알 수 없다.

07 문제해결 정답 ②

C, A, B 순서로 출근하는데, A가 출근한 이틀 뒤 B가 출근하므로

월	화	수	목	금
C	공휴일	A		B

따라서 A는 수요일에 첫 출근을 한다.

08 정보 정답 ⑤

① COUNTIF함수: 지정한 범위의 셀 값 중 조건에 만족하는 셀의 개수를 구할 때 사용하는 함수이다. =COUNTIF(B4:B15,E7)는 B4:B15 범위 중에서 E7, 김재진의 개수는 3개임을 나타낸다.

② LARGE함수: 지정한 범위 C4:C15의 셀 값 중 가장 큰 1(첫 번째)로 큰 값이 표시된다.

③ SUM함수: 지정된 범위에서 합계를 구할 때 사용하는 함수이다.

④, ⑤ SUMIF함수: 김재진의 점수 합계를 구하기 위해서 표 1의 김재진의 월별 점수를 모두 더해야 한다. 이러한 경우 지정한 범위의 셀 값 중에 조건에 만족하는 셀의 합을 구하는 SUMIF함수를 사용하면 된다. SUMIF함수식은 =SUMIF(지정한 범위, "조건식", 합을 구할 범위)이다. 따라서 이를 적용하면 =SUMIF(B4:B15,"김재진",C4:C15)가 정답이 된다.

09 수리 정답 ①

첫 번째 조건에서 남성과 여성 모두 일일 평균 TV 시청 시간이 길면 사망률이 높다고 하였으므로, TV를 일일 평균 4시간 시청했을 때보다 6시간 시청했을 때 여성의 사망률이 낮아진 D 국가의 경우 조건에 맞지 않는다.
네 번째 조건에서 TV를 일일 평균 6시간 시청했을 때 남성과 여성의 사망률 차이는 TV를 일일 평균 2시간 시청했을 때 남성과 여성의 사망률 차이의 2배 이상이라고 했으므로, 사망률의 차이가 2배 미만인 B 국가와 C 국가의 경우 조건에 맞지 않는다.
두 번째 조건에서 일일 평균 TV 시청 시간의 증가에 따른 사망률의 증가폭은 남성이 여성보다 컸으나, 일일 평균 TV 시청 시간이 증가함에 따라 남성과 여성 간 사망률 증가폭의 차이는 줄어들었다고 했다. 그러므로 TV를 일일 평균 4시간 시청했을 때와 6시간 시청했을 때의 남성과 여성 간 사망률 증가폭보다 6시간 시청했을 때와 8시간 시청했을 때의 사망률 증가폭이 더 높은 E 국가의 경우 조건에 맞지 않는다.
이제 남은 국가는 A 하나뿐인데, A 국가의 경우 세 번째 조건까지 모두 만족하므로 정답은 A 국가가 된다.

10 정보 정답 ④

RAM 용량	칩 구성	비트 폭	DDR	대역 폭	모듈 종류	지연 시간	리버전	디자인	설계 변경
16GB	2R	x8	PC2	6400	U	444	20	A	4

11 정보 정답 ④

RAM 용량	칩 구성	비트 폭	DDR	대역 폭	모듈 종류	지연 시간	리버전	디자인	설계 변경
							30이상	E	

리버전이 30 이상 또는 디자인이 E인 코드는 ③, ④, ⑤, ⑥, ⑦ 5개이다.

12 수리 정답 ②

ㄱ. '갑'의 필요 기능을 모두 제공하는 소프트웨어 중 가격이 가장 낮은 것은 E이다.
⇒ (○) 〈표 2〉를 보면 '갑'이 필요로 하는 기능은 3, 5, 7, 8이다. 〈표 1〉에서 3, 5, 7, 8 기능을 모두 제공하는 소프트웨어는 A와 E뿐이므로 그중 가격이 낮은 E가 정답이 된다.

ㄴ. 기능 1, 5, 8의 가격 합과 기능 10의 가격 차이는 3,000원 이상이다.
⇒ (○) 〈표 1〉에서 C가 제공하는 기능은 1, 2, 3, 4, 5, 6, 8, 9이고 B가 제공하는 기능은 2, 3, 4, 6, 9, 10임을 알 수 있다. 각 기능의 가격은 해당 기능을 제공하는 모든 소프트웨어에서 동일하며, 소프트웨어의 가격은 제공 기능 가격의 합이라고 했으므로 결국 C의 가격에서 B의 가격을 빼면 공통의 기능인 2, 3, 4, 6, 9의 가격은 빠지고 C만 가지고 있는 기능 1, 5, 8의 가격에서 B만 가지고 있는 기능 10의 가격을 뺀 것이 된다. C의 가격과 B의 가격 차이는 4,000원이므로 따라서 ㄴ은 맞는 설명이다.

ㄷ. '을'의 보유 소프트웨어와 '병'의 보유 소프트웨어로 기능 1~10을 모두 제공하려면, '병'이 보유할 수 있는 소프트웨어는 E뿐이다.
⇒ (×) '을'이 보유하고 있는 소프트웨어는 B이다. 〈표 1〉에서 B가 제공하는 기능은 2, 3, 4, 6, 9, 10이므로 기능 1~10을 모두 제공하려면 '병'이 보유하고 있는 소프트웨어가 반드시 기능 1, 5, 7, 8을 제공해야 한다. 또한, 〈표 2〉에서 '병'이 필요로 하는 기능이 1, 3, 8이라고 했으므로 결국 기능 1, 3, 5, 7, 8을 제공하는 소프트웨어를 찾으면 된다. 〈표 1〉에서 기능 1, 3, 5, 7, 8을 제공하는 소프트웨어는 A와 E이므로 따라서 '병'이 보유할 수 있는 소프트웨어는 A, E이다.

13 문제해결 정답 ⑤

보기의 조건을 정리하면 다음과 같다.

1호선(최대 3명)	2호선
나, 라 바(또는 사)	가 사(또는 바) 다, 마

14 의사소통 정답 ④

뒤늦게 들어온 기업이 소비자들을 끌어 모으기 위해서 더 많은 마케팅 비용을 사용하기 때문에, 마케팅 비용을 더 많이 사용하는 쪽은 후발 진입 기업이다.

15 의사소통 정답 ①

① B 효과의 경우이다.
④ 시장에 최초로 진입했기에 소비자에게 우선적으로 인식되는 것은 A 효과의 경우이다.

16 수리 정답 ④

ㄱ. 2014년 상업용 무인기의 국내 시장 판매량 대비 수입량의 비율은 3.0% 이하이다.
⇒ (○) 〈그림〉에서 2014년 '갑'국의 상업용 무인기 국내 시장 판매량은 202.0(단위: 천)임을 알 수 있고, 〈표 1〉에서 2014년 수입량은 5.0(단위: 천)임을 알 수 있다. 따라서 2014년 상업용 무인기의 국내 시장 판매량 대비 수입량의 비율은 5÷202=2.47%로 3.0% 이하임을 알 수 있다.

ㄴ. 2011~2014년 동안 상업용 무인기 국내 시장 판매량의 전년 대비 증가율이 가장 큰 해는 2012년이다.
⇒ (○) 〈그림〉에서 '갑'국의 전년 대비 상업용 무인기 국내 시장 판매량의 증가율은 각각 2011년에 35.8%, 2012년에 61.1%, 2013년에 32.7%, 2014년에 31.1%이므로 전년 대비 증가율이 가장 큰 해는 2012년이다.

ㄷ. 2011~2014년 동안 상업용 무인기 수입량의 전년 대비 증가율이 가장 작은 해에는 상업용 무인기 수출량의 전년 대비 증가율이 가장 크다.
⇒ (×) 〈표 1〉에서 '갑'국의 전년 대비 상업용 무인기 수입량의 증가율은 각각 2011년에 81.8%, 2012년에 75.0%, 2013년에 20.0%, 2014년에 16.0%임을 알 수 있다. 또한 전년 대비 상업용 무인기 수출량의 증가율은 각각 2011년에 108.3%, 2012년에 620.0%, 2013년에 272.2%, 2014년에 258.2%임을 알 수 있다. 따라서 전년 대비 상업용 무인기 수입량의 증가율이 가장 작은 해는 2014년이지만, 전년 대비 수출량의 증가율이 가장 큰 해는 2012년이므로 따라서 ㄷ은 옳지 않다.

ㄹ. 2012년 '갑'국 상업용 무인기 수출량의 전년 대비 증가율과 2012년 '갑'국 A사의 상업용 무인기 매출액의 전년 대비 증가율의 차이는 30% 이하이다.
⇒ (○) 〈표 1〉에서 2012년 '갑'국의 전년 대비 상업용 무인기 수출량의 증가율은 620.0%임을 알 수 있다. 또한 〈표 2〉에서 2012년 '갑'국의 전년 대비 A사 상업용 무인기 매출액의 증가율은 607.9%임을 알 수 있다. 따라서 2012년 '갑'국의 전년 대비 상업용 무인기 수출량의 증가율과 A사 상업용 무인기 매출액 증가율의 차이는 12.1%이므로 30% 이하임을 알 수 있다.

17 문제해결 정답 ③

	A	B	C	D	E
전문 심사단 점수(점)	74 (40)	80 (45)	84 (50)	67 (30)	72 (35)
현장 평가단 득표수(표)	176=88% (40)	182=91% (50)	172=86% (40)	145=72.5% (30)	137=68.5% (20)
최종 심사 점수(점)	80	95	90	60	55

18 의사소통 정답 ②

① 7개의 질병군과 관련된 질환에 한정되어 있다.
③ 진료비를 산출하는 방식이 '행위별 수가제'와 다르다.
④ '행위별 수가제'가 아닌 '포괄 수가제'가 과잉 진료를 예방할 수 있다.
⑤ 돈을 벌고 싶어 하는 의사들은 개별 진료 행위를 모두 합하는 '행위별 수가제'를 더 반긴다.

기존에 '행위별 수가제'의 과잉 진료, 구조적 한계의 문제점을 보완하기 위해 '포괄 수가제'가 도입되었다고 하였다.

19 수리 정답 ③

ㄱ. 2009년 외국인 소유 토지 면적이 가장 큰 지역은 경기이다.
⇒ (×) 〈표〉에서 경기의 2009년 외국인 소유 토지 면적은 38,999−1,144=37,855임을 알 수 있다. 2010년 외국인 소유 토지 면적이 비슷한 전남의 경우 2009년 외국인 소유 토지 면적은 38,044−128=37,916이므로 2009년 외국인 소유 토지 면적은 전남 지역이 경기 지역보다 더 크다. 따라서 ㄱ은 옳지 않다.

ㄴ. 2010년 외국인 소유 토지 면적의 전년 대비 증가율이 가장 큰 지역은 서울이다.
⇒ (○) 하나하나 모두 계산을 하지 않았길 바란다. ㄱ과 ㄷ이 옳지 않다는 것을 알았다면 소거법을 통해 ㄴ은 옳다는 것을 알 수 있다.

ㄷ. 2010년에 외국인 소유 토지 면적이 가장 작은 지역이 2009년에도 외국인 소유 토지 면적이 가장 작다.
⇒ (×) 〈그림〉에서 2010년 외국인 소유 토지 면적이 가장 작은 지역은 대구이다. 또한, 대구의 2009년 외국인 소유 토지 면적은 1,492−(−4)=1,492이다. 하지만 2010년 외국인 소유 토지 면적이 비슷한 대전의 경우 2009년 외국인 소유 토지 면적은 1,509−36=1,473이므로 2009년 외국인 소유 토지 면적은 대전 지역이 대구 지역보다 더 작다. 따라서 ㄷ은 옳지 않다.

ㄹ. 2009년 외국인 소유 토지 면적이 세 번째로 큰 지역은 경북이다.
⇒ (○) 〈그림〉에서 2010년 외국인 소유 토지 면적과 전년 대비 증감 면적을 고려하였을 때, 2009년 외국인 소유 토지 면적이 30,000이 넘거나 30,000에 근접한 지역은 경기, 전남, 경북 세 지역뿐임을 알 수 있다. 그런데 경기, 전남의 경우 2009년 외국인 소유 토지 면적이 30,000이 넘으므로 세 번째로 큰 지역이 경북임을 알 수 있다.

20 수리 정답 ①

ㄱ. 1993년 폭−수심비 최댓값은 500보다 크다.
⇒ (○) 〈그림〉을 보면 5.5km 지점에서의 1993년 폭−수심비는 500보다 크다는 것을 알 수 있다.

ㄴ. 1983년과 1993년의 폭−수심비 차이가 가장 큰 측정 지점은 6.5km 지점이다.
⇒ (×) 〈그림〉을 보면 1983년과 1993년의 폭−수심비 차이가 가장 큰 측정 지점은 5.5km 지점임을 알 수 있다.

ㄷ. 1983년 폭−수심비 최댓값과 최솟값의 차이는 300보다 크다.
⇒ (×) 〈그림〉을 보면 1983년 폭−수심비의 최댓값은 300이 넘지 않음을 알 수 있다. 따라서 폭−수심비의 최댓값과 최솟값의 차이는 300보다 클 수 없다.

21 문제해결 정답 ④

우영은 점심 메뉴로 김밥과 떡볶이를 선택하지 않았기 때문에, 저녁 메뉴로 오므라이스를 선택하였다. 민진은 점심 메뉴로 떡볶이를 선택하지 않았으므로, 점심 메뉴로는 우영이 선택한 오므라이스가 아닌 김밥을 선택하였다. 따라서 혜정이 점심 메뉴로 떡볶이를 선택했다.

22 문제해결 정답 ④

조건을 정리하면 다음과 같다.

1층	2층	3층	4층	5층	6층
F	A	D	B	E	C

D의 밑에는 두 층이 있다. → D는 3층
C는 가장 먼저 내린다. → 6층
F는 가장 늦게 내린다. → 1층
A와 F는 연속해서 내린다. → A는 2층
B는 짝수 층에서 일하고 C와 두 층 차이가 난다. → 4층

23 수리 정답 ⑤

ㄱ. 2015년 누적 현금 흐름이 가장 큰 기업은 G이다.
⇒ (○) 2015년 누적 현금 흐름=2016년 누적 현금 흐름−증가액이다. 〈표〉에서 G 기업의 2015년 누적 현금 흐름은 빈 괄호로 되어 있지만, 구체적인 계산을 하지 않아도 G 기업의 누적 현금 흐름이 가장 크다는 것을 쉽게 알 수 있다.

ㄴ. E 기업의 잉여 현금 흐름 증가율은 200% 이상이다.
⇒ (×) 잉여 현금 흐름 증가율=(증가액÷2015년 누적 현금 흐름)×100이다. 〈표〉에서 E 기업의 증가액은 2015년 누적 현금 흐름의 2배보다 작으므로 E 기업의 잉여 현금 흐름 증가율은 200% 미만임을 알 수 있다.

ㄷ. 잉여 현금 흐름 증가율이 가장 큰 기업과 가장 작은 기업의 차이는 300%p 이상이다.
⇒ (○) 〈표〉를 보면 A 기업의 잉여 현금 흐름 증가율과 I 기업의 잉여 현금 흐름 증가율의 차이가 이미 300%p 이상이므로 빈 괄호를 모두 채우지 않아도 ㄷ이 옳다는 것을 알 수 있다.

ㄹ. 2016년 누적 현금 흐름이 가장 작은 기업은 C이다.
⇒ (×) 2016년 누적 현금 흐름=증가액+2015년 누적 현금 흐름이다. 따라서 2016년 누적 현금 흐름이 가장 작은 기업은 B임을 알 수 있다.

ㅁ. 잉여 현금 흐름 증가율이 300% 이상인 기업은 모두 4개이다.
⇒ (○) 잉여 현금 흐름 증가율=(증가액÷2015년 누적 현금 흐름)×100이다. 〈표〉를 보면 잉여 현금 흐름 증가율이 300% 이상인 기업은 A, B, C, D로 총 4개임을 알 수 있다.

24 의사소통 정답 ①

첫째 태도는 '자연적 균형'을 유지하는 것을 목적으로 하여 인간이 이해할 수 없는 신성한 존재가 있다는 태도이므로, 간섭을 '최소화'한다.
둘째 태도는 배치도에 따라 개조하고 키우고 뽑아 버림으로써 디자인하는

태도이므로, 보살피지 않으면 세상이 '혼란스러워'지거나 '무질서해질' 것이라고 믿는 태도이다.
셋째 태도는 자신의 이익만 챙기고 사냥 후 숲에 동물들이 남아 있어야 한다는 생각을 못하기에 전체적인 균형에 대해서는 생각하지 않는 태도이다. 따라서 '무관심'이 알맞다.

25 수리 정답 ①

① 흉년 빈도가 네 번째로 높은 지역은 평안이다.
⇒ (×) 〈표〉에서 알 수 있듯이, 흉년 빈도가 네 번째로 높으려면 5가 되어야 한다. 그런데 평안 지역의 빈 괄호를 모두 ○로 채워도 5가 되지 않으므로 ①은 옳지 않다.
② 흉년 지역 수는 세조 5년이 세조 4년보다 많다.
⇒ (○) 〈표〉를 보면 세조 5년의 빈 괄호는 ○가 되어야 함을 알 수 있다. 즉, 세조 5년 흉년 지역 수는 5이고, 세조 4년 흉년 지역 수는 4이므로 ②는 옳은 설명이다.
③ 경기, 황해, 강원 3개 지역의 흉년 빈도 합은 흉년 빈도 총합의 55% 이상이다.
⇒ (○) 〈표〉를 보면 경기, 황해, 강원 3개 지역의 흉년 빈도 합은 8+5+7=20이다. 또한, 흉년 빈도 합은 흉년 지역 수의 합과 같고, 흉년 지역 수의 합은 36임을 알 수 있다. 따라서 흉년 빈도 총합 중 경기, 황해, 강원 3개 지역의 흉년 빈도 합이 차지하는 비중은 (20÷36)×100≒55.6%로, 55% 이상임을 알 수 있다.
④ 충청의 흉년 빈도는 경상의 2배이다.
⇒ (○) 〈표〉의 괄호를 모두 채워 보면 경상의 흉년 빈도는 3임을 알 수 있다. 따라서 충청의 흉년 빈도는 경상의 2배이다.
⑤ 흉년 지역 수가 5인 재위년의 횟수는 총 2번이다.
⇒ (○) 〈표〉를 보면 흉년 지역 수가 5인 재위년은 세조 5년, 세조 12년으로 총 2번임을 알 수 있다.

26 수리 정답 ⑤

〈표 1〉의 전출지 및 전입지의 합계를 구하면 다음과 같다.

전출지 \ 전입지	A	B	C	D	계
A		190	145	390	725
B	123		302	260	685
C	165	185		110	460
D	310	220	130		660
계	598	595	577	760	2,530

ㄱ. 전출자 수가 가장 큰 지역은 A이다.
⇒ (○) 위의 표를 보면 전출자 수가 가장 큰 지역은 A임을 알 수 있다.
ㄴ. 전입자 수가 가장 큰 지역은 A, B, D 지역으로부터 총 577명이 전입한 C이다.
⇒ (×) 위의 표를 보면 전입자 수가 가장 큰 지역은 A, B, C 지역으로부터 총 760명이 전입한 D임을 알 수 있다.
ㄷ. 2016년 인구가 가장 많은 지역은 D이다.
⇒ (○) 위의 표를 활용하면 C 지역은 전년 대비 인구가 117명 증가하였고, D 지역은 100명 증가하였음을 알 수 있다. 따라서 2016년 C, D 지역의 인구는 각각 3,048, 3,180명이므로 인구가 가장 많은 지역은 D이다.
ㄹ. 2015년과 2016년의 인구 차이가 가장 큰 지역은 A이다.
⇒ (○) 2015년과 2016년의 인구 차이는 전입자 수와 전출자 수의 차이와 같고, 위의 표를 보면 그 차이가 가장 큰 지역은 A임을 알 수 있다.

27 정보 정답 ④

① (×) 스프레드시트는 사업 운영에 유용한 여러 수치 정보를 나타내는 회계 장부이다. 스프레드시트는 회계 데이터에 한정되지 않고, 다양한 과학적 데이터를 표현하고 컴퓨터 계산을 수행하는 데 이용된다.
② (×) 문서 편집기 또는 텍스트 에디터는 단순한 문서 파일 편집을 위한 소프트웨어이다. 이진 형식이 아닌 사람이 읽을 수 있는 텍스트 형식의 파일을 읽고 간단한 조작으로 편집하여 저장할 수 있는 컴퓨터의 가장 기본적인 소프트웨어 중의 하나이다.
③ (×) 워드 프로세서는 문서를 작성, 수정, 저장할 때 쓰는 프로그램이다. 글자 크기, 폰트, 색깔 등을 다양하게 할 수 있고 그림, 표, 도표, 도형 등을 삽입할 수 있으며 맞춤법 검사 기능, 한자 입력 기능 등 다양한 기능을 가지고 있다.
⑤ (×) 그래픽 프로그램은 컴퓨터 그래픽에서 사람이 이미지나 모델을 시각적으로 조작할 수 있게 해 주는 프로그램 또는 프로그램 모음을 의미한다.

28 문제해결 정답 ⑤

㉠ 모든 관광지를 한 번씩 관광하고 되도록 빠른 시간에 마치는 시간은 해운대 관광을 마치는 16시이다.
* 광안대교 – 해운대 → 관광 가능 시간이 있기 때문에 빠른 시간에 마칠 수 없다.
* 광안대교 06:00 – 남포동 08:40 – 태종대 11:30 – 해운대 14:00
(태종대 관광을 마치면 13:30, 해운대까지 이동 시간은 20분이지만 해운대 관광 가능 시간이 14:00부터이므로 해운대 관광 2시간을 마치고 나면 16:00가 된다.)
* 광안대교 06:00 – 태종대 08:45 – 남포동 11:35 – 해운대 14:00
(남포동 관광을 마치고 나면 13:35, 해운대까지 이동 시간은 20분이지만, 해운대 관광 가능 시간이 14:00부터이므로 해운대 관광 2시간을 마치고 나면 16:00가 된다.)

㉡ 광안대교 06:00 – 남포동 08:40 – 태종대 11:30 – 해운대 14:00
광안대교 06:00 – 태종대 08:45 – 남포동 11:35 – 해운대 14:00
㉢ 하루 동안 모든 관광지를 한 번씩 관광하여야 하고, 되도록 빠른 시간에 마치려면 가장 먼저 입장이 가능한 광안대교부터 관광을 시작해야 한다.

29 수리 정답 ②

ㄱ. 처리 대상 건수가 가장 적은 연도의 처리율은 75% 이상이다.
⇒ (○) 〈표〉를 보면 처리 대상 건수가 가장 적은 연도는 2016년임을 알 수 있다. 2016년의 처리율은 (6,628÷8,226)×100이므로 75% 이상임을 알 수 있다.
ㄴ. 2013~2016년 동안 취하 건수와 기각 건수의 전년 대비 증감 방향은 동일하다.
⇒ (×) 〈표〉를 보면 2015년 취하 건수와 기각 건수의 전년 대비 증감 방향은 반대임을 쉽게 알 수 있다.
ㄷ. 2013년 처리율은 80% 이상이다.
⇒ (×) 〈표〉를 보면 2013년의 처리 대상 건수는 7,314+2,403=9,717건임을 알 수 있다. 그런데 2013년의 처리율은 (7,314÷9,717)×100이므로 80% 미만임을 알 수 있다.
ㄹ. 인용률은 2012년이 2014년보다 높다.
⇒ (○) 인용률은 인용 건수÷(각하 건수+기각 건수+인용 건수)×100으로 구할 수 있다. 그런데 〈표〉를 보면 2012년 인용률의 분모에 해당

하는 건수보다 2014년 인용률의 분모에 해당하는 건수가 훨씬 큰 반면, 2014년 인용률의 분자에 해당하는 건수는 2012년 인용률의 분자에 해당하는 건수보다 작으므로, 인용률은 결국 2012년이 2014년보다 높다는 것을 알 수 있다.

30 의사소통 정답 ③

세 번째 위기는 단순히 경쟁자가 늘어난 것이 아닌, 수용자의 소비 패턴 자체가 바뀌어서 더 위협적이었다. 일방향 서비스에 의존적이지 않은 젊은 시청자들은 아예 새로운 플랫폼을 형성하기 때문에 '어찌 할 방법이 없어 꼼짝도 못하다'라는 뜻의 '속수무책'의 상황에 놓인 것이다.

- 태평성대: 어질고 착한 임금이 다스리는 태평한 세상
- 각주구검: 판단력이 둔하여 융통성이 없고 세상일에 어둡고 어리석다
- 결초보은: 은혜를 잊지 않고 갚다
- 과유불급: 정도를 지나치면 미치지 못한 것과 같다

31 문제해결 정답 ②

전면부 부분 교체 수리비 30,000 + 배터리 파손 수리비 50,000 + 액정 접촉 불량 수리비 70,000 + 메인보드 교체 50,000 + 액정 부분 파손 수리비 100,000 = 300,000원

32 수리 정답 ⑤

⑤ 2014년 조례 발의 건수는 2012년 조례 발의 건수의 1.5배 이상이다.
⇒ (×) 〈표〉를 보면 2012년 조례 발의 건수는 751+626+39=1,416건임을 알 수 있다. 따라서 2012년 조례 발의 건수의 1.5배는 2,000건이 넘으므로 ⑤는 옳지 않다.

① 2012년 조례 발의 건수 중 단체장 발의 건수가 50% 이상이다.
⇒ (○) 〈표〉를 보면 2012년 조례 발의 건수 중 단체장 발의 건수는 의원 발의 건수와 주민 발의 건수의 합보다 크다는 것을 알 수 있다. 따라서 ①은 옳은 설명이다.

② 2011년 단체장 발의 건수는 2013년 의원 발의 건수보다 적다.
⇒ (○) 〈표〉를 보면 2013년 의원 발의 건수는 804건이다. 그런데 804+486+35〉1,149이므로 2011년 단체장 발의 건수는 2013년 의원 발의 건수보다 적다는 것을 알 수 있다.

③ 주민 발의 건수는 매년 증가하였다.
⇒ (○) 〈표〉를 보면 2013년 주민 발의 건수는 51건이다. 그런데 905+865+51〈1,824이므로 2014년 주민 발의 건수는 2013년 주민 발의 건수보다 많다는 것을 알 수 있다. 따라서 주민 발의 건수는 매년 증가하였다.

④ 2014년 의원 발의 건수는 2010년과 2011년 의원 발의 건수의 합보다 많다.
⇒ (○) 〈표〉를 보면 2010년 의원 발의 건수는 924−(527+23)=374건임을 알 수 있다. 따라서 865〉374+486이므로 2014년 의원 발의 건수는 2010년과 2011년 의원 발의 건수의 합보다 많다는 것을 알 수 있다.

33 수리 정답 ②

ㄱ. 인용률이 가장 높은 해는 2013년이다.
⇒ (○) 인용률은 (인용 건수÷심리·의결 건수)×100으로 계산할 수 있다. 따라서 〈표〉의 자료를 활용하여 각 연도별 인용률을 구해 보면, 2013년이 가장 높음을 쉽게 알 수 있다.

ㄴ. 취하·이송 건수는 매년 감소하였다.
⇒ (×) 〈표〉를 보면 취하·이송 건수는 매년 감소하지 않았음을 쉽게 알 수 있다.

ㄷ. 각하 건수가 가장 적은 해는 2011년이다.
⇒ (○) 〈표〉를 보면 괄호를 제외한 각하 건수가 가장 적은 해는 2012년임을 알 수 있다. 따라서 2012년의 각하 건수를 중심으로 비교해 보면 2011년은 4,640+23,284+1,030〉28,923이고, 2014년은 4,131+19,164+1,030〈25,270임을 알 수 있다. 즉, 2011년의 각하 건수는 2012년보다 적고, 2014년 각하 건수는 2012년보다 많다는 것을 알 수 있으므로 각하 건수가 가장 적은 해는 2011년임을 알 수 있다.

ㄹ. 접수 건수와 심리·의결 건수의 연도별 증감 방향은 동일하다.
⇒ (×) 〈표〉를 보면 2012~2014년 접수 건수와 심리·의결 건수의 연도별 증감 방향은 서로 반대임을 쉽게 알 수 있다.

34 수리 정답 ⑤

⑤ 전년에 비해 현장 검증 건수가 감소한 해에는 전년에 비해 서류 검증 건수가 증가하였다.
⇒ (○) 〈표〉를 보면 전년에 비해 현장 검증 건수가 감소한 해는 2010년과 2013년이고, 이 두 해에는 서류 검증 건수가 증가하였음을 쉽게 알 수 있다.

① 산업 신기술 검증 전체 비용은 매년 증가하였다.
⇒ (×) 〈표〉를 보면 2013년 산업 신기술 검증 전체 비용은 68+1,609 =1,677임을 알 수 있고, 이는 2012년 산업 신기술 검증 전체 비용보다 작으므로 ①은 옳지 않다.

② 서류 검증 건수는 매년 현장 검증 건수보다 많다.
⇒ (×) 〈표〉를 보면 2012년 전체 검증 건수는 1,577건이고, 서류 검증 건수는 725건이므로 현장 검증 건수가 더 많다는 것을 알 수 있다. 따라서 ②는 옳지 않다.

③ 서류 검증 건당 비용은 2008년에 가장 크다.
⇒ (×) 〈표〉를 보면 2008년 서류 검증 건당 비용은 878/1,331로 1을 넘지 않았고, 2011년 서류 검증 건당 비용은 1,745/1,458로 1을 넘는다는 것을 알 수 있다. 따라서 ③은 옳지 않다.

④ 전년에 비해 현장 검증 비용이 감소한 연도는 2개이다.
⇒ (×) 〈표〉를 보면 2011년 현장 검증 비용은 1,745−41=1,704임을 알 수 있다. 따라서 전년에 비해 현장 검증 비용이 감소한 연도는 2013년뿐이므로 ④는 옳지 않다.

35 자원관리 정답 ②

ㄱ. 통관 물량 1,000건에서 1%의 확률이므로 총 10개의 모조품이 존재한다. 여기서 검수율이 10%이므로 하루 평균 얻는 수입은 1,000만 원이다. 검수율 10%일 때 10명을 투입시키므로 300만 원이 소요가 되고, 최종적으로 1,000−300 = 700만 원이 1일 평균 수입이 된다.

ㄴ. 2% 확률로 모조품이 존재한다면 평균 순수입은 2,000(수입)−300(인건비) = 1,700만 원이 되므로 현재보다 2배가 넘는 수입이 발생한다.

ㄷ. 검수율 40%인 경우 평균 순수입은 4,000(수입)−2,100(인건비) = 1,900만 원을 얻게 되기 때문에 현재 1일 평균 700만 원의 수입에 비하여 4배가 되지 못한다.

ㄹ. 검수율 30%인 경우 평균 순수입은 3,000(수입)−1,500(인건비) = 1,500만 원이다. 현재 10% 검수율을 유지한 채 벌금을 2배로 인상하게 되면 2,000(수입)−300(인건비) = 1,700만 원이므로 벌금을 인상하는 방안이 더 평균 수입이 많다.

36 문제해결 정답 ⑤

B가 경영기획팀, C가 영업팀에 배정 받았다. A가 홍보팀에 배정 받지 않았으므로 D가 홍보팀에 배정 받고, A는 인사팀에 배정 받은 것을 알 수 있다.

A가 30세, B가 28세이고, D는 29세가 아니다. 즉, C가 29세이고, D는 32세이다.

37 조직이해 정답 ④

팀장이 지시한 사항은 채용과 관련된 일련의 업무이며, 회의록 1. 2020년 상반기 채용 계획에 대한 전체적인 내용으로 볼 수 있다. ④의 보기는 2. 상반기 신입 교육에 대한 내용으로, 가장 적절하지 않다.

38 조직이해 정답 ⑤

채용 공고가 2월 25일이다. 따라서 채용 계획안의 보고는 2월 25일 전에 이뤄져야 하며, 각 부서별 회신 또한 그 이전까지 되어야 한다. 따라서 메일에서의 회신 일자가 2월 말일인 것은 적절하지 않다.

39 의사소통 정답 ⑤

지문의 종류는 설명문이다. 설명문에서 복잡한 내용은 독자가 알기 쉽게 도표를 통해 시각화하면 좋다. ①부터 ④까지는 설명서를 작성할 때의 작성법 및 주의할 점이다.

40 문제해결 정답 ①

조직 변화의 과정은 '환경 변화 인지 – 조직 변화 방향 수립 – 조직 변화 실행 – 변화 결과 평가'이다.

41 문제해결 정답 ①

B와 C의 말이 모순이 되기 때문에, 다음의 경우를 생각할 수 있다.
* B가 참인 경우
B가 참이므로 경품에 당첨된 사람은 C이다. 그러나 A의 진술도 거짓이므로 A는 당첨자라고 볼 수 있기 때문에 조건에 맞지 않다.
* C가 참인 경우
B가 거짓이 되고, C가 참이 되므로 C는 경품에 당첨된 사람이 아니다. 그러나 A가 자신은 경품 당첨자가 아니라고 했는데 A가 거짓을 말한 사람이므로 A가 당첨자이다. D는 B가 당첨자라고 했는데 거짓을 말했기 때문에 B는 당첨자가 아니다.

42 수리 정답 ③

③ 국내 사업비 지출액 중 아동 복지 지출액과 해외 사업비 지출액 중 교육 보호 지출액의 합은 A 자선 단체 전체 지출액의 45%이다.
⇒ (○) ①과 같은 원리로 계산을 해 보면 국내 사업비 지출액 중 아동 복지 지출액은 전체 지출액의 18%를 차지하고 있고, 해외 사업비 지출액 중 교육 보호 지출액은 전체 지출액의 27%를 차지하고 있음을 알 수 있다. 따라서 이 두 가지 지출액의 합은 전체 지출액의 45%를 차지하고 있음을 알 수 있다.

① 전체 수입액 중 후원금 수입액은 국내 사업비 지출액 중 아동 복지 지출액보다 많다.
⇒ (×) 〈그림 1〉에서 전체 수입액 중 후원금이 차지하는 비중은 10%이고, 〈그림 2〉에서 국내 사업비 지출액 중 아동 복지가 차지하는 비중은 45%이다. 수입액과 지출액은 항상 같고, 국내 사업비는 지출액의 40%를 차지하고 있으므로 전체 국내 사업비는 전체 수입액의 40%임을 알 수 있다. 즉, 국내 사업비 지출액 중 아동 복지 지출액은 전체 수입액의 40%의 45%임을 알 수 있고, 이를 수치로 나타내면 18%이다. 따라서 전체 수입액 중 후원금 수입액은 국내 사업비 지출액 중 아동 복지 지출액보다 적다는 것을 알 수 있다.

② 국내 사업비 지출액 중 아동 권리 지원 지출액은 해외 사업비 지출액 중 소득 증대 지출액보다 적다.
⇒ (×) 〈그림 2〉를 보면 국내 사업비는 지출액의 40%를 차지하고 있고, 해외 사업비는 지출액의 50%를 차지하고 있다. ①과 같은 원리로 계산을 해 보면 국내 사업비 지출액 중 아동 권리 지원 지출액은 전체 지출액의 10.8%를 차지하고 있고, 해외 사업비 지출액 중 소득 증대 지출액은 전체 지출액의 10%를 차지하고 있음을 알 수 있다. 따라서 ②는 옳지 않다.

④ 해외 사업비 지출액 중 식수 위생 지출액은 A 자선 단체 전체 지출액의 2% 미만이다.
⇒ (×) ①과 같은 원리로 계산을 해 보면 해외 사업비 지출액 중 식수 위생 지출액은 전체 지출액의 2.5%를 차지하고 있음을 알 수 있다. 따라서 ④는 옳지 않다.

⑤ A 자선 단체 전체 수입액이 6% 증가하고 지역 사회 복지 지출액을 제외한 다른 모든 지출액이 동일하게 유지된다면, 지역 사회 복지 지출액은 2배 이상이 된다.
⇒ (×) ①과 같은 원리로 계산을 해 보면 국내 사업비 지출액 중 지역 사회 복지 지출액은 전체 지출액의 6.4%를 차지하고 있음을 알 수 있다. 전체 수입액이 6% 증가했다는 것은 전체 지출액이 6% 증가했다는 뜻이고, 지역 사회 복지 지출액을 제외한 다른 모든 지출액이 동일하게 유지되었다고 했으므로, 결국은 지역 사회 복지 지출액이 전체 지출액의 6% 만큼 증가하게 될 것임을 알 수 있다. 따라서 지역 사회 복지 지출액은 2배 이하로 증가하게 된다.

43 수리 정답 ③

ㄱ. 2013년 전체 로봇 시장 규모 대비 제조용 로봇 시장 규모의 비중은 70% 이상이다.
⇒ (×) 〈표 1〉을 보면 2013년 전체 로봇 시장 규모 대비 제조용 로봇 시장 규모의 비중은 9,719/15,000으로 70% 이하임을 알 수 있다.

ㄴ. 2013년 전문 서비스용 로봇 평균 단가는 제조용 로봇 평균 단가의 3배 이하이다.
⇒ (○) 〈표 1〉을 보면 2013년 제조용 로봇 평균 단가는 54.6이고, 전문 서비스용 로봇 평균 단가는 159.0이다. 따라서 전문 서비스용 로봇 평균 단가는 제조용 로봇 평균 단가의 3배 이하임을 알 수 있다.

ㄷ. 2013년 전체 로봇 R&D 예산 대비 전문 서비스용 로봇 R&D 예산의 비중은 50%이다.
⇒ (○) 전문 서비스용 로봇에 해당하는 분야는 건설, 물류, 의료, 국방이다. 〈표 3〉에서 로봇 R&D 예산의 분야별 구성비 중 전문 서비스용 로봇에 해당하는 분야의 구성비를 모두 더하면 50이므로 ㄷ은 옳은 설명이다.

ㄹ. 개인 서비스용 로봇 시장 규모는 각 분야에서 매년 증가했다.
⇒ (×) 〈표 2〉를 보면 개인 서비스용 로봇 중 교육 분야 로봇의 시장 규모는 매년 감소하였음을 알 수 있다.

44 자원관리 정답 ④

① 최소 2시간 이상 동안 3명이서 같이 시간대가 맞아야 하므로 월요일에는 영화 관람이 불가능하다.
② 화요일과 목요일 모두 3명이서 영화를 관람하게 된다. 화요일에 3명 모두 12시 이전 영화를 관람하면 모두 할인을 받게 된다. 따라서 목요일보다 화요일에 지출되는 영화비가 적게 발생된다.
③ 목요일에 영화를 관람하는 사람은 B, D, F이며 13:00~15:00 영화를 관람하게 될 것이다. 따라서 12시 이후에 영화를 상영하게 되므로 '나' 영화

는 관람할 수 없게 된다.

⑤ 화요일에는 3명 모두 할인을 받을 수 있게 되므로 {12,000−(12,000×0.3)}×3=25,200원이다.

45 조직이해 정답 ③

브레인라이팅은 모든 참여자가 매 회차마다 3개의 아이디어를 반드시 내어야 한다. 따라서 소수의 아이디어뿐 아니라 모든 아이디어를 얻어 낼 수 있는 기법이다. 이는 적극적인 사람들이 주도하는 회의에서 그들의 아이디어로 수렴되는 것을 방지하는 기법으로 사용될 수 있다.

46 조직이해 정답 ③

주거 대출 금액의 이자는 5년 내 상환 기준으로 무이자이다. 따라서 1%로 이자가 고정되는 보기의 내용은 부적절하다.

47 의사소통 정답 ①

고대 그리스부터의 '광장'이 담당했던 역할 및 기능에 대해 설명하고 있다.

② 광장과 유럽 → 우리나라의 광장에 대해서도 설명하고 있으므로 아니다.

③ 광장의 형태 → 형태에 대한 언급은 있었지만 제목으로는 적절하지 않다.

④ 광장의 예술적 측면 → 제시되어 있지 않은 내용이다.

⑤ 광장의 정치적 기능 → 첫째 단락을 봤을 땐 매력적인 오답이나, 결국 광장은 문화적, 예술적 등 인간의 모든 활동이 이루어지는 공간이라고 하였다.

48 의사소통 정답 ④

유럽인들에게 광장은 일상 생활의 통행과 회합, 교환의 장소이자 동시에 권력과 그 의지를 실현하는 장이었다. 그러다 프랑스 혁명 이후 근대 유럽에서는 저항하는 대중의 연대와 소통의 장이라는 의미도 갖게 되었으므로 그 의미가 넓어졌다고 할 수 있다.

① 고대 그리스의 '아고라'는 사람들이 모이는 장소의 의미뿐만 아니라 사람들이 모여서 하는 각종 활동과 모임도 의미했다.

② 아고라 주변의 사원, 가게, 공공 시설, 사교장 등은 부수적 기능일 뿐이었고, 주 기능은 시민들이 모여 행하는 다양한 활동 그 자체에 있었다.

③ 도시를 설계할 때 광장의 위치와 넓이, 기능이 제후들의 목적에 따라 결정되었다.

⑤ 우리나라 역사에서의 광장도 저항하는 대중의 연대와 소통의 장 역할을 하였다.

49 정보 정답 ②

차종	차 등급	엔진 종류	변속 종류	안전 장치	생산 공장	생산 연도	일련 번호	검증 번호
BC	C	L	A	1	P	D	25413	20

엔진 종류는 L – LPG 엔진, 변속 종류는 A – 자동 변속

50 정보 정답 ③

차종	차 등급	엔진 종류	변속 종류	안전 장치	생산 공장	생산 연도	일련 번호	검증 번호
BS	S			■			▲	

차종: BS, 차 등급: S, ■+▲≥20의 조건을 만족하는 코드는 ③이다.

51 정보 정답 ①

차종	차 등급	엔진 종류	변속 종류	안전 장치	생산 공장	생산 연도	일련 번호	검증 번호
BA	C	G	A	1	B	A	78546	

검증 번호는 1+16=17이다.

52 자원관리 정답 ③

ㄱ. 신입 사원의 기본 급여가 300만 원이므로 2년 차의 경우는 10% 증가하여 330만 원이 된다.

ㄴ. D 사원의 경우에는 기본 급여 300만 원에서 10%씩 7년간 증가했기 때문에 {300+(30×7)}=510만 원이며, 이에 대한 인센티브는 50%이므로 510×0.5=255만 원이다. 따라서 이 둘의 값을 모두 더하면 765만 원이다.

ㄷ. C 사원이 받게 되는 월급은 300+(30×4)=420만 원이며, 이를 연봉으로 환산하면 420×12=5,040만 원이다. 퇴직금은 연봉의 200%이므로 5,040×2=10,080만 원이 되므로 1억이 넘는다.

53 수리 정답 ④

A~D 개개인의 소득세 산출액을 일일이 계산하여 문제를 해결하지 않았길 바란다. 근로 소득과 금융 소득의 차이값을 파악하는 것만으로도 문제는 쉽게 풀리기 때문이다.

〈표〉를 보면 D는 금융 소득이 30,000만원임을 알 수 있다. 그런데 소득세 결정 기준에 따르면 5천만 원 이하의 금융 소득에 대해서는 15%의 '금융 소득세'를 부과하고, 5천만 원을 초과하는 부분의 경우에는 근로 소득에 포함되어 '근로 소득세'를 부과하게 된다. 즉, D의 소득은 결국 근로 소득 25,000만 원+금융 소득 5,000만 원과 같아진다는 것을 알 수 있고, 이는 B보다 D의 소득세가 더 많이 나올 것이라는 것을 알 수 있게 해 준다. 또한, A의 경우 근로 소득 15,000만 원+금융 소득 5,000만 원이고, C의 경우 근로 소득 15,000만 원+추가 근로 소득 5,000만 원으로 볼 수 있다. 금융 소득 5,000만 원에 적용되는 소득세가 추가 근로 소득 5,000만 원에 적용되는 소득세보다 더 적으므로 소득세 산출액은 A가 더 작다는 것을 알 수 있다. 따라서 정답은 ④가 된다.

54 수리 정답 ②

ㄱ. 2010년 세계 인구는 70억 명 이상이다.

⇒ (○) 2010년 OECD 국가의 총인구 중 미국 인구가 차지하는 비율이 25%이고, 미국 인구가 300백만 명이므로 2010년 OECD 국가의 총인구는 1,200백만 명이 된다. 또한, OECD 국가의 총인구는 세계 인구의 16.7%를 차지하므로 결국 세계 인구의 1/6을 차지한다는 것을 알 수 있다. 따라서 세계 인구는 7,200백만 명이므로 70억 명 이상이다.

ㄴ. 2010년 기준 독일 인구가 매년 전년 대비 10% 증가한다면, 독일 인구가 최초로 1억 명 이상이 되는 해는 2014년이다.

⇒ (×) 〈그림 2〉를 보면 2010년 기준 독일 인구는 82백만 명임을 알 수 있다. 독일 인구가 매년 전년 대비 10% 증가한다고 가정할 때, 독일 인구가 최초로 1억 명 이상이 되는 해를 구하는 것은 $82\times(1.1)^n>100$이 되는 최소의 n을 찾는 것과 같다. 그런데 그러한 n을 찾으면 3이므로 ㄴ은 옳지 않다.

ㄷ. 2010년 OECD 국가의 총인구 중 터키 인구가 차지하는 비율은 5% 이상이다.

⇒ (○) 〈그림 2〉를 보면 2010년 터키 인구는 미국 인구의 1/5보다 크다는 것을 알 수 있다. 그런데 미국 인구는 OECD 국가 총인구의 25%를

차지하므로, 터키의 인구는 OECD 국가 총인구의 5% 이상을 차지한다는 것을 알 수 있다.

ㄹ. 2010년 남아프리카공화국 인구는 스페인 인구보다 적다.

⇒ (×) 2010년 OECD 국가의 총인구는 세계 인구의 1/6이다. 따라서 OECD 국가의 총인구 중 3.75%를 차지하는 스페인 인구는 세계 인구 중 3.75×1/6≒0.63%를 차지한다는 것을 알 수 있다. 이는 남아프리카공화국이 세계 인구에서 차지하는 비율인 0.7보다 낮으므로 ㄹ은 옳지 않다.

55 수리 정답 ③

ㄱ. 박사 학위 취득자 중 박사 학위 취득 소요 기간이 9년을 초과한 사람의 수

⇒ 〈표〉를 보면 0~9년 학위 취득자의 누적 백분율과 0~10년 학위 취득자의 누적 백분율이 차이가 나는 전공은 없다는 것을 알 수 있다. 즉, 박사 학위 취득자 중 취득 소요 기간이 9년을 초과한 사람은 없다는 것을 뜻한다. 따라서 ㄱ에 해당하는 수는 0이다.

ㄴ. 화학공학과에서 박사 학위 취득에 0~5년이 걸린 사람의 수

⇒ 0.67은 약 2/3이다. 따라서 〈표〉를 보면 화학공학과에서 박사 학위 취득에 0~5년이 걸린 사람의 수는 9×(2÷3)=6명임을 알 수 있다.

ㄷ. 박사 학위 취득 실패율이 가장 낮은 학과에서 박사 학위를 취득하지 못한 사람의 수

⇒ 박사 학위 취득 실패율이 가장 낮다는 뜻은 박사 학위 취득률이 가장 높다는 뜻이고, 〈표〉에서 이러한 학과를 찾으면 지리학과임을 알 수 있다. 또한 지리학과의 취득률은 86%이므로 취득 실패율이 14%임을 알 수 있고, 14%는 대략 1/7이므로 지리학과에서 박사 학위를 취득하지 못한 사람의 수는 21×(1÷7)=3명임을 알 수 있다.

ㄹ. 박사 학위 취득 평균 소요 기간이 가장 긴 학과에서 박사 학위 취득에 0~7년이 걸린 사람의 수

⇒ 〈표〉에서 박사 학위 취득 평균 소요 기간이 가장 긴 학과는 언어학과임을 알 수 있다. 그런데 언어학과에서 7년 안에 박사 학위를 취득한 사람은 없으므로 ㄹ에 해당하는 수는 0이다.

ㅁ. 사회학과에서 박사 학위 취득자 중 박사 학위 취득 소요 기간이 7년을 초과한 사람의 수

⇒ 〈표〉에서 사회학과의 1995년도 입학 학생 수는 20명이고, 박사 학위 취득자 중 박사 학위 취득 소요 기간이 7년을 초과한 사람의 비율은 전체의 35%임을 알 수 있다. 따라서 ㅁ에 해당하는 수는 20×(35÷100)=7명임을 알 수 있다.

따라서 ㄱ~ㅁ 항목에 해당하는 수를 모두 합한 값은 0+6+3+0+7=16이다.

56 수리 정답 ⑤

⑤ 표준 체중법에 의한 비만도 판정에 따르면, A 씨는 '비만'으로 판정된다.

⇒ (×) A 씨의 표준 체중법에 의한 비만도는 [86.7÷{(170−100)×0.9}]×100≒137.6%이므로 표중 체중법에 의한 비만도는 '병적 비만'으로 판정된다.

① 신체 질량 지수에 의한 비만도 판정에 따르면, A 씨가 속한 집단의 대장암 발생률은 위암 발생률보다 높다.

⇒ (○) A 씨의 신장은 170cm이고 체중은 86.7kg이다. 따라서 신체 질량 지수에 의한 A 씨의 비만도는 $\frac{86.7}{1.7^2}=\frac{86.7}{2.89}=\frac{(90-3.3)}{(3-0.11)}=\frac{30(3-0.11)}{(3-0.11)}=30$임을 알 수 있고, 〈표〉를 보면 비만도가 25 이상인 경우 대장암 발생률은 27.6%, 위암 발생률은 23.9%이므로 ①은 옳은 설명이다.

② A 씨가 신장의 변화 없이 16.7kg을 감량할 때 신체 질량 지수에 의한 비만도 판정에 따르면, A 씨가 속하는 집단의 식도암 발생률은 12.7%이다.

⇒ (○) A 씨가 16.7kg을 감량할 경우 신체 질량 지수에 의한 비만도는 $\frac{70}{1.7^2}=\frac{70}{2.89}$≒24.2%가 된다는 것을 알 수 있고, 〈표〉를 보면 비만도가 23~25 미만인 경우 식도암 발생률은 12.7%이므로 ②는 옳은 설명이다.

③ 신체 질량 지수에 의한 비만도 판정에 따르면, '비만'으로 판정된 사람이 속한 집단의 대장암 발생률은 '저체중'으로 판정된 사람이 속한 집단의 대장암 발생률의 2배 이상이다.

⇒ (○) 〈표〉를 보면 신체 질량 지수에 의한 비만도 판정에서 '저체중'으로 판정된 사람이 속한 집단의 대장암 발생률은 13.5%이고, '비만'으로 판정된 사람이 속한 집단의 대장암 발생률은 27.6%임을 알 수 있다. 따라서 ③은 옳은 설명이다.

④ A 씨의 표준 체중법에 의한 비만도는 [86.7÷{(170−100)×0.9}]×100이다.

⇒ (○) 표준 체중법에 의한 비만도=(현재 체중÷표준 체중)×100이다. 따라서 ④는 옳은 설명이다.

57 수리 정답 ②

$\frac{A}{A+B}=\frac{1}{1+\frac{B}{A}}$ 이제는 공식을 이렇게 변형해서 활용하는 것이 더 효율적이라는 것을 잘 알 것이다. 이번 문제에서도 이것을 활용하여 문제를 해결해 보도록 하겠다.

ㄱ. 민감도가 가장 높은 질병 진단 키트는 A이다.

⇒ (○) 민감도가 높다는 것은 질병이 있는 사람 중 음성/질병이 있는 사람 중 양성의 크기가 작다는 뜻이다. 따라서 〈표〉에서 이 값의 크기가 가장 작은 질병 진단 키트를 고르면 A임을 쉽게 알 수 있다.

ㄴ. 특이도가 가장 높은 질병 진단 키트는 B이다.

⇒ (×) 특이가 높다는 것은 질병이 없는 사람 중 양성/질병이 없는 사람 중 음성의 크기가 작다는 뜻이다. 따라서 〈표〉에서 이 값의 크기가 가장 작은 질병 진단 키트를 고르면 D이므로, ㄴ은 옳지 않다.

ㄷ. 질병 진단 키트 C의 민감도와 양성 예측도는 동일하다.

⇒ (○) 〈표〉를 보면 질병 진단 키트 C의 질병이 있는 사람 중 음성/질병이 있는 사람 중 양성의 크기와 양성 판정된 피실험자 중 질병이 없는 사람/양성 판정된 피실험자 중 질병이 있는 사람의 크기가 같으므로, ㄷ은 옳은 설명이다.

ㄹ. 질병 진단 키트 D의 양성 예측도와 음성 예측도는 동일하다.

⇒ (×) 〈표〉를 보면 질병 진단 키트 C의 양성 판정된 피실험자 중 질병이 없는 사람/양성 판정된 피실험자 중 질병이 있는 사람의 크기와 음성 판정된 피실험자 중 질병이 있는 사람/음성 판정된 피실험자 중 질병이 없는 사람의 크기가 다르므로, ㄹ은 옳지 않다.

58 문제해결 정답 ③

회의록에서 이 조직이 대기업이라는 정보는 알 수 없다.

59 문제해결 정답 ②

회의록 3. 기타 사항에서 타 부서 협조/시한을 보면 사내 직원 대상 공지는 프로젝트팀이 사전 확인 후에 전산실과 협조한다고 기록되어 있다.

60 자기개발 정답 ①

문제에 제시된 질문들은 자기 관리 단계 중 1단계인 비전 및 목표 정립 단계에 해당하며, 이 단계에 해당하는 내용은 다음과 같다.

① 비전 및 목표 정립: 자신에게 가장 중요한 것 파악, 가치관, 원칙, 삶의

목적 정립, 삶의 의미 파악
①번의 '비전 및 목표 정립 단계'는 대략적인 행동의 방향을 잡는 단계이고, ②번에 해당하는 '과제 발견 단계'는 목표를 달성하기 위해 해야 할 일을 구체적으로 계획하는 단계이므로, 혼동하지 않도록 주의해야 한다.

61 수리 정답 ①

ㄱ. 2006년과 2010년 모두, 부재자 투표에서 다른 어떤 후보자보다도 더 많이 득표한 후보자가 득표수의 합도 가장 컸다.
⇒ (×) <표 1>을 보면 2006년 부재자 투표에서 가장 많이 득표한 후보자는 '병'이지만, 득표수의 합이 가장 높은 후보자는 '무'이므로 ㄱ은 옳지 않다.

ㄴ. 부재자 득표수를 제외할 때, 2006년과 2010년 모두 출마한 후보자의 경우, A~E 5개 읍면에서의 득표수는 각각 2006년에 비해 2010년에 증가하였다.
⇒ (○) <표 1>과 <표 2>를 보면 2006년과 2010년 모두 출마한 후보자는 '병'과 '무'이다. 두 후보자 모두 A~E 5개 읍면에서의 득표수는 각각 2006년에 비해 2010년에 증가하였음을 쉽게 알 수 있다.

ㄷ. 부재자 득표수를 제외할 때, 2006년과 2010년 두 번의 선거에서 모든 후보자는 다른 지역보다 본인의 출신지에서 가장 많은 표를 얻었다.
⇒ (×) <표 1>을 보면 '정' 후보자의 경우, 출신지는 A읍이지만 가장 많은 표를 얻은 지역은 E면임을 알 수 있다. 따라서 ㄷ은 옳지 않다.

ㄹ. 2006년과 2010년의 S군 총유권자 수가 25,000명으로 동일하다면, 2010년 투표율은 2006년에 비해 20%p 이상 증가하였다.
⇒ (×) 25,000명의 20%는 5,000명이다. 따라서 2010년 투표율이 2006년에 비해 20%p 이상 증가하였다면, 2006년 대비 2010년의 전체 득표수 합이 5,000표 이상 증가했어야 한다. 그러나 <표>를 보면 그렇지 않으므로 ㄹ은 옳지 않다.

62 수리 정답 ①

ㄱ. 2005년에 지역별로 실업률이 가장 높은 국가들의 경우, 서유럽 지역을 제외하고는 2004년과 2005년의 실업률이 전년 대비 매년 감소했다.
⇒ (○) <표>를 보면 지역별 2005년 실업률이 가장 높은 국가는 각각 프랑스, 핀란드, 폴란드, 캐나다임을 알 수 있다. 그런데 프랑스를 제외한 나머지 국가는 모두 2004년과 2005년의 실업률이 전년 대비 매년 감소하였음을 알 수 있으므로 ㄱ은 옳은 설명이다.

ㄴ. 2003년에 한국의 경제 활동 인구가 3,000만 명, 2005년에 3,500만 명이라고 할 경우 2003년부터 2005년까지 한국의 실업자 수는 30만 명 이상 증가하였다.
⇒ (×) <표>를 보면 2003년 한국의 실업률은 3.6%이고, 2005년에는 3.7%이다. 따라서 2003년의 실업자 수는 108만 명, 2005년의 실업자 수는 약 130만 명임을 알 수 있고, 둘의 차이는 30만 명 이하이므로 ㄴ은 옳지 않다.

ㄷ. 2004년과 2005년 서유럽 지역의 경우, 실업률이 전년 대비 매년 증가한 국가 수가 전년 대비 매년 감소한 국가 수보다 크다.
⇒ (○) <표>를 보면 2004년과 2005년 서유럽 지역에서 전년 대비 실업률이 매년 증가한 국가는 오스트리아, 프랑스, 네덜란드, 포르투갈, 스위스로 총 5개임을 알 수 있고, 매년 감소한 국가는 아일랜드, 이탈리아, 스페인으로 총 3개임을 알 수 있다. 따라서 ㄷ은 옳은 설명이다.

ㄹ. 2003년 서유럽 지역에서 실업률이 가장 높은 국가의 실업률은 같은 해 동유럽 지역에서 실업률이 가장 높은 국가의 실업률보다 낮다.
⇒ (○) <표>를 보면 2003년 서유럽 지역에서 실업률이 가장 높은 국가는 스페인이고, 2003년 동유럽 지역에서 실업률이 가장 높은 국가는 폴란드이다. 그런데 2003년 스페인의 실업률은 11.1%이고, 폴란드의 실업률은 19.6%이므로 ㄹ은 옳은 설명이다.

ㅁ. 2005년 프랑스와 영국의 경제 활동 인구가 각각 4,000만 명이라고 할 경우, 프랑스 실업자 수와 영국 실업자 수의 차이는 200만 명 이하이다.
⇒ (×) 프랑스와 영국의 경제 활동 인구가 각각 4,000만 명인데, 실업자 수의 차이가 200만 명 이하라는 뜻은 2005년 프랑스와 영국의 실업률 차이가 5.0%p 이하라는 뜻이다. 하지만 <표>를 보면 2005년 프랑스의 실업률은 9.9%이고 영국의 실업률은 4.8%이므로, 두 나라의 실업률 차이는 5.0%p 이상임을 알 수 있다. 따라서 ㅁ은 옳지 않다.

63 자원관리 정답 ⑤

① '나' 구간은 8km이므로 80분이 걸리며, 이는 1시간 20분과 동일하다.
② 물류센터에서 D 지점까지 총거리는 25km이며, 스쿠터는 km당 2,000원이므로 25×2,000=5만 원이다.
③ 물류센터에서 D 지점까지 총거리는 25km이며, 자동차는 km당 1분이 소요되므로 25분이 걸린다.
④ '가', '나'의 구간은 총 13km이고 '다', '라' 구간은 총 12km이다. 따라서 더 긴 구간을 스쿠터로 이동해야 저렴하다.
⑤ '가', '나'의 구간을 스쿠터 이용 시 39분, '다' 구간은 자동차로 이동 시 10분, '라' 구간을 도보로 이용하면 20분이 소요되므로 이를 다 더하면 69분이 된다.

64 수리 정답 ③

첫 번째 보기에서 신호위와 금오위의 군사 수는 같다고 했으므로, <표>를 보면 5+B=D+1임을 알 수 있다. 따라서 B−D=−4이다.
두 번째 보기에서 좌우위의 정용의 수와 신호위의 정용의 수를 합하면 흥위위의 정용의 수와 같다고 했으므로 <표>를 보면 A+B=C임을 알 수 있다. 따라서 A+B−C=0이다.
세 번째 보기에서 좌우위의 정용의 수는 금오위의 정용의 수의 절반이라고 하였으므로 <표>를 보면 A=D/2임을 알 수 있다. 따라서 2A=D이다.
추가적으로 <표>를 보면 A+B+C+D=16이라는 식을 이끌어 낼 수 있다. 따라서 첫 번째 보기, 두 번째 보기, 그리고 추가적으로 나온 식을 바탕으로 연립 방정식을 표현해 보면 다음과 같다.

$$\begin{cases} B-D=-4 \\ A+B-C=0 \\ A+B+C+D=16 \end{cases}$$

이 식을 모두 더하면 2A+3B=12를 만족하며, A와 B는 자연수이므로 A와 B는 각각 3, 2라는 것을 알 수 있다. 또한, 세 번째 보기에서 D는 A의 2배라고 하였으므로 D는 6이며, 마지막 식에서 C는 5라는 것까지 파악할 수 있다. 따라서 정답은 ③이 된다.

65 수리 정답 ②

신재생 에너지 분야와 절약 분야의 사업 수를 합하면 600개이다. 따라서 신재생 에너지 분야의 사업 수를 x개라 하면 절약 분야의 사업 수는 $(600-x)$개라고 할 수 있다. 이것이 이 문제의 핵심이라고 할 수 있겠다. 또한, 문제에서는 신재생 에너지 분야의 사업별 평균 지원액이 절약 분야의 사업별 평균 지원액의 5배 이상이 되기 위한 사업 수의 최대 격차를 구하라고 하였으므로, 문제의 조건에 맞게 식을 세워 보면 다음과 같다.

$$\frac{3{,}500}{x} \geq \frac{600}{600-x} \times 5 \Rightarrow 3{,}500 \times (600-x) \geq 600 \times x \times 5 \Rightarrow \therefore x \leq 323.aa$$

즉, 신재생 에너지 분야의 사업 수가 $323.aa$개 이하이면 신재생 에너지 분야의 사업별 평균 지원액이 절약 분야의 사업별 평균 지원액의 5배 이상이 된다는 것을 알 수 있다. 따라서 신재생 에너지 분야의 사업별 평균 지원액이 절약 분야의 사업별 평균 지원액의 5배 이상이 되기 위한 사업 수의 최대 격차는 신재생 에너지 분야의 사업 수가 323개, 절약 분야의 사업 수가 277개일 때이므로 최대 격차는 46개임을 알 수 있다.

66 의사소통 정답 ①

세라: 인간이 계약을 통해 만든 사회 형태들은 서로의 폭력에 대한 불안을 완화시키지 못한다.
→ 인간이 서로 협력하고 공동체를 구성하는 것은 폭력으로부터 안전하기 위함이다.

장혁: 인간 행동에 대한 지나친 규제는 타인에 대한 간섭을 발생시켜 결국 투쟁을 일으킨다.
→ 오히려 행동을 제한하는 규약이 없다면 간섭이나 침해가 이루어진다.

67 수리 정답 ②

문제에서 2011년과 2012년 투자 결정 기준이 동일한 투자자 수의 합이 750명이라고 했으므로, A+D=750임을 알 수 있다. 또한 A+D=750이므로 B+C=250이라는 것도 추가적으로 알 수 있다. 따라서 B와 C의 평균은 125임을 알 수 있다. 그런데 〈표〉를 보면 A+B=500이고 A+C=450임을 알 수 있는데, 이는 결국 B가 C보다 50명 많다는 것을 의미한다. 또한 B와 C의 평균이 125라고 했으므로 결론적으로 B=150, C=100임을 알 수 있다. 따라서 정답은 ②이다.

68 자원관리 정답 ④

① 업무 시간 외에 일을 하게 되면 총 일과 시간이 늘어나며 인센티브까지 받을 수 있기 때문에, 한정된 시간 안에 집중적으로 일을 진행하고자 하는 의지가 감소될 것이다.
② 여가 시간을 보내지 않고 혼자만 퇴근하는 경우, 성실하지 못한 이미지로 보일 가능성도 있다.
③ 이 사항이 도입되려면 구체적으로 기회 비용 및 여러 상황에 대해서 비교 조사를 하며 검토할 필요가 있다.
⑤ 회사를 위한 마음보다 돈을 우선시하는 목적으로 일을 하게 된다면, 오히려 시행하려고 하는 취지에 어긋난 결과를 초래할 수 있다.

69 수리 정답 ⑤

ㄱ. 1981~1990년 동안 전체 공동 수상자 수는 65−(30−22)=57명이다. 여기서 (30−22)는 1981~1990년 전체 단독 수상자 수를 의미한다.
ㄴ. 〈표 1〉을 보면 2001~2010년 전체 수상 횟수는 30회임을 알 수 있다. 따라서 전체 단독 수상자 수는 30−27=3명임을 알 수 있다.
ㄷ. 〈표 2〉를 보면 1901~2010년 물리학상 전체 수상 횟수는 100회이다. 또한 2인 또는 3인 공동 수상 횟수는 57회이며, 그중 3인 공동 수상 횟수는 28회이다. 따라서 1901~2010년 동안 물리학상 전체 수상자 수는 100+57+28=185명이 된다.

추가로 100+57+28=185라는 결과에 대하여 설명을 해 보면, 전체 수상 횟수가 100회라는 말은 단독 수상, 2인 공동 수상, 3인 공동 수상의 횟수를 모두 더하여 100회가 된다는 뜻이다. 그런데 2인 공동 수상의 경우 수상자는 1회수당 2명이므로 수상자 수를 세기 위해서는 2인 공동 수상 횟수는 한 번 더 세어져야 하며, 같은 원리로 3인 공동 수상의 횟수는 두 번 더 세어져야 한다.

70 직업윤리 정답 ④

④의 경우 기업에 소속된 자의 복지를 확대하여 그들의 생산성을 확대하려는 목적이다. 이로 인해 기업의 이윤 확대를 노리는 것이며, 이는 사회 전체의 이익을 추구하는 활동으로 보기에는 적절하지 않다.

71 자기개발 정답 ③

조해리의 창(Johari's Window) 영역 중 스스로는 알지만 동료는 모르는 나의 모습을 '숨겨진 자아'라고 표현한다.
보기에서 동료들은 A 대리가 회사에서 밝고 친근한 이미지라고 생각하지만, A 대리는 이러한 모습은 비즈니스를 위한 것이며 혼자 있는 시간이 더 많다고 말하고 있다. 따라서 이는 숨겨진 자아를 나타내는 ⓒ에 해당한다.

72 수리 정답 ③

A~E를 먼저 구해 보도록 하자. 우선 〈표〉를 보면 C=1이라는 것은 쉽게 알 수 있으며, 이를 활용하여 〈조건〉의 식을 정리해 보면 다음과 같다.
1) A=1.5E
2) D=A+B
3) D=3B+C=3B+1
4) E=2C+B=B+2
여기서 2)=3)이라고 하면 A−2B=1이라는 식이 유도되고, 1)=4)라고 하면 A=1.5B+3이라는 식이 유도된다. 따라서 유도된 두 식을 연립해 보면 A=9, B=4라는 결과를 얻어낼 수 있다. 이를 토대로 나머지도 구해 보면 D=13, E=6이라는 결과가 나온다는 것을 알 수 있다.
ㄱ. 표훈원 직원 수는 내각 전체 직원 수의 1/9이다.
⇒ (○) 〈표〉를 보면 표훈원 직원 수는 1+6+4=11명이므로, 전체 직원 수의 1/9임을 쉽게 알 수 있다.
ㄴ. 법전조사국 서무과 직원 수와 표훈원 서무과 직원 수의 합은 법전조사국 조사과 직원 수보다 크다.
⇒ (×) 법전조사국 서무과 직원 수+표훈원 서무과 직원 수=E+4=10명이므로, 법전조사국 조사과 직원 수인 12명보다 작다는 것을 알 수 있다.
ㄷ. 법전조사국 직원 수는 내각 전체 직원 수의 30% 미만이다.
⇒ (×) 〈표〉를 보면 법전조사국 직원 수=D+E+5+12=36명임을 알 수 있다. 따라서 법전조사국 직원 수는 내각 전체 직원 수의 30% 이상임을 알 수 있다.
ㄹ. A+B+C+D의 값은 27이다.
⇒ (○) 위에서 구한 값을 보면 A+B+C+D=27임을 알 수 있다.

73 자기개발 정답 ⑤

합리적 의사 결정 단계의 순서 중 빈칸의 A, B, C에는 다음과 같은 문장이 적절하다.
A: 의사 결정 기준과 가중치를 정한다.
B: 의사 결정에 필요한 정보를 수집한다.
C: 가능한 모든 대안을 탐색한다.

74 수리 정답 ⑤

주어진 〈정보〉와 〈표〉를 이용하여 A~E의 기본 생산 능력을 구하기 위한 방정식을 만들어 보면 다음과 같다.
1) A=15,000
2) C=E
3) (B+C)×1.0=23,000

4) (B+D)×0.5=17,000
5) (C+1.2E)×1.0=22,000
여기서 2)를 5)에 대입해 보면 C=E=10,000이라는 결과를 얻을 수 있으며, 이 결과와 3)을 통해 B=13,000이라는 결과도 유도해 낼 수 있다. 또한, B=13,000이므로 4)에서 D=21,000이라는 결과를 얻어 낼 수 있으므로 정답은 ⑤가 된다.

75 직업윤리 정답 ④

성희롱의 정의는 '성에 관계된 말과 행동으로 상대방에게 불쾌감, 굴욕감을 주는 등의 행위'이다. 신고 3의 신고 내역은 성에 관계된 말보다는 직장 내에서 적절한 호칭을 사용하지 않고 아줌마, 아저씨 등의 호칭으로 하대하는 것이 주된 문제이므로 성희롱이라고 볼 수 없다.

76 직업윤리 정답 ①

규제 처벌의 여부에 상관없이 음란한 농담은 성희롱에 해당하여 허용되지 않는다. 나머지 설명은 모두 맞다.

77 직업윤리 정답 ④

전화를 받는 상황에서 주의할 사항은 일반적으로 다음과 같다.
– 전화벨은 3~4번이 울리기 전에 받는다.
– 밝은 목소리로 인사한 후 본인이 누구인지 말한다.
– 펜과 메모지를 전화기 곁에 두어 필요한 경우 메모를 할 수 있도록 한다.
따라서 ④의 보기는 적절하지 않다. 본인이 누구인지 간략히 말하고 용건을 묻는 것이 바람직하다.

78 자기개발 정답 ③

J 씨는 '얼마 없음', '마지막 기회'라는 생각에 계획에 없던 것임에도 불구하고 구매하기로 의사 결정을 한다. 이는 의사 결정의 오류 중 '희귀성의 법칙'에 해당한다. 희귀하다는 유혹에 꼭 필요하지 않은 것임에도 따라가는 것을 의미한다.

- 호감의 법칙: 자신에게 호감을 주는 상대의 권유에 무의식적으로 따라가는 것
- 상호성의 법칙: 상대의 호의에 대한 부담으로 인해 부당한 요구를 거절하지 못하는 것
- 숭배에 의한 논증: 권위 있는 전문가들의 말을 따르는 것이 옳다는 것
- 사회적 증거의 법칙: 많은 사람들이 하는 것을 무의식적으로 따라가는 것

79 수리 정답 ①

① 2002년 A국 도시의 도로 면적은 1979년 대비 약 240% 증가하였다.
⇒ (×) 도로 면적=도시 면적×도시의 도로 비율이다. 〈표〉를 보면 A국 도시의 도시 면적은 1979년 대비 2002년에 2배 이상 증가하였고, 〈그림〉을 보면 도로 비율은 1979년 대비 2002년에 약 1.6배 증가했음을 알 수 있다. 따라서 1979년 대비 2002년 A국 도시의 도로 면적은 3배가 넘으므로 증가율은 300% 이상임을 알 수 있다.

② 1989년 A국 도시의 도로 면적은 1979년 A국 도시의 대지 면적보다 넓다.
⇒ (○) 〈표〉와 〈그림〉을 보면 1989년 A국 도시의 도로 면적은 490×2.0%이고, 1979년 대지 면적은 360×1.8%임을 알 수 있다. 따라서 ②는 옳은 설명이다.

③ 2002년 A국 도시의 공장 용지 비율은 1979년 대비 1%p 증가하였다.
⇒ (○) 〈그림〉을 보면 1979년 A국 도시의 공장 용지 비율은 0.1%이고, 2002년 공장 용지 비율은 1.1%임을 알 수 있다. 따라서 ③은 옳은 설명이다.

④ 1999년 A국 도시의 도로 면적은 1979년 대비 약 14km² 증가하였다.
⇒ (○) 〈표〉와 〈그림〉을 보면 1979년 A국 도시의 도로 면적은 360×1.5%이고, 1999년 도로 면적은 730×2.7%임을 알 수 있다. 따라서 계산을 해 보면 1999년 A국 도시의 도로 면적은 1979년 대비 약 14km² 증가하였음을 알 수 있다.

⑤ 1999년 A국 도시의 대지 면적은 1999년 A국 하천 면적의 약 6%이다.
⇒ (○) 〈표〉와 〈그림〉을 보면 1999년 A국 도시의 대지 면적은 730×3.3%이고, 하천 면적은 400임을 알 수 있다. 그런데 730×3.3%≒24.1이므로 400의 약 6%임을 알 수 있다.

80 직업윤리 정답 ③

(가) 소명 의식: 맡은 일은 하늘에 의해 맡겨진 일이라고 생각하는 것
(나) 천직 의식: 맡은 일이 나의 능력과 적성에 잘 맞는 일이라고 여기며, 열성을 다해 임하는 것
(다) 책임 의식: 맡은 일에 대한 사회적 역할과 책무를 충실히 하여 책임을 다하는 것
(라) 전문가 의식: 맡은 일이 누구나 하는 것이 아니라 지식과 교육을 바탕으로 성실히 수행해야 한다고 생각하는 것
(마) 봉사 의식: 맡은 일을 통해 공동체에 대해 봉사하는 정신을 갖추고 실천하는 것

공기업 NCS 합격보장

2022. 4. 1. 초 판 1쇄 인쇄
2022. 4. 8. 초 판 1쇄 발행

지은이 | 강현민 NCS연구소
펴낸이 | 이종춘
펴낸곳 | BM ㈜도서출판 성안당
주소 | 04032 서울시 마포구 양화로 127 첨단빌딩 3층(출판기획 R&D 센터)
10881 경기도 파주시 문발로 112 파주 출판 문화도시(제작 및 물류)
전화 | 02) 3142-0036
031) 950-6300
팩스 | 031) 955-0510
등록 | 1973. 2. 1. 제406-2005-000046호
출판사 홈페이지 | **www.cyber.co.kr**
ISBN | 978-89-315-5843-2 (13320)
정가 | 24,000원

이 책을 만든 사람들
기획 | 최옥현
진행 | 오영미
교정 | 이진영
본문 · 표지 디자인 | 이플앤드
홍보 | 김계향, 이보람, 유미나, 서세원
국제부 | 이선민, 조혜란, 권수경
마케팅 | 구본철, 차정욱, 나진호, 이동후, 강호묵
마케팅 지원 | 장상범, 박지연
제작 | 김유석

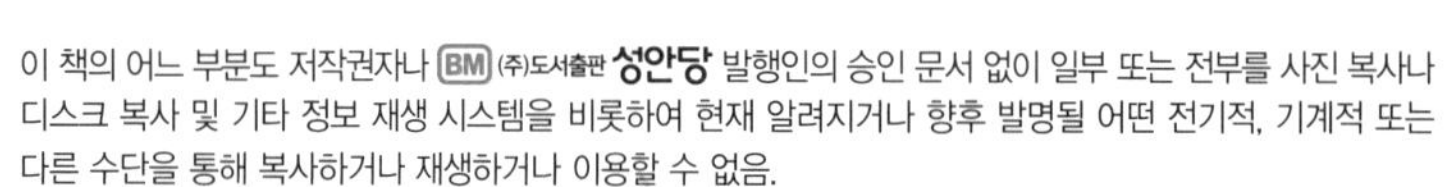
이 책의 어느 부분도 저작권자나 BM ㈜도서출판 성안당 발행인의 승인 문서 없이 일부 또는 전부를 사진 복사나 디스크 복사 및 기타 정보 재생 시스템을 비롯하여 현재 알려지거나 향후 발명될 어떤 전기적, 기계적 또는 다른 수단을 통해 복사하거나 재생하거나 이용할 수 없음.

■ **도서 A/S 안내**

성안당에서 발행하는 모든 도서는 저자와 출판사, 그리고 독자가 함께 만들어 나갑니다.
좋은 책을 펴내기 위해 많은 노력을 기울이고 있습니다. 혹시라도 내용상의 오류나 오탈자 등이 발견되면 "좋은 책은 나라의 보배"로서 우리 모두가 함께 만들어 간다는 마음으로 연락주시기 바랍니다. 수정 보완하여 더 나은 책이 되도록 최선을 다하겠습니다.
성안당은 늘 독자 여러분들의 소중한 의견을 기다리고 있습니다. 좋은 의견을 보내주시는 분께는 성안당 쇼핑몰의 포인트(3,000포인트)를 적립해 드립니다.

잘못 만들어진 책이나 부록 등이 파손된 경우에는 교환해 드립니다.